가장 오래된, 그러나 전혀 새로운 불교로 이끄는 「되돌림 불서(佛書) Ⅱ - ②」

초기불교

경전백선

經典百選

해피 스님
편역

불교신자의 정체성을 확보하기 위한

독송집

한국붇다와다불교 해피법당 근본경전연구회
nikaya.kr & sutta.kr

asoko sokiniṃ pajaṃ avekkhati.

아소-꼬- 소-끼닝 빠장 아웩카띠

슬픔을 떠난 사람은 슬픈 사람을 살핀다.

【 buddhavandana (붇다완다나) 부처님께 인사 】

namakkāra(나막까-라)

namo tassa bhagavato arahato sammāsambuddhassa
namo tassa bhagavato arahato sammāsambuddhassa
namo tassa bhagavato arahato sammāsambuddhassa

나모- 땃사 바가와또- 아라하또- 삼마-삼붇닷사

그분 세존(世尊)-아라한(阿羅漢)-정등각(正等覺)께 절합니다.

빠알리 알파벳(the pāḷi alphabet – 40/41)

<table>
<tr><td rowspan="3">소리를
만드는 장소</td><td colspan="5">자음(25/26)</td><td rowspan="3">반모음
&
마찰음(7)</td><td rowspan="3">모음(8)</td></tr>
<tr><td colspan="2">센 소리(강/경음)</td><td colspan="2">부드러운 소리(유/연음)</td><td rowspan="2">콧소리
(비음)</td></tr>
<tr><td>적은 숨</td><td>많은 숨</td><td>적은 숨</td><td>많은 숨</td></tr>
<tr><td>목구멍 소리
(후음)</td><td>k 까</td><td>kh 카</td><td>g 가</td><td>gh 가</td><td>ṅ 앙</td><td>h</td><td rowspan="5">a, ā
i, ī
u, ū
e(ai)
o(au)</td></tr>
<tr><td>입천장 소리
(구개음)</td><td>c 짜</td><td>ch 차</td><td>j 자</td><td>jh 자</td><td>ñ 얀</td><td>y</td></tr>
<tr><td>말린혀 소리
(권설음)</td><td>ṭ 따</td><td>ṭh 타</td><td>ḍ 다</td><td>ḍh 다</td><td>ṇ 안</td><td>r, ḷ</td></tr>
<tr><td>이 소리
(치음)</td><td>t 따</td><td>th 타</td><td>d 다</td><td>dh 다</td><td>n 안</td><td>l, s</td></tr>
<tr><td>입술 소리
(순음)</td><td>p 빠</td><td>ph 파</td><td>b 바</td><td>bh 바</td><td>m[ṃ] 암[앙]</td><td>v</td></tr>
<tr><td rowspan="3">섞인음</td><td colspan="3">반모음(semi-vowel)</td><td colspan="3">y, r, l, ḷ, v, h</td><td rowspan="3"></td></tr>
<tr><td colspan="3">마찰음(sibilant)</td><td colspan="3">s</td></tr>
<tr><td colspan="3">순(수)콧소리(nasal only)</td><td colspan="3">ṃ(ṁ/ŋ)</td></tr>
</table>

일상적으로 읽어 오던 빠알리어 발음을 우리말로 정확히 표기하기 위해 스리랑카를 중심으로 여러 명의 전문가들의 도움을 받았는데, 문자의 음가의 한계 때문에 우리말 표기는 쉽지 않지만 가능한한 최선의 표기를 하였습니다.

【빠알리어 발음 특기 사항】

• 장음(-) - 두 음절 : ā= a+a (아-), ī=i+i (이-), ū=u+u (우-), e (에-), o (오-)
단, 받침이 있는 경우 : sāttha = sā+t+tha → 사-ㅌ타 → 사-ㅅ타 [삿-타(×)]

• 단모음 a는 '아'이지만, 영어의 about가 '어바웃'으로 발음 되듯이 '어'로 발음 됩니다. 전체적으로 '아'로 표기하였지만, 실제로는 '어'로 발음하는것이 자연스럽습니다.

• e, o도 복자음과 함께하여 받침이 있는 경우에 받침과 함께 두 음소의 길이를 가지게 됨 : kāmesu → 까-메-수, metta = met+ta → 멧따 [메엣따(×)/멧-따(×)]

• 복자음의 발음 : 앞 음소는 앞의 모음의 받침이 되면서 반 음소의 길이를 가짐. 강세와 반 음소의 길이를 발음해 줌. : atta = at+ta → 아ㄸ+따 → 앗따['앗'에 강세]

• 강세 : ①복자음에 의한 받침에서 강세(accent), ②장모음[ā, ī, ū]은 더 강하면서 (main accent) 길게 발음

• ṃ(ŋ) : 받침, 장음

• 'l'에 의한 'ㄹ'받침 – sīla = sī+la → 시-ㄹ라 [실-라(×)],
anālayo → 아나-ㄹ라요- [아날-라요-(×)]

• 반모음 y(ㅣ) bya – 뱌 [브야(×)], kalyāṇā - 깔랴-나- [깔르야-나-(×)]

v(ㅗ/ㅜ) : dve – 드웨- [뒈-(×)], dva –드와[돠(×)], sutva –수뜨와 [수똬(×)]
v가 선행 자음 없고, 모음이 뒤따르지 않는 경우 - '워' : jivhā 지워하-
(*) khvāyaṃ = kho ayaṃ - 콰-양 [크와-양(×)]

y가 i 앞에 올 때와 v가 u/o 앞에 올 때는 묵음(默音)

• -eyya : 에이야 [(e 단음) '에-야' 또는 '아이야'로 읽기도 함]

【번역 참고 사항】

번역에 있어 의미의 정확성을 요구하는 중요한 교리 용어들은 형편에 따라 우리말과 한자를 혼용하였는데, 경우에 따라 우리말이거나 한자로만 표기 또는 우리말과 한자를 병기하였습니다.

1. 오온(五蘊) — 색(色-물질), 수(受-느낌/경험), 상(想-경향), 행(行-형성작용), 식(識)

2. 마음 — 심(心-citta-찟따)과 의(意-mano-마노-)와 식(識-viññāṇa-윈냐-나)을 구분하여 번역

3. 「삶의 메커니즘」의 골격을 이루는 용어들

• 안(眼-눈)-이(耳-귀)-비(鼻-코)-설(舌-혀)-신(身-몸)-의(意)

• 색(色-형상)-성(聲-소리)-향(香-냄새)-미(味-맛)-촉(觸-느낌)-법(法)

• 안식(眼識)-이식(耳識)-비식(鼻識)-설식(舌識)-신식(身識)-의식(意識)

• 촉(觸-만남) — 안촉(眼觸)-이촉(耳觸)-비촉(鼻觸)-설촉(舌觸)-신촉(身觸)-의촉(意觸)

• 수(受-느낌/경험) — 안촉생수(眼觸生受-안촉에서 생긴 느낌)-이촉생수(耳觸生受-이촉에서 생긴 느낌)-비촉생수(鼻觸生受-비촉에서 생긴 느낌)-설촉생수(舌觸生受-설촉에서 생긴 느낌)-신촉생수(身觸生受-신촉에서 생긴 느낌)-의촉생수(意觸生受-의촉에서 생긴 느낌)

• 상(想-경향) — 색상(色想)-성상(聲想)-향상(香想)-미상(味想)-촉상(觸想)-법상(法想)

형상에 대한 경향-소리에 대한 경향-냄새에 대한 경향-맛에 대한 경향-느낌에 대한 경향-법에 대한 경향

• 사(思-의도) — 색사(色思)-성사(聲思)-향사(香思)-미사(味思)-촉사(觸思)-법사(法思)

형상에 대한 의도-소리에 대한 의도-냄새에 대한 의도-맛에 대한 의도-느낌에 대한 의도-법에 대한 의도

• 애(愛-갈애) — 색애(色愛)-성애(聲愛)-향애(香愛)-미애(味愛)-촉애(觸愛)-법애(法愛)

형상에 대한 갈애-소리에 대한 갈애-냄새에 대한 갈애-맛에 대한 갈애-느낌에 대한 갈애-법에 대한 갈애

• 욕애(慾愛-소유의 갈애)-유애(有愛-존재의 갈애)-무유애(無有愛-존재하지 않음의 갈애)

• 심(尋-위딱까/생각의 떠오름) — 색심(色尋-색의 위딱까)-성심(聲尋-성의 위딱까)-향심(香尋-향의 위딱까)-미심(味尋-미의 위딱까)-촉심(觸尋-촉의 위딱까)-법심(法尋-법의 위딱까)

형상에 대한 위딱까-소리에 대한 위딱까-냄새에 대한 위딱까-맛에 대한 위딱까-느낌에 대한 위딱까-법에 대한 위딱까

• 사(伺-위짜라/생각의 접근) — 색사(色伺-색의 위짜라)-성사(聲伺-성의 위짜라)-향사(香伺-향의 위짜라)-미사(味伺-미의 위짜라)-촉사(觸伺-촉의 위짜라)-법사(法伺-법의 위짜라)

형상에 대한 위짜라-소리에 대한 위짜라-냄새에 대한 위짜라-맛에 대한 위짜라-느낌에 대한 위짜라-법에 대한 위짜라

4. 기타

• 신(身-몸)-수(受-느낌/경험)-심(心-마음)-법(法-현상)
• 지(知-앎)-견(見-봄)
• 안(眼-눈)-지(知-앎)-혜(慧-지혜)-명(明-밝음)-광(光-빛)
• 욕(欲-chanda-관심) & 욕탐(欲貪-chandarāga-지나친 관심) | 욕(慾-kāma-소유의 사유)

※ 이 용어들은 경들에서 반복 나타나는데, 처음에 우리말과 한자를 병기 한 뒤, 뒤에서는 우리말만 표기하였습니다. 다만, 상은 상(想-saññā)과 상(相-nimitta) 그리고 상(常-niccā)의 구분을 위해 '상'이라고 우리말만 표기한 경우는 모두 상(想-saññā)이고, 상(相-nimitta)은 반드시 상(相)으로, 상(常-niccā)은 주로 상(常)으로 표기하였지만 반복되는 경우에는 상으로 표기하기도 하였습니다.

※ takka(딱까)는 애(愛)의 형성 과정인데, 근본경전연구회가 발견한 중요한 개념입니다. 아직 번역되지 않은 용어여서 '딱까' 또는 '딱까[애(愛)의 형성 과정]'으로 표기하였습니다.

※ 루(漏-번뇌)는 āsava의 번역으로만 사용하였습니다.

해피스님의 번역은 주석서에도 아비담마에도 청정도론에도 의지하지 않고 오직 경으로 경을 해석하는 방법을 사용하고 있습니다. 특히, 「제4장 분석 — 용어 정의」의 경들에 의해 부처님의 정의 그대로에 접근하는 해석은 '삶의 메커니즘'과 '수행지도(修行地圖)'라는 두 가지 교리의 틀로 정형화되는데, 이런 틀 위에서의 번역은 국내외 기존 번역과 상당 부분 차이를 보이면서 경의 의도를 선명히 표현해줍니다.

이런 선명함의 확보를 위해 위의 용어들에 대해서 조금은 문어체적인 번역이 이루어졌다는 점을 알려드립니다.

【책을 쓰면서】

불교(佛敎-종교) 신자가 불교(佛敎-부처님의 가르침)를 모르는 한국불교의 현실!

불교(佛敎-부처님의 가르침)는 사는 이야기입니다. 삶에 대한 부처님의 해석에 대해 공감과 동의 그리고 신뢰를 일으켜 뒤따르는 사람들로 구성된 종교가 불교(佛敎-종교)입니다. 삶에 대한 부처님의 해석을 깨달음이라고 하는데, 삶에 대한 있는 그대로의 알고[지(知)] 봄[견(見)]이기 때문에 배워 알고 실천하기만 하면 삶은 향상으로 이끌리게 됩니다.

하지만 부처님이 돌아가신 뒤 오랜 세월이 지나면서 세상이 요구하는 어떤 가치들에 따라 부처님의 해석은 감추어지기 시작해 지금에 이릅니다. 그만큼 배워 알고 실천해도 삶이 바르게 향상하지 못하는 현상이 나타나고 유행하게 되는데, 으뜸 종교인 불교가 정체성을 상실케 되는 과정입니다. 이슬람 제국의 지배 이후에 인도에서 불교가 되살아나지 못한 원인도, 작금의 한국불교의 현실을 초래한 원인도 대개 이런 정체성의 상실을 주원인으로 꼽고 있습니다.

그렇다면, 정체성의 상실은 불교 신자가 불교를 모르는 한국불교의 현실을 지시하는 다른 표현이라고 하겠습니다. 껍데기는 불교 신자이지만, 알맹이는 불교가 아닌 다른 것을 담고 있는 것입니다. 그래서 한국불교의 중흥을 위한 토대는 불교를 아는 불교 신자의 양성이라고 해야 할 것인데, 특히, 부처님 살아서 직접 설한 가르침으로 되돌아가야 하는 필요성을 말할 수 있습니다. — 「불교(佛敎)를 부처님에게로 되돌리는 불사(佛事)」

이런 목적을 가진 이 책은 부처님 살아서 직접 설한 가르침으로의 4부 니까야에서 발췌한 6장 100개의 경으로 구성되었는데, 불교 신자의 정체성을 회복하기 위한 편집입니다.

제1장 깨달음의 자리에서 설해진 근본 가르침 – 6개 경,
제2장 사실 — 깨닫고 실현한 법 – 17개 경,
제3장 깨달음의 재현 — 제자들의 깨달음 – 10개 경,
제4장 분석 — 용어 정의 – 11개 경,
제5장 신행(信行) — 향상하는 삶 – 37개 경,
제6장 수행(修行) — 지도(地圖) - 19개 경

한편, (AN 7.6-상세한 재산 경)은 배움의 재산을 말하는데, 「처음도 좋고 중간에도 좋고 끝도 좋은, 의미를 갖추고 표현을 갖춘 법들과 온전하게 완전하고 청정한 범행(梵行)을 선언하는 가르침을 많이 배우고, 만족하고, 말에 의해 익숙해지고, 의(意)로써 이어보고, 견해로써 잘 꿰뚫는 것」입니다. 부처님 살아서 직접 설한 가르침이 말에 의해 익숙해져야 하는 필요성을 제시하는데, 이 책이 만들어진 이유입니다.

이런 이유에서 이 책이 시도하는 독송(讀誦)은 중요한 신행(信行) 방법입니다. 이런 신행(信行)을 이끌기 위해서 책은 세 가지 형태로 경을 싣고 있습니다. — 「① 빠알리 원전, ② 우리말 읽기 - 발음, ③ 우리말 읽기 – 뜻(해피스님 번역)」

이외에 책의 끝에는 포살(布薩)과 초기불교(初期佛教) 백팔배(百八拜)를 함께 실었습니다. 포살은 (AN 8.42-상세한 포살 경)이 설명하는 포살 실행 의식이고, 초기불교 백팔배는 한국불교의 전통적 신행인 백팔배에 초기불교 경전 (MN 8-더 높은 삶 경)이 말하는 포괄적 실천 44가지를 적용하여 구축한 신행 방법입니다.

이 책이 많은 사람의 이익과 행복을 위해 쓰이기를 바랍니다.

2022년 12월 30일

한국붇다와다불교 해피법당 근본경전연구회 비구 뿐냐디빠 해피 합장

● 근본경전연구회 해피법당의 아침 독송과 포살 안내 ●

- 아침 독송 : 월~토요일, 06:00~06:30 — 유튜브와 페이스북으로 실시간 방송
- 포살 : (음) 8-14-15일, 23-29-30일 — 아침 독송에 이어 줌으로 10분간 의식 진행

2021년 7월의 안거 때 두 개의 경을 시작으로 아침 독송을 시작하였는데 1년 반 동안 독송 경을 확장하여 100개의 경이 되었습니다. 그래서 '초기불교 경전 백선'이라는 부제를 달고 반복하여 독송하고 있습니다.

그렇다고 의도적으로 백 개의 경으로 편집한 것은 아닙니다. 1년 반 동안의 독송과 해설의 과정에서 신행(信行)의 필요에 맞춰 보충하다보니 백 개의 경으로 완성되었는데, 추가적으로 세 개의 수행경전(+1)을 별책으로 준비 중입니다. 이 과정에 김법영 등 아침 독송에 참여하는 법우님들의 경 추천도 많았는데, 함께 공부를 진행하는 힘입니다. 특히, 번역과 발음 표기에서의 오류를 꼼꼼히 확인하여 수정해 준 박희애 법우님의 수고는 이 책의 완성도를 높이는데 큰 역할이 되었습니다. 아침마다 부처님의 언어로 부처님의 가르침을 독송하는 이 신행에 함께하고 책의 완성을 위해 도움주신 모든 분들께 고마운 마음을 전합니다.

또한, 책의 출판 비용은 사천 송광사 무량스님과 부산불교의사회 그리고 박희애 법우님의 보시가 큰 도움이 되었습니다. 감사드립니다.

【주제 구성】

1. 이 책은 원전 즉 불교경전어인 빠알리어로 경을 읽는 능력을 갖추기 위해 2021년 안거(安居)[(음) 6월 16일 ~ 9월 15일, (양) 7월 25일 ~ 10월 20일]에서 전법륜경(轉法輪經)과 무아상경(無我相經)의 두 경전을 독송하면서 시작되었는데, 불교 신자의 정체성을 확보하기 위한 의도를 담아 차츰 보충하여 1년 반의 시간이 지난 지금에는 백 개의 경으로 확대되었습니다. —「초기불교 경전 백선」

근본경전연구회는 부처님의 출가로부터 깨닫는 과정과 제자들에게 그 깨달음을 재현시키는 과정을 설명하는 맛지마 니까야에 속한 네 개의 경(MN 26/36/85/100)을 불교의 정체성을 드러내는 경이라고 정리한 바 있는데, 이 과정의 중심 주제를 서술하는 너무 길지 않은 경들을 선별하여 빠알리어 독송을 위한 교재로 우선 편집하였습니다. — 제1장 깨달음의 자리에서 설해진 근본 가르침 – 6개 경, 제2장 사실 — 깨닫고 실현한 법 – 17개 경, 제3장 깨달음의 재현 — 제자들의 깨달음 – 10개 경.

이때, '제1장 깨달음의 자리에서 설해진 근본 가르침'에 속한 경들은「bhagavā … paṭhamābhisambuddho 바야흐로 깨달음을 성취한 세존은」의 용례로써 깨달음의 자리에서 부처님의 소회를 드러내어 불교의 근본 자리를 설명합니다. 그리고 '제2장 사실 — 깨닫고 실현한 법'에 속한 경들은「taṃ tathāgato abhisambujjhati abhisameti 여래는 이것을 깨닫고 실현하였다」라는 선언을 통해 부처님 깨달음의 본질이 ①삼법인(三法印)과 ②연기(緣起) 그리고 ③세상에 있는 세상의 법으로의 오온(五蘊)이라는 것을 알려주는데, 이런 선언을 보충하는 경들과 함께 편집하였습니다. 이어서 '제3장 깨달음의 재현 — 제자들의 깨달음'에 속한 경들은 함께하는 다섯 비구와 천 명의 비구 등 제자들을 가르쳐 부처님의 깨달음을 세상에 재현시키는 과정(anupādāya āsavehi cittāni vimucciṃsu 심(心)은 집착에서 벗어나 번뇌들로부터 해탈하였다)을 서술하는 경들 그리고 재현된 깨달음을 세상에 펼치기 위한 출발과 제자들이 갖춰야 하는 요건들을 설명하는 경들을 함께 편집하였습니다.

그런데 이렇게 정체성을 드러내는 경들은 부처님의 의도에 맞게 이해되어야 하는데, 중요한 교리 용어들에 대한 부처님의 정의입니다. 이런 용어들에 대해 부처님의 정의와 다른 의미를 부여하면, 같은 전승 위에서도 가르침은 전혀 다른 의미로 해석됩니다. 경을 공부하더라도 삶은 바르게 향상하지 못하고, 끝내 부처님의 깨달음을 재현할 수 없게 됩니다. 그래서 제4장은 '분석 — 용어 정의'인데, vibhaṅgasuttaṃ(위방가숫땅 - 분석 경)이란 이름의 경들이 중심입니다. 분석 경 외에 다른 주제를 가지고 설해진 경들 가운데 주요 교리 용어를 정의해 주는 경들도 있는데, 오온(五蘊) 등 몇 가지 주제를 정의하는 경들을 함께 편집하였습니다.

한편, 무엇보다도 이 책은 출가자보다는 보통의 불교 신자 즉 재가자의 삶의 향상을 이끌기 위한 목적에서 만들어졌습니다. 이런 목적에 맞춰 재가 신자의 바른 신행(信行) 방법을 설명하는 경들을 다양한 관점에서 모아 편집하였는데, '제5장 신행(信行) — 향상하는 삶'입니다.

물론 이런 모든 가르침은 삶의 단계적 향상을 통해 깨달음으로 안내하는 가르침입니다. 그래서 가르침은 결국 수행(修行)으로 이끌리는데 수행지도(修行地圖)의 골격을 이루는 경들을 중심으로 '제6장 수행(修行) — 지도(地圖)'를 편집하였습니다. 또한, 이런 수행지도 위에서 구체적 수행기법을 제시하는 경으로는 (DN 22/MN 10-대념처경)과 (MN 119-신념처경-몸에 속한 사띠 경) 그리고 (MN 118-입출식념경-들숨날숨에 대한 사띠 경)을 들 수 있는데, 분량 관계상 별책으로 제작하고 있습니다.

2. 이 책은 경으로 경을 해석하는 방법을 사용하였습니다. 경으로 직접 만나는 가르침은 ①삶에 대한 이해의 측면에서 「삶의 메커니즘」으로 그려지는데[고집(苦集)], 번호를 매기면 연기(緣起) 즉 십이연기(十二緣起)가 됩니다. 또한, ②삶에 수반하는 고(苦)의 해소를 위한 과정도 설명되는데[고멸(苦滅)], 「사념처(四念處)로 시작해서 사마타-위빳사나로 완성되는 수행체계」이고, 수행지도(修行地圖)로 그려내었습니다.

삶의 메커니즘과 수행지도(修行地圖-3개)는 이 책으로 만나는 모든 가르침의 토대가 되기 때문에 모아서 책의 끝에 함께 실었습니다. 그리고 100개의 독송 경 가운데 발견되는 몇 가지 주요 주제에 대해서도 그림으로 그려 해당 경전의 자리에 삽입하였습니다.

부처님의 깨달음은 삶의 심오함 그 끝자리에 닿고, 그 자리에서 작용하는 근본 문제까지 완전히 해소함으로써 윤회(輪廻) 즉 생사(生死) 문제를 해결한 깨달음입니다. 그래서 웬만해선 이해하기 어려운 주제도 많이 있습니다. 근본경전연구회 해피법당이 경으로 경을 해석함으로써 그려내는 이런 그림들은 출-재가를 막론하고 불교 신자들이 바르게 부처님에 접근할 수 있도록 공부에 도움이 될 것입니다.

이 독송집의 경전 독송과 진언 또는 다라니 독송의 차이점 — 부처님이 설한 가르침을 ① 동일한 발음으로 ②설하신 의미를 분명히 알면서 독송하는 방법이어서 ③지혜가 성숙하고 ④삶을 향상으로 이끄는 직접적인 힘이 됨

부처님의 언어로 부처님의 가르침을 독송하면서 하루를 잘 시작하는 이 신행(信行)은 독송과 해피스님의 해설을 유튜브와 페이스북으로 방송하는데,

- 유튜브 또는 페이스북에서 '해피스님'으로 검색하거나
- 근본경전연구회 홈페이지(nikaya.kr)의 안내에 따라

참여할 수 있습니다.

경의 내용에 대한 해피스님의 강의는 동영상으로 제작되어 근본경전연구회의 홈페이지(nikaya.kr)에 올려지는데, [nikaya.kr → 서적출판 → 독송집(초기불교개론)]에서 확인할 수 있습니다.

또한, 이 책의 경들을 포함하여 근본경전연구회의 두번째 홈페이지 니까야 번역 불사터(sutta.kr)에서는 4부 니까야를 중심으로 부처님 살아서 직접 설한 경들에 대한 해피스님의 번역을 자유롭게 이용할 수 있습니다.

【그림 목록】

— 차 례 —

제1장

깨달음의 자리에서 설해진 근본 가르침

1. brahmāyācanasuttaṃ (SN 6.1-범천의 요청 경)
2. gāravasuttaṃ (SN 6.2-존중 경)
3. brahmasuttaṃ (SN 47.18-범천 경)
4. sahampatibrahmasuttaṃ (SN 48.57-사함빠띠 범천 경)
5. dutiyauruvelasuttaṃ (AN 4.22-우루웰라 경2)
6. mahāparinibbānasuttaṃ (DN 16-대반열반경) 중 부처님과 마라의 대화

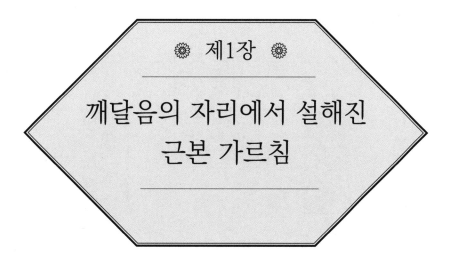

「제1장 깨달음의 자리」의 대의

「bhagavā … paṭhamābhisambuddho 바야흐로 깨달음을 성취한 세존은」의 용례

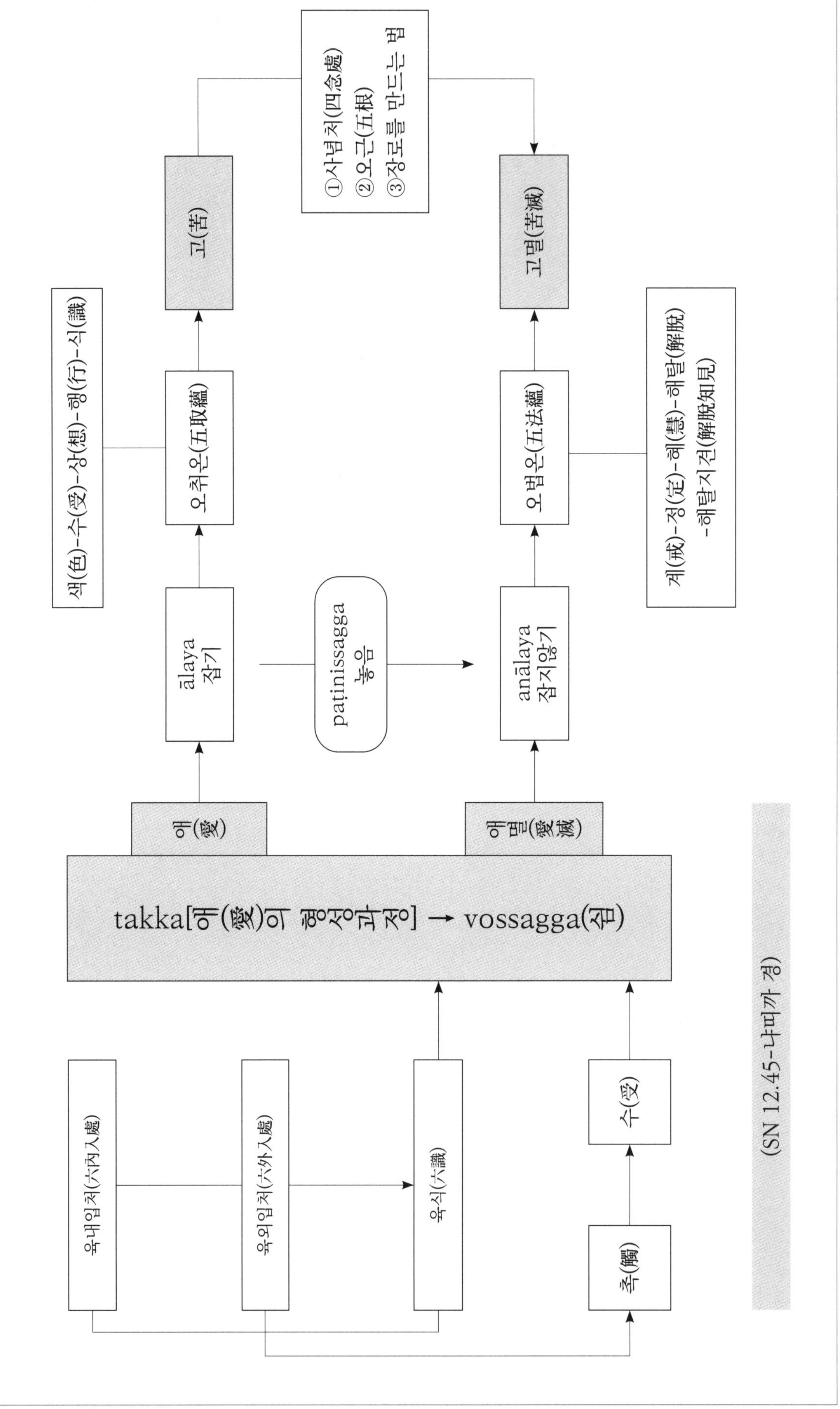

1. brahmāyācanasuttaṃ (SN 6.1-범천의 요청 경)

- 부처님이 성취한 법 — 딱까[애(愛)의 형성 과정]의 영역을 넘어섬(atakkāvacara)
- 중생의 특성 — 잡기(ālaya-아-ㄹ라야 → 아뢰야) → 두 가지 토대를 보기 어려움
- 두 가지 토대 — ①여기에서의 조건성인 연기(緣起), ②열반(涅槃)

evaṃ me sutaṃ — ekaṃ samayaṃ bhagavā uruvelāyaṃ viharati najjā nerañjarāya tīre ajapālanigrodhamūle paṭhamābhisambuddho. atha kho bhagavato rahogatassa paṭisallīnassa evaṃ cetaso parivitakko udapādi — "adhigato kho myāyaṃ dhammo gambhīro duddaso duranubodho santo paṇīto atakkāvacaro nipuṇo paṇḍitavedanīyo. ālayarāmā kho panāyaṃ pajā ālayaratā ālayasammuditā. ālayarāmāya kho pana pajāya ālayaratāya ālayasammuditāya duddasaṃ idaṃ ṭhānaṃ yadidaṃ idappaccayatāpaṭiccasamuppādo. idampi kho ṭhānaṃ duddasaṃ yadidaṃ sabbasaṅkhārasamatho sabbūpadhipaṭinissaggo taṇhākkhayo virāgo nirodho nibbānaṃ. ahañceva kho pana dhammaṃ deseyyaṃ; pare ca me na ājāneyyuṃ; so mamassa kilamatho, sā mamassa vihesā"ti. apissu bhagavantaṃ imā anacchariyā gāthāyo paṭibhaṃsu pubbe assutapubbā —

에-왕 메- 수땅 — 에-깡 사마양 바가와- 우루웰-ㄹ라-양 위하라띠 낫자- 네-란자라-야 띠-레- 아자빠-ㄹ라니그로-다무-ㄹ레- 빠타마-비삼붇도-. 아타 코- 바가와또- 라호-가땃사 빠띠살리-낫사 에-왕 쩨-따소- 빠리위딱꼬- 우다빠-디 — "아디가또- 코- 먀-양 담모- 감비-로- 둗다소- 두라누보-도- 산또- 빠니-또- 아딱까-와짜로- 니뿌노- 빤디따웨-다니-요-. 아-ㄹ라야라-마- 코- 빠나-양 빠자- 아-ㄹ라야라따- 아-ㄹ라야삼무디따-. 아-ㄹ라야라-마-야 코- 빠나 빠자-야 아-ㄹ라야라따-야 아-ㄹ라야삼무디따-야 둗다상 이당 타-낭 야디당 이답빳짜야따-빠띳짜사뭅빠-도-. 이담삐 코- 타-낭 둗다상 야디당 삽바상카-라사마토- 삽부-빠디빠띠닛삭고- 딴하-ㄱ카요- 위라-고- 니로-도- 닙바-낭. 아한쩨-와 코- 빠나 담망 데-세이양; 빠레- 짜 메- 나 아-자-네이융; 소- 마맛사 낄라마토-, 사- 마맛사 위헤-사-"띠. 아삣수 바가완땅 이마- 아낫차리야- 가-타-요- 빠띠방수 뿝베- 앗수따뿝바- —

이렇게 나는 들었다. — 한때, 바야흐로 깨달음을 성취한 세존은 우루웰라에서 네란자라 강변 아자빨라니그로다 나무 밑에 머물렀다. 그때 외딴곳에 홀로 머무는 세존에게 이런 심(心)의 온전한 생각이 떠올랐다. — '내가 성취한 이 법은 심오하고, 보기 어렵고, 깨닫기 어렵고, 평화롭고, 숭고하고, 딱까[애(愛)의 형성 과정]의 영역을 넘어섰고, 독창적이고, 현자에게만 경험될 수 있다. 그러나 존재들은 잡기를 즐기고 잡기를 좋아하고 잡기를 기뻐한다. 잡기를 즐기고 잡기를 좋아하고 잡기를 기뻐하는 사람들은 이런 토대 즉 여기에서의 조건성인 연기(緣起)를 보기 어렵다. 또한, 이런 토대 즉 모든 행(行)을 그침이고, 모든 재생의 조건을 놓음이고, 애(愛)의 부서짐이고, 바램이고, 소멸인 열반(涅槃)을 보기 어렵다. 그러니 내가 이 법

을 설한다 해도 저들이 알지 못한다면 그것은 나를 피곤하게 하고 나를 짜증 나게 할 것이다.'라고. 그때 세존에게 이전에 들어보지 못한 게송이 자연스럽게 떠올랐다. —

"kicchena me adhigataṃ, halaṃ dāni pakāsituṃ.
rāgadosaparetehi, nāyaṃ dhammo susambudho.
"paṭisotagāmiṃ nipuṇaṃ, gambhīraṃ duddasaṃ aṇuṃ.
rāgarattā na dakkhanti, tamokhandhena āvuṭā"ti.

낏체-나 메- 아디가땅, 할랑 다-니 빠까-시뚱
라-가도-사빠레-떼-히, 나-양 담모- 수삼부도-
빠띠소-따가-밍 니뿌낭, 감비-랑 둗다상 아눙
라-가랏따- 나 닥칸띠, 따모-칸데-나 아-우따-"띠

"나에게 어렵게 얻어진 법을 설하는 것이 이제 필요할까?
탐(貪)과 진(嗔)에 시달리는 자들에게 이 법은 잘 깨달아지지 않는다.
흐름을 거스르고, 독창적이고, 심오하고, 보기 어렵고, 미세한 법을
어둠의 무더기에 덮이고 탐에 물든 자들은 보지 못한다."라고.

itiha bhagavato paṭisañcikkhato appossukkatāya cittaṃ namati, no dhammadesanāya.

이띠하 바가와또- 빠띠산찍카또- 압뽓숙까따-야 찟땅 나마띠, 노- 담마데-사나-야

이렇게 숙고하는 세존의 심은 법을 설함이 아니라 무관심으로 기울었다.

atha kho brahmuno sahampatissa bhagavato cetasā cetoparivitakkamaññāya etadahosi — "nassati vata bho loko, vinassati vata bho loko, yatra hi nāma tathāgatassa arahato sammāsambuddhassa appossukkatāya cittaṃ namati, no dhammadesanāyā"ti. atha kho brahmā sahampati — seyyathāpi nāma balavā puriso samiñjitaṃ vā bāhaṃ pasāreyya, pasāritaṃ vā bāhaṃ samiñjeyya evameva — brahmaloke antarahito bhagavato purato pāturahosi. atha kho brahmā sahampati ekaṃsaṃ uttarāsaṅgaṃ karitvā dakkhiṇajāṇumaṇḍalaṃ pathaviyaṃ nihantvā yena bhagavā tenañjaliṃ paṇāmetvā bhagavantaṃ etadavoca — "desetu, bhante, bhagavā dhammaṃ, desetu sugato dhammaṃ. santi sattā apparajakkhajātikā, assavanatā dhammassa parihāyanti. bhavissanti dhammassa aññātāro"ti. idamavoca brahmā sahampati, idaṃ vatvā athāparaṃ etadavoca —

아타 코- 브라흐무노- 사함빠띳사 바가와또- 쩨-따사- 쩨-또-빠리위딱까만냐-야 에-따다 호-시 — "낫사띠 와따 보- 로-꼬-, 위낫사띠 와따 보- 로-꼬-, 야뜨라 히 나-마 따타-가땃사 아라하또- 삼마-삼붇닷사 압뽓숙까따-야 찟땅 나마띠, 노- 담마데-사나-야-"띠. 아타 코- 브라흐마- 사함빠띠 — 세이야타-삐 나-마 발라와- 뿌리소- 사민지땅 와- 바-항 빠사-레이야, 빠사-리땅 와- 바-항 사민제이야 에-와메-와 — 브라흐마로-께- 안따라히또- 바가와또- 뿌라또- 빠-뚜라호-시. 아타 코- 브라흐마- 사함빠띠 에-깡상 웃따라-상강 까리뜨와- 닥키나자-누만달랑 빠타위양 니한뜨와- 예-나 바가와- 떼-난잘링 빠나-메-뜨와- 바가완땅 에-따다오-짜 — "데-세-뚜, 반떼-, 바가와- 담망, 데-세-뚜 수가또- 담망. 산띠 삿따- 압빠라작카자-띠까-, 앗사와나따- 담맛사 빠리하-얀띠. 바윗산띠 담맛사 안냐-따-로-"띠. 이다마오-짜 브라흐마- 사함빠띠, 이당 와뜨와- 아타-빠랑 에-따다오-짜 —

그때 세존의 심으로부터 심의 온전한 생각을 안 뒤에 사함빠띠 범천에게 이런 생각이 떠올랐다. — '어떤 경우에도 여래-아라한-정등각의 심이 법을 설함이 아니라 무관심으로 기운다면 세상은 참으로 타락할 것이고, 세상은 참으로 파괴될 것이다.'라고. 그러자 사함빠띠 범천은 — 예를 들면 힘센 사람이 접은 팔을 펴거나 편 팔을 접을 것이다. 이렇게 — 범천의 세상에서 사라져 세존의 앞에 나타났다. 그때 사함빠띠 범천은 한쪽 어깨가 드러나게 윗 가사를 입고, 오른쪽 무릎을 땅에 대고, 합장하여 세존에게 인사한 뒤에 세존에게 이렇게 말했다. — "대덕이시여, 세존께서는 법을 설하십시오. 선서께서는 법을 설하십시오. 태어날 때부터 더러움이 적은 중생들이 있습니다. 그들은 법을 듣지 않으면 쇠퇴할 것입니다. 법을 이해하는 자들이 있을 것입니다."라고. 사함빠띠 범천은 이렇게 말했다. 이렇게 말하고 다시 다음과 같이 말했다. —

"pāturahosi magadhesu pubbe, dhammo asuddho samalehi cintito.
apāpuretaṃ amatassa dvāraṃ, suṇantu dhammaṃ vimalenānubuddhaṃ.

빠-뚜라호-시 마가데-수 뿝베-, 담모- 아숟도- 사말레-히 찐띠또-
아빠-뿌레-땅 아마땃사 드와-랑, 수난뚜 담망 위말레-나-누붇당

"예전에 마가다에 오염된 생각 때문에 청정하지 못한 법이 나타났지만, 그대들은 이제 때 없는 분이 깨달은 불사의 문을 여는 법을 들으십시오!

"sele yathā pabbatamuddhaniṭṭhito, yathāpi passe janataṃ samantato.
tathūpamaṃ dhammamayaṃ sumedha, pāsādamāruyha samantacakkhu.
sokāvatiṇṇaṃ janatamapetasoko, avekkhassu jātijarābhibhūtaṃ.

세-ㄹ레- 야타- 빱바따묻다닛티또-, 야타-삐 빳세- 자나땅 사만따또-
따투-빠망 담마마양 수메-다, 빠-사-다마-루이하 사만따짝쿠

소-까-와띤낭 자나따마뻬-따소-꼬-, 아웩캇수 자-띠자라-비부-땅

산봉우리에 준비된 바위 위에서 사방의 사람들을 보는 것처럼, 현자시여, 모든 것을 보는 분이시여, 그와 같이 법으로 만든 궁전에 올라 슬픔을 떠난 분께서는 슬픔에 빠져있고 태어남과 늙음에 압도된 저들을 살피십시오.

"uṭṭhehi vīra vijitasaṅgāma, satthavāha anaṇa vicara loke.
desassu bhagavā dhammaṃ, aññātāro bhavissantī"ti.

웃테-히 위-라 위지따상가-마, 삿타와-하 아나나 위짜라 로-께-
데-삿수 바가와- 담망, 안냐-따-로- 바윗산띠-"띠

일어서십시오. 영웅이여, 승리자여, 대상(隊商)을 이끄는 분이여, 빚 없는 분이여, 세상으로 나아가십시오. 세존께서는 법을 설하십시오. 아는 사람들이 있을 것입니다."

atha kho bhagavā brahmuno ca ajjhesanaṃ viditvā sattesu ca kāruññataṃ paṭicca buddhacakkhunā lokaṃ volokesi. addasā kho bhagavā buddhacakkhunā lokaṃ volokento satte apparajakkhe mahārajakkhe tikkhindriye mudindriye svākāre dvākāre suviññāpaye duviññāpaye, appekacce paralokavajjabhayadassāvine viharante, appekacce na paralokavajjabhayadassāvine viharante. seyyathāpi nāma uppaliniyaṃ vā paduminiyaṃ vā puṇḍarīkiniyaṃ vā appekaccāni uppalāni vā padumāni vā puṇḍarīkāni vā udake jātāni udake saṃvaḍḍhāni udakānuggatāni anto nimuggaposīni, appekaccāni uppalāni vā padumāni vā puṇḍarīkāni vā udake jātāni udake saṃvaḍḍhāni samodakaṃ ṭhitāni, appekaccāni uppalāni vā padumāni vā puṇḍarīkāni vā udake jātāni udake saṃvaḍḍhāni udakā accuggamma ṭhitāni anupalittāni udakena; evameva bhagavā buddhacakkhunā lokaṃ volokento addasa satte apparajakkhe mahārajakkhe tikkhindriye mudindriye svākāre dvākāre suviññāpaye duviññāpaye, appekacce paralokavajjabhayadassāvine viharante, appekacce na paralokavajjabhayadassāvine viharante. disvāna brahmānaṃ sahampatiṃ gāthāya paccabhāsi —

아타 코- 바가와- 브라흐무노- 짜 앗제-사낭 위디뜨와- 삿떼-수 짜 까-룬냐땅 빠띳짜 붇다짝쿠나- 로-깡 오-ㄹ로-께-시. 앋다사- 코- 바가와- 붇다짝쿠나- 로-깡 오-ㄹ로-껜또- 삿떼- 압빠라작케- 마하-라작케- 띡킨드리예- 무딘드리예- 스와-까-레- 드와-까-레- 수윈냐-빠예- 두윈냐-빠예-, 압뻬-깟쩨- 빠랄로-까왓자바야닷사-위네- 위하란떼-, 압뻬-깟쩨-나 빠랄로-까왓자바야닷사-위네- 위하란떼-. 세이야타-삐 나-마 웁빨리니양 와- 빠두미니양 와- 뿐다리-끼니양 와- 압뻬-깟짜-니 웁빨라-니 와- 빠두마-니 와- 뿐다리-까-니 와- 우

다께- 자-따-니 우다께- 상왇다-니 우다까-눅가따-니 안또- 니묵가뽀-시-니, 압뻬-깟짜-니 웁빨라-니 와- 빠두마-니 와- 뿐다리-까-니 와- 우다께- 자-따-니 우다께- 상왇다-니 사모-다깡 티따-니, 압뻬-깟짜-니 웁빨라-니 와- 빠두마-니 와- 뿐다리-까-니 와- 우다께-자-따-니 우다께- 상왇다-니 우다까- 앗쭈감마 티따-니 아누빨릿따-니 우다께-나; 에-와메-와 바가와- 붇다짝쿠나- 로-깡 오-ㄹ로-껜또- 안다사 삿떼- 압빠라작케- 마하-라작케-띡킨드리예- 무딘드리예- 스와-까-레- 드와-까-레- 수윈냐-빠예- 두윈냐-빠예-, 압뻬-깟쩨- 빠랄로-까왓자바야닷사-위네- 위하란떼-, 압뻬-깟쩨- 나 빠랄로-까왓자바야닷사-위네- 위하란떼-. 디스와-나 브라흐마-낭 사함빠띵 가-타-야 빳짜바-시 —

그러자 세존은 범천의 요청을 알고서 중생에 대한 연민으로 부처의 눈[불안(佛眼)]으로 세상을 살펴보았다. 부처의 눈으로 세상을 살펴보던 세존은 더러움이 적은 자들, 더러움이 많은 자들, 기능이 예리한 자들, 기능이 둔한 자들, 기질이 좋은 자들, 기질이 나쁜 자들, 가르치기 쉬운 자들, 가르치기 어려운 자들, 저세상의 결함에 대해 두려움을 보며 지내는 어떤 자들, 저세상의 결함에 대해 두려움을 보지 않고 지내는 어떤 자들 등 중생들을 보았다. 예를 들면, 청련이나 홍련이나 백련이 있다. 어떤 청련이나 홍련이나 백련은 물속에서 생겨나 물속에서 성장하고 물에 잠겨 그 속에서만 자란다. 어떤 청련이나 홍련이나 백련은 물속에서 생겨나 물속에서 성장하고 물에 잠겨 물의 바깥 면에 선다. 어떤 청련이나 홍련이나 백련은 물속에서 생겨나 물속에서 성장하여 물 위로 올라와 서서 물에 의해 얼룩지지 않는다. 부처의 눈으로 세상을 살펴보던 세존은 더러움이 적은 자들, 더러움이 많은 자들, 기능이 예리한 자들, 기능이 둔한 자들, 기질이 좋은 자들, 기질이 나쁜 자들, 가르치기 쉬운 자들, 가르치기 어려운 자들, 저세상의 결함에 대해 두려움을 보며 지내는 어떤 자들, 저세상의 결함에 대해 두려움을 보지 않고 지내는 어떤 자들 등 중생들을 보았다. 그때 세존은 사함빠띠 범천에게 게송으로 대답했다. —

"apārutā tesaṃ amatassa dvārā, ye sotavanto pamuñcantu saddhaṃ.
vihiṃsasaññī paguṇaṃ na bhāsiṃ, dhammaṃ paṇītaṃ manujesu brahme"ti.

아빠-루따- 떼-상 아마땃사 드와-라-, 예- 소-따완또- 빠문짠뚜 삳당
위힝사산니- 빠구낭 나 바-싱, 담망 빠니-땅 마누제-수 브라흐메-"띠

그들에게 불사(不死)의 문은 열렸다. 귀를 가진 자들은 믿음을 버려라.
범천이여, 연민의 상(想)을 일으키지 않았던 나는 사람들에게 잘 실천되고 뛰어난 법을 말하지 않았다.

atha kho brahmā sahampati "katāvakāso khomhi bhagavatā dhammadesanāyā"ti bhagavantaṃ abhivādetvā padakkhiṇaṃ katvā tatthevantaradhāyīti.

아타 코- 브라흐마- 사함빠띠 "까따-와까-소- 콤히 바가와따- 담마데-사나-야-"띠 바가완땅 아비와-데-뜨와- 빠닥키낭 까뜨와- 땃테-완따라다-이-띠

그러자 사함빠띠 범천은 '나는 세존에 의해 법이 설해지도록 기회를 만들었다.'라며 세존에게 절하고 오른쪽으로 돈 뒤 그곳에서 사라졌다. ▣

부처님의 오도송(悟道頌)

dhammapadapāḷi[법구경(法句經)], 11. jarāvaggo (KN 2.11-늙음 품)

153.

anekajātisaṃsāraṃ, sandhāvissaṃ anibbisaṃ.
gahakāraṃ gavesanto, dukkhā jāti punappunaṃ.

아네-까자-띠상사-랑, 산다-윗상 아닙비상
가하까-랑 가웨-산또-, 둑카- 자-띠 뿌납뿌낭

옮겨가고 윤회하는 오랜 태어남의 과정에서 찾지 못한
집을 짓는 자를 찾는 자가 있다. 거듭되는 태어남은 괴로움이다.

154.

gahakāraka diṭṭhosi, puna gehaṃ na kāhasi.
sabbā te phāsukā bhaggā, gahakūṭaṃ visaṅkhataṃ.
visaṅkhāragataṃ cittaṃ, taṇhānaṃ khayamajjhagā.

가하까-라까 딧토-시, 뿌나 게-항 나 까-하시
삽바- 떼- 파-수까- 박가-, 가하꾸-땅 위상카땅
위상카-라가땅 찟땅, 딴하-낭 카야맛자가-

집을 짓는 자여, 그대는 발견되었다. 그대는 다시는 집을 짓지 못한다.
그대에게 서까래는 모두 부서졌고 대들보는 유위(有爲)에서 벗어났다.
심(心)은 행(行-형성작용)에서 벗어났고, 애(愛)들의 부서짐을 얻었다.

2. gāravasuttaṃ (SN 6.2-존중 경)

- 「나는 내가 깨달은 법을 존경하고 존중하고 의지하여 머물러야겠다.」
- 오법온(五法蘊) — 계온(戒蘊), 정온(定蘊), 혜온(蘊), 해탈온(解脫蘊), 해탈지견온(解脫知見蘊)

- 「과거의 부처님들도 미래의 부처님들도 현재의 부처님도 많은 사람의 슬픔을 없애주십니다.」

evaṃ me sutaṃ — ekaṃ samayaṃ bhagavā uruvelāyaṃ viharati najjā nerañjarāya tīre ajapālanigrodhamūle paṭhamābhisambuddho. atha kho bhagavato rahogatassa paṭisallīnassa evaṃ cetaso parivitakko udapādi — "dukkhaṃ kho agāravo viharati appatisso, kaṃ nu khvāhaṃ samaṇaṃ vā brāhmaṇaṃ vā sakkatvā garuṃ katvā upanissāya vihareyyan"ti?

에-왕 메- 수땅 — 에-깡 사마양 바가와- 우루웰-ㄹ라-양 위하라띠 낫자- 네-란자라-야 띠-레- 아자빠-ㄹ라니그로-다무-ㄹ레- 빠타마-비삼붇도-. 아타 코- 바가와또- 라호-가땃사 빠띠살리-낫사 에-왕 쩨-따소- 빠리위딱꼬- 우다빠-디 — "둑캉 코- 아가-라오- 위하라띠 압빠띳소-, 깡 누 콰-항 사마낭 와- 브라-흐마낭 와- 삭까뜨와- 가룽 까뜨와- 우빠닛사-야 위하레이얀"띠?

이렇게 나는 들었다. — 한때, 바야흐로 깨달음을 성취한 세존은 우루웰라에서 네란자라 강변 아자빨라니그로다 나무 밑에 머물렀다. 그때 외딴곳에 홀로 머무는 세존에게 이런 심(心)의 온전한 생각이 떠올랐다. — "존중하지 않고 순응하지 않는 자는 괴롭게 머문다. 참으로 나는 어떤 사문이나 바라문을 존경하고 존중하고 의지하며 머물러야 하는가?"라고.

atha kho bhagavato etadahosi — "aparipuṇṇassa kho sīlakkhandhassa pāripūriyā aññaṃ samaṇaṃ vā brāhmaṇaṃ vā sakkatvā garuṃ katvā upanissāya vihareyyaṃ. na kho panāhaṃ passāmi sadevake loke samārake sabrahmake sassamaṇabrāhmaṇiyā pajāya sadevamanussāya attanā sīlasampannataraṃ aññaṃ samaṇaṃ vā brāhmaṇaṃ vā, yamahaṃ sakkatvā garuṃ katvā upanissāya vihareyyaṃ.

아타 코- 바가와또- 에-따다호-시 — "아빠리뿐냣사 코- 시-ㄹ락칸닷사 빠-리뿌-리야- 안냥 사마낭 와- 브라-흐마낭 와- 삭까뜨와- 가룽 까뜨와- 우빠닛사-야 위하레이양. 나 코- 빠나-항 빳사-미 사데-와께- 로-께- 사마-라께- 사브라흐마께- 삿사마나브라-흐마니야- 빠자-야 사데-와마눗사-야 앗따나- 시-ㄹ라삼빤나따랑 안냥 사마낭 와- 브라-흐마낭 와-, 야마항 삭까뜨와- 가룽 까뜨와- 우빠닛사-야 위하레이양

그때 세존에게 이런 생각이 떠올랐다. — "계(戒)의 무더기[계온(戒蘊)]가 완성되지 않았을

때, 그것의 완성을 위해 다른 사문이나 바라문을 존경하고 존중하고 의지하여 머물러야 할 것이다. 그러나 나는 신과 마라와 범천과 함께하는 세상에서 사문-바라문과 신과 인간을 포함한 존재 가운데 나보다 계를 더 잘 갖춘, 내가 존경하고 존중하고 의지하여 머물 다른 사문이나 바라문을 보지 못한다.

"aparipuṇṇassa kho samādhikkhandhassa pāripūriyā aññaṃ samaṇaṃ vā brāhmaṇaṃ vā sakkatvā garuṃ katvā upanissāya vihareyyaṃ. na kho panāhaṃ passāmi sadevake loke samārake sabrahmake sassamaṇabrāhmaṇiyā pajāya sadevamanussāya attanā samādhisampannataraṃ aññaṃ samaṇaṃ vā brāhmaṇaṃ vā, yamahaṃ sakkatvā garuṃ katvā upanissāya vihareyyaṃ.

아빠리뿐낫사 코- 사마-딕칸닷사 빠-리뿌-리야- 안냥 사마낭 와- 브라-흐마낭 와- 삭까뜨와- 가룽 까뜨와- 우빠닛사-야 위하레이양. 나 코- 빠나-항 빳사-미 사데-와께- 로-께- 사마-라께- 사브라흐마께- 삿사마나브라-흐마니야- 빠자-야 사데-와마눗사-야 앗따나- 사마-디삼빤나따랑 안냥 사마낭 와- 브라-흐마낭 와-, 야마항 삭까뜨와- 가룽 까뜨와- 우빠닛사-야 위하레이양

삼매의 무더기[정온(定蘊)]가 완성되지 않았을 때, 그것의 완성을 위해 다른 사문이나 바라문을 존경하고 존중하고 의지하여 머물러야 할 것이다. 그러나 나는 신과 마라와 범천과 함께하는 세상에서 사문-바라문과 신과 인간을 포함한 존재 가운데 나보다 삼매를 더 잘 갖춘, 내가 존경하고 존중하고 의지하여 머물 다른 사문이나 바라문을 보지 못한다.

"aparipuṇṇassa paññākkhandhassa pāripūriyā aññaṃ samaṇaṃ vā brāhmaṇaṃ vā sakkatvā garuṃ katvā upanissāya vihareyyaṃ. na kho panāhaṃ passāmi sadevake loke samārake sabrahmake sassamaṇabrāhmaṇiyā pajāya sadevamanussāya attanā paññāsampannataraṃ aññaṃ samaṇaṃ vā brāhmaṇaṃ vā, yamahaṃ sakkatvā garuṃ katvā upanissāya vihareyyaṃ.

아빠리뿐낫사 빤냐-ㄱ칸닷사 빠-리뿌-리야- 안냥 사마낭 와- 브라-흐마낭 와- 삭까뜨와- 가룽 까뜨와- 우빠닛사-야 위하레이양. 나 코- 빠나-항 빳사-미 사데-와께- 로-께- 사마-라께- 사브라흐마께- 삿사마나브라-흐마니야- 빠자-야 사데-와마눗사-야 앗따나- 빤냐-삼빤나따랑 안냥 사마낭 와- 브라-흐마낭 와-, 야마항 삭까뜨와- 가룽 까뜨와- 우빠닛사-야 위하레이양

지혜의 무더기[혜온(蘊)]가 완성되지 않았을 때, 그것의 완성을 위해 다른 사문이나 바라문을 존경하고 존중하고 의지하여 머물러야 할 것이다. 그러나 나는 신과 마라와 범천과 함께하는 세상에서 사문-바라문과 신과 인간을 포함한 존재 가운데 나보다 지혜를 더 잘 갖춘, 내

가 존경하고 존중하고 의지하여 머물 다른 사문이나 바라문을 보지 못한다.

“aparipuṇṇassa kho vimuttikkhandhassa pāripūriyā aññaṃ samaṇaṃ vā brāhmaṇaṃ vā sakkatvā garuṃ katvā upanissāya vihareyyaṃ. na kho panāhaṃ passāmi sadevake loke samārake sabrahmake sassamaṇabrāhmaṇiyā pajāya sadevamanussāya attanā vimuttisampannataraṃ aññaṃ samaṇaṃ vā brāhmaṇaṃ vā, yamahaṃ sakkatvā garuṃ katvā upanissāya vihareyyaṃ.

아빠리뿐낫사 코- 위뭇띡칸닷사 빠-리뿌-리야- 안냥 사마낭 와- 브라-흐마낭 와- 삭까뜨와- 가룽 까뜨와- 우빠닛사-야 위하레이양. 나 코- 빠나-항 빳사-미 사데-와께- 로-께- 사마-라께- 사브라흐마께- 삿사마나브라-흐마니야- 빠자-야 사데-와마눗사-야 앗따나- 위뭇띠삼빤나따랑 안냥 사마낭 와- 브라-흐마낭 와-, 야마항 삭까뜨와- 가룽 까뜨와- 우빠닛사-야 위하레이양

해탈의 무더기[해탈온(解脫蘊)]가 완성되지 않았을 때, 그것의 완성을 위해 다른 사문이나 바라문을 존경하고 존중하고 의지하여 머물러야 할 것이다. 그러나 나는 신과 마라와 범천과 함께하는 세상에서 사문-바라문과 신과 인간을 포함한 존재 가운데 나보다 해탈을 더 잘 갖춘, 내가 존경하고 존중하고 의지하여 머물 다른 사문이나 바라문을 보지 못한다.

“aparipuṇṇassa kho vimuttiñāṇadassanakkhandhassa pāripūriyā aññaṃ samaṇaṃ vā brāhmaṇaṃ vā sakkatvā garuṃ katvā upanissāya vihareyyaṃ. na kho panāhaṃ passāmi sadevake loke samārake sabrahmake sassamaṇabrāhmaṇiyā pajāya sadevamanussāya attanā vimuttiñāṇadassanasampannataraṃ aññaṃ samaṇaṃ vā brāhmaṇaṃ vā, yamahaṃ sakkatvā garuṃ katvā upanissāya vihareyyaṃ. yaṃnūnāhaṃ yvāyaṃ dhammo mayā abhisambuddho tameva dhammaṃ sakkatvā garuṃ katvā upanissāya vihareyyan”ti.

아빠리뿐낫사 코- 위뭇띠냐-나닷사낙칸닷사 빠-리뿌-리야- 안냥 사마낭 와- 브라-흐마낭 와- 삭까뜨와- 가룽 까뜨와- 우빠닛사-야 위하레이양. 나 코- 빠나-항 빳사-미 사데-와께- 로-께- 사마-라께- 사브라흐마께- 삿사마나브라-흐마니야- 빠자-야 사데-와마눗사-야 앗따나- 위뭇띠냐-나닷사나삼빤나따랑 안냥 사마낭 와- 브라-흐마낭 와-, 야마항 삭까뜨와- 가룽 까뜨와- 우빠닛사-야 위하레이양. 양누-나-항 와-양 담모- 마야- 아비삼붇도- 따메-와 담망 삭까뜨와- 가룽 까뜨와- 우빠닛사-야 위하레이얀”띠

해탈지견의 무더기[해탈지견온(解脫知見蘊)]가 완성되지 않았을 때, 그것의 완성을 위해 다른 사문이나 바라문을 존경하고 존중하고 의지하여 머물러야 할 것이다. 그러나 나는 신과 마라와 범천과 함께하는 세상에서 사문-바라문과 신과 인간을 포함한 존재 가운데 나보다

해탈지견을 더 잘 갖춘, 내가 존경하고 존중하고 의지하여 머물 다른 사문이나 바라문을 보지 못한다. 나는 내가 깨달은 법(法)을 존경하고 존중하고 의지하여 머물러야겠다."라고.

atha kho brahmā sahampati bhagavato cetasā cetoparivitakkamaññāya — seyyathāpi nāma balavā puriso samiñjitaṃ vā bāhaṃ pasāreyya pasāritaṃ vā bāhaṃ samiñjeyya evameva — brahmaloke antarahito bhagavato purato pāturahosi. atha kho brahmā sahampati ekaṃsaṃ uttarāsaṅgaṃ karitvā yena bhagavā tenañjaliṃ paṇāmetvā bhagavantaṃ etadavoca — "evametaṃ, bhagavā, evametaṃ, sugata! yepi te, bhante, ahesuṃ atītamaddhānaṃ arahanto sammāsambuddhā, tepi bhagavanto dhammaññeva sakkatvā garuṃ katvā upanissāya vihariṃsu; yepi te, bhante, bhavissanti anāgatamaddhānaṃ arahanto sammāsambuddhā tepi bhagavanto dhammaññeva sakkatvā garuṃ katvā upanissāya viharissanti. bhagavāpi, bhante, etarahi arahaṃ sammāsambuddho dhammaññeva sakkatvā garuṃ katvā upanissāya viharatū"ti. idamavoca brahmā sahampati, idaṃ vatvā athāparaṃ etadavoca —

아타 코- 브라흐마- 사함빠띠 바가와또- 쩨-따사- 쩨-또-빠리위딱까만냐-야 — 세이야타-삐 나-마 발라와- 뿌리소- 사민지땅 와- 바-항 빠사-레이야, 빠사-리땅 와- 바-항 사민제이야 에-와메-와 — 브라흐마로-께- 안따라히또- 바가와또- 뿌라또- 빠-뚜라호-시. 아타 코- 브라흐마- 사함빠띠 에-깡상 웃따라-상강 까리뜨와- 예-나 바가와- 떼-난잘링 빠나-메-뜨와- 바가완땅 에-따다오-짜 — "에-와메-땅, 바가와-, 에-와메-땅, 수가따! 예-삐 떼-, 반떼-, 아헤-숭 아띠-따맏다-낭 아라한또- 삼마-삼붇다-, 떼-삐 바가완또- 담만녜-와 삭까뜨와- 가룽 까뜨와- 우빠닛사-야 위하링수; 예-삐 떼-, 반떼-, 바윗산띠 아나-가따맏다-낭 아라한또- 삼마-삼붇다-, 떼-삐 바가완또- 담만녜-와 삭까뜨와- 가룽 까뜨와- 우빠닛사-야 위하릿산띠. 바가와-삐, 반떼-, 에-따라히 아라항 삼마-삼붇도- 담만녜-와 삭까뜨와- 가룽 까뜨와- 우빠닛사-야 위하라뚜-"띠. 이다마오-짜 브라흐마- 사함빠띠, 이당 와뜨와- 아타-빠랑 에-따다오-짜 —

그때 세존의 심으로부터 심의 온전한 생각을 안 뒤에 사함빠띠 범천은 — 예를 들면 힘센 사람이 접은 팔을 펴거나 편 팔을 접을 것이다. 이렇게 — 범천의 세상에서 사라져 세존의 앞에 나타났다. 그때 사함빠띠 범천은 한쪽 어깨가 드러나게 윗 가사를 입고, 오른쪽 무릎을 땅에 대고, 합장하여 세존에게 인사한 뒤에 세존에게 이렇게 말했다. — "그렇습니다, 세존이시여. 그렇습니다, 선서시여! 과거의 아라한-정등각인 세존들께서도 오직 법을 존경하고 존중하고 의지하여 머물렀습니다. 미래에 있을 아라한-정등각인 그분 세존들께서도 오직 법을 존경하고 존중하고 의지하여 머물 것입니다. 대덕이시여, 현재의 아라한-정등각이신 세존께서도 오직 법을 존경하고 존중하고 의지하여 머무십시오."라고. 사함빠띠 범천은 이렇게 말했다. 이렇게 말한 뒤에 다시 이렇게 말했다. —

"ye ca atītā sambuddhā, ye ca buddhā anāgatā.
yo cetarahi sambuddho, bahūnaṃ sokanāsano.

예- 짜 아띠-따- 삼붇다-, 예- 짜 붇다- 아나-가따-
요- 쩨-따라히 삼붇도-, 바후-낭 소-까나-사노-

과거의 부처님들도 미래의 부처님들도
현재의 부처님도 많은 사람의 슬픔을 없애주십니다.

"sabbe saddhammagaruno, vihaṃsu viharanti ca.
tathāpi viharissanti, esā buddhāna dhammatā.

삽베- 삳담마가루노-, 위항수 위하란띠 짜.
따타-삐 위하릿산띠, 에-사- 붇다-나 담마따-

모두 바른 법을 존중하며 머물렀고, 머물고,
그렇게 머물 것입니다. 이것이 부처님들의 법의 성품입니다.

"tasmā hi attakāmena, mahattamabhikaṅkhatā.
saddhammo garukātabbo, saraṃ buddhāna sāsanan"ti.

따스마- 히 앗따까-메-나, 마핫따마비깡카따-
삳담모- 가루까-땁보-, 사랑 붇다-나 사-사난"띠

그러므로 참으로 자신을 즐거워하면서 위대함을 지향하는 자는
부처님들의 가르침을 기억하면서, 정법을 존중해야 합니다. ▣

배워 알고 실천하는 불교 신자!

3. brahmasuttaṃ (SN 47.18-범천 경)

• 사념처(四念處) — 네 가지 염처(念處) → 네 가지를 대상으로 사띠(sati-念)를 확립함(힘있게 함)

※ 사띠(sati-念) = 마음의 현재를 발견하는 능력(눈뜸) — 알아차림/마음챙김/새김
/mindfulness 등으로 번역

• 폭류를 건넜고, 건널 것이고, 건너는 유일한 길 = 신(身)-수(受)-심(心)-법(法) 사념처(四念處)
→ 열반의 실현

ekaṃ samayaṃ bhagavā uruvelāyaṃ viharati najjā nerañjarāya tīre ajapālanigrodhe paṭhamābhisambuddho. atha kho bhagavato rahogatassa paṭisallīnassa evaṃ cetaso parivitakko udapādi — "ekāyano ayaṃ maggo sattānaṃ visuddhiyā sokaparidevānaṃ samatikkamāya dukkhadomanassānaṃ atthaṅgamāya ñāyassa adhigamāya nibbānassa sacchikiriyāya, yadidaṃ — cattāro satipaṭṭhānā".

에-깡 사마양 바가와- 우루웰-ㄹ라-양 위하라띠 낫자- 네-란자라-야 띠-레- 아자빠-ㄹ라니그로-데- 빠타마-비삼붇도-. 아타 코- 바가와또- 라호-가땃사 빠띠살리-낫사 에-왕 쩨-따소- 빠리위딱꼬- 우다빠-디 — "에-까-야노- 아양 막고- 삿따-낭 위숟디야- 소-까빠리데-와-낭 사마띢까마-야 둑카도-마낫사-낭 앗탕가마-야 냐-얏사 아디가마-야 닙바-낫사 삿치끼리야-야, 야디당 — 짯따-로- 사띠빳타-나-"

한때, 바야흐로 깨달음을 성취한 세존은 우루웰라에서 네란자라 강변 아자빨라니그로다 나무에 머물렀다. 그때 외딴곳에 홀로 머무는 세존에게 이런 심(心)의 온전한 생각이 떠올랐다. — "사념처(四念處)라는 이 길은 중생들의 청정을 위한, 슬픔[수(愁)]과 비탄[비(悲)]을 건너기 위한, 고통[고(苦)]과 고뇌[우(憂)]의 줄어듦을 위한, 방법을 얻기 위한, 열반을 실현하기 위한 유일한 경로이다.

"katame cattāro? kāye vā bhikkhu kāyānupassī vihareyya ātāpī sampajāno satimā, vineyya loke abhijjhādomanassaṃ; vedanāsu vā bhikkhu vedanānupassī vihareyya ātāpī sampajāno satimā, vineyya loke abhijjhādomanassaṃ; citte vā bhikkhu cittānupassī vihareyya ātāpī sampajāno satimā, vineyya loke abhijjhādomanassaṃ; dhammesu vā bhikkhu dhammānupassī vihareyya ātāpī sampajāno satimā, vineyya loke abhijjhādomanassaṃ. ekāyano ayaṃ maggo sattānaṃ visuddhiyā sokaparidevānaṃ samatikkamāya dukkhadomanassānaṃ atthaṅgamāya ñāyassa adhigamāya nibbānassa sacchikiriyāya, yadidaṃ — cattāro satipaṭṭhānā"ti.

까따메- 짯따-로-? 까-예- 와- 빅쿠 까-야-누빳시- 위하레이야 아-따-삐- 삼빠자-노- 사띠

마- 위네이야 로-께- 아빗자-도-마낫상, 웨-다나-수 와- 빅쿠 웨-다나-누빳시- 위하레이야 아-따-삐- 삼빠자-노- 사띠마- 위네이야 로-께- 아빗자-도-마낫상, 찟떼- 와- 빅쿠 찟따-누빳시- 위하레이야 아-따-삐- 삼빠자-노- 사띠마- 위네이야 로-께- 아빗자-도-마낫상, 담메-수 와- 빅쿠 담마-누빳시- 위하레이야 아-따-삐- 삼빠자-노- 사띠마- 위네이야 로-께-아빗자-도-마낫상. 에-까-야노- 아양 막고- 삿따-낭 위숟디야- 소-까빠리데-와-낭 사마띡까마-야 둑카도-마낫사-낭 앗탕가마-야 냐-얏사 아디가마-야 닙바-낫사 삿치끼리야-야, 야디당 — 짯따-로- 사띠빳타-나-"띠

어떤 네 가지인가? 비구는 몸(身)에서 몸을 이어 보면서 머물러야 한다. 알아차리고, 옳고 그름을 판단하고, 옳음의 유지-향상을 위해 노력하는 자는 세상에서 간탐과 고뇌를 제거한다. 느낌(受)들에서 느낌을 이어 보면서 머물러야 한다. 알아차리고, 옳고 그름을 판단하고, 옳음의 유지-향상을 위해 노력하는 자는 세상에서 간탐과 고뇌를 제거한다. 마음(心)에서 마음을 이어 보면서 머물러야 한다. 알아차리고, 옳고 그름을 판단하고, 옳음의 유지-향상을 위해 노력하는 자는 세상에서 간탐과 고뇌를 제거한다. 법(法)들에서 법을 이어 보면서 머물러야 한다. 알아차리고, 옳고 그름을 판단하고, 옳음의 유지-향상을 위해 노력하는 자는 세상에서 간탐과 고뇌를 제거한다. 사념처라는 이 길은 중생들의 청정을 위한, 슬픔과 비탄을 건너기 위한, 고통과 고뇌의 줄어듦을 위한, 방법을 얻기 위한, 열반을 실현하기 위한 유일한 경로이다."

atha kho brahmā sahampati bhagavato cetasā cetoparivitakkamaññāya — seyyathāpi nāma balavā puriso samiñjitaṃ vā bāhaṃ pasāreyya, pasāritaṃ vā bāhaṃ samiñjeyya, evameva — brahmaloke antarahito bhagavato purato pāturahosi. atha kho brahmā sahampati ekaṃsaṃ uttarāsaṅgaṃ karitvā yena bhagavā tenañjaliṃ paṇāmetvā bhagavantaṃ etadavoca — "evametaṃ, bhagavā, evametaṃ, sugata! ekāyano ayaṃ, bhante, maggo sattānaṃ visuddhiyā sokaparidevānaṃ samatikkamāya dukkhadomanassānaṃ atthaṅgamāya ñāyassa adhigamāya nibbānassa sacchikiriyāya, yadidaṃ — cattāro satipaṭṭhānā".

아타 코- 브라흐마- 사함빠띠 바가와또- 쩨-따사- 쩨-또-빠리위딱까만냐-야 — 세이야타-삐 나-마 발라와- 뿌리소- 사민지땅 와- 바-항 빠사-레이야, 빠사-리땅 와- 바-항 사민제이야 에-와메-와 — 브라흐마로-께- 안따라히또- 바가와또- 뿌라또- 빠-뚜라호-시. 아타 코-브라흐마- 사함빠띠 에-깡상 웃따라-상강 까리뜨와- 예-나 바가와- 떼-난잘링 빠나-메-뜨와- 바가완땅 에-따다오-짜 — "에-와메-땅, 바가와-, 에-와메-땅, 수가따! 에-까-야노- 아양, 반떼-, 막고- 삿따-낭 위숟디야- 소-까빠리데-와-낭 사마띡까마-야 둑카도-마낫사-낭 앗탕가마-야 냐-얏사 아디가마-야 닙바-낫사 삿치끼리야-야, 야디당 — 짯따-로- 사띠빳타-나-"

그때 사함빠띠 범천이 세존의 심으로부터 심의 온전한 생각을 안 뒤에 — 예를 들면 힘센 사람이 접은 팔을 펴거나 편 팔을 접을 것이다. 이렇게 — 범천의 세상에서 사라져 세존의 앞에 나타났다. 그때 사함빠띠 범천은 한쪽 어깨가 드러나게 윗 가사를 입고, 오른쪽 무릎을 땅에 대고, 합장하여 세존에게 인사한 뒤에 세존에게 이렇게 말했다. — "그렇습니다, 세존이시여. 그렇습니다, 선서시여! 사념처라는 이 길은 중생들의 청정을 위한, 슬픔과 비탄을 건너기 위한, 고통과 고뇌의 줄어듦을 위한, 방법을 얻기 위한, 열반을 실현하기 위한 유일한 경로입니다.

"katame cattāro? kāye vā, bhante, bhikkhu kāyānupassī vihareyya ātāpī sampajāno satimā, vineyya loke abhijjhādomanassaṃ; vedanāsu vā, bhante, bhikkhu vedanānupassī vihareyya ātāpī sampajāno satimā, vineyya loke abhijjhādomanassaṃ; citte vā, bhante, bhikkhu cittānupassī vihareyya ātāpī sampajāno satimā, vineyya loke abhijjhādomanassaṃ; dhammesu vā, bhante, bhikkhu dhammānupassī vihareyya ātāpī sampajāno satimā, vineyya loke abhijjhādomanassaṃ. ekāyano ayaṃ, bhante, maggo sattānaṃ visuddhiyā sokaparidevānaṃ samatikkamāya dukkhadomanassānaṃ atthaṅgamāya ñāyassa adhigamāya nibbānassa sacchikiriyāya, yadidaṃ — cattāro satipaṭṭhānā"ti.

까따메- 짯따-로-? 까-예- 와-, 반떼-, 빅쿠 까-야-누빳시- 위하레이야 아-따-삐- 삼빠자-노- 사띠마- 위네이야 로-께- 아빗자-도-마낫상, 웨-다나-수 와-, 반떼-, 빅쿠 웨-다나-누빳시- 위하레이야 아-따-삐- 삼빠자-노- 사띠마- 위네이야 로-께- 아빗자-도-마낫상, 찟떼- 와-, 반떼-, 빅쿠 찟따-누빳시- 위하레이야 아-따-삐- 삼빠자-노- 사띠마- 위네이야 로-께- 아빗자-도-마낫상, 담메-수 와-, 반떼-, 빅쿠 담마-누빳시- 위하레이야 아-따-삐- 삼빠자-노- 사띠마- 위네이야 로-께- 아빗자-도-마낫상. 에-까-야노- 아양, 반떼-, 막고- 삿따-낭 위숟디야- 소-까빠리데-와-낭 사마띡까마-야 둑카도-마낫사-낭 앗탕가마-야 냐-얏사 아디가마-야 닙바-낫사 삿치끼리야-야, 야디당 — 짯따-로- 사띠빳타-나-"띠

어떤 네 가지입니까? 비구는 몸(身)에서 몸을 이어 보면서 머물러야 합니다. 알아차리고, 옳고 그름을 판단하고, 옳음의 유지-향상을 위해 노력하는 자는 세상에서 간탐과 고뇌를 제거합니다. 느낌(受)들에서 느낌을 이어 보면서 머물러야 합니다. 알아차리고, 옳고 그름을 판단하고, 옳음의 유지-향상을 위해 노력하는 자는 세상에서 간탐과 고뇌를 제거합니다. 마음(心)에서 마음을 이어 보면서 머물러야 합니다. 알아차리고, 옳고 그름을 판단하고, 옳음의 유지-향상을 위해 노력하는 자는 세상에서 간탐과 고뇌를 제거합니다. 법(法)들에서 법을 이어 보면서 머물러야 합니다. 알아차리고, 옳고 그름을 판단하고, 옳음의 유지-향상을 위해 노력하는 자는 세상에서 간탐과 고뇌를 제거합니다. 사념처라는 이 길은 중생들의 청정을 위한, 슬픔과 비탄을 건너기 위한, 고통과 고뇌의 줄어듦을 위한, 방법을 얻기 위한, 열반을 실현하기 위한 유일한 경로입니다."라고.

idamavoca brahmā sahampati. idaṃ vatvā athāparaṃ etadavoca —

이다마오-짜 브라흐마- 사함빠띠. 이당 와뜨와- 아타-빠랑 에-따다오-짜 —

사함빠띠 범천은 이렇게 말했다. 이렇게 말한 뒤에 다시 이렇게 말했다. —

"ekāyanaṃ jātikhayantadassī, maggaṃ pajānāti hitānukampī.
etena maggena tariṃsu pubbe, tarissanti ye ca taranti oghan"ti.

"에-까-야낭 자-띠카얀따닷시-, 막강 빠자-나-띠 히따-누깜삐-
에-떼-나 막게-나 따링수 뿝베-, 따릿산띠 예- 짜 따란띠 오-간"띠

"태어남의 부서짐의 끝을 보는 사람, 이익을 위하고 연민하는 사람은 유일한 경로인 길을 분명히 압니다. 그들은 이 길을 따라 예전에도 폭류를 건넜고, 건널 것이고, 건넙니다." ▣

배워 알고 실천하는 불교 신자!

4. sahampatibrahmasuttaṃ (SN 48.57-사함빠띠 범천 경)

- 다섯 가지 기능[오근(五根)] — 믿음-정진-사띠-삼매-지혜[信-精進-念-定-慧] ⇒ 243쪽 그림 참조
- 다섯 가지 기능을 닦고 많이 행할 때 불사(不死)로 들어가고, 불사를 지지하고, 불사를 완성함

ekaṃ samayaṃ bhagavā uruvelāyaṃ viharati najjā nerañjarāya tīre ajapālanigrodhe paṭhamābhisambuddho. atha kho bhagavato rahogatassa paṭisallīnassa evaṃ cetaso parivitakko udapādi — "pañcindriyāni bhāvitāni bahulīkatāni amatogadhāni honti amataparāyaṇāni amatapariyosānāni. katamāni pañca? saddhindriyaṃ bhāvitaṃ bahulīkataṃ amatogadhaṃ hoti amataparāyaṇaṃ amatapariyosānaṃ. vīriyindriyaṃ bhāvitaṃ bahulīkataṃ amatogadhaṃ hoti amataparāyaṇaṃ amatapariyosānaṃ. satindriyaṃ bhāvitaṃ bahulīkataṃ amatogadhaṃ hoti amataparāyaṇaṃ amatapariyosānaṃ. samādhindriyaṃ bhāvitaṃ bahulīkataṃ amatogadhaṃ hoti amataparāyaṇaṃ amatapariyosānaṃ. paññindriyaṃ bhāvitaṃ bahulīkataṃ amatogadhaṃ hoti amataparāyaṇaṃ amatapariyosānaṃ. imāni pañcindriyāni bhāvitāni bahulīkatāni amatogadhāni honti amataparāyaṇāni amatapariyosānānī"ti.

에-깡 사마양 바가와- 우루웰-ㄹ라-양 위하라띠 낫자- 네-란자라-야 띠-레- 아자빠-ㄹ라니그로-데- 빠타마-비삼붇도-. 아타 코- 바가와또- 라호-가땃사 빠띠살리-낫사 에-왕 쩨-따소- 빠리위딱꼬- 우다빠-디 — "빤찐드리야-니 바-위따-니 바훌리-까따-니 아마또-가다-니 혼띠 아마따빠라-야나-니 아마따빠리요-사-나-니. 까따마-니 빤짜? 삳딘드리양 바-위땅 바훌리-까땅 아마또-가당 호-띠 아마따빠라-야낭 아마따빠리요-사-낭. 위-리인드리양 바-위땅 바훌리-까땅 아마또-가당 호-띠 아마따빠라-야낭 아마따빠리요-사-낭. 사띤드리양 바-위땅 바훌리-까땅 아마또-가당 호-띠 아마따빠라-야낭 아마따빠리요-사-낭. 사마-딘드리양 바-위땅 바훌리-까땅 아마또-가당 호-띠 아마따빠라-야낭 아마따빠리요-사-낭. 빤닌드리양 바-위땅 바훌리-까땅 아마또-가당 호-띠 아마따빠라-야낭 아마따빠리요-사-낭. 이마-니 빤찐드리야-니 바-위따-니 바훌리-까따-니 아마또-가다-니 혼띠 아마따빠라-야나-니 아마따빠리요-사-나-니-"띠

한때, 바야흐로 깨달음을 성취한 세존은 우루웰라에서 네란자라 강변 아자빨라니그로다 나무에 머물렀다. 그때 외딴곳에 홀로 머무는 세존에게 이런 심(心)의 온전한 생각이 떠올랐다. — "다섯 가지 기능[오근(五根)]을 닦고 많이 행할 때 불사(不死)로 들어가고, 불사를 지지하고, 불사를 완성한다. 어떤 다섯 가지인가? 믿음의 기능[신근(信根)]을 닦고 많이 행할 때 불사로 들어가고, 불사를 지지하고, 불사를 완성한다. 노력의 기능[정진근(精進根)]을 닦고 많이 행할 때 불사로 들어가고, 불사를 지지하고, 불사를 완성한다. 사띠의 기능[염근(念根)]을 닦고 많이 행할 때 불사로 들어가고, 불사를 지지하고, 불사를 완성한다. 삼매의 기능[정근

(定根)]을 닦고 많이 행할 때 불사로 들어가고, 불사를 지지하고, 불사를 완성한다. 지혜의 기능[혜근(慧根)]을 닦고 많이 행할 때 불사로 들어가고, 불사를 지지하고, 불사를 완성한다. 이런 다섯 가지 기능을 닦고 많이 행할 때 불사로 들어가고, 불사를 지지하고, 불사를 완성한다."라고.

atha kho brahmā sahampati bhagavato cetasā cetoparivitakkamaññāya — seyyathāpi nāma balavā puriso samiñjitaṃ vā bāhaṃ pasāreyya, pasāritaṃ vā bāhaṃ samiñjeyya; evameva brahmaloke antarahito bhagavato purato pāturahosi. atha kho brahmā sahampati ekaṃsaṃ uttarāsaṅgaṃ karitvā yena bhagavā tenañjaliṃ paṇāmetvā bhagavantaṃ etadavoca — "evametaṃ, bhagavā, evametaṃ sugata! pañcindriyāni bhāvitāni bahulīkatāni amatogadhāni honti amataparāyaṇāni amatapariyosānāni. katamāni pañca? saddhindriyaṃ bhāvitaṃ bahulīkataṃ amatogadhaṃ hoti amataparāyaṇaṃ amatapariyosānaṃ. vīriyindriyaṃ bhāvitaṃ bahulīkataṃ amatogadhaṃ hoti amataparāyaṇaṃ amatapariyosānaṃ. satindriyaṃ bhāvitaṃ bahulīkataṃ amatogadhaṃ hoti amataparāyaṇaṃ amatapariyosānaṃ. samādhindriyaṃ bhāvitaṃ bahulīkataṃ amatogadhaṃ hoti amataparāyaṇaṃ amatapariyosānaṃ. paññindriyaṃ bhāvitaṃ bahulīkataṃ amatogadhaṃ hoti amataparāyaṇaṃ amatapariyosānaṃ. imāni pañcindriyāni bhāvitāni bahulīkatāni amatogadhāni honti amataparāyaṇāni amatapariyosānāni".

아타 코- 브라흐마- 사함빠띠 바가와또- 쩨-따사- 쩨-또-빠리위딱까만냐-야 — 세이야타-삐 나-마 발라와- 뿌리소- 사민지땅 와- 바-항 빠사-레이야, 빠사-리땅 와- 바-항 사민제이야; 에-와메-와 브라흐마로-께- 안따라히또- 바가와또- 뿌라또- 빠-뚜라호-시. 아타 코- 브라흐마- 사함빠띠 에-깡상 웃따라-상강 까리뜨와- 예-나 바가와- 떼-난잘링 빠나-메-뜨와- 바가완땅 에-따다오-짜 — "에-와메-땅, 바가와-, 에-와메-땅, 수가따! 빤찐드리야-니 바-위따-니 바훌리-까따-니 아마또-가다-니 혼띠 아마따빠라-야나-니 아마따빠리요-사-나-니. 까따마-니 빤짜? 삳딘드리양 바-위땅 바훌리-까땅 아마또-가당 호-띠 아마따빠라-야낭 아마따빠리요-사-낭. 위-리인드리양 바-위땅 바훌리-까땅 아마또-가당 호-띠 아마따빠라-야낭 아마따빠리요-사-낭. 사띤드리양 바-위땅 바훌리-까땅 아마또-가당 호-띠 아마따빠라-야낭 아마따빠리요-사-낭. 사마-딘드리양 바-위땅 바훌리-까땅 아마또-가당 호-띠 아마따빠라-야낭 아마따빠리요-사-낭. 빤닌드리양 바-위땅 바훌리-까땅 아마또-가당 호-띠 아마따빠라-야낭 아마따빠리요-사-낭. 이마-니 빤찐드리야-니 바-위따-니 바훌리-까따-니 아마또-가다-니 혼띠 아마따빠라-야나-니 아마따빠리요-사-나-니"

그때 사함빠띠 범천이 세존의 심으로부터 심의 온전한 생각을 안 뒤에 — 예를 들면 힘센 사람이 접은 팔을 펴거나 편 팔을 접을 것이다. 이렇게 — 범천의 세상에서 사라져 세존의 앞에 나타났다. 그리고 비구들이여, 사함빠띠 범천은 한쪽 어깨가 드러나게 윗 가사를 입고, 오른쪽 무릎을 땅에 대고, 합장하여 세존에게 인사한 뒤에 세존에게 이렇게 말했다. — "그렇습니다, 세존이시여. 그렇습니다, 선서시여! 다섯 가지 기능을 닦고 많이 행할 때 불사로 들어가고, 불사를 지지하고, 불사를 완성합니다. 어떤 다섯 가지입니까? 믿음의 기능을 닦고 많이 행할 때 불사로 들어가고, 불사를 지지하고, 불사를 완성합니다. 노력의 기능을 닦고 많이 행할 때 불사로 들어가고, 불사를 지지하고, 불사를 완성합니다. 사띠의 기능을 닦고 많이 행할 때 불사로 들어가고, 불사를 지지하고, 불사를 완성합니다. 삼매의 기능을 닦고 많이 행할 때 불사로 들어가고, 불사를 지지하고, 불사를 완성합니다. 지혜의 기능을 닦고 많이 행할 때 불사로 들어가고, 불사를 지지하고, 불사를 완성합니다. 이런 다섯 가지 기능을 닦고 많이 행할 때 불사로 들어가고, 불사를 지지하고, 불사를 완성합니다.

"bhūtapubbāhaṃ, bhante, kassape sammāsambuddhe brahmacariyaṃ acariṃ. tatrapi maṃ evaṃ jānanti — 'sahako bhikkhu, sahako bhikkhū'ti. so khvāhaṃ, bhante, imesaṃyeva pañcannaṃ indriyānaṃ bhāvitattā bahulīkatattā kāmesu kāmacchandaṃ virājetvā kāyassa bhedā paraṃ maraṇā sugatiṃ brahmalokaṃ upapanno. tatrapi maṃ evaṃ jānanti — 'brahmā sahampati, brahmā sahampatī'"ti. "evametaṃ, bhagavā, evametaṃ sugata! ahametaṃ jānāmi, ahametaṃ passāmi yathā imāni pañcindriyāni bhāvitāni bahulīkatāni amatogadhāni honti amataparāyaṇāni amatapariyosānānī"ti.

부-따뿝바-항, 반떼-, 깟사뻬- 삼마-삼붇데- 브라흐마짜리양 아짜링. 따뜨라삐 망 에-왕 자-난띠 — '사하꼬- 빅쿠, 사하꼬- 빅쿠-'띠. 소- 콰-항, 반떼-, 이메-상예-와 빤짠낭 인드리야-낭 바-위땃따- 바훌리-까땃따- 까-메-수 까-맛찬당 위라-제-뜨와- 까-야사 베-다- 빠랑 마라나- 수가띵 브라흐마로-깡 우빠빤노-. 따뜨라삐 망 에-왕 자-난띠 — '브라흐마- 사함빠띠, 브라흐마- 사함빠띠-'"띠. "에-와메-땅, 바가와-, 에-와메-땅 수가따! 아하메-땅 자-나-미, 아하메-땅 빳사-미 야타- 이마-니 빤찐드리야-니 바-위따-니 바훌리-까따-니 아마또-가다-니 혼띠 아마따빠라-야나-니 아마따빠리요-사-나-니-"띠

예전에, 대덕이시여, 저는 깟사빠 정등각에게서 범행을 실천했습니다. 거기서 그들은 저를 '사하까 비구, 사하까 비구'라고 알았습니다. 대덕이시여, 이런 다섯 가지 기능을 닦고 많이 행한 저는 소유의 삶에서 소유의 관심을 바래게 하였기에 몸이 무너져 죽은 뒤 좋은 곳 범천의 세상에 태어났습니다. 거기서 그들은 저를 '사함빠띠 범천, 사함빠띠 범천'이라고 압니다. 그렇습니다, 세존이시여, 그렇습니다, 선서시여. 저는 이것을 알고, 저는 이것을 봅니다. 다섯 가지 기능을 닦고 많이 행할 때 불사로 들어가고, 불사를 지지하고, 불사를 완성합니다." 라고. ▣

5. dutiyauruvelasuttaṃ (AN 4.22-우루웰라 경2)

• 장로(thera) — 어리석은 장로와 현명한 장로

• 장로를 만드는 법들(therakaraṇā dhammā) — ①계(戒)-②배움-③바른 삼매[사선(四禪)]-④번뇌의 부서짐[누진(漏盡) — 심해탈(心解脫)과 혜해탈(慧解脫)] → 장로 = 아라한 → 최초의 장로 = 부처님

"ekamidāhaṃ, bhikkhave, samayaṃ uruvelāyaṃ viharāmi najjā nerañjarāya tīre ajapālanigrodhe paṭhamābhisambuddho. atha kho, bhikkhave, sambahulā brāhmaṇā jiṇṇā vuddhā mahallakā addhagatā vayoanuppattā yenāhaṃ tenupasaṅkamiṃsu; upasaṅkamitvā mayā saddhiṃ sammodiṃsu. sammodanīyaṃ kathaṃ sāraṇīyaṃ vītisāretvā ekamantaṃ nisīdiṃsu. ekamantaṃ nisinnā kho, bhikkhave, te brāhmaṇā maṃ etadavocuṃ — 'sutaṃ netaṃ, bho gotama — na samaṇo gotamo brāhmaṇe jiṇṇe vuddhe mahallake addhagate vayoanuppatte abhivādeti vā paccuṭṭheti vā āsanena vā nimantetīti. tayidaṃ, bho gotama, tatheva. na hi bhavaṃ gotamo brāhmaṇe jiṇṇe vuddhe mahallake addhagate vayoanuppatte abhivādeti vā paccuṭṭheti vā āsanena vā nimanteti. tayidaṃ, bho gotama, na sampannamevā'"ti.

에-까미다-항, 빅카웨-, 사마양 우루웰-ㄹ라-양 위하라-미 낫자- 네-란자라-야 띠-레- 아자빠-ㄹ라니그로-데- 빠타마-비삼붇도-. 아타 코-, 빅카웨-, 삼바훌라- 브라-흐마나- 진나- 욷다- 마할라까- 안다가따- 와요-아눕빳따- 예-나-항 떼-누빠상까밍수; 우빠상까미뜨와- 마야- 산딩 삼모-딩수, 삼모-다니-양 까탕 사-라니-양 위-띠사-레-뜨와- 에-까만땅 니시-딩수. 에-까만땅 니신나- 코-, 빅카웨-, 떼- 브라-흐마나- 망 에-따다오-쭝 — '수땅 네-땅, 보- 고-따마 — 나 사마노- 고-따모- 브라-흐마네- 진네- 욷데- 마할라께- 안다가떼- 와요-아눕빳떼- 아비와-데-띠 와- 빳쭛테-띠 와- 아-사네-나 와- 니만떼-띠-띠. 따이당, 보- 고-따마, 따테-와. 나 히 바왕 고-따모- 브라-흐마네- 진네- 욷데- 마할라께- 안다가떼- 와요-아눕빳떼- 아비와-데-띠 와- 빳쭛테-띠 와- 아-사네-나 와- 니만떼-띠. 따이당, 보- 고-따마, 나 삼빤나메-와-'띠

한때, 비구들이여, 바야흐로 깨달음을 성취한 나는 우루웰라에서 네란자라 강변 아자빨라니그로다 나무에 머물렀다. 그때 비구들이여, 늙고 연로하고 노쇠하고 수명의 절반을 지나 노년에 이른 바라문들이 나에게 왔다. 와서는 나와 함께 인사를 나누었다. 유쾌하고 기억할만한 이야기를 주고받은 뒤 한 곁에 앉았다. 비구들이여, 한 곁에 앉은 그 바라문들은 나에게 이렇게 말했다. — '고따마 존자여, 우리는 사문 고따마는 늙고 연로하고 노쇠하고 수명의 절반을 지나 노년에 이른 바라문들에게 절을 하지도 않고 일어나 맞이하지도 않고 자리를 권하지도 않는다.'라고 들었습니다. 고따마 존자여, 그것이 사실입니까? 참으로 고따마 존자는 늙고 연로하고 노쇠하고 수명의 절반을 지나 노년에 이른 바라문들에게 절을 하지도 않고

일어나 맞이하지도 않고 자리를 권하지도 않습니까? 고따마 존자여, 그렇다면 그것은 바른 실천이 아닙니다.'라고.

"tassa mayhaṃ, bhikkhave, etadahosi — 'nayime āyasmanto jānanti theraṃ vā therakaraṇe vā dhamme'ti. vuddho cepi, bhikkhave, hoti āsītiko vā nāvutiko vā vassasatiko vā jātiyā. so ca hoti akālavādī abhūtavādī anatthavādī adhammavādī avinayavādī, anidhānavatiṃ vācaṃ bhāsitā akālena anapadesaṃ apariyantavatiṃ anatthasaṃhitaṃ. atha kho so 'bālo thero'tveva saṅkhaṃ gacchati.

땃사 마이항, 빅카웨-, 에-따다호-시 — '나이메- 아-야스만또- 자-난띠 테-랑 와- 테-라까라네- 와- 담메-'띠. 웃도- 쩨-삐, 빅카웨-, 호-띠 아-시-띠꼬- 와- 나-우띠꼬- 와- 왓사사띠꼬- 와- 자-띠야-. 소- 짜 호-띠 아까-ㄹ라와-디- 아부-따와-디- 아낫타와-디- 아담마와-디- 아위나야와-디-, 아니다-나와띵 와-짱 바-시따- 아까-ㄹ레-나 아나빠데-상 아빠리얀따와띵 아낫타상히땅. 아타 코- 소- '바-ㄹ로- 테-로-'뜨웨-와 상캉 갓차띠

비구들이여, 그런 나에게 이런 생각이 떠올랐다. — '이 존자들은 장로에 대해 또는 장로를 만드는 법들에 대해 모른다.'라고. 만약, 비구들이여, 80세거나 90세거나 100세의 연로한 사람이 있다. 그는 적절하지 않은 때에 말하고, 사실 아니게 말하고, 손해되게 말하고, 법에 맞지 않게 말하고, 율에 맞지 않게 말한다. 적절하지 않은 때에 근거 없고 무절제하고 이익되지 않아서 담아둘 만하지 않은 말을 한다. 그러면 그는 '어리석은 장로'라는 이름을 얻는다.

"daharo cepi, bhikkhave, hoti yuvā susukāḷakeso bhadrena yobbanena samannāgato paṭhamena vayasā. so ca hoti kālavādī bhūtavādī atthavādī dhammavādī vinayavādī nidhānavatiṃ vācaṃ bhāsitā kālena sāpadesaṃ pariyantavatiṃ atthasaṃhitaṃ. atha kho so 'paṇḍito thero'tveva saṅkhaṃ gacchati.

다하로- 쩨-삐, 빅카웨-, 호-띠 유와- 수수까-ㄹ라께-소- 바드레-나 욥바네-나 사만나-가또- 빠타메-나 와야사-. 소- 짜 호-띠 까-ㄹ라와-디- 부-따와-디- 앗타와-디- 담마와-디- 위나야와-디-, 니다-나와띵 와-짱 바-시따- 까-ㄹ레-나 사-빠데-상 빠리얀따와띵 앗타상히땅. 아타 코- 소- '빤디또- 테-로-'뜨웨-와 상캉 갓차띠

만약, 비구들이여, 검은 머리의 소년이고 상서로운 젊음을 갖춘 초년기의 젊은이가 있다. 그는 적절한 때에 말하고, 사실대로 말하고, 이익되게 말하고, 법(法)에 맞게 말하고, 율(律)에 맞게 말하는 자여서 적절한 때에, 근거를 갖추고, 절제되고, 이익되어서 담아둘 만한 말을 한다. 그러면 그는 '현명한 장로'라는 이름을 얻는다.

“cattārome, bhikkhave, therakaraṇā dhammā. katame cattāro? idha, bhikkhave, bhikkhu sīlavā hoti, pātimokkhasaṃvarasaṃvuto viharati ācāragocarasampanno aṇumattesu vajjesu bhayadassāvī, samādāya sikkhati sikkhāpadesu, bahussuto hoti sutadharo sutasannicayo, ye te dhammā ādikalyāṇā majjhekalyāṇā pariyosānakalyāṇā sātthaṃ sabyañjanaṃ kevalaparipuṇṇaṃ parisuddhaṃ brahmacariyaṃ abhivadanti, tathārūpāssa dhammā bahussutā honti dhātā vacasā paricitā manasānupekkhitā, diṭṭhiyā suppaṭividdhā, catunnaṃ jhānānaṃ ābhicetasikānaṃ diṭṭhadhammasukhavihārānaṃ nikāmalābhī hoti akicchalābhī akasiralābhī, āsavānaṃ khayā anāsavaṃ cetovimuttiṃ paññāvimuttiṃ diṭṭheva dhamme sayaṃ abhiññā sacchikatvā upasampajja viharati. ime kho, bhikkhave, cattāro therakaraṇā dhammā”ti.

짯따-로-메-, 빅카웨-, 테-라까라나- 담마-. 까따메- 짯따-로-? 이다, 빅카웨-, 빅쿠 시-ㄹ라와- 호-띠, 빠-띠목카상와라상우또- 위하라띠 아-짜-라고-짜라삼빤노- 아누맛떼-수 왓제-수 바야닷사-위-, 사마-다-야 식카띠 식카-빠데-수, 바훗수또- 호-띠 수따다로- 수따산니짜요-, 예- 떼- 담마- 아-디깔랴-나- 맛제-깔랴-나- 빠리요-사-나깔랴-나- 사-ㅅ탕 사뱐자낭 께-왈라빠리뿐낭 빠리숟당 브라흐마짜리양 아비와단띠, 따타-루-빠-ㅅ사 담마- 바훗수따- 혼띠 다-따- 와짜사- 빠리찌따- 마나사-누뻭키따-, 딧티야- 숩빠띠윋다-, 짜뚠낭 자-나-낭 아-비쩨-따시까-낭 딧타담마수카위하-라-낭 니까-말라-비- 호-띠 아낏찰라-비- 아까시랄라-비-, 아-사와-낭 카야- 아나-사왕 쩨-또-위뭇띵 빤냐-위뭇띵 딧테-와 담메- 사양 아빈냐- 삿치까뜨와- 우빠삼빳자 위하라띠. 이메- 코-, 빅카웨-, 짯따-로- 테-라까라나- 담마-”띠

비구들이여, 이런 네 가지 장로를 만드는 법이 있다. 어떤 네 가지인가? 여기, 비구들이여, 비구는 계(戒)를 중시한다. 계목(戒目)의 단속으로 단속하고, 행동의 영역을 갖추어 작은 결점에 대해서도 두려움을 보면서 머문다. 받아들인 뒤 학습 계목들 위에서 공부한다. 많이 배우고, 배운 것을 명심하고, 배운 것을 쌓는다. 처음도 좋고 중간에도 좋고 끝도 좋은, 의미를 갖추고 표현을 갖춘 법들과 온전하게 완전하고 청정한 범행(梵行)을 선언하는 가르침을 많이 배우고 만족하고 말에 의해 익숙해지고 의(意)로써 이어보고 견해로써 잘 꿰뚫는다. 높은 심(心)에 속하고 지금여기의 행복한 머묾인 사선(四禪)을 원하는 대로 어렵지 않고 고통스럽지 않게 얻는다. 번뇌들이 부서졌기 때문에 번뇌가 없는 심해탈(心解脫)과 혜해탈(慧解脫)을 지금여기에서 스스로 실답게 안 뒤에 실현하고 성취하여 머문다. 이것이, 비구들이여, 장로를 만드는 네 가지 법이다.

“yo uddhatena cittena, samphañca bahu bhāsati.
asamāhitasaṅkappo, asaddhammarato mago.
ārā so thāvareyyamhā, pāpadiṭṭhi anādaro.

요- 운다떼-나 찟떼-나, 삼판짜 바후 바-사띠
아사마-히따상깝뽀-, 아산담마라또- 마고-
아-라- 소- 타-와레이얍하-, 빠-빠딧티 아나-다로-

들뜬 심(心)으로 쓸모없이 많이 말하는 사람
침착하게 사유하지 않고, 정법을 좋아하지 않는 어리석은 사람
나쁜 견해를 가지고 존경받지 못하는 그는 장로의 위치에서 멀다.

"yo ca sīlena sampanno, sutavā paṭibhānavā.
saññato dhīro dhammesu, paññāyatthaṃ vipassati.

요- 짜 시-ㄹ레-나 삼빤노-, 수따와- 빠띠바-나와-
산냐또- 디-로- 담메-수, 빤냐-얏탕 위빳사띠

계를 갖추고 잘 배운 지혜로운 자
단속하고 지혜로운 자는 법에 대해 지혜로써 잘 본다.

"pāragū sabbadhammānaṃ, akhilo paṭibhānavā.
pahīnajātimaraṇo, brahmacariyassa kevalī.

빠-라구- 삽바담마-낭, 아킬로- 빠띠바-나와-
빠히-나자-띠마라노-, 브라흐마짜리얏사 께-왈리-

모든 법을 통달하고 방치하지 않고 지혜로움
태어남과 죽음이 버려진 자, 범행을 완성한 자

"tamahaṃ vadāmi theroti, yassa no santi āsavā.
āsavānaṃ khayā bhikkhu, so theroti pavuccatī"ti.

따마항 와다-미 테-로-띠, 얏사 노- 산띠 아-사와-
아-사와-낭 카야- 빅쿠, 소- 테-로-띠 빠웃짜띠-"띠

번뇌들이 없는 그를 나는 장로라고 부른다.
번뇌들이 부서진 비구, 그가 장로라고 불린다. ▣

6. mahāparinibbānasuttaṃ (DN 16.20-대반열반경) — 부처님과 마라의 대화 부분

- 부처님이 열반하기 이전에 해야 하는 일 = 제자들의 모범상

- 비구-비구니-남신자-여신자 — ①자신의 성취, ②세상에 전도, ③외도의 가르침을 법으로 잘 비판할 수 있을 것
- 범행 — 번성하고, 풍부하고, 널리 퍼지고, 많은 사람에게 널리 미치고, 신과 인간들에게 잘 알려질 것

- 사띠와 바른 앎[sati-sampajañña — 염(念)-정지(正知)]을 가지고 생명력의 형성작용을 놓음

"ekamidāhaṃ, ānanda, samayaṃ uruvelāyaṃ viharāmi najjā nerañjarāya tīre ajapālanigrodhe paṭhamābhisambuddho. atha kho, ānanda, māro pāpimā yenāhaṃ tenupasaṅkami; upasaṅkamitvā ekamantaṃ aṭṭhāsi. ekamantaṃ ṭhito kho, ānanda, māro pāpimā maṃ etadavoca — 'parinibbātudāni, bhante, bhagavā; parinibbātu sugato, parinibbānakālodāni, bhante, bhagavato'ti. evaṃ vutte ahaṃ, ānanda, māraṃ pāpimantaṃ etadavocaṃ —

에-까미다-항, 아-난다, 사마양 우루웰-ㄹ라-양 위하라-미 낫자- 네-란자라-야 띠-레- 아자빠-ㄹ라니그로-데- 빠타마-비삼붇도-. 아타 코-, 아-난다, 마-로- 빠-삐마- 예-나-항 떼-누빠상까미; 우빠상까미뜨와- 에-까만땅 앗타-시. 에-까만땅 티또- 코-, 아-난다, 마-로- 빠-삐마- 망 에-따다오-짜 — '빠리닙바-뚜다-니, 반떼-, 바가와-; 빠리닙바-뚜 수가또-, 빠리닙바-나까-ㄹ로-다-니, 반떼-, 바가와또-'띠. 에-왕 웃떼- 아항, 아-난다, 마-랑 빠-삐만땅 에-따다오-짱 —

한때, 아난다여, 바야흐로 깨달음을 성취한 나는 우루웰라에서 네란자라 강변 아자빨라니그로다 나무 밑에 머물렀다. 그때, 아난다여, 마라 빠삐만뜨가 나에게 왔다. 와서는 한 곁에 섰다. 한 곁에 선 마라 빠삐만뜨는, 아난다여, 나에게 이렇게 말했다. — '대덕이시여, 이제 세존께서는 완전한 열반에 드십시오. 선서께서는 완전한 열반에 드십시오. 대덕이시여, 이제 세존께서 완전한 열반에 드실 때입니다.'라고. 이렇게 말했을 때, 아난다여, 나는 마라 빠삐만뜨에게 이렇게 말했다. —

"'na tāvāhaṃ, pāpima, parinibbāyissāmi, yāva me bhikkhū na sāvakā bhavissanti viyattā vinītā visāradā bahussutā dhammadharā dhammānudhammappaṭipannā sāmīcippaṭipannā anudhammacārino, sakaṃ ācariyakaṃ uggahetvā ācikkhissanti desessanti paññapessanti paṭṭhapessanti vivarissanti vibhajissanti uttānīkarissanti, uppannaṃ parappavādaṃ sahadhammena suniggahitaṃ niggahetvā sappāṭihāriyaṃ dhammaṃ desessanti.

"'나 따-와-항, 빠-삐마, 빠리닙바-잇사-미, 야-와 메- 빅쿠- 나 사-와까- 바윗산띠 위얏따- 위니-따- 위사-라다- 바훗수따- 담마다라- 담마-누담맙빠띠빤나- 사-미-찝빠띠빤나- 아누담마짜-리노-, 사깡 아-짜리야깡 욱가헤-뜨와- 아-찍킷산띠 데-셋산띠 빤냐뻿산띠 빳타뻿산띠 위와릿산띠 위바짓산띠 웃따-니-까릿산띠, 웁빤낭 빠랍빠와-당 사하담메-나 수닉가히땅 닉가헤-뜨와- 삽빠-띠하-리양 담망 데-셋산띠

"'빠삐만뜨여, 나는 나의 비구 제자들이 ①성취하고, 훈련되고, 자신감을 가지고, 많이 배우고, 법을 명심하고, 가르침에 일치하는 법을 실천하고, 여법하게 실천하고, 법에 따라 행하게 될 때까지, ②자기 스승에게서 온 것을 배운 뒤에 말하고 전도하고 알게 하고 확립하고 분석하고 분류하고 분명히 하게 될 때까지, ③생겨난 외도의 가르침을 법으로 잘 비판하고 비판한 뒤에 비범함[해탈된 삶으로 이끎]이 함께한 법을 설명하게 될 때까지 완전히 열반하지 않을 것이다.

"'na tāvāhaṃ, pāpima, parinibbāyissāmi, yāva me bhikkhuniyo na sāvikā bhavissanti viyattā vinītā visāradā bahussutā dhammadharā dhammānudhammappaṭipannā sāmīcippaṭipannā anudhammacāriniyo, sakaṃ ācariyakaṃ uggahetvā ācikkhissanti desessanti paññapessanti paṭṭhapessanti vivarissanti vibhajissanti uttānīkarissanti, uppannaṃ parappavādaṃ sahadhammena suniggahitaṃ niggahetvā sappāṭihāriyaṃ dhammaṃ desessanti.

'나 따-와-항, 빠-삐마, 빠리닙바-잇사-미, 야-와 메- 빅쿠니요- 나 사-위까- 바윗산띠 위얏따- 위니-따- 위사-라다- 바훗수따- 담마다라- 담마-누담맙빠띠빤나- 사-미-찝빠띠빤나- 아누담마짜-리니요-, 사깡 아-짜리야깡 욱가헤-뜨와- 아-찍킷산띠 데-셋산띠 빤냐뻿산띠 빳타뻿산띠 위와릿산띠 위바짓산띠 웃따-니-까릿산띠, 웁빤낭 빠랍빠와-당 사하담메-나 수닉가히땅 닉가헤-뜨와- 삽빠-띠하-리양 담망 데-셋산띠

빠삐만뜨여, 나는 나의 비구니 제자들이 성취하고, 훈련되고, 자신감을 가지고, 많이 배우고, 법을 명심하고, 가르침에 일치하는 법을 실천하고, 여법하게 실천하고, 법에 따라 행하게 될 때까지, 자기 스승에게서 온 것을 배운 뒤에 말하고 전도하고 알게 하고 확립하고 분석하고 분류하고 분명히 하게 될 때까지, 생겨난 외도의 가르침을 법으로 잘 비판하고 비판한 뒤에 비범함이 함께한 법을 설명하게 될 때까지 완전히 열반하지 않을 것이다.

"'na tāvāhaṃ, pāpima, parinibbāyissāmi, yāva me upāsakā na sāvakā bhavissanti viyattā vinītā visāradā bahussutā dhammadharā dhammānudhammappaṭipannā sāmīcippaṭipannā anudhammacārino, sakaṃ ācariyakaṃ uggahetvā ācikkhissanti desessanti paññapessanti paṭṭhapessanti vivarissanti vibhajissanti uttānīkarissanti, uppannaṃ parappavādaṃ sahadhammena suniggahitaṃ niggahetvā sappāṭihāriyaṃ dhammaṃ desessanti.

'나 따-와-항, 빠-삐마, 빠리닙바-잇사-미, 야-와 메- 우빠-사까- 나 사-와까- 바윗산띠 위얏따- 위니-따- 위사-라다- 바훗수따- 담마다라- 담마-누담맙빠띠빤나- 사-미-찝빠띠빤나- 아누담마짜-리노-, 사깡 아-짜리야깡 욱가헤-뜨와- 아-찍킷산띠 데-셋산띠 빤냐뻿산띠 빳타뻿산띠 위와릿산띠 위바짓산띠 웃따-니-까릿산띠, 웁빤낭 빠랍빠와-당 사하담메-나 수닉가히땅 닉가헤-뜨와- 삽빠-띠하-리양 담망 데-셋산띠

빠삐만뜨여, 나는 나의 남신자 제자들이 성취하고, 훈련되고, 자신감을 가지고, 많이 배우고, 법을 명심하고, 가르침에 일치하는 법을 실천하고, 여법하게 실천하고, 법에 따라 행하게 될 때까지, 자기 스승에게서 온 것을 배운 뒤에 말하고 전도하고 알게 하고 확립하고 분석하고 분류하고 분명히 하게 될 때까지, 생겨난 외도의 가르침을 법으로 잘 비판하고 비판한 뒤에 비범함이 함께한 법을 설명하게 될 때까지 완전히 열반하지 않을 것이다.

"'na tāvāhaṃ, pāpima, parinibbāyissāmi, yāva me upāsikā na sāvikā bhavissanti viyattā vinītā visāradā bahussutā dhammadharā dhammānudhammappaṭipannā sāmīcippaṭipannā anudhammacāriniyo, sakaṃ ācariyakaṃ uggahetvā ācikkhissanti desessanti paññapessanti paṭṭhapessanti vivarissanti vibhajissanti uttānīkarissanti, uppannaṃ parappavādaṃ sahadhammena suniggahitaṃ niggahetvā sappāṭihāriyaṃ dhammaṃ desessanti.

'나 따-와-항, 빠-삐마, 빠리닙바-잇사-미, 야-와 메- 우빠-시까- 나 사-위까- 바윗산띠 위얏따- 위니-따- 위사-라다- 바훗수따- 담마다라- 담마-누담맙빠띠빤나- 사-미-찝빠띠빤나- 아누담마짜-리니요-, 사깡 아-짜리야깡 욱가헤-뜨와- 아-찍킷산띠 데-셋산띠 빤냐뻿산띠 빳타뻿산띠 위와릿산띠 위바짓산띠 웃따-니-까릿산띠, 웁빤낭 빠랍빠와-당 사하담메-나 수닉가히땅 닉가헤-뜨와- 삽빠-띠하-리양 담망 데-셋산띠

빠삐만뜨여, 나는 나의 여신자 제자들이 성취하고, 훈련되고, 자신감을 가지고, 많이 배우고, 법을 명심하고, 가르침에 일치하는 법을 실천하고, 여법하게 실천하고, 법에 따라 행하게 될 때까지, 자기 스승에게서 온 것을 배운 뒤에 말하고 전도하고 알게 하고 확립하고 분석하고 분류하고 분명히 하게 될 때까지, 생겨난 외도의 가르침을 법으로 잘 비판하고 비판한 뒤에 비범함이 함께한 법을 설명하게 될 때까지 완전히 열반하지 않을 것이다.

"'na tāvāhaṃ, pāpima, parinibbāyissāmi, yāva me idaṃ brahmacariyaṃ na iddhañceva bhavissati phītañca vitthārikaṃ bāhujaññaṃ puthubhūtaṃ yāva devamanussehi suppakāsitan'ti.

'나 따-와-항, 빠-삐마, 빠리닙바-잇사-미, 야-와 메- 이당 브라흐마짜리양 나 읻단쩨-와 바윗사띠 피-딴짜 윗타-리깡 바-후잔냥 뿌투부-땅 야-와 데-와마눗세-히 숩빠까-시딴'띠

빠삐만뜨여, 나는 나의 이 범행이 번성하고, 풍부하고, 널리 퍼지고, 많은 사람에게 널리 미치고, 신과 인간들에게 잘 알려질 때까지 완전히 열반하지 않을 것이다.'라고.

"idāneva kho, ānanda, ajja cāpāle cetiye māro pāpimā yenāhaṃ tenupasaṅkami; upasaṅkamitvā ekamantaṃ aṭṭhāsi. ekamantaṃ ṭhito kho, ānanda, māro pāpimā maṃ etadavoca — 'parinibbātudāni, bhante, bhagavā, parinibbātu sugato, parinibbānakālo dāni, bhante, bhagavato. bhāsitā kho panesā, bhante, bhagavatā vācā — 'na tāvāhaṃ, pāpima, parinibbāyissāmi, yāva me bhikkhū na sāvakā bhavissanti viyattā vinītā visāradā bahussutā dhammadharā dhammānudhammappaṭipannā sāmīcippaṭipannā anudhammacārino, sakaṃ ācariyakaṃ uggahetvā ācikkhissanti desessanti paññapessanti paṭṭhapessanti vivarissanti vibhajissanti uttānī karissanti, uppannaṃ parappavādaṃ sahadhammena suniggahitaṃ niggahetvā sappāṭihāriyaṃ dhammaṃ desessantī'ti. etarahi kho pana, bhante, bhikkhū bhagavato sāvakā viyattā vinītā visāradā bahussutā dhammadharā dhammānudhammappaṭipannā sāmīcippaṭipannā anudhammacārino, sakaṃ ācariyakaṃ uggahetvā ācikkhanti desenti paññapenti paṭṭhapenti vivaranti vibhajanti uttānīkaronti, uppannaṃ parappavādaṃ sahadhammena suniggahitaṃ niggahetvā sappāṭihāriyaṃ dhammaṃ desenti. parinibbātudāni, bhante, bhagavā, parinibbātu sugato, parinibbānakālodāni, bhante, bhagavato.

이다-네-와 코-, 아-난다, 앗자 짜-빠-ㄹ레- 쩨-띠예- 마-로- 빠-삐마- 예-나-항 떼-누빠상까미; 우빠상까미뜨와- 에-까만땅 앗타-시. 에-까만땅 티또- 코-, 아-난다, 마-로- 빠-삐마- 망 에-따다오-짜 — '빠리닙바-뚜다-니, 반떼-, 바가와-. 빠리닙바-뚜 수가또-, 빠리닙바-나까-ㄹ로- 다-니, 반떼-, 바가와또-. 바-시따- 코- 빠네-사-, 반떼-, 바가와따- 와-짜- — '나 따-와-항, 빠-삐마, 빠리닙바-잇사-미, 야-와 메- 빅쿠- 나 사-와까- 바윗산띠 위얏따- 위니-따- 위사-라다- 바훗수따- 담마다라- 담마-누담맙빠띠빤나- 사-미-찝빠띠빤나- 아누담마짜-리노-, 사깡 아-짜리야깡 욱가헤-뜨와- 아-찍킷산띠 데-셋산띠 빤냐뻿산띠 빳타뻿산띠 위와릿산띠 위바짓산띠 웃따-니-까릿산띠, 웁빤낭 빠랍빠와-당 사하담메-나 수닉가히땅 닉가헤-뜨와- 삽빠-띠하-리양 담망 데-셋산띠-'띠. 에-따라히 코- 빠나, 반떼-, 빅쿠- 바가와또- 사-와까- 위얏따- 위니-따- 위사-라다- 바훗수따- 담마다라- 담마-누담맙빠띠빤나- 사-미-찝빠띠빤나- 아누담마짜-리노-, 사깡 아-짜리야깡 욱가헤-뜨와- 아-찍칸띠 데-센띠 빤냐뻰띠 빳타뻰띠 위와란띠 위바잔띠 웃따-니-까론띠, 웁빤낭 빠랍빠와-당 사하담메-나 수닉가히땅 닉가헤-뜨와- 삽빠-띠하-리양 담망 데-센띠. 빠리닙바-뚜다-니, 반

떼-, 바가와-, 빠리닙바-뚜 수가또-, 빠리닙바-나까-ㄹ로-다-니, 반떼-, 바가와또-

이제, 아난다여, 오늘 짜빨라 탑에서 마라 빠삐만뜨가 나에게 왔다. 와서는 한 곁에 섰다. 한 곁에 선 마라 빠삐만뜨는 나에게 이렇게 말했다. — '대덕이시여, 이제 세존께서는 완전한 열반에 드십시오. 선서께서는 완전한 열반에 드십시오. 대덕이시여, 이제 세존께서 완전한 열반에 드실 때입니다.

대덕이시여, 세존께서는 전에 이렇게 말씀하셨습니다. — '나는 나의 비구 제자들이 성취하고, 훈련되고, 자신감을 가지고, 많이 배우고, 법을 명심하고, 가르침에 일치하는 법을 실천하고, 여법하게 실천하고, 법에 따라 행하게 될 때까지, 자기 스승에게서 온 것을 배운 뒤에 말하고 전도하고 알게 하고 확립하고 분석하고 분류하고 분명히 하게 될 때까지, 생겨난 외도의 가르침을 법으로 잘 비판하고 비판한 뒤에 비범함이 함께한 법을 설명하게 될 때까지 완전히 열반하지 않을 것이다.'라고. 대덕이시여, 그런데 지금 세존의 비구 제자들은 성취하고, 훈련되고, 자신감을 가지고, 많이 배우고, 법을 명심하고, 가르침에 일치하는 법을 실천하고, 여법하게 실천하고, 법에 따라 행하고, 자기 스승에게서 온 것을 배운 뒤에 말하고 전도하고 알게 하고 확립하고 분석하고 분류하고 분명하게 하고, 생겨난 외도의 가르침을 법으로 잘 비판하고 비판한 뒤에 비범함이 함께한 법을 설명할 수 있습니다. 그러니 이제 세존께서는 완전한 열반에 드십시오. 선서께서는 완전한 열반에 드십시오. 대덕이시여, 이제 세존께서 완전한 열반에 드실 때입니다.

bhāsitā kho panesā, bhante, bhagavatā vācā — 'na tāvāhaṃ, pāpima, parinibbāyissāmi, yāva me bhikkhuniyo na sāvikā bhavissanti viyattā vinītā visāradā bahussutā dhammadharā dhammānudhammappaṭipannā sāmīcippaṭipannā anudhammacāriniyo, sakaṃ ācariyakaṃ uggahetvā ācikkhissanti desessanti paññapessanti paṭṭhapessanti vivarissanti vibhajissanti uttānīkarissanti, uppannaṃ parappavādaṃ sahadhammena suniggahitaṃ niggahetvā sappāṭihāriyaṃ dhammaṃ desessantī'ti. etarahi kho pana, bhante, bhikkhuniyo bhagavato sāvikā viyattā vinītā visāradā bahussutā dhammadharā dhammānudhammappaṭipannā sāmīcippaṭipannā anudhammacāriniyo, sakaṃ ācariyakaṃ uggahetvā ācikkhanti desenti paññapenti paṭṭhapenti vivaranti vibhajanti uttānīkaronti, uppannaṃ parappavādaṃ sahadhammena suniggahitaṃ niggahetvā sappāṭihāriyaṃ dhammaṃ desenti. parinibbātudāni, bhante, bhagavā, parinibbātu sugato, parinibbānakālodāni, bhante, bhagavato.

바-시따- 코- 빠네-사-, 반떼-, 바가와따- 와-짜- — '나 따-와-항, 빠-삐마, 빠리닙바-잇사-미, 야-와 메- 빅쿠니요- 나 사-위까- 바윗산띠 위얏따- 위니-따- 위사-라다- 바훗수따- 담마다라- 담마-누담맙빠띠빤나- 사-미-찝빠띠빤나- 아누담마짜-리니요-, 사깡 아-짜리야깡 욱가헤-뜨와- 아-찍킷산띠 데-셋산띠 빤냐뻿산띠 빳타뻿산띠 위와릿산띠 위바짓산띠 웃따-니-까릿산띠, 웁빤낭 빠랍빠와-당 사하담메-나 수닉가히땅 닉가헤-뜨와- 삽빠-띠하-리양 담망 데-셋산띠-'띠. 에-따라히 코- 빠나, 반떼-, 빅쿠니요- 바가와또- 사-위까- 위얏따- 위니-따- 위사-라다- 바훗수따- 담마다라- 담마-누담맙빠띠빤나- 사-미-찝빠띠빤나- 아누담마짜-리니요-, 사깡 아-짜리야깡 욱가헤-뜨와- 아-찍칸띠 데-센띠 빤냐뻰띠 빳타뻰띠 위와란띠 위바잔띠 웃따-니-까론띠, 웁빤낭 빠랍빠와-당 사하담메-나 수닉가히땅 닉가헤-뜨와- 삽빠-띠하-리양 담망 데-센띠. 빠리닙바-뚜다-니, 반떼-, 바가와-, 빠리닙바-뚜 수가또-, 빠리닙바-나까-ㄹ로-다-니, 반떼-, 바가와또-

대덕이시여, 세존께서는 전에 이렇게 말씀하셨습니다. — '나는 나의 비구니 제자들이 성취하고, 훈련되고, 자신감을 가지고, 많이 배우고, 법을 명심하고, 가르침에 일치하는 법을 실천하고, 여법하게 실천하고, 법에 따라 행하게 될 때까지, 자기 스승에게서 온 것을 배운 뒤에 말하고 전도하고 알게 하고 확립하고 분석하고 분류하고 분명히 하게 될 때까지, 생겨난 외도의 가르침을 법으로 잘 비판하고 비판한 뒤에 비범함이 함께한 법을 설명하게 될 때까지 완전히 열반하지 않을 것이다.'라고. 대덕이시여, 그런데 지금 세존의 비구니 제자들은 성취하고, 훈련되고, 자신감을 가지고, 많이 배우고, 법을 명심하고, 가르침에 일치하는 법을 실천하고, 여법하게 실천하고, 법에 따라 행하고, 자기 스승에게서 온 것을 배운 뒤에 말하고 전도하고 알게 하고 확립하고 분석하고 분류하고 분명하게 하고, 생겨난 외도의 가르침을 법으로 잘 비판하고 비판한 뒤에 비범함이 함께한 법을 설명할 수 있습니다. 그러니 이제 세존께서는 완전한 열반에 드십시오. 선서께서는 완전한 열반에 드십시오. 대덕이시여, 이제 세존께서 완전한 열반에 드실 때입니다.

bhāsitā kho panesā, bhante, bhagavatā vācā — 'na tāvāhaṃ, pāpima, parinibbāyissāmi, yāva me upāsakā na sāvakā bhavissanti viyattā vinītā visāradā bahussutā dhammadharā dhammānudhammappaṭipannā sāmīcippaṭipannā anudhammacārino, sakaṃ ācariyakaṃ uggahetvā ācikkhissanti desessanti paññapessanti paṭṭhapessanti vivarissanti vibhajissanti uttānīkarissanti, uppannaṃ parappavādaṃ sahadhammena suniggahitaṃ niggahetvā sappāṭihāriyaṃ dhammaṃ desessantī'ti. etarahi kho pana, bhante, upāsakā bhagavato sāvakā viyattā vinītā visāradā bahussutā dhammadharā dhammānudhammappaṭipannā sāmīcippaṭipannā anudhammacārino, sakaṃ ācariyakaṃ uggahetvā ācikkhanti desenti paññapenti paṭṭhapenti vivaranti vibhajanti uttānīkaronti, uppannaṃ parappavādaṃ sahadhammena suniggahitaṃ niggahetvā sappāṭihāriyaṃ dhammaṃ desenti. parinibbātudāni, bhante, bhagavā, parinibbātu sugato, parinibbānakālodāni, bhante, bhagavato.

바-시따- 코- 빠네-사-, 반떼-, 바가와따- 와-짜- — '나 따-와-항, 빠-삐마, 빠리닙바-잇사-미, 야-와 메- 우빠-사까- 나 사-와까- 바윗산띠 위얏따- 위니-따- 위사-라다- 바훗수따- 담마다라- 담마-누담맙빠띠빤나- 사-미-찝빠띠빤나- 아누담마짜-리노-, 사깡 아-짜리야깡 욱가헤-뜨와- 아-찍킷산띠 데-셋산띠 빤냐뻿산띠 빳타뻿산띠 위와릿산띠 위바짓산띠 웃따-니-까릿산띠, 웁빤낭 빠랍빠와-당 사하담메-나 수닉가히땅 닉가헤-뜨와- 삽빠-띠하-리야 담망 데-셋산띠-'띠. 에-따라히 코- 빠나, 반떼-, 우빠-사까- 바가와또- 사-와까- 위얏따- 위니-따- 위사-라다- 바훗수따- 담마다라- 담마-누담맙빠띠빤나- 사-미-찝빠띠빤나- 아누담마짜-리노-, 사깡 아-짜리야깡 욱가헤-뜨와- 아-찍칸띠 데-센띠 빤냐뻰띠 빳타뻰띠 위와란띠 위바잔띠 웃따-니-까론띠, 웁빤낭 빠랍빠와-당 사하담메-나 수닉가히땅 닉가헤-뜨와- 삽빠-띠하-리야 담망 데-센띠. 빠리닙바-뚜다-니, 반떼-, 바가와-, 빠리닙바-뚜 수가또-, 빠리닙바-나까-ㄹ로-다-니, 반떼-, 바가와또-

대덕이시여, 세존께서는 전에 이렇게 말씀하셨습니다. — '나는 나의 남신자 제자들이 성취하고, 훈련되고, 자신감을 가지고, 많이 배우고, 법을 명심하고, 가르침에 일치하는 법을 실천하고, 여법하게 실천하고, 법에 따라 행하게 될 때까지, 자기 스승에게서 온 것을 배운 뒤에 말하고 전도하고 알게 하고 확립하고 분석하고 분류하고 분명히 하게 될 때까지, 생겨난 외도의 가르침을 법으로 잘 비판하고 비판한 뒤에 비범함이 함께한 법을 설명하게 될 때까지 완전히 열반하지 않을 것이다.'라고. 대덕이시여, 그런데 지금 세존의 남신자 제자들은 성취하고, 훈련되고, 자신감을 가지고, 많이 배우고, 법을 명심하고, 가르침에 일치하는 법을 실천하고, 여법하게 실천하고, 법에 따라 행하고, 자기 스승에게서 온 것을 배운 뒤에 말하고 전도하고 알게 하고 확립하고 분석하고 분류하고 분명하게 하고, 생겨난 외도의 가르침을 법으로 잘 비판하고 비판한 뒤에 비범함이 함께한 법을 설명할 수 있습니다. 그러니 이제 세존께서는 완전한 열반에 드십시오. 선서께서는 완전한 열반에 드십시오. 대덕이시여, 이제 세존께서 완전한 열반에 드실 때입니다.

bhāsitā kho panesā, bhante, bhagavatā vācā — 'na tāvāhaṃ, pāpima parinibbāyissāmi, yāva me upāsikā na sāvikā bhavissanti viyattā vinītā visāradā bahussutā dhammadharā dhammānudhammappaṭipannā sāmīcippaṭipannā anudhammacāriniyo, sakaṃ ācariyakaṃ uggahetvā ācikkhissanti desessanti paññapessanti paṭṭhapessanti vivarissanti vibhajissanti uttānīkarissanti, uppannaṃ parappavādaṃ sahadhammena suniggahitaṃ niggahetvā sappāṭihāriyaṃ dhammaṃ desessantī'ti. etarahi kho pana, bhante, upāsikā bhagavato sāvikā viyattā vinītā visāradā bahussutā dhammadharā dhammānudhammappaṭipannā sāmīcippaṭipannā anudhammacāriniyo, sakaṃ ācariyakaṃ uggahetvā ācikkhanti desenti paññapenti paṭṭhapenti vivaranti vibhajanti uttānīkaronti, uppannaṃ parappavādaṃ sahadhammena suniggahitaṃ niggahetvā sappāṭihāriyaṃ dhammaṃ desenti. parinibbātudāni, bhante, bhagavā, parinibbātu sugato, parinibbānakālodāni, bhante, bhagavato.

바-시따- 코- 빠네-사-, 반떼-, 바가와따- 와-짜- — '나 따-와-항, 빠-삐마, 빠리닙바-잇사-미, 야-와 메- 우빠-시까- 나 사-위까- 바윗산띠 위얏따- 위니-따- 위사-라다- 바훗수따- 담마다라- 담마-누담맙빠띠빤나- 사-미-찝빠띠빤나- 아누담마짜-리니요-, 사깡 아-짜리야깡 욱가헤-뜨와- 아-찍킷산띠 데-셋산띠 빤냐뻿산띠 빳타뻿산띠 위와릿산띠 위바짓산띠 웃따-니-까릿산띠, 웁빤낭 빠랍빠와-당 사하담메-나 수닉가히땅 닉가헤-뜨와- 삽빠-띠하-리양 담망 데-셋산띠-'띠. 에-따라히 코- 빠나, 반떼-, 우빠-시까- 바가와또- 사-위까- 위얏따- 위니-따- 위사-라다- 바훗수따- 담마다라- 담마-누담맙빠띠빤나- 사-미-찝빠띠빤나- 아누담마짜-리니요-, 사깡 아-짜리야깡 욱가헤-뜨와- 아-찍칸띠 데-센띠 빤냐뻰띠 빳타뻰띠 위와란띠 위바잔띠 웃따-니-까론띠, 웁빤낭 빠랍빠와-당 사하담메-나 수닉가히땅 닉가헤-뜨와- 삽빠-띠하-리양 담망 데-센띠. 빠리닙바-뚜다-니, 반떼-, 바가와-, 빠리닙바-뚜 수가또-, 빠리닙바-나까-ㄹ로-다-니, 반떼-, 바가와또-

대덕이시여, 세존께서는 전에 이렇게 말씀하셨습니다. — '나는 나의 여신자 제자들이 성취하고, 훈련되고, 자신감을 가지고, 많이 배우고, 법을 명심하고, 가르침에 일치하는 법을 실천하고, 여법하게 실천하고, 법에 따라 행하게 될 때까지, 자기 스승에게서 온 것을 배운 뒤에 말하고 전도하고 알게 하고 확립하고 분석하고 분류하고 분명히 하게 될 때까지, 생겨난 외도의 가르침을 법으로 잘 비판하고 비판한 뒤에 비범함이 함께한 법을 설명하게 될 때까지 완전히 열반하지 않을 것이다.'라고. 대덕이시여, 그런데 지금 세존의 여신자 제자들은 성취하고, 훈련되고, 자신감을 가지고, 많이 배우고, 법을 명심하고, 가르침에 일치하는 법을 실천하고, 여법하게 실천하고, 법에 따라 행하고, 자기 스승에게서 온 것을 배운 뒤에 말하고 전도하고 알게 하고 확립하고 분석하고 분류하고 분명하게 하고, 생겨난 외도의 가르침을 법으로 잘 비판하고 비판한 뒤에 비범함이 함께한 법을 설명할 수 있습니다. 그러니 이제 세존께서는 완전한 열반에 드십시오. 선서께서는 완전한 열반에 드십시오. 대덕이시여, 이제 세존께서 완전한 열반에 드실 때입니다.

bhāsitā kho panesā, bhante, bhagavatā vācā — 'na tāvāhaṃ, pāpima, parinibbāyissāmi, yāva me idaṃ brahmacariyaṃ na iddhaṃ ceva bhavissati phītañca vitthārikaṃ bāhujaññaṃ puthubhūtaṃ yāva devamanussehi suppakāsitan'ti. etarahi kho pana, bhante, bhagavato brahmacariyaṃ iddhaṃ ceva phītañca vitthārikaṃ bāhujaññaṃ puthubhūtaṃ, yāva devamanussehi suppakāsitaṃ. parinibbātudāni, bhante, bhagavā, parinibbātu sugato, parinibbānakālodāni, bhante, bhagavato'ti.

바-시따- 코- 빠네-사-, 반떼-, 바가와따- 와-짜- — '나 따-와-항, 빠-삐마, 빠리닙바-잇사-미, 야-와 메- 이당 브라흐마짜리양 나 인당 쩨-와 바윗사띠 피-딴짜 윗타-리깡 바-후잔냥 뿌투부-땅 야-와 데-와마눗세-히 숩빠까-시딴'띠. 에-따라히 코- 빠나, 반떼-, 바가와또-

브라흐마짜리양 인당 쩨-와 피-딴짜 윗타-리깡 바-후잔냥 뿌투부-땅, 야-와 데-와마눗세-히 숩빠까-시땅. 빠리닙바-뚜다-니, 반떼-, 바가와-, 빠리닙바-뚜 수가또-, 빠리닙바-나까-ㄹ로-다-니, 반떼-, 바가와또-'띠

대덕이시여, 세존께서는 전에 이렇게 말씀하셨습니다. ― '나의 이 범행이 번성하고, 풍부하고, 널리 퍼지고, 많은 사람에게 널리 미치고, 신과 인간들에게 잘 알려질 때까지 완전히 열반하지 않을 것이다.'라고. 대덕이시여, 그런데 지금 세존의 이러한 범행은 번성하고, 풍부하고, 널리 퍼지고, 많은 사람에게 널리 미치고, 신과 인간들에게 잘 알려졌습니다. 그러니 대덕이시여, 이제 세존께서는 완전한 열반에 드십시오. 선서께서는 완전한 열반에 드십시오. 대덕이시여, 이제 세존께서 완전한 열반에 드실 때입니다.'라고.

"evaṃ vutte, ahaṃ, ānanda, māraṃ pāpimantaṃ etadavocaṃ ― 'appossukko tvaṃ, pāpima, hohi, naciraṃ tathāgatassa parinibbānaṃ bhavissati. ito tiṇṇaṃ māsānaṃ accayena tathāgato parinibbāyissatī'ti. idāneva kho, ānanda, ajja cāpāle cetiye tathāgatena satena sampajānena āyusaṅkhāro ossaṭṭho"ti.

에-왕 웃떼-, 아항, 아-난다, 마-랑 빠-삐만땅 에-따다오-짱 ― '압뽓숙꼬- 뜨왕, 빠-삐마, 호-히, 나찌랑 따타-가땃사 빠리닙바-낭 바윗사띠. 이또- 띤낭 마-사-낭 앗짜예-나 따타-가또- 빠리닙바-잇사띠-'띠. 이다-네-와 코-, 아-난다, 앗자 짜-빠-ㄹ레- 쩨-띠예- 따타-가떼-나 사떼-나 삼빠자-네-나 아-유상카-로- 옷삿토-"띠

이렇게 말했을 때, 나는 마라 빠삐만뜨에게 이렇게 말했다. ― '빠삐만뜨여, 그대는 관심 두지 말라. 오래지 않아 여래는 완전히 열반할 것이다. 지금부터 3개월 이내에 여래는 완전히 열반할 것이다.'라고. 이제, 아난다여, 오늘 짜빨라 탑에서 여래는 사띠와 바른 앎[염(念)-정지(正知)]을 가지고 생명력의 형성작용을 놓았다."라고. ▣

배워 알고 실천하는 불교 신자!

제2장

사실 — 깨닫고 실현한 법

1. uppādāsuttaṃ (AN 3.137-출현 경)

1) aniccānupassīsuttaṃ (AN 7.16-무상(無常)을 이어 보는 자 경)

2) dukkhānupassīsuttaṃ (AN 7.17-고(苦)를 이어 보는 자 경)

3) anattānupassīsuttaṃ (AN 7.18-무아(無我)를 이어 보는 자 경)

4) nibbānasuttaṃ (AN 7.19-열반 경)

2. paccayasuttaṃ(SN 12.20-조건 경)

1) paṭiccasamuppādasuttaṃ (SN 12.1-연기(緣起) 경)

2) assutavāsuttaṃ (SN 12.61-배우지 못한 자 경)

3) gotamasuttaṃ(SN 12.10-고따마 경)

4) nagarasuttaṃ (SN 12.65-도시 경)

5) bālapaṇḍitasuttaṃ (SN 12.19-우현 경)

6) kaccānagottasuttaṃ (SN 12.15-깟짜나곳따 경)

7) ñātikasuttaṃ (SN 12.45-냐띠까 경)

3. pupphasuttaṃ (SN 22.94-꽃 경)

1) assādasuttaṃ (SN 22.26-매력 경)

2) dutiyāssādasuttaṃ (SN 22.27-매력 경2)

3) tatiyāssādasuttaṃ (SN 22.28-매력 경3)

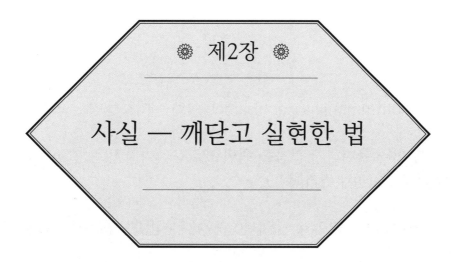

「taṃ tathāgato abhisambujjhati abhisameti 여래는 이것을 깨닫고 실현하였다」

- 여래들의 출현이나 출현하지 않음을 원인으로 움직이지 않는 안정되고 확실한 원리(사실) — 삼법인(三法印)과 연기(緣起)
- 세상에 있는 세상의 법 — 오온(五蘊)[색(色)-수(受)-상(想)-행(行)들-식(識)]

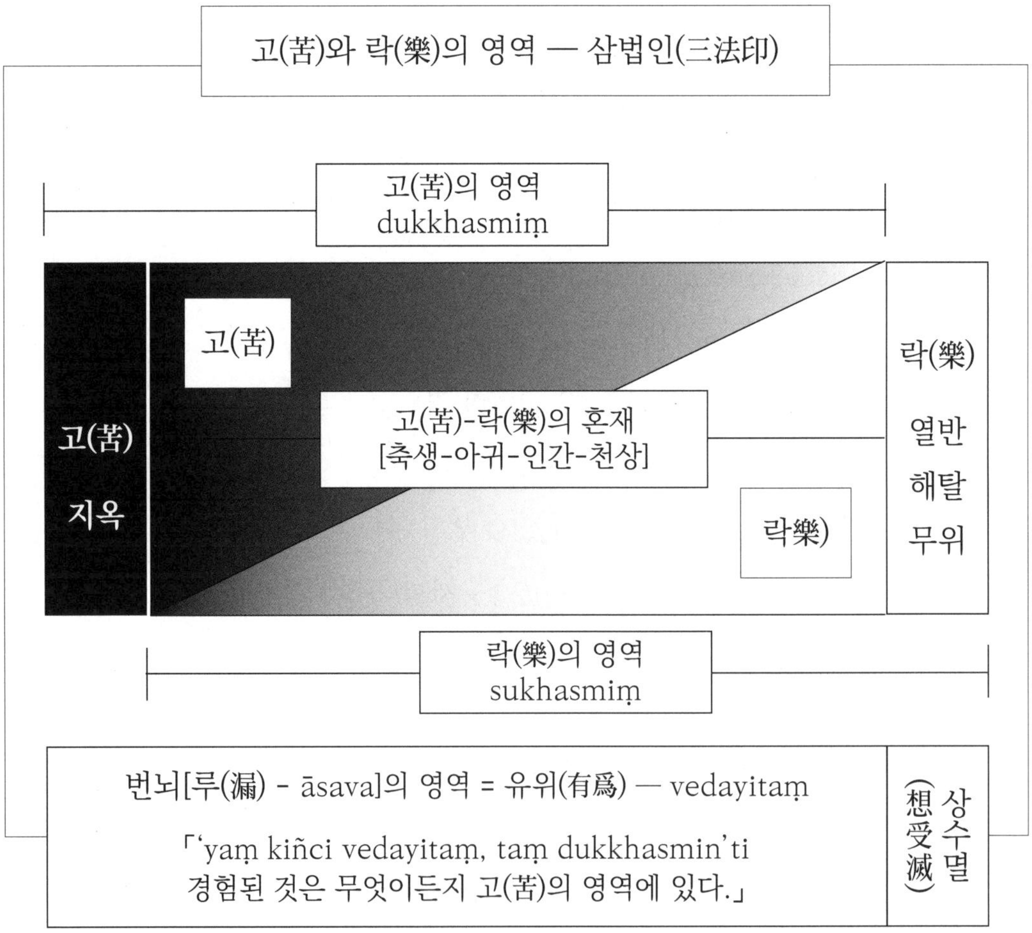

1. uppādāsuttaṃ (AN 3.137-출현 경)

• 여래의 출현 여부와 무관하게 세상에 존재하고 내 삶에 적용되는 원리/이치 — ①삼법인(三法印) — 일반적 존재성

• 행(行-saṅkhāra) — 유위에서 형성된 것, 법(法-dhamma) — 있는 것

• 유위에서 형성된 것들은 모두 무상(無常)하다[제행무상(諸行無常)].
• 유위에서 형성된 것들은 모두 고(苦)다[제행개고(諸行皆苦)].
• 있는 것들은 모두 무아(無我)다[제법무아(諸法無我)].

"uppādā vā, bhikkhave, tathāgatānaṃ anuppādā vā tathāgatānaṃ, ṭhitāva sā dhātu dhammaṭṭhitatā dhammaniyāmatā. sabbe saṅkhārā aniccā. taṃ tathāgato abhisambujjhati abhisameti. abhisambujjhitvā abhisametvā ācikkhati deseti paññāpeti paṭṭhapeti vivarati vibhajati uttānīkaroti — 'sabbe saṅkhārā aniccā'ti.

웁빠-다- 와-, 빅카웨-, 따타-가따-낭 아눕빠-다- 와- 따타-가따-낭, 티따-와 사- 다-뚜 담맛티따따- 담마니야-마따-. 삽베- 상카-라- 아닛짜-. 땅 따타-가또- 아비삼붓자띠 아비사메-띠. 아비삼붓지뜨와- 아비사메-뜨와- 아-찍카띠 데-세-띠 빤냐-뻬-띠 빳타뻬-띠 위와라띠 위바자띠 웃따-니-까로-띠 — '삽베- 상카-라- 아닛짜-'띠

"비구들이여, '유위에서 형성된 것들은 모두 무상(無常)하다[제행무상(諸行無常)].'라는 이 요소는 여래들의 출현이나 출현하지 않음을 원인으로 움직이지 않는 안정되고 확실한 원리(사실)이다. 여래는 이것을 깨닫고 실현하였다. 깨닫고 실현한 뒤 '유위에서 형성된 것들은 모두 무상하다.'라고 공표하고, 전달하고, 선언하고, 시작하고, 드러내고, 분석하고, 해설한다.

uppādā vā, bhikkhave, tathāgatānaṃ anuppādā vā tathāgatānaṃ ṭhitāva sā dhātu dhammaṭṭhitatā dhammaniyāmatā. sabbe saṅkhārā dukkhā. taṃ tathāgato abhisambujjhati abhisameti. abhisambujjhitvā abhisametvā ācikkhati deseti paññāpeti paṭṭhapeti vivarati vibhajati uttānīkaroti — 'sabbe saṅkhārā dukkhā'ti.

웁빠-다- 와-, 빅카웨-, 따타-가따-낭 아눕빠-다- 와- 따타-가따-낭, 티따-와 사- 다-뚜 담맛티따따- 담마니야-마따-. 삽베- 상카-라- 둑카-. 땅 따타-가또- 아비삼붓자띠 아비사메-띠. 아비삼붓지뜨와- 아비사메-뜨와- 아-찍카띠 데-세-띠 빤냐-뻬-띠 빳타뻬-띠 위와라띠 위바자띠 웃따-니-까로-띠 — '삽베- 상카-라- 둑카-'띠

비구들이여, '유위에서 형성된 것들은 모두 고(苦)다[제행개고(諸行皆苦)].'라는 이 요소는 여래들의 출현이나 출현하지 않음을 원인으로 움직이지 않는 안정되고 확실한 원리이다. 여래

는 이것을 깨닫고 실현하였다. 깨닫고 실현한 뒤 '유위에서 형성된 것들은 모두 고다.'라고 공표하고, 전달하고, 선언하고, 시작하고, 드러내고, 분석하고, 해설한다.

uppādā vā, bhikkhave, tathāgatānaṃ anuppādā vā tathāgatānaṃ ṭhitāva sā dhātu dhammaṭṭhitatā dhammaniyāmatā. sabbe dhammā anattā. taṃ tathāgato abhisambujjhati abhisameti. abhisambujjhitvā abhisametvā ācikkhati deseti paññāpeti paṭṭhapeti vivarati vibhajati uttānīkaroti — 'sabbe dhammā anattā'"ti.

웁빠-다- 와-, 빅카웨-, 따타-가따-낭 아눕빠-다- 와- 따타-가따-낭, 티따-와 사- 다-뚜 담맛티따따- 담마니야-마따-. 삽베- 담마- 아낫따-. 땅 따타-가또- 아비삼붓자띠 아비사메-띠. 아비삼붓지뜨와- 아비사메-뜨와- 아-찍카띠 데-세-띠 빤냐-뻬-띠 빳타뻬-띠 위와라띠 위바자띠 웃따-니-까로-띠 — '삽베- 담마- 아낫따-'띠

비구들이여, '있는 것들은 모두 무아(無我)다[제법무아(諸法無我)].'라는 이 요소는 여래들의 출현이나 출현하지 않음을 원인으로 움직이지 않는 안정되고 확실한 원리이다. 여래는 이것을 깨닫고 실현하였다. 깨닫고 실현한 뒤 '있는 것들은 모두 무아다.'라고 공표하고, 전달하고, 선언하고, 시작하고, 드러내고, 분석하고, 해설한다." ▣

• 무상게(無常偈)

aniccā vata saṅkhārā, uppādavayadhammino.
uppajjitvā nirujjhanti, tesaṃ vūpasamo sukho

아닛짜- 와따 상카-라-, 웁빠-다와야담미노-
웁빳지뜨와- 니룻잔띠, 떼-상 우-빠사모- 수코-

유위(有爲)에서 형성된 것들은 참으로 무상(無常)하여 생겨나고 무너지는 성질을 가졌다. 생겨남을 원인으로 소멸한다. 그들의 가라앉음이 행복이다.

• 무상(無常) — 조건들의 결합으로 결과가 생겨나는 원리/이치 •

1) aniccānupassīsuttaṃ (AN 7.16-무상(無常)을 이어 보는 자 경)

- 공양받을만한 분들, 환영받을만한 분들, 보시받을만한 분들, 합장 받을만한 분들인 일곱 가지 사람 — 아라한(2) + 불환자(5)[오종불환(五種不還)]

- 모든 행(行)에 대해 무상(無常)을 이어 보면서 머묾 — 「유위에서 형성된 것들은 모두 무상(無常)하다[제행무상(諸行無常)].」

"sattime, bhikkhave, puggalā āhuneyyā pāhuneyyā dakkhiṇeyyā añjalikaraṇīyā anuttaraṃ puññakkhettaṃ lokassa. katame satta? idha, bhikkhave, ekacco puggalo sabbasaṅkhāresu aniccānupassī viharati, aniccasaññī, aniccapaṭisaṃvedī satataṃ samitaṃ abbokiṇṇaṃ cetasā adhimuccamāno paññāya pariyogāhamāno. so āsavānaṃ khayā anāsavaṃ cetovimuttiṃ paññāvimuttiṃ diṭṭheva dhamme sayaṃ abhiññā sacchikatvā upasampajja viharati. ayaṃ, bhikkhave, paṭhamo puggalo āhuneyyo pāhuneyyo dakkhiṇeyyo añjalikaraṇīyo anuttaraṃ puññakkhettaṃ lokassa.

삿띠메-, 빅카웨-, 뿍갈라- 아-후네이야- 빠-후네이야- 닥키네이야- 안잘리까라니-야- 아눗따랑 뿐냑켓땅 로-깟사. 까따메- 삿따? 이다, 빅카웨-, 에-깟쪼- 뿍갈로- 삽바상카-레-수 아닛짜-누빳시- 위하라띠, 아닛짜산니-, 아닛짜빠띠상웨-디- 사따땅 사미땅 압보-낀낭 쩨-따사- 아디뭇짜마-노- 빤냐-야 빠리요-가-하마-노-. 소- 아-사와-낭 카야- 아나-사왕 쩨-또-위뭇띵 빤냐-위뭇띵 딧테-와 담메- 사양 아빈냐- 삿치까뜨와- 우빠삼빳자 위하라띠. 아양, 빅카웨-, 빠타모- 뿍갈로- 아-후네이요- 빠-후네이요- 닥키네이요- 안잘리까라니-요- 아눗따랑 뿐냑켓땅 로-깟사

비구들이여, 이런 일곱 가지 사람은 공양받을만한 분들, 환영받을만한 분들, 보시받을만한 분들, 합장 받을만한 분들이며, 이 세상의 위없는 복전(福田)이다. 어떤 일곱인가? 여기, 비구들이여, 어떤 사람은 모든 행(行)에 대해 무상(無常)을 이어 보면서 머문다. 무상의 상을 가졌고, 무상을 경험한다. 끊임없이 언제나 충만하게 심(心)을 기울이고, 혜(慧)로써 관통한다. 그는 번뇌들이 부서졌기 때문에 번뇌가 없는 심해탈(心解脫)과 혜해탈(慧解脫)을 지금여기에서 스스로 실답게 안 뒤에 실현하고 성취하여 머문다. 이 사람이, 비구들이여, 공양받을만한 분, 환영받을만한 분, 보시받을만한 분, 합장 받을만한 분이며, 이 세상의 위없는 복전인 첫 번째 사람이다.

"puna caparaṃ, bhikkhave, idhekacco puggalo sabbasaṅkhāresu aniccānupassī viharati, aniccasaññī, aniccapaṭisaṃvedī satataṃ samitaṃ abbokiṇṇaṃ cetasā adhimuccamāno paññāya pariyogāhamāno. tassa apubbaṃ acarimaṃ āsavapariyādānañca hoti jīvitapariyādānañca. ayaṃ, bhikkhave, dutiyo puggalo āhuneyyo pāhuneyyo dakkhiṇeyyo añjalikaraṇīyo anuttaraṃ puññakkhettaṃ lokassa.

뿌나 짜빠랑, 빅카웨-, 이데-깟쪼- 뿍갈로- 삽바상카-레-수 아닛짜-누빳시- 위하라띠, 아닛짜산니-, 아닛짜빠띠상웨-디- 사따땅 사미땅 압보-낀낭 쩨-따사- 아디뭇짜마-노- 빤냐-야 빠리요-가-하마-노-. 땃사 아뿝방 아짜리망 아-사와빠리야-다-난짜 호-띠 지-위따빠리야-다-난짜. 아양, 빅카웨-, 두띠요- 뿍갈로- 아-후네이요- 빠-후네이요- 닥키네이요- 안잘리까라니-요- 아눗따랑 뿐냑켓땅 로-깟사

다시, 비구들이여, 여기 어떤 사람은 모든 행에 대해 무상을 이어 보면서 머문다. 무상의 상을 가졌고, 무상을 경험한다. 끊임없이 언제나 충만하게 심을 기울이고, 혜로써 관통한다. 그의 번뇌는 생명이 다하는 때에 함께 다한다. 이 사람이, 비구들이여, 공양받을만한 분, 환영받을만한 분, 보시받을만한 분, 합장 받을만한 분이며, 이 세상의 위없는 복전인 두 번째 사람이다.

"puna caparaṃ, bhikkhave, idhekacco puggalo sabbasaṅkhāresu aniccānupassī viharati, aniccasaññī, aniccapaṭisaṃvedī satataṃ samitaṃ abbokiṇṇaṃ cetasā adhimuccamāno paññāya pariyogāhamāno. so pañcannaṃ orambhāgiyānaṃ saṃyojanānaṃ parikkhayā antarāparinibbāyī hoti. ayaṃ, bhikkhave, tatiyo puggalo āhuneyyo pāhuneyyo dakkhiṇeyyo añjalikaraṇīyo anuttaraṃ puññakkhettaṃ lokassa.

뿌나 짜빠랑, 빅카웨-, 이데-깟쪼- 뿍갈로- 삽바상카-레-수 아닛짜-누빳시- 위하라띠, 아닛짜산니-, 아닛짜빠띠상웨-디- 사따땅 사미땅 압보-낀낭 쩨-따사- 아디뭇짜마-노- 빤냐-야 빠리요-가-하마-노-. 소- 빤짠낭 오-람바-기야-낭 상요-자나-낭 빠릭카야- 안따라-빠리닙바-이- 호-띠. 아양, 빅카웨-, 따띠요- 뿍갈로- 아-후네이요- 빠-후네이요- 닥키네이요- 안잘리까라니-요- 아눗따랑 뿐냑켓땅 로-깟사

다시, 비구들이여, 여기 어떤 사람은 모든 행에 대해 무상을 이어 보면서 머문다. 무상의 상을 가졌고, 무상을 경험한다. 끊임없이 언제나 충만하게 심을 기울이고, 혜로써 관통한다. 그는 다섯 가지 낮은 단계의 족쇄[오하분결(五下分結)]가 완전히 부서졌기 때문에 중반에 완전히 열반하는 자가 된다. 이 사람이, 비구들이여, 공양받을만한 분, 환영받을만한 분, 보시받을만한 분, 합장 받을만한 분이며, 이 세상의 위없는 복전인 세 번째 사람이다.

"puna caparaṃ, bhikkhave, idhekacco puggalo sabbasaṅkhāresu aniccānupassī viharati, aniccasaññī, aniccapaṭisaṃvedī satataṃ samitaṃ abbokiṇṇaṃ cetasā adhimuccamāno paññāya pariyogāhamāno. so pañcannaṃ orambhāgiyānaṃ saṃyojanānaṃ parikkhayā upahaccaparinibbāyī hoti. ayaṃ, bhikkhave, catuttho puggalo āhuneyyo pāhuneyyo dakkhiṇeyyo añjalikaraṇīyo anuttaraṃ puññakkhettaṃ lokassa.

뿌나 짜빠랑, 빅카웨-, 이데-깟쪼- 뿍갈로- 삽바상카-레-수 아닛짜-누빳시- 위하라띠, 아닛짜산니-, 아닛짜빠띠상웨-디- 사따땅 사미땅 압보-낀낭 쩨-따사- 아디뭇짜마-노- 빤냐-야 빠리요-가-하마-노-. 소- 빤짠낭 오-람바-기야-낭 상요-자나-낭 빠릭카야- 우빠핫짜빠리닙바-이- 호-띠. 아양, 빅카웨-, 짜뚯토- 뿍갈로- 아-후네이요- 빠-후네이요- 닥키네이요- 안잘리까라니-요- 아눗따랑 뿐냑켓땅 로-깟사

다시, 비구들이여, 여기 어떤 사람은 모든 행에 대해 무상을 이어 보면서 머문다. 무상의 상을 가졌고, 무상을 경험한다. 끊임없이 언제나 충만하게 심을 기울이고, 혜로써 관통한다. 그는 다섯 가지 낮은 단계의 족쇄가 완전히 부서졌기 때문에 닿은 뒤에 완전히 열반하는 자가 된다. 이 사람이, 비구들이여, 공양받을만한 분, 환영받을만한 분, 보시받을만한 분, 합장 받을만한 분이며, 이 세상의 위없는 복전인 네 번째 사람이다.

"puna caparaṃ, bhikkhave, idhekacco puggalo sabbasaṅkhāresu aniccānupassī viharati, aniccasaññī, aniccapaṭisaṃvedī satataṃ samitaṃ abbokiṇṇaṃ cetasā adhimuccamāno paññāya pariyogāhamāno. so pañcannaṃ orambhāgiyānaṃ saṃyojanānaṃ parikkhayā asaṅkhāraparinibbāyī hoti. ayaṃ, bhikkhave, pañcamo puggalo āhuneyyo pāhuneyyo dakkhiṇeyyo añjalikaraṇīyo anuttaraṃ puññakkhettaṃ lokassa.

뿌나 짜빠랑, 빅카웨-, 이데-깟쪼- 뿍갈로- 삽바상카-레-수 아닛짜-누빳시- 위하라띠, 아닛짜산니-, 아닛짜빠띠상웨-디- 사따땅 사미땅 압보-낀낭 쩨-따사- 아디뭇짜마-노- 빤냐-야 빠리요-가-하마-노-. 소- 빤짠낭 오-람바-기야-낭 상요-자나-낭 빠릭카야- 아상카-라빠리닙바-이- 호-띠. 아양, 빅카웨-, 빤짜모- 뿍갈로- 아-후네이요- 빠-후네이요- 닥키네이요- 안잘리까라니-요- 아눗따랑 뿐냑켓땅 로-깟사

다시, 비구들이여, 여기 어떤 사람은 모든 행에 대해 무상을 이어 보면서 머문다. 무상의 상을 가졌고, 무상을 경험한다. 끊임없이 언제나 충만하게 심을 기울이고, 혜로써 관통한다. 그는 다섯 가지 낮은 단계의 족쇄가 완전히 부서졌기 때문에 행 없이 완전히 열반하는 자가 된다. 이 사람이, 비구들이여, 공양받을만한 분, 환영받을만한 분, 보시받을만한 분, 합장 받을만한 분이며, 이 세상의 위없는 복전인 다섯 번째 사람이다.

"puna caparaṃ, bhikkhave, idhekacco puggalo sabbasaṅkhāresu aniccānupassī viharati, aniccasaññī, aniccapaṭisaṃvedī satataṃ samitaṃ abbokiṇṇaṃ cetasā adhimuccamāno paññāya pariyogāhamāno. so pañcannaṃ orambhāgiyānaṃ saṃyojanānaṃ parikkhayā sasaṅkhāraparinibbāyī hoti. ayaṃ, bhikkhave, chaṭṭho puggalo āhuneyyo pāhuneyyo dakkhiṇeyyo añjalikaraṇīyo anuttaraṃ puññakkhettaṃ lokassa.

뿌나 짜빠랑, 빅카웨-, 이데-깟쪼- 뿍갈로- 삽바상카-레-수 아닛짜-누빳시- 위하라띠, 아닛짜산니-, 아닛짜빠띠상웨-디- 사따땅 사미땅 압보-낀낭 쩨-따사- 아디뭇짜마-노- 빤냐-야 빠리요-가-하마-노-. 소- 빤짠낭 오-람바-기야-낭 상요-자나-낭 빠릭카야- 사상카-라빠리닙바-이- 호-띠. 아양, 빅카웨-, 찻토- 뿍갈로- 아-후네이요- 빠-후네이요- 닥키네이요- 안잘리까라니-요- 아눗따랑 뿐냑켓땅 로-깟사

다시, 비구들이여, 여기 어떤 사람은 모든 행에 대해 무상을 이어 보면서 머문다. 무상의 상을 가졌고, 무상을 경험한다. 끊임없이 언제나 충만하게 심을 기울이고, 혜로써 관통한다. 그는 다섯 가지 낮은 단계의 족쇄가 완전히 부서졌기 때문에 행을 통해 완전히 열반하는 자가 된다. 이 사람이, 비구들이여, 공양받을만한 분, 환영받을만한 분, 보시받을만한 분, 합장 받을만한 분이며, 이 세상의 위없는 복전인 여섯 번째 사람이다.

“puna caparaṃ, bhikkhave, idhekacco puggalo sabbasaṅkhāresu aniccānupassī viharati, aniccasaññī, aniccapaṭisaṃvedī satataṃ samitaṃ abbokiṇṇaṃ cetasā adhimuccamāno paññāya pariyogāhamāno. so pañcannaṃ orambhāgiyānaṃ saṃyojanānaṃ parikkhayā uddhaṃsoto hoti akaniṭṭhagāmī. ayaṃ, bhikkhave, sattamo puggalo āhuneyyo pāhuneyyo dakkhiṇeyyo añjalikaraṇīyo anuttaraṃ puññakkhettaṃ lokassa. ime kho, bhikkhave, satta puggalā āhuneyyā pāhuneyyā dakkhiṇeyyā añjalikaraṇīyā anuttaraṃ puññakkhettaṃ lokassā”ti.

뿌나 짜빠랑, 빅카웨-, 이데-깟쪼- 뿍갈로- 삽바상카-레-수 아닛짜-누빳시- 위하라띠, 아닛짜산니-, 아닛짜빠띠상웨-디- 사따땅 사미땅 압보-낀낭 쩨-따사- 아디뭇짜마-노- 빤냐-야 빠리요-가-하마-노-. 소- 빤짠낭 오-람바-기야-낭 상요-자나-낭 빠릭카야- 욷당소-또-호-띠 아까닛타가-미-. 아양, 빅카웨-, 삿따모- 뿍갈로- 아-후네이요- 빠-후네이요- 닥키네이요- 안잘리까라니-요- 아눗따랑 뿐냑켓땅 로-깟사. 이메- 코-, 빅카웨-, 삿따 뿍갈라- 아-후네이야- 빠-후네이야- 닥키네이야- 안잘리까라니-야- 아눗따랑 뿐냑켓땅 로-깟사-”띠

다시, 비구들이여, 여기 어떤 사람은 모든 행에 대해 무상을 이어 보면서 머문다. 무상의 상을 가졌고, 무상을 경험한다. 끊임없이 언제나 충만하게 심을 기울이고, 혜로써 관통한다. 그는 다섯 가지 낮은 단계의 족쇄가 완전히 부서졌기 때문에 높은 흐름에 든 자, 색구경천에 태어나는 자가 된다. 이 사람이, 비구들이여, 공양받을만한 분, 환영받을만한 분, 보시받을만한 분, 합장 받을만한 분이며, 이 세상의 위없는 복전인 일곱 번째 사람이다. 비구들이여, 이런 일곱 가지 사람은 공양받을만한 분들, 환영받을만한 분들, 보시받을만한 분들, 합장 받을만한 분들이며, 이 세상의 위없는 복전이다. ▣

2) dukkhānupassīsuttaṃ (AN 7.17-고(苦)를 이어 보는 자 경)

- 모든 행(行)에 대해 고(苦)를 이어 보면서 머묾 — 「유위에서 형성된 것들은 모두 고(苦)다[제행개고(諸行皆苦)].」

- 고(苦) — 조건이 원하는 대로 제어되지 못하는 데서 생기는 결과의 불만족

“sattime, bhikkhave, puggalā āhuneyyā pāhuneyyā dakkhiṇeyyā añjalikaraṇīyā anuttaraṃ puññakkhettaṃ lokassa. katame satta? idha, bhikkhave, ekacco puggalo sabbasaṅkhāresu dukkhānupassī viharati, dukkhasaññī, dukkhapaṭisaṃvedī satataṃ samitaṃ abbokiṇṇaṃ cetasā adhimuccamāno paññāya pariyogāhamāno. so āsavānaṃ khayā anāsavaṃ cetovimuttiṃ paññāvimuttiṃ diṭṭheva dhamme sayaṃ abhiññā sacchikatvā upasampajja viharati. ayaṃ, bhikkhave, paṭhamo puggalo āhuneyyo pāhuneyyo dakkhiṇeyyo añjalikaraṇīyo anuttaraṃ puññakkhettaṃ lokassa.

삿띠메-, 빅카웨-, 뿍갈라- 아-후네이야- 빠-후네이야- 닥키네이야- 안잘리까라니-야- 아눗따랑 뿐냑켓땅 로-깟사. 까따메- 삿따? 이다, 빅카웨-, 에-깟쪼- 뿍갈로- 삽바상카-레-수 둑카-누빳시- 위하라띠, 둑카산니-, 둑카빠띠상웨-디- 사따땅 사미땅 압보-낀낭 쩨-따사- 아디뭇짜마-노- 빤냐-야 빠리요-가-하마-노-. 소- 아-사와-낭 카야- 아나-사왕 쩨-또-위뭇띵 빤냐-위뭇띵 딧테-와 담메- 사양 아빈냐- 삿치까뜨와- 우빠삼빳자 위하라띠. 아양, 빅카웨-, 빠타모- 뿍갈로- 아-후네이요- 빠-후네이요- 닥키네이요- 안잘리까라니-요- 아눗따랑 뿐냑켓땅 로-깟사

비구들이여, 이런 일곱 가지 사람은 공양받을만한 분들, 환영받을만한 분들, 보시받을만한 분들, 합장 받을만한 분들이며, 이 세상의 위없는 복전이다. 어떤 일곱인가? 여기, 비구들이여, 어떤 사람은 모든 행(行)에 대해 고(苦)를 이어 보면서 머문다. 고의 상을 가졌고, 고를 경험한다. 끊임없이 언제나 충만하게 심을 기울이고, 혜로써 관통한다. 그는 번뇌들이 부서졌기 때문에 번뇌가 없는 심해탈과 혜해탈을 지금여기에서 스스로 실답게 안 뒤에 실현하고 성취하여 머문다. 이 사람이, 비구들이여, 공양받을만한 분, 환영받을만한 분, 보시받을만한 분, 합장 받을만한 분이며, 이 세상의 위없는 복전인 첫 번째 사람이다.

“puna caparaṃ, bhikkhave, idhekacco puggalo sabbasaṅkhāresu dukkhānupassī viharati, dukkhasaññī, dukkhapaṭisaṃvedī satataṃ samitaṃ abbokiṇṇaṃ cetasā adhimuccamāno paññāya pariyogāhamāno. tassa apubbaṃ acarimaṃ āsavapariyādānañca hoti jīvitapariyādānañca. ayaṃ, bhikkhave, dutiyo puggalo āhuneyyo pāhuneyyo dakkhiṇeyyo añjalikaraṇīyo anuttaraṃ puññakkhettaṃ lokassa.

뿌나 짜빠랑, 빅카웨-, 이데-깟쪼- 뿍갈로- 삽바상카-레-수 둑카-누빳시- 위하라띠, 둑카산니-, 둑카빠띠상웨-디- 사따땅 사미땅 압보-낀낭 쩨-따사- 아디뭇짜마-노- 빤냐-야 빠리요-가-하마-노-. 땃사 아뻡방 아짜리망 아-사와빠리야-다-난짜 호-띠 지-위따빠리야-다-난짜. 아양, 빅카웨-, 두띠요- 뿍갈로- 아-후네이요- 빠-후네이요- 닥키네이요- 안잘리까라니-요- 아눗따랑 뿐냑켓땅 로-깟사

다시, 비구들이여, 여기 어떤 사람은 모든 행에 대해 고를 이어 보면서 머문다. 고의 상을 가졌고, 고를 경험한다. 끊임없이 언제나 충만하게 심을 기울이고, 혜로써 관통한다. 그의 번뇌는 생명이 다하는 때에 함께 다한다. 이 사람이, 비구들이여, 공양받을만한 분, 환영받을만한 분, 보시받을만한 분, 합장 받을만한 분이며, 이 세상의 위없는 복전인 두 번째 사람이다.

“puna caparaṃ, bhikkhave, idhekacco puggalo sabbasaṅkhāresu dukkhānupassī viharati, dukkhasaññī, dukkhapaṭisaṃvedī satataṃ samitaṃ abbokiṇṇaṃ cetasā adhimuccamāno paññāya pariyogāhamāno. so pañcannaṃ orambhāgiyānaṃ saṃyojanānaṃ parikkhayā antarāparinibbāyī hoti. ayaṃ, bhikkhave, tatiyo puggalo āhuneyyo pāhuneyyo dakkhiṇeyyo añjalikaraṇīyo anuttaraṃ puññakkhettaṃ lokassa.

뿌나 짜빠랑, 빅카웨-, 이데-깟쪼- 뿍갈로- 삽바상카-레-수 둑카-누빳시- 위하라띠, 둑카산니-, 둑카빠띠상웨-디- 사따땅 사미땅 압보-낀낭 쩨-따사- 아디뭇짜마-노- 빤냐-야 빠리요-가-하마-노-. 소- 빤짠낭 오-람바-기야-낭 상요-자나-낭 빠릭카야- 안따라-빠리닙바-이- 호-띠. 아양, 빅카웨-, 따띠요- 뿍갈로- 아-후네이요- 빠-후네이요- 닥키네이요- 안잘리까라니-요- 아눗따랑 뿐냑켓땅 로-깟사

다시, 비구들이여, 여기 어떤 사람은 모든 행에 대해 고를 이어 보면서 머문다. 고의 상을 가졌고, 고를 경험한다. 끊임없이 언제나 충만하게 심을 기울이고, 혜로써 관통한다. 그는 다섯 가지 낮은 단계의 족쇄가 완전히 부서졌기 때문에 중반에 완전히 열반하는 자가 된다. 이 사람이, 비구들이여, 공양받을만한 분, 환영받을만한 분, 보시받을만한 분, 합장 받을만한 분이며, 이 세상의 위없는 복전인 세 번째 사람이다.

“puna caparaṃ, bhikkhave, idhekacco puggalo sabbasaṅkhāresu dukkhānupassī viharati, dukkhasaññī, dukkhapaṭisaṃvedī satataṃ samitaṃ abbokiṇṇaṃ cetasā adhimuccamāno paññāya pariyogāhamāno. so pañcannaṃ orambhāgiyānaṃ saṃyojanānaṃ parikkhayā upahaccaparinibbāyī hoti. ayaṃ, bhikkhave, catuttho puggalo āhuneyyo pāhuneyyo dakkhiṇeyyo añjalikaraṇīyo anuttaraṃ puññakkhettaṃ lokassa.

뿌나 짜빠랑, 빅카웨-, 이데-깟쪼- 뿍갈로- 삽바상카-레-수 둑카-누빳시- 위하라띠, 둑카산니-, 둑카빠띠상웨-디- 사따땅 사미땅 압보-낀낭 쩨-따사- 아디뭇짜마-노- 빤냐-야 빠리요-가-하마-노-. 소- 빤짠낭 오-람바-기야-낭 상요-자나-낭 빠릭카야- 우빠핫짜빠리닙바-이- 호-띠. 아양, 빅카웨-, 짜뜻토- 뿍갈로- 아-후네이요- 빠-후네이요- 닥키네이요- 안잘리까라니-요- 아눗따랑 뿐냑켓땅 로-깟사

다시, 비구들이여, 여기 어떤 사람은 모든 행에 대해 고를 이어 보면서 머문다. 고의 상을 가졌고, 고를 경험한다. 끊임없이 언제나 충만하게 심을 기울이고, 혜로써 관통한다. 그는 다섯 가지 낮은 단계의 족쇄가 완전히 부서졌기 때문에 닿은 뒤에 완전히 열반하는 자가 된다. 이 사람이, 비구들이여, 공양받을만한 분, 환영받을만한 분, 보시받을만한 분, 합장 받을만한 분이며, 이 세상의 위없는 복전인 네 번째 사람이다.

"puna caparaṃ, bhikkhave, idhekacco puggalo sabbasaṅkhāresu dukkhānupassī viharati, dukkhasaññī, dukkhapaṭisaṃvedī satataṃ samitaṃ abbokiṇṇaṃ cetasā adhimuccamāno paññāya pariyogāhamāno. so pañcannaṃ orambhāgiyānaṃ saṃyojanānaṃ parikkhayā asaṅkhāraparinibbāyī hoti. ayaṃ, bhikkhave, pañcamo puggalo āhuneyyo pāhuneyyo dakkhiṇeyyo añjalikaraṇīyo anuttaraṃ puññakkhettaṃ lokassa.

뿌나 짜빠랑, 빅카웨-, 이데-깟쪼- 뿍갈로- 삽바상카-레-수 둑카-누빳시- 위하라띠, 둑카산니-, 둑카빠띠상웨-디- 사따땅 사미땅 압보-낀낭 쩨-따사- 아디뭇짜마-노- 빤냐-야 빠리요-가-하마-노-. 소- 빤짠낭 오-람바-기야-낭 상요-자나-낭 빠릭카야- 아상카-라빠리닙바-이- 호-띠. 아양, 빅카웨-, 빤짜모- 뿍갈로- 아-후네이요- 빠-후네이요- 닥키네이요- 안잘리까라니-요- 아눗따랑 뿐냑켓땅 로-깟사

다시, 비구들이여, 여기 어떤 사람은 모든 행에 대해 고를 이어 보면서 머문다. 고의 상을 가졌고, 고를 경험한다. 끊임없이 언제나 충만하게 심을 기울이고, 혜로써 관통한다. 그는 다섯 가지 낮은 단계의 족쇄가 완전히 부서졌기 때문에 행 없이 완전히 열반하는 자가 된다. 이 사람이, 비구들이여, 공양받을만한 분, 환영받을만한 분, 보시받을만한 분, 합장 받을만한 분이며, 이 세상의 위없는 복전인 다섯 번째 사람이다.

"puna caparaṃ, bhikkhave, idhekacco puggalo sabbasaṅkhāresu dukkhānupassī viharati, dukkhasaññī, dukkhapaṭisaṃvedī satataṃ samitaṃ abbokiṇṇaṃ cetasā adhimuccamāno paññāya pariyogāhamāno. so pañcannaṃ orambhāgiyānaṃ saṃyojanānaṃ parikkhayā sasaṅkhāraparinibbāyī hoti. ayaṃ, bhikkhave, chaṭṭho puggalo āhuneyyo pāhuneyyo dakkhiṇeyyo añjalikaraṇīyo anuttaraṃ

puññakkhettaṃ lokassa.

뿌나 짜빠랑, 빅카웨-, 이데-깟쪼- 뿍갈로- 삽바상카-레-수 둑카-누빳시- 위하라띠, 둑카산니-, 둑카빠띠상웨-디- 사따땅 사미땅 압보-낀낭 쩨-따사- 아디뭇짜마-노- 빤냐-야 빠리요-가-하마-노-. 소- 빤짠낭 오-람바-기야-낭 상요-자나-낭 빠릭카야- 사상카-라빠리닙바-이- 호-띠. 아양, 빅카웨-, 찻토- 뿍갈로- 아-후네이요- 빠-후네이요- 닥키네이요- 안잘리까라니-요- 아눗따랑 뿐냑켓땅 로-깟사

다시, 비구들이여, 여기 어떤 사람은 모든 행에 대해 고를 이어 보면서 머문다. 고의 상을 가졌고, 고를 경험한다. 끊임없이 언제나 충만하게 심을 기울이고, 혜로써 관통한다. 그는 다섯 가지 낮은 단계의 족쇄가 완전히 부서졌기 때문에 행을 통해 완전히 열반하는 자가 된다. 이 사람이, 비구들이여, 공양받을만한 분, 환영받을만한 분, 보시받을만한 분, 합장 받을만한 분이며, 이 세상의 위없는 복전인 여섯 번째 사람이다.

"puna caparaṃ, bhikkhave, idhekacco puggalo sabbasaṅkhāresu dukkhānupassī viharati, dukkhasaññī, dukkhapaṭisaṃvedī satataṃ samitaṃ abbokiṇṇaṃ cetasā adhimuccamāno paññāya pariyogāhamāno. so pañcannaṃ orambhāgiyānaṃ saṃyojanānaṃ parikkhayā uddhaṃsoto hoti akaniṭṭhagāmī. ayaṃ, bhikkhave, sattamo puggalo āhuneyyo pāhuneyyo dakkhiṇeyyo añjalikaraṇīyo anuttaraṃ puññakkhettaṃ lokassa. ime kho, bhikkhave, satta puggalā āhuneyyā pāhuneyyā dakkhiṇeyyā añjalikaraṇīyā anuttaraṃ puññakkhettaṃ lokassā"ti.

뿌나 짜빠랑, 빅카웨-, 이데-깟쪼- 뿍갈로- 삽바상카-레-수 둑카-누빳시- 위하라띠, 둑카산니-, 둑카빠띠상웨-디- 사따땅 사미땅 압보-낀낭 쩨-따사- 아디뭇짜마-노- 빤냐-야 빠리요-가-하마-노-. 소- 빤짠낭 오-람바-기야-낭 상요-자나-낭 빠릭카야- 욷당소-또- 호-띠 아까닛타가-미-. 아양, 빅카웨-, 삿따모- 뿍갈로- 아-후네이요- 빠-후네이요- 닥키네이요- 안잘리까라니-요- 아눗따랑 뿐냑켓땅 로-깟사. 이메- 코-, 빅카웨-, 삿따 뿍갈라- 아-후네이야- 빠-후네이야- 닥키네이야- 안잘리까라니-야- 아눗따랑 뿐냑켓땅 로-깟사-"띠

다시, 비구들이여, 여기 어떤 사람은 모든 행에 대해 고를 이어 보면서 머문다. 고의 상을 가졌고, 고를 경험한다. 끊임없이 언제나 충만하게 심을 기울이고, 혜로써 관통한다. 그는 다섯 가지 낮은 단계의 족쇄가 완전히 부서졌기 때문에 높은 흐름에 든 자, 색구경천에 태어나는 자가 된다. 이 사람이, 비구들이여, 공양받을만한 분, 환영받을만한 분, 보시받을만한 분, 합장 받을만한 분이며, 이 세상의 위없는 복전인 일곱 번째 사람이다. 비구들이여, 이런 일곱 가지 사람은 공양받을만한 분들, 환영받을만한 분들, 보시받을만한 분들, 합장 받을만한 분들이며, 이 세상의 위없는 복전이다. ▣

3) anattānupassīsuttaṃ (AN 7.18-무아(無我)를 이어 보는 자 경)

- 모든 법(法)에 대해 무아(無我)를 이어 보면서 머묾 — 「있는 것들은 모두 무아(無我)다[제법무아(諸法無我)].」 — 법(法) = 행(行)들 + 열반(涅槃)
- 무아(無我) — 상(常)-락(樂)-아(我)-정(淨)의 성질을 가지는 아(我-attan/atman) 아님 또는 그런 아(我) 없음

“sattime, bhikkhave, puggalā āhuneyyā pāhuneyyā dakkhiṇeyyā añjalikaraṇīyā anuttaraṃ puññakkhettaṃ lokassa. katame satta? idha, bhikkhave, ekacco puggalo sabbesu dhammesu anattānupassī viharati, anattasaññī, anattapaṭisaṃvedī satataṃ samitaṃ abbokiṇṇaṃ cetasā adhimuccamāno paññāya pariyogāhamāno. so āsavānaṃ khayā anāsavaṃ cetovimuttiṃ paññāvimuttiṃ diṭṭheva dhamme sayaṃ abhiññā sacchikatvā upasampajja viharati. ayaṃ, bhikkhave, paṭhamo puggalo āhuneyyo pāhuneyyo dakkhiṇeyyo añjalikaraṇīyo anuttaraṃ puññakkhettaṃ lokassa.

삿띠메-, 빅카웨-, 뿍갈라- 아-후네이야- 빠-후네이야- 닥키네이야- 안잘리까라니-야- 아눗따랑 뿐냑켓땅 로-깟사. 까따메- 삿따? 이다, 빅카웨-, 에-깟쪼- 뿍갈로- 삽베-수 담메-수 아낫따-누빳시- 위하라띠, 아낫따산니-, 아낫따빠띠상웨-디- 사따땅 사미땅 압보-낀낭 쩨-따사- 아디뭇짜마-노- 빤냐-야 빠리요-가-하마-노-. 소- 아-사와-낭 카야- 아나-사왕 쩨-또-위뭇띵 빤냐-위뭇띵 딧테-와 담메- 사양 아빈냐- 삿치까뜨와- 우빠삼빳자 위하라띠. 아양, 빅카웨-, 빠타모- 뿍갈로- 아-후네이요- 빠-후네이요- 닥키네이요- 안잘리까라니-요- 아눗따랑 뿐냑켓땅 로-깟사

비구들이여, 이런 일곱 가지 사람은 공양받을만한 분들, 환영받을만한 분들, 보시받을만한 분들, 합장 받을만한 분들이며, 이 세상의 위없는 복전이다. 어떤 일곱인가? 여기, 비구들이여, 어떤 사람은 모든 법(法)에 대해 무아(無我)를 이어 보면서 머문다. 무아의 상을 가졌고, 무아를 경험한다. 끊임없이 언제나 충만하게 심을 기울이고, 혜로써 관통한다. 그는 번뇌들이 부서졌기 때문에 번뇌가 없는 심해탈과 혜해탈을 지금여기에서 스스로 실답게 안 뒤에 실현하고 성취하여 머문다. 이 사람이, 비구들이여, 공양받을만한 분, 환영받을만한 분, 보시받을만한 분, 합장 받을만한 분이며, 이 세상의 위없는 복전인 첫 번째 사람이다.

“puna caparaṃ, bhikkhave, idhekacco puggalo sabbesu dhammesu anattānupassī viharati, anattasaññī, anattapaṭisaṃvedī satataṃ samitaṃ abbokiṇṇaṃ cetasā adhimuccamāno paññāya pariyogāhamāno. tassa apubbaṃ acarimaṃ āsavapariyādānañca hoti jīvitapariyādānañca. ayaṃ, bhikkhave, dutiyo puggalo āhuneyyo pāhuneyyo dakkhiṇeyyo añjalikaraṇīyo anuttaraṃ puññakkhettaṃ lokassa.

뿌나 짜빠랑, 빅카웨-, 이데-깟쪼- 뿍갈로- 삽베-수 담메-수 아낫따-누빳시- 위하라띠, 아낫따산니-, 아낫따빠띠상웨-디- 사따땅 사미땅 압보-낀낭 쩨-따사- 아디뭇짜마-노- 빤냐-야 빠리요-가-하마-노-. 땃사 아뿝방 아짜리망 아-사와빠리야-다-난짜 호-띠 지-위따빠리야-다-난짜. 아양, 빅카웨-, 두띠요- 뿍갈로- 아-후네이요- 빠-후네이요- 닥키네이요- 안잘리까라니-요- 아눗따랑 뿐냑켓땅 로-깟사

다시, 비구들이여, 여기 어떤 사람은 모든 법에 대해 무아를 이어 보면서 머문다. 무아의 상을 가졌고, 무아를 경험한다. 끊임없이 언제나 충만하게 심을 기울이고, 혜로써 관통한다. 그의 번뇌는 생명이 다하는 때에 함께 다한다. 이 사람이, 비구들이여, 공양받을만한 분, 환영받을만한 분, 보시받을만한 분, 합장 받을만한 분이며, 이 세상의 위없는 복전인 두 번째 사람이다.

"puna caparaṃ, bhikkhave, idhekacco puggalo sabbesu dhammesu anattānupassī viharati, anattasaññī, anattapaṭisaṃvedī satataṃ samitaṃ abbokiṇṇaṃ cetasā adhimuccamāno paññāya pariyogāhamāno. so pañcannaṃ orambhāgiyānaṃ saṃyojanānaṃ parikkhayā antarāparinibbāyī hoti. ayaṃ, bhikkhave, tatiyo puggalo āhuneyyo pāhuneyyo dakkhiṇeyyo añjalikaraṇīyo anuttaraṃ puññakkhettaṃ lokassa.

뿌나 짜빠랑, 빅카웨-, 이데-깟쪼- 뿍갈로- 삽베-수 담메-수 아낫따-누빳시- 위하라띠, 아낫따산니-, 아낫따빠띠상웨-디- 사따땅 사미땅 압보-낀낭 쩨-따사- 아디뭇짜마-노- 빤냐-야 빠리요-가-하마-노-. 소- 빤짠낭 오-람바-기야-낭 상요-자나-낭 빠릭카야- 안따라-빠리닙바-이- 호-띠. 아양, 빅카웨-, 따띠요- 뿍갈로- 아-후네이요- 빠-후네이요- 닥키네이요- 안잘리까라니-요- 아눗따랑 뿐냑켓땅 로-깟사

다시, 비구들이여, 여기 어떤 사람은 모든 법에 대해 무아를 이어 보면서 머문다. 무아의 상을 가졌고, 무아를 경험한다. 끊임없이 언제나 충만하게 심을 기울이고, 혜로써 관통한다. 그는 다섯 가지 낮은 단계의 족쇄가 완전히 부서졌기 때문에 중반에 완전히 열반하는 자가 된다. 이 사람이, 비구들이여, 공양받을만한 분, 환영받을만한 분, 보시받을만한 분, 합장 받을만한 분이며, 이 세상의 위없는 복전인 세 번째 사람이다.

"puna caparaṃ, bhikkhave, idhekacco puggalo sabbesu dhammesu anattānupassī viharati, anattasaññī, anattapaṭisaṃvedī satataṃ samitaṃ abbokiṇṇaṃ cetasā adhimuccamāno paññāya pariyogāhamāno. so pañcannaṃ orambhāgiyānaṃ saṃyojanānaṃ parikkhayā upahaccaparinibbāyī hoti. ayaṃ, bhikkhave, catuttho puggalo āhuneyyo pāhuneyyo dakkhiṇeyyo añjalikaraṇīyo anuttaraṃ

puññakkhettaṃ lokassa.

뿌나 짜빠랑, 빅카웨-, 이데-깟쪼- 뿍갈로- 삽베-수 담메-수 아낫따-누빳시- 위하라띠, 아낫따산니-, 아낫따빠띠상웨-디- 사따땅 사미땅 압보-낀낭 쩨-따사- 아디뭇짜마-노- 빤냐-야 빠리요-가-하마-노-. 소- 빤짠낭 오-람바-기야-낭 상요-자나-낭 빠릭카야- 우빠핫짜빠리닙바-이- 호-띠. 아양, 빅카웨-, 짜뜻토- 뿍갈로- 아-후네이요- 빠-후네이요- 닥키네이요- 안잘리까라니-요- 아눗따랑 뿐냑켓땅 로-깟사

다시, 비구들이여, 여기 어떤 사람은 모든 법에 대해 무아를 이어 보면서 머문다. 무아의 상을 가졌고, 무아를 경험한다. 끊임없이 언제나 충만하게 심을 기울이고, 혜로써 관통한다. 그는 다섯 가지 낮은 단계의 족쇄가 완전히 부서졌기 때문에 닿은 뒤에 완전히 열반하는 자가 된다. 이 사람이, 비구들이여, 공양받을만한 분, 환영받을만한 분, 보시받을만한 분, 합장 받을만한 분이며, 이 세상의 위없는 복전인 네 번째 사람이다.

"puna caparaṃ, bhikkhave, idhekacco puggalo sabbesu dhammesu anattānupassī viharati, anattasaññī, anattapaṭisaṃvedī satataṃ samitaṃ abbokiṇṇaṃ cetasā adhimuccamāno paññāya pariyogāhamāno. so pañcannaṃ orambhāgiyānaṃ saṃyojanānaṃ parikkhayā asaṅkhāraparinibbāyī hoti. ayaṃ, bhikkhave, pañcamo puggalo āhuneyyo pāhuneyyo dakkhiṇeyyo añjalikaraṇīyo anuttaraṃ puññakkhettaṃ lokassa.

뿌나 짜빠랑, 빅카웨-, 이데-깟쪼- 뿍갈로- 삽베-수 담메-수 아낫따-누빳시- 위하라띠, 아낫따산니-, 아낫따빠띠상웨-디- 사따땅 사미땅 압보-낀낭 쩨-따사- 아디뭇짜마-노- 빤냐-야 빠리요-가-하마-노-. 소- 빤짠낭 오-람바-기야-낭 상요-자나-낭 빠릭카야- 아상카-라빠리닙바-이- 호-띠. 아양, 빅카웨-, 빤짜모- 뿍갈로- 아-후네이요- 빠-후네이요- 닥키네이요- 안잘리까라니-요- 아눗따랑 뿐냑켓땅 로-깟사

다시, 비구들이여, 여기 어떤 사람은 모든 법에 대해 무아를 이어 보면서 머문다. 무아의 상을 가졌고, 무아를 경험한다. 끊임없이 언제나 충만하게 심을 기울이고, 혜로써 관통한다. 그는 다섯 가지 낮은 단계의 족쇄가 완전히 부서졌기 때문에 행 없이 완전히 열반하는 자가 된다. 이 사람이, 비구들이여, 공양받을만한 분, 환영받을만한 분, 보시받을만한 분, 합장 받을만한 분이며, 이 세상의 위없는 복전인 다섯 번째 사람이다.

"puna caparaṃ, bhikkhave, idhekacco puggalo sabbesu dhammesu anattānupassī viharati, anattasaññī, anattapaṭisaṃvedī satataṃ samitaṃ abbokiṇṇaṃ cetasā adhimuccamāno paññāya pariyogāhamāno. so pañcannaṃ orambhāgiyānaṃ saṃyojanānaṃ parikkhayā sasaṅkhāraparinibbāyī hoti. ayaṃ, bhikkhave, chaṭṭho puggalo āhuneyyo pāhuneyyo dakkhiṇeyyo añjalikaraṇīyo anuttaraṃ puññakkhettaṃ lokassa.

뿌나 짜빠랑, 빅카웨-, 이데-깟쪼- 뿍갈로- 삽베-수 담메-수 아낫따-누빳시- 위하라띠, 아낫따산니-, 아낫따빠띠상웨-디- 사따땅 사미땅 압보-낀낭 쩨-따사- 아디뭇짜마-노- 빤냐-야 빠리요-가-하마-노-. 소- 빤짠낭 오-람바-기야-낭 상요-자나-낭 빠릭카야- 사상카-라 빠리닙바-이- 호-띠. 아양, 빅카웨-, 찻토- 뿍갈로- 아-후네이요- 빠-후네이요- 닥키네이요- 안잘리까라니-요- 아눗따랑 뿐냑켓땅 로-깟사

다시, 비구들이여, 여기 어떤 사람은 모든 법에 대해 무아를 이어 보면서 머문다. 무아의 상을 가졌고, 무아를 경험한다. 끊임없이 언제나 충만하게 심을 기울이고, 혜로써 관통한다. 그는 다섯 가지 낮은 단계의 족쇄가 완전히 부서졌기 때문에 행을 통해 완전히 열반하는 자가 된다. 이 사람이, 비구들이여, 공양받을만한 분, 환영받을만한 분, 보시받을만한 분, 합장 받을만한 분이며, 이 세상의 위없는 복전인 여섯 번째 사람이다.

“puna caparaṃ, bhikkhave, idhekacco puggalo sabbesu dhammesu anattānupassī viharati, anattasaññī, anattapaṭisaṃvedī satataṃ samitaṃ abbokiṇṇaṃ cetasā adhimuccamāno paññāya pariyogāhamāno. so pañcannaṃ orambhāgiyānaṃ saṃyojanānaṃ parikkhayā uddhaṃsoto hoti akaniṭṭhagāmī. ayaṃ, bhikkhave, sattamo puggalo āhuneyyo pāhuneyyo dakkhiṇeyyo añjalikaraṇīyo anuttaraṃ puññakkhettaṃ lokassa. ime kho, bhikkhave, satta puggalā āhuneyyā pāhuneyyā dakkhiṇeyyā añjalikaraṇīyā anuttaraṃ puññakkhettaṃ lokassā”ti.

뿌나 짜빠랑, 빅카웨-, 이데-깟쪼- 뿍갈로- 삽베-수 담메-수 아낫따-누빳시- 위하라띠, 아낫따산니-, 아낫따빠띠상웨-디- 사따땅 사미땅 압보-낀낭 쩨-따사- 아디뭇짜마-노- 빤냐-야 빠리요-가-하마-노-. 소- 빤짠낭 오-람바-기야-낭 상요-자나-낭 빠릭카야- 운당소-또-호-띠 아까닛타가-미-. 아양, 빅카웨-, 삿따모- 뿍갈로- 아-후네이요- 빠-후네이요- 닥키네이요- 안잘리까라니-요- 아눗따랑 뿐냑켓땅 로-깟사. 이메- 코-, 빅카웨-, 삿따 뿍갈라- 아-후네이야- 빠-후네이야- 닥키네이야- 안잘리까라니-야- 아눗따랑 뿐냑켓땅 로-깟사-”띠

다시, 비구들이여, 여기 어떤 사람은 모든 법에 대해 무아를 이어 보면서 머문다. 무아의 상을 가졌고, 무아를 경험한다. 끊임없이 언제나 충만하게 심을 기울이고, 혜로써 관통한다. 그는 다섯 가지 낮은 단계의 족쇄가 완전히 부서졌기 때문에 높은 흐름에 든 자, 색구경천에 태어나는 자가 된다. 이 사람이, 비구들이여, 공양받을만한 분, 환영받을만한 분, 보시받을만한 분, 합장 받을만한 분이며, 이 세상의 위없는 복전인 일곱 번째 사람이다. 비구들이여, 이런 일곱 가지 사람은 공양받을만한 분들, 환영받을만한 분들, 보시받을만한 분들, 합장 받을만한 분들이며, 이 세상의 위없는 복전이다. ▣

4) nibbānasuttaṃ (AN 7.19-열반 경)

• 열반(涅槃)에 대해 락(樂)을 이어 보면서 머묾 —「행(行)들의 범주 즉 세상을 벗어나서 실현되는 열반 — (무상의 가라앉음에 의한) 락(樂)과 무아(無我)」

※ 상(常)-락(樂)-아(我)-정(淨)은 열반의 덕성[열반사덕(涅槃四德)]이 아니라 존재하는 것에 대한 거짓된 관점이어서 이런 성질을 가진 것은 없음 — 존재에 대한 이런 이해가 브라만교의 관점임

"sattime, bhikkhave, puggalā āhuneyyā pāhuneyyā dakkhiṇeyyā añjalikaraṇīyā anuttaraṃ puññakkhettaṃ lokassa. katame satta? idha, bhikkhave, ekacco puggalo nibbāne sukhānupassī viharati sukhasaññī sukhapaṭisaṃvedī satataṃ samitaṃ abbokiṇṇaṃ cetasā adhimuccamāno paññāya pariyogāhamāno. so āsavānaṃ khayā anāsavaṃ cetovimuttiṃ paññāvimuttiṃ diṭṭheva dhamme sayaṃ abhiññā sacchikatvā upasampajja viharati. ayaṃ bhikkhave, paṭhamo puggalo āhuneyyo pāhuneyyo dakkhiṇeyyo añjalikaraṇīyo anuttaraṃ puññakkhettaṃ lokassa.

삿띠메-, 빅카웨-, 뿍갈라- 아-후네이야- 빠-후네이야- 닥키네이야- 안잘리까라니-야- 아눗따랑 뿐냑켓땅 로-깟사. 까따메- 삿따? 이다, 빅카웨-, 에-깟쪼- 뿍갈로- 닙바-네- 수카-누빳시- 위하라띠, 수카산니- 수카빠띠상웨-디- 사따땅 사미땅 압보-낀낭 쩨-따사- 아디뭇짜마-노- 빤냐-야 빠리요-가-하마-노-. 소- 아-사와-낭 카야- 아나-사왕 쩨-또-위뭇띵 빤냐-위뭇띵 딧테-와 담메- 사양 아빈냐- 삿치까뜨와- 우빠삼빳자 위하라띠. 아양, 빅카웨-, 빠타모- 뿍갈로- 아-후네이요- 빠-후네이요- 닥키네이요- 안잘리까라니-요- 아눗따랑 뿐냑켓땅 로-깟사

비구들이여, 이런 일곱 가지 사람은 공양받을만한 분들, 환영받을만한 분들, 보시받을만한 분들, 합장 받을만한 분들이며, 이 세상의 위없는 복전이다. 어떤 일곱인가? 여기, 비구들이여, 어떤 사람은 열반(涅槃)에 대해 락(樂)[행복(幸福)]을 이어 보면서 머문다. 락의 상을 가졌고, 락을 경험한다. 끊임없이 언제나 충만하게 심을 기울이고, 혜로써 관통한다. 그는 번뇌들이 부서졌기 때문에 번뇌가 없는 심해탈과 혜해탈을 지금여기에서 스스로 실답게 안 뒤에 실현하고 성취하여 머문다. 이 사람이, 비구들이여, 공양받을만한 분, 환영받을만한 분, 보시받을만한 분, 합장 받을만한 분이며, 이 세상의 위없는 복전인 첫 번째 사람이다.

"puna caparaṃ, bhikkhave, idhekacco puggalo nibbāne sukhānupassī viharati sukhasaññī sukhapaṭisaṃvedī satataṃ samitaṃ abbokiṇṇaṃ cetasā adhimuccamāno paññāya pariyogāhamāno. tassa apubbaṃ acarimaṃ āsavapariyādānañca hoti jīvitapariyādānañca. ayaṃ, bhikkhave, dutiyo puggalo āhuneyyo pāhuneyyo dakkhiṇeyyo añjalikaraṇīyo anuttaraṃ puññakkhettaṃ lokassa.

뿌나 짜빠랑, 빅카웨-, 이데-깟쪼- 뿍갈로- 닙바-네- 수카-누빳시- 위하라띠, 수카산니- 수카빠띠상웨-디- 사따땅 사미땅 압보-낀낭 쩨-따사- 아디뭇짜마-노- 빤냐-야 빠리요-가-하마-노-. 땃사 아빱방 아짜리망 아-사와빠리야-다-난짜 호-띠 지-위따빠리야-다-난짜. 아양, 빅카웨-, 두띠요- 뿍갈로- 아-후네이요- 빠-후네이요- 닥키네이요- 안잘리까라니-요- 아눗따랑 뿐냑켓땅 로-깟사

다시, 비구들이여, 여기 어떤 사람은 열반에 대해 락을 이어 보면서 머문다. 락의 상을 가졌고, 락을 경험한다. 끊임없이 언제나 충만하게 심을 기울이고, 혜로써 관통한다. 그의 번뇌는 생명이 다하는 때에 함께 다한다. 이 사람이, 비구들이여, 공양받을만한 분, 환영받을만한 분, 보시받을만한 분, 합장 받을만한 분이며, 이 세상의 위없는 복전인 두 번째 사람이다.

“puna caparaṃ, bhikkhave, idhekacco puggalo nibbāne sukhānupassī viharati sukhasaññī sukhapaṭisaṃvedī satataṃ samitaṃ abbokiṇṇaṃ cetasā adhimuccamāno paññāya pariyogāhamāno. so pañcannaṃ orambhāgiyānaṃ saṃyojanānaṃ parikkhayā antarāparinibbāyī hoti. ayaṃ, bhikkhave, tatiyo puggalo āhuneyyo pāhuneyyo dakkhiṇeyyo añjalikaraṇīyo anuttaraṃ puññakkhettaṃ lokassa.

뿌나 짜빠랑, 빅카웨-, 이데-깟쪼- 뿍갈로- 닙바-네- 수카-누빳시- 위하라띠, 수카산니- 수카빠띠상웨-디- 사따땅 사미땅 압보-낀낭 쩨-따사- 아디뭇짜마-노- 빤냐-야 빠리요-가-하마-노-. 소- 빤짠낭 오-람바-기야-낭 상요-자나-낭 빠릭카야- 안따라-빠리닙바-이- 호-띠. 아양, 빅카웨-, 따띠요- 뿍갈로- 아-후네이요- 빠-후네이요- 닥키네이요- 안잘리까라니-요- 아눗따랑 뿐냑켓땅 로-깟사

다시, 비구들이여, 여기 어떤 사람은 열반에 대해 락을 이어 보면서 머문다. 락의 상을 가졌고, 락을 경험한다. 끊임없이 언제나 충만하게 심을 기울이고, 혜로써 관통한다. 그는 다섯 가지 낮은 단계의 족쇄가 완전히 부서졌기 때문에 중반에 완전히 열반하는 자가 된다. 이 사람이, 비구들이여, 공양받을만한 분, 환영받을만한 분, 보시받을만한 분, 합장 받을만한 분이며, 이 세상의 위없는 복전인 세 번째 사람이다.

“puna caparaṃ, bhikkhave, idhekacco puggalo nibbāne sukhānupassī viharati sukhasaññī sukhapaṭisaṃvedī satataṃ samitaṃ abbokiṇṇaṃ cetasā adhimuccamāno paññāya pariyogāhamāno. so pañcannaṃ orambhāgiyānaṃ saṃyojanānaṃ parikkhayā upahaccaparinibbāyī hoti. ayaṃ, bhikkhave, catuttho puggalo āhuneyyo pāhuneyyo dakkhiṇeyyo añjalikaraṇīyo anuttaraṃ puññakkhettaṃ lokassa.

뿌나 짜빠랑, 빅카웨-, 이데-깟쪼- 뿍갈로- 닙바-네- 수카-누빳시- 위하라띠, 수카산니- 수카빠띠상웨-디- 사따땅 사미땅 압보-낀낭 쩨-따사- 아디뭇짜마-노- 빤냐-야 빠리요-가-하마-노-. 소- 빤짠낭 오-람바-기야-낭 상요-자나-낭 빠릭카야- 우빠핫짜빠리닙바-이- 호-띠. 아양, 빅카웨-, 짜뚯토- 뿍갈로- 아-후네이요- 빠-후네이요- 닥키네이요- 안잘리까라니-요- 아눗따랑 뿐냑켓땅 로-깟사

다시, 비구들이여, 여기 어떤 사람은 열반에 대해 락을 이어 보면서 머문다. 락의 상을 가졌고, 락을 경험한다. 끊임없이 언제나 충만하게 심을 기울이고, 혜로써 관통한다. 그는 다섯 가지 낮은 단계의 족쇄가 완전히 부서졌기 때문에 닿은 뒤에 완전히 열반하는 자가 된다. 이 사람이, 비구들이여, 공양받을만한 분, 환영받을만한 분, 보시받을만한 분, 합장 받을만한 분이며, 이 세상의 위없는 복전인 네 번째 사람이다.

"puna caparaṃ, bhikkhave, idhekacco puggalo nibbāne sukhānupassī viharati sukhasaññī sukhapaṭisaṃvedī satataṃ samitaṃ abbokiṇṇaṃ cetasā adhimuccamāno paññāya pariyogāhamāno. so pañcannaṃ orambhāgiyānaṃ saṃyojanānaṃ parikkhayā asaṅkhāraparinibbāyī hoti. ayaṃ, bhikkhave, pañcamo puggalo āhuneyyo pāhuneyyo dakkhiṇeyyo añjalikaraṇīyo anuttaraṃ puññakkhettaṃ lokassa.

뿌나 짜빠랑, 빅카웨-, 이데-깟쪼- 뿍갈로- 닙바-네- 수카-누빳시- 위하라띠, 수카산니- 수카빠띠상웨-디- 사따땅 사미땅 압보-낀낭 쩨-따사- 아디뭇짜마-노- 빤냐-야 빠리요-가-하마-노-. 소- 빤짠낭 오-람바-기야-낭 상요-자나-낭 빠릭카야- 아상카-라빠리닙바-이- 호-띠. 아양, 빅카웨-, 빤짜모- 뿍갈로- 아-후네이요- 빠-후네이요- 닥키네이요- 안잘리까라니-요- 아눗따랑 뿐냑켓땅 로-깟사

다시, 비구들이여, 여기 어떤 사람은 열반에 대해 락을 이어 보면서 머문다. 락의 상을 가졌고, 락을 경험한다. 끊임없이 언제나 충만하게 심을 기울이고, 혜로써 관통한다. 그는 다섯 가지 낮은 단계의 족쇄가 완전히 부서졌기 때문에 행 없이 완전히 열반하는 자가 된다. 이 사람이, 비구들이여, 공양받을만한 분, 환영받을만한 분, 보시받을만한 분, 합장 받을만한 분이며, 이 세상의 위없는 복전인 다섯 번째 사람이다.

"puna caparaṃ, bhikkhave, idhekacco puggalo nibbāne sukhānupassī viharati sukhasaññī sukhapaṭisaṃvedī satataṃ samitaṃ abbokiṇṇaṃ cetasā adhimuccamāno paññāya pariyogāhamāno. so pañcannaṃ orambhāgiyānaṃ saṃyojanānaṃ parikkhayā sasaṅkhāraparinibbāyī hoti. ayaṃ, bhikkhave, chaṭṭho puggalo āhuneyyo pāhuneyyo dakkhiṇeyyo añjalikaraṇīyo anuttaraṃ

puññakkhettaṃ lokassa.

뿌나 짜빠랑, 빅카웨-, 이데-깟쪼- 뿍갈로- 닙바-네- 수카-누빳시- 위하라띠, 수카산니- 수카빠띠상웨-디- 사따땅 사미땅 압보-낀낭 쩨-따사- 아디뭇짜마-노- 빤냐-야 빠리요-가-하마-노-. 소- 빤짠낭 오-람바-기야-낭 상요-자나-낭 빠릭카야- 사상카-라빠리닙바-이- 호-띠. 아양, 빅카웨-, 찻토- 뿍갈로- 아-후네이요- 빠-후네이요- 닥키네이요- 안잘리까라니-요- 아눗따랑 뿐냑켓땅 로-깟사

다시, 비구들이여, 여기 어떤 사람은 열반에 대해 락을 이어 보면서 머문다. 락의 상을 가졌고, 락을 경험한다. 끊임없이 언제나 충만하게 심을 기울이고, 혜로써 관통한다. 그는 다섯 가지 낮은 단계의 족쇄가 완전히 부서졌기 때문에 행을 통해 완전히 열반하는 자가 된다. 이 사람이, 비구들이여, 공양받을만한 분, 환영받을만한 분, 보시받을만한 분, 합장 받을만한 분이며, 이 세상의 위없는 복전인 여섯 번째 사람이다.

“puna caparaṃ, bhikkhave, idhekacco puggalo nibbāne sukhānupassī viharati sukhasaññī sukhapaṭisaṃvedī satataṃ samitaṃ abbokiṇṇaṃ cetasā adhimuccamāno paññāya pariyogāhamāno. so pañcannaṃ orambhāgiyānaṃ saṃyojanānaṃ parikkhayā uddhaṃsoto hoti akaniṭṭhagāmī. ayaṃ, bhikkhave, sattamo puggalo āhuneyyo pāhuneyyo dakkhiṇeyyo añjalikaraṇīyo anuttaraṃ puññakkhettaṃ lokassa. ime kho, bhikkhave, satta puggalā āhuneyyā pāhuneyyā dakkhiṇeyyā añjalikaraṇīyā anuttaraṃ puññakkhettaṃ lokassā”ti.

뿌나 짜빠랑, 빅카웨-, 이데-깟쪼- 뿍갈로- 닙바-네- 수카-누빳시- 위하라띠, 수카산니- 수카빠띠상웨-디- 사따땅 사미땅 압보-낀낭 쩨-따사- 아디뭇짜마-노- 빤냐-야 빠리요-가-하마-노-. 소- 빤짠낭 오-람바-기야-낭 상요-자나-낭 빠릭카야- 욷당소-또- 호-띠 아까닛타가-미-. 아양, 빅카웨-, 삿따모- 뿍갈로- 아-후네이요- 빠-후네이요- 닥키네이요- 안잘리까라니-요- 아눗따랑 뿐냑켓땅 로-깟사. 이메- 코-, 빅카웨-, 삿따 뿍갈라- 아-후네이야- 빠-후네이야- 닥키네이야- 안잘리까라니-야- 아눗따랑 뿐냑켓땅 로-깟사-”띠

다시, 비구들이여, 여기 어떤 사람은 열반에 대해 락을 이어 보면서 머문다. 락의 상을 가졌고, 락을 경험한다. 끊임없이 언제나 충만하게 심을 기울이고, 혜로써 관통한다. 그는 다섯 가지 낮은 단계의 족쇄가 완전히 부서졌기 때문에 높은 흐름에 든 자, 색구경천에 태어나는 자가 된다. 이 사람이, 비구들이여, 공양받을만한 분, 환영받을만한 분, 보시받을만한 분, 합장 받을만한 분이며, 이 세상의 위없는 복전인 일곱 번째 사람이다. 비구들이여, 이런 일곱 가지 사람은 공양받을만한 분들, 환영받을만한 분들, 보시받을만한 분들, 합장 받을만한 분들이며, 이 세상의 위없는 복전이다. ▣

2. paccayasuttaṃ (SN 12.20-조건 경)

• 여래의 출현 여부와 무관하게 세상에 존재하고 내 삶에 적용되는 원리/이치 — ②연기(緣起) — 여기에서의 조건성 — 괴로움이 생겨나고 자라나는 나의 삶에 특화된 조건 관계

• 연기(緣起)[십이연기(十二緣起)]와 연기된 법(法)들[연기의 열두 지분]
• 노사(老死) ← 생(生) ← 유(有) ← 취(取) ← 애(愛) ← 수(受) ← 촉(觸) ← 육입(六入) ← 명색(名色) ← 식(識) ← 행(行)들 ← 무명(無明)

• '나는 누구인가?'라는 질문에 대한 부처님의 대답

⇒ 불교신자는 나는 누구인지 찾아나서지 않아야 합니다. 나에 대해서는 부처님에게 배워 안 뒤, 나의 삶에 수반되는 괴로움을 소멸하기 위해 실천하면 됩니다. 이것이 스승 잘 둔 불교 신자의 특권입니다.

※ 존재를 중심에 둔 십이연기 → 233쪽 그림 참조

sāvatthiyaṃ viharati … "paṭiccasamuppādañca vo, bhikkhave, desessāmi paṭiccasamuppanne ca dhamme. taṃ suṇātha, sādhukaṃ manasi karotha, bhāsissāmī"ti. "evaṃ, bhante"ti kho te bhikkhū bhagavato paccassosuṃ. bhagavā etadavoca —

사-왓티양 위하라띠 … "빠띳짜사뭅빠-단짜 오-, 빅카웨-, 데-셋사-미 빠띳짜사뭅빤네- 짜 담메-. 땅 수나-타, 사-두깡 마나시 까로-타, 바-싯사-미-"띠. "에-왕, 반떼-"띠 코- 떼- 빅쿠- 바가와또- 빳짯소-숭. 바가와- 에-따다오-짜 —

사왓티에 머물다. … "비구들이여, 그대들에게 연기(緣起)와 연기된 법(法)들에 대해 설하겠다. 그것을 듣고 잘 사고하라. 나는 말할 것이다." "알겠습니다, 대덕이시여."라고 그 비구들은 세존에게 대답했다. 세존은 이렇게 말했다. —

"katamo ca, bhikkhave, paṭiccasamuppādo? jātipaccayā, bhikkhave, jarāmaraṇaṃ. uppādā vā tathāgatānaṃ anuppādā vā tathāgatānaṃ, ṭhitāva sā dhātu dhammaṭṭhitatā dhammaniyāmatā idappaccayatā. taṃ tathāgato abhisambujjhati abhisameti. abhisambujjhitvā abhisametvā ācikkhati deseti paññāpeti paṭṭhapeti vivarati vibhajati uttānīkaroti. 'passathā'ti cāha — 'jātipaccayā, bhikkhave, jarāmaraṇaṃ'".

까따모- 짜, 빅카웨-, 빠띳짜사뭅빠-도-? 자-띠빳짜야-, 빅카웨-, 자라-마라낭. 웁빠-다-와- 따타-가따-낭 아눕빠-다- 와- 따타-가따-낭, 티따-와 사- 다-뚜 담맛티따따- 담마니

야-마따- 이답빳짜야따-. 땅 따타-가또- 아비삼붓자띠 아비사메-띠. 아비삼붓지뜨와- 아비사메-뜨와- 아-찍카띠 데-세-띠 빤냐-뻬-띠 빳타뻬-띠 위와라띠 위바자띠 웃따-니-까로-띠. '빳사타-'띠 짜-하 — '자-띠빳짜야-, 빅카웨-, 자라-마라낭'

그러면 비구들이여, 무엇이 연기(緣起)인가? 비구들이여, '생(生)을 조건으로 노사(老死)가 있다.'라는 이 요소는 여래들의 출현이나 출현하지 않음을 원인으로 움직이지 않는 안정되고 확실한 원리(사실)이며, 여기에서의 조건성이다. 여래는 이것을 깨닫고 실현하였다. 깨닫고 실현한 뒤 '보라! 비구들이여, 생을 조건으로 노사가 있다.'라고 공표하고, 전달하고, 선언하고, 시작하고, 드러내고, 분석하고, 해설한다.

"bhavapaccayā, bhikkhave, jāti. uppādā vā tathāgatānaṃ anuppādā vā tathāgatānaṃ, ṭhitāva sā dhātu dhammaṭṭhitatā dhammaniyāmatā idappaccayatā. taṃ tathāgato abhisambujjhati abhisameti. abhisambujjhitvā abhisametvā ācikkhati deseti paññāpeti paṭṭhapeti vivarati vibhajati uttānīkaroti. 'passathā'ti cāha — 'bhavapaccayā, bhikkhave, jāti.'"

바와빳짜야-, 빅카웨-, 자-띠. 웁빠-다- 와- 따타-가따-낭 아눕빠-다- 와- 따타-가따-낭, 티따-와 사- 다-뚜 담맛티따따- 담마니야-마따- 이답빳짜야따-. 땅 따타-가또- 아비삼붓자띠 아비사메-띠. 아비삼붓지뜨와- 아비사메-뜨와- 아-찍카띠 데-세-띠 빤냐-뻬-띠 빳타뻬-띠 위와라띠 위바자띠 웃따-니-까로-띠. '빳사타-'띠 짜-하 — '바와빳짜야-, 빅카웨-, 자-띠'

비구들이여, '유(有)를 조건으로 생(生)이 있다.'라는 이 요소는 여래들의 출현이나 출현하지 않음을 원인으로 움직이지 않는 안정되고 확실한 원리이며, 여기에서의 조건성이다. 여래는 이것을 깨닫고 실현하였다. 깨닫고 실현한 뒤 '보라! 비구들이여, 유를 조건으로 생이 있다.'라고 공표하고, 전달하고, 선언하고, 시작하고, 드러내고, 분석하고, 해설한다.

upādānapaccayā, bhikkhave, bhavo. uppādā vā tathāgatānaṃ anuppādā vā tathāgatānaṃ, ṭhitāva sā dhātu dhammaṭṭhitatā dhammaniyāmatā idappaccayatā. taṃ tathāgato abhisambujjhati abhisameti. abhisambujjhitvā abhisametvā ācikkhati deseti paññāpeti paṭṭhapeti vivarati vibhajati uttānīkaroti. 'passathā'ti cāha — 'upādānapaccayā, bhikkhave, bhavo.'"

우빠-다-나빳짜야-, 빅카웨-, 바오-. 웁빠-다- 와- 따타-가따-낭 아눕빠-다- 와- 따타-가따-낭, 티따-와 사- 다-뚜 담맛티따따- 담마니야-마따- 이답빳짜야따-. 땅 따타-가또- 아비삼붓자띠 아비사메-띠. 아비삼붓지뜨와- 아비사메-뜨와- 아-찍카띠 데-세-띠 빤냐-뻬-띠 빳타뻬-띠 위와라띠 위바자띠 웃따-니-까로-띠. '빳사타-'띠 짜-하 — '우빠-다-나빳짜야-,

빅카웨-, 바오-'

비구들이여, '취(取)를 조건으로 유(有)가 있다.'라는 이 요소는 여래들의 출현이나 출현하지 않음을 원인으로 움직이지 않는 안정되고 확실한 원리이며, 여기에서의 조건성이다. 여래는 이것을 깨닫고 실현하였다. 깨닫고 실현한 뒤 '보라! 비구들이여, 취를 조건으로 유가 있다.' 라고 공표하고, 전달하고, 선언하고, 시작하고, 드러내고, 분석하고, 해설한다.

taṇhāpaccayā, bhikkhave, upādānaṃ. uppādā vā tathāgatānaṃ anuppādā vā tathāgatānaṃ, ṭhitāva sā dhātu dhammaṭṭhitatā dhammaniyāmatā idappaccayatā. taṃ tathāgato abhisambujjhati abhisameti. abhisambujjhitvā abhisametvā ācikkhati deseti paññāpeti paṭṭhapeti vivarati vibhajati uttānīkaroti. 'passathā'ti cāha — 'taṇhāpaccayā, bhikkhave, upādānaṃ.'"

딴하-빳짜야-, 빅카웨-, 우빠-다-낭. 웁빠-다- 와- 따타-가따-낭 아눕빠-다- 와- 따타-가따-낭, 티따-와 사- 다-뚜 담맛티따따- 담마니야-마따- 이답빳짜야따-. 땅 따타-가또- 아비삼붓자띠 아비사메-띠. 아비삼붓지뜨와- 아비사메-뜨와- 아-찍카띠 데-세-띠 빤냐-뻬-띠 빳타뻬-띠 위와라띠 위바자띠 웃따-니-까로-띠. '빳사타-'띠 짜-하 — '딴하-빳짜야-, 빅카웨-, 우빠-다-낭'

비구들이여, '애(愛)를 조건으로 취(取)가 있다.'라는 이 요소는 여래들의 출현이나 출현하지 않음을 원인으로 움직이지 않는 안정되고 확실한 원리이며, 여기에서의 조건성이다. 여래는 이것을 깨닫고 실현하였다. 깨닫고 실현한 뒤 '보라! 비구들이여, 애를 조건으로 취가 있다.' 라고 공표하고, 전달하고, 선언하고, 시작하고, 드러내고, 분석하고, 해설한다.

vedanāpaccayā, bhikkhave, taṇhā. uppādā vā tathāgatānaṃ anuppādā vā tathāgatānaṃ, ṭhitāva sā dhātu dhammaṭṭhitatā dhammaniyāmatā idappaccayatā. taṃ tathāgato abhisambujjhati abhisameti. abhisambujjhitvā abhisametvā ācikkhati deseti paññāpeti paṭṭhapeti vivarati vibhajati uttānīkaroti. 'passathā'ti cāha — 'vedanāpaccayā, bhikkhave, taṇhā.'"

웨-다나-빳짜야-, 빅카웨-, 딴하-. 웁빠-다- 와- 따타-가따-낭 아눕빠-다- 와- 따타-가따-낭, 티따-와 사- 다-뚜 담맛티따따- 담마니야-마따- 이답빳짜야따-. 땅 따타-가또- 아비삼붓자띠 아비사메-띠. 아비삼붓지뜨와- 아비사메-뜨와- 아-찍카띠 데-세-띠 빤냐-뻬-띠 빳타뻬-띠 위와라띠 위바자띠 웃따-니-까로-띠. '빳사타-'띠 짜-하 — '웨-다나-빳짜야-, 빅카웨-, 딴하-'

비구들이여, '수(受)를 조건으로 애(愛)가 있다.'라는 이 요소는 여래들의 출현이나 출현하지 않음을 원인으로 움직이지 않는 안정되고 확실한 원리이며, 여기에서의 조건성이다. 여래는 이것을 깨닫고 실현하였다. 깨닫고 실현한 뒤 '보라! 비구들이여, 수를 조건으로 애가 있다.'라고 공표하고, 전달하고, 선언하고, 시작하고, 드러내고, 분석하고, 해설한다.

phassapaccayā, bhikkhave, vedanā. uppādā vā tathāgatānaṃ anuppādā vā tathāgatānaṃ, ṭhitāva sā dhātu dhammaṭṭhitatā dhammaniyāmatā idappaccayatā. taṃ tathāgato abhisambujjhati abhisameti. abhisambujjhitvā abhisametvā ācikkhati deseti paññāpeti paṭṭhapeti vivarati vibhajati uttānīkaroti. 'passathā'ti cāha — 'phassapaccayā, bhikkhave, vedanā.'"

팟사빳짜야-, 빅카웨-, 웨-다나-. 웁빠-다- 와- 따타-가따-낭 아눕빠-다- 와- 따타-가따-낭, 티따-와 사- 다-뚜 담맛티따따- 담마니야-마따- 이답빳짜야따-. 땅 따타-가또- 아비삼붓자띠 아비사메-띠. 아비삼붓지뜨와- 아비사메-뜨와- 아-찍카띠 데-세-띠 빤냐-뻬-띠 빳타뻬-띠 위와라띠 위바자띠 웃따-니-까로-띠. '빳사타-'띠 짜-하 — '팟사빳짜야-, 빅카웨-, 웨-다나-'

비구들이여, '촉(觸)을 조건으로 수(受)가 있다.'라는 이 요소는 여래들의 출현이나 출현하지 않음을 원인으로 움직이지 않는 안정되고 확실한 원리이며, 여기에서의 조건성이다. 여래는 이것을 깨닫고 실현하였다. 깨닫고 실현한 뒤 '보라! 비구들이여, 촉을 조건으로 수가 있다.'라고 공표하고, 전달하고, 선언하고, 시작하고, 드러내고, 분석하고, 해설한다.

saḷāyatanapaccayā, bhikkhave, phasso. uppādā vā tathāgatānaṃ anuppādā vā tathāgatānaṃ, ṭhitāva sā dhātu dhammaṭṭhitatā dhammaniyāmatā idappaccayatā. taṃ tathāgato abhisambujjhati abhisameti. abhisambujjhitvā abhisametvā ācikkhati deseti paññāpeti paṭṭhapeti vivarati vibhajati uttānīkaroti. 'passathā'ti cāha — 'saḷāyatanapaccayā, bhikkhave, phasso.'"

살라-야따나빳짜야-, 빅카웨-, 팟소-. 웁빠-다- 와- 따타-가따-낭 아눕빠-다- 와- 따타-가따-낭, 티따-와 사- 다-뚜 담맛티따따- 담마니야-마따- 이답빳짜야따-. 땅 따타-가또- 아비삼붓자띠 아비사메-띠. 아비삼붓지뜨와- 아비사메-뜨와- 아-찍카띠 데-세-띠 빤냐-뻬-띠 빳타뻬-띠 위와라띠 위바자띠 웃따-니-까로-띠. '빳사타-'띠 짜-하 — '살라-야따나빳짜야-, 빅카웨-, 팟소-'

비구들이여, '육입(六入)을 조건으로 촉(觸)이 있다.'라는 이 요소는 여래들의 출현이나 출현하지 않음을 원인으로 움직이지 않는 안정되고 확실한 원리이며, 여기에서의 조건성이다. 여래는 이것을 깨닫고 실현하였다. 깨닫고 실현한 뒤 '보라! 비구들이여, 육입을 조건으로 촉이 있다.'라고 공표하고, 전달하고, 선언하고, 시작하고, 드러내고, 분석하고, 해설한다.

nāmarūpapaccayā, bhikkhave, saḷāyatanaṃ. uppādā vā tathāgatānaṃ anuppādā vā tathāgatānaṃ, ṭhitāva sā dhātu dhammaṭṭhitatā dhammaniyāmatā idappaccayatā. taṃ tathāgato abhisambujjhati abhisameti. abhisambujjhitvā abhisametvā ācikkhati deseti paññāpeti paṭṭhapeti vivarati vibhajati uttānīkaroti. 'passathā'ti cāha — 'nāmarūpapaccayā, bhikkhave, saḷāyatanaṃ.'"

나-마루-빠빳짜야-, 빅카웨-, 살라-야따낭. 웁빠-다- 와- 따타-가따-낭 아눕빠-다- 와- 따타-가따-낭, 티따-와 사- 다-뚜 담맛티따따- 담마니야-마따- 이답빳짜야따-. 땅 따타-가또- 아비삼붓자띠 아비사메-띠. 아비삼붓지뜨와- 아비사메-뜨와- 아-찍카띠 데-세-띠 빤냐-뻬-띠 빳타뻬-띠 위와라띠 위바자띠 웃따-니-까로-띠. '빳사타-'띠 짜-하 — '나-마루-빠빳짜야-, 빅카웨-, 살라-야따낭'

비구들이여, '명색(名色)을 조건으로 육입(六入)이 있다.'라는 이 요소는 여래들의 출현이나 출현하지 않음을 원인으로 움직이지 않는 안정되고 확실한 원리이며, 여기에서의 조건성이다. 여래는 이것을 깨닫고 실현하였다. 깨닫고 실현한 뒤 '보라! 비구들이여, 명색을 조건으로 육입이 있다.'라고 공표하고, 전달하고, 선언하고, 시작하고, 드러내고, 분석하고, 해설한다.

viññāṇapaccayā, bhikkhave, nāmarūpaṃ. uppādā vā tathāgatānaṃ anuppādā vā tathāgatānaṃ, ṭhitāva sā dhātu dhammaṭṭhitatā dhammaniyāmatā idappaccayatā. taṃ tathāgato abhisambujjhati abhisameti. abhisambujjhitvā abhisametvā ācikkhati deseti paññāpeti paṭṭhapeti vivarati vibhajati uttānīkaroti. 'passathā'ti cāha — 'viññāṇapaccayā, bhikkhave, nāmarūpaṃ.'"

윈냐-나빳짜야-, 빅카웨-, 나-마루-빵. 웁빠-다- 와- 따타-가따-낭 아눕빠-다- 와- 따타-가따-낭, 티따-와 사- 다-뚜 담맛티따따- 담마니야-마따- 이답빳짜야따-. 땅 따타-가또- 아비삼붓자띠 아비사메-띠. 아비삼붓지뜨와- 아비사메-뜨와- 아-찍카띠 데-세-띠 빤냐-뻬-띠 빳타뻬-띠 위와라띠 위바자띠 웃따-니-까로-띠. '빳사타-'띠 짜-하 — '윈냐-나빳짜야-, 빅카웨-, 나-마루-빵'

비구들이여, '식(識)을 조건으로 명색(名色)이 있다.'라는 이 요소는 여래들의 출현이나 출현하지 않음을 원인으로 움직이지 않는 안정되고 확실한 원리이며, 여기에서의 조건성이다. 여래는 이것을 깨닫고 실현하였다. 깨닫고 실현한 뒤 '보라! 비구들이여, 식을 조건으로 명색이 있다.'라고 공표하고, 전달하고, 선언하고, 시작하고, 드러내고, 분석하고, 해설한다.

saṅkhārapaccayā, bhikkhave, viññāṇaṃ. uppādā vā tathāgatānaṃ anuppādā vā tathāgatānaṃ, ṭhitāva sā dhātu dhammaṭṭhitatā dhammaniyāmatā idappaccayatā. taṃ tathāgato abhisambujjhati abhisameti. abhisambujjhitvā abhisametvā ācikkhati deseti paññāpeti paṭṭhapeti vivarati vibhajati uttānīkaroti. 'passathā'ti cāha — 'saṅkhārapaccayā, bhikkhave, viññāṇaṃ.'"

상카-라빳짜야-, 빅카웨-, 윈냐-낭. 웁빠-다- 와- 따타-가따-낭 아눕빠-다- 와- 따타-가따-낭, 티따-와 사- 다-뚜 담맛티따따- 담마니야-마따- 이답빳짜야따-. 땅 따타-가또- 아비삼붓자띠 아비사메-띠. 아비삼붓지뜨와- 아비사메-뜨와- 아-찍카띠 데-세-띠 빤냐-뻬-띠 빳타뻬-띠 위와라띠 위바자띠 웃따-니-까로-띠. '빳사타-'띠 짜-하 — '상카-라빳짜야-, 빅카웨-, 윈냐-낭'

비구들이여, '행(行)을 조건으로 식(識)이 있다.'라는 이 요소는 여래들의 출현이나 출현하지 않음을 원인으로 움직이지 않는 안정되고 확실한 원리이며, 여기에서의 조건성이다. 여래는 이것을 깨닫고 실현하였다. 깨닫고 실현한 뒤 '보라! 비구들이여, 행을 조건으로 식이 있다.' 라고 공표하고, 전달하고, 선언하고, 시작하고, 드러내고, 분석하고, 해설한다.

avijjāpaccayā, bhikkhave, saṅkhārā uppādā vā tathāgatānaṃ anuppādā vā tathāgatānaṃ, ṭhitāva sā dhātu dhammaṭṭhitatā dhammaniyāmatā idappaccayatā. taṃ tathāgato abhisambujjhati abhisameti. abhisambujjhitvā abhisametvā ācikkhati deseti paññāpeti paṭṭhapeti vivarati vibhajati uttānīkaroti. 'passathā'ti cāha 'avijjāpaccayā, bhikkhave, saṅkhārā'. iti kho, bhikkhave, yā tatra tathatā avitathatā anaññathatā idappaccayatā — ayaṃ vuccati, bhikkhave, paṭiccasamuppādo.

아윗자-빳짜야-, 빅카웨-, 상카-라-. 웁빠-다- 와- 따타-가따-낭 아눕빠-다- 와- 따타-가따-낭, 티따-와 사- 다-뚜 담맛티따따- 담마니야-마따- 이답빳짜야따-. 땅 따타-가또- 아비삼붓자띠 아비사메-띠. 아비삼붓지뜨와- 아비사메-뜨와- 아-찍카띠 데-세-띠 빤냐-뻬-띠 빳타뻬-띠 위와라띠 위바자띠 웃따-니-까로-띠. '빳사타-'띠 짜-하 — '아윗자-빳짜야-, 빅카웨-, 상카-라-'". 이띠 코-, 빅카웨-, 야- 따뜨라 따타따- 아위따타따- 아난냐타따- 이답빳짜야따- — 아양 웃짜띠, 빅카웨-, 빠띳짜사뭅빠-도-

비구들이여, '무명(無明)을 조건으로 행(行)이 있다.'라는 이 요소는 여래들의 출현이나 출현하지 않음을 원인으로 움직이지 않는 안정되고 확실한 원리이며, 여기에서의 조건성이다. 여래는 이것을 깨닫고 실현하였다. 깨닫고 실현한 뒤 '보라! 비구들이여, 무명을 조건으로 행들이 있다.'라고 공표하고, 전달하고, 선언하고, 시작하고, 드러내고, 분석하고, 해설한다. 이렇게, 비구들이여, 거기서 사실임, 사실을 벗어나지 않음, 다른 방법으로 생겨나지 않음, 여기에서의 조건성 — 비구들이여, 이것이 연기라고 불린다.

“katame ca, bhikkhave, paṭiccasamuppannā dhammā? jarāmaraṇaṃ, bhikkhave, aniccaṃ saṅkhataṃ paṭiccasamuppannaṃ khayadhammaṃ vayadhammaṃ virāgadhammaṃ nirodhadhammaṃ. jāti, bhikkhave, aniccā saṅkhatā paṭiccasamuppannā khayadhammā vayadhammā virāgadhammā nirodhadhammā. bhavo, bhikkhave, anicco saṅkhato paṭiccasamuppanno khayadhammo vayadhammo virāgadhammo nirodhadhammo. upādānaṃ bhikkhave aniccaṃ saṅkhataṃ paṭiccasamuppannaṃ khayadhammaṃ vayadhammaṃ virāgadhammaṃ nirodhadhammaṃ. taṇhā, bhikkhave. aniccā saṅkhatā paṭiccasamuppannā khayadhammā vayadhammā virāgadhammā nirodhadhammā. vedanā, bhikkhave aniccā saṅkhatā paṭiccasamuppannā khayadhammā vayadhammā virāgadhammā nirodhadhammā. phasso, bhikkhave anicco saṅkhato paṭiccasamuppanno khayadhammo vayadhammo virāgadhammo nirodhadhammo. saḷāyatanaṃ, bhikkhave aniccaṃ saṅkhataṃ paṭiccasamuppannaṃ khayadhammaṃ vayadhammaṃ virāgadhammaṃ nirodhadhammaṃ. nāmarūpaṃ, bhikkhave, aniccaṃ saṅkhataṃ paṭiccasamuppannaṃ khayadhammaṃ vayadhammaṃ virāgadhammaṃ nirodhadhammaṃ. viññāṇaṃ, bhikkhave, aniccaṃ saṅkhataṃ paṭiccasamuppannaṃ khayadhammaṃ vayadhammaṃ virāgadhammaṃ nirodhadhammaṃ. saṅkhārā, bhikkhave aniccā saṅkhatā paṭiccasamuppannā khayadhammā vayadhammā virāgadhammā nirodhadhammā. avijjā, bhikkhave, aniccā saṅkhatā paṭiccasamuppannā khayadhammā vayadhammā virāgadhammā nirodhadhammā. ime vuccanti, bhikkhave, paṭiccasamuppannā dhammā.

까따메- 짜, 빅카웨-, 빠띳짜사뭅빤나- 담마-? 자라-마라낭, 빅카웨-, 아닛짱 상카땅 빠띳짜사뭅빤낭 카야담망 와야담망 위라-가담망 니로-다담망. 자-띠, 빅카웨-, 아닛짜- 상카따- 빠띳짜사뭅빤나- 카야담마- 와야담마- 위라-가담마- 니로-다담마-. 바오-, 빅카웨-, 아닛쪼- 상카또- 빠띳짜사뭅빤노- 카야담모- 와야담모- 위라-가담모- 니로-다담모-. 우빠-다-낭, 빅카웨-, 아닛짱 상카땅 빠띳짜사뭅빤낭 카야담망 와야담망 위라-가담망 니로-다담망. 딴하-, 빅카웨-, 아닛짜- 상카따- 빠띳짜사뭅빤나- 카야담마- 와야담마- 위라-가담마- 니로-다담마-. 웨-다나-, 빅카웨-, 아닛짜- 상카따- 빠띳짜사뭅빤나- 카야담마- 와야담마- 위라-가담마- 니로-다담마-. 팟소-, 빅카웨-, 아닛쪼- 상카또- 빠띳짜사뭅빤노- 카야담모- 와야담모- 위라-가담모- 니로-다담모-. 살라-야따낭, 빅카웨-, 아닛짱 상카땅 빠띳짜사뭅빤낭 카야담망 와야담망 위라-가담망 니로-다담망. 나-마루-빵, 빅카웨-, 아닛짱 상카땅 빠띳짜사뭅빤낭 카야담망 와야담망 위라-가담망 니로-다담망. 윈냐-낭, 빅카웨-, 아닛짱 상카땅 빠띳짜사뭅빤낭 카야담망 와야담망 위라-가담망 니로-다담망. 상카-라-, 빅카웨-, 아닛짜- 상카따- 빠띳짜사뭅빤나- 카야담마- 와야담마- 위라-가담마- 니로-다담마-. 아윗자-, 빅카웨-, 아닛짜- 상카따- 빠띳짜사뭅빤나- 카야담마- 와야담마- 위라-가담마- 니로-다담마-.

이메- 웃짠띠, 빅카웨-, 빠띳짜사뭅빤나- 담마-

그러면 비구들이여, 무엇이 연기된 법인가? 비구들이여, 노사(老死)는 무상(無常)하고 유위(有爲)이고 연기(緣起)되었고 부서지는 것이고 무너지는 것이고 바래는 것이고 소멸하는 것이다. 비구들이여, 생(生)은 무상하고 유위이고 연기되었고 부서지는 것이고 무너지는 것이고 바래는 것이고 소멸하는 것이다. 비구들이여, 유(有)는 무상하고 유위이고 연기되었고 부서지는 것이고 무너지는 것이고 바래는 것이고 소멸하는 것이다. 비구들이여, 취(取)는 무상하고 유위이고 연기되었고 부서지는 것이고 무너지는 것이고 바래는 것이고 소멸하는 것이다. 비구들이여, 애(愛)는 무상하고 유위이고 연기되었고 부서지는 것이고 무너지는 것이고 바래는 것이고 소멸하는 것이다. 비구들이여, 수(受)는 무상하고 유위이고 연기되었고 부서지는 것이고 무너지는 것이고 바래는 것이고 소멸하는 것이다. 비구들이여, 촉(觸)은 무상하고 유위이고 연기되었고 부서지는 것이고 무너지는 것이고 바래는 것이고 소멸하는 것이다. 비구들이여, 육입(六入)은 무상하고 유위이고 연기되었고 부서지는 것이고 무너지는 것이고 바래는 것이고 소멸하는 것이다. 비구들이여, 명색(名色)은 무상하고 유위이고 연기되었고 부서지는 것이고 무너지는 것이고 바래는 것이고 소멸하는 것이다. 비구들이여, 식(識)은 무상하고 유위이고 연기되었고 부서지는 것이고 무너지는 것이고 바래는 것이고 소멸하는 것이다. 비구들이여, 행(行)들은 무상하고 유위이고 연기되었고 부서지는 것이고 무너지는 것이고 바래는 것이고 소멸하는 것이다. 비구들이여, 무명(無明)은 무상하고 유위이고 연기되었고 부서지는 것이고 무너지는 것이고 바래는 것이고 소멸하는 것이다. 비구들이여, 이것이 연기된 법이라고 불린다.

“yato kho, bhikkhave, ariyasāvakassa ‘ayañca paṭiccasamuppādo, ime ca paṭiccasamuppannā dhammā’ yathābhūtaṃ sammappaññāya sudiṭṭhā honti, so vata pubbantaṃ vā paṭidhāvissati — ‘ahosiṃ nu kho ahaṃ atītamaddhānaṃ, nanu kho ahosiṃ atītamaddhānaṃ, kiṃ nu kho ahosiṃ atītamaddhānaṃ, kathaṃ nu kho ahosiṃ atītamaddhānaṃ, kiṃ hutvā kiṃ ahosiṃ nu kho ahaṃ atītamaddhānan’ti; aparantaṃ vā upadhāvissati — ‘bhavissāmi nu kho ahaṃ anāgatamaddhānaṃ, nanu kho bhavissāmi anāgatamaddhānaṃ, kiṃ nu kho bhavissāmi anāgatamaddhānaṃ, kathaṃ nu kho bhavissāmi anāgatamaddhānaṃ, kiṃ hutvā kiṃ bhavissāmi nu kho ahaṃ anāgatamaddhānan’ti; etarahi vā paccuppannaṃ addhānaṃ ajjhattaṃ kathaṃkathī bhavissati — ‘ahaṃ nu khosmi, no nu khosmi, kiṃ nu khosmi, kathaṃ nu khosmi, ayaṃ nu kho satto kuto āgato, so kuhiṃ gamissatī’ti — netaṃ ṭhānaṃ vijjati. taṃ kissa hetu? tathāhi, bhikkhave, ariyasāvakassa ayañca paṭiccasamuppādo ime ca paṭiccasamuppannā dhammā yathābhūtaṃ sammappaññāya sudiṭṭhā”ti.

야또- 코-, 빅카웨-, 아리야사-와깟사 ‘아얀짜 빠띳짜사뭅빠-도-, 이메- 짜 빠띳짜사뭅빤나- 담마-' 야타-부-땅 삼맙빤냐-야 수딧타- 혼띠, 소- 와따 뿝반땅 와- 빠띠다-윗사띠 — '아호-싱 누 코- 아항 아띠-따맏다-낭, 나누 코- 아호-싱 아띠-따맏다-낭, 낑 누 코- 아호-싱 아띠-따맏다-낭, 까탕 누 코- 아호-싱 아띠-따맏다-낭, 낑 후뜨와- 낑 아호-싱 누 코- 아항 아띠-따맏다-난'띠; 아빠란땅 와- 우빠다-윗사띠 — '바윗사-미 누 코- 아항 아나-가따맏다-낭, 나누 코- 바윗사-미 아나-가따맏다-낭, 낑 누 코- 바윗사-미 아나-가따맏다-낭, 까탕 누 코- 바윗사-미 아나-가따맏다-낭, 낑 후뜨와- 낑 바윗사-미 누 코- 아항 아나-가따맏다-난'띠; 에-따라히 와- 빳쭙빤낭 앋다-낭 앗잣땅 까탕까티- 바윗사띠 — '아항 누 코-스미, 노- 누 코-스미, 낑 누 코-스미, 까탕 누 코-스미, 아양 누 코- 삿또- 꾸또- 아-가또-, 소- 꾸힝 가밋사띠-'띠 — 네-땅 타-낭 윗자띠. 땅 낏사 헤-뚜? 따타-히, 빅카웨-, 아리야사-와깟사 아얀짜 빠띳짜사뭅빠-도- 이메- 짜 빠띳짜사뭅빤나- 담마- 야타-부-땅 삼맙빤냐-야 수딧타-"띠

비구들이여, 성스러운 제자가 '이것이 연기(緣起)다, 이것들이 연기된 법들이다.'라고 있는 그대로 바른 지혜로써 잘 보았기 때문에 그가 ①'참으로 나는 과거에 존재했을까? 존재하지 않았을까? 무엇으로 존재했을까? 어떻게 존재했을까? 무엇으로 존재한 뒤에 무엇이 되었었을까?'라고 과거로 달려가거나, ②'참으로 나는 미래에 존재할까? 존재하지 않을까? 무엇으로 존재할까? 어떻게 존재할까? 무엇으로 존재한 뒤에 다시 무엇이 될까?'라고 미래로 달려가거나, ③'참으로 나는 존재하는가? 존재하지 않는가? 나는 무엇인가? 어떻게 존재하는가? 이 중생은 어디에서 온 것인가? 그는 어디로 갈 것인가?'라고 안으로 지금 현재를 의심하는 자가 될 것이라는 그런 경우는 없다. 그 원인은 무엇인가? 비구들이여, 이런 방법으로 성스러운 제자가 '이것이 연기(緣起)다. 이것이 연기된 법들이다.'라고 있는 그대로 바른 지혜로써 잘 보았기 때문이다. ▣

배워 알고 실천하는 불교 신자!

1) paṭiccasamuppādasuttaṃ (SN 12.1-연기(緣起) 경)

- 연기(緣起)의 정의 — 연기(緣起) = 십이연기(十二緣起) = 괴로움이 생기고 자라나는 조건 관계
- 무명(無明) → 행(行)들 → 식(識) → 명색(名色) → 육입(六入) → 촉(觸) → 수(受) → 애(愛) → 취(取) → 유(有) → 생(生) → 노사(老死)

evaṃ me sutaṃ — ekaṃ samayaṃ bhagavā sāvatthiyaṃ viharati jetavane anāthapiṇḍikassa ārāme. tatra kho bhagavā bhikkhū āmantesi — "bhikkhavo"ti. "bhadante"ti te bhikkhū bhagavato paccassosuṃ. bhagavā etadavoca — "paṭiccasamuppādaṃ vo, bhikkhave, desessāmi; taṃ suṇātha, sādhukaṃ manasi karotha; bhāsissāmī"ti. "evaṃ, bhante"ti kho te bhikkhū bhagavato paccassosuṃ. bhagavā etadavoca —

에-왕 메- 수땅 — 에-깡 사마양 바가와- 사-왓티양 위하라띠 제-따와네- 아나-타삔디깟사 아-라-메-. 따뜨라 코- 바가와- 빅쿠- 아-만떼-시 — "빅카오-"띠. "바단떼-"띠 떼- 빅쿠- 바가와또- 빳짯소-숭. 바가와- 에-따다오-짜 — "빠띳짜사뭅빠-당 오-, 빅카웨-, 데-셋사-미; 땅 수나-타, 사-두깡 마나시 까로-타; 바-싯사-미-"띠. "에-왕, 반떼-"띠 코- 떼- 빅쿠- 바가와또- 빳짯소-숭. 바가와- 에-따다오-짜 —

이렇게 나는 들었다. — 한때 세존은 사왓티에서 제따와나의 아나타삔디까 사원에 머물렀다. 거기서 세존은 "비구들이여."라고 비구들을 불렀다. "대덕이시여."라고 그 비구들은 세존에게 대답했다. 세존은 이렇게 말했다. — "비구들이여, 그대들에게 연기(緣起)를 설하겠다. 그것을 듣고 잘 사고하라. 나는 말할 것이다." "알겠습니다, 대덕이시여."라고 그 비구들은 세존에게 대답했다. 세존은 이렇게 말했다. —

"katamo ca, bhikkhave, paṭiccasamuppādo? avijjāpaccayā, bhikkhave, saṅkhārā; saṅkhārapaccayā viññāṇaṃ; viññāṇapaccayā nāmarūpaṃ; nāmarūpapaccayā saḷāyatanaṃ; saḷāyatanapaccayā phasso; phassapaccayā vedanā; vedanāpaccayā taṇhā; taṇhāpaccayā upādānaṃ; upādānapaccayā bhavo; bhavapaccayā jāti; jātipaccayā jarāmaraṇaṃ sokaparidevadukkhadomanassupāyāsā sambhavanti. evametassa kevalassa dukkhakkhandhassa samudayo hoti. ayaṃ vuccati, bhikkhave, paṭiccasamuppādo.

"까따모- 짜, 빅카웨-, 빠띳짜사뭅빠-도-? 아윗자-빳짜야-, 빅카웨-, 상카-라-; 상카-라빳짜야- 윈냐-낭; 윈냐-나빳짜야- 나-마루-빵; 나-마루-빠빳짜야- 살라-야따낭; 살라-야따나빳짜야- 팟소-; 팟사빳짜야- 웨-다나-; 웨-다나-빳짜야- 딴하-; 딴하-빳짜야- 우빠-다-낭; 우빠-다-나빳짜야- 바오-; 바와빳짜야- 자-띠; 자-띠빳짜야- 자라-마라낭; 소-까빠리데-와

둑카도-마낫수빠-야-사- 삼바완띠. 에-와메-땃사 께-왈랏사 둑칵칸닷사 사무다요- 호-띠. 아양 웃짜띠, 빅카웨-, 빠띳짜사뭅빠-도-

“비구들이여, 무엇이 연기(緣起)인가? 비구들이여, 무명(無明)을 조건으로 행(行)들이, 행들을 조건으로 식(識)이, 식을 조건으로 명색(名色)이, 명색을 조건으로 육입(六入)이, 육입을 조건으로 촉(觸)이, 촉을 조건으로 수(受)가, 수를 조건으로 애(愛)가, 애를 조건으로 취(取)가, 취를 조건으로 유(有)가, 유를 조건으로 생(生)이, 생을 조건으로 노사(老死)와 수비고우뇌(愁悲苦憂惱)가 생긴다. 이렇게 이 모든 괴로움 무더기가 자라난다[고집(苦集)]. 비구들이여, 이것이 연기라고 불린다.

“avijjāya tveva asesavirāganirodhā saṅkhāranirodho; saṅkhāranirodhā viññāṇanirodho; viññāṇanirodhā nāmarūpanirodho; nāmarūpanirodhā saḷāyatananirodho; saḷāyatananirodhā phassanirodho; phassanirodhā vedanānirodho; vedanānirodhā taṇhānirodho; taṇhānirodhā upādānanirodho; upādānanirodhā bhavanirodho; bhavanirodhā jātinirodho; jātinirodhā jarāmaraṇaṃ sokaparidevadukkhadomanassupāyāsā nirujjhanti. evametassa kevalassa dukkhakkhandhassa nirodho hotī”ti. idamavoca bhagavā. attamanā te bhikkhū bhagavato bhāsitaṃ abhinandunti.

아윗자-야 뜨웨-와 아세-사위라-가니로-다- 상카-라니로-도-; 상카-라니로-다- 윈냐-나니로-도-; 윈냐-나니로-다- 나-마루-빠니로-도-; 나-마루-빠니로-다- 살라-야따나니로-도-; 살라-야따나니로-다- 팟사니로-도-; 팟사니로-다- 웨-다나-니로-도-; 웨-다나-니로-다- 딴하-니로-도-; 딴하-니로-다- 우빠-다-나니로-도-; 우빠-다-나니로-다- 바와니로-도-; 바와니로-다- 자-띠니로-도-; 자-띠니로-다- 자라-마라낭; 소-까빠리데-와둑카도-마낫수빠-야-사- 니룻잔띠. 에-와메-땃사 께-왈랏사 둑칵칸닷사 니로-도- 호-띠-”띠. 이다마오-짜 바가와-. 앗따마나- 떼- 빅쿠- 바가와또- 바-시땅 아비난둔띠

그러나 무명이 남김없이 바래어 소멸할 때 행들이 소멸하고, 행들이 소멸할 때 식이 소멸하고, 식이 소멸할 때 명색이 소멸하고, 명색이 소멸할 때 육입이 소멸하고, 육입이 소멸할 때 촉이 소멸하고, 촉이 소멸할 때 수가 소멸하고, 수가 소멸할 때 애가 소멸하고, 애가 소멸할 때 취가 소멸하고, 취가 소멸할 때 유가 소멸하고, 유가 소멸할 때 생이 소멸하고, 생이 소멸할 때 노사와 수비고우뇌가 소멸한다. 이렇게 이 모든 괴로움 무더기가 소멸한다[고멸(苦滅)].”라고. 세존은 이렇게 말했다. 그 비구들은 즐거워하면서 세존의 말씀을 기뻐했다. ▣

2) assutavāsuttaṃ (SN 12.61-배우지 못한 자 경)

• 연기(緣起)의 정형구문 ─ 「이것이 있을 때 이것이 있다. 이것의 생김으로부터 이것이 생긴다. 이것이 없을 때 이것이 없다. 이것의 소멸로부터 이것이 소멸한다. ─ 차유고피유(此有故彼有) 차기고피기(此起故彼起) 차무고피무(此無故彼無) 차멸고피멸(此滅故彼滅)」

• 연기(緣起)의 정형구문 → 연기의 사실에 들어맞는 사고(yoniso manasi karoti) → 오온(五蘊)의 염오(厭惡)-이탐(離貪)-해탈(解脫)-해탈지견(解脫知見)

• 몸보다 마음! ⇒ 심(心)-의(意)-식(識) ─ 마음, 동질성 위에서의 차별성! → 다음 장 그림 참조

evaṃ me sutaṃ ─ ekaṃ samayaṃ bhagavā sāvatthiyaṃ viharati jetavane anāthapiṇḍikassa ārāme … "assutavā, bhikkhave, puthujjano imasmiṃ cātumahābhūtikasmiṃ kāyasmiṃ nibbindeyyapi virajjeyyapi vimucceyyapi. taṃ kissa hetu? dissati, bhikkhave, imassa cātumahābhūtikassa kāyassa ācayopi apacayopi ādānampi nikkhepanampi. tasmā tatrāssutavā puthujjano nibbindeyyapi virajjeyyapi vimucceyyapi".

에-왕 메- 수땅 ─ 에-깡 사마양 바가와- 사-왓티양 위하라띠 제-따와네- 아나-타삔디깟사 아-라-메- … "앗수따와-, 빅카웨-, 뿌툿자노- 이마스밍 짜-뚜마하-부-띠까스밍 까-야스밍 닙빈데이야삐 위랏제이야삐 위뭇쩨이야삐. 땅 낏사 헤-뚜? 딧사띠, 빅카웨-, 이맛사 짜-뚜마하-부-띠깟사 까-얏사 아-짜요-삐 아빠짜요-삐 아-다-남삐 닉케-빠남삐. 따스마- 따뜨라-ㅅ수따와- 뿌툿자노- 닙빈데이야삐 위랏제이야삐 위뭇쩨이야삐

이렇게 나는 들었다. 한때 세존은 사왓티에서 제따와나의 아나타삔디까 사원에 머물렀다. … "비구들이여, 배우지 못한 범부는 사대(四大)로 구성된 이 몸에 대해 염오(厭惡)하려고도 하고, 이탐(離貪)하려고도 하고, 해탈(解脫)하려고도 할 것이다. 그 원인은 무엇인가? 비구들이여, 사대로 구성된 이 몸에는 쌓임도 감소도 붙잡음도 놓음도 있다. 그래서 거기서 배우지 못한 범부가 염오하려고도 하고, 이탐하려고도 하고, 해탈하려고도 할 것이다.

"yañca kho etaṃ, bhikkhave, vuccati cittaṃ itipi, mano itipi, viññāṇaṃ itipi, tatrāssutavā puthujjano nālaṃ nibbindituṃ nālaṃ virajjituṃ nālaṃ vimuccituṃ. taṃ kissa hetu? dīgharattañhetaṃ, bhikkhave, assutavato puthujjanassa ajjhositaṃ mamāyitaṃ parāmaṭṭhaṃ ─ 'etaṃ mama, esohamasmi, eso me attā'ti. tasmā tatrāssutavā puthujjano nālaṃ nibbindituṃ nālaṃ virajjituṃ nālaṃ vimuccituṃ.

얀짜 코- 에-땅, 빅카웨-, 웃짜띠 찟땅 이띠삐, 마노- 이띠삐, 윈냐-낭 이띠삐, 따뜨라-ㅅ수따와- 뿌툿자노- 나-ㄹ랑 닙빈디뚱 나-ㄹ랑 위랏지뚱 나-ㄹ랑 위뭇찌뚱. 땅 낏사 헤-뚜? 디-가랏딴헤-땅, 빅카웨-, 앗수따와또- 뿌툿자낫사 앗조-시땅 마마-이땅 빠라-맛탕 ─ '에-

땅 마마, 에-소-하마스미, 에-소- 메- 앗따-'띠. 따스마- 따뜨라-ㅅ수따와- 뿌툿자노- 나-ㄹ랑 닙빈디뚱 나-ㄹ랑 위랏지뚱 나-ㄹ랑 위뭇찌뚱

그러나 비구들이여, 심(心)이라고도 의(意)라고도 식(識)이라고도 불리는 이것에 대해 배우지 못한 범부는 염오하려 하지 않고, 이탐하려 하지 않고, 해탈하려 하지 않는다. 그 원인은 무엇인가? 비구들이여, 배우지 못한 범부에게 이것은 오랫동안 '이것은 나의 것이다. 이것은 나다. 이것은 나의 아(我)다.'라고 묶인 것이고, 소중히 여기는 것이고, 집착된 것이다. 그래서 거기서 배우지 못한 범부는 염오하려 하지 않고, 이탐하려 하지 않고, 해탈하려 하지 않는다.

"varaṃ, bhikkhave, assutavā puthujjano imaṃ cātumahābhūtikaṃ kāyaṃ attato upagaccheyya, na tveva cittaṃ. taṃ kissa hetu? dissatāyaṃ, bhikkhave, cātumahābhūtiko kāyo ekampi vassaṃ tiṭṭhamāno dvepi vassāni tiṭṭhamāno tīṇipi vassāni tiṭṭhamāno cattāripi vassāni tiṭṭhamāno pañcapi vassāni tiṭṭhamāno dasapi vassāni tiṭṭhamāno vīsatipi vassāni tiṭṭhamāno tiṃsampi vassāni tiṭṭhamāno cattārīsampi vassāni tiṭṭhamāno paññāsampi vassāni tiṭṭhamāno vassasatampi tiṭṭhamāno, bhiyyopi tiṭṭhamāno.

와랑, 빅카웨-, 앗수따와- 뿌툿자노- 이망 짜-뚜마하-부-띠깡 까-양 앗따또- 우빠갓체이야, 나 뜨웨-와 찟땅. 땅 낏사 헤-뚜? 딧사따-양, 빅카웨-, 짜-뚜마하-부-띠꼬- 까-요- 에-깜삐 왓상 띳타마-노- 드웨-삐 왓사-니 띳타마-노- 띠-니삐 왓사-니 띳타마-노- 짯따-리삐 왓사-니 띳타마-노- 빤짜삐 왓사-니 띳타마-노- 다사삐 왓사-니 띳타마-노- 위-사띠삐 왓사-니 띳타마-노- 띵삼삐 왓사-니 띳타마-노- 짯따-리-삼삐 왓사-니 띳타마-노- 빤냐-삼삐 왓사-니 띳타마-노- 왓사사땀삐 띳타마-노-, 비이요-삐 띳타마-노-

비구들이여, 배우지 못한 범부는 심(心)을 아(我)의 관점에서 접근하는 것보다 사대로 구성된 이 몸을 아의 관점에서 접근하는 것이 더 낫다. 그 원인은 무엇인가? 비구들이여, 사대로 구성된 이 몸은 1년 동안 유지되는 것으로도, 2년 동안 유지되는 것으로도, 3년 동안 유지되는 것으로도, 4년 동안 유지되는 것으로도, 5년 동안 유지되는 것으로도, 10년 동안 유지되는 것으로도, 20년 동안 유지되는 것으로도, 30년 동안 유지되는 것으로도, 40년 동안 유지되는 것으로도, 50년 동안 유지되는 것으로도, 100년 동안 유지되는 것으로도, 그 이상 동안 유지되는 것으로도 보인다.

"yañca kho etaṃ, bhikkhave, vuccati cittaṃ itipi, mano itipi, viññāṇaṃ itipi, taṃ rattiyā ca divasassa ca aññadeva uppajjati aññaṃ nirujjhati. seyyathāpi, bhikkhave, makkaṭo araññe pavane caramāno sākhaṃ gaṇhati, taṃ muñcitvā aññaṃ gaṇhati, taṃ muñcitvā aññaṃ gaṇhati; evameva kho, bhikkhave, yamidaṃ vuccati cittaṃ

심(心)-의(意)-식(識)의 이해 — H_2O의 비유

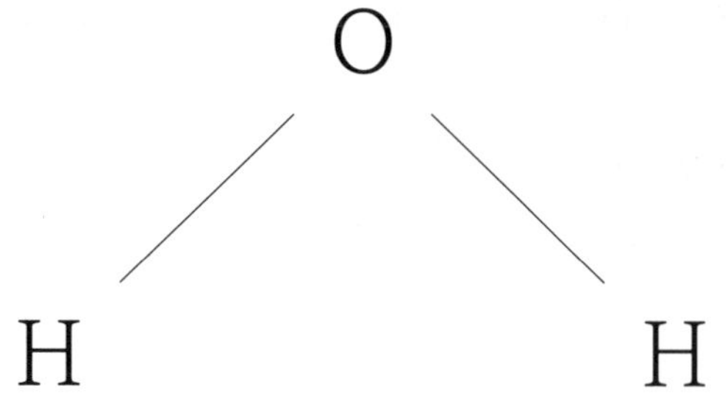

온도	이름
100℃ ~	수증기
0℃ ~ 100℃	물
~ 0℃	얼음

산소[O] 한 개와 수소[H] 두 개가 결합한 것

※ 얼음이기도 하고, 물이기도 하고, 수증기기도 한 것 ※

☞「'온도에 따라' 얼음이라고도 물이라고 수증기라고도 불리는 그것, H_2O」

H_2O라는 동질성 위에서 얼음과 물과 수증기의 조건에 따른 차별성을 바르게 알지 못하면 필요에 따라 얻거나 관리-활용에 어려움이 있음

etaṃ vuccati cittaṃ itipi, mano itipi, viññāṇaṃ itipi

심(心)이라고도 의(意)라고도 식(識)이라고도 불리는 이것!

☞「마음이라는 동질성 위에서 '어떤 조건에 따라' 심(心)이라고도 의(意)라고도 식(識)이라고도 불리는 차별성」

조건 관계	심(心) - citta	의(意) - mano	식(識) - viññāṇa
생겨남	상(想) - 수(受)	with 몸	내입처- 외입처
역할(활용)	행위	행위 + 인식	인식
삶의 질의 향상(관리)	상想)의 제어	[상(想)+관심]의 제어	관심(chanda-欲)의 제어

itipi, mano itipi, viññāṇaṃ itipi, taṃ rattiyā ca divasassa ca aññadeva uppajjati aññaṃ nirujjhati.

얀짜 코- 에-땅, 빅카웨-, 웃짜띠 찟땅 이띠삐, 마노- 이띠삐, 윈냐-낭 이띠삐, 땅 랏띠야- 짜 디와삿사 짜 안냐데-와 웁빳자띠 안냥 니룻자띠. 세이야타-삐, 빅카웨-, 막까또- 아란녜- 빠와네- 짜라마-노- 사-캉 간하띠, 땅 문찌뜨와- 안냥 간하띠, 땅 문찌뜨와- 안냥 간하띠; 에-와메-와 코-, 빅카웨-, 야미당 웃짜띠 찟땅 이띠삐, 마노- 이띠삐, 윈냐-낭 이띠삐, 땅 랏띠야- 짜 디와삿사 짜 안냐데-와 웁빳자띠 안냥 니룻자띠

그러나 비구들이여, 심이라고 의라고도 식이라고도 불리는 이것은 밤낮으로 다른 것이 생기고 다른 것이 소멸한다. 예를 들면, 비구들이여, 큰 숲에서 돌아다니는 원숭이가 나뭇가지를 잡는다. 그것을 놓은 뒤에 다른 것을 잡고, 그것을 놓은 뒤에 다른 것을 잡는다. 이처럼, 비구들이여, 심이라고 의라고도 식이라고도 불리는 이것은 밤낮으로 다른 것이 생기고 다른 것이 소멸한다.

“tatra, bhikkhave, sutavā ariyasāvako paṭiccasamuppādaṃyeva sādhukaṃ yoniso manasi karoti — ‘iti imasmiṃ sati idaṃ hoti, imassuppādā idaṃ uppajjati; imasmiṃ asati idaṃ na hoti, imassa nirodhā idaṃ nirujjhati — yadidaṃ avijjāpaccayā saṅkhārā; saṅkhārapaccayā viññāṇaṃ; viññāṇapaccayā nāmarūpaṃ; nāmarūpapaccayā saḷāyatanaṃ; saḷāyatanapaccayā phasso; phassapaccayā vedanā; vedanāpaccayā taṇhā; taṇhāpaccayā upādānaṃ; upādānapaccayā bhavo; bhavapaccayā jāti; jātipaccayā jarāmaraṇaṃ sokaparidevadukkhadomanassupāyāsā sambhavanti. evametassa kevalassa dukkhakkhandhassa samudayo hoti. avijjāya tveva asesavirāganirodhā saṅkhāranirodho; saṅkhāranirodhā viññāṇanirodho; viññāṇanirodhā nāmarūpanirodho; nāmarūpanirodhā saḷāyatananirodho; saḷāyatananirodhā phassanirodho; phassanirodhā vedanānirodho; vedanānirodhā taṇhānirodho; taṇhānirodhā upādānanirodho; upādānanirodhā bhavanirodho; bhavanirodhā jātinirodho; jātinirodhā jarāmaraṇaṃ sokaparidevadukkhadomanassupāyāsā nirujjhanti. evametassa kevalassa dukkhakkhandhassa nirodho hotī”ti.

따뜨라, 빅카웨-, 수따와- 아리야사-와꼬- 빠띳짜사뭅빠-당예-와 사-두깡 요-니소- 마나시 까로-띠 — ‘이띠 이마스밍 사띠 이당 호-띠, 이맛숩빠-다- 이당 웁빳자띠; 이마스밍 아사띠 이당 나 호-띠, 이맛사 니로-다- 이당 니룻잔띠 — 야디당 아윗자-빳짜야- 상카-라-; 상카-라빳짜야- 윈냐-낭; 윈냐-나빳짜야- 나-마루-빵; 나-마루-빠빳짜야- 살라-야따낭; 살라-야따나빳짜야- 팟소-; 팟사빳짜야- 웨-다나-; 웨-다나-빳짜야- 딴하-; 딴하-빳짜야- 우빠-다-낭; 우빠-다-나빳짜야- 바오-; 바와빳짜야- 자-띠; 자-띠빳짜야- 자라-마라낭; 소-까빠

리데-와둑카도-마낫수빠-야-사- 삼바완띠. 에-와메-땃사 께-왈랏사 둑칵칸닷사 사무다요-호-띠. 아윗자-야 뜨웨-와 아세-사위라-가니로-다- 상카-라니로-도-; 상카-라니로-다- 윈냐-나니로-도-; 윈냐-나니로-다- 나-마루-빠니로-도-; 나-마루-빠니로-다- 살라-야따나니로-도-; 살라-야따나니로-다- 팟사니로-도-; 팟사니로-다- 웨-다나-니로-도-; 웨-다나-니로-다- 딴하-니로-도-; 딴하-니로-다- 우빠-다-나니로-도-; 우빠-다-나니로-다- 바와니로-도-; 바와니로-다- 자-띠니로-도-; 자-띠니로-다- 자라-마라낭; 소-까빠리데-와둑카도-마낫수빠-야-사- 니룻잔띠. 에-와메-땃사 께-왈랏사 둑칵칸닷사 니로-도- 호-띠-"띠

거기서, 비구들이여, 잘 배운 성스러운 제자는 연기(緣起)를 사실에 들어맞게 잘 사고한다. — '이렇게 이것이 있을 때 이것이 있다. 이것의 생김으로부터 이것이 생긴다. 이것이 없을 때 이것이 없다. 이것의 소멸로부터 이것이 소멸한다. 즉 — 무명(無明)을 조건으로 행(行)들이, 행들을 조건으로 식(識)이, 식을 조건으로 명색(名色)이, 명색을 조건으로 육입(六入)이, 육입을 조건으로 촉(觸)이, 촉을 조건으로 수(受)가, 수를 조건으로 애(愛)가, 애를 조건으로 취(取)가, 취를 조건으로 유(有)가, 유를 조건으로 생(生)이, 생을 조건으로 노사(老死)와 수비고우뇌(愁悲苦憂惱)가 생긴다. 이렇게 이 모든 괴로움 무더기가 자라난다[고집(苦集)]. 그러나 무명이 남김없이 바래어 소멸할 때 행들이 소멸하고, 행들이 소멸할 때 식이 소멸하고, 식이 소멸할 때 명색이 소멸하고, 명색이 소멸할 때 육입이 소멸하고, 육입이 소멸할 때 촉이 소멸하고, 촉이 소멸할 때 수가 소멸하고, 수가 소멸할 때 애가 소멸하고, 애가 소멸할 때 취가 소멸하고, 취가 소멸할 때 유가 소멸하고, 유가 소멸할 때 생이 소멸하고, 생이 소멸할 때 노사와 수비고우뇌가 소멸한다. 이렇게 이 모든 괴로움 무더기가 소멸한다[고멸(苦滅)]."라고.

"evaṃ passaṃ, bhikkhave, sutavā ariyasāvako rūpasmimpi nibbindati, vedanāyapi nibbindati, saññāyapi nibbindati, saṅkhāresupi nibbindati, viññāṇasmimpi nibbindati; nibbindaṃ virajjati, virāgā vimuccati, vimuttasmiṃ vimuttamiti ñāṇaṃ hoti. 'khīṇā jāti, vusitaṃ brahmacariyaṃ, kataṃ karaṇīyaṃ, nāparaṃ itthattāyā'ti pajānātī"ti.

에-왕 빳상, 빅카웨-, 수따와- 아리야사-와꼬- 루-빠스밈삐 닙빈다띠, 웨-다나-야삐 닙빈다띠, 산냐-야삐 닙빈다띠, 상카-레-수삐 닙빈다띠, 윈냐-나스밈삐 닙빈다띠; 닙빈당 위랏자띠, 위라-가- 위뭇짜띠. 위뭇따스밍 위뭇따미띠 냐-낭 호-띠. '키-나- 자-띠, 우시땅 브라흐마짜리양, 까땅 까라니-양, 나-빠랑 잇탓따-야-'띠 빠자-나-띠-"띠

비구들이여, 이렇게 보는 잘 배운 성스러운 제자는 색(色)에 대해서도 염오(厭惡)하고, 수(受)에 대해서도 염오하고, 상(想)에 대해서도 염오하고, 행(行)들에 대해서도 염오하고, 식(識)에 대해서도 염오한다. 염오하는 자는 이탐(離貪)한다. 이탐으로부터 해탈(解脫)한다. 해탈했을 때 '나는 해탈했다.'라는 앎이 있다. '태어남은 다했다. 범행은 완성되었다. 해야 할 일을 했다. 다음에는 현재 상태[유(有)]가 되지 않는다.'라고 분명히 안다." ▣

3) gotamasuttaṃ (SN 12.10-고따마 경)

- 동일한 깨달음에 의한 계보의 형성 — (SN 12.4-위빳시 경) → (SN 12.5-시키 경) → (SN 12.6-웻사부 경) → (SN 12.7-까꾸산다 경) → (SN 12.8-꼬나가마나 경) → (SN 12.9-깟사빠 경) → (SN 12.10-고따마 경) : 과거칠불(過去七佛) → 칠불통계(七佛通戒) (145 쪽)

- 깨달음의 본질 — 「언제나 늙고 죽는 이 괴로움의 해방이 꿰뚫어 알려질 것인가?」 → 생사(生死) 문제의 해결

- 지혜의 관통이 여리작의(如理作意-yoniso manasikāra)를 통해서 생겨남

- 연기의 정형구문의 적용 — ①'무엇이 있을 때 노사(老死)~무명(無明)이 있고, 무엇을 조건으로 노사~무명이 생기는가?' → ②'무엇이 없을 때 노사~무명이 없고, 무엇이 소멸할 때 노사~무명이 소멸하는가?'

"pubbeva me, bhikkhave, sambodhā anabhisambuddhassa bodhisattasseva sato etadahosi — 'kicchaṃ vatāyaṃ loko āpanno jāyati ca jīyati ca mīyati ca cavati ca upapajjati ca. atha ca panimassa dukkhassa nissaraṇaṃ nappajānāti jarāmaraṇassa. kudāssu nāma imassa dukkhassa nissaraṇaṃ paññāyissati jarāmaraṇassā'"ti?

뿝베-와 메-, 빅카웨-, 삼보-다- 아나비삼붇닷사 보-디삿땃세-와 사또- 에-따다호-시 — '낏창 와따-양 로-꼬- 아-빤노- 자-야띠 짜 지-야띠 짜 미-야띠 짜 짜와띠 짜 우빠빳자띠 짜. 아타 짜 빠니맛사 둑캇사 닛사라낭 납빠자-나-띠 자라-마라낫사. 꾸다-ㅅ수 나-마 이맛사 둑캇사 닛사라낭 빤냐-잇사띠 자라-마라낫사-'"띠?

"비구들이여, 나에게 깨달음 이전, 깨닫지 못한 보살이었을 때 이런 생각이 떠올랐다. — '참으로 세상에서 고통을 겪는 이 존재는 태어나고, 늙고, 죽고, 옮겨가고, 다시 태어난다. 그러나 늙고 죽는 이 괴로움의 해방을 꿰뚫어 알지 못한다. 언제나 늙고 죽는 이 괴로움의 해방이 꿰뚫어 알려질 것인가?'라고.

"tassa mayhaṃ, bhikkhave, etadahosi — 'kimhi nu kho sati jarāmaraṇaṃ hoti, kiṃpaccayā jarāmaraṇan'ti? tassa mayhaṃ, bhikkhave, yoniso manasikārā ahu paññāya abhisamayo — 'jātiyā kho sati jarāmaraṇaṃ hoti, jātipaccayā jarāmaraṇan'"ti.

땃사 마이항, 빅카웨-, 에-따다호-시 — '낌히 누 코- 사띠 자라-마라낭 호-띠, 낌빳짜야- 자라-마라난'띠? 땃사 마이항, 빅카웨-, 요-니소- 마나시까-라- 아후 빤냐-야 아비사마요- — '자-띠야- 코- 사띠 자라-마라낭 호-띠, 자-띠빳짜야- 자라-마라난'"띠

비구들이여, 그런 나에게 이런 생각이 떠올랐다. — '무엇이 있을 때 노사(老死)가 있고, 무엇을 조건으로 노사가 생기는가?'라고. 비구들이여, 그런 나에게 '생(生)이 있을 때 노사가 있고, 생을 조건으로 노사가 생긴다.'라는 지혜의 관통이 여리작의(如理作意)를 통해서 생겨났다.

"tassa mayhaṃ, bhikkhave, etadahosi — 'kimhi nu kho sati jāti hoti, kiṃpaccayā jātī'ti? tassa mayhaṃ, bhikkhave, yoniso manasikārā ahu paññāya abhisamayo — 'bhave kho sati jāti hoti, bhavapaccayā jātī'"ti.

땃사 마이항, 빅카웨-, 에-따다호-시 — '낌히 누 코- 사띠 자-띠 호-띠, 낌빳짜야- 자-띠-'띠? 땃사 마이항, 빅카웨-, 요-니소- 마나시까-라- 아후 빤냐-야 아비사마요- — '바웨- 코- 사띠 자-띠 호-띠, 바와빳짜야- 자-띠-'"띠

비구들이여, 그런 나에게 이런 생각이 떠올랐다. — '무엇이 있을 때 생(生)이 있고, 무엇을 조건으로 생이 생기는가?'라고. 비구들이여, 그런 나에게 '유(有)가 있을 때 생이 있고, 유를 조건으로 생이 생긴다.'라는 지혜의 관통이 여리작의를 통해서 생겨났다.

"tassa mayhaṃ, bhikkhave, etadahosi — 'kimhi nu kho sati bhavo hoti, kiṃpaccayā bhavo'ti? tassa mayhaṃ, bhikkhave, yoniso manasikārā ahu paññāya abhisamayo — 'upādāne kho sati bhavo hoti, upādānapaccayā bhavo'"ti.

땃사 마이항, 빅카웨-, 에-따다호-시 — '낌히 누 코- 사띠 바오- 호-띠, 낌빳짜야- 바오-'띠? 땃사 마이항, 빅카웨-, 요-니소- 마나시까-라- 아후 빤냐-야 아비사마요- — '우빠-다-네- 코- 사띠 바오- 호-띠, 우빠-다-나빳짜야- 바오-'"띠

비구들이여, 그런 나에게 이런 생각이 떠올랐다. — '무엇이 있을 때 유(有)가 있고, 무엇을 조건으로 유가 생기는가?'라고. 비구들이여, 그런 나에게 '취(取)가 있을 때 유가 있고, 취를 조건으로 유가 생긴다.'라는 지혜의 관통이 여리작의를 통해서 생겨났다.

"tassa mayhaṃ, bhikkhave, etadahosi — 'kimhi nu kho sati upādānaṃ hoti, kiṃpaccayā upādānan'ti? tassa mayhaṃ, bhikkhave, yoniso manasikārā ahu paññāya abhisamayo — 'taṇhāya kho sati upādānaṃ hoti, taṇhāpaccayā upādānan'"ti.

땃사 마이항, 빅카웨-, 에-따다호-시 — '낌히 누 코- 사띠 우빠-다-낭 호-띠, 낌빳짜야- 우빠-다-난'띠? 땃사 마이항, 빅카웨-, 요-니소- 마나시까-라- 아후 빤냐-야 아비사마요- —

'딴하-야 코- 사띠 우빠-다-낭 호-띠, 딴하-빳짜야- 우빠-다-난'"띠

비구들이여, 그런 나에게 이런 생각이 떠올랐다. — '무엇이 있을 때 취(取)가 있고, 무엇을 조건으로 취가 생기는가?'라고. 비구들이여, 그런 나에게 '애(愛)가 있을 때 취가 있고, 애를 조건으로 취가 생긴다.'라는 지혜의 관통이 여리작의를 통해서 생겨났다.

"tassa mayhaṃ, bhikkhave, etadahosi — 'kimhi nu kho sati taṇhā hoti, kiṃpaccayā taṇhā'ti? tassa mayhaṃ, bhikkhave, yoniso manasikārā ahu paññāya abhisamayo — 'vedanāya kho sati taṇhā hoti, vedanāpaccayā taṇhā'"ti.

땃사 마이항, 빅카웨-, 에-따다호-시 — '낌히 누 코- 사띠 딴하- 호-띠, 낌빳짜야- 딴하-'띠? 땃사 마이항, 빅카웨-, 요-니소- 마나시까-라- 아후 빤냐-야 아비사마요- — '웨-다나-야 코- 사띠 딴하- 호-띠, 웨-다나-빳짜야- 딴하-'"띠

비구들이여, 그런 나에게 이런 생각이 떠올랐다. — '무엇이 있을 때 애(愛)가 있고, 무엇을 조건으로 애가 생기는가?'라고. 비구들이여, 그런 나에게 '수(受)가 있을 때 애가 있고, 수를 조건으로 애가 생긴다.'라는 지혜의 관통이 여리작의를 통해서 생겨났다.

"tassa mayhaṃ, bhikkhave, etadahosi — 'kimhi nu kho sati vedanā hoti, kiṃpaccayā vedanā'ti? tassa mayhaṃ, bhikkhave, yoniso manasikārā ahu paññāya abhisamayo — 'phasse kho sati vedanā hoti, phassapaccayā vedanā'"ti.

땃사 마이항, 빅카웨-, 에-따다호-시 — '낌히 누 코- 사띠 웨-다나- 호-띠, 낌빳짜야- 웨-다나-'띠? 땃사 마이항, 빅카웨-, 요-니소- 마나시까-라- 아후 빤냐-야 아비사마요- — '팟세- 코- 사띠 웨-다나- 호-띠, 팟사빳짜야- 웨-다나-'"띠

비구들이여, 그런 나에게 이런 생각이 떠올랐다. — '무엇이 있을 때 수(受)가 있고, 무엇을 조건으로 수가 생기는가?'라고. 비구들이여, 그런 나에게 '촉(觸)이 있을 때 수가 있고, 촉을 조건으로 수가 생긴다.'라는 지혜의 관통이 여리작의를 통해서 생겨났다.

"tassa mayhaṃ, bhikkhave, etadahosi — 'kimhi nu kho sati phasso hoti, kiṃpaccayā phasso'ti? tassa mayhaṃ, bhikkhave, yoniso manasikārā ahu paññāya abhisamayo — 'saḷāyatane kho sati phasso hoti, saḷāyatanapaccayā phasso'"ti.

땃사 마이항, 빅카웨-, 에-따다호-시 — '낌히 누 코- 사띠 팟소- 호-띠, 낌빳짜야- 팟소-'띠? 땃사 마이항, 빅카웨-, 요-니소- 마나시까-라- 아후 빤냐-야 아비사마요- — '살라-야따네- 코- 사띠 팟소- 호-띠, 살라-야따나빳짜야- 팟소-'"띠

비구들이여, 그런 나에게 이런 생각이 떠올랐다. ― '무엇이 있을 때 촉(觸)이 있고, 무엇을 조건으로 촉이 생기는가?'라고. 비구들이여, 그런 나에게 '육입(六入)이 있을 때 촉이 있고, 육입을 조건으로 촉이 생긴다.'라는 지혜의 관통이 여리작의를 통해서 생겨났다.

"tassa mayhaṃ, bhikkhave, etadahosi ― 'kimhi nu kho sati saḷāyatanaṃ hoti, kiṃpaccayā saḷāyatanan'ti? tassa mayhaṃ, bhikkhave, yoniso manasikārā ahu paññāya abhisamayo ― 'nāmarūpe kho sati saḷāyatanaṃ hoti, nāmarūpapaccayā saḷāyatanan'"ti.

땃사 마이항, 빅카웨-, 에-따다호-시 ― '낌히 누 코- 사띠 살라-야따낭 호-띠, 낑빳짜야- 살라-야따난'띠? 땃사 마이항, 빅카웨-, 요-니소- 마나시까-라- 아후 빤냐-야 아비사마요- ― '나-마루-뻬- 코- 사띠 살라-야따낭 호-띠, 나-마루-빠빳짜야- 살라-야따난'"띠

비구들이여, 그런 나에게 이런 생각이 떠올랐다. ― '무엇이 있을 때 육입(六入)이 있고, 무엇을 조건으로 육입이 생기는가?'라고. 비구들이여, 그런 나에게 '명색(名色)이 있을 때 육입이 있고, 명색을 조건으로 육입이 생긴다.'라는 지혜의 관통이 여리작의를 통해서 생겨났다.

"tassa mayhaṃ, bhikkhave, etadahosi ― 'kimhi nu kho sati nāmarūpaṃ hoti, kiṃpaccayā nāmarūpan'ti? tassa mayhaṃ, bhikkhave, yoniso manasikārā ahu paññāya abhisamayo ― 'viññāṇe kho sati nāmarūpaṃ hoti, viññāṇapaccayā nāmarūpan'"ti.

땃사 마이항, 빅카웨-, 에-따다호-시 ― '낌히 누 코- 사띠 나-마루-빵 호-띠, 낑빳짜야- 나-마루-빤'띠? 땃사 마이항, 빅카웨-, 요-니소- 마나시까-라- 아후 빤냐-야 아비사마요- ― '윈냐-네- 코- 사띠 나-마루-빵 호-띠, 윈냐-나빳짜야- 나-마루-빤'"띠

비구들이여, 그런 나에게 이런 생각이 떠올랐다. ― '무엇이 있을 때 명색(名色)이 있고, 무엇을 조건으로 명색이 생기는가?'라고. 비구들이여, 그런 나에게 '식(識)이 있을 때 명색이 있고, 식을 조건으로 명색이 생긴다.'라는 지혜의 관통이 여리작의를 통해서 생겨났다.

"tassa mayhaṃ, bhikkhave, etadahosi ― 'kimhi nu kho sati viññāṇaṃ hoti, kiṃpaccayā viññāṇan'ti? tassa mayhaṃ, bhikkhave, yoniso manasikārā ahu paññāya abhisamayo ― 'saṅkhāresu kho sati viññāṇaṃ hoti, saṅkhārapaccayā viññāṇan'"ti.

땃사 마이항, 빅카웨-, 에-따다호-시 ― '낌히 누 코- 사띠 윈냐-낭 호-띠, 낑빳짜야- 윈냐-

난'띠? 땃사 마이항, 빅카웨-, 요-니소- 마나시까-라- 아후 빤냐-야 아비사마요- — '상카-레-수 코- 사띠 윈냐-낭 호-띠, 상카-라빳짜야- 윈냐-난'"띠

비구들이여, 그런 나에게 이런 생각이 떠올랐다. — '무엇이 있을 때 식(識)이 있고, 무엇을 조건으로 식이 생기는가?'라고. 비구들이여, 그런 나에게 '행(行)들이 있을 때 식이 있고, 행들을 조건으로 식이 생긴다.'라는 지혜의 관통이 여리작의를 통해서 생겨났다.

"tassa mayhaṃ, bhikkhave, etadahosi — 'kimhi nu kho sati saṅkhārā honti, kiṃpaccayā saṅkhārā'ti? tassa mayhaṃ, bhikkhave, yoniso manasikārā ahu paññāya abhisamayo — 'avijjāya kho sati saṅkhārā honti, avijjāpaccayā saṅkhārā'"ti.

땃사 마이항, 빅카웨-, 에-따다호-시 — '낌히 누 코- 사띠 상카-라- 혼띠, 낌빳짜야- 상카-라-'띠? 땃사 마이항, 빅카웨-, 요-니소- 마나시까-라- 아후 빤냐-야 아비사마요- — '아윗자-야 코- 사띠 상카-라- 혼띠, 아윗자-빳짜야- 상카-라-'"띠

비구들이여, 그런 나에게 이런 생각이 떠올랐다. — '무엇이 있을 때 행(行)들이 있고, 무엇을 조건으로 행들이 생기는가?'라고. 비구들이여, 그런 나에게 '무명(無明)이 있을 때 행들이 있고, 무명을 조건으로 행들이 생긴다.'라는 지혜의 관통이 여리작의를 통해서 생겨났다.

"iti hidaṃ avijjāpaccayā, bhikkhave, saṅkhārā; saṅkhārapaccayā viññāṇaṃ; viññāṇapaccayā nāmarūpaṃ; nāmarūpapaccayā saḷāyatanaṃ; saḷāyatanapaccayā phasso; phassapaccayā vedanā; vedanāpaccayā taṇhā; taṇhāpaccayā upādānaṃ; upādānapaccayā bhavo; bhavapaccayā jāti; jātipaccayā jarāmaraṇaṃ sokaparideva dukkhadomanassupāyāsā sambhavanti. evametassa kevalassa dukkhakkhandhassa samudayo hoti. 'samudayo, samudayo'ti kho me, bhikkhave, pubbe ananussutesu dhammesu cakkhuṃ udapādi, ñāṇaṃ udapādi, paññā udapādi, vijjā udapādi, āloko udapādi.

이띠 히당 아윗자-빳짜야-, 빅카웨-, 상카-라-; 상카-라빳짜야- 윈냐-낭; 윈냐-나빳짜야- 나-마루-빵; 나-마루-빠빳짜야- 살라-야따낭; 살라-야따나빳짜야- 팟소-; 팟사빳짜야- 웨-다나-; 웨-다나-빳짜야- 딴하-; 딴하-빳짜야- 우빠-다-낭; 우빠-다-나빳짜야- 바오-; 바와빳짜야- 자-띠; 자-띠빳짜야- 자라-마라낭; 소-까빠리데-와둑카도-마낫수빠-야-사- 삼바완띠. 에-와메-땃사 께-왈랏사 둑칵칸닷사 사무다요- 호-띠. '사무다요-, 사무다요-'띠 코-메-, 빅카웨-, 뿝베- 아나눗수떼-수 담메-수 짝쿵 우다빠-디, 냐-낭 우다빠-디, 빤냐- 우다빠-디, 윗자- 우다빠-디, 아-ㄹ로-꼬- 우다빠-디.

이렇게 이것이 있다. 비구들이여, 무명을 조건으로 행들이, 행들을 조건으로 식이, 식을 조건으로 명색이, 명색을 조건으로 육입이, 육입을 조건으로 촉이, 촉을 조건으로 수가, 수를 조건으로 애가, 애를 조건으로 취가, 취를 조건으로 유가, 유를 조건으로 생이, 생을 조건으로 노사와 수비고우뇌가 생긴다. 이렇게 이 모든 괴로움 무더기가 자라난다[고집(苦集)]. 비구들이여, 나에게 '자라남, 자라남'이라는 이전에 들어보지 못한 법들에 대한 안(眼-눈)이 생겼다. 지(知-앎)가 생겼다. 혜(慧-지혜)가 생겼다. 명(明-밝음)이 생겼다. 광(光-빛)이 생겼다.

"tassa mayhaṃ, bhikkhave, etadahosi — 'kimhi nu kho asati jarāmaraṇaṃ na hoti, kissa nirodhā jarāmaraṇanirodho'ti? tassa mayhaṃ, bhikkhave, yoniso manasikārā ahu paññāya abhisamayo — 'jātiyā kho asati jarāmaraṇaṃ na hoti, jātinirodhā jarāmaraṇanirodho'"ti.

땃사 마이항, 빅카웨-, 에-따다호-시 — '낌히 누 코- 아사띠 자라-마라낭 나 호-띠, 낏사 니로-다- 자라-마라나니로-도-'띠? 땃사 마이항, 빅카웨-, 요-니소- 마나시까-라- 아후 빤냐-야 아비사마요- — '자-띠야- 코- 아사띠 자라-마라낭 나 호-띠, 자-띠니로-다- 자라-마라나니로-도-'"띠

비구들이여, 그런 나에게 이런 생각이 떠올랐다. — '무엇이 없을 때 노사(老死)가 없고, 무엇이 소멸할 때 노사가 소멸하는가?'라고. 비구들이여, 그런 나에게 '생(生)이 없을 때 노사가 없고, 생이 소멸할 때 노사가 소멸한다.'라는 지혜의 관통이 여리작의(如理作意)를 통해서 생겨났다

"tassa mayhaṃ, bhikkhave, etadahosi — 'kimhi nu kho asati jāti na hoti, kissa nirodhā jātinirodho'ti? tassa mayhaṃ, bhikkhave, yoniso manasikārā ahu paññāya abhisamayo — 'bhave kho asati jāti na hoti, bhavanirodhā jātinirodho'"ti.

땃사 마이항, 빅카웨-, 에-따다호-시 — '낌히 누 코- 아사띠 자-띠 나 호-띠, 낏사 니로-다- 자-띠니로-도-'띠? 땃사 마이항, 빅카웨-, 요-니소- 마나시까-라- 아후 빤냐-야 아비사마요- — '바웨- 코- 아사띠 자-띠 나 호-띠, 바와니로-다- 자-띠니로-도-'"띠

비구들이여, 그런 나에게 이런 생각이 떠올랐다. — '무엇이 없을 때 생(生)이 없고, 무엇이 소멸할 때 생이 소멸하는가?'라고. 비구들이여, 그런 나에게 '유(有)가 없을 때 생이 없고, 유가 소멸할 때 생이 소멸한다.'라는 지혜의 관통이 여리작의를 통해서 생겨났다.

"tassa mayhaṃ, bhikkhave, etadahosi — 'kimhi nu kho asati bhavo na hoti, kissa nirodhā bhavanirodho'ti? tassa mayhaṃ, bhikkhave, yoniso manasikārā ahu paññāya abhisamayo — 'upādāne kho asati bhavo na hoti, upādānanirodhā bhavanirodho’”ti.

땃사 마이항, 빅카웨-, 에-따다호-시 — ‘낌히 누 코- 아사띠 바오- 나 호-띠, 낏사 니로-다- 바와니로-도-’띠? 땃사 마이항, 빅카웨-, 요-니소- 마나시까-라- 아후 빤냐-야 아비사마요- — ‘우빠-다-네- 코- 아사띠 바오- 나 호-띠, 우빠-다-나니로-다- 바와니로-도-’”띠

비구들이여, 그런 나에게 이런 생각이 떠올랐다. — ‘무엇이 없을 때 유(有)가 없고, 무엇이 소멸할 때 유가 소멸하는가?’라고. 비구들이여, 그런 나에게 ‘취(取)가 없을 때 유가 없고, 취가 소멸할 때 유가 소멸한다.’라는 지혜의 관통이 여리작의를 통해서 생겨났다.

“tassa mayhaṃ, bhikkhave, etadahosi — ‘kimhi nu kho asati upādānaṃ na hoti, kissa nirodhā upādānanirodho’ti? tassa mayhaṃ, bhikkhave, yoniso manasikārā ahu paññāya abhisamayo — ‘taṇhāya kho asati upādānaṃ na hoti, taṇhānirodhā upādānanirodho’”ti.

땃사 마이항, 빅카웨-, 에-따다호-시 — ‘낌히 누 코- 아사띠 우빠-다-낭 나 호-띠, 낏사 니로-다- 우빠-다-나니로-도-’띠? 땃사 마이항, 빅카웨-, 요-니소- 마나시까-라- 아후 빤냐-야 아비사마요- — ‘딴하-야 코- 아사띠 우빠-다-낭 나 호-띠, 딴하-니로-다- 우빠-다-나니로-도-’”띠

비구들이여, 그런 나에게 이런 생각이 떠올랐다. — ‘무엇이 없을 때 취(取)가 없고, 무엇이 소멸할 때 취가 소멸하는가?’라고. 비구들이여, 그런 나에게 ‘애(愛)가 없을 때 취가 없고, 애가 소멸할 때 취가 소멸한다.’라는 지혜의 관통이 여리작의를 통해서 생겨났다.

“tassa mayhaṃ, bhikkhave, etadahosi — ‘kimhi nu kho asati taṇhā na hoti, kissa nirodhā taṇhānirodho’ti? tassa mayhaṃ, bhikkhave, yoniso manasikārā ahu paññāya abhisamayo — ‘vedanāya kho asati taṇhā na hoti, vedanānirodhā taṇhānirodho’”ti.

땃사 마이항, 빅카웨-, 에-따다호-시 — ‘낌히 누 코- 아사띠 딴하- 나 호-띠, 낏사 니로-다- 딴하-니로-도-’띠? 땃사 마이항, 빅카웨-, 요-니소- 마나시까-라- 아후 빤냐-야 아비사마요- — ‘웨-다나-야 코- 아사띠 딴하- 나 호-띠, 웨-다나-니로-다- 딴하-니로-도-’”띠

비구들이여, 그런 나에게 이런 생각이 떠올랐다. — ‘무엇이 없을 때 애(愛)가 없고, 무엇이 소멸할 때 애가 소멸하는가?’라고. 비구들이여, 그런 나에게 ‘수(受)가 없을 때 애가 없고, 수가 소멸할 때 애가 소멸한다.’라는 지혜의 관통이 여리작의를 통해서 생겨났다.

“tassa mayhaṃ, bhikkhave, etadahosi — ‘kimhi nu kho asati vedanā na hoti, kissa nirodhā vedanānirodho’ti? tassa mayhaṃ, bhikkhave, yoniso manasikārā ahu paññāya abhisamayo — ‘phasse kho asati vedanā na hoti, phassanirodhā vedanānirodho’”ti.

땃사 마이항, 빅카웨-, 에-따다호-시 — ‘낌히 누 코- 아사띠 웨-다나- 나 호-띠, 낏사 니로-다- 웨-다나-니로-도-’띠? 땃사 마이항, 빅카웨-, 요-니소- 마나시까-라- 아후 빤냐-야 아비사마요- — ‘팟세- 코- 아사띠 웨-다나- 나 호-띠, 팟사니로-다- 웨-다나-니로-도-’”띠

비구들이여, 그런 나에게 이런 생각이 떠올랐다. — ‘무엇이 없을 때 수(受)가 없고, 무엇이 소멸할 때 수가 소멸하는가?’라고. 비구들이여, 그런 나에게 ‘촉(觸)이 없을 때 수가 없고, 촉이 소멸할 때 수가 소멸한다.’라는 지혜의 관통이 여리작의를 통해서 생겨났다.

“tassa mayhaṃ, bhikkhave, etadahosi — ‘kimhi nu kho asati phasso na hoti, kissa nirodhā phassanirodho’ti? tassa mayhaṃ, bhikkhave, yoniso manasikārā ahu paññāya abhisamayo — ‘saḷāyatane kho asati phasso na hoti, saḷāyatananirodhā phassanirodho’”ti.

땃사 마이항, 빅카웨-, 에-따다호-시 — ‘낌히 누 코- 아사띠 팟소- 나 호-띠, 낏사 니로-다- 팟사니로-도-’띠? 땃사 마이항, 빅카웨-, 요-니소- 마나시까-라- 아후 빤냐-야 아비사마요- — ‘살라-야따네- 코- 아사띠 팟소- 나 호-띠, 살라-야따나니로-다- 팟사니로-도-’”띠

비구들이여, 그런 나에게 이런 생각이 떠올랐다. — ‘무엇이 없을 때 촉(觸)이 없고, 무엇이 소멸할 때 촉이 소멸하는가?’라고. 비구들이여, 그런 나에게 ‘육입(六入)이 없을 때 촉이 없고, 육입이 소멸할 때 촉이 소멸한다.’라는 지혜의 관통이 여리작의를 통해서 생겨났다.

“tassa mayhaṃ, bhikkhave, etadahosi — ‘kimhi nu kho asati saḷāyatanaṃ na hoti, kissa nirodhā saḷāyatananirodho’ti? tassa mayhaṃ, bhikkhave, yoniso manasikārā ahu paññāya abhisamayo — ‘nāmarūpe kho asati saḷāyatanaṃ na hoti, nāmarūpanirodhā saḷāyatananirodho’”ti.

땃사 마이항, 빅카웨-, 에-따다호-시 — ‘낌히 누 코- 아사띠 살라-야따낭 나 호-띠, 낏사 니로-다- 살라-야따나니로-도-’띠? 땃사 마이항, 빅카웨-, 요-니소- 마나시까-라- 아후 빤냐-야 아비사마요- — ‘나-마루-뻬- 코- 아사띠 살라-야따낭 나 호-띠, 나-마루-빠니로-다- 살라-야따나니로-도-’”띠

비구들이여, 그런 나에게 이런 생각이 떠올랐다. — ‘무엇이 없을 때 육입(六入)이 없고, 무엇

이 소멸할 때 육입이 소멸하는가?'라고. 비구들이여, 그런 나에게 '명색(名色)이 없을 때 육입이 없고, 명색이 소멸할 때 육입이 소멸한다.'라는 지혜의 관통이 여리작의를 통해서 생겨났다.

"tassa mayhaṃ, bhikkhave, etadahosi — 'kimhi nu kho asati nāmarūpaṃ na hoti, kissa nirodhā nāmarūpanirodho'ti? tassa mayhaṃ, bhikkhave, yoniso manasikārā ahu paññāya abhisamayo — 'viññāṇe kho asati nāmarūpaṃ na hoti, viññāṇanirodhā nāmarūpanirodho'"ti.

땃사 마이항, 빅카웨-, 에-따다호-시 — '낌히 누 코- 아사띠 나-마루-빵 나 호-띠, 낏사 니로-다- 나-마루-빠니로-도-'띠? 땃사 마이항, 빅카웨-, 요-니소- 마나시까-라- 아후 빤냐-야 아비사마요- — '윈냐-네- 코- 아사띠 나-마루-빵 나 호-띠, 윈냐-나니로-다- 나-마루-빠니로-도-'"띠

비구들이여, 그런 나에게 이런 생각이 떠올랐다. — '무엇이 없을 때 명색(名色)이 없고, 무엇이 소멸할 때 명색이 소멸하는가?'라고. 비구들이여, 그런 나에게 '식(識)이 없을 때 명색이 없고, 식이 소멸할 때 명색이 소멸한다.'라는 지혜의 관통이 여리작의를 통해서 생겨났다.

"tassa mayhaṃ, bhikkhave, etadahosi — 'kimhi nu kho asati viññāṇaṃ na hoti, kissa nirodhā viññāṇanirodho'ti? tassa mayhaṃ, bhikkhave, yoniso manasikārā ahu paññāya abhisamayo — 'saṅkhāresu kho asati viññāṇaṃ na hoti, saṅkhāranirodhā viññāṇanirodho'"ti.

땃사 마이항, 빅카웨-, 에-따다호-시 — '낌히 누 코- 아사띠 윈냐-낭 나 호-띠, 낏사 니로-다- 윈냐-나니로-도-'띠? 땃사 마이항, 빅카웨-, 요-니소- 마나시까-라- 아후 빤냐-야 아비사마요- — '상카-레-수 코- 아사띠 윈냐-낭 나 호-띠, 상카-라니로-다- 윈냐-나니로-도-'"띠

비구들이여, 그런 나에게 이런 생각이 떠올랐다. — '무엇이 없을 때 식(識)이 없고, 무엇이 소멸할 때 식이 소멸하는가?'라고. 비구들이여, 그런 나에게 '행(行)들이 없을 때 식이 없고, 행들이 소멸할 때 식이 소멸한다.'라는 지혜의 관통이 여리작의를 통해서 생겨났다.

"tassa mayhaṃ, bhikkhave, etadahosi — 'kimhi nu kho asati saṅkhārā na honti, kissa nirodhā saṅkhāranirodho'ti? tassa mayhaṃ, bhikkhave, yoniso manasikārā ahu paññāya abhisamayo — 'avijjāya kho asati saṅkhārā na honti, avijjānirodhā saṅkhāranirodho'"ti.

땃사 마이항, 빅카웨-, 에-따다호-시 — '낌히 누 코- 아사띠 상카-라- 나 혼띠, 낏사 니로-다- 상카-라니로-도-' 띠? 땃사 마이항, 빅카웨-, 요-니소- 마나시까-라- 아후 빤냐-야 아비사마요- — '아윗자-야 코- 아사띠 상카-라- 나 혼띠, 아윗자-니로-다- 상카-라니로-도-'" 띠

비구들이여, 그런 나에게 이런 생각이 떠올랐다. — '무엇이 없을 때 행(行)들이 없고, 무엇이 소멸할 때 행들이 소멸하는가?'라고. 비구들이여, 그런 나에게 '무명(無明)이 없을 때 행들이 없고, 무명이 소멸할 때 행들이 소멸한다.'라는 지혜의 관통이 여리작의를 통해서 생겨났다.

"iti hidaṃ avijjānirodhā saṅkhāranirodho; saṅkhāranirodhā viññāṇanirodho; viññāṇanirodhā nāmarūpanirodho; nāmarūpanirodhā saḷāyatananirodho; saḷāyatananirodhā phassanirodho; phassanirodhā vedanānirodho; vedanānirodhā taṇhānirodho; taṇhānirodhā upādānanirodho; upādānanirodhā bhavanirodho; bhavanirodhā jātinirodho; jātinirodhā jarāmaraṇaṃ sokaparidevadukkhadomanassupāyāsā nirujjhanti. evametassa kevalassa dukkhakkhandhassa nirodho hoti. 'nirodho, nirodho'ti kho me, bhikkhave, pubbe ananussutesu dhammesu cakkhuṃ udapādi, ñāṇaṃ udapādi, paññā udapādi, vijjā udapādi, āloko udapādī"ti.

이띠 히당 아윗자-니로-다- 상카-라니로-도-; 상카-라니로-다- 윈냐-나니로-도-; 윈냐-나니로-다- 나-마루-빠니로-도-; 나-마루-빠니로-다- 살라-야따나니로-도-; 살라-야따나니로-다- 팟사니로-도-; 팟사니로-다- 웨-다나-니로-도-; 웨-다나-니로-다- 딴하-니로-도-; 딴하-니로-다- 우빠-다-나니로-도-; 우빠-다-나니로-다- 바와니로-도-; 바와니로-다- 자-띠니로-도-; 자-띠니로-다- 자라-마라낭; 소-까빠리데-와둑카도-마낫수빠-야-사- 니룻잔띠. 에-와메-땃사 께-왈랏사 둑칵칸닷사 니로-도- 호-띠. '니로-도-, 니로-도-'띠 코- 메-, 빅카웨-, 뿝베- 아나눗수떼-수 담메-수 짝쿵 우다빠-디, 냐-낭 우다빠-디, 빤냐- 우다빠-디, 윗자- 우다빠-디, 아-ㄹ로-꼬- 우다빠-디-"띠

이렇게 이것이 있다. 무명이 남김없이 바래어 소멸할 때 행들이 소멸하고, 행들이 소멸할 때 식이 소멸하고, 식이 소멸할 때 명색이 소멸하고, 명색이 소멸할 때 육입이 소멸하고, 육입이 소멸할 때 촉이 소멸하고, 촉이 소멸할 때 수가 소멸하고, 수가 소멸할 때 애가 소멸하고, 애가 소멸할 때 취가 소멸하고, 취가 소멸할 때 유가 소멸하고, 유가 소멸할 때 생이 소멸하고, 생이 소멸할 때 노사와 수비고우뇌가 소멸한다. 이렇게 이 모든 괴로움 무더기가 소멸한다[고멸(苦滅)]. 비구들이여, 나에게 '소멸, 소멸'이라는 이전에 들어보지 못한 법들에 대한 안(眼-눈)이 생겼다. 지(知-앎)가 생겼다. 혜(慧-지혜)가 생겼다. 명(明-밝음)이 생겼다. 광(光-빛)이 생겼다." ▣

4) nagarasuttaṃ (SN 12.65-도시 경)

- 식(識)~노사(老死)의 십지연기(十支緣起)

- 「이 식은 되돌아간다. 명색으로부터 더 나아가지 못한다. 그 안에서 태어나거나, 늙거나, 죽거나, 옮겨가거나, 다시 태어난다.」 — 윤회하는 자 = 식(識) → 깨달음을 위한 길이 얻어짐

  ; 삶의 진실 — 「단견(斷見)도 상견(常見)도 극복한 연기(緣起)된 식(識)의 윤회」

- '자라남 - 소멸'이라는 이전에 들어보지 못한 법들에 대한 안(眼-눈)-지(知-앎)-혜(慧-지혜)-명(明-밝음)-광(光-빛)이 생김

- 예전의 정등각들이 다니던 오래된 길, 오래된 곧은 길 — 팔정도(八正道)

sāvatthiyaṃ viharati … "pubbe me, bhikkhave, sambodhā anabhisambuddhassa bodhisattasseva sato etadahosi — 'kicchā vatāyaṃ loko āpanno jāyati ca jīyati ca mīyati ca cavati ca upapajjati ca. atha ca panimassa dukkhassa nissaraṇaṃ nappajānāti jarāmaraṇassa. kudāssu nāma imassa dukkhassa nissaraṇaṃ paññāyissati jarāmaraṇassā'ti? tassa mayhaṃ, bhikkhave, etadahosi — 'kimhi nu kho sati jarāmaraṇaṃ hoti, kiṃpaccayā jarāmaraṇan'ti? tassa mayhaṃ, bhikkhave, yoniso manasikārā ahu paññāya abhisamayo — 'jātiyā kho sati jarāmaraṇaṃ hoti, jātipaccayā jarāmaraṇan'"ti.

사-왓티얌 위하라띠 … "뿝베- 메-, 빅카웨-, 삼보-다- 아나비삼붇닷사 보-디삿땃세-와 사또- 에-따다호-시 — '낏차- 와따-얌 로-꼬- 아-빤노- 자-야띠 짜 지-야띠 짜 미-야띠 짜 짜와띠 짜 우빠빳자띠 짜. 아타 짜 빠니맛사 둑캇사 닛사라낭 납빠자-나-띠 자라-마라낫사. 꾸다-ㅅ수 나-마 이맛사 둑캇사 닛사라낭 빤냐-잇사띠 자라-마라낫사-'띠? 땃사 마이항, 빅카웨-, 에-따다호-시 — '낌히 누 코- 사띠 자라-마라낭 호-띠, 낌빳짜야- 자라-마라난'띠? 땃사 마이항, 빅카웨-, 요-니소- 마나시까-라- 아후 빤냐-야 아비사마요- — '자-띠야- 코- 사띠 자라-마라낭 호-띠, 자-띠빳짜야- 자라-마라난'"띠

사왓티에 머물다. … "비구들이여, 나에게 깨달음 이전, 깨닫지 못한 보살이었을 때 이런 생각이 떠올랐다. — '참으로 세상에서 고통을 겪는 이 존재는 태어나고, 늙고, 죽고, 옮겨가고, 다시 태어난다. 그러나 늙고 죽는 이 괴로움의 해방을 꿰뚫어 알지 못한다. 언제나 늙고 죽는 이 괴로움의 해방이 꿰뚫어 알려질 것인가?'라고. 비구들이여, 그런 나에게 이런 생각이 떠올랐다. — '무엇이 있을 때 노사(老死)가 있고, 무엇을 조건으로 노사가 생기는가?'라고. 비구들이여, 그런 나에게 '생(生)이 있을 때 노사가 있고, 생을 조건으로 노사가 생긴다.'라는 지혜의 관통이 여리작의(如理作意)를 통해서 생겨났다.

“tassa mayhaṃ, bhikkhave, etadahosi — ‘kimhi nu kho sati jāti hoti, kiṃpaccayā jātī’ti? tassa mayhaṃ, bhikkhave, yoniso manasikārā ahu paññāya abhisamayo — ‘bhave kho sati jāti hoti, bhavapaccayā jātī’”ti.

땃사 마이항, 빅카웨-, 에-따다호-시 — ‘낌히 누 코- 사띠 자-띠 호-띠, 낌빳짜야- 자-띠-’띠? 땃사 마이항, 빅카웨-, 요-니소- 마나시까-라- 아후 빤냐-야 아비사마요- — ‘바웨- 코- 사띠 자-띠 호-띠, 바와빳짜야- 자-띠-’”띠

비구들이여, 그런 나에게 이런 생각이 떠올랐다. — ‘무엇이 있을 때 생(生)이 있고, 무엇을 조건으로 생이 생기는가?’라고. 비구들이여, 그런 나에게 ‘유(有)가 있을 때 생이 있고, 유를 조건으로 생이 생긴다.’라는 지혜의 관통이 여리작의를 통해서 생겨났다.

“tassa mayhaṃ, bhikkhave, etadahosi — ‘kimhi nu kho sati bhavo hoti, kiṃpaccayā bhavo’ti? tassa mayhaṃ, bhikkhave, yoniso manasikārā ahu paññāya abhisamayo — ‘upādāne kho sati bhavo hoti, upādānapaccayā bhavo’”ti.

땃사 마이항, 빅카웨-, 에-따다호-시 — ‘낌히 누 코- 사띠 바오- 호-띠, 낌빳짜야- 바오-’띠? 땃사 마이항, 빅카웨-, 요-니소- 마나시까-라- 아후 빤냐-야 아비사마요- — ‘우빠-다-네- 코- 사띠 바오- 호-띠, 우빠-다-나빳짜야- 바오-’”띠

비구들이여, 그런 나에게 이런 생각이 떠올랐다. — ‘무엇이 있을 때 유(有)가 있고, 무엇을 조건으로 유가 생기는가?’라고. 비구들이여, 그런 나에게 ‘취(取)가 있을 때 유가 있고, 취를 조건으로 유가 생긴다.’라는 지혜의 관통이 여리작의를 통해서 생겨났다.

“tassa mayhaṃ, bhikkhave, etadahosi — ‘kimhi nu kho sati upādānaṃ hoti, kiṃpaccayā upādānan’ti? tassa mayhaṃ, bhikkhave, yoniso manasikārā ahu paññāya abhisamayo — ‘taṇhāya kho sati upādānaṃ hoti, taṇhāpaccayā upādānan’”ti.

땃사 마이항, 빅카웨-, 에-따다호-시 — ‘낌히 누 코- 사띠 우빠-다-낭 호-띠, 낌빳짜야- 우빠-다-난’띠? 땃사 마이항, 빅카웨-, 요-니소- 마나시까-라- 아후 빤냐-야 아비사마요- — ‘딴하-야 코- 사띠 우빠-다-낭 호-띠, 딴하-빳짜야- 우빠-다-난’”띠

비구들이여, 그런 나에게 이런 생각이 떠올랐다. — ‘무엇이 있을 때 취(取)가 있고, 무엇을 조건으로 취가 생기는가?’라고. 비구들이여, 그런 나에게 ‘애(愛)가 있을 때 취가 있고, 애를 조건으로 취가 생긴다.’라는 지혜의 관통이 여리작의를 통해서 생겨났다.

"tassa mayhaṃ, bhikkhave, etadahosi — 'kimhi nu kho sati taṇhā hoti, kiṃpaccayā taṇhā'ti? tassa mayhaṃ, bhikkhave, yoniso manasikārā ahu paññāya abhisamayo — 'vedanāya kho sati taṇhā hoti, vedanāpaccayā taṇhā'"ti.

땃사 마이항, 빅카웨-, 에-따다호-시 — '낌히 누 코- 사띠 딴하- 호-띠, 낌빳짜야- 딴하-' 띠? 땃사 마이항, 빅카웨-, 요-니소- 마나시까-라- 아후 빤냐-야 아비사마요- — '웨-다나-야 코- 사띠 딴하- 호-띠, 웨-다나-빳짜야- 딴하-'"띠

비구들이여, 그런 나에게 이런 생각이 떠올랐다. — '무엇이 있을 때 애(愛)가 있고, 무엇을 조건으로 애가 생기는가?'라고. 비구들이여, 그런 나에게 '수(受)가 있을 때 애가 있고, 수를 조건으로 애가 생긴다.'라는 지혜의 관통이 여리작의를 통해서 생겨났다.

"tassa mayhaṃ, bhikkhave, etadahosi — 'kimhi nu kho sati vedanā hoti, kiṃpaccayā vedanā'ti? tassa mayhaṃ, bhikkhave, yoniso manasikārā ahu paññāya abhisamayo — 'phasse kho sati vedanā hoti, phassapaccayā vedanā'"ti.

땃사 마이항, 빅카웨-, 에-따다호-시 — '낌히 누 코- 사띠 웨-다나- 호-띠, 낌빳짜야- 웨-다나-'띠? 땃사 마이항, 빅카웨-, 요-니소- 마나시까-라- 아후 빤냐-야 아비사마요- — '팟세-코- 사띠 웨-다나- 호-띠, 팟사빳짜야- 웨-다나-'"띠

비구들이여, 그런 나에게 이런 생각이 떠올랐다. — '무엇이 있을 때 수(受)가 있고, 무엇을 조건으로 수가 생기는가?'라고. 비구들이여, 그런 나에게 '촉(觸)이 있을 때 수가 있고, 촉을 조건으로 수가 생긴다.'라는 지혜의 관통이 여리작의를 통해서 생겨났다.

"tassa mayhaṃ, bhikkhave, etadahosi — 'kimhi nu kho sati phasso hoti, kiṃpaccayā phasso'ti? tassa mayhaṃ, bhikkhave, yoniso manasikārā ahu paññāya abhisamayo — 'saḷāyatane kho sati phasso hoti, saḷāyatanapaccayā phasso'"ti.

땃사 마이항, 빅카웨-, 에-따다호-시 — '낌히 누 코- 사띠 팟소- 호-띠, 낌빳짜야- 팟소-' 띠? 땃사 마이항, 빅카웨-, 요-니소- 마나시까-라- 아후 빤냐-야 아비사마요- — '살라-야따네- 코- 사띠 팟소- 호-띠, 살라-야따나빳짜야- 팟소-'"띠

비구들이여, 그런 나에게 이런 생각이 떠올랐다. — '무엇이 있을 때 촉(觸)이 있고, 무엇을 조건으로 촉이 생기는가?'라고. 비구들이여, 그런 나에게 '육입(六入)이 있을 때 촉이 있고, 육입을 조건으로 촉이 생긴다.'라는 지혜의 관통이 여리작의를 통해서 생겨났다.

“tassa mayhaṃ, bhikkhave, etadahosi — ‘kimhi nu kho sati saḷāyatanaṃ hoti, kiṃpaccayā saḷāyatanan’ti? tassa mayhaṃ, bhikkhave, yoniso manasikārā ahu paññāya abhisamayo — ‘nāmarūpe kho sati saḷāyatanaṃ hoti, nāmarūpapaccayā saḷāyatanan’”ti.

땃사 마이항, 빅카웨-, 에-따다호-시 — ‘낌히 누 코- 사띠 살라-야따낭 호-띠, 낌빳짜야- 살라-야따난’띠? 땃사 마이항, 빅카웨-, 요-니소- 마나시까-라- 아후 빤냐-야 아비사마요- — ‘나-마루-뻬- 코- 사띠 살라-야따낭 호-띠, 나-마루-빠빳짜야- 살라-야따난’”띠

비구들이여, 그런 나에게 이런 생각이 떠올랐다. — ‘무엇이 있을 때 육입(六入)이 있고, 무엇을 조건으로 육입이 생기는가?’라고. 비구들이여, 그런 나에게 ‘명색(名色)이 있을 때 육입이 있고, 명색을 조건으로 육입이 생긴다.’라는 지혜의 관통이 여리작의를 통해서 생겨났다.

“tassa mayhaṃ, bhikkhave, etadahosi — ‘kimhi nu kho sati nāmarūpaṃ hoti, kiṃpaccayā nāmarūpan’ti? tassa mayhaṃ, bhikkhave, yoniso manasikārā ahu paññāya abhisamayo — ‘viññāṇe kho sati nāmarūpaṃ hoti, viññāṇapaccayā nāmarūpan’ti. tassa mayhaṃ, bhikkhave, etadahosi — ‘kimhi nu kho sati viññāṇaṃ hoti, kiṃpaccayā viññāṇan’ti? tassa mayhaṃ, bhikkhave, yoniso manasikārā ahu paññāya abhisamayo — ‘nāmarūpe kho sati viññāṇaṃ hoti, nāmarūpapaccayā viññāṇan’”ti.

땃사 마이항, 빅카웨-, 에-따다호-시 — ‘낌히 누 코- 사띠 나-마루-빵 호-띠, 낌빳짜야- 나-마루-빤’띠? 땃사 마이항, 빅카웨-, 요-니소- 마나시까-라- 아후 빤냐-야 아비사마요- — ‘윈냐-네- 코- 사띠 나-마루-빵 호-띠, 윈냐-나빳짜야- 나-마루-빤’”띠. 땃사 마이항, 빅카웨-, 에-따다호-시 — ‘낌히 누 코- 사띠 윈냐-낭 호-띠, 낌빳짜야- 윈냐-난’띠? 땃사 마이항, 빅카웨-, 요-니소- 마나시까-라- 아후 빤냐-야 아비사마요- — ‘나-마루-뻬- 코- 사띠 윈냐-낭 호-띠, 나-마루-빠빳짜야- 윈냐-난’”띠.

비구들이여, 그런 나에게 이런 생각이 떠올랐다. — ‘무엇이 있을 때 명색(名色)이 있고, 무엇을 조건으로 명색이 생기는가?’라고. 비구들이여, 그런 나에게 ‘식(識)이 있을 때 명색이 있고, 식을 조건으로 명색이 생긴다.’라는 지혜의 관통이 여리작의를 통해서 생겨났다. 비구들이여, 그런 나에게 이런 생각이 떠올랐다. — ‘무엇이 있을 때 식이 있고, 무엇을 조건으로 식이 생기는가?’라고. 비구들이여, 그런 나에게 ‘명색이 있을 때 식이 있고, 명색을 조건으로 식이 생긴다.’라는 지혜의 관통이 여리작의를 통해서 생겨났다.

“tassa mayhaṃ, bhikkhave, etadahosi — paccudāvattati kho idaṃ viññāṇaṃ nāmarūpamhā na paraṃ gacchati. ettāvatā jāyetha vā jīyetha vā mīyetha vā cavetha vā upapajjetha vā, yadidaṃ nāmarūpapaccayā viññāṇaṃ; viññāṇapaccayā nāmarūpaṃ; nāmarūpapaccayā saḷāyatanaṃ; saḷāyatanapaccayā phasso; phassapaccayā vedanā; vedanāpaccayā taṇhā; taṇhāpaccayā upādānaṃ; upādānapaccayā bhavo; bhavapaccayā jāti; jātipaccayā jarāmaraṇaṃ sokaparideva dukkhadomanassupāyāsā sambhavanti. evametassa kevalassa dukkhakkhandhassa samudayo hoti. 'samudayo, samudayo'ti kho me, bhikkhave, pubbe ananussutesu dhammesu cakkhuṃ udapādi ñāṇaṃ udapādi paññā udapādi vijjā udapādi āloko udapādi.

땃사 마이항, 빅카웨-, 에-따다호-시 — 빳쭈다-왓따띠 코- 이당 윈냐-낭 나-마루-빰하- 나 빠랑 갓차띠. 엣따-와따- 자-예-타 와- 지-예-타 와- 미-예-타 와- 짜웨-타 와- 우빠빳제-타 와-, 야디당 나-마루-빠빳짜야- 윈냐-낭; 윈냐-나빳짜야- 나-마루-빵; 나-마루-빠빳짜야- 살라-야따낭; 살라-야따나빳짜야- 팟소-; 팟사빳짜야- 웨-다나-; 웨-다나-빳짜야- 딴하-; 딴하-빳짜야- 우빠-다-낭; 우빠-다-나빳짜야- 바오-; 바와빳짜야- 자-띠; 자-띠빳짜야- 자라-마라낭; 소-까빠리데-와둑카도-마낫수빠-야-사- 삼바완띠. 에-와메-땃사 께-왈랏사 둑칵칸닷사 사무다요- 호-띠. '사무다요-, 사무다요-'띠 코- 메-, 빅카웨-, 뿝베- 아나눗수떼-수 담메-수 짝쿵 우다빠-디, 냐-낭 우다빠-디, 빤냐- 우다빠-디, 윗자- 우다빠-디, 아-ㄹ로-꼬- 우다빠-디.

비구들이여, 그런 나에게 이런 생각이 떠올랐다. — 이 식은 되돌아간다. 명색으로부터 더 나아가지 못한다. 그 안에서 태어나거나, 늙거나, 죽거나, 옮겨가거나, 다시 태어난다. 즉 명색을 조건으로 식이 있고, 식을 조건으로 명색이 있다. 명색을 조건으로 육입이 있고, 육입을 조건으로 촉이, 촉을 조건으로 수가, 수를 조건으로 애가, 애를 조건으로 취가, 취를 조건으로 유가, 유를 조건으로 생이, 생을 조건으로 노사와 수비고우뇌가 생긴다. 이렇게 이 모든 괴로움 무더기가 자라난다[고집(苦集)]. 비구들이여, 나에게 '자라남, 자라남'이라는 이전에 들어보지 못한 법들에 대한 안(眼-눈)이 생겼다. 지(知-앎)가 생겼다. 혜(慧-지혜)가 생겼다. 명(明-밝음)이 생겼다. 광(光-빛)이 생겼다.

"tassa mayhaṃ, bhikkhave, etadahosi — 'kimhi nu kho asati, jarāmaraṇaṃ na hoti; kissa nirodhā jarāmaraṇanirodho'ti? tassa mayhaṃ, bhikkhave, yoniso manasikārā ahu paññāya abhisamayo — 'jātiyā kho asati, jarāmaraṇaṃ na hoti; jātinirodhā jarāmaraṇanirodho'ti.

땃사 마이항, 빅카웨-, 에-따다호-시 — '낌히 누 코- 아사띠 자라-마라낭 나 호-띠, 낏사 니로-다- 자라-마라나니로-도-'띠? 땃사 마이항, 빅카웨-, 요-니소- 마나시까-라- 아후 빤냐-야 아비사마요- — '자-띠야- 코- 아사띠 자라-마라낭 나 호-띠, 자-띠니로-다- 자라-마라나니로-도-'띠 비구들이여, 그런 나에게 이런 생각이 떠올랐다. — '무엇이 없을 때 노사(老死)가 없고, 무엇이 소멸할 때 노사가 소멸하는가?'라고. 비구들이여, 그런 나에게 '생(生)이 없을 때 노사가 없고, 생이 소멸할 때 노사가 소멸한다.'라는 지혜의 관통이 여리작의를 통해서 생겨났다.

tassa mayhaṃ, bhikkhave, etadahosi — 'kimhi nu kho asati, jāti na hoti; kissa nirodhā jātinirodho'ti? tassa mayhaṃ, bhikkhave, yoniso manasikārā ahu paññāya abhisamayo — 'bhave kho asati, jāti na hoti; bhavanirodhā jātinirodho'ti.

땃사 마이항, 빅카웨-, 에-따다호-시 — '낌히 누 코- 아사띠 자-띠 나 호-띠, 낏사 니로-다- 자-띠니로-도-'띠? 땃사 마이항, 빅카웨-, 요-니소- 마나시까-라- 아후 빤냐-야 아비사마요- — '바웨- 코- 아사띠 자-띠 나 호-띠, 바와니로-다- 자-띠니로-도-'띠

비구들이여, 그런 나에게 이런 생각이 떠올랐다. — '무엇이 없을 때 생(生)이 없고, 무엇이 소멸할 때 생이 소멸하는가?'라고. 비구들이여, 그런 나에게 '유(有)가 없을 때 생이 없고, 유가 소멸할 때 생이 소멸한다.'라는 지혜의 관통이 여리작의를 통해서 생겨났다.

tassa mayhaṃ, bhikkhave, etadahosi — 'kimhi nu kho asati, bhavo na hoti; kissa nirodhā bhavanirodho'ti? tassa mayhaṃ, bhikkhave, yoniso manasikārā ahu paññāya abhisamayo — 'upādāne kho asati, bhavo na hoti; upādānanirodhā bhavanirodho'ti.

땃사 마이항, 빅카웨-, 에-따다호-시 — '낌히 누 코- 아사띠 바오- 나 호-띠, 낏사 니로-다- 바와니로-도-'띠? 땃사 마이항, 빅카웨-, 요-니소- 마나시까-라- 아후 빤냐-야 아비사마요- — '우빠-다-네- 코- 아사띠 바오- 나 호-띠, 우빠-다-나니로-다- 바와니로-도-'띠

비구들이여, 그런 나에게 이런 생각이 떠올랐다. — '무엇이 없을 때 유(有)가 없고, 무엇이 소멸할 때 유가 소멸하는가?'라고. 비구들이여, 그런 나에게 '취(取)가 없을 때 유가 없고, 취가 소멸할 때 유가 소멸한다.'라는 지혜의 관통이 여리작의를 통해서 생겨났다.

tassa mayhaṃ, bhikkhave, etadahosi — 'kimhi nu kho asati, upādānaṃ na hoti; kissa nirodhā upādānanirodho'ti? tassa mayhaṃ, bhikkhave, yoniso manasikārā ahu paññāya abhisamayo — 'taṇhāya kho asati, upādānaṃ na hoti; taṇhānirodhā upādānanirodho'ti.

땃사 마이항, 빅카웨-, 에-따다호-시 — '낌히 누 코- 아사띠 우빠-다-낭 나 호-띠, 낏사 니로-다- 우빠-다-나니로-도-'띠? 땃사 마이항, 빅카웨-, 요-니소- 마나시까-라- 아후 빤냐-

야 아비사마요- — '딴하-야 코- 아사띠 우빠-다-낭 나 호-띠, 딴하-니로-다- 우빠-다-나니로-도-'띠

비구들이여, 그런 나에게 이런 생각이 떠올랐다. — '무엇이 없을 때 취(取)가 없고, 무엇이 소멸할 때 취가 소멸하는가?'라고. 비구들이여, 그런 나에게 '애(愛)가 없을 때 취가 없고, 애가 소멸할 때 취가 소멸한다.'라는 지혜의 관통이 여리작의를 통해서 생겨났다.

tassa mayhaṃ, bhikkhave, etadahosi — 'kimhi nu kho asati, taṇhā na hoti; kissa nirodhā taṇhānirodho'ti? tassa mayhaṃ, bhikkhave, yoniso manasikārā ahu paññāya abhisamayo — 'vedanāya kho asati, taṇhā na hoti; vedanānirodhā taṇhānirodho'ti.

땃사 마이항, 빅카웨-, 에-따다호-시 — '낌히 누 코- 아사띠 딴하- 나 호-띠, 낏사 니로-다- 딴하-니로-도-'띠? 땃사 마이항, 빅카웨-, 요-니소- 마나시까-라- 아후 빤냐-야 아비사마요- — '웨-다나-야 코- 아사띠 딴하- 나 호-띠, 웨-다나-니로-다- 딴하-니로-도-'띠

비구들이여, 그런 나에게 이런 생각이 떠올랐다. — '무엇이 없을 때 애(愛)가 없고, 무엇이 소멸할 때 애가 소멸하는가?'라고. 비구들이여, 그런 나에게 '수(受)가 없을 때 애가 없고, 수가 소멸할 때 애가 소멸한다.'라는 지혜의 관통이 여리작의를 통해서 생겨났다.

tassa mayhaṃ, bhikkhave, etadahosi — 'kimhi nu kho asati, vedanā na hoti; kissa nirodhā vedanānirodho'ti? tassa mayhaṃ, bhikkhave, yoniso manasikārā ahu paññāya abhisamayo — 'phasse kho asati, vedanā na hoti; phassanirodhā vedanānirodho'ti.

땃사 마이항, 빅카웨-, 에-따다호-시 — '낌히 누 코- 아사띠 웨-다나- 나 호-띠, 낏사 니로-다- 웨-다나-니로-도-'띠? 땃사 마이항, 빅카웨-, 요-니소- 마나시까-라- 아후 빤냐-야 아비사마요- — '팟세- 코- 아사띠 웨-다나- 나 호-띠, 팟사니로-다- 웨-다나-니로-도-'띠

비구들이여, 그런 나에게 이런 생각이 떠올랐다. — '무엇이 없을 때 수(受)가 없고, 무엇이 소멸할 때 수가 소멸하는가?'라고. 비구들이여, 그런 나에게 '촉(觸)이 없을 때 수가 없고, 촉이 소멸할 때 수가 소멸한다.'라는 지혜의 관통이 여리작의를 통해서 생겨났다.

tassa mayhaṃ, bhikkhave, etadahosi — 'kimhi nu kho asati, phasso na hoti; kissa nirodhā phassanirodho'ti? tassa mayhaṃ, bhikkhave, yoniso manasikārā ahu paññāya abhisamayo — 'saḷāyatane kho asati, phasso na hoti; saḷāyatananirodhā phassanirodho'ti.

땃사 마이항, 빅카웨-, 에-따다호-시 — '낌히 누 코- 아사띠 팟소- 나 호-띠, 낏사 니로-다- 팟사니로-도-'띠? 땃사 마이항, 빅카웨-, 요-니소- 마나시까-라- 아후 빤냐-야 아비사마요- — '살라-야따네- 코- 아사띠 팟소- 나 호-띠, 살라-야따나니로-다- 팟사니로-도-'띠

비구들이여, 그런 나에게 이런 생각이 떠올랐다. — '무엇이 없을 때 촉(觸)이 없고, 무엇이 소멸할 때 촉이 소멸하는가?'라고. 비구들이여, 그런 나에게 '육입(六入)이 없을 때 촉이 없고, 육입이 소멸할 때 촉이 소멸한다.'라는 지혜의 관통이 여리작의를 통해서 생겨났다.

tassa mayhaṃ, bhikkhave, etadahosi — 'kimhi nu kho asati, saḷāyatanaṃ na hoti; kissa nirodhā saḷāyatananirodho'ti? tassa mayhaṃ, bhikkhave, yoniso manasikārā ahu paññāya abhisamayo — 'nāmarūpe kho asati, saḷāyatanaṃ na hoti; nāmarūpanirodhā saḷāyatananirodho'ti.

땃사 마이항, 빅카웨-, 에-따다호-시 — '낌히 누 코- 아사띠 살라-야따낭 나 호-띠, 낏사 니로-다- 살라-야따나니로-도-'띠? 땃사 마이항, 빅카웨-, 요-니소- 마나시까-라- 아후 빤냐-야 아비사마요- — '나-마루-뻬- 코- 아사띠 살라-야따낭 나 호-띠, 나-마루-빠니로-다- 살라-야따나니로-도-'띠

비구들이여, 그런 나에게 이런 생각이 떠올랐다. — '무엇이 없을 때 육입(六入)이 없고, 무엇이 소멸할 때 육입이 소멸하는가?'라고. 비구들이여, 그런 나에게 '명색(名色)이 없을 때 육입이 없고, 명색이 소멸할 때 육입이 소멸한다.'라는 지혜의 관통이 여리작의를 통해서 생겨났다.

tassa mayhaṃ, bhikkhave, etadahosi — 'kimhi nu kho asati, nāmarūpaṃ na hoti. kissa nirodhā nāmarūpanirodho'ti? tassa mayhaṃ, bhikkhave, yoniso manasikārā ahu paññāya abhisamayo — 'viññāṇe kho asati, nāmarūpaṃ na hoti; viññāṇanirodhā nāmarūpanirodho'"ti.

땃사 마이항, 빅카웨-, 에-따다호-시 — '낌히 누 코- 아사띠 나-마루-빵 나 호-띠, 낏사 니로-다- 나-마루-빠니로-도-'띠? 땃사 마이항, 빅카웨-, 요-니소- 마나시까-라- 아후 빤냐-야 아비사마요- — '윈냐-네- 코- 아사띠 나-마루-빵 나 호-띠, 윈냐-나니로-다- 나-마루-빠니로-도-'띠

비구들이여, 그런 나에게 이런 생각이 떠올랐다. — '무엇이 없을 때 명색(名色)이 없고, 무엇이 소멸할 때 명색이 소멸하는가?'라고. 비구들이여, 그런 나에게 '식(識)이 없을 때 명색이 없고, 식이 소멸할 때 명색이 소멸한다.'라는 지혜의 관통이 여리작의를 통해서 생겨났다.

"tassa mayhaṃ, bhikkhave, etadahosi — 'kimhi nu kho asati viññāṇaṃ na hoti; kissa nirodhā viññāṇanirodho'ti? tassa mayhaṃ, bhikkhave, yoniso manasikārā ahu paññāya abhisamayo — 'nāmarūpe kho asati, viññāṇaṃ na hoti; nāmarūpanirodhā viññāṇanirodho'"ti.

땃사 마이항, 빅카웨-, 에-따다호-시 — '낌히 누 코- 아사띠 윈냐-낭 나 호-띠, 낏사 니로-다- 윈냐-나니로-도-'띠? 땃사 마이항, 빅카웨-, 요-니소- 마나시까-라- 아후 빤냐-야 아비사마요- — '나-마루-뻬- 코- 아사띠 윈냐-낭 나 호-띠, 나-마루-빠니로-다- 윈냐-나니로-도-'띠

비구들이여, 그런 나에게 이런 생각이 떠올랐다. — '무엇이 없을 때 식(識)이 없고, 무엇이 소멸할 때 식이 소멸하는가'라고. 비구들이여, 그런 나에게 '명색(名色)이 없을 때 식이 없고, 명색이 소멸할 때 식이 소멸한다.'라는 지혜의 관통이 여리작의를 통해서 생겨났다.

"tassa mayhaṃ, bhikkhave, etadahosi — adhigato kho myāyaṃ maggo bodhāya yadidaṃ — nāmarūpanirodhā viññāṇanirodho; viññāṇanirodhā nāmarūpanirodho; nāmarūpanirodhā saḷāyatananirodho; saḷāyatananirodhā phassanirodho; phassanirodhā vedanānirodho; vedanānirodhā taṇhānirodho; taṇhānirodhā upādānanirodho; upādānanirodhā bhavanirodho; bhavanirodhā jātinirodho; jātinirodhā jarāmaraṇaṃ sokaparidevadukkhadomanassupāyāsā nirujjhanti. evametassa kevalassa dukkhakkhandhassa nirodho hoti. 'nirodho, nirodho'ti kho me, bhikkhave, pubbe ananussutesu dhammesu cakkhuṃ udapādi ñāṇaṃ udapādi paññā udapādi vijjā udapādi āloko udapādi.

땃사 마이항, 빅카웨-, 에-따다호-시 — 아디가또- 코- 먀-양 막고- 보-다-야 야디당 — 나-마루-빠니로-다- 윈냐-나니로-도-; 윈냐-나니로-다- 나-마루-빠니로-도-; 나-마루-빠니로-다- 살라-야따나니로-도-; 살라-야따나니로-다- 팟사니로-도-; 팟사니로-다- 웨-다나-니로-도-; 웨-다나-니로-다- 딴하-니로-도-; 딴하-니로-다- 우빠-다-나니로-도-; 우빠-다-나니로-다- 바와니로-도-; 바와니로-다- 자-띠니로-도-; 자-띠니로-다- 자라-마라낭; 소-까빠리데-와둑카도-마낫수빠-야-사- 니룻잔띠. 에-와메-땃사 께-왈랏사 둑칵칸닷사 니로-도 호-띠. '니로-도-, 니로-도-'띠 코- 메-, 빅카웨-, 뿝베- 아나눗수떼-수 담메-수 짝쿵 우다빠-디, 냐-낭 우다빠-디, 빤냐- 우다빠-디, 윗자- 우다빠-디, 아-ㄹ로-꼬- 우다빠-디-"띠

비구들이여, 그런 나에게 이런 생각이 떠올랐다. — '나에게 깨달음을 위한 이 길이 얻어졌다. 즉 명색이 소멸할 때 식이 소멸하고, 식이 소멸할 때 명색이 소멸하고, 명색이 소멸할 때

육입이 소멸하고, 육입이 소멸할 때 촉이 소멸하고, 촉이 소멸할 때 수가 소멸하고, 수가 소멸할 때 애가 소멸하고, 애가 소멸할 때 취가 소멸하고, 취가 소멸할 때 유가 소멸하고, 유가 소멸할 때 생이 소멸하고, 생이 소멸할 때 노사와 수비고우뇌가 소멸한다. 이렇게 이 모든 괴로움 무더기가 소멸한다[고멸(苦滅)]. 비구들이여, 나에게 '소멸, 소멸'이라는 이전에 들어보지 못한 법들에 대한 안(眼-눈)이 생겼다. 지(知-앎)가 생겼다. 혜(慧-지혜)가 생겼다. 명(明-밝음)이 생겼다. 광(光-빛)이 생겼다."

"seyyathāpi, bhikkhave, puriso araññe pavane caramāno passeyya purāṇaṃ maggaṃ purāṇañjasaṃ pubbakehi manussehi anuyātaṃ. so tamanugaccheyya. tamanugacchanto passeyya purāṇaṃ nagaraṃ purāṇaṃ rājadhāniṃ pubbakehi manussehi ajjhāvuṭṭhaṃ ārāmasampannaṃ vanasampannaṃ pokkharaṇīsampannaṃ uddhāpavantaṃ ramaṇīyaṃ. atha kho so, bhikkhave, puriso rañño vā rājamahāmattassa vā āroceyya — 'yagghe, bhante, jāneyyāsi — ahaṃ addasaṃ araññe pavane caramāno purāṇaṃ maggaṃ purāṇañjasaṃ pubbakehi manussehi anuyātaṃ tamanugacchiṃ. tamanugacchanto addasaṃ purāṇaṃ nagaraṃ purāṇaṃ rājadhāniṃ pubbakehi manussehi ajjhāvuṭṭhaṃ ārāmasampannaṃ vanasampannaṃ pokkharaṇīsampannaṃ uddhāpavantaṃ ramaṇīyaṃ. taṃ, bhante, nagaraṃ māpehī'ti. atha kho so, bhikkhave, rājā vā rājamahāmatto vā taṃ nagaraṃ māpeyya. tadassa nagaraṃ aparena samayena iddhañceva phītañca bāhujaññaṃ ākiṇṇamanussaṃ vuddhivepullappattaṃ. evameva khvāhaṃ, bhikkhave, addasaṃ purāṇaṃ maggaṃ purāṇañjasaṃ pubbakehi sammāsambuddhehi anuyātaṃ.

세이야타-삐, 빅카웨-, 뿌리소- 아란녜- 빠와네- 짜라마-노- 빳세이야 뿌라-낭 막강 뿌라-난자상 뿝바께-히 마눗세-히 아누야-땅. 소- 따마누갓체이야. 따마누갓찬또- 빳세이야 뿌라-낭 나가랑 뿌라-낭 라-자다-닝 뿝바께-히 마눗세-히 앗자-웃탕 아-라-마삼빤낭 와나삼빤낭 뽁카라니-삼빤낭 욷다-빠완땅 라마니-양. 아타 코- 소-, 빅카웨-, 뿌리소- 란뇨- 와-라-자마하-맛땃사 와- 아-로-쩨이야 — '약게-, 반떼-, 자-네이야-시 — 아항 안다상 아란녜- 빠와네- 짜라마-노- 뿌라-낭 막강 뿌라-난자상 뿝바께-히 마눗세-히 아누야-땅 따마누갓칭. 따마누갓찬또- 안다상 뿌라-낭 나가랑 뿌라-낭 라-자다-닝 뿝바께-히 마눗세-히 앗자-웃탕 아-라-마삼빤낭 와나삼빤낭 뽁카라니-삼빤낭 욷다-빠완땅 라마니-양. 땅, 반떼-, 나가랑 마-뻬-히-'띠. 아타 코- 소-, 빅카웨-, 라-자- 와- 라-자마하-맛또- 와- 땅 나가랑 마-뻬이야. 따닷사 나가랑 아빠레-나 사마예-나 인단쩨-와 피-딴짜 바-후잔냥 아-낀나마눗상 운디웨-뿔랍빳땅. 에-와메-와 콰-항, 빅카웨-, 안다상 뿌라-낭 막강 뿌라-난자상 뿝바께-히 삼마-삼붇데-히 아누야-땅

예를 들면, 비구들이여, 큰 숲에서 돌아다니던 어떤 사람이 예전의 사람들이 다니던 오래된

길, 오래된 곧은 길을 볼 것이다. 그는 그 길을 따라 걸을 것이다. 그 길을 따라 걷는 그는 공원을 갖추고 숲을 갖추고 연못을 갖추고 성벽이 있고 좋아할 만한 예전의 사람들이 살았던 오래된 도시, 오래된 수도를 볼 것이다. 그러면 비구들이여, 그 사람은 왕이거나 왕의 으뜸 신하에게 알릴 것이다. ― '대덕이시여, 아셔야 합니다. 큰 숲에서 돌아다니던 저는 예전의 사람들이 다니던 오래된 길, 오래된 곧은 길을 보았습니다. 저는 그 길을 따라 걸었습니다. 그 길을 따라 걷던 저는 공원을 갖추고 숲을 갖추고 연못을 갖추고 성벽이 있고 좋아할 만한 예전의 사람들이 살았던 오래된 도시, 오래된 수도를 보았습니다. 대덕이시여, 그 도시를 건설하십시오.'라고. 그러면 비구들이여, 그 왕이거나 왕의 으뜸 신하는 그 도시를 건설할 것이다. 그 도시는 나중에 번성하고 풍부하고 사람들이 많고 사람들로 가득 차고 성장과 풍요를 얻게 될 것이다. 이처럼, 비구들이여, 나는 예전의 정등각(正等覺)들이 다니던 오래된 길, 오래된 곧은 길을 보았다.

"katamo ca so, bhikkhave, purāṇamaggo purāṇañjaso pubbakehi sammāsambuddhehi anuyāto? ayameva ariyo aṭṭhaṅgiko maggo, seyyathidaṃ — sammādiṭṭhi sammāsaṅkappo sammāvācā sammākammanto sammāājīvo sammāvāyāmo sammāsati sammāsamādhi. ayaṃ kho so, bhikkhave, purāṇamaggo purāṇañjaso pubbakehi sammāsambuddhehi anuyāto, tamanugacchiṃ; tamanugacchanto jarāmaraṇaṃ abbhaññāsiṃ; jarāmaraṇasamudayaṃ abbhaññāsiṃ; jarāmaraṇanirodhaṃ abbhaññāsiṃ; jarāmaraṇanirodhagāminiṃ paṭipadaṃ abbhaññāsiṃ. tamanugacchiṃ; tamanugacchanto jātiṃ abbhaññāsiṃ; jātisamudayaṃ abbhaññāsiṃ; jātinirodhaṃ abbhaññāsiṃ; jātinirodhagāminiṃ paṭipadaṃ abbhaññāsiṃ. tamanugacchiṃ; tamanugacchanto bhavaṃ abbhaññāsiṃ; bhavasamudayaṃ abbhaññāsiṃ; bhavanirodhaṃ abbhaññāsiṃ; bhavanirodhagāminiṃ paṭipadaṃ abbhaññāsiṃ. tamanugacchiṃ; tamanugacchanto upādānaṃ abbhaññāsiṃ; upādānasamudayaṃ abbhaññāsiṃ; upādānanirodhaṃ abbhaññāsiṃ; upādānanirodhagāminiṃ paṭipadaṃ abbhaññāsiṃ. tamanugacchiṃ; tamanugacchanto taṇhaṃ abbhaññāsiṃ; taṇhāsamudayaṃ abbhaññāsiṃ; taṇhānirodhaṃ abbhaññāsiṃ; taṇhānirodhagāminiṃ paṭipadaṃ abbhaññāsiṃ. tamanugacchiṃ; tamanugacchanto vedanaṃ abbhaññāsiṃ; vedanāsamudayaṃ abbhaññāsiṃ; vedanānirodhaṃ abbhaññāsiṃ; vedanānirodhagāminiṃ paṭipadaṃ abbhaññāsiṃ. tamanugacchiṃ; tamanugacchanto phassaṃ abbhaññāsiṃ; phassasamudayaṃ abbhaññāsiṃ; phassanirodhaṃ abbhaññāsiṃ; phassanirodhagāminiṃ paṭipadaṃ abbhaññāsiṃ. tamanugacchiṃ; tamanugacchanto saḷāyatanaṃ abbhaññāsiṃ; saḷāyatanasamudayaṃ abbhaññāsiṃ; saḷāyatananirodhaṃ abbhaññāsiṃ; saḷāyatananirodhagāminiṃ paṭipadaṃ abbhaññāsiṃ. tamanugacchiṃ; tamanugacchanto nāmarūpaṃ abbhaññāsiṃ; nāmarūpasamudayaṃ abbhaññāsiṃ;

nāmarūpanirodhaṃ abbhaññāsiṃ; nāmarūpanirodhagāminiṃ paṭipadaṃ abbhaññāsiṃ. tamanugacchiṃ; tamanugacchanto viññāṇaṃ abbhaññāsiṃ; viññāṇasamudayaṃ abbhaññāsiṃ; viññāṇanirodhaṃ abbhaññāsiṃ; viññāṇanirodhagāminiṃ paṭipadaṃ abbhaññāsiṃ. viññāṇaṃ abbhaññāsiṃ. tamanugacchiṃ; tamanugacchanto saṅkhāre abbhaññāsiṃ; saṅkhārasamudayaṃ abbhaññāsiṃ; saṅkhāranirodhaṃ abbhaññāsiṃ; saṅkhāranirodhagāminiṃ paṭipadaṃ abbhaññāsiṃ. tadabhiññā ācikkhiṃ bhikkhūnaṃ bhikkhunīnaṃ upāsakānaṃ upāsikānaṃ. tayidaṃ, bhikkhave, brahmacariyaṃ iddhañceva phītañca vitthārikaṃ bāhujaññaṃ puthubhūtaṃ yāva devamanussehi suppakāsitan"ti.

까따모- 짜 소-, 빅카웨-, 뿌라-나막고- 뿌라-난자소- 뽑바께-히 삼마-삼붇데-히 아누야-또-? 아야메-와 아리요- 앗탕기꼬- 막고-, 세이야티당 — 삼마-딧티 삼마-상깝뽀- 삼마-와-짜- 삼마-깜만또- 삼마-아-지-오- 삼마-와-야-모- 삼마-사띠 삼마-사마-디. 아양 코-소-, 빅카웨-, 뿌라-나막고- 뿌라-난자소- 뽑바께-히 삼마-삼붇데-히 아누야-또-, 따마누갓칭; 따마누갓찬또- 자라-마라낭 압반냐-싱; 자라-마라나사무다양 압반냐-싱; 자라-마라나니로-당 압반냐-싱; 자라-마라나니로-다가-미닝 빠띠빠당 압반냐-싱. 따마누갓칭; 따마누갓찬또- 자-띵 압반냐-싱; 자-띠사무다양 압반냐-싱; 자-띠니로-당 압반냐-싱; 자-띠니로-다가-미닝 빠띠빠당 압반냐-싱. 따마누갓칭; 따마누갓찬또- 바왕 압반냐-싱; 바와사무다양 압반냐-싱; 바와니로-당 압반냐-싱; 바와니로-다가-미닝 빠띠빠당 압반냐-싱. 따마누갓칭; 따마누갓찬또- 우빠-다-낭 압반냐-싱; 우빠-다-나사무다양 압반냐-싱; 우빠-다-나니로-당 압반냐-싱; 우빠-다-나니로-다가-미닝 빠띠빠당 압반냐-싱. 따마누갓칭; 따마누갓찬또- 딴항 압반냐-싱; 딴하-사무다양 압반냐-싱; 딴하-니로-당 압반냐-싱; 딴하-니로-다가-미닝 빠띠빠당 압반냐-싱. 따마누갓칭; 따마누갓찬또- 웨-다낭 압반냐-싱; 웨-다나-사무다양 압반냐-싱; 웨-다나-니로-당 압반냐-싱; 웨-다나-니로-다가-미닝 빠띠빠당 압반냐-싱. 따마누갓칭; 따마누갓찬또- 팟상 압반냐-싱; 팟사사무다양 압반냐-싱; 팟사니로-당 압반냐-싱; 팟사니로-다가-미닝 빠띠빠당 압반냐-싱. 따마누갓칭; 따마누갓찬또- 살라-야따낭 압반냐-싱; 살라-야따나사무다양 압반냐-싱; 살라-야따나니로-당 압반냐-싱; 살라-야따나니로-다가-미닝 빠띠빠당 압반냐-싱. 따마누갓칭; 따마누갓찬또- 나-마루-빵 압반냐-싱; 나-마루-빠사무다양 압반냐-싱; 나-마루-빠니로-당 압반냐-싱; 나-마루-빠니로-다가-미닝 빠띠빠당 압반냐-싱. 따마누갓칭; 따마누갓찬또- 윈냐-낭 압반냐-싱; 윈냐-나사무다양 압반냐-싱; 윈냐-나니로-당 압반냐-싱; 윈냐-나니로-다가-미닝 빠띠빠당 압반냐-싱. 따마누갓칭; 따마누갓찬또- 상카-레- 압반냐-싱; 상카-라사무다양 압반냐-싱; 상카-라니로-당 압반냐-싱; 상카-라니로-다가-미닝 빠띠빠당 압반냐-싱. 따다빈냐- 아-찍킹 빅쿠-낭 빅쿠니-낭 우빠-사까-낭 우빠-시까-낭. 따이당, 빅카웨-, 브라흐마짜리양 인단쩨-와 피-딴짜 윗타-리깡 바-후잔냥 뿌투부-땅 야-와 데-와마눗세-히 숩빠까-시딴"띠

그러면 비구들이여, 예전의 정등각들이 다니던 오래된 길, 오래된 곧은 길은 무엇인가?

오직 이것, 정견(正見-바른 견해)-정사유(正思惟-바른 사유)-정어(正語-바른말)-정업(正業-바른 행위)-정명(正命-바른 생활)-정정진(正精進-바른 노력)-정념(正念-바른 사띠)-정정(正定-바른 삼매)의 여덟 요소로 구성된 성스러운 도(道)[팔정도(八正道)]이다.

비구들이여, 나는 예전의 정등각들이 다니던 이 오래된 길, 오래된 곧은 길을 따라갔다. 그 길을 따라가면서 나는 노사를 실답게 알고, 노사의 자라남을 실답게 알고, 노사의 소멸을 실답게 알고, 노사의 소멸로 이끄는 실천을 실답게 알았다. 나는 그 길을 따라갔다. 그 길을 따라가면서 생을 실답게 알고 생의 자라남을 실답게 알고, 생의 소멸을 실답게 알고, 생의 소멸로 이끄는 실천을 실답게 알았다. 나는 그 길을 따라갔다. 그 길을 따라가면서 유를 실답게 알고 유의 자라남을 실답게 알고, 유의 소멸을 실답게 알고, 유의 소멸로 이끄는 실천을 실답게 알았다. 나는 그 길을 따라갔다. 그 길을 따라가면서 취를 실답게 알고 취의 자라남을 실답게 알고, 취의 소멸을 실답게 알고, 취의 소멸로 이끄는 실천을 실답게 알았다. 나는 그 길을 따라갔다. 그 길을 따라가면서 애를 실답게 알고 애의 자라남을 실답게 알고, 애의 소멸을 실답게 알고, 애의 소멸로 이끄는 실천을 실답게 알았다. 나는 그 길을 따라갔다. 그 길을 따라가면서 수를 실답게 알고 수의 자라남을 실답게 알고, 수의 소멸을 실답게 알고, 수의 소멸로 이끄는 실천을 실답게 알았다. 나는 그 길을 따라갔다. 그 길을 따라가면서 촉을 실답게 알고 촉의 자라남을 실답게 알고, 촉의 소멸을 실답게 알고, 촉의 소멸로 이끄는 실천을 실답게 알았다. 나는 그 길을 따라갔다. 그 길을 따라가면서 육입을 실답게 알고 육입의 자라남을 실답게 알고, 육입의 소멸을 실답게 알고, 육입의 소멸로 이끄는 실천을 실답게 알았다. 나는 그 길을 따라갔다. 그 길을 따라가면서 명색을 실답게 알고 명색의 자라남을 실답게 알고, 명색의 소멸을 실답게 알고, 명색의 소멸로 이끄는 실천을 실답게 알았다. 나는 그 길을 따라갔다. 그 길을 따라가면서 식을 실답게 알고 식의 자라남을 실답게 알고, 식의 소멸을 실답게 알고, 식의 소멸로 이끄는 실천을 실답게 알았다. 나는 그 길을 따라갔다. 그 길을 따라가면서 행들을 실답게 알고, 행들의 자라남을 실답게 알고, 행들의 소멸을 실답게 알고, 행들의 소멸로 이끄는 실천을 실답게 알았다.

그 길을 실답게 안 뒤에 비구들과 비구니들과 남신자들과 여신자들에게 알렸다. 비구들이여, 그런 이 범행(梵行)은 번성하고 풍부하고 널리 알려지고 많은 사람에게 널리 미치고 신과 인간들에게 잘 알려졌다. ▣

배워 알고 실천하는 불교 신자!

5) bālapaṇḍitasuttaṃ (SN 12.19-우현(愚賢) 경)

- 윤회의 본질 — 몸이 무너진 뒤 몸으로 간다! = 죽고 태어남 = 몸에 제약된 삶

- 무명과 애가 부서지지 않은 자 — 몸이 무너진 뒤 몸으로 간다!
- 무명과 애가 부서진 자 — 몸이 무너진 뒤 몸으로 가지 않는다!

sāvatthiyaṃ viharati … "avijjānīvaraṇassa, bhikkhave, bālassa taṇhāya sampayuttassa evamayaṃ kāyo samudāgato. iti ayañceva kāyo bahiddhā ca nāmarūpaṃ, itthetaṃ dvayaṃ, dvayaṃ paṭicca phasso saḷevāyatanāni, yehi phuṭṭho bālo sukhadukkhaṃ paṭisaṃvedayati etesaṃ vā aññatarena".

사-왓티양 위하라띠 … "아윗자-니-와라낫사, 빅카웨-, 바-ㄹ랏사 딴하-야 삼빠윳땃사 에-와마양 까-요- 사무다-가또-. 이띠 아얀쩨-와 까-요- 바힏다- 짜 나-마루-빵, 잇테-땅 드와양, 드와양 빠띳짜 팟소- 살레-와-야따나-니, 예-히 풋토- 바-ㄹ로- 수카둑캉 빠띠상웨-다야띠 에-떼-상 와- 안냐따레-나

사왓티에 머물다. … "비구들이여, 무명(無明)에 덮이고 애(愛)에 묶여서 어리석은 자에게 이렇게 이 몸이 일어난다. 이렇게 이 몸과 밖의 명색(名色)이 있다. 여기에 이 쌍(雙)이 있고, 쌍을 연(緣)하여 육촉처(六觸處)가 있다. 이들 가운데 어떤 것에 의해 닿아진 어리석은 자는 즐거움과 괴로움을 경험한다.

"avijjānīvaraṇassa, bhikkhave, paṇḍitassa taṇhāya sampayuttassa evamayaṃ kāyo samudāgato. iti ayañceva kāyo bahiddhā ca nāmarūpaṃ, itthetaṃ dvayaṃ, dvayaṃ paṭicca phasso saḷevāyatanāni, yehi phuṭṭho paṇḍito sukhadukkhaṃ paṭisaṃvedayati etesaṃ vā aññatarena".

아윗자-니-와라낫사, 빅카웨-, 빤디땃사 딴하-야 삼빠윳땃사 에-와마양 까-요- 사무다-가또-. 이띠 아얀쩨-와 까-요- 바힏다- 짜 나-마루-빵, 잇테-땅 드와양, 드와양 빠띳짜 팟소- 살레-와-야따나-니, 예-히 풋토- 빤디또- 수카둑캉 빠띠상웨-다야띠 에-떼-상 와- 안냐따레-나

비구들이여, 무명에 덮이고 애에 묶여서 현명한 자에게 이렇게 이 몸이 일어난다. 이렇게 이 몸과 밖의 명색이 있다. 여기에 이 쌍이 있고, 쌍을 연하여 육촉처가 있다. 이들 가운데 어떤 것에 의해 닿아진 현명한 자는 즐거움과 괴로움을 경험한다.

"tatra, bhikkhave, ko viseso ko adhippayāso kiṃ nānākaraṇaṃ paṇḍitassa bālenā"ti? "bhagavaṃmūlakā no, bhante, dhammā, bhagavaṃnettikā, bhagavaṃpaṭisaraṇā. sādhu vata, bhante, bhagavantaṃyeva paṭibhātu etassa bhāsitassa attho. bhagavato sutvā bhikkhū dhāressantī"ti.

따뜨라, 빅카웨-, 끄- 위세-소- 끄- 아딥빠야-소- 낑 나-나-까라낭 빤디땃사 바-ㄹ레-나-" 띠? "바가왕무-ㄹ라까- 노-, 반떼-, 담마-, 바가왕넷띠까-, 바가왕빠띠사라나-. 사-두 와따, 반떼-, 바가완땅예-와 빠띠바-뚜 에-땃사 바-시땃사 앗토-. 바가와또- 수뜨와- 빅쿠- 다-렛산띠-"띠

비구들이여, 어리석은 자에 비해 현명한 자에게 어떤 차이, 어떤 특별함, 어떤 다름이 있는가?" "대덕이시여, 참으로 법들은 세존을 뿌리로 하고, 세존을 도관(導管)으로 하고, 세존을 의지합니다. 대덕이시여, 이 말씀의 의미를 세존께서 분명히 해주시면 참으로 감사하겠습니다. 비구들은 세존에게서 듣고서 명심할 것입니다."

"tena hi, bhikkhave, suṇātha, sādhukaṃ manasi karotha, bhāsissāmī"ti. "evaṃ, bhante"ti kho te bhikkhū bhagavato paccassosuṃ. bhagavā etadavoca —

"떼-나 히, 빅카웨-, 수나-타, 사-두깡 마나시 까로-타, 바-싯사-미-"띠. "에-왕, 반떼-"띠 코- 떼- 빅쿠- 바가와또- 빳짯소-숭. 바가와- 에-따다오-짜 —

"그렇다면, 비구들이여, 듣고 잘 사고하라. 나는 말할 것이다." "알겠습니다, 대덕이시여."라고 비구들은 세존에게 대답했다. 세존은 이렇게 말했다. —

"yāya ca, bhikkhave, avijjāya nivutassa bālassa yāya ca taṇhāya sampayuttassa ayaṃ kāyo samudāgato, sā ceva avijjā bālassa appahīnā sā ca taṇhā aparikkhīṇā. taṃ kissa hetu? na, bhikkhave, bālo acari brahmacariyaṃ sammā dukkhakkhayāya. tasmā bālo kāyassa bhedā kāyūpago hoti, so kāyūpago samāno na parimuccati jātiyā jarāmaraṇena sokehi paridevehi dukkhehi domanassehi upāyāsehi. na parimuccati dukkhasmāti vadāmi.

"야-야 짜, 빅카웨-, 아윗자-야 니우땃사 바-ㄹ랏사 야-야 짜 딴하-야 삼빠윳땃사 아양 까-요- 사무다-가또-, 사- 쩨-와 아윗자- 바-ㄹ랏사 압빠히-나- 사- 짜 딴하- 아빠릭키-나-. 땅 낏사 헤-뚜? 나, 빅카웨-, 바-ㄹ로- 아짜리 브라흐마짜리양 삼마- 둑칵카야-야. 따스마- 바-ㄹ로- 까-야사 베-다- 까-유-빠고- 호-띠, 소- 까-유-빠고- 사마-노- 나 빠리뭇짜띠 자-띠야- 자라-마라네-나 소-께-히 빠리데-웨-히 둑케-히 도-마낫세-히 우빠-야-세-히. 나 빠리뭇짜띠 둑카스마-띠 와다-미.

"비구들이여, 무명에 덮이고 애에 묶인 어리석은 자에게 이 몸이 일어난다. 그 어리석은 자

에게 무명은 버려지지 않고 애는 부서지지 않는다. 그 원인은 무엇인가? 비구들이여, 어리석은 자는 괴로움의 부서짐을 위해 바르게 범행을 닦지 않는다. 그래서 어리석은 자는 몸이 무너진 뒤 몸으로 간다. 몸으로 간 그는 태어남과 늙음-죽음과 슬픔-비탄-고통-고뇌-절망에서 벗어나지 못하고, 괴로움에서 벗어나지 못한다고 나는 말한다.

"yāya ca, bhikkhave, avijjāya nivutassa paṇḍitassa yāya ca taṇhāya sampayuttassa ayaṃ kāyo samudāgato, sā ceva avijjā paṇḍitassa pahīnā, sā ca taṇhā parikkhīṇā. taṃ kissa hetu? acari, bhikkhave, paṇḍito brahmacariyaṃ sammā dukkhakkhayāya. tasmā paṇḍito kāyassa bhedā na kāyūpago hoti. so akāyūpago samāno parimuccati jātiyā jarāmaraṇena sokehi paridevehi dukkhehi domanassehi upāyāsehi. parimuccati dukkhasmāti vadāmi. ayaṃ kho, bhikkhave, viseso, ayaṃ adhippayāso, idaṃ nānākaraṇaṃ paṇḍitassa bālena yadidaṃ brahmacariyavāso"ti.

"야-야 짜, 빅카웨-, 아윗자-야 니우땃사 빤디땃사 야-야 짜 딴하-야 삼빠윳땃사 아양 까-요- 사무다-가또-, 사- 쩨-와 아윗자- 빤디땃사 빠히-나-, 사- 짜 딴하- 빠릭키-나-. 땅 낏사 헤-뚜? 아짜리, 빅카웨-, 빤디또- 브라흐마짜리양 삼마- 둑칵카야-야. 따스마- 빤디또- 까-야사 베-다- 나 까-유-빠고- 호-띠. 소- 아까-유-빠고- 사마-노- 빠리뭇짜띠 자-띠야- 자라-마라네-나 소-께-히 빠리데-웨-히 둑케-히 도-마낫세-히 우빠-야-세-히. 빠리뭇짜띠 둑카스마-띠 와다-미. 아양, 코-, 빅카웨-, 위세-소-, 아양 아딥빠야-소-, 이당 나-나-까라낭 빤디땃사 바-ㄹ레-나 야디당 브라흐마짜리야와-소-"띠

비구들이여, 무명에 덮이고 애에 묶인 현명한 자에게 이 몸이 일어난다. 그 현명한 자에게 무명은 버려지고 애는 부서진다. 그 원인은 무엇인가? 비구들이여, 현명한 자는 괴로움의 부서짐을 위해 바르게 범행을 닦는다. 그래서 현명한 자는 몸이 무너진 뒤 몸으로 가지 않는다. 몸으로 가지 않은 그는 태어남과 늙음-죽음과 슬픔-비탄-고통-고뇌-절망에서 벗어나고, 괴로움에서 벗어난다고 나는 말한다. 비구들이여, 범행의 실천, 어리석은 자에 비해 현명한 자에게 이것이 차이이고, 이것이 특별함이고, 이것이 다름이다." ▣

배워 알고 실천하는 불교 신자!

6) kaccānagottasuttaṃ (SN 12.15-깟짜나곳따 경)

- 바른 견해 — '생겨나는 것인 괴로움이 생겨나고, 소멸하는 것인 괴로움이 소멸한다.'
- '있음'과 '없음'의 두 끝 → 중(中)에 의해 설해진 법 — 고집(苦集)+고멸(苦滅)

※ 연기(緣起) = 고집(苦集),
중(中)에 의해 설해진 법 = 연기의 사실에 들어맞는 사고 = 고집(苦集)+고멸(苦滅)

sāvatthiyaṃ viharati. atha kho āyasmā kaccānagotto yena bhagavā tenupasaṅkami; upasaṅkamitvā bhagavantaṃ abhivādetvā ekamantaṃ nisīdi. ekamantaṃ nisinno kho āyasmā kaccānagotto bhagavantaṃ etadavoca — "'sammādiṭṭhi sammādiṭṭhī'ti, bhante, vuccati. kittāvatā nu kho, bhante, sammādiṭṭhi hotī"ti?

사-왓티양 위하라띠. 아타 코- 아-야스마- 깟짜-나곳또- 예-나 바가와- 떼-누빠상까미; 우빠상까미뜨와- 바가완땅 아비와-데-뜨와- 에-까만땅 니시-디. 에-까만땅 니신노- 코- 아-야스마- 깟짜-나곳또- 바가완땅 에-따다오-짜 — "'삼마-딧티 삼마-딧티-'띠, 반떼-, 웃짜띠. 낏따-와따- 누 코-, 반떼-, 삼마-딧티 호-띠-"띠?

사왓티에 머물다. 그때 깟짜나곳따 존자가 세존에게 갔다. 가서는 세존에게 절한 뒤 한 곁에 앉았다. 한 곁에 앉은 깟짜나곳따 존자는 세존에게 이렇게 말했다. — "대덕이시여, '바른 견해, 바른 견해'라고 불립니다. 어떤 점에서 바른 견해입니까?"

"dvayanissito khvāyaṃ, kaccāna, loko yebhuyyena — atthitañceva natthitañca. lokasamudayaṃ kho, kaccāna, yathābhūtaṃ sammappaññāya passato yā loke natthitā sā na hoti. lokanirodhaṃ kho, kaccāna, yathābhūtaṃ sammappaññāya passato yā loke atthitā sā na hoti. upayupādānābhinivesavinibandho khvāyaṃ, kaccāna, loko yebhuyyena. tañcāyaṃ upayupādānaṃ cetaso adhiṭṭhānaṃ abhinivesānusayaṃ na upeti na upādiyati nādhiṭṭhāti — 'attā me'ti. 'dukkhameva uppajjamānaṃ uppajjati, dukkhaṃ nirujjhamānaṃ nirujjhatī'ti na kaṅkhati na vicikicchati aparapaccayā ñāṇamevassa ettha hoti. ettāvatā kho, kaccāna, sammādiṭṭhi hoti.

드와야닛시또- 콰-양, 깟짜-나, 로-꼬- 예-부이예-나 — 앗티딴쩨-와 낫티딴짜. 로-까사무다양 코-, 깟짜-나, 야타-부-땅 삼맙빤냐-야 빳사또- 야- 로-께- 낫티따- 사- 나 호-띠. 로-까니로-당 코-, 깟짜-나, 야타-부-땅 삼맙빤냐-야 빳사또- 야- 로-께- 앗티따- 사- 나 호-띠. 우빠유빠-다-나-비니웨-사위니반도- 콰-양, 깟짜-나, 로-꼬- 예-부이예-나. 딴짜-양 우빠유빠-다-낭 쩨-따소- 아딧타-낭 아비니웨-사-누사양 나 우뻬-띠 나 우빠-디야띠 나-딧타-띠 — '앗따- 메-'띠. '둑카메-와 웁빳자마-낭 웁빳자띠, 둑캉 니룻자마-낭 니룻자띠-'띠 나 깡카띠 나 위찌낏차띠 아빠라빳짜야- 냐-나메-왓사 엣타 호-띠. 엣따-와따- 코-, 깟짜-나, 삼마-딧티 호-띠.

"깟짜나여, 세상은 대부분 '있음'과 '없음'이라는 쌍에 의지한다. 그러나 깟짜나여, 세상에서 자라남을 있는 그대로 바른 지혜로 보는 자에게 세상에서 없음이라는 견해가 없다. 깟짜나여, 세상에서 소멸을 있는 그대로 바른 지혜로 보는 자에게 세상에서 있음이라는 견해가 없다. 깟짜나여, 세상은 주로 다가가서 붙잡음에 의한 경향과 집착에 묶여 있다. 그런 심(心)의 다가가서 붙잡음에 의한 결정-경향-잠재성향에게 '나의 아(我)'라고 접근하지 않고, 붙잡지 않고, 결정하지 않는다. '생겨나는 것인 괴로움이 생겨나고, 소멸하는 것인 괴로움이 소멸한다.'라고 회의하지 않고, 의심하지 않고, 다른 사람을 조건으로 하지 않는 앎이 여기에 있다. 깟짜나여, 이런 점에서 바른 견해이다.

"'sabbaṃ atthī'ti kho, kaccāna, ayameko anto. 'sabbaṃ natthī'ti ayaṃ dutiyo anto. ete te, kaccāna, ubho ante anupagamma majjhena tathāgato dhammaṃ deseti — 'avijjāpaccayā saṅkhārā; saṅkhārapaccayā viññāṇaṃ; viññāṇapaccayā nāmarūpaṃ; nāmarūpapaccayā saḷāyatanaṃ; saḷāyatanapaccayā phasso; phassapaccayā vedanā; vedanāpaccayā taṇhā; taṇhāpaccayā upādānaṃ; upādānapaccayā bhavo; bhavapaccayā jāti; jātipaccayā jarāmaraṇaṃ sokaparidevadukkhadomanassupāyāsā sambhavanti. evametassa kevalassa dukkhakkhandhassa samudayo hoti. avijjāya tveva asesavirāganirodhā saṅkhāranirodho; saṅkhāranirodhā viññāṇanirodho; viññāṇanirodhā nāmarūpanirodho; nāmarūpanirodhā saḷāyatananirodho; saḷāyatananirodhā phassanirodho; phassanirodhā vedanānirodho; vedanānirodhā taṇhānirodho; taṇhānirodhā upādānanirodho; upādānanirodhā bhavanirodho; bhavanirodhā jātinirodho; jātinirodhā jarāmaraṇaṃ sokaparidevadukkhadomanassupāyāsā nirujjhanti. evametassa kevalassa dukkhakkhandhassa nirodho hotī"'ti.

'삽방 앗티-'띠 코-, 깟짜-나, 아야메-꼬- 안또-. '삽방 낫티-'띠 아양 두띠요- 안또-. 에-떼-떼-, 깟짜-나, 우보- 안떼- 아누빠감마 맛제-나 따타-가또- 담망 데-세-띠 — 아윗자-빳짜야- 상카-라-; 상카-라빳짜야- 윈냐-낭; 윈냐-나빳짜야- 나-마루-빵; 나-마루-빠빳짜야- 살라-야따낭; 살라-야따나빳짜야- 팟소-; 팟사빳짜야- 웨-다나-; 웨-다나-빳짜야- 딴하-; 딴하-빳짜야- 우빠-다-낭; 우빠-다-나빳짜야- 바오-; 바와빳짜야- 자-띠; 자-띠빳짜야- 자라-마라낭; 소-까빠리데-와둑카도-마낫수빠-야-사- 삼바완띠. 에-와메-땃사 께-왈랏사 둑칵칸닷사 사무다요- 호-띠. 아윗자-야 뜨웨-와 아세-사위라-가니로-다- 상카-라니로-도-; 상카-라니로-다- 윈냐-나니로-도-; 윈냐-나니로-다- 나-마루-빠니로-도-; 나-마루-빠니로-다- 살라-야따나니로-도-; 살라-야따나니로-다- 팟사니로-도-; 팟사니로-다- 웨-다나-니로-도-; 웨-다나-니로-다- 딴하-니로-도-; 딴하-니로-다- 우빠-다-나니로-도-; 우빠-

다-나니로-다- 바와니로-도-; 바와니로-다- 자-띠니로-도-; 자-띠니로-다- 자라-마라낭; 소-까빠리데-와둑카도-마낫수빠-야-사- 니룻잔띠. 에-와메-땃사 께-왈랏사 둑칵칸닷사 니로-도 호-띠-"띠.

깟짜나여, '모든 것은 있다.'라는 것은 한끝이다. '모든 것은 없다.'라는 것은 두 번째 끝이다. 깟짜나여, 이런 두 끝으로 접근하지 않고 여래는 그대에게 중(中)에 의해서 법을 설한다. — '무명(無明)을 조건으로 행(行)들이, 행들을 조건으로 식(識)이, 식을 조건으로 명색(名色)이, 명색을 조건으로 육입(六入)이, 육입을 조건으로 촉(觸)이, 촉을 조건으로 수(受)가, 수를 조건으로 애(愛)가, 애를 조건으로 취(取)가, 취를 조건으로 유(有)가, 유를 조건으로 생(生)이, 생을 조건으로 노사(老死)와 수비고우뇌(愁悲苦憂惱)가 생긴다. 이렇게 이 모든 괴로움 무더기가 자라난다[고집(苦集)].

그러나 무명이 남김없이 바래어 소멸할 때 행들이 소멸하고, 행들이 소멸할 때 식이 소멸하고, 식이 소멸할 때 명색이 소멸하고, 명색이 소멸할 때 육입이 소멸하고, 육입이 소멸할 때 촉이 소멸하고, 촉이 소멸할 때 수가 소멸하고, 수가 소멸할 때 애가 소멸하고, 애가 소멸할 때 취가 소멸하고, 취가 소멸할 때 유가 소멸하고, 유가 소멸할 때 생이 소멸하고, 생이 소멸할 때 노사와 수비고우뇌가 소멸한다. 이렇게 이 모든 괴로움 무더기가 소멸한다[고멸(苦滅)].'라고." ▣

7) ñātikasuttaṃ (SN 12.45-냐띠까 경)

• 이익으로 이끌고, 범행(梵行)의 근본이 되는 법문 ⇒ 22쪽 그림 참조

;「비구여, 그대는 이 법문을 배워라. 비구여, 그대는 이 법문을 통달하라. 비구여, 그대는 이 법문을 명심하라. 비구여, 이 법문은 이익으로 이끌고, 범행(梵行)의 근본이다.」

•「안(眼)과 색(色)들을 연(緣)하여 안식(眼識)이 생긴다. 셋의 만남이 촉(觸)이다. 촉(觸)을 조건으로 수(受)가 생긴다.」

• [내입처-외입처 → 식 → 촉 → 수] 이후 '애 → 고'와 '애멸 → 고멸'의 두 갈래 삶
• 수를 조건으로 하는 '애 ↔ 애멸'의 과정 = 'takkāvacara ↔ atakkāvacara'

evaṃ me sutaṃ — ekaṃ samayaṃ bhagavā ñātike viharati giñjakāvasathe. atha kho bhagavā rahogato paṭisallāno imaṃ dhammapariyāyaṃ abhāsi —

에-왕 메- 수땅 — 에-깡 사마양 바가와- 냐-띠께- 위하라띠 긴자까-와사테-. 아타 코- 바가와- 라호-가또- 빠띠살라-노- 이망 담마빠리야-양 아바-시 —

이렇게 나는 들었다. 한때 세존은 냐띠까에서 벽돌집에 머물렀다. 그때 한적한 곳에서 홀로 머물던 세존은 이런 법문을 읊었다. —

“cakkhuñca paṭicca rūpe ca uppajjati cakkhuviññāṇaṃ. tiṇṇaṃ saṅgati phasso. phassapaccayā vedanā, vedanāpaccayā taṇhā; taṇhāpaccayā upādānaṃ; upādānapaccayā bhavo; bhavapaccayā jāti; jātipaccayā jarāmaraṇaṃ sokaparidevadukkhadomanassupāyāsā sambhavanti. evametassa kevalassa dukkhakkhandhassa samudayo hoti.

짝쿤짜 빠띳짜 루-뻬- 짜 웁빳자띠 짝쿠윈냐-낭. 띤낭 상가띠 팟소-. 팟사빳짜야- 웨-다나-; 웨-다나-빳짜야- 딴하-; 딴하-빳짜야- 우빠-다-낭; 우빠-다-나빳짜야- 바오-; 바와빳짜야- 자-띠; 자-띠빳짜야- 자라-마라낭; 소-까빠리데-와둑카도-마낫수빠-야-사- 삼바완띠. 에-와메-땃사 께-왈랏사 둑칵칸닷사 사무다요- 호-띠

“안(眼)과 색(色)들을 연(緣)하여 안식(眼識)이 생긴다. 셋의 만남이 촉(觸)이다. 촉(觸)을 조건으로 수(受)가, 수(受)를 조건으로 애(愛)가, 애(愛)를 조건으로 취(取)가, 취(取)를 조건으로 유(有)가, 유(有)를 조건으로 생(生)이, 생(生)을 조건으로 노사(老死)와 수비고우뇌(愁悲苦憂惱)가 생긴다. 이렇게 이 모든 괴로움 무더기가 자라난다[고집(苦集)].

"sotañca paṭicca sadde ca uppajjati sotaviññāṇaṃ. tiṇṇaṃ saṅgati phasso. phassapaccayā vedanā, vedanāpaccayā taṇhā; taṇhāpaccayā upādānaṃ; upādānapaccayā bhavo; bhavapaccayā jāti; jātipaccayā jarāmaraṇaṃ sokaparidevadukkhadomanassupāyāsā sambhavanti. evametassa kevalassa dukkhakkhandhassa samudayo hoti.

소-딴짜 빠띳짜 삳데- 짜 웁빳자띠 소-따윈냐-낭. 띤낭 상가띠 팟소-. 팟사빳짜야- 웨-다나-; 웨-다나-빳짜야- 딴하-; 딴하-빳짜야- 우빠-다-낭; 우빠-다-나빳짜야- 바오-; 바와빳짜야- 자-띠; 자-띠빳짜야- 자라-마라낭; 소-까빠리데-와둑카도-마낫수빠-야-사- 삼바완띠. 에-와메-땃사 께-왈랏사 둑칵칸닷사 사무다요- 호-띠

이(耳)와 성(聲)들을 연하여 이식(耳識)이 생긴다. 셋의 만남이 촉이다. 촉을 조건으로 수가, 수를 조건으로 애가, 애를 조건으로 취가, 취를 조건으로 유가, 유를 조건으로 생이, 생을 조건으로 노사와 수비고우뇌가 생긴다. 이렇게 이 모든 괴로움 무더기가 자라난다.

ghānañca paṭicca gandhe ca uppajjati ghānaviññāṇaṃ. tiṇṇaṃ saṅgati phasso. phassapaccayā vedanā, vedanāpaccayā taṇhā; taṇhāpaccayā upādānaṃ; upādānapaccayā bhavo; bhavapaccayā jāti; jātipaccayā jarāmaraṇaṃ sokaparidevadukkhadomanassupāyāsā sambhavanti. evametassa kevalassa dukkhakkhandhassa samudayo hoti.

가-난짜 빠띳짜 간데- 짜 웁빳자띠 가-나윈냐-낭. 띤낭 상가띠 팟소-. 팟사빳짜야- 웨-다나-; 웨-다나-빳짜야- 딴하-; 딴하-빳짜야- 우빠-다-낭; 우빠-다-나빳짜야- 바오-; 바와빳짜야- 자-띠; 자-띠빳짜야- 자라-마라낭; 소-까빠리데-와둑카도-마낫수빠-야-사- 삼바완띠. 에-와메-땃사 께-왈랏사 둑칵칸닷사 사무다요- 호-띠

비(鼻)와 향(香)들을 연하여 비식(鼻識)이 생긴다. 셋의 만남이 촉이다. 촉을 조건으로 수가, 수를 조건으로 애가, 애를 조건으로 취가, 취를 조건으로 유가, 유를 조건으로 생이, 생을 조건으로 노사와 수비고우뇌가 생긴다. 이렇게 이 모든 괴로움 무더기가 자라난다.

jivhañca paṭicca rase ca uppajjati jivhaviññāṇaṃ. tiṇṇaṃ saṅgati phasso. phassapaccayā vedanā, vedanāpaccayā taṇhā; taṇhāpaccayā upādānaṃ; upādānapaccayā bhavo; bhavapaccayā jāti; jātipaccayā jarāmaraṇaṃ sokaparidevadukkhadomanassupāyāsā sambhavanti. evametassa kevalassa dukkhakkhandhassa samudayo hoti.

지워한짜 빠띳짜 라세- 짜 웁빳자띠 지워하윈냐-낭. 띤낭 상가띠 팟소-. 팟사빳짜야- 웨-다

나-; 웨-다나-빳짜야- 딴하-; 딴하-빳짜야- 우빠-다-낭; 우빠-다-나빳짜야- 바오-; 바와빳짜야- 자-띠; 자-띠빳짜야- 자라-마라낭; 소-까빠리데-와둑카도-마낫수빠-야-사- 삼바완띠. 에-와메-땃사 께-왈랏사 둑칵칸닷사 사무다요- 호-띠

설(舌)과 미(味)들을 연하여 설식(舌識)이 생긴다. 셋의 만남이 촉이다. 촉을 조건으로 수가, 수를 조건으로 애가, 애를 조건으로 취가, 취를 조건으로 유가, 유를 조건으로 생이, 생을 조건으로 노사와 수비고우뇌가 생긴다. 이렇게 이 모든 괴로움 무더기가 자라난다.

kāyañca paṭicca phoṭṭhabbe ca uppajjati kāyaviññāṇaṃ. tiṇṇaṃ saṅgati phasso. phassapaccayā vedanā, vedanāpaccayā taṇhā; taṇhāpaccayā upādānaṃ; upādānapaccayā bhavo; bhavapaccayā jāti; jātipaccayā jarāmaraṇaṃ sokaparidevadukkhadomanassupāyāsā sambhavanti. evametassa kevalassa dukkhakkhandhassa samudayo hoti.

까-야짜 빠띳짜 폿탑베- 짜 웁빳자띠 까-야윈냐-낭. 띤낭 상가띠 팟소-. 팟사빳짜야- 웨-다나-; 웨-다나-빳짜야- 딴하-; 딴하-빳짜야- 우빠-다-낭; 우빠-다-나빳짜야- 바오-; 바와빳짜야- 자-띠; 자-띠빳짜야- 자라-마라낭; 소-까빠리데-와둑카도-마낫수빠-야-사- 삼바완띠. 에-와메-땃사 께-왈랏사 둑칵칸닷사 사무다요- 호-띠

신(身)과 촉(觸)들을 연하여 신식(身識)이 생긴다. 셋의 만남이 촉이다. 촉을 조건으로 수가, 수를 조건으로 애가, 애를 조건으로 취가, 취를 조건으로 유가, 유를 조건으로 생이, 생을 조건으로 노사와 수비고우뇌가 생긴다. 이렇게 이 모든 괴로움 무더기가 자라난다.

manañca paṭicca dhamme ca uppajjati manoviññāṇaṃ. tiṇṇaṃ saṅgati phasso. phassapaccayā vedanā; vedanāpaccayā taṇhā; taṇhāpaccayā upādānaṃ; upādānapaccayā bhavo; bhavapaccayā jāti; jātipaccayā jarāmaraṇaṃ sokaparidevadukkhadomanassupāyāsā sambhavanti. evametassa kevalassa dukkhakkhandhassa samudayo hoti.

마난짜 빠띳짜 담메- 짜 웁빳자띠 마노-윈냐-낭. 띤낭 상가띠 팟소-. 팟사빳짜야- 웨-다나-; 웨-다나-빳짜야- 딴하-; 딴하-빳짜야- 우빠-다-낭; 우빠-다-나빳짜야- 바오-; 바와빳짜야- 자-띠; 자-띠빳짜야- 자라-마라낭; 소-까빠리데-와둑카도-마낫수빠-야-사- 삼바완띠. 에-와메-땃사 께-왈랏사 둑칵칸닷사 사무다요- 호-띠

의(意)와 법(法)들을 연하여 의식(意識)이 생긴다. 셋의 만남이 촉이다. 촉을 조건으로 수가, 수를 조건으로 애가, 애를 조건으로 취가, 취를 조건으로 유가, 유를 조건으로 생이, 생을 조건으로 노사와 수비고우뇌가 생긴다. 이렇게 이 모든 괴로움 무더기가 자라난다.

“cakkhuñca paṭicca rūpe ca uppajjati cakkhuviññāṇaṃ. tiṇṇaṃ saṅgati phasso. phassapaccayā vedanā; vedanāpaccayā taṇhā. tassāyeva taṇhāya asesavirāganirodhā upādānanirodho; upādānanirodhā bhavanirodho; bhavanirodhā jātinirodho; jātinirodhā jarāmaraṇaṃ sokaparidevadukkhadomanassupāyāsā nirujjhanti. evametassa kevalassa dukkhakkhandhassa nirodho hoti.

짝쿤짜 빠띳짜 루-뻬- 짜 웁빳자띠 짝쿠윈냐-낭. 띤낭 상가띠 팟소-. 팟사빳짜야- 웨-다나-; 웨-다나-빳짜야- 딴하-. 땃사-예-와 딴하-야 아세-사위라-가니로-다- 우빠-다-나니로-도-; 우빠-다-나니로-다- 바와니로-도-; 바와니로-다- 자-띠니로-도-; 자-띠니로-다- 자라-마라낭 소-까빠리데-와둑카도-마낫수빠-야-사- 니룻잔띠. 에-와메-땃사 께-왈랏사 둑칵칸닷사 니로-도- 호-띠

안(眼)과 색(色)들을 연하여 안식(眼識)이 생긴다. 셋의 만남이 촉이다. 촉을 조건으로 수가, 수를 조건으로 애가 생긴다. 그 애가 남김없이 바래어 소멸할 때 취가 소멸하고, 취가 소멸할 때 유가 소멸하고, 유가 소멸할 때 생이 소멸하고, 생이 소멸할 때 노사와 수비고우뇌가 소멸한다. 이렇게 이 모든 괴로움 무더기가 소멸한다[고멸(苦滅)].

“sotañca paṭicca sadde ca uppajjati sotaviññāṇaṃ. tiṇṇaṃ saṅgati phasso. phassapaccayā vedanā; vedanāpaccayā taṇhā. tassāyeva taṇhāya asesavirāganirodhā upādānanirodho; upādānanirodhā bhavanirodho; bhavanirodhājātinirodho; jātinirodhā jarāmaraṇaṃ sokaparidevadukkhadomanassupāyāsā nirujjhanti. evametassa kevalassa dukkhakkhandhassa nirodho hoti.

소-딴짜 빠띳짜 삳데- 짜 웁빳자띠 소-따윈냐-낭. 띤낭 상가띠 팟소-. 팟사빳짜야- 웨-다나-; 웨-다나-빳짜야- 딴하-. 땃사-예-와 딴하-야 아세-사위라-가니로-다- 우빠-다-나니로-도-; 우빠-다-나니로-다- 바와니로-도-; 바와니로-다- 자-띠니로-도-; 자-띠니로-다- 자라-마라낭 소-까빠리데-와둑카도-마낫수빠-야-사- 니룻잔띠. 에-와메-땃사 께-왈랏사 둑칵칸닷사 니로-도- 호-띠

이(耳)와 성(聲)들을 연하여 이식(耳識)이 생긴다. 셋의 만남이 촉이다. 촉을 조건으로 수가, 수를 조건으로 애가 생긴다. 그 애가 남김없이 바래어 소멸할 때 취가 소멸하고, 취가 소멸할 때 유가 소멸하고, 유가 소멸할 때 생이 소멸하고, 생이 소멸할 때 노사와 수비고우뇌가 소멸한다. 이렇게 이 모든 괴로움 무더기가 소멸한다.

“ghānañca paṭicca gandhe ca uppajjati ghānaviññāṇaṃ. tiṇṇaṃ saṅgati phasso. phassapaccayā vedanā; vedanāpaccayā taṇhā. tassāyeva taṇhāya asesavirāganirodhā upādānanirodho; upādānanirodhā bhavanirodho; bhavanirodhā jātinirodho; jātinirodhā jarāmaraṇaṃ sokaparidevadukkhadomanassupāyāsā nirujjhanti. evametassa kevalassa dukkhakkhandhassa nirodho hoti.

가-난짜 빠띳짜 간데- 짜 웁빳자띠 가-나윈냐-낭. 띤낭 상가띠 팟소-. 팟사빳짜야- 웨-다나-; 웨-다나-빳짜야- 딴하-. 땃사-예-와 딴하-야 아세-사위라-가니로-다- 우빠-다-나니로-도-; 우빠-다-나니로-다- 바와니로-도-; 바와니로-다- 자-띠니로-도-; 자-띠니로-다- 자라-마라낭 소-까빠리데-와둑카도-마낫수빠-야-사- 니룻잔띠. 에-와메-땃사 께-왈랏사 둑칵칸닷사 니로-도- 호-띠

비(鼻)와 향(香)들을 연하여 비식(鼻識)이 생긴다. 셋의 만남이 촉이다. 촉을 조건으로 수가, 수를 조건으로 애가 생긴다. 그 애가 남김없이 바래어 소멸할 때 취가 소멸하고, 취가 소멸할 때 유가 소멸하고, 유가 소멸할 때 생이 소멸하고, 생이 소멸할 때 노사와 수비고우뇌가 소멸한다. 이렇게 이 모든 괴로움 무더기가 소멸한다.

“jivhañca paṭicca rase ca uppajjati jivhaviññāṇaṃ. tiṇṇaṃ saṅgati phasso. phassapaccayā vedanā; vedanāpaccayā taṇhā. tassāyeva taṇhāya asesavirāganirodhā upādānanirodho; upādānanirodhā bhavanirodho; bhavanirodhā jātinirodho; jātinirodhā jarāmaraṇaṃ sokaparidevadukkhadomanassupāyāsā nirujjhanti. evametassa kevalassa dukkhakkhandhassa nirodho hoti.

지워한짜 빠띳짜 라세- 짜 웁빳자띠 지워하윈냐-낭. 띤낭 상가띠 팟소-. 팟사빳짜야- 웨-다나-; 웨-다나-빳짜야- 딴하-. 땃사-예-와 딴하-야 아세-사위라-가니로-다- 우빠-다-나니로-도-; 우빠-다-나니로-다- 바와니로-도-; 바와니로-다- 자-띠니로-도-; 자-띠니로-다- 자라-마라낭 소-까빠리데-와둑카도-마낫수빠-야-사- 니룻잔띠. 에-와메-땃사 께-왈랏사 둑칵칸닷사 니로-도- 호-띠

설(舌)과 미(味)들을 연하여 설식(舌識)이 생긴다. 셋의 만남이 촉이다. 촉을 조건으로 수가, 수를 조건으로 애가 생긴다. 그 애가 남김없이 바래어 소멸할 때 취가 소멸하고, 취가 소멸할 때 유가 소멸하고, 유가 소멸할 때 생이 소멸하고, 생이 소멸할 때 노사와 수비고우뇌가 소멸한다. 이렇게 이 모든 괴로움 무더기가 소멸한다.

“kāyañca paṭicca phoṭṭhabbe ca uppajjati kāyaviññāṇaṃ. tiṇṇaṃ saṅgati phasso.

phassapaccayā vedanā; vedanāpaccayā taṇhā. tassāyeva taṇhāya asesavirāganirodhā upādānanirodho; upādānanirodhā bhavanirodho; bhavanirodhā jātinirodho; jātinirodhā jarāmaraṇaṃ sokaparidevadukkhadomanassupāyāsā nirujjhanti. evametassa kevalassa dukkhakkhandhassa nirodho hoti.

까-얀짜 빠띳짜 폿탑베- 짜 웁빳자띠 까-야윈냐-낭. 띤낭 상가띠 팟소-. 팟사빳짜야- 웨-다나-; 웨-다나-빳짜야- 딴하-. 땃사-예-와 딴하-야 아세-사위라-가니로-다- 우빠-다-나니로-도-; 우빠-다-나니로-다- 바와니로-도-; 바와니로-다- 자-띠니로-도-; 자-띠니로-다- 자라-마라낭 소-까빠리데-와둑카도-마낫수빠-야-사- 니룻잔띠. 에-와메-땃사 께-왈랏사 둑칵칸닷사 니로-도- 호-띠

신(身)과 촉(觸)들을 연하여 신식(身識)이 생긴다. 셋의 만남이 촉이다. 촉을 조건으로 수가, 수를 조건으로 애가 생긴다. 그 애가 남김없이 바래어 소멸할 때 취가 소멸하고, 취가 소멸할 때 유가 소멸하고, 유가 소멸할 때 생이 소멸하고, 생이 소멸할 때 노사와 수비고우뇌가 소멸한다. 이렇게 이 모든 괴로움 무더기가 소멸한다.

manañca paṭicca dhamme ca uppajjati manoviññāṇaṃ. tiṇṇaṃ saṅgati phasso. phassapaccayā vedanā; vedanāpaccayā taṇhā. tassāyeva taṇhāya asesavirāganirodhā upādānanirodho; upādānanirodhā bhavanirodho; bhavanirodhā jātinirodho; jātinirodhā jarāmaraṇaṃ sokaparidevadukkhadomanassupāyāsā nirujjhanti. evametassa kevalassa dukkhakkhandhassa nirodho hotī"ti.

마난짜 빠띳짜 담메- 짜 웁빳자띠 마노-윈냐-낭. 띤낭 상가띠 팟소-. 팟사빳짜야- 웨-다나-; 웨-다나-빳짜야- 딴하-. 땃사-예-와 딴하-야 아세-사위라-가니로-다- 우빠-다-나니로-도-; 우빠-다-나니로-다- 바와니로-도-; 바와니로-다- 자-띠니로-도-; 자-띠니로-다- 자라-마라낭 소-까빠리데-와둑카도-마낫수빠-야-사- 니룻잔띠. 에-와메-땃사 께-왈랏사 둑칵칸닷사 니로-도- 호-띠-"띠

의(意)와 법(法)들을 연하여 의식(意識)이 생긴다. 셋의 만남이 촉이다. 촉을 조건으로 수가, 수를 조건으로 애가 생긴다. 그 애가 남김없이 바래어 소멸할 때 취가 소멸하고, 취가 소멸할 때 유가 소멸하고, 유가 소멸할 때 생이 소멸하고, 생이 소멸할 때 노사와 수비고우뇌가 소멸한다. 이렇게 이 모든 괴로움 무더기가 소멸한다."라고.

tena kho pana samayena aññataro bhikkhu bhagavato upassuti ṭhito hoti. addasā kho bhagavā taṃ bhikkhuṃ upassuti ṭhitaṃ. disvāna taṃ bhikkhuṃ etadavoca

— “assosi no tvaṃ, bhikkhu, imaṃ dhammapariyāyan”ti? “evaṃ, bhante”ti. “uggaṇhāhi tvaṃ, bhikkhu, imaṃ dhammapariyāyaṃ; pariyāpuṇāhi tvaṃ, bhikkhu, imaṃ dhammapariyāyaṃ; dhārehi tvaṃ, bhikkhu, imaṃ dhammapariyāyaṃ. atthasaṃhito ayaṃ, bhikkhu, dhammapariyāyo ādibrahmacariyako”ti.

떼-나 코- 빠나 사마예-나 안냐따로- 빅쿠 바가와또- 우빳수띠 티또- 호-띠. 안다사- 코- 바가와- 땅 빅쿵 우빳수띠 티땅. 디스와-나 땅 빅쿵 에-따다오-짜 — “앗소-시 노- 뜨왕, 빅쿠, 이망 담마빠리야-얀”띠? “에-왕, 반떼-”띠. “욱간하-히 뜨왕, 빅쿠, 이망 담마빠리야-양; 빠리야-뿌나-히 뜨왕, 빅쿠, 이망 담마빠리야-양; 다-레-히 뜨왕, 빅쿠, 이망 담마빠리야-양. 앗타상히또- 아양, 빅쿠, 담마빠리야-요- 아-디브라흐마짜리야꼬-”띠

그때 어떤 비구가 세존의 읊음을 들으며 서 있었다. 세존은 그 비구가 세존의 읊음을 들으며 서 있는 것을 보았다. 보고서 그 비구에게 이렇게 말했다. — “비구여, 그대는 이 법문을 들었는가?” “그렇습니다, 대덕이시여.” “비구여, 그대는 이 법문을 배워라. 비구여, 그대는 이 법문을 통달하라. 비구여, 그대는 이 법문을 명심하라. 비구여, 이 법문은 이익으로 이끌고, 범행(梵行)의 근본이다.”라고. ▣

3. pupphasuttaṃ (SN 22.94-꽃 경)

• 없는 것 — 상(常)하고 안정되고 영원하고 변하지 않는 오온(五蘊)
• 있는 것 — 무상(無常)하고 괴롭고 변하는 오온(五蘊) = 오온의 특성

⇒ 상(常) ↔ 무상(無常), 안정되고 영원함 ↔ 괴로움(苦), 변하지 않는 것 ↔ 변하는 것(無我)
⇒ 괴로움(苦) = 안정되지 못하고 영원하지 않은 성질

• 깨닫고 실현한 법 — 세상에 있는 세상의 법 = 색(色)-수(受)-상(想)-행(行)들-식(識) 오온(五蘊) → 세상의 법인 오온과 세상을 벗어나 실현되는 열반 외에 다른 것 없음 → 다른 존재를 주장하는 것은 없는 것을 있다고 말하는 것이어서 거짓이고, 단지 설정된 허구임 — 예) 아뜨만(我)

• 세상에서 태어났고 세상에서 자란 여래는 세상을 이긴 뒤 세상에 의해 더럽혀지지 않고 머묾

sāvatthinidānaṃ. "nāhaṃ, bhikkhave, lokena vivadāmi, lokova mayā vivadati. na, bhikkhave, dhammavādī kenaci lokasmiṃ vivadati. yaṃ, bhikkhave, natthisammataṃ loke paṇḍitānaṃ, ahampi taṃ 'natthī'ti vadāmi. yaṃ, bhikkhave, atthisammataṃ loke paṇḍitānaṃ, ahampi taṃ 'atthī'ti vadāmi".

사-왓티니다-낭. "나-항, 빅카웨-, 로-께-나 위와다-미, 로-꼬-와 마야- 위와다띠. 나, 빅카웨-, 담마와-디- 께-나찌 로-까스밍 위와다띠. 양, 빅카웨-, 낫티삼마땅 로-께- 빤디따-낭, 아함삐 땅 '낫티-'띠 와다-미. 양, 빅카웨-, 앗티삼마땅 로-께- 빤디따-낭, 아함삐 땅 '앗티-'띠 와다-미

"비구들이여, 나는 세상과 더불어 다투지 않는다. 단지 세상이 나를 상대로 다툴 뿐이다. 비구들이여, 법을 말하는 자는 세상에서 무엇과도 더불어 다투지 않는다. 비구들이여, 세상에서 현자들에게 없다고 동의 된 것을 나도 역시 '없다'라고 말한다. 세상에서 현자들에게 있다고 동의 된 것을 나도 역시 '있다'라고 말한다."

"kiñca, bhikkhave, natthisammataṃ loke paṇḍitānaṃ, yamahaṃ 'natthī'ti vadāmi? rūpaṃ, bhikkhave, niccaṃ dhuvaṃ sassataṃ avipariṇāmadhammaṃ natthisammataṃ loke paṇḍitānaṃ; ahampi taṃ 'natthī'ti vadāmi. vedanā niccā dhuvā sassatā avipariṇāmadhammā natthisammatā loke paṇḍitānaṃ; ahampi taṃ 'natthī'ti vadāmi. saññā niccā dhuvā sassatā avipariṇāmadhammā natthisammatā loke paṇḍitānaṃ; ahampi taṃ 'natthī'ti vadāmi. saṅkhārā niccā dhuvā sassatā avipariṇāmadhammā natthisammatā loke paṇḍitānaṃ; ahampi taṃ 'natthī'ti vadāmi. viññāṇaṃ niccaṃ dhuvaṃ sassataṃ avipariṇāmadhammaṃ natthisammataṃ loke paṇḍitānaṃ; ahampi taṃ 'natthī'ti vadāmi. idaṃ kho, bhikkhave, natthisammataṃ loke paṇḍitānaṃ; ahampi taṃ 'natthī'ti vadāmi".

낀짜, 빅카웨-, 낫티삼마땅 로-께- 빤디따-낭, 야마항 '낫티-'띠 와다-미? 루-빵, 빅카웨-, 닛짱 두왕 삿사땅 아위빠리나-마담망 낫티삼마땅 로-께- 빤디따-낭; 아함삐 땅 '낫티-'띠 와다-미. 웨-다나- 닛짜- 두와- 삿사따- 아위빠리나-마담마- 낫티삼마따- 로-께- 빤디따-낭; 아함삐 땅 '낫티-'띠 와다-미. 산냐- 닛짜- 두와- 삿사따- 아위빠리나-마담마- 낫티삼마따- 로-께- 빤디따-낭; 아함삐 땅 '낫티-'띠 와다-미. 상카-라- 닛짜- 두와- 삿사따- 아위빠리나-마담마- 낫티삼마따- 로-께- 빤디따-낭; 아함삐 땅 '낫티-'띠 와다-미. 윈냐-낭 닛짱 두왕 삿사땅 아위빠리나-마담망 낫티삼마땅 로-께- 빤디따-낭; 아함삐 땅 '낫티-'띠 와다-미. 이당 코-, 빅카웨-, 낫티삼마땅 로-께- 빤디따-낭; 아함삐 땅 '낫티-'띠 와다-미

그러면 비구들이여, 세상에서 현자들에게 없다고 동의 된 것이고, '없다'라고 내가 말하는 것은 무엇인가? 비구들이여, 상(常)하고 안정되고 영원하고 변하지 않는 것인 색(色)은 세상에서 현자들에게 없다고 동의 된 것이고, 나도 그것을 '없다'라고 말한다. 상하고 안정되고 영원하고 변하지 않는 것인 수(受)는 세상에서 현자들에게 없다고 동의된 것이고, 나도 그것을 '없다'라고 말한다. 상하고 안정되고 영원하고 변하지 않는 것인 상(想)은 세상에서 현자들에게 없다고 동의 된 것이고, 나도 그것을 '없다'라고 말한다. 상하고 안정되고 영원하고 변하지 않는 것인 행(行)들은 세상에서 현자들에게 없다고 동의 된 것이고, 나도 그것을 '없다'라고 말한다. 상하고 안정되고 영원하고 변하지 않는 것인 식(識)은 세상에서 현자들에게 없다고 동의 된 것이고, 나도 그것을 '없다'라고 말한다. 비구들이여, 이것이 세상에서 현자들에게 없다고 동의 된 것이고, 나도 그것을 '없다'라고 말한다.

"kiñca, bhikkhave, atthisammataṃ loke paṇḍitānaṃ, yamahaṃ 'atthī'ti vadāmi? rūpaṃ, bhikkhave, aniccaṃ dukkhaṃ vipariṇāmadhammaṃ atthisammataṃ loke paṇḍitānaṃ; ahampi taṃ 'atthī'ti vadāmi. vedanā aniccā dukkhā vipariṇāmadhammā atthisammatā loke paṇḍitānaṃ; ahampi taṃ 'atthī'ti vadāmi. saññā aniccā dukkhā vipariṇāmadhammā atthisammatā loke paṇḍitānaṃ; ahampi taṃ 'atthī'ti vadāmi. saṅkhārā aniccā dukkhā vipariṇāmadhammā atthisammatā loke paṇḍitānaṃ; ahampi taṃ 'atthī'ti vadāmi. viññāṇaṃ aniccaṃ dukkhaṃ vipariṇāmadhammaṃ atthisammataṃ loke paṇḍitānaṃ; ahampi taṃ 'atthī'ti vadāmi. idaṃ kho, bhikkhave, atthisammataṃ loke paṇḍitānaṃ; ahampi taṃ 'atthī'ti vadāmi".

낀짜, 빅카웨-, 앗티삼마땅 로-께- 빤디따-낭, 야마항 '앗티-'띠 와다-미? 루-빵, 빅카웨-, 아닛짱 둑캉 위빠리나-마담망 앗티삼마땅 로-께- 빤디따-낭; 아함삐 땅 '앗티-'띠 와다-미. 웨-다나- 아닛짜- 둑카- 위빠리나-마담마- 앗티삼마따- 로-께- 빤디따-낭; 아함삐 땅 '앗티-'띠 와다-미. 산냐- 아닛짜- 둑카- 위빠리나-마담마- 앗티삼마따- 로-께- 빤디따-낭; 아함삐 땅 '앗티-'띠 와다-미. 상카-라- 아닛짜- 둑카- 위빠리나-마담마- 앗티삼마따- 로-께-

빤디따-낭; 아함삐 땅 '앗티-'띠 와다-미. 윈냐-낭 아닛짱 둑캉 위빠리나-마담망 앗티삼마땅 로-께- 빤디따-낭; 아함삐 땅 '앗티-'띠 와다-미. 이당 코-, 빅카웨-, 앗티삼마땅 로-께- 빤디따-낭; 아함삐 땅 '앗티-'띠 와다-미

그러면 비구들이여, 세상에서 현자들에게 있다고 동의 된 것이고, '있다'라고 내가 말하는 것은 무엇인가? 비구들이여, 무상(無常)하고 괴롭고 변하는 것인 색(色)은 세상에서 현자들에게 있다고 동의 된 것이고, 나도 그것을 '있다'라고 말한다. 무상하고 괴롭고 변하는 것인 수(受)는 세상에서 현자들에게 있다고 동의 된 것이고, 나도 그것을 '있다'라고 말한다. 무상하고 괴롭고 변하는 것인 상(想)은 세상에서 현자들에게 있다고 동의 된 것이고, 나도 그것을 '있다'라고 말한다. 무상하고 괴롭고 변하는 것인 행(行)들은 세상에서 현자들에게 있다고 동의 된 것이고, 나도 그것을 '있다'라고 말한다. 무상하고 괴롭고 변하는 것인 식(識)은 세상에서 현자들에게 있다고 동의 된 것이고, 나도 그것을 '있다'라고 말한다. 비구들이여, 이것이 세상에서 현자들에게 있다고 동의 된 것이고, 나도 그것을 '있다.'라고 말한다.

"atthi, bhikkhave, loke lokadhammo, taṃ tathāgato abhisambujjhati abhisameti; abhisambujjhitvā abhisametvā taṃ ācikkhati deseti paññapeti paṭṭhapeti vivarati vibhajati uttānīkaroti.

앗티, 빅카웨-, 로-께- 로-까담모-, 땅 따타-가또- 아비삼붓자띠 아비사메-띠; 아비삼붓지뜨와- 아비사메-뜨와- 땅 아-찍카띠 데-세-띠 빤냐뻬-띠 빳타뻬-띠 위와라띠 위바자띠 웃따-니-까로-띠

비구들이여, 세상에는 세상의 법이 있다. 여래(如來)는 그것을 깨닫고 실현하였다. 깨닫고 실현한 뒤에 그것을 공표하고, 전달하고, 선언하고, 시작하고, 드러내고, 분석하고, 해설한다.

"kiñca, bhikkhave, loke lokadhammo, taṃ tathāgato abhisambujjhati abhisameti, abhisambujjhitvā abhisametvā ācikkhati deseti paññapeti paṭṭhapeti vivarati vibhajati uttānīkaroti? rūpaṃ, bhikkhave, loke lokadhammo taṃ tathāgato abhisambujjhati abhisameti. abhisambujjhitvā abhisametvā ācikkhati deseti paññapeti paṭṭhapeti vivarati vibhajati uttānīkaroti.

낀짜, 빅카웨-, 로-께- 로-까담모-, 땅 따타-가또- 아비삼붓자띠 아비사메-띠; 아비삼붓지뜨와- 아비사메-뜨와- 아-찍카띠 데-세-띠 빤냐뻬-띠 빳타뻬-띠 위와라띠 위바자띠 웃따-니-까로-띠? 루-빵, 빅카웨-, 로-께- 로-까담모- 땅 따타-가또- 아비삼붓자띠 아비사메-띠. 아비삼붓지뜨와- 아비사메-뜨와- 아-찍카띠 데-세-띠 빤냐뻬-띠 빳타뻬-띠 위와라띠 위바자띠 웃따-니-까로-띠

비구들이여, 그러면 무엇이 세상에 있는 세상의 법이어서 여래는 그것을 깨닫고 실현하였고, 깨닫고 실현한 뒤에 그것을 공표하고, 전달하고, 선언하고, 시작하고, 드러내고, 분석하고, 해설하는가? 비구들이여, 색(色)은 세상에 있는 세상의 법이어서 여래는 그것을 깨닫고 실현하였고, 깨닫고 실현한 뒤에 그것을 공표하고, 전달하고, 선언하고, 시작하고, 드러내고, 분석하고, 해설한다.

“yo, bhikkhave, tathāgatena evaṃ ācikkhiyamāne desiyamāne paññapiyamāne paṭṭhapiyamāne vivariyamāne vibhajiyamāne uttānīkariyamāne na jānāti na passati tamahaṃ, bhikkhave, bālaṃ puthujjanaṃ andhaṃ acakkhukaṃ ajānantaṃ apassantaṃ kinti karomi!

요-, 빅카웨-, 따타-가떼-나 에-왕 아-찍키야마-네- 데-시야마-네- 빤냐삐야마-네- 빳타삐야마-네- 위와리야마-네- 위바지야마-네- 웃따-니-까리야마-네- 나 자-나-띠 나 빳사띠 따마항, 빅카웨-, 바-ㄹ랑 뿌툿자낭 안당 아짝쿠깡 아자-난땅 아빳산땅 낀띠 까로-미!

비구들이여, 여래가 이렇게 공표하고, 전달하고, 선언하고, 시작하고, 드러내고, 분석하고, 해설한 것을 알지 못하고 보지 못하는 어리석은 범부, 장님, 눈이 없는 자, 알지 못하고 보지 못하는 자에게, 비구들이여, 내가 무엇을 할 수 있겠는가?

vedanā, bhikkhave, loke lokadhammo taṃ tathāgato abhisambujjhati abhisameti. abhisambujjhitvā abhisametvā ācikkhati deseti paññapeti paṭṭhapeti vivarati vibhajati uttānīkaroti. yo, bhikkhave, tathāgatena evaṃ ācikkhiyamāne desiyamāne paññapiyamāne paṭṭhapiyamāne vivariyamāne vibhajiyamāne uttānīkariyamāne na jānāti na passati tamahaṃ, bhikkhave, bālaṃ puthujjanaṃ andhaṃ acakkhukaṃ ajānantaṃ apassantaṃ kinti karomi!

웨-다나-, 빅카웨-, 로-께- 로-까담모- 땅 따타-가또- 아비삼붓자띠 아비사메-띠. 아비삼붓지뜨와- 아비사메-뜨와- 아-찍카띠 데-세-띠 빤냐뻬-띠 빳타뻬-띠 위와라띠 위바자띠 웃따-니-까로-띠. 요-, 빅카웨-, 따타-가떼-나 에-왕 아-찍키야마-네- 데-시야마-네- 빤냐삐야마-네- 빳타삐야마-네- 위와리야마-네- 위바지야마-네- 웃따-니-까리야마-네- 나 자-나-띠 나 빳사띠 따마항, 빅카웨-, 바-ㄹ랑 뿌툿자낭 안당 아짝쿠깡 아자-난땅 아빳산땅 낀띠 까로-미!

비구들이여, 수(受)는 세상에 있는 세상의 법이어서 여래는 그것을 깨닫고 실현하였고, 깨닫고 실현한 뒤에 그것을 공표하고, 전달하고, 선언하고, 시작하고, 드러내고, 분석하고, 해설한다. 비구들이여, 여래가 이렇게 공표하고, 전달하고, 선언하고, 시작하고, 드러내고, 분석하고, 해설한 것을 알지 못하고 보지 못하는 어리석은 범부, 장님, 눈이 없는 자, 알지 못하고 보지 못하는 자에게, 비구들이여, 내가 무엇을 할 수 있겠는가?

saññā, bhikkhave, loke lokadhammo taṃ tathāgato abhisambujjhati abhisameti. abhisambujjhitvā abhisametvā ācikkhati deseti paññapeti paṭṭhapeti vivarati vibhajati uttānīkaroti. yo, bhikkhave, tathāgatena evaṃ ācikkhiyamāne desiyamāne paññapiyamāne paṭṭhapiyamāne vivariyamāne vibhajiyamāne uttānīkariyamāne na jānāti na passati tamahaṃ, bhikkhave, bālaṃ puthujjanaṃ andhaṃ acakkhukaṃ ajānantaṃ apassantaṃ kinti karomi!

산냐-, 빅카웨-, 로-께- 로-까담모- 땅 따타-가또- 아비삼붓자띠 아비사메-띠. 아비삼붓지뜨와- 아비사메-뜨와- 아-찍카띠 데-세-띠 빤냐뻬-띠 빳타뻬-띠 위와라띠 위바자띠 웃따-니-까로-띠. 요-, 빅카웨-, 따타-가떼-나 에-왕 아-찍키야마-네- 데-시야마-네- 빤냐삐야마-네- 빳타삐야마-네- 위와리야마-네- 위바지야마-네- 웃따-니-까리야마-네- 나 자-나-띠 나 빳사띠 따마항, 빅카웨-, 바-ㄹ랑 뿌툿자낭 안당 아짝쿠깡 아자-난땅 아빳산땅 낀띠 까로-미!

비구들이여, 상(想)은 세상에 있는 세상의 법이어서 여래는 그것을 깨닫고 실현하였고, 깨닫고 실현한 뒤에 그것을 공표하고, 전달하고, 선언하고, 시작하고, 드러내고, 분석하고, 해설한다. 비구들이여, 여래가 이렇게 공표하고, 전달하고, 선언하고, 시작하고, 드러내고, 분석하고, 해설한 것을 알지 못하고 보지 못하는 어리석은 범부, 장님, 눈이 없는 자, 알지 못하고 보지 못하는 자에게, 비구들이여, 내가 무엇을 할 수 있겠는가?

saṅkhārā, bhikkhave, loke lokadhammā te tathāgato abhisambujjhati abhisameti. abhisambujjhitvā abhisametvā ācikkhati deseti paññapeti paṭṭhapeti vivarati vibhajati uttānīkaroti. yo, bhikkhave, tathāgatena evaṃ ācikkhiyamāne desiyamāne paññapiyamāne paṭṭhapiyamāne vivariyamāne vibhajiyamāne uttānīkariyamāne na jānāti na passati tamahaṃ, bhikkhave, bālaṃ puthujjanaṃ andhaṃ acakkhukaṃ ajānantaṃ apassantaṃ kinti karomi!

상카-라-, 빅카웨-, 로-께- 로-까담마- 떼- 따타-가또- 아비삼붓자띠 아비사메-띠. 아비삼붓지뜨와- 아비사메-뜨와- 아-찍카띠 데-세-띠 빤냐뻬-띠 빳타뻬-띠 위와라띠 위바자띠 웃따-니-까로-띠. 요-, 빅카웨-, 따타-가떼-나 에-왕 아-찍키야마-네- 데-시야마-네- 빤냐삐야마-네- 빳타삐야마-네- 위와리야마-네- 위바지야마-네- 웃따-니-까리야마-네- 나 자-나-띠 나 빳사띠 따마항, 빅카웨-, 바-ㄹ랑 뿌툿자낭 안당 아짝쿠깡 아자-난땅 아빳산땅 낀띠 까로-미!

비구들이여, 행(行)들은 세상에 있는 세상의 법이어서 여래는 그것을 깨닫고 실현하였고, 깨닫고 실현한 뒤에 그것을 공표하고, 전달하고, 선언하고, 시작하고, 드러내고, 분석하고, 해설한다. 비구들이여, 여래가 이렇게 공표하고, 전달하고, 선언하고, 시작하고, 드러내고, 분석하고, 해설한 것을 알지 못하고 보지 못하는 어리석은 범부, 장님, 눈이 없는 자, 알지 못하고 보지 못하는 자에게, 비구들이여, 내가 무엇을 할 수 있겠는가?

viññāṇaṃ, bhikkhave, loke lokadhammo taṃ tathāgato abhisambujjhati abhisameti. abhisambujjhitvā abhisametvā ācikkhati deseti paññapeti paṭṭhapeti vivarati vibhajati uttānīkaroti. "yo, bhikkhave, tathāgatena evaṃ ācikkhiyamāne desiyamāne paññapiyamāne paṭṭhapiyamāne vivariyamāne vibhajiyamāne uttānīkariyamāne na jānāti na passati tamahaṃ, bhikkhave, bālaṃ puthujjanaṃ andhaṃ acakkhukaṃ ajānantaṃ apassantaṃ kinti karomi!

윈냐-낭, 빅카웨-, 로-께- 로-까담모- 땅 따타-가또- 아비삼붓자띠 아비사메-띠. 아비삼붓지뜨와- 아비사메-뜨와- 아-찍카띠 데-세-띠 빤냐뻬-띠 빳타뻬-띠 위와라띠 위바자띠 웃따-니-까로-띠. 요-, 빅카웨-, 따타-가떼-나 에-왕 아-찍키야마-네- 데-시야마-네- 빤냐삐야마-네- 빳타삐야마-네- 위와리야마-네- 위바지야마-네- 웃따-니-까리야마-네- 나 자-나-띠 나 빳사띠 따마항, 빅카웨-, 바-ㄹ랑 뿌툿자낭 안당 아짝쿠깡 아자-난땅 아빳산땅 낀띠 까로-미!

비구들이여, 식(識)은 세상에 있는 세상의 법이어서 여래는 그것을 깨닫고 실현하였고, 깨닫고 실현한 뒤에 그것을 공표하고, 전달하고, 선언하고, 시작하고, 드러내고, 분석하고, 해설한다. 비구들이여, 여래가 이렇게 공표하고, 전달하고, 선언하고, 시작하고, 드러내고, 분석하고, 해설한 것을 알지 못하고 보지 못하는 어리석은 범부, 장님, 눈이 없는 자, 알지 못하고 보지 못하는 자에게, 비구들이여, 내가 무엇을 할 수 있겠는가?

"seyyathāpi, bhikkhave, uppalaṃ vā padumaṃ vā puṇḍarīkaṃ vā udake jātaṃ udake saṃvaḍḍhaṃ udakā accuggamma ṭhāti anupalittaṃ udakena; evameva kho, bhikkhave, tathāgato loke jāto loke saṃvaḍḍho lokaṃ abhibhuyya viharati anupalitto lokenā"ti.

세이야타-삐, 빅카웨-, 웁빨랑 와- 빠두망 와- 뿐다리-깡 와- 우다께- 자-땅 우다께- 상왇당 우다까- 앗쭉감마 타-띠 아누빨릿땅 우다께-나; 에-와메-와 코-, 빅카웨-, 따타-가또- 로-께- 자-또- 로-께- 상왇도- 로-깡 아비부이야 위하라띠 아누빨릿또- 로-께-나-"띠

예를 들면, 비구들이여, 물에서 생겼고 물에서 자란 청련(青蓮)이나 홍련(紅蓮)이나 백련(白蓮)이 물에서 벗어나서 물에 의해 더럽혀지지 않고 서 있다. 이처럼, 비구들이여, 세상에서 태어났고 세상에서 자란 여래는 세상을 이긴 뒤 세상에 의해 더럽혀지지 않고 머문다. ▣

1) assādasuttaṃ (SN 22.26-매력(魅力) 경)

- 매력(魅力-assāda)-위험(危險-ādīnava)-해방(解放-nissaraṇa)의 정의
- 매력 = 연(緣)하여 생기는 즐거움과 만족, 위험 = 무상(無常)하고 고(苦)고 변하는 성질, 해방 = 욕탐(欲貪-지나친 관심)의 제어와 버림

— 분자(매력)와 분모(위험)의 값 = 수(受) → 분자를 키우고(관계의 성숙 = 사무량심-사섭법), 분모를 줄이는(내적 성숙 = [사념처 → 사마타-위빳사나]) 과정이 불교 신자의 신행(信行)이고 수행임
— 분모의 극소화를 통한 해방 → 분모'0'의 무한대의 수(受) = 열반

※ '위없는 바른 깨달음을 깨달았다.'라고 선언하는 17개의 경 가운데 12개의 경(70%)이 이 형태로 나타나기 때문에 이 주제가 부처님 깨달음의 중심이라는 것을 알 수 있음

sāvatthinidānaṃ. "pubbeva me, bhikkhave, sambodhā anabhisambuddhassa bodhisattasseva sato etadahosi — 'ko nu kho rūpassa assādo, ko ādīnavo, kiṃ nissaraṇaṃ? ko vedanāya assādo, ko ādīnavo, kiṃ nissaraṇaṃ? ko saññāya assādo, ko ādīnavo, kiṃ nissaraṇaṃ? ko saṅkhārānaṃ assādo, ko ādīnavo, kiṃ nissaraṇaṃ? ko viññāṇassa assādo, ko ādīnavo, kiṃ nissaraṇan'ti? tassa mayhaṃ, bhikkhave, etadahosi — 'yaṃ kho rūpaṃ paṭicca uppajjati sukhaṃ somanassaṃ, ayaṃ rūpassa assādo. yaṃ rūpaṃ aniccaṃ dukkhaṃ vipariṇāmadhammaṃ, ayaṃ rūpassa ādīnavo. yo rūpasmiṃ chandarāgavinayo chandarāgappahānaṃ, idaṃ rūpassa nissaraṇaṃ. yaṃ vedanaṃ paṭicca uppajjati sukhaṃ somanassaṃ, ayaṃ vedanāya assādo. yaṃ vedanā aniccā dukkhā vipariṇāmadhammā, ayaṃ vedanāya ādīnavo. yo vedanāya chandarāgavinayo chandarāgappahānaṃ, idaṃ vedanāya nissaraṇaṃ. yaṃ saññaṃ paṭicca uppajjati sukhaṃ somanassaṃ, ayaṃ saññāya assādo. yaṃ saññā aniccā dukkhā vipariṇāmadhammā, ayaṃ saññāya ādīnavo. yo saññāya chandarāgavinayo chandarāgappahānaṃ, idaṃ saññāya nissaraṇaṃ. yaṃ saṅkhāre paṭicca uppajjati sukhaṃ somanassaṃ, ayaṃ saṅkhārānaṃ assādo. yaṃ saṅkhārā aniccā dukkhā vipariṇāmadhammā, ayaṃ saṅkhārānaṃ ādīnavo. yo saṅkhāresu chandarāgavinayo chandarāgappahānaṃ, idaṃ saṅkhārānaṃ nissaraṇaṃ. yaṃ viññāṇaṃ paṭicca uppajjati sukhaṃ somanassaṃ, ayaṃ viññāṇassa assādo. yaṃ viññāṇaṃ aniccaṃ dukkhaṃ vipariṇāmadhammaṃ, ayaṃ viññāṇassa ādīnavo. yo viññāṇasmiṃ chandarāgavinayo chandarāgappahānaṃ, idaṃ viññāṇassa nissaraṇaṃ'".

사-왓티니다-낭. "뿝베-와 메-, 빅카웨-, 삼보-다- 아나비삼붇닷사 보-디삿땃세-와 사또-에-따다호-시 — '꼬- 누 코- 루-빳사 앗사-도-, 꼬- 아-디-나오-, 낑 닛사라낭? 꼬- 웨-다나-야 앗사-도-, 꼬- 아-디-나오-, 낑 닛사라낭? 꼬- 산냐-야 앗사-도-, 꼬- 아-디-나오-,

낑 닛사라낭? 꼬- 상카-라-낭 앗사-도-, 꼬- 아-디-나오-, 낑 닛사라낭? 꼬- 윈냐-낫사 앗사-도-, 꼬- 아-디-나오-, 낑 닛사라난'띠? 땃사 마이항, 빅카웨-, 에-따다호-시 — '양 코-루-빵 빠띳짜 웁빳자띠 수캉 소-마낫상, 아양 루-빳사 앗사-도-. 양 루-빵 아닛짱 둑캉 위빠리나-마담망, 아양 루-빳사 아-디-나오-. 요- 루-빠스밍 찬다라-가위나요- 찬다라-갑빠하-낭, 이당 루-빳사 닛사라낭. 양 웨-다낭 빠띳짜 웁빳자띠 수캉 소-마낫상, 아양 웨-다나-야 앗사-도-. 양 웨-다나- 아닛짜- 둑카- 위빠리나-마담마-, 아양 웨-다나-야 아-디-나오-. 요- 웨-다나-야 찬다라-가위나요- 찬다라-갑빠하-낭, 이당 웨-다나-야 닛사라낭. 양 산냥 빠띳짜 웁빳자띠 수캉 소-마낫상, 아양 산냐-야 앗사-도-. 양 산냐- 아닛짜- 둑카- 위빠리나-마담마-, 아양 산냐-야 아-디-나오-. 요- 산냐-야 찬다라-가위나요- 찬다라-갑빠하-낭, 이당 산냐-야 닛사라낭. 양 상카-레- 빠띳짜 웁빳자띠 수캉 소-마낫상, 아양 상카-라-낭 앗사-도-. 양 상카-라- 아닛짜- 둑카- 위빠리나-마담마-, 아양 상카-라-낭 아-디-나오-. 요- 상카-레-수 찬다라-가위나요- 찬다라-갑빠하-낭, 이당 상카-라-낭 닛사라낭. 양 윈냐-낭 빠띳짜 웁빳자띠 수캉 소-마낫상, 아양 윈냐-낫사 앗사-도-. 양 윈냐-낭 아닛짱 둑캉 위빠리나-마담망, 아양 윈냐-낫사 아-디-나오-. 요- 윈냐-나스밍 찬다라-가위나요- 찬다라-갑빠하-낭, 이당 윈냐-낫사 닛사라낭.

사왓티에서 설해짐. "비구들이여, 깨달음 이전, 깨닫지 못한 보살이었을 때 나에게 이런 생각이 떠올랐다. — '색(色)의 매력은 무엇이고, 위험은 무엇이고, 해방은 무엇인가? 수(受)의 매력은 무엇이고, 위험은 무엇이고, 해방은 무엇인가? 상(想)의 매력은 무엇이고, 위험은 무엇이고, 해방은 무엇인가? 행(行)들의 매력은 무엇이고, 위험은 무엇이고, 해방은 무엇인가? 식(識)의 매력은 무엇이고, 위험은 무엇이고, 해방은 무엇인가?'라고. 비구들이여, 그런 나에게 이런 생각이 떠올랐다. — '색을 연(緣)하여 생기는 즐거움과 만족이 색의 매력이다. 색의 무상(無常)하고 고(苦)고 변하는 성질이 색의 위험이다. 색에 대한 욕탐(欲貪-지나친 관심)의 제어와 욕탐의 버림이 색의 해방이다. 수를 연하여 생기는 즐거움과 만족이 수의 매력이다. 수의 무상하고 고고 변하는 성질이 수의 위험이다. 수에 대한 욕탐의 제어와 욕탐의 버림이 수의 해방이다. 상을 연하여 생기는 즐거움과 만족이 상의 매력이다. 상의 무상하고 고고 변하는 성질이 상의 위험이다. 상에 대한 욕탐의 제어와 욕탐의 버림이 상의 해방이다. 행들을 연하여 생기는 즐거움과 만족이 행들의 매력이다. 행들의 무상하고 고고 변하는 성질이 행들의 위험이다. 행들에 대한 욕탐의 제어와 욕탐의 버림이 행들의 해방이다. 식을 연하여 생기는 즐거움과 만족이 식의 매력이다. 식의 무상하고 고고 변하는 성질이 식의 위험이다. 식에 대한 욕탐의 제어와 욕탐의 버림이 식의 해방이다.

"yāvakīvañcāhaṃ, bhikkhave, imesaṃ pañcannaṃ upādānakkhandhānaṃ evaṃ assādañca assādato ādīnavañca ādīnavato nissaraṇañca nissaraṇato yathābhūtaṃ nābbhaññāsiṃ, neva tāvāhaṃ, bhikkhave, sadevake loke samārake sabrahmake sassamaṇabrāhmaṇiyā pajāya sadevamanussāya anuttaraṃ sammāsambodhiṃ abhisambuddhoti paccaññāsiṃ. yato ca khvāhaṃ, bhikkhave, imesaṃ pañcannaṃ upādānakkhandhānaṃ evaṃ assādañca assādato ādīnavañca ādīnavato nissaraṇañca nissaraṇato yathābhūtaṃ abbhaññāsiṃ; athāhaṃ, bhikkhave, sadevake loke samārake sabrahmake sassamaṇabrāhmaṇiyā pajāya sadevamanussāya anuttaraṃ sammāsambodhiṃ abhisambuddhoti paccaññāsiṃ. ñāṇañca pana me dassanaṃ udapādi — 'akuppā me vimutti; ayamantimā jāti; natthi dāni punabbhavo'"ti.

야-와끼-완짜-항, 빅카웨-, 이메-상 빤짠낭 우빠-다-낙칸다-낭 에-왕 앗사-단짜 앗사-다또- 아-디-나완짜 아-디-나와또- 닛사라난짜 닛사라나또- 야타-부-땅 나-ㅂ반냐-싱, 네-와 따-와-항, 빅카웨-, 사데-와께- 로-께- 사마-라께- 사브라흐마께- 삿사마나브라-흐마니야- 빠자-야 사데-와마눗사-야 아눗따랑 삼마-삼보-딩 아비삼붇도-띠 빳짠냐-싱. 야또- 짜 콰-항, 빅카웨-, 이메-상 빤짠낭 우빠-다-낙칸다-낭 에-왕 앗사-단짜 앗사-다또- 아-디-나완짜 아-디-나와또- 닛사라난짜 닛사라나또- 야타-부-땅 압반냐-싱; 아타-항, 빅카웨-, 사데-와께- 로-께- 사마-라께- 사브라흐마께- 삿사마나브라-흐마니야- 빠자-야 사데-와마눗사-야 아눗따랑 삼마-삼보-딩 아비삼붇도-띠 빳짠냐-싱. 냐-난짜 빠나 메- 닷사낭 우다빠-디 — '아꿉빠- 메- 위뭇띠, 아야만띠마- 자-띠; 낫티 다-니 뿌납바오-'"띠.

비구들이여, 이 오취온(五取蘊)의 매력으로부터 매력을, 위험으로부터 위험을, 해방으로부터 해방을 있는 그대로 실답게 알지 못한 때까지는, 비구들이여, 나는 신과 마라와 범천과 함께하는 세상에서, 사문-바라문과 신과 사람을 포함한 존재를 위해 '위없는 바른 깨달음을 깨달았다.'라고 선언하지 않았다. 그러나 비구들이여, 나는 이렇게 오취온의 매력으로부터 매력을, 위험으로부터 위험을, 해방으로부터 해방을 있는 그대로 실답게 알았기 때문에, 비구들이여, 나는 신과 마라와 범천과 함께하는 세상에서, 사문-바라문과 신과 사람을 포함한 존재를 위해 '위없는 바른 깨달음을 깨달았다.'라고 선언했다. 그리고 나에게 지(知)와 견(見)이 생겼다. — '나의 해탈은 흔들리지 않는다[부동(不動)의 심해탈(心解脫)]. 이것이 태어남의 끝이다. 이제 다음의 존재는 없다.'라고." ▣

2) dutiyāssādasuttaṃ (SN 22.27-매력 경2)

• 부처님 — 오온의 매력-위험-해방을 살피기 위해 실천 → 매력-위험-해방을 앎 → 매력-위험-해방에 견주어 지혜로써 잘 봄

⇒ '위없는 바른 깨달음을 깨달았다.'라는 선언 — '나의 해탈은 흔들리지 않는다. 이것이 태어남의 끝이다. 이제 다음의 존재는 없다.'라는 지(知)와 견(見)

sāvatthinidānaṃ. "rūpassāhaṃ, bhikkhave, assādapariyesanaṃ acariṃ. yo rūpassa assādo tadajjhagamaṃ. yāvatā rūpassa assādo paññāya me so sudiṭṭho. rūpassāhaṃ, bhikkhave, ādīnavapariyesanaṃ acariṃ. yo rūpassa ādīnavo tadajjhagamaṃ. yāvatā rūpassa ādīnavo paññāya me so sudiṭṭho. rūpassāhaṃ, bhikkhave, nissaraṇapariyesanaṃ acariṃ. yaṃ rūpassa nissaraṇaṃ tadajjhagamaṃ. yāvatā rūpassa nissaraṇaṃ paññāya me taṃ sudiṭṭhaṃ.

사-왓티니다-낭. "루-빳사-항, 빅카웨-, 앗사-다빠리예-사낭 아짜링. 요- 루-빳사 앗사-도- 따닷자가망. 야-와따- 루-빳사 앗사-도- 빤냐-야 메- 소- 수딧토-. 루-빳사-항, 빅카웨-, 아-디-나와빠리예-사낭 아짜링. 요- 루-빳사 아-디-나오- 따닷자가망. 야-와따- 루-빳사 아-디-나오- 빤냐-야 메- 소- 수딧토-. 루-빳사-항, 빅카웨-, 닛사라나빠리예-사낭 아짜링. 양 루-빳사 닛사라낭 따닷자가망. 야-와따- 루-빳사 닛사라낭 빤냐-야 메- 땅 수딧탕.

사왓티에서 설해짐. "비구들이여, 나는 색(色)의 매력을 살피기 위해 실천했고, 색의 매력을 알았고, 색을 매력에 견주어 지혜로써 잘 보았다. 비구들이여, 나는 색의 위험을 살피기 위해 실천했고, 색의 위험을 알았고, 색을 위험에 견주어 지혜로써 잘 보았다. 비구들이여, 나는 색의 해방을 살피기 위해 실천했고, 색의 해방을 알았고, 색을 해방에 견주어 지혜로써 잘 보았다.

vedanāyāhaṃ, bhikkhave, assādapariyesanaṃ acariṃ. yo vedanāya assādo tadajjhagamaṃ. yāvatā vedanāya assādo paññāya me so sudiṭṭho. vedanāyāhaṃ, bhikkhave, ādīnavapariyesanaṃ acariṃ. yo vedanāya ādīnavo tadajjhagamaṃ. yāvatā vedanāya ādīnavo paññāya me so sudiṭṭho. vedanāyāhaṃ, bhikkhave, nissaraṇapariyesanaṃ acariṃ. yaṃ vedanāya nissaraṇaṃ tadajjhagamaṃ. yāvatā vedanāya nissaraṇaṃ paññāya me taṃ sudiṭṭhaṃ.

웨-다나-야-항, 빅카웨-, 앗사-다빠리예-사낭 아짜링. 요- 웨-다나-야 앗사-도- 따닷자가망. 야-와따- 웨-다나-야 앗사-도- 빤냐-야 메- 소- 수딧토-. 웨-다나-야-항, 빅카웨-, 아-디-나와빠리예-사낭 아짜링. 요- 웨-다나-야 아-디-나오- 따닷자가망. 야-와따- 웨-다나-야 아-디-나오- 빤냐-야 메- 소- 수딧토-. 웨-다나-야-항, 빅카웨-, 닛사라나빠리예-사낭

아짜링. 양 웨-다나-야 닛사라낭 따닷자가망. 야-와따- 웨-다나-야 닛사라낭 빤냐-야 메-땅 수딧탕.

비구들이여, 나는 수(受)의 매력을 살피기 위해 실천했고, 수의 매력을 알았고, 수를 매력에 견주어 지혜로써 잘 보았다. 비구들이여, 나는 수의 위험을 살피기 위해 실천했고, 수의 위험을 알았고, 수를 위험에 견주어 지혜로써 잘 보았다. 비구들이여, 나는 수의 해방을 살피기 위해 실천했고, 수의 해방을 알았고, 수를 해방에 견주어 지혜로써 잘 보았다.

saññāyāhaṃ, bhikkhave, assādapariyesanaṃ acariṃ. yo saññāya assādo tadajjhagamaṃ. yāvatā saññāya assādo paññāya me so sudiṭṭho. saññāyāhaṃ, bhikkhave, ādīnavapariyesanaṃ acariṃ. yo saññāya ādīnavo tadajjhagamaṃ. yāvatā saññāya ādīnavo paññāya me so sudiṭṭho. saññāyāhaṃ, bhikkhave, nissaraṇapariyesanaṃ acariṃ. yaṃ saññāya nissaraṇaṃ tadajjhagamaṃ. yāvatā saññāya nissaraṇaṃ paññāya me taṃ sudiṭṭhaṃ.

산냐-야-항, 빅카웨-, 앗사-다빠리예-사낭 아짜링. 요- 산냐-야 앗사-도- 따닷자가망. 야-와따- 산냐-야 앗사-도- 빤냐-야 메- 소- 수딧토-. 산냐-야-항, 빅카웨-, 아-디-나와빠리예-사낭 아짜링. 요- 산냐-야 아-디-나오- 따닷자가망. 야-와따- 산냐-야 아-디-나오- 빤냐-야 메- 소- 수딧토-. 산냐-야-항, 빅카웨-, 닛사라나빠리예-사낭 아짜링. 양 산냐-야 닛사라낭 따닷자가망. 야-와따- 산냐-야 닛사라낭 빤냐-야 메- 땅 수딧탕.

비구들이여, 나는 상(想)의 매력을 살피기 위해 실천했고, 상의 매력을 알았고, 상을 매력에 견주어 지혜로써 잘 보았다. 비구들이여, 나는 상의 위험을 살피기 위해 실천했고, 상의 위험을 알았고, 상을 위험에 견주어 지혜로써 잘 보았다. 비구들이여, 나는 상의 해방을 살피기 위해 실천했고, 상의 해방을 알았고, 상을 해방에 견주어 지혜로써 잘 보았다.

saṅkhārānāhaṃ, bhikkhave, assādapariyesanaṃ acariṃ. yo saṅkhārānaṃ assādo tadajjhagamaṃ. yāvatā saṅkhārānaṃ assādo paññāya me so sudiṭṭho. saṅkhārānāhaṃ, bhikkhave, ādīnavapariyesanaṃ acariṃ. yo saṅkhārānaṃ ādīnavo tadajjhagamaṃ. yāvatā saṅkhārānaṃ ādīnavo paññāya me so sudiṭṭho. saṅkhārānāhaṃ, bhikkhave, nissaraṇapariyesanaṃ acariṃ. yaṃ saṅkhārānaṃ nissaraṇaṃ tadajjhagamaṃ. yāvatā saṅkhārānaṃ nissaraṇaṃ paññāya me taṃ sudiṭṭhaṃ.

상카-라-나-항, 빅카웨-, 앗사-다빠리예-사낭 아짜링. 요- 상카-라-낭 앗사-도- 따닷자가망. 야-와따- 상카-라-낭 앗사-도- 빤냐-야 메- 소- 수딧토-. 상카-라-나-항, 빅카웨-, 아-디-나와빠리예-사낭 아짜링. 요- 상카-라-낭 아-디-나오- 따닷자가망. 야-와따- 상카-라-

낭 아-디-나오- 빤냐-야 메- 소- 수딧토-. 상카-라-나-항, 빅카웨-, 닛사라나빠리예-사낭 아짜링. 양 상카-라-낭 닛사라낭 따닷자가망. 야-와따- 상카-라-낭 닛사라낭 빤냐-야 메-땅 수딧탕.

비구들이여, 나는 행(行)들의 매력을 살피기 위해 실천했고, 행들의 매력을 알았고, 행들을 매력에 견주어 지혜로써 잘 보았다. 비구들이여, 나는 행들의 위험을 살피기 위해 실천했고, 행들의 위험을 알았고, 행들을 위험에 견주어 지혜로써 잘 보았다. 비구들이여, 나는 행들의 해방을 살피기 위해 실천했고, 행들의 해방을 알았고, 행들을 해방에 견주어 지혜로써 잘 보았다.

viññāṇassāhaṃ, bhikkhave, assādapariyesanaṃ acariṃ. yo viññāṇassa assādo tadajjhagamaṃ. yāvatā viññāṇassa assādo paññāya me so sudiṭṭho. viññāṇassāhaṃ, bhikkhave, ādīnavapariyesanaṃ acariṃ. yo viññāṇassa ādīnavo tadajjhagamaṃ. yāvatā viññāṇassa ādīnavo paññāya me so sudiṭṭho. viññāṇassāhaṃ, bhikkhave, nissaraṇapariyesanaṃ acariṃ. yaṃ viññāṇassa nissaraṇaṃ tadajjhagamaṃ. yāvatā viññāṇassa nissaraṇaṃ paññāya me taṃ sudiṭṭhaṃ.

윈냐-낫사-항, 빅카웨-, 앗사-다빠리예-사낭 아짜링. 요- 윈냐-낫사 앗사-도- 따닷자가망. 야-와따- 윈냐-낫사 앗사-도- 빤냐-야 메- 소- 수딧토-. 윈냐-낫사-항, 빅카웨-, 아-디-나와빠리예-사낭 아짜링. 요- 윈냐-낫사 아-디-나오- 따닷자가망. 야-와따- 윈냐-낫사 아-디-나오- 빤냐-야 메- 소- 수딧토-. 윈냐-낫사-항, 빅카웨-, 닛사라나빠리예-사낭 아짜링. 양 윈냐-낫사 닛사라낭 따닷자가망. 야-와따- 윈냐-낫사 닛사라낭 빤냐-야 메- 땅 수딧탕.

비구들이여, 나는 식(識)의 매력을 살피기 위해 실천했고, 식의 매력을 알았고, 식을 매력에 견주어 지혜로써 잘 보았다. 비구들이여, 나는 식의 위험을 살피기 위해 실천했고, 식의 위험을 알았고, 식을 위험에 견주어 지혜로써 잘 보았다. 비구들이여, 나는 식의 해방을 살피기 위해 실천했고, 식의 해방을 알았고, 식을 해방에 견주어 지혜로써 잘 보았다.

yāvakīvañcāhaṃ, bhikkhave, imesaṃ pañcannaṃ upādānakkhandhānaṃ evaṃ assādañca assādato ādīnavañca ādīnavato nissaraṇañca nissaraṇato yathābhūtaṃ nābbhaññāsiṃ, neva tāvāhaṃ, bhikkhave, sadevake loke samārake sabrahmake sassamaṇabrāhmaṇiyā pajāya sadevamanussāya anuttaraṃ sammāsambodhiṃ abhisambuddhoti paccaññāsiṃ. yato ca khvāhaṃ, bhikkhave, imesaṃ pañcannaṃ upādānakkhandhānaṃ evaṃ assādañca assādato ādīnavañca ādīnavato nissaraṇañca nissaraṇato yathābhūtaṃ abbhaññāsiṃ; athāhaṃ, bhikkhave, sadevake loke samārake sabrahmake sassamaṇabrāhmaṇiyā pajāya sadevamanussāya anuttaraṃ sammāsambodhiṃ abhisambuddhoti paccaññāsiṃ.

ñāṇañca pana me dassanaṃ udapādi — 'akuppā me vimutti; ayamantimā jāti; natthi dāni punabbhavo'"'ti.

야-와끼-완짜-항, 빅카웨-, 이메-상 빤짠낭 우빠-다-낙칸다-낭 에-왕 앗사-단짜 앗사-다또- 아-디-나완짜 아-디-나와또- 닛사라난짜 닛사라나또- 야타-부-땅 나-ㅂ반냐-싱, 네-와 따-와-항, 빅카웨-, 사데-와께- 로-께- 사마-라께- 사브라흐마께- 삿사마나브라-흐마니야- 빠자-야 사데-와마눗사-야 아눗따랑 삼마-삼보-딩 아비삼붇도-띠 빳짠냐-싱. 야또- 짜콰-항, 빅카웨-, 이메-상 빤짠낭 우빠-다-낙칸다-낭 에-왕 앗사-단짜 앗사-다또- 아-디-나완짜 아-디-나와또- 닛사라난짜 닛사라나또- 야타-부-땅 압반냐-싱; 아타-항, 빅카웨-, 사데-와께- 로-께- 사마-라께- 사브라흐마께- 삿사마나브라-흐마니야- 빠자-야 사데-와마눗사-야 아눗따랑 삼마-삼보-딩 아비삼붇도-띠 빳짠냐-싱. 냐-난짜 빠나 메- 닷사낭 우다빠-디 — '아꿉빠- 메- 위뭊띠, 아야만띠마- 자-띠; 낫티 다-니 뿌납바오-'"띠.

비구들이여, 이 오취온의 매력으로부터 매력을, 위험으로부터 위험을, 해방으로부터 해방을 있는 그대로 실답게 알지 못한 때까지는, 비구들이여, 나는 신과 마라와 범천과 함께하는 세상에서, 사문-바라문과 신과 사람을 포함한 존재를 위해 '위없는 바른 깨달음을 깨달았다.'라고 선언하지 않았다. 그러나 비구들이여, 나는 이렇게 오취온의 매력으로부터 매력을, 위험으로부터 위험을, 해방으로부터 해방을 있는 그대로 실답게 알았기 때문에, 비구들이여, 나는 신과 마라와 범천과 함께하는 세상에서, 사문-바라문과 신과 사람을 포함한 존재를 위해 '위없는 바른 깨달음을 깨달았다.'라고 선언했다. 그리고 나에게 지(知)와 견(見)이 생겼다. — '나의 해탈은 흔들리지 않는다. 이것이 태어남의 끝이다. 이제 다음의 존재는 없다.'라고. ▣

배워 알고 실천하는 불교 신자!

3) tatiyāssādasuttaṃ (SN 22.28-매력(魅力) 경3)

- 중생들 — 매력이 없다면 친밀하지 않을 것이나 매력이 있으므로 친밀함. 위험이 없다면 염오하지 않을 것이나 위험이 있으므로 염오함. 해방이 없다면 해방되지 못할 것이나 해방이 있으므로 해방됨

- 매력(assāda) ↔ 친밀(sārāga), 위험(ādīnava) ↔ 염오(nibbidā), 해방(nissaraṇa) ↔ 해방(nissaraṇa)

sāvatthinidānaṃ. "no cedaṃ, bhikkhave, rūpassa assādo abhavissa nayidaṃ sattā rūpasmiṃ sārajjeyyuṃ. yasmā ca kho, bhikkhave, atthi rūpassa assādo, tasmā sattā rūpasmiṃ sārajjanti. no cedaṃ, bhikkhave, rūpassa ādīnavo abhavissa nayidaṃ sattā rūpasmiṃ nibbindeyyuṃ. yasmā ca kho, bhikkhave, atthi rūpassa ādīnavo, tasmā sattā rūpasmiṃ nibbindanti. no cedaṃ, bhikkhave, rūpassa nissaraṇaṃ abhavissa nayidaṃ sattā rūpasmā nissareyyuṃ. yasmā ca kho, bhikkhave, atthi rūpassa nissaraṇaṃ, tasmā sattā rūpasmā nissaranti.

사-왓티니다-낭. "노- 쩨-당, 빅카웨-, 루-빳사 앗사-도- 아바윗사 나이당 삿따- 루-빠스밍 사-랏제이융. 야스마- 짜 코-, 빅카웨-, 앗티 루-빳사 앗사-도-, 따스마- 삿따- 루-빠스밍 사-랏잔띠. 노- 쩨-당, 빅카웨-, 루-빳사 아-디-나오- 아바윗사 나이당 삿따- 루-빠스밍 닙빈데이융. 야스마- 짜 코-, 빅카웨-, 앗티 루-빳사 아-디-나오-, 따스마- 삿따- 루-빠스밍 닙빈단띠. 노- 쩨-당, 빅카웨-, 루-빳사 닛사라낭 아바윗사 나이당 삿따- 루-빠스마- 닛사레이융. 야스마- 짜 코-, 빅카웨-, 앗티 루-빳사 닛사라낭, 따스마- 삿따- 루-빠스마- 닛사란띠.

사왓티에서 설해짐. "비구들이여, 만약 색(色)에 매력이 없다면, 중생들은 색에 대해 친밀하지 않을 것이다. 그러나 비구들이여, 색에 매력이 있으므로 중생들은 색에 대해 친밀하다. 비구들이여, 만약 색에 위험이 없다면, 중생들은 색에 대해 염오하지 않을 것이다. 그러나 비구들이여, 색에 위험이 있으므로 중생들은 색에 대해 염오한다. 비구들이여, 만약 색에 해방이 없다면, 중생들은 색으로부터 해방되지 못할 것이다. 그러나 비구들이여, 색에 해방이 있으므로 중생들은 색으로부터 해방된다.

no cedaṃ, bhikkhave, vedanāya assādo abhavissa nayidaṃ sattā vedanāya sārajjeyyuṃ. yasmā ca kho, bhikkhave, atthi vedanāya assādo, tasmā sattā vedanāya sārajjanti. no cedaṃ, bhikkhave, vedanāya ādīnavo abhavissa nayidaṃ sattā vedanāya nibbindeyyuṃ. yasmā ca kho, bhikkhave, atthi vedanāya ādīnavo, tasmā sattā vedanāya nibbindanti. no cedaṃ, bhikkhave, vedanāya nissaraṇaṃ abhavissa nayidaṃ sattā vedanāya nissareyyuṃ. yasmā ca kho, bhikkhave, atthi vedanāya nissaraṇaṃ, tasmā sattā vedanāya nissaranti.

노- 쩨-당, 빅카웨-, 웨-다나-야 앗사-도- 아바윗사 나이당 삿따- 웨-다나-야 사-랏제이융. 야스마- 짜 코-, 빅카웨-, 앗티 웨-다나-야 앗사-도-, 따스마- 삿따- 웨-다나-야 사-랏잔띠. 노- 쩨-당, 빅카웨-, 웨-다나-야 아-디-나오- 아바윗사 나이당 삿따- 웨-다나-야 닙빈데이융. 야스마- 짜 코-, 빅카웨-, 앗티 웨-다나-야 아-디-나오-, 따스마- 삿따- 웨-다나-야 닙빈단띠. 노- 쩨-당, 빅카웨-, 웨-다나-야 닛사라낭 아바윗사 나이당 삿따- 웨-다나-야 닛사레이융. 야스마- 짜 코-, 빅카웨-, 앗티 웨-다나-야 닛사라낭, 따스마- 삿따- 웨-다나-야 닛사란띠.

비구들이여, 만약 수(受)에 매력이 없다면, 중생들은 수에 대해 친밀하지 않을 것이다. 그러나 비구들이여, 수에 매력이 있으므로 중생들은 수에 대해 친밀하다. 비구들이여, 만약 수에 위험이 없다면, 중생들은 수에 대해 염오하지 않을 것이다. 그러나 비구들이여, 수에 위험이 있으므로 중생들은 수에 대해 염오한다. 비구들이여, 만약 수에 해방이 없다면, 중생들은 수로부터 해방되지 못할 것이다. 그러나 비구들이여, 수에 해방이 있으므로 중생들은 수로부터 해방된다.

no cedaṃ, bhikkhave, saññāya assādo abhavissa nayidaṃ sattā saññāya sārajjeyyuṃ. yasmā ca kho, bhikkhave, atthi saññāya assādo, tasmā sattā saññāya sārajjanti. no cedaṃ, bhikkhave, saññāya ādīnavo abhavissa nayidaṃ sattā saññāya nibbindeyyuṃ. yasmā ca kho, bhikkhave, atthi saññāya ādīnavo, tasmā sattā saññāya nibbindanti. no cedaṃ, bhikkhave, saññāya nissaraṇaṃ abhavissa nayidaṃ sattā saññāya nissareyyuṃ. yasmā ca kho, bhikkhave, atthi saññāya nissaraṇaṃ, tasmā sattā saññāya nissaranti.

노- 쩨-당, 빅카웨-, 산냐-야 앗사-도- 아바윗사 나이당 삿따- 산냐-야 사-랏제이융. 야스마- 짜 코-, 빅카웨-, 앗티 산냐-야 앗사-도-, 따스마- 삿따- 산냐-야 사-랏잔띠. 노- 쩨-당, 빅카웨-, 산냐-야 아-디-나오- 아바윗사 나이당 삿따- 산냐-야 닙빈데이융. 야스마- 짜 코-, 빅카웨-, 앗티 산냐-야 아-디-나오-, 따스마- 삿따- 산냐-야 닙빈단띠. 노- 쩨-당, 빅카웨-, 산냐-야 닛사라낭 아바윗사 나이당 삿따- 산냐-야 닛사레이융. 야스마- 짜 코-, 빅카웨-, 앗티 산냐-야 닛사라낭, 따스마- 삿따- 산냐-야 닛사란띠.

비구들이여, 만약 상(想)에 매력이 없다면, 중생들은 상에 대해 친밀하지 않을 것이다. 그러나 비구들이여, 상에 매력이 있으므로 중생들은 상에 대해 친밀하다. 비구들이여, 만약 상에 위험이 없다면, 중생들은 상에 대해 염오하지 않을 것이다. 그러나 비구들이여, 상에 위험이 있으므로 중생들은 상에 대해 염오한다. 비구들이여, 만약 상에 해방이 없다면, 중생들은 상으로부터 해방되지 못할 것이다. 그러나 비구들이여, 상에 해방이 있으므로 중생들은 상으로부터 해방된다.

no cedaṃ, bhikkhave, saṅkhārānaṃ assādo abhavissa nayidaṃ sattā saṅkhāresu sārajjeyyuṃ. yasmā ca kho, bhikkhave, atthi saṅkhārānaṃ assādo, tasmā sattā saṅkhāresu sārajjanti. no cedaṃ, bhikkhave, saṅkhārānaṃ ādīnavo abhavissa nayidaṃ sattā saṅkhāresu nibbindeyyuṃ. yasmā ca kho, bhikkhave, atthi saṅkhārānaṃ ādīnavo, tasmā sattā saṅkhāresu nibbindanti. no cedaṃ, bhikkhave, saṅkhārānaṃ nissaraṇaṃ abhavissa, nayidaṃ sattā saṅkhārehi nissareyyuṃ. yasmā ca kho, bhikkhave, atthi saṅkhārānaṃ nissaraṇaṃ, tasmā sattā saṅkhārehi nissaranti.

노- 쩨-당, 빅카웨-, 상카-라-낭 앗사-도- 아바윗사 나이당 삿따- 상카-레-수 사-랏제이융. 야스마- 짜 코-, 빅카웨-, 앗티 상카-라-낭 앗사-도-, 따스마- 삿따- 상카-레-수 사-랏잔띠. 노- 쩨-당, 빅카웨-, 상카-라-낭 아-디-나오- 아바윗사 나이당 삿따- 상카-레-수 닙빈데이융. 야스마- 짜 코-, 빅카웨-, 앗티 상카-라-낭 아-디-나오-, 따스마- 삿따- 상카-레-수 닙빈단띠. 노- 쩨-당, 빅카웨-, 상카-라-낭 닛사라낭 아바윗사 나이당 삿따- 상카-레-히 닛사레이융. 야스마- 짜 코-, 빅카웨-, 앗티 상카-라-낭 닛사라낭, 따스마- 삿따- 상카-레-히 닛사란띠.

비구들이여, 만약 행(行)들에 매력이 없다면, 중생들은 행들에 대해 친밀하지 않을 것이다. 그러나 비구들이여, 행들에 매력이 있으므로 중생들은 행들에 대해 친밀하다. 비구들이여, 만약 행들에 위험이 없다면, 중생들은 행들에 대해 염오하지 않을 것이다. 그러나 비구들이여, 행들에 위험이 있으므로 중생들은 행들에 대해 염오한다. 비구들이여, 만약 행들에 해방이 없다면, 중생들은 행들로부터 해방되지 못할 것이다. 그러나 비구들이여, 행들에 해방이 있으므로 중생들은 행들로부터 해방된다.

no cedaṃ, bhikkhave, viññāṇassa assādo abhavissa, nayidaṃ sattā viññāṇasmiṃ sārajjeyyuṃ. yasmā ca kho, bhikkhave, atthi viññāṇassa assādo, tasmā sattā viññāṇasmiṃ sārajjanti. no cedaṃ, bhikkhave, viññāṇassa ādīnavo abhavissa, nayidaṃ sattā viññāṇasmiṃ nibbindeyyuṃ. yasmā ca kho, bhikkhave, atthi viññāṇassa ādīnavo, tasmā sattā viññāṇasmiṃ nibbindanti. no cedaṃ, bhikkhave, viññāṇassa nissaraṇaṃ abhavissa, nayidaṃ sattā viññāṇasmā nissareyyuṃ. yasmā ca kho, bhikkhave, atthi viññāṇassa nissaraṇaṃ, tasmā sattā viññāṇasmā nissaranti.

노- 쩨-당, 빅카웨-, 윈냐-낫사 앗사-도- 아바윗사 나이당 삿따- 윈냐-나스밍 사-랏제이융. 야스마- 짜 코-, 빅카웨-, 앗티 윈냐-낫사 앗사-도-, 따스마- 삿따- 윈냐-나스밍 사-랏잔띠. 노- 쩨-당, 빅카웨-, 윈냐-낫사 아-디-나오- 아바윗사 나이당 삿따- 윈냐-나스밍 닙빈데이융. 야스마- 짜 코-, 빅카웨-, 앗티 윈냐-낫사 아-디-나오-, 따스마- 삿따- 윈냐-나스밍 닙빈단띠. 노- 쩨-당, 빅카웨-, 윈냐-낫사 닛사라낭 아바윗사 나이당 삿따- 윈냐-나스마- 닛사레이융. 야스마- 짜 코-, 빅카웨-, 앗티 윈냐-낫사 닛사라낭, 따스마- 삿따- 윈냐-나스마- 닛사란띠.

비구들이여, 만약 식(識)에 매력이 없다면, 중생들은 식에 대해 친밀하지 않을 것이다. 그러나 비구들이여, 식에 매력이 있으므로 중생들은 식에 대해 친밀하다. 비구들이여, 만약 식에 위험이 없다면, 중생들은 식에 대해 염오하지 않을 것이다. 그러나 비구들이여, 식에 위험이 있으므로 중생들은 식에 대해 염오한다. 비구들이여, 만약 식에 해방이 없다면, 중생들은 식으로부터 해방되지 못할 것이다. 그러나 비구들이여, 식에 해방이 있으므로 중생들은 식으로부터 해방된다.

“yāvakīvañca, bhikkhave, sattā imesaṃ pañcannaṃ upādānakkhandhānaṃ assādañca assādato ādīnavañca ādīnavato nissaraṇañca nissaraṇato yathābhūtaṃ nābbhaññaṃsu; neva tāva, bhikkhave, sattā sadevakā lokā samārakā sabrahmakā sassamaṇabrāhmaṇiyā pajāya sadevamanussāya nissaṭā visaṃyuttā vippamuttā vimariyādīkatena cetasā vihariṃsu. yato ca kho, bhikkhave, sattā imesaṃ pañcannaṃ upādānakkhandhānaṃ assādañca assādato ādīnavañca ādīnavato nissaraṇañca nissaraṇato yathābhūtaṃ abbhaññaṃsu; atha, bhikkhave, sattā sadevakā lokā samārakā sabrahmakā sassamaṇabrāhmaṇiyā pajāya sadevamanussāya nissaṭā visaṃyuttā vippamuttā vimariyādīkatena cetasā viharanti”.

야-와끼-완짜, 빅카웨-, 삿따- 이메-상 빤짠낭 우빠-다-낙칸다-낭 앗사-단짜 앗사-다또- 아-디-나완짜 아-디-나와또- 닛사라난짜 닛사라나또- 야타-부-땅 나-ㅂ반냥수; 네-와 따-와, 빅카웨-, 삿따- 사데-와까- 로-까- 사마-라까- 사브라흐마까- 삿사마나브라-흐마니야- 빠자-야 사데-와마눗사-야 닛사따- 위상윳따- 윕빠뭇따- 위마리야-디-까떼-나 쩨-따사- 위하링수. 야또- 짜 코-, 빅카웨-, 삿따- 이메-상 빤짠낭 우빠-다-낙칸다-낭 앗사-단짜 앗사-다또- 아-디-나완짜 아-디-나와또- 닛사라난짜 닛사라나또- 야타-부-땅 압반냥수; 아타, 빅카웨-, 삿따- 사데-와까- 로-까- 사마-라까- 사브라흐마까- 삿사마나브라-흐마니야- 빠자-야 사데-와마눗사-야 닛사따- 위상윳따- 윕빠뭇따- 위마리야-디-까떼-나 쩨-따사- 위하란띠”

비구들이여, 이 오취온의 매력으로부터 매력을, 위험으로부터 위험을, 해방으로부터 해방을 있는 그대로 실답게 알지 못할 때까지는, 비구들이여, 중생들은 신과 마라와 범천과 함께하는 세상에서, 사문-바라문과 신과 사람을 포함한 존재로부터 해방되지 못하고, 풀려나지 못하고, 자유로워지지 못하고, 제한 없는 심(心)으로 머물지 못한다. 그러나 비구들이여, 이 오취온의 매력으로부터 매력을, 위험으로부터 위험을, 해방으로부터 해방을 있는 그대로 실답게 알 때, 비구들이여, 중생들은 신과 마라와 범천과 함께하는 세상에서, 사문-바라문과 신과 사람을 포함한 존재로부터 해방되고, 풀려나고, 자유로워지고, 제한 없는 심으로 머문다." ▣

칠불통계(七佛通戒)

dhammapadapāḷi[법구경(法句經)], 14. buddhavaggo (KN 2.14-부처 품)

183.

sabbapāpassa akaraṇaṃ, kusalassa upasampadā.
sacittapariyodapanaṃ, etaṃ buddhāna sāsanaṃ.

삽바빠-빳사 아까라낭, 꾸살랏사 우빠삼빠다-
사찟따빠리요-다빠낭, 에-땅 붇다-나 사-사낭

모든 악(惡)을 행하지 않음과 유익(有益)의 성취
자신의 심(心)을 깨끗이 하는 것, 이것이 부처님들의 가르침이다.

184.

khantī paramaṃ tapo titikkhā, nibbānaṃ paramaṃ vadanti buddhā.
na hi pabbajito parūpaghātī, na samaṇo hoti paraṃ viheṭhayanto.

칸띠- 빠라망 따뽀- 띠띡카-, 닙바-낭 빠라망 와단띠 붇다-
나 히 빱바지또- 빠루-빠가-띠-, 나 사마노- 호-띠 빠랑 위헤-타얀또-

인내와 용서가 최상의 고행(苦行)[종교적인 삶]이고, 열반(涅槃)은 최상이라고 부처님들은 말한다. 출가자는 참으로 남을 해치지 않는다. 남을 괴롭히는 자는 사문이 아니다.

185.

anūpavādo anūpaghāto, pātimokkhe ca saṃvaro.
mattaññutā ca bhattasmiṃ, pantañca sayanāsanaṃ.
adhicitte ca āyogo, etaṃ buddhāna sāsanaṃ.

아누-빠와-도- 아누-빠가-또-, 빠-띠목케- 짜 상와로-
맛딴뉴따- 짜 밧따스밍, 빤딴짜 사야나-사낭
아디찟떼- 짜 아-요-고-, 에-땅 붇다-나 사-사낭

모욕하지 않고, 해치지 않고, 계목 위에서 단속하는 것
음식에 대해 절제하고, 홀로 머물며 앉고 눕는 것
심(心)의 집중 위에서 노력하는 것, 이것이 부처님들의 가르침이다.

제3장

깨달음의 재현 — 제자들의 깨달음

1. dhammacakkappavattanasuttaṃ (SN 56.11-전법륜경)
2. anattalakkhaṇasuttaṃ (SN 22.59-무아상경)
3. paṭhamamārapāsasuttaṃ (SN 4.4-마라의 덫 경1)
4. dutiyamārapāsasuttaṃ (SN 4.5-마라의 덫 경2)
5. sabbasuttaṃ (SN 35.23-일체(一切) 경)
6. ādittasuttaṃ (SN 35.28-불탐 경)

7. dhammavādīpañhāsuttaṃ (SN 38.3-법을 설파한 자에 대한 질문 경)
8. dhammakathikasuttaṃ (SN 12.16-법을 설하는 자 경)
9. dhammakathikasuttaṃ (SN 22.115-법을 설하는 자 경)
10. dhammakathikapucchasuttaṃ (SN 35.155-법을 설하는 자 질문 경)

1. dhammacakkappavattanasuttaṃ (SN 56.11-전법륜(轉法輪) 경)

- 두 끝과 중도(中道) → 그림 참조

※ 도(道)① — magga = 길 → 팔정도(八正道) = ariyo aṭṭhaṅgiko maggo(여덟 가지 성스러운 길)
도(道)② — paṭipadā = 실천 → 중도(中道) = majjhimā paṭipadā(중(中)의 실천)

- 눈을 만들고 앎을 만들고, 가라앉음으로 실다운 지혜로 깨달음으로 열반으로 이끄는, 여래가 깨달은 중도 = 여덟 요소로 구성된 성스러운 도[팔정도(八正道)]의 실천
- 사성제(四聖諦) 그리고 세 번 굴린 열두 형태[삼전십이행(三轉十二行)]

- 법의 눈[법안(法眼)]이 생김 — '자라나는 것은 무엇이든지 모두 소멸하는 것이다.'

- 육차결집본 : 'aññāsikoṇḍañño-이해한 꼰단냐' → 의미상 타당함
PTS본 : 'Aññā-Koṇḍañño-깨달은 꼰단냐' → 의미상 타당하지 않음

ekaṃ samayaṃ bhagavā bārāṇasiyaṃ viharati isipatane migadāye. tatra kho bhagavā pañcavaggiye bhikkhū āmantesi — "dveme, bhikkhave, antā pabbajitena na sevitabbā. katame dve? yo cāyaṃ kāmesu kāmasukhallikānuyogo hīno gammo pothujjaniko anariyo anatthasaṃhito, yo cāyaṃ attakilamathānuyogo dukkho anariyo anatthasaṃhito. ete kho, bhikkhave, ubho ante anupagamma majjhimā paṭipadā tathāgatena abhisambuddhā cakkhukaraṇī ñāṇakaraṇī upasamāya abhiññāya sambodhāya nibbānāya saṃvattati".

에-깡 사마양 바가와- 바-라-나시양 위하라띠 이시빠따네- 미가다-예-. 따뜨라 코- 바가와- 빤짜왁기예- 빅쿠- 아-만떼-시 — "드웨-메-, 빅카웨-, 안따- 빱바지떼-나 나 세-위땁바-. 까따메- 드웨-? 요- 짜-양 까-메-수 까-마수칼리까-누요-고- 히-노- 감모- 뽀-툿자니꼬- 아나리요- 아낫타상히또-. 요- 짜-양 앗따낄라마타-누요-고- 둑코- 아나리요- 아낫타상히또-. 에-떼- 코-, 빅카웨-, 우보- 안-떼- 아누빠감마 맛지마- 빠띠빠다- 따타-가떼-나 아비삼붇다- 짝쿠까라니- 냐-나까라니- 우빠사마-야 아빈냐-야 삼보-다-야 닙바-나-야 상왓따띠

한때 세존은 바라나시에서 이시빠따나의 사슴 공원에 머물렀다. 그때 세존은 함께하는 다섯 비구에게 말했다. — "비구들이여, 출가자가 실천하지 않아야 하는 이런 두 끝이 있다. 무엇이 둘인가? 소유의 삶에서 소유의 즐거움에 묶인 이런 실천은 저열하고 천박하고 범속하고 성스럽지 못하고 이익을 가져오지 않는다. 자신을 지치게 하는 이런 실천은 괴롭고 성스럽지 못하고 이익을 가져오지 않는다. 비구들이여, 이런 양 끝을 가까이하지 않고서 여래가 깨달은 중도(中道)는 눈을 만들고, 앎을 만들고, 가라앉음으로 실다운 지혜로 깨달음으로 열반

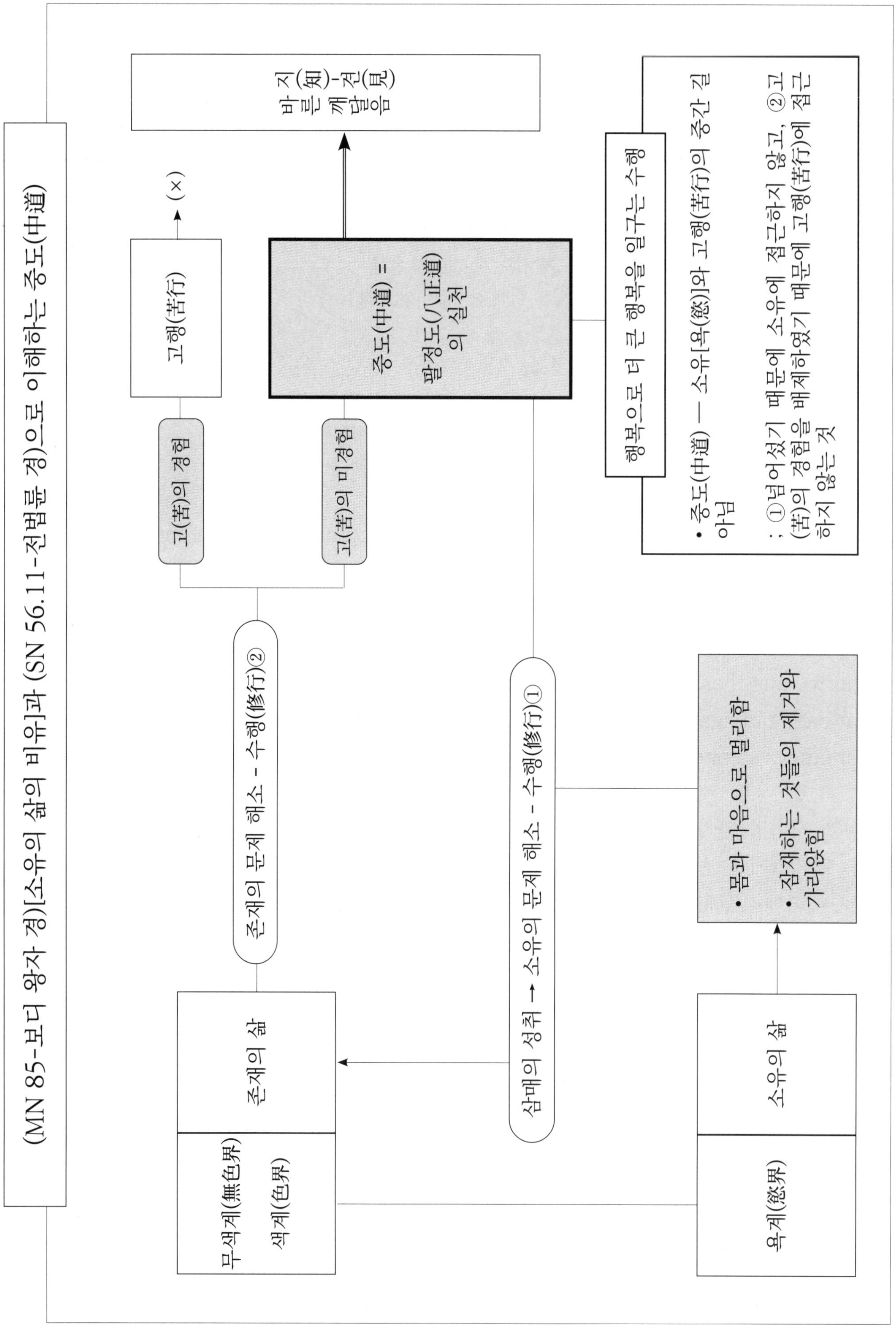
(MN 85-보디 왕자 경)[소유의 삶의 비유]과 (SN 56.11-전법륜 경)으로 이해하는 중도(中道)
무색계(無色界)
색계(色界)
존재의 삶
욕계(慾界)
소유의 삶
삼매의 성취 → 소유의 문제 해소 - 수행(修行)①
존재의 문제 해소 - 수행(修行)②
고(苦)의 경험
고(苦)의 미경험
고행(苦行)
(×)
중도(中道) = 팔정도(八正道)의 실천
바른 지(知)-견(見) 깨달음
행복으로 더 큰 행복을 일구는 수행
• 중도(中道) ─ 소유[욕(慾)]와 고행(苦行)의 중간 길 아님
; ①넘어섰기 때문에 소유에 접근하지 않고, ②고(苦)의 경험을 배제하였기 때문에 고행(苦行)에 접근하지 않는 것
• 몸과 마음으로 멀리함
• 잠재하는 것들의 제거와 가라앉힘

으로 이끈다.

“katamā ca sā, bhikkhave, majjhimā paṭipadā tathāgatena abhisambuddhā cakkhukaraṇī ñāṇakaraṇī upasamāya abhiññāya sambodhāya nibbānāya saṃvattati? ayameva ariyo aṭṭhaṅgiko maggo, seyyathidaṃ — sammādiṭṭhi sammāsaṅkappo sammāvācā sammākammanto sammāājīvo sammāvāyāmo sammāsati sammāsamādhi. ayaṃ kho sā, bhikkhave, majjhimā paṭipadā tathāgatena abhisambuddhā cakkhukaraṇī ñāṇakaraṇī upasamāya abhiññāya sambodhāya nibbānāya saṃvattati.

까따마- 짜 사-, 빅카웨-, 맛지마- 빠띠빠다- 따타-가떼-나 아비삼붇다- 짝쿠까라니- 냐-나까라니- 우빠사마-야 아빈냐-야 삼보-다-야 닙바-나-야 상왓따띠? 아야메-와 아리요- 앗탕기꼬- 막고-, 세이야티당 — 삼마-딧티 삼마-상깝뽀- 삼마-와-짜- 삼마-깜만또- 삼마-아-지-오- 삼마-와-야-모- 삼마-사띠 삼마-사마-디. 아양 코- 사-, 빅카웨-, 맛지마- 빠띠빠다- 따타-가떼-나 아비삼붇다- 짝쿠까라니- 냐-나까라니- 우빠사마-야 아빈냐-야 삼보-다-야 닙바-나-야 상왓따띠

비구들이여, 그러면 무엇이 눈을 만들고 앎을 만들고, 가라앉음으로 실다운 지혜로 깨달음으로 열반으로 이끄는, 여래가 깨달은 중도인가? 오직 이것, 바른 견해-바른 사유-바른말-바른 행위-바른 생활-바른 노력-바른 사띠-바른 삼매의 여덟 요소로 구성된 성스러운 도(道)다. 비구들이여, 이것이 눈을 만들고 앎을 만들고, 가라앉음으로 실다운 지혜로 깨달음으로 열반으로 이끄는, 여래가 깨달은 중도다.

- 팔정도(八正道) — 정견(正見)-정사유(正思惟)-정어(正語)-정업(正業)-정명(正命)-정정진(正精進)-정념(正念)-정정(正定)

“idaṃ kho pana, bhikkhave, dukkhaṃ ariyasaccaṃ — jātipi dukkhā, jarāpi dukkhā, byādhipi dukkho, maraṇampi dukkhaṃ, appiyehi sampayogo dukkho, piyehi vippayogo dukkho, yampicchaṃ na labhati tampi dukkhaṃ — saṃkhittena pañcupādānakkhandhā dukkhā. idaṃ kho pana, bhikkhave, dukkhasamudayaṃ ariyasaccaṃ — yāyaṃ taṇhā ponobbhavikā nandirāgasahagatā tatratatrābhinandinī, seyyathidaṃ — kāmataṇhā, bhavataṇhā, vibhavataṇhā. idaṃ kho pana, bhikkhave, dukkhanirodhaṃ ariyasaccaṃ — yo tassāyeva taṇhāya asesavirāganirodho cāgo paṭinissaggo mutti anālayo. idaṃ kho pana, bhikkhave, dukkhanirodhagāminī paṭipadā ariyasaccaṃ — ayameva ariyo aṭṭhaṅgiko maggo, seyyathidaṃ — sammādiṭṭhi sammāsaṅkappo sammāvācā sammākammanto sammāājīvo sammāvāyāmo sammāsati sammāsamādhi.

이당 코- 빠나, 빅카웨-, 둑캉 아리야삿짱 — 자-띠삐 둑카-, 자라-삐 둑카-, 뱌-디삐 둑코-, 마라남삐 둑캉, 압삐예-히 삼빠요-고- 둑코-, 삐예-히 윕빠요-고- 둑코-, 얌삣창 나 라바띠 땀삐 둑캉 — 상킷떼-나 빤쭈빠-다-낙칸다- 둑카-. 이당 코- 빠나, 빅카웨-, 둑카사무다양 아리야삿짱 — 야-양 딴하- 뽀-놉바위까- 난디라-가사하가따- 따뜨라따뜨라-비난디니-, 세이야티당 — 까-마딴하-, 바와딴하-, 위바와딴하-. 이당 코- 빠나, 빅카웨-, 둑카니로-당 아리야삿짱 — 요- 땃사-예-와 딴하-야 아세-사위라-가니로-도- 짜-고- 빠띠닛삭고- 뭇띠 아나-ㄹ라요-. 이당 코- 빠나, 빅카웨-, 둑카니로-다가-미니- 빠띠빠다- 아리야삿짱 — 아야메-와 아리요- 앗탕기꼬- 막고-, 세이야티당 — 삼마-딧티 삼마-상깝뽀- 삼마-와-짜- 삼마-깜만또- 삼마-아-지-오- 삼마-와-야-모- 삼마-사띠 삼마-사마-디

비구들이여, 이것이 괴로움의 성스러운 진리[고성제(苦聖諦)]이다. — 태어남도 괴로움이고, 늙음도 괴로움이고, 병도 괴로움이고, 죽음도 괴로움이다. 재미없는 것들과 함께 엮이는 것도 괴로움이고, 즐거운 것들과 갈라지는 것도 괴로움이고, 구하는 것을 얻지 못하는 것도 괴로움이다. 간략히 말하면, 오취온(五取蘊)이 괴로움이다.

비구들이여, 다시 존재로 이끌고 소망과 탐(貪)이 함께하며 여기저기서 기뻐하는 애(愛)가 괴로움의 자라남의 성스러운 진리[고집성제(苦集聖諦)]인데, 소유의 애, 존재의 애, 존재하지 않음의 애[욕애(慾愛)-유애(有愛)-무유애(無有愛)]가 있다.

비구들이여, 애의 남김없이 바랜 소멸, 포기, 놓음, 풀림, 잡지 않음이 괴로움의 소멸의 성스러운 진리[고멸성제(苦滅聖諦)]이다.

비구들이여, 이것이 괴로움의 소멸로 이끄는 실천의 성스러운 진리[고멸도성제(苦滅道聖諦)]이니, 오직 이것, 바른 견해-바른 사유-바른말-바른 행위-바른 생활-바른 노력-바른 사띠-바른 삼매의 여덟 요소로 구성된 성스러운 길이다.

"'idaṃ dukkhaṃ ariyasaccan'ti me, bhikkhave, pubbe ananussutesu dhammesu cakkhuṃ udapādi, ñāṇaṃ udapādi, paññā udapādi, vijjā udapādi, āloko udapādi. 'taṃ kho panidaṃ dukkhaṃ ariyasaccaṃ pariññeyyan'ti me, bhikkhave, pubbe ananussutesu dhammesu cakkhuṃ udapādi, ñāṇaṃ udapādi, paññā udapādi, vijjā udapādi, āloko udapādi. 'taṃ kho panidaṃ dukkhaṃ ariyasaccaṃ pariññātan'ti me, bhikkhave, pubbe ananussutesu dhammesu cakkhuṃ udapādi, ñāṇaṃ udapādi, paññā udapādi, vijjā udapādi, āloko udapādi.

'이당 둑캉 아리야삿짠' 띠 메-, 빅카웨-, 뻡베- 아나눗수떼-수 담메-수 짝쿵 우다빠-디, 냐-낭 우다빠-디, 빤냐- 우다빠-디, 윗자- 우다빠-디, 아-ㄹ로-꼬- 우다빠-디. '땅 코- 빠니당

둑캉 아리야삿짱 빠린녜이얀'띠 메-, 빅카웨-, 뿝베- 아나눗수떼-수 담메-수 짝쿵 우다빠-디, 냐-낭 우다빠-디, 빤냐- 우다빠-디, 윗자- 우다빠-디, 아-ㄹ로-꼬- 우다빠-디. '땅 코-빠니당 둑캉 아리야삿짱 빠린냐-딴'띠 메-, 빅카웨-, 뿝베- 아나눗수떼-수 담메-수 짝쿵 우다빠-디, 냐-낭 우다빠-디, 빤냐- 우다빠-디, 윗자- 우다빠-디, 아-ㄹ로-꼬- 우다빠-디

비구들이여, 나에게 '이것이 괴로움의 성스러운 진리이다.'라는 이전에 들어보지 못한 법들에 대한 눈이 생겼고, 앎이 생겼고, 지혜가 생겼고, 밝음이 생겼고, 빛이 생겼다. 나에게 '이 괴로움의 성스러운 진리는 완전히 알려져야 한다.'라는 이전에 들어보지 못한 법들에 대한 눈이 생겼고, 앎이 생겼고, 지혜가 생겼고, 밝음이 생겼고, 빛이 생겼다. 나에게 '이 괴로움의 성스러운 진리는 완전히 알려졌다.'라는 이전에 들어보지 못한 법들에 대한 눈이 생겼고, 앎이 생겼고, 지혜가 생겼고, 밝음이 생겼고, 빛이 생겼다.

• 안(眼)-지(知)-혜(慧)-명(明)-광(光)

"'idaṃ dukkhasamudayaṃ ariyasaccan'ti me, bhikkhave, pubbe ananussutesu dhammesu cakkhuṃ udapādi, ñāṇaṃ udapādi, paññā udapādi, vijjā udapādi, āloko udapādi. 'taṃ kho panidaṃ dukkhasamudayaṃ ariyasaccaṃ pahātabban'ti me, bhikkhave, pubbe ananussutesu dhammesu cakkhuṃ udapādi, ñāṇaṃ udapādi, paññā udapādi, vijjā udapādi, āloko udapādi. 'taṃ kho panidaṃ dukkhasamudayaṃ ariyasaccaṃ pahīnan'ti me, bhikkhave, pubbe ananussutesu dhammesu cakkhuṃ udapādi, ñāṇaṃ udapādi, paññā udapādi, vijjā udapādi, āloko udapādi.

'이당 둑카사무다양 아리야삿짠'띠 메-, 빅카웨-, 뿝베- 아나눗수떼-수 담메-수 짝쿵 우다빠-디, 냐-낭 우다빠-디, 빤냐- 우다빠-디, 윗자- 우다빠-디, 아-ㄹ로-꼬- 우다빠-디. '땅 코- 빠니당 둑카사무다양 아리야삿짱 빠하-땁반'띠 메-, 빅카웨-, 뿝베- 아나눗수떼-수 담메-수 짝쿵 우다빠-디, 냐-낭 우다빠-디, 빤냐- 우다빠-디, 윗자- 우다빠-디, 아-ㄹ로-꼬- 우다빠-디. '땅 코- 빠니당 둑카사무다양 아리야삿짱 빠히-난'띠 메-, 빅카웨-, 뿝베- 아나눗수떼-수 담메-수 짝쿵 우다빠-디, 냐-낭 우다빠-디, 빤냐- 우다빠-디, 윗자- 우다빠-디, 아-ㄹ로-꼬- 우다빠-디

비구들이여, 나에게 '이것이 괴로움의 자라남의 성스러운 진리이다.'라는 이전에 들어보지 못한 법들에 대한 눈이 생겼고, 앎이 생겼고, 지혜가 생겼고, 밝음이 생겼고, 빛이 생겼다. 나에게 '이 괴로움의 자라남의 성스러운 진리는 버려져야 한다.'라는 이전에 들어보지 못한 법들에 대한 눈이 생겼고, 앎이 생겼고, 지혜가 생겼고, 밝음이 생겼고, 빛이 생겼다. 나에게 '이 괴로움의 자라남의 성스러운 진리는 버려졌다.'라는 이전에 들어보지 못한 법들에 대한 눈이 생겼고, 앎이 생겼고, 지혜가 생겼고, 밝음이 생겼고, 빛이 생겼다.

"'idaṃ dukkhanirodhaṃ ariyasaccan'ti me, bhikkhave, pubbe ananussutesu dhammesu cakkhuṃ udapādi, ñāṇaṃ udapādi, paññā udapādi, vijjā udapādi, āloko udapādi. 'taṃ kho panidaṃ dukkhanirodhaṃ ariyasaccaṃ sacchikātabban'ti me, bhikkhave, pubbe ananussutesu dhammesu cakkhuṃ udapādi, ñāṇaṃ udapādi, paññā udapādi, vijjā udapādi, āloko udapādi. 'taṃ kho panidaṃ dukkhanirodhaṃ ariyasaccaṃ sacchikatan'ti me, bhikkhave, pubbe ananussutesu dhammesu cakkhuṃ udapādi, ñāṇaṃ udapādi, paññā udapādi, vijjā udapādi, āloko udapādi.

'이당 둑카니로-당 아리야삿짠'띠 메-, 빅카웨-, 뿝베- 아나눗수떼-수 담메-수 짝쿵 우다빠-디, 냐-낭 우다빠-디, 빤냐- 우다빠-디, 윗자- 우다빠-디, 아-ㄹ로-꼬- 우다빠-디. '땅 코- 빠니당 둑카니로-당 아리야삿짱 삿치까-땁반'띠 메-, 빅카웨-, 뿝베- 아나눗수떼-수 담메-수 짝쿵 우다빠-디, 냐-낭 우다빠-디, 빤냐- 우다빠-디, 윗자- 우다빠-디, 아-ㄹ로-꼬- 우다빠-디. '땅 코- 빠니당 둑카니로-당 아리야삿짱 삿치까딴'띠 메-, 빅카웨-, 뿝베- 아나눗수떼-수 담메-수 짝쿵 우다빠-디, 냐-낭 우다빠-디, 빤냐- 우다빠-디, 윗자- 우다빠-디, 아-ㄹ로-꼬- 우다빠-디

비구들이여, 나에게 '이것이 괴로움의 소멸의 성스러운 진리이다.'라는 이전에 들어보지 못한 법들에 대한 눈이 생겼고, 앎이 생겼고, 지혜가 생겼고, 밝음이 생겼고, 빛이 생겼다. 나에게 '이 괴로움의 소멸의 성스러운 진리는 실현되어야 한다.'라는 이전에 들어보지 못한 법들에 대한 눈이 생겼고, 앎이 생겼고, 지혜가 생겼고, 밝음이 생겼고, 빛이 생겼다. 나에게 '이 괴로움의 소멸의 성스러운 진리는 실현되었다.'라는 이전에 들어보지 못한 법들에 대한 눈이 생겼고, 앎이 생겼고, 지혜가 생겼고, 밝음이 생겼고, 빛이 생겼다.

"'idaṃ dukkhanirodhagāminī paṭipadā ariyasaccan'ti me, bhikkhave, pubbe ananussutesu dhammesu cakkhuṃ udapādi, ñāṇaṃ udapādi, paññā udapādi, vijjā udapādi, āloko udapādi. taṃ kho panidaṃ dukkhanirodhagāminī paṭipadā ariyasaccaṃ bhāvetabban'ti me, bhikkhave, pubbe ananussutesu dhammesu cakkhuṃ udapādi, ñāṇaṃ udapādi, paññā udapādi, vijjā udapādi, āloko udapādi. 'taṃ kho panidaṃ dukkhanirodhagāminī paṭipadā ariyasaccaṃ bhāvitan'ti me, bhikkhave, pubbe ananussutesu dhammesu cakkhuṃ udapādi, ñāṇaṃ udapādi, paññā udapādi, vijjā udapādi, āloko udapādi.

'이당 둑카니로-다가-미니- 빠띠빠다- 아리야삿짠'띠 메-, 빅카웨-, 뿝베- 아나눗수떼-수 담메-수 짝쿵 우다빠-디, 냐-낭 우다빠-디, 빤냐- 우다빠-디, 윗자- 우다빠-디, 아-ㄹ로-꼬- 우다빠-디. '땅 코- 빠니당 둑카니로-다가-미니- 빠띠빠다- 아리야삿짱 바-웨-땁반'띠

메-, 빅카웨-, 뿝베- 아나눗수떼-수 담메-수 짝쿵 우다빠-디, 냐-낭 우다빠-디, 빤냐- 우다빠-디, 윗자- 우다빠-디, 아-ㄹ로-꼬- 우다빠-디. '땅 코- 빠니당 둑카니로-다가-미니- 빠띠빠다- 아리야삿짱 바-위딴'띠 메-, 빅카웨-, 뿝베- 아나눗수떼-수 담메-수 짝쿵 우다빠-디, 냐-낭 우다빠-디, 빤냐- 우다빠-디, 윗자- 우다빠-디, 아-ㄹ로-꼬- 우다빠-디

비구들이여, 나에게 '이것이 괴로움의 소멸로 이끄는 실천의 성스러운 진리이다.'라는 이전에 들어보지 못한 법들에 대한 눈이 생겼고, 앎이 생겼고, 지혜가 생겼고, 밝음이 생겼고, 빛이 생겼다. 나에게 '이 괴로움의 소멸로 이끄는 실천의 성스러운 진리는 닦아져야 한다.'라는 이전에 들어보지 못한 법들에 대한 눈이 생겼고, 앎이 생겼고, 지혜가 생겼고, 밝음이 생겼고, 빛이 생겼다. 나에게 '이 괴로움의 소멸로 이끄는 실천의 성스러운 진리는 닦아졌다.'라는 이전에 들어보지 못한 법들에 대한 눈이 생겼고, 앎이 생겼고, 지혜가 생겼고, 밝음이 생겼고, 빛이 생겼다.

"yāvakīvañca me, bhikkhave, imesu catūsu ariyasaccesu evaṃ tiparivaṭṭaṃ dvādasākāraṃ yathābhūtaṃ ñāṇadassanaṃ na suvisuddhaṃ ahosi, neva tāvāhaṃ, bhikkhave, sadevake loke samārake sabrahmake sassamaṇabrāhmaṇiyā pajāya sadevamanussāya 'anuttaraṃ sammāsambodhiṃ abhisambuddho'ti paccaññāsiṃ.

야-와끼-완짜 메-, 빅카웨-, 이메-수 짜뚜-수 아리야삿쩨-수 에-왕 띠빠리왓땅 드와-다사-까-랑 야타-부-땅 냐-나닷사낭 나 수위숟당 아호-시, 네-와 따-와-항, 빅카웨-, 사데-와께-로-께- 사마-라께- 사브라흐마께- 삿사마나브라-흐마니야- 빠자-야 사데-와마눗사-야 '아눗따랑 삼마-삼보-딩 아비삼붇도-'띠 빳짠냐-싱

비구들이여, 나에게 세 번 굴린 열두 형태[삼전십이행(三轉十二行)]의 방법으로 이 네 가지 성스러운 진리에 대한 있는 그대로의 지(知)와 견(見)의 아주 청정함이 없었던 때까지는, 비구들이여, 나는 신과 마라와 범천을 포함하는 세상에서, 사문-바라문과 신과 사람을 포함하는 존재를 위해 '위없는 바른 깨달음을 깨달았다.'라고 선언하지 않았다.

"yato ca kho me, bhikkhave, imesu catūsu ariyasaccesu evaṃ tiparivaṭṭaṃ dvādasākāraṃ yathābhūtaṃ ñāṇadassanaṃ suvisuddhaṃ ahosi, athāhaṃ, bhikkhave, sadevake loke samārake sabrahmake sassamaṇabrāhmaṇiyā pajāya sadevamanussāya 'anuttaraṃ sammāsambodhiṃ abhisambuddho'ti paccaññāsiṃ. ñāṇañca pana me dassanaṃ udapādi — 'akuppā me vimutti, ayamantimā jāti, natthidāni punabbhavo'"ti. idamavoca bhagavā. attamanā pañcavaggiyā bhikkhū bhagavato bhāsitaṃ abhinandunti.

야또- 짜 코- 메-, 빅카웨-, 이메-수 짜뚜-수 아리야삿쩨-수 에-왕 띠빠리왓땅 드와-다사-

까-랑 야타-부-땅 냐-나닷사낭 수위숟당 아호-시, 아타-항, 빅카웨-, 사데-와께- 로-께- 사마-라께- 사브라흐마께- 삿사마나브라-흐마니야- 빠자-야 사데-와마눗사-야 '아눗따랑 삼마-삼보-딩 아비삼붇도-'띠 빳짠냐-싱. 냐-난짜 빠나 메- 닷사낭 우다빠-디 — '아꿉빠- 메- 위뭇띠, 아야만띠마- 자-띠, 낫티다-니 뿌납바오-'"띠. 이다마오-짜 바가와-. 앗따마나- 빤짜왁기야- 빅쿠- 바가와또- 바-시땅 아비난둔띠

비구들이여, 나에게 세 번 굴린 열두 형태의 이런 방법으로 이 네 가지 성스러운 진리에 대한 있는 그대로의 지와 견의 아주 청정함이 있었기 때문에, 비구들이여, 나는 신과 마라와 범천을 포함하는 세상에서, 사문-바라문과 신과 사람을 포함하는 존재를 위해 '위없는 바른 깨달음을 깨달았다.'라고 선언했다. 그리고 나에게 지와 견이 생겼다. — '나의 해탈은 흔들리지 않는다. 이것이 태어남의 끝이다. 이제 다음의 존재는 없다.'라고.

세존은 이렇게 말했다. 함께하는 다섯 비구는 즐거워하면서 세존의 말씀을 기뻐했다.

imasmiñca pana veyyākaraṇasmiṃ bhaññamāne āyasmato koṇḍaññassa virajaṃ vītamalaṃ dhammacakkhuṃ udapādi — "yaṃ kiñci samudayadhammaṃ, sabbaṃ taṃ nirodhadhamman"ti.

이마스민짜 빠나 웨이야-까라나스밍 반냐마-네- 아-야스마또- 꼰단냐사 위라장 위-따말랑 담마짝쿵 우다빠-디 — "양 낀찌 사무다야담망, 삽방 땅 니로-다담만"띠

이 설명이 설해지고 있을 때 꼰단냐 존자에게 '자라나는 것은 무엇이든지 모두 소멸하는 것이다.'라는 티끌이 없고 때가 없는 법의 눈[법안(法眼)]이 생겼다.

pavattite ca pana bhagavatā dhammacakke bhummā devā saddamanussāvesuṃ — "etaṃ bhagavatā bārāṇasiyaṃ isipatane migadāye anuttaraṃ dhammacakkaṃ pavattitaṃ appaṭivattiyaṃ samaṇena vā brāhmaṇena vā devena vā mārena vā brahmunā vā kenaci vā lokasmin"ti. bhummānaṃ devānaṃ saddaṃ sutvā cātumahārājikā devā saddamanussāvesuṃ — "etaṃ bhagavatā bārāṇasiyaṃ isipatane migadāye anuttaraṃ dhammacakkaṃ pavattitaṃ, appaṭivattiyaṃ samaṇena vā brāhmaṇena vā devena vā mārena vā brahmunā vā kenaci vā lokasmin"ti. cātumahārājikānaṃ devānaṃ saddaṃ sutvā tāvatiṃsā devā saddamanussāvesuṃ — "etaṃ bhagavatā bārāṇasiyaṃ isipatane migadāye anuttaraṃ dhammacakkaṃ pavattitaṃ, appaṭivattiyaṃ samaṇena vā brāhmaṇena vā devena vā mārena vā brahmunā vā kenaci vā lokasmin"ti. tāvatiṃsānaṃ devānaṃ saddaṃ sutvā yāmā devā saddamanussāvesuṃ — "etaṃ bhagavatā bārāṇasiyaṃ isipatane migadāye anuttaraṃ dhammacakkaṃ pavattitaṃ, appaṭivattiyaṃ samaṇena vā brāhmaṇena vā devena vā mārena vā brahmunā vā kenaci vā lokasmin"ti. yāmānaṃ devānaṃ saddaṃ sutvā tusitā devā saddamanussāvesuṃ — "etaṃ bhagavatā bārāṇasiyaṃ isipatane migadāye anuttaraṃ dhammacakkaṃ pavattitaṃ, appaṭivattiyaṃ samaṇena vā brāhmaṇena vā devena vā mārena vā brahmunā vā kenaci vā lokasmin"ti. tusitānaṃ devānaṃ saddaṃ sutvā nimmānaratī devā saddamanussāvesuṃ — "etaṃ bhagavatā bārāṇasiyaṃ isipatane migadāye anuttaraṃ dhammacakkaṃ pavattitaṃ, appaṭivattiyaṃ samaṇena vā brāhmaṇena vā devena vā mārena vā brahmunā vā kenaci vā lokasmin"ti. nimmānaratīnaṃ devānaṃ saddaṃ sutvā paranimmitavasavattī devā saddamanussāvesuṃ — "etaṃ bhagavatā bārāṇasiyaṃ isipatane migadāye anuttaraṃ dhammacakkaṃ pavattitaṃ, appaṭivattiyaṃ samaṇena vā brāhmaṇena vā devena vā mārena vā brahmunā vā kenaci vā lokasmin"ti. paranimmitavasavattīnaṃ devānaṃ saddaṃ sutvā brahmakāyikā devā saddamanussāvesuṃ — "etaṃ bhagavatā bārāṇasiyaṃ isipatane migadāye anuttaraṃ dhammacakkaṃ pavattitaṃ, appaṭivattiyaṃ samaṇena vā brāhmaṇena vā devena vā mārena vā brahmunā vā kenaci vā lokasmin"ti.

빠왓띠떼- 짜 빠나 바가와따- 담마짝께- 붐마- 데-와- 삳다마눗사-웨-숭 — "에-땅 바가와따- 바-라-나시양 이시빠따네- 미가다-예- 아눗따랑 담마짝깡 빠왓띠땅 압빠띠왓띠양 사마네-나 와- 브라-흐마네-나 와- 데-웨-나 와- 마-레-나 와- 브라흐무나- 와- 께-나찌 와- 로-까스민"띠

붐마-낭 데-와-낭 삳당 수뜨와- 짜-뚜마하-라-지까- 데-와- 삳다마눗사-웨-숭 — "에-땅 바가와따- 바-라-나시양 이시빠따네- 미가다-예- 아눗따랑 담마짝깡 빠왓띠땅 압빠띠왓띠양 사마네-나 와- 브라-흐마네-나 와- 데-웨-나 와- 마-레-나 와- 브라흐무나- 와- 께-나찌 와- 로-까스민"띠

짜-뚜마하-라-지까-낭 데-와-낭 삳당 수뜨와- 따-와띵사- 데-와- 삳다마눗사-웨-숭 — "에-땅 바가와따- 바-라-나시양 이시빠따네- 미가다-예- 아눗따랑 담마짝깡 빠왓띠땅 압빠띠왓띠양 사마네-나 와- 브라-흐마네-나 와- 데-웨-나 와- 마-레-나 와- 브라흐무나- 와- 께-나찌 와- 로-까스민"띠

따-와띵사-낭 데-와-낭 삳당 수뜨와- 야-마- 데-와- 삳다마눗사-웨-숭 — "에-땅 바가와따- 바-라-나시양 이시빠따네- 미가다-예- 아눗따랑 담마짝깡 빠왓띠땅 압빠띠왓띠양 사마네-나 와- 브라-흐마네-나 와- 데-웨-나 와- 마-레-나 와- 브라흐무나- 와- 께-나찌 와- 로-까스민"띠

야-마-낭 데-와-낭 삳당 수뜨와- 뚜시따- 데-와- 삳다마눗사-웨-숭 — "에-땅 바가와따- 바-라-나시양 이시빠따네- 미가다-예- 아눗따랑 담마짝깡 빠왓띠땅 압빠띠왓띠양 사마네-나 와- 브라-흐마네-나 와- 데-웨-나 와- 마-레-나 와- 브라흐무나- 와- 께-나찌 와- 로-까스민"띠

뚜시따-낭 데-와-낭 삳당 수뜨와- 님마-나라띠- 데-와- 삳다마눗사-웨-숭 — "에-땅 바가와따- 바-라-나시양 이시빠따네- 미가다-예- 아눗따랑 담마짝깡 빠왓띠땅 압빠띠왓띠양 사마네-나 와- 브라-흐마네-나 와- 데-웨-나 와- 마-레-나 와- 브라흐무나- 와- 께-나찌 와- 로-까스민"띠

님마-나라띠-낭 데-와-낭 삳당 수뜨와- 빠라님미따와사왓띠- 데-와- 삳다마눗사-웨-숭 — "에-땅 바가와따- 바-라-나시양 이시빠따네- 미가다-예- 아눗따랑 담마짝깡 빠왓띠땅 압빠띠왓띠양 사마네-나 와- 브라-흐마네-나 와- 데-웨-나 와- 마-레-나 와- 브라흐무나- 와- 께-나찌 와- 로-까스민"띠

빠라님미따와사왓띠-낭 데-와-낭 삳당 수뜨와- 브라흐마까-이까- 데-와- 삳다마눗사-웨-숭 — "에-땅 바가와따- 바-라-나시양 이시빠따네- 미가다-예- 아눗따랑 담마짝깡 빠왓띠땅 압빠띠왓띠양 사마네-나 와- 브라-흐마네-나 와- 데-웨-나 와- 마-레-나 와- 브라흐무나- 와- 께-나찌 와- 로-까스민"띠

세존에 의해 법륜(法輪)이 굴려졌을 때, 땅의 신들이 소리쳤다. — "바라나시 이시빠따나의 사슴 공원에서 세존에 의해 굴려진 이 위없는 법륜은 사문이나 바라문이나 신이나 마라나 범천이나 세상의 그 누구에 의해서도 되돌려지지 않는 것이다."라고. 땅의 신들의 소리를 듣고 사왕천(四王天)의 신들이 소리쳤다. — "바라나시 이시빠따나의 사슴 공원에서 세존에 의해 굴려진 이 위없는 법륜은 사문이나 바라문이나 신이나 마라나 범천이나 세상의 그 누구에 의해서도 되돌려지지 않는 것이다."라고. 사왕천의 신들의 소리를 듣고 삼십삼천(三十三天)의 신들이 소리쳤다. — "바라나시 이시빠따나의 사슴 공원에서 세존에 의해 굴려진 이 위없는 법륜은 사문이나 바라문이나 신이나 마라나 범천이나 세상의 그 누구에 의해서도 되돌려지지 않는 것이다."라고. 삼십삼천의 신들의 소리를 듣고 야마천(夜摩天)의 신들이 소리쳤다. — "바라나시 이시빠따나의 사슴 공원에서 세존에 의해 굴려진 이 위없는 법륜은 사문이나 바라문이나 신이나 마라나 범천이나 세상의 그 누구에 의해서도 되돌려지지 않는 것이다."라고. 야마천의 신들의 소리를 듣고 도솔천(兜率天)의 신들이 소리쳤다. — "바라나시 이시빠따나의 사슴 공원에서 세존에 의해 굴려진 이 위없는 법륜은 사문이나 바라문이나 신이나 마라나 범천이나 세상의 그 누구에 의해서도 되돌려지지 않는 것이다."라고. 도솔천의 신들의 소리를 듣고 화락천(化樂天)의 신들이 소리쳤다. — "바라나시 이시빠따나의 사슴 공원에서 세존에 의해 굴려진 이 위없는 법륜은 사문이나 바라문이나 신이나 마라나 범천이나 세상의 그 누구에 의해서도 되돌려지지 않는 것이다."라고. 화락천의 신들의 소리를 듣고 타

화자재천(他化自在天)의 신들이 소리쳤다. — "바라나시 이시빠따나의 사슴 공원에서 세존에 의해 굴려진 이 위없는 법륜은 사문이나 바라문이나 신이나 마라나 범천이나 세상의 그 누구에 의해서도 되돌려지지 않는 것이다."라고. 타화자재천의 신들의 소리를 듣고 범신천(梵身天)의 신들이 소리쳤다. — "바라나시 이시빠따나의 사슴 공원에서 세존에 의해 굴려진 이 위없는 법륜은 사문이나 바라문이나 신이나 마라나 범천이나 세상의 그 누구에 의해서도 되돌려지지 않는 것이다."라고.

itiha tena khaṇena (tena layena) tena muhuttena yāva brahmalokā saddo abbhuggacchi. ayañca dasasahassilokadhātu saṅkampi sampakampi sampavedhi, appamāṇo ca uḷāro obhāso loke pāturahosi atikkamma devānaṃ devānubhāvanti.

이띠하 떼-나 카네-나 (떼-나 라예-나) 떼-나 무훗떼-나 야-와 브라흐마로-까- 삳도- 압북갓치. 아얀짜 다사사핫실로-까다-뚜 상깜삐 삼빠깜삐 삼빠웨-디, 압빠마-노- 짜 울라-로-오-바-소- 로-께- 빠-뚜라호-시 아띡깜마 데-와-낭 데-와-누바-완띠

이렇게 그 순간, 그 짧은 시간 동안에 범천(梵天)의 세상까지 소리가 퍼져나갔다. 일만의 세계는 흔들렸고, 거세게 흔들렸고, 심하게 흔들렸다. 그리고 신들의 신통력을 능가하는 한량없고 밝은 빛이 세상에 나타났다.

atha kho bhagavā imaṃ udānaṃ udānesi — "aññāsi vata, bho, koṇḍañño, aññāsi vata, bho, koṇḍañño"ti! iti hidaṃ āyasmato koṇḍaññassa 'aññāsikoṇḍañño' tveva nāmaṃ ahosīti.

아타 코- 바가와- 이망 우다-낭 우다-네-시 — "안냐-시 와따, 보-, 꼰단뇨-, 안냐-시 와따, 보-, 꼰단뇨-"띠! 이띠 히당 아-야스마또- 꼰단냣사 '안냐-시꼰단뇨-' 뜨웨-와 나-망 아호-시-띠

그때 세존은 이런 감흥을 읊었다. — "벗들이여, 참으로 꼰단냐는 알았다. 벗들이여, 참으로 꼰단냐는 알았다."라고. 이렇게 꼰단냐 존자에게 '안냐시꼰단냐'라는 이런 이름이 생겼다. ▣

배워 알고 실천하는 불교 신자!

2. anattalakkhaṇasuttaṃ (SN 22.59-무아상(無我相) 경)

• 법의 눈[법안(法眼)]이 생긴 제자들에게 이어서 설해진 가르침

• 무아(無我)의 선언 → 제자들의 동의 → 기준의 제시 = 여실지견(如實知見)
• 여실지견 이후 깨달음의 과정 : 염오(厭惡) → 이탐(離貪) → 해탈(解脫) → 해탈지견(解脫知見)

• 깨달음이 재현된 첫 번째 사건 —「이 가르침이 설해졌을 때 함께하는 다섯 비구의 심(心)은 집착에서 벗어나 번뇌들로부터 해탈하였다.」

ekaṃ samayaṃ bhagavā bārāṇasiyaṃ viharati isipatane migadāye. tatra kho bhagavā pañcavaggiye bhikkhū āmantesi — "bhikkhavo"ti. "bhadante"ti te bhikkhū bhagavato paccassosuṃ. bhagavā etadavoca —

에-깡 사마양 바가와- 바-라-나시양 위하라띠 이시빠따네- 미가다-예-. 따뜨라 코- 바가와- 빤짜왁기예- 빅쿠- 아-만떼-시 — "빅카오-"띠. "바단떼-"띠 떼- 빅쿠- 바가와또- 빳짯소-숭. 바가와- 에-따다오-짜 —

한때 세존은 바라나시에서 이시빠따나의 사슴 공원에 머물렀다. 거기서 세존은 "비구들이여."라고 함께하는 다섯 비구를 불렀다. "대덕이시여."라고 그 비구들은 세존에게 대답했다. 세존은 이렇게 말했다. —

"rūpaṃ, bhikkhave, anattā. rūpañca hidaṃ, bhikkhave, attā abhavissa, nayidaṃ rūpaṃ ābādhāya saṃvatteyya, labbhetha ca rūpe — 'evaṃ me rūpaṃ hotu, evaṃ me rūpaṃ mā ahosī'ti. yasmā ca kho, bhikkhave, rūpaṃ anattā, tasmā rūpaṃ ābādhāya saṃvattati, na ca labbhati rūpe — 'evaṃ me rūpaṃ hotu, evaṃ me rūpaṃ mā ahosī'"ti.

루-빵, 빅카웨-, 아낫따-. 루-빤짜 히당, 빅카웨-, 앗따- 아바윗사, 나이당 루-빵 아-바-다-야 상왓떼이야, 랍베-타 짜 루-뻬- — '에-왕 메- 루-빵 호-뚜, 에-왕 메- 루-빵 마- 아호-시-'띠. 야스마- 짜 코-, 빅카웨-, 루-빵 아낫따-, 따스마- 루-빵 아-바-다-야 상왓따띠, 나 짜 랍바띠 루-뻬- — '에-왕 메- 루-빵 호-뚜, 에-왕 메- 루-빵 마- 아호-시-'"띠

[①무아(無我)의 선언] "비구들이여, 색(色)은 무아(無我)다. 비구들이여, 참으로 이 색이 아(我)라면 이 색은 결점으로 이끌리지 않아야 하고, 색에 대해 '나의 색은 이런 상태로 있어라. 나의 색은 이런 상태가 되지 말아라.'라는 권한이 있어야 한다. 그러나 비구들이여, 색은 무아이기 때문에 색은 결점으로 이끌리고, 색에 대해 '나의 색은 이런 상태로 있어라. 나의 색은 이런 상태가 되지 말아라.'라는 권한이 없다.

“vedanā anattā. vedanā ca hidaṃ, bhikkhave, attā abhavissa, nayidaṃ vedanā ābādhāya saṃvatteyya, labbhetha ca vedanāya — ‘evaṃ me vedanā hotu, evaṃ me vedanā mā ahosī’ti. yasmā ca kho, bhikkhave, vedanā anattā, tasmā vedanā ābādhāya saṃvattati, na ca labbhati vedanāya — ‘evaṃ me vedanā hotu, evaṃ me vedanā mā ahosī’”ti.

웨-다나- 아낫따-. 웨-다나- 짜 히당, 빅카웨-, 앗따- 아바윗사, 나이당 웨-다나- 아-바-다-야 상왓떼이야, 랍베-타 짜 웨-다나-야 — ‘에-왕 메- 웨-다나- 호-뚜, 에-왕 메- 웨-다나-마- 아호-시-’띠. 야스마- 짜 코-, 빅카웨-, 웨-다나- 아낫따-, 따스마- 웨-다나- 아-바-다-야 상왓따띠, 나 짜 랍바띠 웨-다나-야 — ‘에-왕 메- 웨-다나- 호-뚜, 에-왕 메- 웨-다나-마- 아호-시-’”띠

수(受)는 무아다. 비구들이여, 참으로 이 수가 아라면 이 수는 결점으로 이끌리지 않아야 하고, 수에 대해 ‘나의 수는 이런 상태로 있어라. 나의 수는 이런 상태가 되지 말아라.’라는 권한이 있어야 한다. 그러나 비구들이여, 수는 무아이기 때문에 수는 결점으로 이끌리고, 수에 대해 ‘나의 수는 이런 상태로 있어라. 나의 수는 이런 상태가 되지 말아라.’라는 권한이 없다.

“saññā anattā. saññā ca hidaṃ, bhikkhave, attā abhavissa, nayidaṃ saññā ābādhāya saṃvatteyya, labbhetha ca saññāya — ‘evaṃ me saññā hotu, evaṃ me saññā mā ahosī’ti. yasmā ca kho, bhikkhave, saññā anattā, tasmā saññā ābādhāya saṃvattati, na ca labbhati saññāya — ‘evaṃ me saññā hotu, evaṃ me saññā mā ahosī’”ti.

산냐- 아낫따-. 산냐- 짜 히당, 빅카웨-, 앗따- 아바윗사, 나이당 산냐- 아-바-다-야 상왓떼이야, 랍베-타 짜 산냐-야 — ‘에-왕 메- 산냐- 호-뚜, 에-왕 메- 산냐- 마- 아호-시-’띠. 야스마- 짜 코-, 빅카웨-, 산냐- 아낫따-, 따스마- 산냐- 아-바-다-야 상왓따띠, 나 짜 랍바띠 산냐-야 — ‘에-왕 메- 산냐- 호-뚜, 에-왕 메- 산냐- 마- 아호-시-’”띠

상(想)은 무아다. 비구들이여, 참으로 이 상이 아라면 이 상은 결점으로 이끌리지 않아야 하고, 상에 대해 ‘나의 상은 이런 상태로 있어라. 나의 상은 이런 상태가 되지 말아라.’라는 권한이 있어야 한다. 그러나 비구들이여, 상은 무아이기 때문에 상은 결점으로 이끌리고, 상에 대해 ‘나의 상은 이런 상태로 있어라. 나의 상은 이런 상태가 되지 말아라.’라는 권한이 없다.

saṅkhārā anattā. saṅkhārā ca hidaṃ, bhikkhave, attā abhavissaṃsu, nayidaṃ saṅkhārā ābādhāya saṃvatteyyuṃ, labbhetha ca saṅkhāresu — ‘evaṃ me saṅkhārā hontu, evaṃ me saṅkhārā mā ahesun’ti. yasmā ca kho, bhikkhave, saṅkhārā anattā, tasmā saṅkhārā ābādhāya saṃvattanti, na ca labbhati saṅkhāresu — 'evaṃ me saṅkhārā hontu, evaṃ me saṅkhārā mā ahesun'"ti.

상카-라- 아낫따-. 상카-라- 짜 히당, 빅카웨-, 앗따- 아바윗상수, 나이당 상카-라- 아-바-다-야 상왓떼이융, 랍베-타 짜 상카-레-수 — '에-왕 메- 상카-라- 혼뚜, 에-왕 메- 상카-라- 마- 아헤-순' 띠. 야스마- 짜 코-, 빅카웨-, 상카-라- 아낫따-, 따스마- 상카-라- 아-바-다-야 상왓딴띠, 나 짜 랍바띠 상카-레-수 — '에-왕 메- 상카-라- 혼뚜, 에-왕 메- 상카-라- 마- 아헤-순'"띠

행(行)들은 무아다. 비구들이여, 참으로 이 행들이 아라면 이 행들은 결점으로 이끌리지 않아야 하고, 행들에 대해 '나의 행들은 이런 상태로 있어라. 나의 행들은 이런 상태가 되지 말아라.'라는 권한이 있어야 한다. 그러나 비구들이여, 행들은 무아이기 때문에 행들은 결점으로 이끌리고, 행들에 대해 '나의 행들은 이런 상태로 있어라. 나의 행들은 이런 상태가 되지 말아라.'라는 권한이 없다.

"viññāṇaṃ anattā. viññāṇañca hidaṃ, bhikkhave, attā abhavissa, nayidaṃ viññāṇaṃ ābādhāya saṃvatteyya, labbhetha ca viññāṇe — 'evaṃ me viññāṇaṃ hotu, evaṃ me viññāṇaṃ mā ahosī' ti. yasmā ca kho, bhikkhave, viññāṇaṃ anattā, tasmā viññāṇaṃ ābādhāya saṃvattati, na ca labbhati viññāṇe — 'evaṃ me viññāṇaṃ hotu, evaṃ me viññāṇaṃ mā ahosī'"ti.

윈냐-낭 아낫따-. 윈냐-난짜 히당, 빅카웨-, 앗따- 아바윗사, 나이당 윈냐-낭 아-바-다-야 상왓떼이야, 랍베-타 짜 윈냐-네- — '에-왕 메- 윈냐-낭 호-뚜, 에-왕 메- 윈냐-낭 마- 아호-시-' 띠. 야스마- 짜 코-, 빅카웨-, 윈냐-낭 아낫따-, 따스마- 윈냐-낭 아-바-다-야 상왓따띠, 나 짜 랍바띠 윈냐-네- — '에-왕 메- 윈냐-낭 호-뚜, 에-왕 메- 윈냐-낭 마- 아호-시-'"띠

식(識)은 무아다. 비구들이여, 참으로 이 식이 아라면 이 식은 결점으로 이끌리지 않아야 하고, 식에 대해 '나의 식은 이런 상태로 있어라. 나의 식은 이런 상태가 되지 말아라.'라는 권한이 있어야 한다. 그러나 비구들이여, 식은 무아이기 때문에 식은 결점으로 이끌리고, 식에 대해 '나의 식은 이런 상태로 있어라. 나의 식은 이런 상태가 되지 말아라.'라는 권한이 없다."

"taṃ kiṃ maññatha, bhikkhave, rūpaṃ niccaṃ vā aniccaṃ vā"ti? "aniccaṃ, bhante". "yaṃ panāniccaṃ dukkhaṃ vā taṃ sukhaṃ vā"ti? "dukkhaṃ, bhante". "yaṃ panāniccaṃ dukkhaṃ vipariṇāmadhammaṃ, kallaṃ nu taṃ samanupassituṃ — 'etaṃ mama, esohamasmi, eso me attā'"ti? "no hetaṃ, bhante”.

“땅 낑 만냐타, 빅카웨-, 루-빵 닛짱 와- 아닛짱 와-”띠? “아닛짱, 반떼-” “양 빠나-닛짱 둑캉 와- 땅 수캉 와-”띠? “둑캉, 반떼-” “양 빠나-닛짱 둑캉 위빠리나-마담망, 깔랑 누 땅 사마누빳시뚱 — ‘에-땅 마마, 에-소-하마스미, 에-소- 메- 앗따-’”띠? “노- 헤-땅, 반떼-”

[②제자들의 동의] “비구들이여, 어떻게 생각하는가? 색(色)은 상(常)한가, 무상(無常)한가?” “무상합니다, 대덕이시여.” “그러면 무상한 것은 고(苦)인가, 락(樂)인가?” “고입니다, 대덕이시여.” “그렇다면 무상하고 고고 변하는 것을 ‘이것은 나의 것이다. 이것은 나다. 이것은 나의 아(我)다.’라고 관찰하는 것이 타당한가?” “아닙니다, 대덕이시여.”

“vedanā niccā vā aniccā vā”ti? “aniccā, bhante”. “yaṃ panāniccaṃ, dukkhaṃ vā taṃ sukhaṃ vā”ti? “dukkhaṃ, bhante”. “yaṃ panāniccaṃ dukkhaṃ vipariṇāmadhammaṃ, kallaṃ nu taṃ samanupassituṃ — ‘etaṃ mama, esohamasmi, eso me attā’”ti? “no hetaṃ, bhante”.

웨-다나- 닛짜- 와- 아닛짜 와-”띠? “아닛짜-, 반떼-” “양 빠나-닛짱 둑캉 와- 땅 수캉 와-”띠? “둑캉, 반떼-” “양 빠나-닛짱 둑캉 위빠리나-마담망, 깔랑 누 땅 사마누빳시뚱 — ‘에-땅 마마, 에-소-하마스미, 에-소- 메- 앗따-’”띠? “노- 헤-땅, 반떼-”

“수(受)는 상한가, 무상한가?” “무상합니다, 대덕이시여.” “그러면 무상한 것은 고인가, 락인가?” “고입니다, 대덕이시여.” “그렇다면 무상하고 고고 변하는 것을 ‘이것은 나의 것이다. 이것은 나다. 이것은 나의 아다.’라고 관찰하는 것이 타당한가?” “아닙니다, 대덕이시여.”

“saññā niccā vā aniccā vā”ti? “aniccā, bhante”. “yaṃ panāniccaṃ, dukkhaṃ vā taṃ sukhaṃ vā”ti? “dukkhaṃ, bhante”. “yaṃ panāniccaṃ dukkhaṃ vipariṇāmadhammaṃ, kallaṃ nu taṃ samanupassituṃ — ‘etaṃ mama, esohamasmi, eso me attā’”ti? “no hetaṃ, bhante”.

산냐- 닛짜- 와- 아닛짜- 와-”띠? “아닛짜-, 반떼-” “양 빠나-닛짱 둑캉 와- 땅 수캉 와-”띠? “둑캉, 반떼-” “양 빠나-닛짱 둑캉 위빠리나-마담망, 깔랑 누 땅 사마누빳시뚱 — ‘에-땅 마마, 에-소-하마스미, 에-소- 메- 앗따-’”띠? “노- 헤-땅, 반떼-”

“상(想)은 상한가, 무상한가?” “무상합니다, 대덕이시여.” “그러면 무상한 것은 고인가, 락인가?” “고입니다, 대덕이시여.” “그렇다면 무상하고 고고 변하는 것을 ‘이것은 나의 것이다. 이것은 나다. 이것은 나의 아다.’라고 관찰하는 것이 타당한가?” “아닙니다, 대덕이시여.”

"saṅkhārā niccā vā aniccā vā"ti? "aniccā, bhante". "yaṃ panāniccaṃ dukkhaṃ vā taṃ sukhaṃ vā"ti? "dukkhaṃ, bhante". "yaṃ panāniccaṃ dukkhaṃ vipariṇāmadhammaṃ, kallaṃ nu taṃ samanupassituṃ — 'etaṃ mama, esohamasmi, eso me attā'"ti? "no hetaṃ, bhante".

상카-라- 닛짜- 와- 아닛짜- 와-"띠? "아닛짜-, 반떼-" "양 빠나-닛짱 둑캉 와- 땅 수캉 와-" 띠? "둑캉, 반떼-" "양 빠나-닛짱 둑캉 위빠리나-마담망, 깔랑 누 땅 사마누빳시뚱 — '에-땅 마마, 에-소-하마스미, 에-소- 메- 앗따-'"띠? "노- 헤-땅, 반떼-"

"행(行)들은 상한가, 무상한가?" "무상합니다, 대덕이시여." "그러면 무상한 것은 고인가, 락인가?" "고입니다, 대덕이시여." "그렇다면 무상하고 고고 변하는 것을 '이것은 나의 것이다. 이것은 나다. 이것은 나의 아다.'라고 관찰하는 것이 타당한가?" "아닙니다, 대덕이시여."

"viññāṇaṃ niccaṃ vā aniccaṃ vā"ti? "aniccaṃ, bhante". "yaṃ panāniccaṃ dukkhaṃ vā taṃ sukhaṃ vā"ti? "dukkhaṃ, bhante". "yaṃ panāniccaṃ dukkhaṃ vipariṇāmadhammaṃ, kallaṃ nu taṃ samanupassituṃ — 'etaṃ mama, esohamasmi, eso me attā'"ti? "no hetaṃ, bhante".

윈냐-낭 닛짱 와- 아닛짱 와-"띠? "아닛짱, 반떼-" "양 빠나-닛짱 둑캉 와- 땅 수캉 와-"띠? "둑캉, 반떼-" "양 빠나-닛짱 둑캉 위빠리나-마담망, 깔랑 누 땅 사마누빳시뚱 — '에-땅 마마, 에-소-하마스미, 에-소- 메- 앗따-'"띠? "노- 헤-땅, 반떼-"

"식(識)은 상한가, 무상한가?" "무상합니다, 대덕이시여." "그러면 무상한 것은 고인가, 락인가?" "고입니다, 대덕이시여." "그렇다면 무상하고 고고 변하는 것을 '이것은 나의 것이다. 이것은 나다. 이것은 나의 아다.'라고 관찰하는 것이 타당한가?" "아닙니다, 대덕이시여."

"tasmātiha, bhikkhave, yaṃ kiñci rūpaṃ atītānāgatapaccuppannaṃ ajjhattaṃ vā bahiddhā vā oḷārikaṃ vā sukhumaṃ vā hīnaṃ vā paṇītaṃ vā yaṃ dūre santike vā, sabbaṃ rūpaṃ — 'netaṃ mama, nesohamasmi, na meso attā'ti evametaṃ yathābhūtaṃ sammappaññāya daṭṭhabbaṃ.

"따스마-띠하, 빅카웨-, 양 낀찌 루-빵 아띠-따-나-가따빳쭙빤낭 앗잣땅 와- 바힏다- 와 - 오-ㄹ라-리깡 와- 수쿠망 와- 히-낭 와- 빠니-땅 와- 양 두-레- 산-띠께- 와-, 삽방 루-빵 — '네-땅 마마, 네-소-하마스미, 나 메-소- 앗따-'띠 에-와메-땅 야타-부-땅 삼맙빤냐-야 닷탑방.

[③기준의 제시] "그러므로 비구들이여, 안의 것이든 밖의 것이든, 거친 것이든 미세한 것이

든, 저열한 것이든 뛰어난 것이든 과거-미래-현재의 어떤 색(色)에 대해서도, 멀리 있는 것이든 가까이 있는 것이든 모든 색에 대해 '이것은 나의 것이 아니다. 이것은 내가 아니다. 이것은 나의 아가 아니다.'라고 이렇게 바른 지혜로써 있는 그대로 보아야 한다.

yā kāci vedanā atītānāgatapaccuppannā ajjhattā vā bahiddhā vā oḷārikā vā sukhumā vā hīnā vā paṇītā vā yā dūre santike vā, sabbaṃ vedanaṃ — 'netaṃ mama, nesohamasmi, na meso attā'ti evametaṃ yathābhūtaṃ sammappaññāya daṭṭhabbaṃ.

야- 까-찌 웨-다나- 아띠-따-나-가따빳쭙빤나- 앗잣따- 와- 바힏다- 와- 오-ㄹ라-리까- 와- 수쿠마- 와- 히-나- 와- 빠니-따- 와- 야- 두-레- 산띠께- 와-, 삽방 웨-다낭 — '네-땅 마마, 네-소-하마스미, 나 메-소- 앗따-'띠 에-와메-땅 야타-부-땅 삼맙빤냐-야 닷탑방

안의 것이든 밖의 것이든, 거친 것이든 미세한 것이든, 저열한 것이든 뛰어난 것이든 과거-미래-현재의 어떤 수(受)에 대해서도, 멀리 있는 것이든 가까이 있는 것이든 모든 수에 대해 '이것은 나의 것이 아니다. 이것은 내가 아니다. 이것은 나의 아가 아니다.'라고 이렇게 바른 지혜로써 있는 그대로 보아야 한다.

yā kāci saññā atītānāgatapaccuppannā ajjhattā vā bahiddhā vā oḷārikā vā sukhumā vā hīnā vā paṇītā vā yā dūre santike vā, sabbaṃ saññaṃ — 'netaṃ mama, nesohamasmi, na meso attā'ti evametaṃ yathābhūtaṃ sammappaññāya daṭṭhabbaṃ.

야- 까-찌 산냐- 아띠-따-나-가따빳쭙빤나- 앗잣따- 와- 바힏다- 와- 오-ㄹ라-리까- 와- 수쿠마- 와- 히-나- 와- 빠니-따- 와- 야- 두-레- 산띠께- 와-, 삽방 산냥 — '네-땅 마마, 네-소-하마스미, 나 메-소- 앗따-'띠 에-와메-땅 야타-부-땅 삼맙빤냐-야 닷탑방

안의 것이든 밖의 것이든, 거친 것이든 미세한 것이든, 저열한 것이든 뛰어난 것이든 과거-미래-현재의 어떤 상(想)에 대해서도, 멀리 있는 것이든 가까이 있는 것이든 모든 상에 대해 '이것은 나의 것이 아니다. 이것은 내가 아니다. 이것은 나의 아가 아니다.'라고 이렇게 바른 지혜로써 있는 그대로 보아야 한다.

ye keci saṅkhārā atītānāgatapaccuppannā ajjhattā vā bahiddhā vā oḷārikā vā sukhumā vā hīnā vā paṇītā vā ye dūre santike vā, sabbe saṅkhāre — 'netaṃ mama, nesohamasmi, na meso attā'ti evametaṃ yathābhūtaṃ sammappaññāya daṭṭhabbaṃ.

예- 께-찌 상카-라- 아띠-따-나-가따빳쭙빤나- 앗잣따- 와- 바힏다- 와- 오-ㄹ라-리까- 와- 수쿠마- 와- 히-나- 와- 빠니-따- 와- 예- 두-레- 산띠께- 와-, 삽베- 상카-레- — '네-땅 마마, 네-소-하마스미, 나 메-소- 앗따-'띠 에-와메-땅 야타-부-땅 삼맙빤냐-야 닷탑방

안의 것이든 밖의 것이든, 거친 것이든 미세한 것이든, 저열한 것이든 뛰어난 것이든 과거-미래-현재의 어떤 행(行)들에 대해서도, 멀리 있는 것이든 가까이 있는 것이든 모든 행에 대해 '이것은 나의 것이 아니다. 이것은 내가 아니다. 이것은 나의 아가 아니다.'라고 이렇게 바른 지혜로써 있는 그대로 보아야 한다.

"yaṃ kiñci viññāṇaṃ atītānāgatapaccuppannaṃ ajjhattaṃ vā bahiddhā vā oḷārikaṃ vā sukhumaṃ vā hīnaṃ vā paṇītaṃ vā yaṃ dūre santike vā, sabbaṃ viññāṇaṃ — 'netaṃ mama, nesohamasmi, na meso attā'ti evametaṃ yathābhūtaṃ sammappaññāya daṭṭhabbaṃ.

양 낀찌 윈냐-낭 아띠-따-나-가따빳쭙빤낭 앗잣땅 와- 바힏다- 와- 오-ㄹ라-리깡 와- 수쿠망 와- 히-낭 와- 빠니-땅 와- 양 두-레- 산띠께- 와-, 삽방 윈냐-낭 — '네-땅 마마, 네-소-하마스미, 나 메-소- 앗따-'띠 에-와메-땅 야타-부-땅 삼맙빤냐-야 닷탑방

안의 것이든 밖의 것이든, 거친 것이든 미세한 것이든, 저열한 것이든 뛰어난 것이든 과거-미래-현재의 어떤 식(識)에 대해서도, 멀리 있는 것이든 가까이 있는 것이든 모든 식에 대해 '이것은 나의 것이 아니다. 이것은 내가 아니다. 이것은 나의 아가 아니다.'라고 이렇게 바른 지혜로써 있는 그대로 보아야 한다.

"evaṃ passaṃ, bhikkhave, sutavā ariyasāvako rūpasmimpi nibbindati, vedanāyapi nibbindati, saññāyapi nibbindati, saṅkhāresupi nibbindati, viññāṇasmimpi nibbindati. nibbindaṃ virajjati; virāgā vimuccati. vimuttasmiṃ vimuttamiti ñāṇaṃ hoti. 'khīṇā jāti, vusitaṃ brahmacariyaṃ, kataṃ karaṇīyaṃ, nāparaṃ itthattāyā'ti pajānātī"ti.

에-왕 빳상, 빅카웨-, 수따와- 아리야사-와꼬- 루-빠스밈삐 닙빈다띠, 웨-다나-야삐 닙빈다띠, 산냐-야삐 닙빈다띠, 상카-레-수삐 닙빈다띠, 윈냐-나스밈삐 닙빈다띠. 닙빈당 위랒자띠; 위라-가- 위뭇짜띠. 위뭇따스밍 위뭇따미띠 냐-낭 호-띠. '키-나- 자-띠, 우시땅 브라흐마짜리양, 까땅 까라니-양, 나-빠랑 잇탓따-야-'띠 빠자-나-띠-"띠

비구들이여, 이렇게 보는 잘 배운 성스러운 제자는 색(色)에 대해서도 염오(厭惡)하고, 수(受)에 대해서도 염오하고, 상(想)에 대해서도 염오하고, 행(行)들에 대해서도 염오하고, 식(識)에 대해서도 염오한다. 염오하는 자는 이탐(離貪)한다. 이탐으로부터 해탈(解脫)한다. 해탈했을

때 '나는 해탈했다.'라는 앎이 있다. '태어남은 다했다. 범행은 완성되었다. 해야 할 일을 했다. 다음에는 현재 상태[유(有)]가 되지 않는다.'라고 분명히 안다."

idamavoca bhagavā. attamanā pañcavaggiyā bhikkhū bhagavato bhāsitaṃ abhinanduṃ.

이다마오-짜 바가와-. 앗따마나- 빤짜왁기야- 빅쿠- 바가와또- 바-시땅 아비난둥

세존은 이렇게 말했다. 함께하는 다섯 비구는 즐거워하면서 세존의 말씀을 기뻐했다.

imasmiñca pana veyyākaraṇasmiṃ bhaññamāne pañcavaggiyānaṃ bhikkhūnaṃ anupādāya āsavehi cittāni vimucciṃsūti.

이마스민짜 빠나 웨이야-까라나스밍 반냐마-네- 빤짜왁기야-낭 빅쿠-낭 아누빠-다-야 아-사웨-히 찟따-니 위뭇찡수-띠

그리고 이 가르침이 설해졌을 때 함께하는 다섯 비구의 심(心)은 집착에서 벗어나 번뇌들로부터 해탈하였다. ▣

• 함께하는 다섯 비구를 가르치는 과정 — (MN 85-보디 왕자 경)

"asakkhiṃ kho ahaṃ, rājakumāra, pañcavaggiye bhikkhū saññāpetuṃ. dvepi sudaṃ, rājakumāra, bhikkhū ovadāmi. tayo bhikkhū piṇḍāya caranti. yaṃ tayo bhikkhū piṇḍāya caritvā āharanti, tena chabbaggiyā yāpema. tayopi sudaṃ, rājakumāra, bhikkhū ovadāmi, dve bhikkhū piṇḍāya caranti. yaṃ dve bhikkhū piṇḍāya caritvā āharanti tena chabbaggiyā yāpema.

왕자여, 나는 함께하는 다섯 비구를 설득할 수 있었다. 왕자여, 나는 두 명의 비구를 가르치고, 세 명의 비구는 탁발했다. 세 명의 비구가 탁발하여 가져온 것으로 여섯 명이 먹었다. 나는 세 명의 비구를 가르치고, 두 명의 비구는 탁발했다. 두 명의 비구가 탁발하여 가져온 것으로 여섯 명이 먹었다.

3. paṭhamamārapāsasuttaṃ (SN 4.4-마라의 덫 경1)

- 여리작의(如理作意)와 사실에 들어맞는[여리(如理)한] 바른 노력으로 위없는 해탈을 성취하고, 위없는 해탈을 실현함

※ yoniso — '여리(如理)' 또는 '사실에 들어맞는'

- 위없는 해탈의 실현 = 천상과 인간이라는 마라의 덫에서 풀려남

evaṃ me sutaṃ — ekaṃ samayaṃ bhagavā bārāṇasiyaṃ viharati isipatane migadāye. tatra kho bhagavā bhikkhū āmantesi — "bhikkhavo"ti. "bhadante"ti te bhikkhū bhagavato paccassosuṃ. bhagavā etadavoca —

에-왕 메- 수땅 — 에-깡 사마양 바가와- 바-라-나시양 위하라띠 이시빠따네- 미가다-예-. 따뜨라 코- 바가와- 빅쿠- 아-만떼-시 — "빅카오-"띠. "바단떼-"띠 떼- 빅쿠- 바가와또- 빳짯소-숭. 바가와- 에-따다오-짜 —

한때 세존은 바라나시에서 이시빠따나의 사슴 공원에 머물렀다. 그때 세존은 "비구들이여." 라고 비구들을 불렀다. "대덕이시여."라고 그 비구들은 세존에게 대답했다. 세존은 이렇게 말했다. —

"mayhaṃ kho, bhikkhave, yoniso manasikārā yoniso sammappadhānā anuttarā vimutti anuppattā, anuttarā vimutti sacchikatā. tumhepi, bhikkhave, yoniso manasikārā yoniso sammappadhānā anuttaraṃ vimuttiṃ anupāpuṇātha, anuttaraṃ vimuttiṃ sacchikarothā"ti. atha kho māro pāpimā yena bhagavā tenupasaṅkami; upasaṅkamitvā bhagavantaṃ gāthāya ajjhabhāsi —

"마이항 코-, 빅카웨-, 요-니소- 마나시까-라- 요-니소- 삼맙빠다-나- 아눗따라- 위뭇띠 아눕빳따-, 아눗따라- 위뭇띠 삿치까따-. 뚬헤-삐, 빅카웨-, 요-니소- 마나시까-라- 요-니소- 삼맙빠다-나- 아눗따랑 위뭇띵 아누빠-뿌나-타, 아눗따랑 위뭇띵 삿치까로-타-"띠. 아타 코- 마-로- 빠-삐마- 예-나 바가와- 떼-누빠상까미; 우빠상까미뜨와- 바가완땅 가-타-야 앗자바-시 —

"비구들이여, 나는 여리작의(如理作意)와 사실에 들어맞는[여리(如理)한] 바른 노력으로 위없는 해탈을 성취하고, 위없는 해탈을 실현했다. 비구들이여, 그대들도 여리작의와 사실에 들어맞는 바른 노력으로 위없는 해탈을 성취하고, 위없는 해탈을 실현하라."라고. 그러자 마라 빠삐만뜨가 세존에게 왔다. 와서는 세존에게 게송을 읊었다. —

"baddhosi mārapāsena, ye dibbā ye ca mānusā.
mārabandhanabaddhosi, na me samaṇa mokkhasī"ti.

"받도-시 마-라빠-세-나, 예- 딥바- 예- 짜 마-누사-
마-라반다나받도-시, 나 메- 사마나 목카시-"띠

"그대는 천상과 인간이라는 마라의 덫에 묶였다.
그대는 마라의 덫에 묶여서, 사문이여, 그대는 나에게서 벗어나지 못한다."

"muttāhaṃ mārapāsena, ye dibbā ye ca mānusā.
mārabandhanamuttomhi, nihato tvamasi antakā"ti.

"뭇따-항 마-라빠-세-나, 예- 딥바- 예- 짜 마-누사-
마-라반다나뭇똠히, 니하또- 뜨와마시 안따까-"띠

"나는 천상과 인간이라는 마라의 덫에서 벗어났다.
나는 큰 덫에서 풀려났다. 죽음의 신이여, 그대는 파괴되었다."

atha kho māro pāpimā "jānāti maṃ bhagavā, jānāti maṃ sugato"ti, dukkhī dummano tatthevantaradhāyīti.

아타 코- 마-로- 빠-삐마- "자-나-띠 망 바가와-, 자-나-띠 망 수가또-"띠, 둑키- 둠마노- 땃테-완따라다-이-띠

그러자 마라 빠삐만뜨는 "세존이 나를 알았다. 선서가 나를 알았다."라고 괴로워하고 슬퍼하면서 거기에서 사라졌다. ▣

배워 알고 실천하는 불교 신자!

4. dutiyamārapāsasuttaṃ (SN 4.5-마라의 덫 경2)

- 전도선언(傳道宣言) — 출발, 세상 속으로!
- 많은 사람의 이익과 많은 사람의 행복과 세상의 연민을 위하여, 신과 인간의 이익과 행복을 위하여!

ekaṃ samayaṃ bhagavā bārāṇasiyaṃ viharati isipatane migadāye. tatra kho bhagavā bhikkhū āmantesi — "bhikkhavo"ti. "bhadante"ti te bhikkhū bhagavato paccassosuṃ. bhagavā etadavoca —

에-깡 사마양 바가와- 바-라-나시양 위하라띠 이시빠따네- 미가다-예-. 따뜨라 코- 바가와- 빅쿠- 아-만떼-시 — "빅카오-"띠. "바단떼-"띠 떼- 빅쿠- 바가와또- 빳짯소-숭. 바가와- 에-따다오-짜 —

한때 세존은 바라나시에서 이시빠따나의 사슴 공원에 머물렀다. 그때 세존은 "비구들이여." 라고 비구들을 불렀다. "대덕이시여."라고 그 비구들은 세존에게 대답했다. 세존은 이렇게 말했다. —

"muttāhaṃ, bhikkhave, sabbapāsehi ye dibbā ye ca mānusā. tumhepi, bhikkhave, muttā sabbapāsehi ye dibbā ye ca mānusā. caratha, bhikkhave, cārikaṃ bahujanahitāya bahujanasukhāya lokānukampāya atthāya hitāya sukhāya devamanussānaṃ. mā ekena dve agamittha. desetha, bhikkhave, dhammaṃ ādikalyāṇaṃ majjhekalyāṇaṃ pariyosānakalyāṇaṃ sātthaṃ sabyañjanaṃ kevalaparipuṇṇaṃ parisuddhaṃ brahmacariyaṃ pakāsetha. santi sattā apparajakkhajātikā, assavanatā dhammassa parihāyanti. bhavissanti dhammassa aññātāro. ahampi, bhikkhave, yena uruvelā senānigamo tenupasaṅkamissāmi dhammadesanāyā"ti. atha kho māro pāpimā yena bhagavā tenupasaṅkami; upasaṅkamitvā bhagavantaṃ gāthāya ajjhabhāsi —

"뭇따-항, 빅카웨-, 삽바빠-세-히 예- 딥바- 예- 짜 마-누사-. 뚬헤-삐, 빅카웨-, 뭇따- 삽바빠-세-히 예- 딥바- 예- 짜 마-누사-. 짜라타, 빅카웨-, 짜-리깡 바후자나히따-야 바후자나수카-야 로-까-누깜빠-야 앗타-야 히따-야 수카-야 데-와마눗사-낭. 마- 에-께-나 드웨- 아가밋타. 데-세-타, 빅카웨-, 담망 아-디깔랴-낭 맛제-깔랴-낭 빠리요-사-나깔랴-낭 사-ㅅ탕 사반자낭 께-왈라빠리뿐낭 빠리숟당 브라흐마짜리양 빠까-세-타. 산띠 삿따- 압빠라작카자-띠까-, 앗사와나따- 담맛사 빠리하-야띠. 바윗산띠 담맛사 안냐-따-로-. 아함삐, 빅카웨-, 예-나 우루웰-ㄹ라- 세-나-니가모- 떼-누빠상까밋사-미 담마데-사나-야-"띠. 아타 코- 마-로- 빠-삐마- 예-나 바가와- 떼-누빠상까미; 우빠상까미뜨와- 바가완땅 가-타-야 앗자바-시 —

“비구들이여, 나는 신과 인간의 모든 덫에서 벗어났다. 비구들이여, 그대들도 신과 인간의 모든 덫에서 벗어났다. 많은 사람의 이익과 많은 사람의 행복과 세상의 연민을 위하여, 신과 인간의 이익과 행복을 위하여 유행하라. 하나의 길을 둘이서 가지 마라. 처음도 좋고 중간에도 좋고 끝도 좋은, 의미를 갖추고 표현을 갖춘 법을 설하고, 온전하게 완전하고 청정한 범행을 드러내라. 태어날 때부터 더러움이 적은 중생들이 있다. 그들은 법을 듣지 못하면 퇴보할 것이다. 그들은 법을 알게 될 것이다. 비구들이여, 나도 법을 설하기 위해서 우루웰라의 세나니 마을로 갈 것이다.”라고. 그러자 마라 빠삐만뜨가 세존에게 왔다. 와서는 세존에게 게송을 읊었다. —

“baddhosi sabbapāsehi, ye dibbā ye ca mānusā.
mahābandhanabaddhosi, na me samaṇa mokkhasī”ti.

“받도-시 삽바빠-세-히, 예- 딥바- 예- 짜 마-누사-
마하-반다나받도-시, 나 메- 사마나 목카시-”띠

그대는 천상과 인간이라는 모든 덫에 걸렸다.
그대는 큰 덫에 걸려서, 사문이여, 그대는 나에게서 벗어나지 못한다.

“muttāhaṃ sabbapāsehi, ye dibbā ye ca mānusā.
mahābandhanamuttomhi, nihato tvamasi antakā”ti.

“뭇따-항 삽바빠-세-히, 예- 딥바- 예- 짜 마-누사-
마하-반다나뭇똠히, 니하또- 뜨와마시 안따까-”띠

나는 천상과 인간이라는 모든 덫에서 벗어났다.
나는 큰 덫에서 풀려났다. 죽음의 신이여, 그대는 파괴되었다.

atha kho māro pāpimā “jānāti maṃ bhagavā, jānāti maṃ sugato”ti, dukkhī dummano tatthevantaradhāyīti.

아타 코- 마-로- 빠-삐마- “자-나-띠 망 바가와-, 자-나-띠 망 수가또-”띠, 둑키- 둠마노- 땃테-완따라다-이-띠

그러자 마라 빠삐만뜨는 “세존이 나를 알았다. 선서가 나를 알았다.”라고 괴로워하고 슬퍼하면서 거기에서 사라졌다. ▣

5. sabbasuttaṃ (SN 35.23-일체(一切) 경)

• 일체(一切) = 육내입처(六內入處-단수)와 육외입처(六外入處-복수) = 십이처(十二處)

※「영역(gocara)-외입처(外入處-bāhira āyatana)-경(境-visaya)-상(相-nimitta)」— 그림

• 말로만 있는 것이 아닌 실제(實際)하는 것

sāvatthinidānaṃ. "sabbaṃ vo, bhikkhave, desessāmi. taṃ suṇātha. kiñca, bhikkhave, sabbaṃ? cakkhuñceva rūpā ca, sotañca saddā ca, ghānañca gandhā ca, jivhā ca rasā ca, kāyo ca phoṭṭhabbā ca, mano ca dhammā ca — idaṃ vuccati, bhikkhave, sabbaṃ. yo, bhikkhave, evaṃ vadeyya — 'ahametaṃ sabbaṃ paccakkhāya aññaṃ sabbaṃ paññāpessāmī'ti, tassa vācāvatthukamevassa; puṭṭho ca na sampāyeyya, uttariñca vighātaṃ āpajjeyya. taṃ kissa hetu? yathā taṃ, bhikkhave, avisayasmin"ti.

사-왓티니다-낭. "삽방 오-, 빅카웨-, 데-셋사-미. 땅 수나-타. 낀짜, 빅카웨-, 삽방? 짝쿤쩨-와 루-빠- 짜, 소-딴짜 삳다- 짜, 가-난짜- 간다- 짜, 지워하- 짜 라사- 짜, 까-요- 짜 폿탑바- 짜, 마노- 짜 담마- 짜 — 이당 웃짜띠, 빅카웨-, 삽방. 요-, 빅카웨-, 에-왕 와데이야 — '아하메-땅 삽방 빳짝카-야 안냥 삽방 빤냐-뻿사-미-'띠, 땃사 와-짜-왓투까메-왓사; 뿟토- 짜 나 삼빠-예이야, 웃따린짜 위가-땅 아-빳제이야. 땅 낏사 헤-뚜? 야타- 땅, 빅카웨-, 아위사야스민"띠

사왓티에서 설해짐. "비구들이여, 그대들에게 일체(一切)를 설할 것이다. 그것을 들어라. 비구들이여, 무엇이 일체인가? 안(眼)과 색(色)들, 이(耳)와 성(聲)들, 비(鼻)와 향(香)들, 설(舌)과 미(味)들, 신(身)과 촉(觸)들, 의(意)와 법(法)들 — 이것이, 비구들이여, 일체라고 불린다. 비구들이여, 어떤 사람이 '나는 이 일체를 거부하고 다른 일체를 선언할 것이다.'라고 말한다면 그 사람에게 단지 그런 말이 있을 뿐이다. 동의를 얻지 못할 것이고 더 나아가 낭패를 보게 될 것이다. 그 원인은 무엇인가? 비구들이여, 그것이 영역 안에 있지 않기 때문이다." ▣

배워 알고 실천하는 불교 신자!

영역(gocara)-외입처(外入處-bāhira āyatana)-경(境-visaya)-상(相-nimitta)

내입처	안(眼)	이(耳)	비(鼻)	설(舌)	신(身)	의(意)
영역	안근(眼根)의 영역 ; 보는 영역	이근(耳根)의 영역 ; 듣는 영역	비근(鼻根)의 영역 ; 냄새맡는 영역	설근(舌根)의 영역 ; 맛보는 영역	신근(身根)의 영역 ; 느끼는 영역	의근(意根)의 영역 ; 인식하는 영역
외입처	안근(眼根)의 영역에 있는 것들 [색(色)들]	이근(耳根)의 영역에 있는 것들 [성(聲)들]	비근(鼻根)의 영역에 있는 것들 [향(香)들]	설근(舌根)의 영역에 있는 것들 [미(味)들]	신근(身根)의 영역에 있는 것들 [촉(觸)들]	의근(意根)의 영역에 있는 것들 [법(法)들]
경(境)	색(色)	성(聲)	향(香)	미(味)	촉(觸)	법(法)
	관심(chanda)에 의해 묶인 지금의 인식 대상 — 밖					
상(相)	색상(色相)	성상(聲相)	향상(香相)	미상(味相)	촉상(觸相)	법상(法相)
	욕탐(欲貪-chandarāga)이 싣고 온 탐(貪)과 진(嗔)에 의해 왜곡된 이미지(nimitta-표상-인상) — 정상(淨相)과 저항의 상(相) — 안					

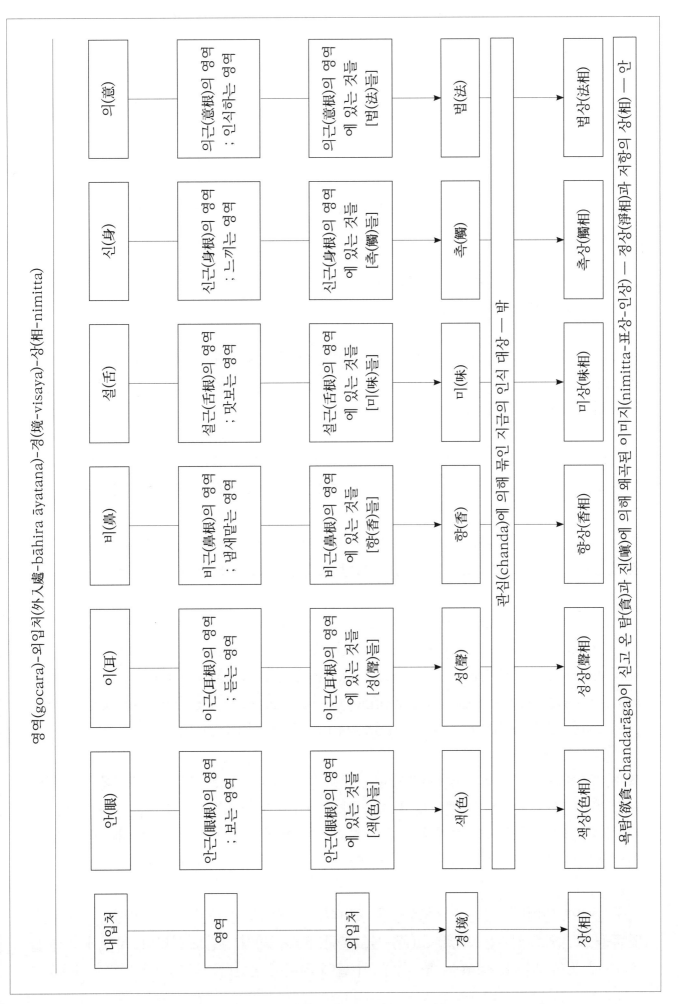

6. ādittasuttaṃ (SN 35.28-불탐 경)

• 일체 = 내입처-외입처 ⇒ 활성화된 일체 — 내입처-외입처-식-촉-수

; 상윳따 니까야는 3개의 품(品) 30개의 경(SN 35.23~52)을 통해 일체(一切)를 설명하는데, (SN 35.23-일체 경)과 이어지는 29개의 경입니다. 이때, 이어지는 29개의 경은 모두 활성화된 일체를 설명합니다. 그래서 삶을 활성 상태에서 설명하고 이해하는 것이 불교의 입장이라는 것을 말할 수 있습니다.

• 불탐 — 탐진치(연료) → 활성화된 일체(불타는 것) → 생-노사-수비고우뇌(불꽃-연기-빛)
• 활성화된 일체의 염오 → 이탐 → 해탈 → 해탈지견

• 깨달음이 재현된 두 번째 사건 —「이 가르침이 설해졌을 때 그 천 명의 비구들의 심(心)은 집착에서 벗어나 번뇌들로부터 해탈하였다.」

ekaṃ samayaṃ bhagavā gayāyaṃ viharati gayāsīse saddhiṃ bhikkhusahassena. tatra kho bhagavā bhikkhū āmantesi — "sabbaṃ, bhikkhave, ādittaṃ. kiñca, bhikkhave, sabbaṃ ādittaṃ?

에-깡 사마양 바가와- 가야-양 위하라띠 가야-시-세- 삳딩 빅쿠사핫세-나. 따뜨라 코- 바가와- 빅쿠- 아-만떼-시 — "삽방, 빅카웨-, 아-딧땅. 낀짜, 빅카웨-, 삽방 아-딧땅?

한때 세존은 가야의 가야시사에서 천 명의 비구와 함께 머물렀다. 거기서 세존은 비구들에게 말했다. — "비구들이여, 일체(一切)는 불탄다. 무엇이 일체가 불타는 것인가?

cakkhu, bhikkhave, ādittaṃ, rūpā ādittā, cakkhuviññāṇaṃ ādittaṃ, cakkhusamphasso ādittto. yampidaṃ cakkhusamphassapaccayā uppajjati vedayitaṃ sukhaṃ vā dukkhaṃ vā adukkhamasukhaṃ vā tampi ādittaṃ. kena ādittaṃ? 'rāgagginā, dosagginā, mohagginā ādittaṃ, jātiyā jarāya maraṇena sokehi paridevehi dukkhehi domanassehi upāyāsehi ādittan'ti vadāmi.

짝쿠, 빅카웨-, 아-딧땅, 루-빠- 아-딧따-, 짝쿠윈냐-낭 아-딧땅, 짝쿠삼팟소- 아-딧또-. 얌삐당 짝쿠삼팟사빳짜야- 웁빳자띠 웨-다이땅 수캉 와- 둑캉 와- 아둑카마수캉 와- 땀삐 아-딧땅. 께-나 아-딧땅? '라-각기나-, 도-삭기나-, 모-학기나- 아-딧땅, 자-띠야- 자라-야 마라네-나 소-께-히 빠리데-웨-히 둑케-히 도-마낫세-히 우빠-야-세-히 아-딧딴'띠 와다-미

비구들이여, 안(眼)은 불탄다. 색(色)들은 불탄다. 안식(眼識)은 불탄다. 안촉(眼觸)은 불탄다. 안촉을 조건으로 생기는 락(樂)-고(苦)-불고불락(不苦不樂)의 경험도 불탄다. 무엇에 의해 불타는가? '탐(貪)의 불, 진(嗔)의 불, 치(癡)의 불에 의해서 불탄다. 생(生)과 노(老)와 사(死) 그

리고 수비고우뇌(愁悲苦憂惱)로 불탄다.'라고 나는 말한다.

sotaṃ ādittaṃ, saddā ādittā, sotaviññāṇaṃ ādittaṃ, sotasamphasso āditto. yampidaṃ sotasamphassapaccayā uppajjati vedayitaṃ sukhaṃ vā dukkhaṃ vā adukkhamasukhaṃ vā tampi ādittaṃ. kena ādittaṃ? 'rāgagginā, dosagginā, mohagginā ādittaṃ, jātiyā jarāya maraṇena sokehi paridevehi dukkhehi domanassehi upāyāsehi ādittan'ti vadāmi.

소-땅 아-딧땅, 삳다- 아-딧따-, 소-따윈냐-낭 아-딧땅, 소-따삼팟소- 아-딧또-. 얌삐당 소-따삼팟사빳짜야- 웁빳자띠 웨-다이땅 수캉 와- 둑캉 와- 아둑카마수캉 와- 땀삐 아-딧땅. 께-나 아-딧땅? '라-각기나-, 도-삭기나-, 모-학기나- 아-딧땅, 자-띠야- 자라-야 마라네-나 소-께-히 빠리데-웨-히 둑케-히 도-마낫세-히 우빠-야-세-히 아-딧딴'띠 와다-미

이(耳)는 불탄다. 성(聲)들은 불탄다. 이식(耳識)은 불탄다. 이촉(耳觸)은 불탄다. 이촉을 조건으로 생기는 락-고-불고불락의 경험도 불탄다. 무엇에 의해 불타는가? '탐의 불, 진의 불, 치의 불에 의해서 불탄다. 생과 노와 사 그리고 수비고우뇌로 불탄다.'라고 나는 말한다.

ghānaṃ ādittaṃ, gandhā ādittā, ghānaviññāṇaṃ ādittaṃ, ghānasamphasso āditto. yampidaṃ ghānasamphassapaccayā uppajjati vedayitaṃ sukhaṃ vā dukkhaṃ vā adukkhamasukhaṃ vā tampi ādittaṃ. kena ādittaṃ? 'rāgagginā, dosagginā, mohagginā ādittaṃ, jātiyā jarāya maraṇena sokehi paridevehi dukkhehi domanassehi upāyāsehi ādittan'ti vadāmi.

가-낭 아-딧땅, 간다- 아-딧따-, 가-나윈냐-낭 아-딧땅, 가-나삼팟소- 아-딧또-. 얌삐당 가-나삼팟사빳짜야- 웁빳자띠 웨-다이땅 수캉 와- 둑캉 와- 아둑카마수캉 와- 땀삐 아-딧땅. 께-나 아-딧땅? '라-각기나-, 도-삭기나-, 모-학기나- 아-딧땅, 자-띠야- 자라-야 마라네-나 소-께-히 빠리데-웨-히 둑케-히 도-마낫세-히 우빠-야-세-히 아-딧딴'띠 와다-미

비(鼻)는 불탄다. 향(香)들은 불탄다. 비식(鼻識)은 불탄다. 비촉(鼻觸)은 불탄다. 비촉을 조건으로 생기는 락-고-불고불락의 경험도 불탄다. 무엇에 의해 불타는가? '탐의 불, 진의 불, 치의 불에 의해서 불탄다. 생과 노와 사 그리고 수비고우뇌로 불탄다.'라고 나는 말한다.

jivhā ādittā, rasā ādittā, jivhāviññāṇaṃ ādittaṃ, jivhāsamphasso āditto. yampidaṃ jivhāsamphassapaccayā uppajjati vedayitaṃ sukhaṃ vā dukkhaṃ vā adukkhamasukhaṃ vā tampi ādittaṃ. kena ādittaṃ? 'rāgagginā, dosagginā, mohagginā ādittaṃ, jātiyā jarāya maraṇena sokehi paridevehi dukkhehi domanassehi upāyāsehi ādittan'ti vadāmi

지워하- 아-딧따-, 라사- 아-딧따-, 지워하-윈냐-낭 아-딧땅, 지워하-삼팟소- 아-딧또-. 얌삐당 지워하-삼팟사빳짜야- 웁빳자띠 웨-다이땅 수캉 와- 둑캉 와- 아둑카마수캉 와- 땀삐 아-딧땅. 께-나 아-딧땅? '라-각기나-, 도-삭기나-, 모-학기나- 아-딧땅, 자-띠야- 자라-야 마라네-나 소-께-히 빠리데-웨-히 둑케-히 도-마낫세-히 우빠-야-세-히 아-딧딴'띠 와다-미

설(舌)은 불탄다. 미(味)들은 불탄다. 설식(舌識)은 불탄다. 설촉(舌觸)은 불탄다. 설촉을 조건으로 생기는 락-고-불고불락의 경험도 불탄다. 무엇에 의해 불타는가? '탐의 불, 진의 불, 치의 불에 의해서 불탄다. 생과 노와 사 그리고 수비고우뇌로 불탄다.'라고 나는 말한다.

kāyo āditto, phoṭṭhabbā ādittā, kāyaviññāṇaṃ ādittaṃ, kāyasamphasso āditto. yampidaṃ kāyasamphassapaccayā uppajjati vedayitaṃ sukhaṃ vā dukkhaṃ vā adukkhamasukhaṃ vā tampi ādittaṃ. kena ādittaṃ? 'rāgagginā, dosagginā, mohagginā ādittaṃ, jātiyā jarāya maraṇena sokehi paridevehi dukkhehi domanassehi upāyāsehi ādittan'ti vadāmi

까-요- 아-딧또-, 폿탑바- 아-딧따-, 까-야윈냐-낭 아-딧땅, 까-야삼팟소- 아-딧또-. 얌삐당 까-야삼팟사빳짜야- 웁빳자띠 웨-다이땅 수캉 와- 둑캉 와- 아둑카마수캉 와- 땀삐 아-딧땅. 께-나 아-딧땅? '라-각기나-, 도-삭기나-, 모-학기나- 아-딧땅, 자-띠야- 자라-야 마라네-나 소-께-히 빠리데-웨-히 둑케-히 도-마낫세-히 우빠-야-세-히 아-딧딴'띠 와다-미

신(身)은 불탄다. 촉(觸)들은 불탄다. 신식(身識)은 불탄다. 신촉(身觸)은 불탄다. 신촉을 조건으로 생기는 락-고-불고불락의 경험도 불탄다. 무엇에 의해 불타는가? '탐의 불, 진의 불, 치의 불에 의해서 불탄다. 생과 노와 사 그리고 수비고우뇌로 불탄다.'라고 나는 말한다.

mano āditto, dhammā ādittā, manoviññāṇaṃ ādittaṃ, manosamphasso āditto. yampidaṃ manosamphassapaccayā uppajjati vedayitaṃ sukhaṃ vā dukkhaṃ vā adukkhamasukhaṃ vā tampi ādittaṃ. kena ādittaṃ? 'rāgagginā, dosagginā, mohagginā ādittaṃ, jātiyā jarāya maraṇena sokehi paridevehi dukkhehi domanassehi upāyāsehi ādittan'ti vadāmi.

마노- 아-딧또-, 담마- 아-딧따-, 마노-윈냐-낭 아-딧땅, 마노-삼팟소- 아-딧또-. 얌삐당 마노-삼팟사빳짜야- 웁빳자띠 웨-다이땅 수캉 와- 둑캉 와- 아둑카마수캉 와- 땀삐 아-딧땅. 께-나 아-딧땅? '라-각기나-, 도-삭기나-, 모-학기나- 아-딧땅, 자-띠야- 자라-야 마라네-나 소-께-히 빠리데-웨-히 둑케-히 도-마낫세-히 우빠-야-세-히 아-딧딴'띠 와다-미

의(意)는 불탄다. 법(法)들은 불탄다. 의식(意識)은 불탄다. 의촉(意觸)은 불탄다. 의촉을 조건으로 생기는 락-고-불고불락의 경험도 불탄다. 무엇에 의해 불타는가? '탐의 불, 진의 불, 치의 불에 의해서 불탄다. 생과 노와 사 그리고 수비고우뇌로 불탄다.'라고 나는 말한다.

evaṃ passaṃ, bhikkhave, sutavā ariyasāvako cakkhusmimpi nibbindati, rūpesupi nibbindati, cakkhuviññāṇepi nibbindati, cakkhusamphassepi nibbindati, yampidaṃ cakkhusamphassapaccayā uppajjati vedayitaṃ sukhaṃ vā dukkhaṃ vā adukkhamasukhaṃ vā tasmimpi nibbindati.

에-왕 빳상, 빅카웨-, 수따와- 아리야사-와꼬- 짝쿠스밈삐 닙빈다띠, 루-뻬-수삐 닙빈다띠, 짝쿠윈냐-네-삐 닙빈다띠, 짝쿠삼팟세-삐 닙빈다띠, 얌삐당 짝쿠삼팟사빳짜야- 웁빳자띠 웨-다이땅 수캉 와- 둑캉 와- 아둑카마수캉 와- 따스밈삐 닙빈다띠

비구들이여, 이렇게 보는 잘 배운 성스러운 제자는 안(眼)에 대해서도 염오(厭惡)하고, 색(色)들에 대해서도 염오하고, 안식(眼識)에 대해서도 염오하고, 안촉(眼觸)에 대해서도 염오하고, 안촉을 조건으로 생기는 락-고-불고불락의 경험에 대해서도 염오한다.

sotasmimpi nibbindati, saddesupi nibbindati, sotaviññāṇepi nibbindati, sotasamphassepi nibbindati, yampidaṃ sotasamphassapaccayā uppajjati vedayitaṃ sukhaṃ vā dukkhaṃ vā adukkhamasukhaṃ vā tasmimpi nibbindati.

소-따스밈삐 닙빈다띠, 삳데-수삐 닙빈다띠, 소-따윈냐-네-삐 닙빈다띠, 소-따삼팟세-삐 닙빈다띠, 얌삐당 소-따삼팟사빳짜야- 웁빳자띠 웨-다이땅 수캉 와- 둑캉 와- 아둑카마수캉 와- 따스밈삐 닙빈다띠

이(耳)에 대해서도 염오하고, 성(聲)들에 대해서도 염오하고, 이식(耳識)에 대해서도 염오하고, 이촉(耳觸)에 대해서도 염오하고, 이촉을 조건으로 생기는 락-고-불고불락의 경험에 대해서도 염오한다.

ghānasmimpi nibbindati, gandhesupi nibbindati, ghānaviññāṇepi nibbindati, ghānasamphassepi nibbindati, yampidaṃ ghānasamphassapaccayā uppajjati vedayitaṃ sukhaṃ vā dukkhaṃ vā adukkhamasukhaṃ vā tasmimpi nibbindati.

가-나스밈삐 닙빈다띠, 간데-수삐 닙빈다띠, 가-나윈냐-네-삐 닙빈다띠, 가-나삼팟세-삐 닙빈다띠, 얌삐당 가-나삼팟사빳짜야- 웁빳자띠 웨-다이땅 수캉 와- 둑캉 와- 아둑카마수캉 와- 따스밈삐 닙빈다띠

비(鼻)에 대해서도 염오하고, 향(香)들에 대해서도 염오하고, 비식(鼻識)에 대해서도 염오하고, 비촉(鼻觸)에 대해서도 염오하고, 비촉을 조건으로 생기는 락-고-불고불락의 경험에 대해서도 염오한다.

jivhāyapi nibbindati, rasesupi nibbindati, jivhāviññāṇepi nibbindati, jivhāsamphassepi nibbindati, yampidaṃ jivhāsamphassapaccayā uppajjati vedayitaṃ sukhaṃ vā dukkhaṃ vā adukkhamasukhaṃ vā tasmimpi nibbindati.

지워하-야삐 닙빈다띠, 라세-수삐 닙빈다띠, 지워하-윈냐-네-삐 닙빈다띠, 지워하-삼팟세-삐 닙빈다띠, 얌삐당 지워하-삼팟사빳짜야- 웁빳자띠 웨-다이땅 수캉 와- 둑캉 와- 아둑카마수캉 와- 따스밈삐 닙빈다띠

설(舌)에 대해서도 염오하고, 미(味)들에 대해서도 염오하고, 설식(舌識)에 대해서도 염오하고, 설촉(舌觸)에 대해서도 염오하고, 설촉을 조건으로 생기는 락-고-불고불락의 경험에 대해서도 염오한다.

kāyasmimpi nibbindati, phoṭṭhabbesupi nibbindati, kāyaviññāṇepi nibbindati, kāyasamphassepi nibbindati, yampidaṃ kāyasamphassapaccayā uppajjati vedayitaṃ sukhaṃ vā dukkhaṃ vā adukkhamasukhaṃ vā tasmimpi nibbindati.

까-야스밈삐 닙빈다띠, 폿탑베-수삐 닙빈다띠, 까-야윈냐-네-삐 닙빈다띠, 까-야삼팟세-삐 닙빈다띠, 얌삐당 까-야삼팟사빳짜야- 웁빳자띠 웨-다이땅 수캉 와- 둑캉 와- 아둑카마수캉 와- 따스밈삐 닙빈다띠

신(身)에 대해서도 염오하고, 촉(觸)들에 대해서도 염오하고, 신식(身識)에 대해서도 염오하고, 신촉(身觸)에 대해서도 염오하고, 신촉을 조건으로 생기는 락-고-불고불락의 경험에 대해서도 염오한다.

manasmimpi nibbindati, dhammesupi nibbindati, manoviññāṇepi nibbindati, manosamphassepi nibbindati, yampidaṃ manosamphassapaccayā uppajjati vedayitaṃ sukhaṃ vā dukkhaṃ vā adukkhamasukhaṃ vā tasmimpi nibbindati.

마나스밈삐 닙빈다띠, 담메-수삐 닙빈다띠, 마노-윈냐-네-삐 닙빈다띠, 마노-삼팟세-삐 닙빈다띠, 얌삐당 마노-삼팟사빳짜야- 웁빳자띠 웨-다이땅 수캉 와- 둑캉 와- 아둑카마수캉 와- 따스밈삐 닙빈다띠.

의(意)에 대해서도 염오하고, 법(法)들에 대해서도 염오하고, 의식(意識)에 대해서도 염오하

고, 의촉(意觸)에 대해서도 염오하고, 의촉을 조건으로 생기는 락-고-불고불락의 경험에 대해서도 염오한다.

nibbindaṃ virajjati; virāgā vimuccati; vimuttasmiṃ vimuttamiti ñāṇaṃ hoti. 'khīṇā jāti, vusitaṃ brahmacariyaṃ, kataṃ karaṇīyaṃ, nāparaṃ itthattāyā'ti pajānātī"ti. idamavoca bhagavā. attamanā te bhikkhū bhagavato bhāsitaṃ abhinanduṃ. imasmiñca pana veyyākaraṇasmiṃ bhaññamāne tassa bhikkhusahassassa anupādāya āsavehi cittāni vimucciṃsūti.

닙빈당 위랏자띠; 위라-가- 위뭇짜띠; 위뭇따스밍 위뭇따미띠 냐-낭 호-띠. '키-나- 자-띠, 우시땅 브라흐마짜리양, 까땅 까라니-양, 나-빠랑 잇탓따-야-'띠 빠자-나-띠-"띠. 이다마오-짜 바가와-. 앗따마나- 떼- 빅쿠- 바가와또- 바-시땅 아비난둥. 이마스민짜 빠나 웨이야-까라나스밍 반냐마-네- 땃사 빅쿠사핫삿사 아누빠-다-야 아-사웨-히 찟따-니 위뭇찡수-띠

염오하는 자는 이탐한다. 이탐으로부터 해탈한다. 해탈했을 때 '나는 해탈했다.'라는 앎이 있다. '태어남은 다했다. 범행은 완성되었다. 해야 할 일을 했다. 다음에는 현재 상태[유(有)]가 되지 않는다.'라고 분명히 안다."

세존은 이렇게 말했다. 그 비구들은 즐거워하면서 세존의 말씀을 기뻐했다. 그리고 이 가르침이 설해졌을 때 그 천 명의 비구들의 심(心)은 집착에서 벗어나 번뇌들로부터 해탈하였다. ▣

7. dhammavādīpañhāsuttaṃ (SN 38.3-법을 설파한 자에 대한 질문 경)

• 부처님들 : 세상에서 법을 설파한 자들(dhammavādino) - 잘 실천한 자들(suppaṭipannā) - 잘 가신 분들[선서(善逝)-sugatā] — 탐진치(貪嗔癡)의 버림

"ke nu kho, āvuso sāriputta, loke dhammavādino, ke loke suppaṭipannā, ke loke sugatā"ti? "ye kho, āvuso, rāgappahānāya dhammaṃ desenti, dosappahānāya dhammaṃ desenti, mohappahānāya dhammaṃ desenti, te loke dhammavādino. ye kho, āvuso, rāgassa pahānāya paṭipannā, dosassa pahānāya paṭipannā, mohassa pahānāya paṭipannā, te loke suppaṭipannā. yesaṃ kho, āvuso, rāgo pahīno ucchinnamūlo tālāvatthukato anabhāvaṅkato āyatiṃ anuppādadhammo, doso pahīno ucchinnamūlo tālāvatthukato anabhāvaṅkato āyatiṃ anuppādadhammo, moho pahīno ucchinnamūlo tālāvatthukato anabhāvaṅkato āyatiṃ anuppādadhammo, te loke sugatā"ti.

"께- 누 코-, 아-우소- 사-리뿟따, 로-께- 담마와-디노-, 께- 로-께- 숩빠띠빤나-, 께- 로-께- 수가따-"띠? "예- 코-, 아-우소-, 라-갑빠하-나-야 담망 데-센띠, 도-삽빠하-나-야 담망 데-센띠, 모-합빠하-나-야 담망 데-센띠, 떼- 로-께- 담마와-디노-. 예- 코-. 아-우소-, 라-갓사 빠하-나-야 빠띠빤나-, 도-삿사 빠하-나-야 빠띠빤나-, 모-핫사 빠하-나-야 빠띠빤나-, 떼- 로-께- 숩빠띠빤나-. 예-상 코-, 아-우소-, 라-고- 빠히-노- 웃친나무-ㄹ로- 따-ㄹ라-왓투까또- 아나바-왕까또- 아-야띵 아눕빠-다담모-, 도-소- 빠히-노- 웃친나무-ㄹ로- 따-ㄹ라-왓투까또- 아나바-왕까또- 아-야띵 아눕빠-다담모-, 모-호- 빠히-노- 웃친나무-ㄹ로- 따-ㄹ라-왓투까또- 아나바-왕까또- 아-야띵 아눕빠-다담모-, 떼- 로-께- 수가따-"띠

"도반 사리뿟따여, 누가 세상에서 법을 설파한 자들이고, 누가 세상에서 잘 실천한 자들이고, 누가 세상에서 잘 가신 분[선서(善逝)]들입니까?" "도반이여, 탐을 버리기 위한 법을 제시하고, 진을 버리기 위한 법을 제시하고, 치를 버리기 위한 법을 제시한 그들이 세상에서 법을 설파한 자들입니다. 도반이여, 탐을 버리기 위해 실천한, 진을 버리기 위해 실천한, 치를 버리기 위해 실천한 그들이 세상에서 잘 실천한 자들입니다. 탐이 버려지고 뿌리 뽑히고 윗부분이 잘린 야자수처럼 되고 존재하지 않게 되고 미래에 생겨나지 않는 상태가 되었고, 진이 버려지고 뿌리 뽑히고 윗부분이 잘린 야자수처럼 되고 존재하지 않게 되고 미래에 생겨나지 않는 상태가 되었고, 치가 버려지고 뿌리 뽑히고 윗부분이 잘린 야자수처럼 되고 존재하지 않게 되고 미래에 생겨나지 않는 상태가 된 그들이 세상에서 잘 가신 분들입니다."

"atthi panāvuso, maggo atthi paṭipadā etassa rāgassa dosassa mohassa pahānāyā"ti? "atthi kho, āvuso, maggo atthi paṭipadā etassa rāgassa dosassa mohassa pahānāyā"ti. "katamo, panāvuso, maggo katamā paṭipadā etassa rāgassa dosassa mohassa pahānāyā"ti? "ayameva kho, āvuso, ariyo aṭṭhaṅgiko maggo etassa rāgassa dosassa mohassa pahānāya, seyyathidaṃ — sammādiṭṭhi sammāsaṅkappo sammāvācā sammākammanto sammāājīvo sammāvāyāmo sammāsati sammāsamādhi. ayaṃ kho, āvuso, maggo ayaṃ paṭipadā etassa rāgassa dosassa mohassa pahānāyā"ti. "bhaddako, āvuso, maggo bhaddikā paṭipadā, etassa rāgassa dosassa mohassa pahānāya. alañca panāvuso sāriputta, appamādāyā"ti.

"앗티 빠나-우소-, 막고- 앗티 빠띠빠다- 에-땃사 라-갓사 도-삿사 모-핫사 빠하-나-야-"띠? "앗티 코-, 아-우소-, 막고- 앗티 빠띠빠다- 에-땃사 라-갓사 도-삿사 모-핫사 빠하-나-야-"띠."까따모-, 빠나-우소-, 막고- 까따마- 빠띠빠다- 에-땃사 라-갓사 도-삿사 모-핫사 빠하-나-야-"띠? "아야메-와 코-, 아-우소-, 아리요- 앗탕기꼬- 막고- 에-땃사 라-갓사 도-삿사 모-핫사 빠하-나-야, 세이야티당 — 삼마-딧티 삼마-상깝뽀- 삼마-와-짜- 삼마-깜만또- 삼마-아-지-오- 삼마-와-야-모- 삼마-사띠 삼마-사마-디. 아양 코-, 아-우소-, 막고- 아양 빠띠빠다- 에-땃사 라-갓사 도-삿사 모-핫사 빠하-나-야-"띠. "받다꼬-, 아-우소-, 막고- 받디까- 빠띠빠다-, 에-땃사 라-갓사 도-삿사 모-핫사 빠하-나-야. 알란짜 빠나-우소- 사-리뿟따, 압빠마-다-야-"띠

"그러면 도반이여, 이 탐과 진과 치를 버리기 위한 길이 있고 실천이 있습니까?" "도반이여, 이 탐과 진과 치를 버리기 위한 길이 있고 실천이 있습니다." "그러면 도반이여, 이 탐과 진과 치를 버리기 위한 어떤 길이 있고, 어떤 실천이 있습니까?" "도반이여, 오직 이것, 바른 견해-바른 사유-바른말-바른 행위-바른 생활-바른 노력-바른 사띠-바른 삼매의 여덟 요소로 구성된 성스러운 길이 이런 탐과 진과 치를 버리기 위한 길입니다. 도반이여, 이런 탐과 진과 치의 버림의 실현을 위해 이것이 길이고 이것이 실천입니다." "도반이여, 이런 탐과 진과 치를 버리기 위한 멋진 길이고 멋진 실천입니다. 그러니 도반 사리뿟따여, 불방일(不放逸) 하기에 충분합니다." ▣

배워 알고 실천하는 불교 신자!

8. dhammakathikasuttaṃ (SN 12.16-법을 설하는 자 경)

- 법을 설하는 비구(dhammakathiko)
- 가르침에 일치하는 법을 실천하는 비구(dhammānudhammappaṭipanno)
- 지금여기의 열반[현법열반(現法涅槃)]을 성취한 비구(diṭṭhadhammanibbānappatto) — ①연기된 법들의 염오-이탐-소멸

sāvatthiyaṃ … atha kho aññataro bhikkhu yena bhagavā tenupasaṅkami; upasaṅkamitvā bhagavantaṃ abhivādetvā ekamantaṃ nisīdi. ekamantaṃ nisinno kho so bhikkhu bhagavantaṃ etadavoca — "'dhammakathiko dhammakathiko'ti, bhante, vuccati. kittāvatā nu kho, bhante, dhammakathiko hotī"ti?

사-왓티양 … 아타 코- 안냐따로- 빅쿠 예-나 바가와- 떼-누빠상까미; 우빠상까미뜨와- 바가완땅 아비와-데-뜨와- 에-까만땅 니시-디. 에-까만땅 니신노- 코- 소- 빅쿠 바가완땅 에-따다오-짜 — "'담마까티꼬- 담마까티꼬-'띠, 반떼-, 웃짜띠. 낏따-와따- 누 코-, 반떼-, 담마까티꼬- 호-띠-"띠?

사왓티에서 설해짐. … 그때 어떤 비구가 세존에게 왔다. 와서는 세존에게 절한 뒤 한 곁에 앉았다. 한 곁에 앉은 그 비구는 세존에게 "대덕이시여, '법을 설하는 자, 법을 설하는 자'라고 불립니다. 대덕이시여, 얼마만큼 법을 설하는 자입니까?"라고 말했다.

"jarāmaraṇassa ce bhikkhu nibbidāya virāgāya nirodhāya dhammaṃ deseti, 'dhammakathiko bhikkhū'ti alaṃ vacanāya. jarāmaraṇassa ce bhikkhu nibbidāya virāgāya nirodhāya paṭipanno hoti, 'dhammānudhammappaṭipanno bhikkhū'ti alaṃ vacanāya. jarāmaraṇassa ce bhikkhu nibbidā virāgā nirodhā anupādāvimutto hoti, 'diṭṭhadhammanibbānappatto bhikkhū'ti alaṃ vacanāya.

자라-마라낫사 쩨- 빅쿠 닙비다-야 위라-가-야 니로-다-야 담망 데-세-띠, '담마까티꼬- 빅쿠-'띠 알랑 와짜나-야. 자라-마라낫사 쩨- 빅쿠 닙비다-야 위라-가-야 니로-다-야 빠띠빤노- 호-띠, '담마-누담맙빠띠빤노- 빅쿠-'띠 알랑 와짜나-야. 자라-마라낫사 쩨- 빅쿠 닙비다- 위라-가- 니로-다- 아누빠-다-위뭇또- 호-띠, '딧타담마닙바-납빳또- 빅쿠-'띠 알랑 와짜나-야

"만약 비구가 노사(老死)의 염오(厭惡)-이탐(離貪)-소멸(消滅)을 위하여 법을 설하면 '법을 설하는 비구'라고 말하기에 적절하다. 만약 비구가 노사의 염오-이탐-소멸을 위하여 실천하면 '가르침에 일치하는 법을 실천하는 비구'라고 말하기에 적절하다. 만약 비구가 노사의 염오-이탐-소멸로부터 집착 없이 해탈하면 '지금여기의 열반을 성취한 비구'라고 말하기에 적절하다.

“jātiyā ce bhikkhu nibbidāya virāgāya nirodhāya dhammaṃ deseti, ‘dhammakathiko bhikkhū’ti alaṃ vacanāya. jātiyā ce bhikkhu nibbidāya virāgāya nirodhāya paṭipanno hoti, ‘dhammānudhammappaṭipanno bhikkhū’ti alaṃ vacanāya. jātiyā ce bhikkhu nibbidā virāgā nirodhā anupādāvimutto hoti, ‘diṭṭhadhammanibbānappatto bhikkhū’ti alaṃ vacanāya.

자-띠야- 쩨- 빅쿠 닙비다-야 위라-가-야 니로-다-야 담망 데-세-띠, ‘담마까티꼬- 빅쿠-’띠 알랑 와짜나-야. 자-띠야- 쩨- 빅쿠 닙비다-야 위라-가-야 니로-다-야 빠띠빤노- 호-띠, ‘담마-누담맙빠띠빤노- 빅쿠-’띠 알랑 와짜나-야. 자-띠야- 쩨- 빅쿠 닙비다- 위라-가- 니로-다- 아누빠-다-위뭇또- 호-띠, ‘딧타담마닙바-납빳또- 빅쿠-’띠 알랑 와짜나-야

만약 비구가 생(生)의 염오-이탐-소멸을 위하여 법을 설하면 ‘법을 설하는 비구’라고 말하기에 적절하다. 만약 비구가 생의 염오-이탐-소멸을 위하여 실천하면 ‘가르침에 일치하는 법을 실천하는 비구’라고 말하기에 적절하다. 만약 비구가 생의 염오-이탐-소멸로부터 집착 없이 해탈하면 ‘지금여기의 열반을 성취한 비구’라고 말하기에 적절하다.

bhavassa ce bhikkhu nibbidāya virāgāya nirodhāya dhammaṃ deseti, ‘dhammakathiko bhikkhū’ti alaṃ vacanāya. bhavassa ce bhikkhu nibbidāya virāgāya nirodhāya paṭipanno hoti, ‘dhammānudhammappaṭipanno bhikkhū’ti alaṃ vacanāya. bhavassa ce bhikkhu nibbidā virāgā nirodhā anupādāvimutto hoti, ‘diṭṭhadhammanibbānappatto bhikkhū’ti alaṃ vacanāya.

바왓사 쩨- 빅쿠 닙비다-야 위라-가-야 니로-다-야 담망 데-세-띠, ‘담마까티꼬- 빅쿠-’띠 알랑 와짜나-야. 바왓사 쩨- 빅쿠 닙비다-야 위라-가-야 니로-다-야 빠띠빤노- 호-띠, ‘담마-누담맙빠띠빤노- 빅쿠-’띠 알랑 와짜나-야. 바왓사 쩨- 빅쿠 닙비다-야 위라-가-야 니로-다-야 아누빠-다-위뭇또- 호-띠, ‘딧타담마닙바-납빳또- 빅쿠-’띠 알랑 와짜나-야

만약 비구가 유(有)의 염오-이탐-소멸을 위하여 법을 설하면 ‘법을 설하는 비구’라고 말하기에 적절하다. 만약 비구가 유의 염오-이탐-소멸을 위하여 실천하면 ‘가르침에 일치하는 법을 실천하는 비구’라고 말하기에 적절하다. 만약 비구가 유의 염오-이탐-소멸로부터 집착 없이 해탈하면 ‘지금여기의 열반을 성취한 비구’라고 말하기에 적절하다.

upādānassa ce bhikkhu nibbidāya virāgāya nirodhāya dhammaṃ deseti, ‘dhammakathiko bhikkhū’ti alaṃ vacanāya. upādānassa ce bhikkhu nibbidāya virāgāya nirodhāya paṭipanno hoti, ‘dhammānudhammappaṭipanno bhikkhū’ti alaṃ vacanāya. upādānassa ce bhikkhu nibbidā virāgā nirodhā anupādāvimutto hoti, 'diṭṭhadhammanibbānappatto bhikkhū'ti alaṃ vacanāya.

우빠-다-낫사 쩨- 빅쿠 닙비다-야 위라-가-야 니로-다-야 담망 데-세-띠, '담마까티꼬- 빅쿠-'띠 알랑 와짜나-야. 우빠-다-낫사 쩨- 빅쿠 닙비다-야 위라-가-야 니로-다-야 빠띠빤노- 호-띠, '담마-누담맙빠띠빤노- 빅쿠-'띠 알랑 와짜나-야. 우빠-다-낫사 쩨- 빅쿠 닙비다-야 위라-가-야 니로-다-야 아누빠-다-위뭇또- 호-띠, '딧타담마닙바-납빳또- 빅쿠-'띠 알랑 와짜나-야

만약 비구가 취(取)의 염오-이탐-소멸을 위하여 법을 설하면 '법을 설하는 비구'라고 말하기에 적절하다. 만약 비구가 취의 염오-이탐-소멸을 위하여 실천하면 '가르침에 일치하는 법을 실천하는 비구'라고 말하기에 적절하다. 만약 비구가 취의 염오-이탐-소멸로부터 집착 없이 해탈하면 '지금여기의 열반을 성취한 비구'라고 말하기에 적절하다.

taṇhāya ce bhikkhu nibbidāya virāgāya nirodhāya dhammaṃ deseti, 'dhammakathiko bhikkhū'ti alaṃ vacanāya. taṇhāya ce bhikkhu nibbidāya virāgāya nirodhāya paṭipanno hoti, 'dhammānudhammappaṭipanno bhikkhū'ti alaṃ vacanāya. taṇhāya ce bhikkhu nibbidā virāgā nirodhā anupādāvimutto hoti, 'diṭṭhadhammanibbānappatto bhikkhū'ti alaṃ vacanāya.

딴하-야 쩨- 빅쿠 닙비다-야 위라-가-야 니로-다-야 담망 데-세-띠, '담마까티꼬- 빅쿠-'띠 알랑 와짜나-야. 딴하-야 쩨- 빅쿠 닙비다-야 위라-가-야 니로-다-야 빠띠빤노- 호-띠, '담마-누담맙빠띠빤노- 빅쿠-'띠 알랑 와짜나-야. 딴하-야 쩨- 빅쿠 닙비다- 위라-가- 니로-다- 아누빠-다-위뭇또- 호-띠, '딧타담마닙바-납빳또- 빅쿠-'띠 알랑 와짜나-야

만약 비구가 애(愛)의 염오-이탐-소멸을 위하여 법을 설하면 '법을 설하는 비구'라고 말하기에 적절하다. 만약 비구가 애의 염오-이탐-소멸을 위하여 실천하면 '가르침에 일치하는 법을 실천하는 비구'라고 말하기에 적절하다. 만약 비구가 애의 염오-이탐-소멸로부터 집착 없이 해탈하면 '지금여기의 열반을 성취한 비구'라고 말하기에 적절하다.

vedanāya ce bhikkhu nibbidāya virāgāya nirodhāya dhammaṃ deseti, 'dhammakathiko bhikkhū'ti alaṃ vacanāya. vedanāya ce bhikkhu nibbidāya virāgāya nirodhāya paṭipanno hoti, 'dhammānudhammappaṭipanno bhikkhū'ti alaṃ vacanāya. vedanāya ce bhikkhu nibbidā virāgā nirodhā anupādāvimutto hoti, 'diṭṭhadhammanibbānappatto bhikkhū'ti alaṃ vacanāya.

웨-다나-야 쩨- 빅쿠 닙비다-야 위라-가-야 니로-다-야 담망 데-세-띠, '담마까티꼬- 빅쿠-'띠 알랑 와짜나-야. 웨-다나-야 쩨- 빅쿠 닙비다-야 위라-가-야 니로-다-야 빠띠빤노-

호-띠, '담마-누담맙빠띠빤노- 빅쿠-'띠 알랑 와짜나-야. 웨-다나-야 쩨- 빅쿠 닙비다- 위라-가- 니로-다- 아누빠-다-위뭇또- 호-띠, '딧타담마닙바-납빳또- 빅쿠-'띠 알랑 와짜나-야

만약 비구가 수(受)의 염오-이탐-소멸을 위하여 법을 설하면 '법을 설하는 비구'라고 말하기에 적절하다. 만약 비구가 수의 염오-이탐-소멸을 위하여 실천하면 '가르침에 일치하는 법을 실천하는 비구'라고 말하기에 적절하다. 만약 비구가 수의 염오-이탐-소멸로부터 집착 없이 해탈하면 '지금여기의 열반을 성취한 비구'라고 말하기에 적절하다.

phassassa ce bhikkhu nibbidāya virāgāya nirodhāya dhammaṃ deseti, 'dhammakathiko bhikkhū'ti alaṃ vacanāya. phassassa ce bhikkhu nibbidāya virāgāya nirodhāya paṭipanno hoti, 'dhammānudhammappaṭipanno bhikkhū'ti alaṃ vacanāya. phassassa ce bhikkhu nibbidā virāgā nirodhā anupādāvimutto hoti, 'diṭṭhadhammanibbānappatto bhikkhū'ti alaṃ vacanāya.

팟삿사 쩨- 빅쿠 닙비다-야 위라-가-야 니로-다-야 담망 데-세-띠, '담마까티꼬- 빅쿠-'띠 알랑 와짜나-야. 팟삿사 쩨- 빅쿠 닙비다-야 위라-가-야 니로-다-야 빠띠빤노- 호-띠, '담마-누담맙빠띠빤노- 빅쿠-'띠 알랑 와짜나-야. 팟삿사 쩨- 빅쿠 닙비다- 위라-가- 니로-다- 아누빠-다-위뭇또- 호-띠, '딧타담마닙바-납빳또- 빅쿠-'띠 알랑 와짜나-야

만약 비구가 촉(觸)의 염오-이탐-소멸을 위하여 법을 설하면 '법을 설하는 비구'라고 말하기에 적절하다. 만약 비구가 촉의 염오-이탐-소멸을 위하여 실천하면 '가르침에 일치하는 법을 실천하는 비구'라고 말하기에 적절하다. 만약 비구가 촉의 염오-이탐-소멸로부터 집착 없이 해탈하면 '지금여기의 열반을 성취한 비구'라고 말하기에 적절하다.

saḷāyatanassa ce bhikkhu nibbidāya virāgāya nirodhāya dhammaṃ deseti, 'dhammakathiko bhikkhū'ti alaṃ vacanāya. saḷāyatanassa ce bhikkhu nibbidāya virāgāya nirodhāya paṭipanno hoti, 'dhammānudhammappaṭipanno bhikkhū'ti alaṃ vacanāya. saḷāyatanassa ce bhikkhu nibbidā virāgā nirodhā anupādāvimutto hoti, 'diṭṭhadhammanibbānappatto bhikkhū'ti alaṃ vacanāya.

살라-야따낫사 쩨- 빅쿠 닙비다-야 위라-가-야 니로-다-야 담망 데-세-띠, '담마까티꼬- 빅쿠-'띠 알랑 와짜나-야. 살라-야따낫사 쩨- 빅쿠 닙비다-야 위라-가-야 니로-다-야 빠띠빤노- 호-띠, '담마-누담맙빠띠빤노- 빅쿠-'띠 알랑 와짜나-야. 살라-야따낫사 쩨- 빅쿠 닙비다- 위라-가- 니로-다- 아누빠-다-위뭇또- 호-띠, '딧타담마닙바-납빳또- 빅쿠-'띠 알랑 와짜나-야

만약 비구가 육입(六入)의 염오-이탐-소멸을 위하여 법을 설하면 '법을 설하는 비구'라고 말하기에 적절하다. 만약 비구가 육입의 염오-이탐-소멸을 위하여 실천하면 '가르침에 일치하는 법을 실천하는 비구'라고 말하기에 적절하다. 만약 비구가 육입의 염오-이탐-소멸로부터 집착 없이 해탈하면 '지금여기의 열반을 성취한 비구'라고 말하기에 적절하다.

nāmarūpassa ce bhikkhu nibbidāya virāgāya nirodhāya dhammaṃ deseti, 'dhammakathiko bhikkhū'ti alaṃ vacanāya. nāmarūpassa ce bhikkhu nibbidāya virāgāya nirodhāya paṭipanno hoti, 'dhammānudhammappaṭipanno bhikkhū'ti alaṃ vacanāya. nāmarūpassa ce bhikkhu nibbidā virāgā nirodhā anupādāvimutto hoti, 'diṭṭhadhammanibbānappatto bhikkhū'ti alaṃ vacanāya.

나-마루-빳사 쩨- 빅쿠 닙비다-야 위라-가-야 니로-다-야 담망 데-세-띠, '담마까티꼬- 빅쿠-'띠 알랑 와짜나-야. 나-마루-빳사 쩨- 빅쿠 닙비다-야 위라-가-야 니로-다-야 빠띠빤노- 호-띠, '담마-누담맙빠띠빤노- 빅쿠-'띠 알랑 와짜나-야. 나-마루-빳사 쩨- 빅쿠 닙비다- 위라-가- 니로-다- 아누빠-다-위뭇또- 호-띠, '딧타담마닙바-납빳또- 빅쿠-'띠 알랑 와짜나-야

만약 비구가 명색(名色)의 염오-이탐-소멸을 위하여 법을 설하면 '법을 설하는 비구'라고 말하기에 적절하다. 만약 비구가 명색의 염오-이탐-소멸을 위하여 실천하면 '가르침에 일치하는 법을 실천하는 비구'라고 말하기에 적절하다. 만약 비구가 명색의 염오-이탐-소멸로부터 집착 없이 해탈하면 '지금여기의 열반을 성취한 비구'라고 말하기에 적절하다.

viññāṇassa ce bhikkhu nibbidāya virāgāya nirodhāya dhammaṃ deseti, 'dhammakathiko bhikkhū'ti alaṃ vacanāya. viññāṇassa ce bhikkhu nibbidāya virāgāya nirodhāya paṭipanno hoti, 'dhammānudhammappaṭipanno bhikkhū'ti alaṃ vacanāya. viññāṇassa ce bhikkhu nibbidā virāgā nirodhā anupādāvimutto hoti, 'diṭṭhadhammanibbānappatto bhikkhū'ti alaṃ vacanāya.

윈냐-낫사 쩨- 빅쿠 닙비다-야 위라-가-야 니로-다-야 담망 데-세-띠, '담마까티꼬- 빅쿠-'띠 알랑 와짜나-야. 윈냐-낫사 쩨- 빅쿠 닙비다-야 위라-가-야 니로-다-야 빠띠빤노- 호-띠, '담마-누담맙빠띠빤노- 빅쿠-'띠 알랑 와짜나-야. 윈냐-낫사 쩨- 빅쿠 닙비다- 위라-가- 니로-다- 아누빠-다-위뭇또- 호-띠, '딧타담마닙바-납빳또- 빅쿠-'띠 알랑 와짜나-야

만약 비구가 식(識)의 염오-이탐-소멸을 위하여 법을 설하면 '법을 설하는 비구'라고 말하기에 적절하다. 만약 비구가 식의 염오-이탐-소멸을 위하여 실천하면 '가르침에 일치하는 법을 실천하는 비구'라고 말하기에 적절하다. 만약 비구가 식의 염오-이탐-소멸로부터 집착 없이 해탈하면 '지금여기의 열반을 성취한 비구'라고 말하기에 적절하다.

saṅkhārānaṃ ce bhikkhu nibbidāya virāgāya nirodhāya dhammaṃ deseti, ‘dhammakathiko bhikkhū’ti alaṃ vacanāya. saṅkhārānaṃ ce bhikkhu nibbidāya virāgāya nirodhāya paṭipanno hoti, ‘dhammānudhammappaṭipanno bhikkhū’ti alaṃ vacanāya. saṅkhārānaṃ ce bhikkhu nibbidā virāgā nirodhā anupādāvimutto hoti, ‘diṭṭhadhammanibbānappatto bhikkhū’ti alaṃ vacanāya.

상카-라-낭 쩨- 빅쿠 닙비다-야 위라-가-야 니로-다-야 담망 데-세-띠, ‘담마까티꼬- 빅쿠-’띠 알랑 와짜나-야. 상카-라-낭 쩨- 빅쿠 닙비다-야 위라-가-야 니로-다-야 빠띠빤노- 호-띠, ‘담마-누담맙빠띠빤노- 빅쿠-’띠 알랑 와짜나-야. 상카-라-낭 쩨- 빅쿠 닙비다- 위라-가- 니로-다- 아누빠-다-위뭇또- 호-띠, ‘딧타담마닙바-납빳또- 빅쿠-’띠 알랑 와짜나-야

만약 비구가 행(行)들의 염오-이탐-소멸을 위하여 법을 설하면 ‘법을 설하는 비구’라고 말하기에 적절하다. 만약 비구가 행들의 염오-이탐-소멸을 위하여 실천하면 ‘가르침에 일치하는 법을 실천하는 비구’라고 말하기에 적절하다. 만약 비구가 행들의 염오-이탐-소멸로부터 집착 없이 해탈하면 ‘지금여기의 열반을 성취한 비구’라고 말하기에 적절하다.

avijjāya ce bhikkhu nibbidāya virāgāya nirodhāya dhammaṃ deseti, ‘dhammakathiko bhikkhū’ti alaṃ vacanāya. avijjāya ce bhikkhu nibbidāya virāgāya nirodhāya paṭipanno hoti, ‘dhammānudhammappaṭipanno bhikkhū’ti alaṃ vacanāya. avijjāya ce bhikkhu nibbidā virāgā nirodhā anupādāvimutto hoti, ‘diṭṭhadhammanibbānappatto bhikkhū’ti alaṃ vacanāyā”ti.

아윗자-야 쩨- 빅쿠 닙비다-야 위라-가-야 니로-다-야 담망 데-세-띠, ‘담마까티꼬- 빅쿠-’띠 알랑 와짜나-야. 아윗자-야 쩨- 빅쿠 닙비다-야 위라-가-야 니로-다-야 빠띠빤노- 호-띠, ‘담마-누담맙빠띠빤노- 빅쿠-’띠 알랑 와짜나-야. 아윗자-야 쩨- 빅쿠 닙비다- 위라-가- 니로-다- 아누빠-다-위뭇또- 호-띠, ‘딧타담마닙바-납빳또- 빅쿠-’띠 알랑 와짜나-야-"띠

만약 비구가 무명(無明)의 염오-이탐-소멸을 위하여 법을 설하면 ‘법을 설하는 비구’라고 말하기에 적절하다. 만약 비구가 무명의 염오-이탐-소멸을 위하여 실천하면 ‘가르침에 일치하는 법을 실천하는 비구’라고 말하기에 적절하다. 만약 비구가 무명의 염오-이탐-소멸로부터 집착 없이 해탈하면 ‘지금여기의 열반을 성취한 비구’라고 말하기에 적절하다.” ▣

9. dhammakathikasuttaṃ (SN 22.115-법을 설하는 자 경)

• 지금여기의 열반을 성취한 비구(diṭṭhadhammanibbānappatto) — ②오온의 염오-이탐-소멸

sāvatthinidānaṃ. ekamantaṃ nisinno kho so bhikkhu bhagavantaṃ etadavoca — "'dhammakathiko dhammakathiko'ti, bhante, vuccati. kittāvatā nu kho, bhante, dhammakathiko hotī"ti?

"rūpassa ce, bhikkhu, nibbidāya virāgāya nirodhāya dhammaṃ deseti 'dhammakathiko bhikkhū'ti alaṃ vacanāya. rūpassa ce, bhikkhu, nibbidāya virāgāya nirodhāya paṭipanno hoti, 'dhammānudhammappaṭipanno bhikkhū'ti alaṃ vacanāya. rūpassa ce, bhikkhu, nibbidā virāgā nirodhā anupādāvimutto hoti, 'diṭṭhadhammanibbānappatto bhikkhū''ti alaṃ vacanāya.

vedanāya ce, bhikkhu, nibbidāya virāgāya nirodhāya dhammaṃ deseti 'dhammakathiko bhikkhū'ti alaṃ vacanāya. vedanāya ce, bhikkhu, nibbidāya virāgāya nirodhāya paṭipanno hoti, 'dhammānudhammappaṭipanno bhikkhū'ti alaṃ vacanāya. vedanāya ce, bhikkhu, nibbidā virāgā nirodhā anupādāvimutto hoti, 'diṭṭhadhammanibbānappatto bhikkhū''ti alaṃ vacanāya.

saññāya ce, bhikkhu, nibbidāya virāgāya nirodhāya dhammaṃ deseti 'dhammakathiko bhikkhū'ti alaṃ vacanāya. saññāya ce, bhikkhu, nibbidāya virāgāya nirodhāya paṭipanno hoti, 'dhammānudhammappaṭipanno bhikkhū'ti alaṃ vacanāya. saññāya ce, bhikkhu, nibbidā virāgā nirodhā anupādāvimutto hoti, 'diṭṭhadhammanibbānappatto bhikkhū''ti alaṃ vacanāya.

saṅkhārānaṃ ce, bhikkhu, nibbidāya virāgāya nirodhāya dhammaṃ deseti 'dhammakathiko bhikkhū'ti alaṃ vacanāya. saṅkhārānaṃ ce, bhikkhu, nibbidāya virāgāya nirodhāya paṭipanno hoti, 'dhammānudhammappaṭipanno bhikkhū'ti alaṃ vacanāya. saṅkhārānaṃ ce, bhikkhu, nibbidā virāgā nirodhā anupādāvimutto hoti, 'diṭṭhadhammanibbānappatto bhikkhū''ti alaṃ vacanāya.

viññāṇassa ce, bhikkhu, nibbidāya virāgāya nirodhāya dhammaṃ deseti, 'dhammakathiko bhikkhū'ti alaṃ vacanāya. viññāṇassa ce, bhikkhu, nibbidāya virāgāya nirodhāya paṭipanno hoti, 'dhammānudhammappaṭipanno bhikkhū'ti alaṃ vacanāya. viññāṇassa ce, bhikkhu, nibbidā virāgā nirodhā anupādāvimutto hoti, 'diṭṭhadhammanibbānappatto bhikkhū''ti alaṃ vacanāyā"ti.

사-왓티니다-낭. 에-까만땅 니신노- 코- 소- 빅쿠 바가완땅 에-따다오-짜 — "'담마까티꼬- 담마까티꼬-' 띠, 반떼-, 웃짜띠. 낏따-와따- 누 코-, 반떼-, 담마까티꼬- 호-띠-" 띠?

"루-빳사 쩨- 빅쿠 닙비다-야 위라-가-야 니로-다-야 담망 데-세-띠, '담마까티꼬- 빅쿠-' 띠 알랑 와짜나-야. 루-빳사 쩨- 빅쿠 닙비다-야 위라-가-야 니로-다-야 빠띠빤노- 호-띠, '담마-누담맙빠띠빤노- 빅쿠-' 띠 알랑 와짜나-야. 루-빳사 쩨- 빅쿠 닙비다- 위라-가- 니로-다- 아누빠-다-위뭇또- 호-띠, '딧타담마닙바-납빳또- 빅쿠-' 띠 알랑 와짜나-야

웨-다나-야 쩨- 빅쿠 닙비다-야 위라-가-야 니로-다-야 담망 데-세-띠, '담마까티꼬- 빅쿠-' 띠 알랑 와짜나-야. 웨-다나-야 쩨- 빅쿠 닙비다-야 위라-가-야 니로-다-야 빠띠빤노- 호-띠, '담마-누담맙빠띠빤노- 빅쿠-' 띠 알랑 와짜나-야. 웨-다나-야 쩨- 빅쿠 닙비다- 위라-가- 니로-다- 아누빠-다-위뭇또- 호-띠, '딧타담마닙바-납빳또- 빅쿠-' 띠 알랑 와짜나-야

산냐-야 쩨- 빅쿠 닙비다-야 위라-가-야 니로-다-야 담망 데-세-띠, '담마까티꼬- 빅쿠-' 띠 알랑 와짜나-야. 산냐-야 쩨- 빅쿠 닙비다-야 위라-가-야 니로-다-야 빠띠빤노- 호-띠, '담마-누담맙빠띠빤노- 빅쿠-' 띠 알랑 와짜나-야. 산냐-야 쩨- 빅쿠 닙비다- 위라-가- 니로-다- 아누빠-다-위뭇또- 호-띠, '딧타담마닙바-납빳또- 빅쿠-' 띠 알랑 와짜나-야

상카-라-낭 쩨- 빅쿠 닙비다-야 위라-가-야 니로-다-야 담망 데-세-띠, '담마까티꼬- 빅쿠-' 띠 알랑 와짜나-야. 상카-라-낭 쩨- 빅쿠 닙비다-야 위라-가-야 니로-다-야 빠띠빤노- 호-띠, '담마-누담맙빠띠빤노- 빅쿠-' 띠 알랑 와짜나-야. 상카-라-낭 쩨- 빅쿠 닙비다- 위라-가- 니로-다- 아누빠-다-위뭇또- 호-띠, '딧타담마닙바-납빳또- 빅쿠-' 띠 알랑 와짜나-야

윈냐-낫사 쩨- 빅쿠 닙비다-야 위라-가-야 니로-다-야 담망 데-세-띠, '담마까티꼬- 빅쿠-' 띠 알랑 와짜나-야. 윈냐-낫사 쩨- 빅쿠 닙비다-야 위라-가-야 니로-다-야 빠띠빤노- 호-띠, '담마-누담맙빠띠빤노- 빅쿠-' 띠 알랑 와짜나-야. 윈냐-낫사 쩨- 빅쿠 닙비다- 위라-가- 니로-다- 아누빠-다-위뭇또- 호-띠, '딧타담마닙바-납빳또- 빅쿠-' 띠 알랑 와짜나-야-"띠

사왓티에서 설해짐. … 한 곁에 앉은 그 비구는 세존에게 "대덕이시여, '법을 설하는 자, 법을 설하는 자'라고 불립니다. 대덕이시여, 얼마만큼 법을 설하는 자입니까?"라고 말했다.

"만약 비구가 색(色)의 염오(厭惡)-이탐(離貪)-소멸(消滅)을 위하여 법을 설하면 '법을 설하는 비구'라고 말하기에 적절하다. 만약 비구가 색의 염오-이탐-소멸을 위하여 실천하면 '가르침에 일치하는 법을 실천하는 비구'라고 말하기에 적절하다. 만약 비구가 색의 염오-이탐-

소멸로부터 집착 없이 해탈하면 '지금여기의 열반을 성취한 비구'라고 말하기에 적절하다.

만약 비구가 수(受)의 염오-이탐-소멸을 위하여 법을 설하면 '법을 설하는 비구'라고 말하기에 적절하다. 만약 비구가 수의 염오-이탐-소멸을 위하여 실천하면 '가르침에 일치하는 법을 실천하는 비구'라고 말하기에 적절하다. 만약 비구가 수의 염오-이탐-소멸로부터 집착 없이 해탈하면 '지금여기의 열반을 성취한 비구'라고 말하기에 적절하다.

만약 비구가 상(想)의 염오-이탐-소멸을 위하여 법을 설하면 '법을 설하는 비구'라고 말하기에 적절하다. 만약 비구가 상의 염오-이탐-소멸을 위하여 실천하면 '가르침에 일치하는 법을 실천하는 비구'라고 말하기에 적절하다. 만약 비구가 상의 염오-이탐-소멸로부터 집착 없이 해탈하면 '지금여기의 열반을 성취한 비구'라고 말하기에 적절하다.

만약 비구가 행(行)들의 염오-이탐-소멸을 위하여 법을 설하면 '법을 설하는 비구'라고 말하기에 적절하다. 만약 비구가 행들의 염오-이탐-소멸을 위하여 실천하면 '가르침에 일치하는 법을 실천하는 비구'라고 말하기에 적절하다. 만약 비구가 행들의 염오-이탐-소멸로부터 집착 없이 해탈하면 '지금여기의 열반을 성취한 비구'라고 말하기에 적절하다.

만약 비구가 식(識)의 염오-이탐-소멸을 위하여 법을 설하면 '법을 설하는 비구'라고 말하기에 적절하다. 만약 비구가 식의 염오-이탐-소멸을 위하여 실천하면 '가르침에 일치하는 법을 실천하는 비구'라고 말하기에 적절하다. 만약 비구가 식의 염오-이탐-소멸로부터 집착 없이 해탈하면 '지금여기의 열반을 성취한 비구'라고 말하기에 적절하다." ▣

배워 알고 실천하는 불교 신자!

10. dhammakathikapucchasuttaṃ (SN 35.155-법을 설하는 자 질문 경)

• 지금여기의 열반을 성취한 비구(diṭṭhadhammanibbānappatto) — ③육내입처의 염오-이탐-소멸

atha kho aññataro bhikkhu yena bhagavā tenupasaṅkami … ekamantaṃ nisinno kho so bhikkhu bhagavantaṃ etadavoca — "'dhammakathiko, dhammakathiko'ti, bhante, vuccati. kittāvatā nu kho, bhante, dhammakathiko hotī"ti?

아타 코- 안냐따로- 빅쿠 예-나 바가와- 떼-누빠상까미 … 에-까만땅 니신노- 코- 소- 빅쿠 바가완땅 에-따다오-짜 — "'담마까티꼬-, 담마까티꼬-'띠, 반떼-, 웃짜띠. 낏따-와따- 누 코-, 반떼-, 담마까티꼬- 호-띠-"띠?

그때 어떤 비구가 세존에게 왔다. … 한 곁에 앉은 그 비구는 세존에게 이렇게 말했다. — "대덕이시여, '법을 설하는 자, 법을 설하는 자'라고 불립니다. 대덕이시여, 얼마만큼 법을 설하는 자입니까?"라고 말했다.

"cakkhussa ce, bhikkhu nibbidāya virāgāya nirodhāya dhammaṃ deseti, 'dhammakathiko bhikkhū'ti alaṃvacanāya. cakkhussa ce, bhikkhu, nibbidāya virāgāya nirodhāya paṭipanno hoti, 'dhammānudhammappaṭipanno bhikkhū'ti alaṃvacanāya. cakkhussa ce, bhikkhu, nibbidā virāgā nirodhā anupādāvimutto hoti, 'diṭṭhadhammanibbānappatto bhikkhū''ti alaṃvacanāya.

sotassa ce, bhikkhu nibbidāya virāgāya nirodhāya dhammaṃ deseti, 'dhammakathiko bhikkhū'ti alaṃvacanāya. sotassa ce, bhikkhu, nibbidāya virāgāya nirodhāya paṭipanno hoti, 'dhammānudhammappaṭipanno bhikkhū'ti alaṃvacanāya. sotassa ce, bhikkhu, nibbidā virāgā nirodhā anupādāvimutto hoti, 'diṭṭhadhammanibbānappatto bhikkhū''ti alaṃvacanāya.

ghānassa ce, bhikkhu, nibbidāya virāgāya nirodhāya dhammaṃ deseti, 'dhammakathiko bhikkhū'ti alaṃvacanāya. ghānassa ce, bhikkhu, nibbidāya virāgāya nirodhāya paṭipanno hoti, 'dhammānudhammappaṭipanno bhikkhū'ti alaṃvacanāya. ghānassa ce, bhikkhu, nibbidā virāgā nirodhā anupādāvimutto hoti, 'diṭṭhadhammanibbānappatto bhikkhū''ti alaṃvacanāya.

jivhāya ce, bhikkhu, nibbidāya virāgāya nirodhāya dhammaṃ deseti, 'dhammakathiko bhikkhū'ti alaṃvacanāya. jivhāya ce, bhikkhu, nibbidāya virāgāya nirodhāya paṭipanno hoti, 'dhammānudhammappaṭipanno bhikkhū'ti alaṃvacanāya. jivhāya ce, bhikkhu, nibbidā virāgā nirodhā anupādāvimutto hoti, 'diṭṭhadhammanibbānappatto bhikkhū''ti alaṃvacanāya.

kāyassa ce, bhikkhu, nibbidāya virāgāya nirodhāya dhammaṃ deseti, 'dhammakathiko bhikkhū'ti alaṃvacanāya. kāyassa ce, bhikkhu, nibbidāya virāgāya nirodhāya paṭipanno hoti, 'dhammānudhammappaṭipanno bhikkhū'ti alaṃvacanāya. kāyassa ce, bhikkhu, nibbidā virāgā nirodhā anupādāvimutto hoti, 'diṭṭhadhammanibbānappatto bhikkhū''ti alaṃvacanāya.

manassa ce, bhikkhu, nibbidāya virāgāya nirodhāya dhammaṃ deseti, 'dhammakathiko bhikkhū'ti alaṃvacanāya. manassa ce, bhikkhu, nibbidāya virāgāya nirodhāya paṭipanno hoti, 'dhammānudhammappaṭipanno bhikkhū'ti alaṃvacanāya. manassa ce, bhikkhu, nibbidā virāgā nirodhā anupādāvimutto hoti, 'diṭṭhadhammanibbānappatto bhikkhū''ti alaṃvacanāyā"ti.

"짝콧사 쩨- 빅쿠 닙비다-야 위라-가-야 니로-다-야 담망 데-세-띠, '담마까티꼬- 빅쿠-'띠 알랑 와짜나-야. 짝콧사 쩨- 빅쿠 닙비다-야 위라-가-야 니로-다-야 빠띠빤노- 호-띠, '담마-누담맙빠띠빤노- 빅쿠-'띠 알랑 와짜나-야. 짝콧사 쩨- 빅쿠 닙비다- 위라-가- 니로-다- 아누빠-다-위뭇또- 호-띠, '딧타담마닙바-납빳또- 빅쿠-'띠 알랑 와짜나-야

소-땃사 쩨- 빅쿠 닙비다-야 위라-가-야 니로-다-야 담망 데-세-띠, '담마까티꼬- 빅쿠-'띠 알랑 와짜나-야. 소-땃사 쩨- 빅쿠 닙비다-야 위라-가-야 니로-다-야 빠띠빤노- 호-띠, '담마-누담맙빠띠빤노- 빅쿠-'띠 알랑 와짜나-야. 소-땃사 쩨- 빅쿠 닙비다- 위라-가- 니로-다- 아누빠-다-위뭇또- 호-띠, '딧타담마닙바-납빳또- 빅쿠-'띠 알랑 와짜나-야

가-낫사 쩨- 빅쿠 닙비다-야 위라-가-야 니로-다-야 담망 데-세-띠, '담마까티꼬- 빅쿠-'띠 알랑 와짜나-야. 가-낫사 쩨- 빅쿠 닙비다-야 위라-가-야 니로-다-야 빠띠빤노- 호-띠, '담마-누담맙빠띠빤노- 빅쿠-'띠 알랑 와짜나-야. 가-낫사 쩨- 빅쿠 닙비다- 위라-가- 니로-다- 아누빠-다-위뭇또- 호-띠, '딧타담마닙바-납빳또- 빅쿠-'띠 알랑 와짜나-야

지워하-야 쩨- 빅쿠 닙비다-야 위라-가-야 니로-다-야 담망 데-세-띠, '담마까티꼬- 빅쿠-'띠 알랑 와짜나-야. 지워하-야 쩨- 빅쿠 닙비다-야 위라-가-야 니로-다-야 빠띠빤노- 호-띠, '담마-누담맙빠띠빤노- 빅쿠-'띠 알랑 와짜나-야. 지워하-야 쩨- 빅쿠 닙비다- 위라-가- 니로-다- 아누빠-다-위뭇또- 호-띠, '딧타담마닙바-납빳또- 빅쿠-'띠 알랑 와짜나-야

까-야사 쩨- 빅쿠 닙비다-야 위라-가-야 니로-다-야 담망 데-세-띠, '담마까티꼬- 빅쿠-'띠 알랑 와짜나-야. 까-야사 쩨- 빅쿠 닙비다-야 위라-가-야 니로-다-야 빠띠빤노- 호-띠, '담마-누담맙빠띠빤노- 빅쿠-'띠 알랑 와짜나-야. 까-야사 쩨- 빅쿠 닙비다- 위라-가- 니로-

다- 아누빠-다-위뭇또- 호-띠, '딧타담마닙바-납빳또- 빅쿠-'띠 알랑 와짜나-야

마낫사 쩨- 빅쿠 닙비다-야 위라-가-야 니로-다-야 담망 데-세-띠, '담마까티꼬- 빅쿠-'띠 알랑 와짜나-야. 마낫사 쩨- 빅쿠 닙비다-야 위라-가-야 니로-다-야 빠띠빤노- 호-띠, '담마-누담맙빠띠빤노- 빅쿠-'띠 알랑 와짜나-야. 마낫사 쩨- 빅쿠 닙비다- 위라-가- 니로-다- 아누빠-다-위뭇또- 호-띠, '딧타담마닙바-납빳또- 빅쿠-'띠 알랑 와짜나-야-"띠

"만약 비구가 안(眼)의 염오(厭惡)-이탐(離貪)-소멸(消滅)을 위하여 법을 설하면 '법을 설하는 비구'라고 말하기에 적절하다. 만약 비구가 안의 염오-이탐-소멸을 위하여 실천하면 '가르침에 일치하는 법을 실천하는 비구'라고 말하기에 적절하다. 만약 비구가 안의 염오-이탐-소멸로부터 집착 없이 해탈하면 '지금여기의 열반을 성취한 비구'라고 말하기에 적절하다.

만약 비구가 이(耳)의 염오-이탐-소멸을 위하여 법을 설하면 '법을 설하는 비구'라고 말하기에 적절하다. 만약 비구가 이의 염오-이탐-소멸을 위하여 실천하면 '가르침에 일치하는 법을 실천하는 비구'라고 말하기에 적절하다. 만약 비구가 이의 염오-이탐-소멸로부터 집착 없이 해탈하면 '지금여기의 열반을 성취한 비구'라고 말하기에 적절하다.

만약 비구가 비(鼻)의 염오-이탐-소멸을 위하여 법을 설하면 '법을 설하는 비구'라고 말하기에 적절하다. 만약 비구가 비의 염오-이탐-소멸을 위하여 실천하면 '가르침에 일치하는 법을 실천하는 비구'라고 말하기에 적절하다. 만약 비구가 비의 염오-이탐-소멸로부터 집착 없이 해탈하면 '지금여기의 열반을 성취한 비구'라고 말하기에 적절하다.

만약 비구가 설(舌)의 염오-이탐-소멸을 위하여 법을 설하면 '법을 설하는 비구'라고 말하기에 적절하다. 만약 비구가 설의 염오-이탐-소멸을 위하여 실천하면 '가르침에 일치하는 법을 실천하는 비구'라고 말하기에 적절하다. 만약 비구가 설의 염오-이탐-소멸로부터 집착 없이 해탈하면 '지금여기의 열반을 성취한 비구'라고 말하기에 적절하다.

만약 비구가 신(身)의 염오-이탐-소멸을 위하여 법을 설하면 '법을 설하는 비구'라고 말하기에 적절하다. 만약 비구가 신의 염오-이탐-소멸을 위하여 실천하면 '가르침에 일치하는 법을 실천하는 비구'라고 말하기에 적절하다. 만약 비구가 신의 염오-이탐-소멸로부터 집착 없이 해탈하면 '지금여기의 열반을 성취한 비구'라고 말하기에 적절하다.

만약 비구가 의(意)의 염오-이탐-소멸을 위하여 법을 설하면 '법을 설하는 비구'라고 말하기에 적절하다. 만약 비구가 의의 염오-이탐-소멸을 위하여 실천하면 '가르침에 일치하는 법을 실천하는 비구'라고 말하기에 적절하다. 만약 비구가 의의 염오-이탐-소멸로부터 집착 없이 해탈하면 '지금여기의 열반을 성취한 비구'라고 말하기에 적절하다." ▣

제4장

분석 — 용어 정의

1. 오온(五蘊) ① — khajjanīyasuttaṃ (SN 22.79-삼켜버림 경)
2. 오온(五蘊) ② — upādānaparipavattasuttaṃ (SN 22.56-집착의 양상 경)
3. 오온(五蘊) ③ — samādhisuttaṃ (SN 22.5-삼매 경)

4. 연기(緣起) — vibhaṅgasuttaṃ (SN 12.2-분석 경)
5. 팔정도(八正道) — vibhaṅgasuttaṃ (SN 45.8-분석 경)
6. 염처(念處) — vibhaṅgasuttaṃ(SN 47.40-분석 경)
7. 오근(五根) ① — dutiyavibhaṅgasuttaṃ(SN 48.10-분석 경2)
8. 오근(五根) ② — vibhaṅgasuttaṃ(SN 48.36~38-분석 경1~3)

9. 과거-미래-현재 — bhaddekarattasuttaṃ (MN 131-상서로운 하룻밤 경)

10. 십업(十業) — adhammacariyāsuttaṃ (AN 10.220-비법(非法)의 행위 경)
11. 다섯 가지 장애와 칠각지(七覺支) — āhārasuttaṃ (SN 46.51-자량 경)

1. 오온(五蘊) ① — khajjanīyasuttaṃ (SN 22.79-삼켜버림 경)

• 전생의 기억 = 오취온(五取蘊)이나 그것 중에서 어떤 것을 기억하는 것

• 오온의 정의 ①성질 — 부딪힌다고 해서 색(色), 경험한다고 해서 수(受), 함께 안다[상(想)한다]고 해서 상(想), 유위(有爲)에서 형성한다고 해서 행(行)들, 인식(認識)한다(분별해서 안다)고 해서 식(識)

• 과거의 오온에 대해 갈망하지 않고, 미래의 오온을 기뻐하지 않고, 현재의 오온을 염오하고 이탐하고 소멸하기 위해 실천함

•「성스러운 제자는 허물지 쌓지 않는다. 버리지 붙잡지 않는다, 풀지 묶지 않는다, 맛을 떠나지 맛을 즐기지 않는다.」→ 여실지견(如實知見)

•「비구는 쌓지도 않고 허물지도 않고 허문 뒤에 서 있다, 버리지도 않고 붙잡지도 않고 버린 뒤에 서 있다, 풀지도 않고 묶지도 않고 푼 뒤에 서 있다, 맛을 떠나지도 않고 맛을 즐기지도 않고 맛을 떠난 뒤에 서 있다.」→ 해탈지견(解脫知見)

⇒ 범부의 삶 = 쌓고 붙잡고 묶고 맛을 즐기는 삶
유학의 삶 = 허물고 버리고 풀고 맛을 떠나는 삶
무학의 삶 = 쌓고 붙잡고 묶고 맛을 즐김도 넘어서고, 허물고 버리고 풀고 맛을 떠남도 넘어선 완성된 삶

sāvatthinidānaṃ. "ye hi keci, bhikkhave, samaṇā vā brāhmaṇā vā anekavihitaṃ pubbenivāsaṃ anussaramānā anussaranti sabbete pañcupādānakkhandhe anussaranti etesaṃ vā aññataraṃ. katame pañca? 'evaṃrūpo ahosiṃ atītamaddhānan'ti — iti vā hi, bhikkhave, anussaramāno rūpaṃyeva anussarati. 'evaṃvedano ahosiṃ atītamaddhānan'ti — iti vā hi, bhikkhave, anussaramāno vedanaṃyeva anussarati. 'evaṃsañño ahosiṃ atītamaddhānan'ti — iti vā hi, bhikkhave, anussaramāno saññaṃyeva anussarati. 'evaṃsaṅkhāro ahosiṃ atītamaddhānan'ti — iti vā hi, bhikkhave, anussaramāno saṅkhāreyeva anussarati. 'evaṃviññāṇo ahosiṃ atītamaddhānan'ti — iti vā hi, bhikkhave, anussaramāno viññāṇameva anussarati".

사-왓티니다-낭. "예- 히 께-찌, 빅카웨-, 사마나- 와- 브라-흐마나- 와- 아네-까위히땅 뿝베-니와-상 아눗사라마-나- 아눗사란띠 삽베-떼- 빤쭈빠-다-낙칸데- 아눗사란띠 에-떼-상 와- 안냐따랑. 까따메- 빤짜? '에-왕루-뽀- 아호-싱 아띠-따맏다-난'띠 — 이띠 와- 히, 빅카웨-, 아눗사라마-노- 루-빵예-와 아눗사라띠. '에-왕웨-다노- 아호-싱 아띠-따맏다-난'띠 — 이띠 와- 히, 빅카웨-, 아눗사라마-노- 웨-다낭예-와 아눗사라띠. '에-왕산뇨- 아호-싱 아띠-따맏다-난'띠 — 이띠 와- 히, 빅카웨-, 아눗사라마-노- 산냥예-와 아눗사라띠.

'에-왕상카-로- 아호-싱 아띠-따만다-난' 띠 — 이띠 와- 히, 빅카웨-, 아눗사라마-노- 상카-레-예-와 아눗사라띠. '에-왕윈냐-노- 아호-싱 아띠-따만다-난' 띠 — 이띠 와- 히, 빅카웨-, 아눗사라마-노- 윈냐-나메-와 아눗사라띠

사왓티에서 설해짐. "비구들이여, 다양한 전생의 삶들을 기억하고 있는 어떤 사문들이든 바라문들이든 모두 다섯 가지 집착된 무더기[오취온(五取蘊)]나 그것 중에서 어떤 것을 기억하는 것이다. 무엇이 다섯인가? 비구들이여, '과거에 나는 이런 색(色)을 가진 자였다.'라고 기억하는 그가 색(色)을 기억한다. 비구들이여, '과거에 나는 이런 수(受)를 가진 자였다.'라고 기억하는 그가 수(受)를 기억한다. 비구들이여, '과거에 나는 이런 상(想)을 가진 자였다.'라고 기억하는 그가 상(想)을 기억한다. 비구들이여, '과거에 나는 이런 행(行)들을 가진 자였다.'라고 기억하는 그가 행(行)들을 기억한다. 비구들이여, '과거에 나는 이런 식(識)을 가진 자였다.'라고 기억하는 그가 식(識)을 기억한다.

"kiñca, bhikkhave, rūpaṃ vadetha? ruppatīti kho, bhikkhave, tasmā 'rūpan'ti vuccati. kena ruppati? sītenapi ruppati, uṇhenapi ruppati, jighacchāyapi ruppati, pipāsāyapi ruppati, ḍaṃsa/makasa/vātātapa/sarīsapa/samphassenapi ruppati. ruppatīti kho, bhikkhave, tasmā 'rūpan'ti vuccati.

낀짜, 빅카웨-, 루-빵 와데-타? 룹빠띠-띠 코-, 빅카웨-, 따스마- '루-빤' 띠 웃짜띠. 께-나 룹빠띠? 시-떼-나삐 룹빠띠, 운헤-나삐 룹빠띠, 지갓차-야삐 룹빠띠, 삐빠-사-야삐 룹빠띠, 당사/마까사/와-따-따빠/사리-사빠/삼팟세-나삐 룹빠띠. 룹빠띠-띠 코-, 빅카웨-, 따스마- '루-빤' 띠 웃짜띠

그러면 비구들이여, 그대들은 무엇을 색(色-물질)이라고 말해야 하는가? 비구들이여, 부딪힌다고 해서 색이라고 불린다. 무엇에 의해서 부딪히는가? 차가움에 의해서도 부딪히고, 더움에 의해서도 부딪히고, 배고픔에 의해서도 부딪히고, 목마름에 의해서도 부딪히고, 파리, 모기, 바람, 햇빛, 파충류들의 닿음에 의해서도 부딪힌다. 비구들이여, 부딪힌다고 해서 색이라고 불린다.

"kiñca, bhikkhave, vedanaṃ vadetha? vedayatīti kho, bhikkhave, tasmā 'vedanā'ti vuccati. kiñca vedayati? sukhampi vedayati, dukkhampi vedayati, adukkhamasukhampi vedayati. vedayatīti kho, bhikkhave, tasmā 'vedanā'ti vuccati.

낀짜, 빅카웨-, 웨-다낭 와데-타? 웨-다야띠-띠 코-, 빅카웨-, 따스마- '웨-다나-' 띠 웃짜띠. 낀짜 웨-다야띠? 수캄삐 웨-다야띠, 둑캄삐 웨-다야띠, 아둑카마수캄삐 웨-다야띠. 웨-다야띠-띠 코-, 빅카웨-, 따스마- '웨-다나-' 띠 웃짜띠

그러면 비구들이여, 그대들은 무엇을 수(受-느낌/경험)라고 말해야 하는가? 비구들이여, 경험한다고 해서 수라고 불린다. 무엇을 경험하는가? 즐거움[락(樂)]도 경험하고 괴로움[고(苦)]도 경험하고 괴롭지도 즐겁지도 않음[불고불락(不苦不樂)]도 경험한다. 비구들이여, 경험한다고 해서 수라고 불린다.

“kiñca, bhikkhave, saññaṃ vadetha? sañjānātīti kho, bhikkhave, tasmā ‘saññā’ti vuccati. kiñca sañjānāti? nīlampi sañjānāti, pītakampi sañjānāti, lohitakampi sañjānāti, odātampi sañjānāti. sañjānātīti kho, bhikkhave, tasmā ‘saññā’ti vuccati.

낀짜, 빅카웨-, 산냥 와데-타? 산자-나-띠-띠 코-, 빅카웨-, 따스마- ‘산냐-’띠 웃짜띠. 낀짜 산자-나-띠? 니-ㄹ람삐 산자-나-띠, 삐-따깜삐 산자-나-띠, 로-히따깜삐 산자-나-띠, 오-다-땀삐 산자-나-띠. 산자-나-띠-띠 코-, 빅카웨-, 따스마- ‘산냐-’띠 웃짜띠

그러면 비구들이여, 그대들은 무엇을 상(想-경향)이라고 말해야 하는가? 비구들이여, 함께 안다[상(想)한다]고 해서 상이라고 불린다. 무엇을 함께 아는가? 파란색을 함께 알기도 하고, 노란색을 함께 알기도 하고, 빨간색을 함께 알기도 하고, 하얀색을 함께 알기도 한다. 비구들이여, 함께 안다고 해서 상이라고 불린다.

“kiñca, bhikkhave, saṅkhāre vadetha? saṅkhatamabhisaṅkharontīti kho, bhikkhave, tasmā ‘saṅkhārā’ti vuccati. kiñca saṅkhatamabhisaṅkharonti? rūpaṃ rūpattāya saṅkhatamabhisaṅkharonti, vedanaṃ vedanattāya saṅkhatamabhisaṅkharonti, saññaṃ saññattāya saṅkhatamabhisaṅkharonti, saṅkhāre saṅkhārattāya saṅkhatamabhisaṅkharonti, viññāṇaṃ viññāṇattāya saṅkhatamabhisaṅkharonti. saṅkhatamabhisaṅkharontīti kho, bhikkhave, tasmā ‘saṅkhārā’ti vuccati.

낀짜, 빅카웨-, 상카-레- 와데-타? 상카따마비상카론띠-띠 코-, 빅카웨-, 따스마- ‘상카-라-’띠 웃짜띠. 낀짜 상카따마비상카론띠? 루-빵 루-빳따-야 상카따마비상카론띠, 웨-다낭 웨-다낫따-야 상카따마비상카론띠, 산냥 산낫따-야 상카따마비상카론띠, 상카-레- 상카-랏따-야 상카따마비상카론띠, 윈냐-낭 윈냐-낫따-야 상카따마비상카론띠. 상카따마비상카론띠-띠 코-, 빅카웨-, 따스마- ‘상카-라-’띠 웃짜띠

그러면 비구들이여, 그대들은 무엇을 행(行-형성작용)들이라고 말해야 하는가? 비구들이여, 유위(有爲)에서 형성한다고 해서 행들이라고 불린다. 무엇을 유위에서 형성하는가? 색을 색의 속성을 위해 유위(有爲-saṅkhata)에서 형성한다(abhisaṅkharoti). 수를 수의 속성을 위해 유위에서 형성한다. 상을 상의 속성을 위해 유위에서 형성한다. 행들을 행의 속성을 위해 유위에서 형성한다. 식을 식의 속성을 위해 유위에서 형성한다. 비구들이여, 유위에서 형성

한다고 해서 행들이라고 불린다.

“kiñca, bhikkhave, viññāṇaṃ vadetha? vijānātīti kho, bhikkhave, tasmā ‘viññāṇan’ti vuccati. kiñca vijānāti? ambilampi vijānāti, tittakampi vijānāti, kaṭukampi vijānāti, madhurampi vijānāti, khārikampi vijānāti, akhārikampi vijānāti, loṇikampi vijānāti, aloṇikampi vijānāti. vijānātīti kho, bhikkhave, tasmā ‘viññāṇan’ti vuccati.

낀짜, 빅카웨-, 윈냐-낭 와데-타? 위자-나-띠-띠 코-, 빅카웨-, 따스마- ‘윈냐-난’띠 웃짜띠. 낀짜 위자-나-띠? 암빌람삐 위자-나-띠, 띳따깜삐 위자-나-띠, 까뚜깜삐 위자-나-띠, 마두람삐 위자-나-띠, 카-리깜삐 위자-나-띠, 아카-리깜삐 위자-나-띠, 로-니깜삐 위자-나-띠, 알로-니깜삐 위자-나-띠. 위자-나-띠-띠 코-, 빅카웨-, 따스마- ‘윈냐-난’띠 웃짜띠

그러면 비구들이여, 그대들은 무엇을 식(識)이라고 말해야 하는가? 비구들이여, 인식(認識)한다(분별해서 안다)고 해서 식이라고 불린다. 무엇을 인식하는가? 신맛을 인식하기도 하고 쓴맛을 인식하기도 하고 매운맛을 인식하기도 하고 단맛을 인식하기도 하고 떫은맛을 인식하기도 하고 떫지 않은 맛을 인식하기도 하고 짠맛을 인식하기도 하고 짜지 않은 맛을 인식하기도 한다. 비구들이여, 인식한다고 해서 식이라고 불린다.

“tatra, bhikkhave, sutavā ariyasāvako iti paṭisañcikkhati — ‘ahaṃ kho etarahi rūpena khajjāmi. atītampāhaṃ addhānaṃ evameva rūpena khajjiṃ, seyyathāpi etarahi paccuppannena rūpena khajjāmi. ahañceva kho pana anāgataṃ rūpaṃ abhinandeyyaṃ, anāgatampāhaṃ addhānaṃ evameva rūpena khajjeyyaṃ, seyyathāpi etarahi paccuppannena rūpena khajjāmī’ti. so iti paṭisaṅkhāya atītasmiṃ rūpasmiṃ anapekkho hoti; anāgataṃ rūpaṃ nābhinandati; paccuppannassa rūpassa nibbidāya virāgāya nirodhāya paṭipanno hoti.

따뜨라, 빅카웨-, 수따와- 아리야사와-꼬- 이띠 빠띠산찍카띠 — ‘아항 코- 에-따라히 루-뻬-나 캇자-미. 아띠-땀빠-항 앋다-낭 에-와메-와 루-뻬-나 캇징, 세이야타-삐 에-따라히 빳쭙빤네-나 루-뻬-나 캇자-미. 아한쩨-와 코- 빠나 아나-가땅 루-빵 아비난데이양, 아나-가땀빠-항 앋다-낭 에-와메-와 루-뻬-나 캇제이양, 세이야타-삐 에-따라히 빳쭙빤네-나 루-뻬-나 캇자-미-’띠. 소- 이띠 빠띠상카-야 아띠-따스밍 루-빠스밍 아나뻭코- 호-띠; 아나-가땅 루-빵 나-비난다띠; 빳쭙빤낫사 루-빳사 닙비다-야 위라-가-야 니로-다-야 빠띠빤노- 호-띠

거기서, 비구들이여, 잘 배운 성스러운 제자는 이렇게 숙고한다. — ‘색(色)이 지금 나를 삼키고 있다. 현재의 색이 지금 나를 삼키듯이, 이처럼 과거의 색도 나를 삼켰다. 만약 내가 미래의 색을 기뻐하면, 현재의 색이 지금 나를 삼키듯이, 이처럼 미래의 색도 나를 삼킬 것이다.’

라고. 그는 이렇게 숙고하면서 과거의 색에 대해 갈망하지 않고, 미래의 색을 기뻐하지 않고, 현재의 색을 염오하고 이탐하고 소멸하기 위해 실천한다.

"'ahaṃ kho etarahi vedanāya khajjāmi. atītampāhaṃ addhānaṃ evameva vedanāya khajjiṃ, seyyathāpi etarahi paccuppannāya vedanāya khajjāmi. ahañceva kho pana anāgataṃ vedanaṃ abhinandeyyaṃ; anāgatampāhaṃ addhānaṃ evameva vedanāya khajjeyyaṃ, seyyathāpi etarahi paccuppannāya vedanāya khajjāmī'ti. so iti paṭisaṅkhāya atītāya vedanāya anapekkho hoti; anāgataṃ vedanaṃ nābhinandati; paccuppannāya vedanāya nibbidāya virāgāya nirodhāya paṭipanno hoti.

'아항 코- 에-따라히 웨-다나-야 캇자-미. 아띠-땀빠-항 앋다-낭 에-와메-와 웨-다나-야 캇징, 세이야타-삐 에-따라히 빳쭙빤나-야 웨-다나-야 캇자-미. 아한쩨-와 코- 빠나 아나-가땅 웨-다낭 아비난데이양, 아나-가땀빠-항 앋다-낭 에-와메-와 웨-다나-야 캇제이양, 세이야타-삐 에-따라히 빳쭙빤나-야 웨-다나-야 캇자-미-'띠. 소- 이띠 빠띠상카-야 아띠-따-야 웨-다나-야 아나뻭코- 호-띠; 아나-가땅 웨-다낭 나-비난다띠; 빳쭙빤나-야 웨-다나-야 닙비다-야 위라-가-야 니로-다-야 빠띠빤노- 호-띠

'수(受)가 지금 나를 삼키고 있다. 현재의 수가 지금 나를 삼키듯이, 이처럼 과거의 수도 나를 삼켰다. 만약 내가 미래의 수를 기뻐하면, 현재의 수가 지금 나를 삼키듯이, 이처럼 미래의 수도 나를 삼킬 것이다.'라고. 그는 이렇게 숙고하면서 과거의 수에 대해 갈망하지 않고, 미래의 수를 기뻐하지 않고, 현재의 수를 염오하고 이탐하고 소멸하기 위해 실천한다.

"'ahaṃ kho etarahi saññāya khajjāmi. atītampāhaṃ addhānaṃ evameva saññāya khajjiṃ, seyyathāpi etarahi paccuppannāya saññāya khajjāmi. ahañceva kho pana anāgataṃ saññaṃ abhinandeyyaṃ; anāgatampāhaṃ addhānaṃ evameva saññāya khajjeyyaṃ, seyyathāpi etarahi paccuppannāya saññāya khajjāmī'ti. so iti paṭisaṅkhāya atītāya saññāya anapekkho hoti; anāgataṃ saññaṃ nābhinandati; paccuppannāya saññāya nibbidāya virāgāya nirodhāya paṭipanno hoti.

'아항 코- 에-따라히 산냐-야 캇자-미. 아띠-땀빠-항 앋다-낭 에-와메-와 산냐-야 캇징, 세이야타-삐 에-따라히 빳쭙빤나-야 산냐-야 캇자-미. 아한쩨-와 코- 빠나 아나-가땅 산냥 아비난데이양, 아나-가땀빠-항 앋다-낭 에-와메-와 산냐-야 캇제이양, 세이야타-삐 에-따라히 빳쭙빤나-야 산냐-야 캇자-미-'띠. 소- 이띠 빠띠상카-야 아띠-따-야 산냐-야 아나뻭코-호-띠; 아나-가땅 산냥 나-비난다띠; 빳쭙빤나-야 산냐-야 닙비다-야 위라-가-야 니로-다-야 빠띠빤노- 호-띠

‘상(想)이 지금 나를 삼키고 있다. 현재의 상이 지금 나를 삼키듯이, 이처럼 과거의 상도 나를 삼켰다. 만약 내가 미래의 상을 기뻐하면, 현재의 상이 지금 나를 삼키듯이, 이처럼 미래의 상도 나를 삼킬 것이다.’라고. 그는 이렇게 숙고하면서 과거의 상에 대해 갈망하지 않고, 미래의 상을 기뻐하지 않고, 현재의 상을 염오하고 이탐하고 소멸하기 위해 실천한다.

‘ahaṃ kho etarahi saṅkhārehi khajjāmi. atītampāhaṃ addhānaṃ evameva saṅkhārehi khajjiṃ, seyyathāpi etarahi paccuppannehi saṅkhārehi khajjāmīti. ahañceva kho pana anāgate saṅkhāre abhinandeyyaṃ; anāgatampāhaṃ addhānaṃ evameva saṅkhārehi khajjeyyaṃ, seyyathāpi etarahi paccuppannehi saṅkhārehi khajjāmī’ti. so iti paṭisaṅkhāya atītesu saṅkhāresu anapekkho hoti; anāgate saṅkhāre nābhinandati; paccuppannānaṃ saṅkhārānaṃ nibbidāya virāgāya nirodhāya paṭipanno hoti.

‘아항 코- 에-따라히 상카-레-히 캇자-미. 아띠-땀빠-항 안다-낭 에-와메-와 상카-레-히 캇징, 세이야타-삐 에-따라히 빳쭙빤네-히 상카-레-히 캇자-미-띠. 아한쩨-와 코- 빠나 아나-가떼- 상카-레- 아비난데이양, 아나-가땀빠-항 안다-낭 에-와메-와 상카-레-히 캇제이양, 세이야타-삐 에-따라히 빳쭙빤네-히 상카-레-히 캇자-미-’띠. 소- 이띠 빠띠상카-야 아띠-떼-수 상카-레-수 아나뻭코- 호-띠; 아나-가떼- 상카-레- 나-비난다띠; 빳쭙빤나-낭 상카-라-낭 닙비다-야 위라-가-야 니로-다-야 빠띠빤노- 호-띠

‘행(行)들이 지금 나를 삼키고 있다. 현재의 행들이 지금 나를 삼키듯이, 이처럼 과거의 행들도 나를 삼켰다. 만약 내가 미래의 행들을 기뻐하면, 현재의 행들이 지금 나를 삼키듯이, 이처럼 미래의 행들도 나를 삼킬 것이다.’라고. 그는 이렇게 숙고하면서 과거의 행들에 대해 갈망하지 않고, 미래의 행들을 기뻐하지 않고, 현재의 행들을 염오하고 이탐하고 소멸하기 위해 실천한다.

“‘ahaṃ kho etarahi viññāṇena khajjāmi. atītampi addhānaṃ evameva viññāṇena khajjiṃ, seyyathāpi etarahi paccuppannena viññāṇena khajjāmi. ahañceva kho pana anāgataṃ viññāṇaṃ abhinandeyyaṃ; anāgatampāhaṃ addhānaṃ evameva viññāṇena khajjeyyaṃ, seyyathāpi etarahi paccuppannena viññāṇena khajjāmī’ti. so iti paṭisaṅkhāya atītasmiṃ viññāṇasmiṃ anapekkho hoti; anāgataṃ viññāṇaṃ nābhinandati; paccuppannassa viññāṇassa nibbidāya virāgāya nirodhāya paṭipanno hoti.

‘아항 코- 에-따라히 윈냐-네-나 캇자-미. 아띠-땀삐 안다-낭 에-와메-와 윈냐-네-나 캇징, 세이야타-삐 에-따라히 빳쭙빤네-나 윈냐-네-나 캇자-미. 아한쩨-와 코- 빠나 아나-가땅 윈냐-낭 아비난데이양, 아나-가땀빠-항 안다-낭 에-와메-와 윈냐-네-나 캇제이양, 세이야

타-삐 에-따라히 빳쭙빤네-나 윈냐-네-나 캇자-미-'띠. 소- 이띠 빠띠상카-야 아띠-따스밍 윈냐-나스밍 아나뻭코- 호-띠; 아나-가땅 윈냐-낭 나-비난다띠; 빳쭙빤낫사 윈냐-낫사 닙비다-야 위라-가-야 니로-다-야 빠띠빤노- 호-띠

'식(識)이 지금 나를 삼키고 있다. 현재의 식이 지금 나를 삼키듯이, 이처럼 과거의 식도 나를 삼켰다. 만약 내가 미래의 식을 기뻐하면, 현재의 식이 지금 나를 삼키듯이, 이처럼 미래의 식도 나를 삼킬 것이다.'라고. 그는 이렇게 숙고하면서 과거의 식에 대해 갈망하지 않고, 미래의 식을 기뻐하지 않고, 현재의 식을 염오하고 이탐하고 소멸하기 위해 실천한다.

"taṃ kiṃ maññatha, bhikkhave, rūpaṃ niccaṃ vā aniccaṃ vā"ti? "aniccaṃ, bhante". "yaṃ panāniccaṃ dukkhaṃ vā taṃ sukhaṃ vā"ti? "dukkhaṃ, bhante". "yaṃ panāniccaṃ dukkhaṃ vipariṇāmadhammaṃ, kallaṃ nu taṃ samanupassituṃ — 'etaṃ mama, esohamasmi, eso me attā'"ti? "no hetaṃ, bhante".

"땅 낑 만냐타, 빅카웨-, 루-빵 닛짱 와- 아닛짱 와-"띠? "아닛짱, 반떼-" "양 빠나-닛짱 둑캉 와- 땅 수캉 와-"띠? "둑캉, 반떼-" "양 빠나-닛짱 둑캉 위빠리나-마담망, 깔랑 누 땅 사마누빳시뚱 — '에-땅 마마, 에-소-하마스미, 에-소- 메- 앗따-'"띠? "노- 헤-땅, 반떼-"

"비구들이여, 어떻게 생각하는가? 색(色)은 상(常)한가, 무상(無常)한가?" "무상합니다, 대덕이시여." "그러면 무상한 것은 고인가, 락인가?" "고입니다, 대덕이시여." "그렇다면 무상하고 고고 변하는 것을 '이것은 나의 것이다. 이것은 나다. 이것은 나의 아(我)다.'라고 관찰하는 것이 타당한가?" "아닙니다, 대덕이시여."

"vedanā niccā vā aniccā vā"ti? "aniccā, bhante". "yaṃ panāniccaṃ, dukkhaṃ vā taṃ sukhaṃ vā"ti? "dukkhaṃ, bhante". "yaṃ panāniccaṃ dukkhaṃ vipariṇāmadhammaṃ, kallaṃ nu taṃ samanupassituṃ — 'etaṃ mama, esohamasmi, eso me attā'"ti? "no hetaṃ, bhante".

웨-다나- 닛짜- 와- 아닛짜- 와-"띠? "아닛짜-, 반떼-" "양 빠나-닛짱 둑캉 와- 땅 수캉 와-"띠? "둑캉, 반떼-" "양 빠나-닛짱 둑캉 위빠리나-마담망, 깔랑 누 땅 사마누빳시뚱 — '에-땅 마마, 에-소-하마스미, 에-소- 메- 앗따-'"띠? "노- 헤-땅, 반떼-"

"수(受)는 상한가, 무상한가?" "무상합니다, 대덕이시여." "그러면 무상한 것은 고인가, 락인가?" "고입니다, 대덕이시여." "그렇다면 무상하고 고고 변하는 것을 '이것은 나의 것이다. 이것은 나다. 이것은 나의 아다.'라고 관찰하는 것이 타당한가?" "아닙니다, 대덕이시여."

“saññā niccā vā aniccā vā”ti? “aniccā, bhante”. “yaṃ panāniccaṃ, dukkhaṃ vā taṃ sukhaṃ vā”ti? “dukkhaṃ, bhante”. “yaṃ panāniccaṃ dukkhaṃ vipariṇāmadhammaṃ, kallaṃ nu taṃ samanupassituṃ — ‘etaṃ mama, esohamasmi, eso me attā’”ti? “no hetaṃ, bhante”.

산냐- 닛짜- 와- 아닛짜- 와-”띠? “아닛짜-, 반떼-” “양 빠나-닛짱 둑캉 와- 땅 수캉 와-”띠? “둑캉, 반떼-” “양 빠나-닛짱 둑캉 위빠리나-마담망, 깔랑 누 땅 사마누빳시뚱 — ‘에-땅 마마, 에-소-하마스미, 에-소- 메- 앗따-’”띠? “노- 헤-땅, 반떼-”

“상(想)은 상한가, 무상한가?” “무상합니다, 대덕이시여.” “그러면 무상한 것은 고인가, 락인가?” “고입니다, 대덕이시여.” “그렇다면 무상하고 고고 변하는 것을 ‘이것은 나의 것이다. 이것은 나다. 이것은 나의 아다.’라고 관찰하는 것이 타당한가?” “아닙니다, 대덕이시여.”

“saṅkhārā niccā vā aniccā vā”ti? “aniccā, bhante”. “yaṃ panāniccaṃ dukkhaṃ vā taṃ sukhaṃ vā”ti? “dukkhaṃ, bhante”. “yaṃ panāniccaṃ dukkhaṃ vipariṇāmadhammaṃ, kallaṃ nu taṃ samanupassituṃ — ‘etaṃ mama, esohamasmi, eso me attā’”ti? “no hetaṃ, bhante”.

상카-라- 닛짜- 와- 아닛짜- 와-”띠? “아닛짜-, 반떼-” “양 빠나-닛짱 둑캉 와- 땅 수캉 와-”띠? “둑캉, 반떼-” “양 빠나-닛짱 둑캉 위빠리나-마담망, 깔랑 누 땅 사마누빳시뚱 — ‘에-땅 마마, 에-소-하마스미, 에-소- 메- 앗따-’”띠? “노- 헤-땅, 반떼-”

“행(行)들은 상한가, 무상한가?” “무상합니다, 대덕이시여.” “그러면 무상한 것은 고인가, 락인가?” “고입니다, 대덕이시여.” “그렇다면 무상하고 고고 변하는 것을 ‘이것은 나의 것이다. 이것은 나다. 이것은 나의 아다.’라고 관찰하는 것이 타당한가?” “아닙니다, 대덕이시여.”

“viññāṇaṃ niccaṃ vā aniccaṃ vā”ti? “aniccaṃ, bhante”. “yaṃ panāniccaṃ dukkhaṃ vā taṃ sukhaṃ vā”ti? “dukkhaṃ, bhante”. “yaṃ panāniccaṃ dukkhaṃ vipariṇāmadhammaṃ, kallaṃ nu taṃ samanupassituṃ — ‘etaṃ mama, esohamasmi, eso me attā’”ti? “no hetaṃ, bhante”.

윈냐-낭 닛짱 와- 아닛짱 와-”띠? “아닛짱, 반떼-” “양 빠나-닛짱 둑캉 와- 땅 수캉 와-”띠? “둑캉, 반떼-” “양 빠나-닛짱 둑캉 위빠리나-마담망, 깔랑 누 땅 사마누빳시뚱 — ‘에-땅 마마, 에-소-하마스미, 에-소- 메- 앗따-’”띠? “노- 헤-땅, 반떼-”

“식(識)은 상(常)한가, 무상(無常)한가?” “무상합니다, 대덕이시여.” “그러면 무상한 것은 고인가, 락인가?” “고입니다, 대덕이시여.” “그렇다면 무상하고 고고 변하는 것을 ‘이것은 나의 것이다. 이것은 나다. 이것은 나의 아다.'라고 관찰하는 것이 타당한가?" "아닙니다, 대덕이시여."

"tasmātiha, bhikkhave, yaṃ kiñci rūpaṃ atītānāgatapaccuppannaṃ ajjhattaṃ vā bahiddhā vā oḷārikaṃ vā sukhumaṃ vā hīnaṃ vā paṇītaṃ vā yaṃ dūre santike vā, sabbaṃ rūpaṃ — 'netaṃ mama, nesohamasmi, na meso attā'ti evametaṃ yathābhūtaṃ sammappaññāya daṭṭhabbaṃ.

"따스마-띠하, 빅카웨-, 양 낀찌 루-빵 아띠-따-나-가따빳쭙빤낭 앗잣땅 와- 바힏다- 와- 오-ㄹ라-리깡 와- 수쿠망 와- 히-낭 와- 빠니-땅 와- 양 두-레- 산-띠께- 와-, 삽방 루-빵 — '네-땅 마마, 네-소-하마스미, 나 메-소- 앗따-'띠 에-와메-땅 야타-부-땅 삼맙빤냐-야 닷탑방

"그러므로 비구들이여, 안의 것이든 밖의 것이든, 거친 것이든 미세한 것이든, 저열한 것이든 뛰어난 것이든 과거-미래-현재의 어떤 색(色)에 대해서도, 멀리 있는 것이든 가까이 있는 것이든 모든 색에 대해 '이것은 나의 것이 아니다. 이것은 내가 아니다. 이것은 나의 아가 아니다.'라고 이렇게 바른 지혜로써 있는 그대로 보아야 한다.

yā kāci vedanā atītānāgatapaccuppannā ajjhattā vā bahiddhā vā oḷārikā vā sukhumā vā hīnā vā paṇītā vā yā dūre santike vā, sabbaṃ vedanaṃ — 'netaṃ mama, nesohamasmi, na meso attā'ti evametaṃ yathābhūtaṃ sammappaññāya daṭṭhabbaṃ.

야- 까-찌 웨-다나- 아띠-따-나-가따빳쭙빤나- 앗잣따- 와- 바힏다- 와- 오-ㄹ라-리까- 와- 수쿠마- 와- 히-나- 와- 빠니-따- 와- 야- 두-레- 산띠께- 와-, 삽방 웨-다낭 — '네-땅 마마, 네-소-하마스미, 나 메-소- 앗따-'띠 에-와메-땅 야타-부-땅 삼맙빤냐-야 닷탑방

안의 것이든 밖의 것이든, 거친 것이든 미세한 것이든, 저열한 것이든 뛰어난 것이든 과거-미래-현재의 어떤 수(受)에 대해서도, 멀리 있는 것이든 가까이 있는 것이든 모든 수에 대해 '이것은 나의 것이 아니다. 이것은 내가 아니다. 이것은 나의 아가 아니다.'라고 이렇게 바른 지혜로써 있는 그대로 보아야 한다.

yā kāci saññā atītānāgatapaccuppannā ajjhattā vā bahiddhā vā oḷārikā vā sukhumā vā hīnā vā paṇītā vā yā dūre santike vā, sabbaṃ saññaṃ — 'netaṃ mama, nesohamasmi, na meso attā'ti evametaṃ yathābhūtaṃ sammappaññāya daṭṭhabbaṃ.

야- 까-찌 산냐- 아띠-따-나-가따빳쭙빤나- 앗잣따- 와- 바힏다- 와- 오-ㄹ라-리까- 와- 수쿠마- 와- 히-나- 와- 빠니-따- 와- 야- 두-레- 산띠께- 와-, 삽방 산냥 — '네-땅 마마, 네-소-하마스미, 나 메-소- 앗따-'띠 에-와메-땅 야타-부-땅 삼맙빤냐-야 닷탑방

안의 것이든 밖의 것이든, 거친 것이든 미세한 것이든, 저열한 것이든 뛰어난 것이든 과거-미래-현재의 어떤 상(想)에 대해서도, 멀리 있는 것이든 가까이 있는 것이든 모든 상에 대해 '이것은 나의 것이 아니다. 이것은 내가 아니다. 이것은 나의 아가 아니다.'라고 이렇게 바른 지혜로써 있는 그대로 보아야 한다.

ye keci saṅkhārā atītānāgatapaccuppannā ajjhattā vā bahiddhā vā oḷārikā vā sukhumā vā hīnā vā paṇītā vā ye dūre santike vā, sabbe saṅkhāre — 'netaṃ mama, nesohamasmi, na meso attā'ti evametaṃ yathābhūtaṃ sammappaññāya daṭṭhabbaṃ.

예- 께-찌 상카-라- 아띠-따-나-가따빳쭙빤나- 앗잣따- 와- 바힏다- 와- 오-ㄹ라-리까- 와- 수쿠마- 와- 히-나- 와- 빠니-따- 와- 예- 두-레- 산띠께- 와-, 삽베- 상카-레- — '네-땅 마마, 네-소-하마스미, 나 메-소- 앗따-'띠 에-와메-땅 야타-부-땅 삼맙빤냐-야 닷탑방

안의 것이든 밖의 것이든, 거친 것이든 미세한 것이든, 저열한 것이든 뛰어난 것이든 과거-미래-현재의 어떤 행(行)들에 대해서도, 멀리 있는 것이든 가까이 있는 것이든 모든 행에 대해 '이것은 나의 것이 아니다. 이것은 내가 아니다. 이것은 나의 아가 아니다.'라고 이렇게 바른 지혜로써 있는 그대로 보아야 한다.

"yaṃ kiñci viññāṇaṃ atītānāgatapaccuppannaṃ ajjhattaṃ vā bahiddhā vā oḷārikaṃ vā sukhumaṃ vā hīnaṃ vā paṇītaṃ vā yaṃ dūre santike vā, sabbaṃ viññāṇaṃ — 'netaṃ mama, nesohamasmi, na meso attā'ti evametaṃ yathābhūtaṃ sammappaññāya daṭṭhabbaṃ.

양 낀찌 윈냐-낭 아띠-따-나-가따빳쭙빤낭 앗잣땅 와- 바힏다- 와- 오-ㄹ라-리깡 와- 수쿠망 와- 히-낭 와- 빠니-땅 와- 양 두-레- 산띠께- 와-, 삽방 윈냐-낭 — '네-땅 마마, 네-소-하마스미, 나 메-소- 앗따-'띠 에-와메-땅 야타-부-땅 삼맙빤냐-야 닷탑방

안의 것이든 밖의 것이든, 거친 것이든 미세한 것이든, 저열한 것이든 뛰어난 것이든 과거-미래-현재의 어떤 식(識)에 대해서도, 멀리 있는 것이든 가까이 있는 것이든 모든 식에 대해 '이것은 나의 것이 아니다. 이것은 내가 아니다. 이것은 나의 아가 아니다.'라고 이렇게 바른 지혜로써 있는 그대로 보아야 한다.

“ayaṃ vuccati, bhikkhave, ariyasāvako apacināti, no ācināti; pajahati, na upādiyati; visineti, na ussineti; vidhūpeti, na sandhūpeti. kiñca apacināti, no ācināti? rūpaṃ apacināti, no ācināti; vedanaṃ apacināti, no ācināti; saññaṃ apacināti, no ācināti; saṅkhāre apacināti, no ācināti; viññāṇaṃ apacināti, no ācināti. kiñca pajahati, na upādiyati? rūpaṃ pajahati, na upādiyati; vedanaṃ pajahati, na upādiyati; saññaṃ pajahati, na upādiyati; saṅkhāre pajahati, na upādiyati; viññāṇaṃ pajahati, na upādiyati. kiñca visineti, na ussineti? rūpaṃ visineti, na ussineti; vedanaṃ visineti, na ussineti; saññaṃ visineti, na ussineti; saṅkhāre visineti, na ussineti; viññāṇaṃ visineti, na ussineti. kiñca vidhūpeti, na sandhūpeti? rūpaṃ vidhūpeti, na sandhūpeti; vedanaṃ vidhūpeti, na sandhūpeti; saññaṃ vidhūpeti, na sandhūpeti; saṅkhāre vidhūpeti, na sandhūpeti; viññāṇaṃ vidhūpeti, na sandhūpeti.

아양 웃짜띠, 빅카웨-, 아리야사-와꼬- 아빠찌나-띠, 노- 아-찌나-띠; 빠자하띠, 나 우빠-디야띠; 위시네-띠, 나 웃시네-띠; 위두-뻬-띠, 나 산두-뻬-띠. 낀짜 아빠찌나-띠, 노- 아-찌나-띠? 루-빵 아빠찌나-띠, 노- 아-찌나-띠; 웨-다낭 아빠찌나-띠, 노- 아-찌나-띠; 산냥 아빠찌나-띠, 노- 아-찌나-띠; 상카-레- 아빠찌나-띠, 노- 아-찌나-띠; 윈냐-낭 아빠찌나-띠, 노- 아-찌나-띠; 낀짜 빠자하띠, 나 우빠-디야띠? 루-빵 빠자하띠, 나 우빠-디야띠; 웨-다낭 빠자하띠, 나 우빠-디야띠; 산냥 빠자하띠, 나 우빠-디야띠; 상카-레- 빠자하띠, 나 우빠-디야띠; 윈냐-낭 빠자하띠, 나 우빠-디야띠. 낀짜 위시네-띠, 나 웃시네-띠? 루-빵 위시네-띠, 나 웃시네-띠; 웨-다낭 위시네-띠, 나 웃시네-띠; 산냥 위시네-띠, 나 웃시네-띠; 상카-레- 위시네-띠, 나 웃시네-띠; 윈냐-낭 위시네-띠, 나 웃시네-띠. 낀짜 위두-뻬-띠, 나 산두-뻬-띠? 루-빵 위두-뻬-띠, 나 산두-뻬-띠; 웨-다낭 위두-뻬-띠, 나 산두-뻬-띠; 산냥 위두-뻬-띠, 나 산두-뻬-띠; 상카-레- 위두-뻬-띠, 나 산두-뻬-띠; 윈냐-낭 위두-뻬-띠, 나 산두-뻬-띠

“비구들이여, 이것이 ‘성스러운 제자는 허물지 쌓지 않는다. 버리지 붙잡지 않는다, 풀지 묶지 않는다, 맛을 떠나지 맛을 즐기지 않는다.’라고 불린다. 그러면 무엇을 허물지 쌓지 않는가? 색을 허물지 쌓지 않는다. 수를 허물지 쌓지 않는다. 상을 허물지 쌓지 않는다. 행들을 허물지 쌓지 않는다. 식을 허물지 쌓지 않는다. 무엇을 버리지 붙잡지 않는가? 색을 버리지 붙잡지 않는다. 수를 버리지 붙잡지 않는다. 상을 버리지 붙잡지 않는다. 행들을 버리지 붙잡지 않는다. 식을 버리지 붙잡지 않는다. 무엇을 풀지 묶지 않는가? 색을 풀지 묶지 않는다. 수를 풀지 묶지 않는다. 상을 풀지 묶지 않는다. 행들을 풀지 묶지 않는다. 식을 풀지 묶지 않는다, 어떤 맛을 떠나지 즐기지 않는가? 색의 맛을 떠나지 즐기지 않는다, 수의 맛을 떠나지 즐기지 않는다, 상의 맛을 떠나지 즐기지 않는다, 행들의 맛을 떠나지 즐기지 않는다, 식의 맛을 떠나지 즐기지 않는다,

“evaṃ passaṃ, bhikkhave, sutavā ariyasāvako rūpasmimpi nibbindati, vedanāyapi nibbindati, saññāyapi nibbindati, saṅkhāresupi nibbindati, viññāṇasmimpi nibbindati. nibbindaṃ virajjati; virāgā vimuccati. vimuttasmiṃ vimuttamiti ñāṇaṃ hoti. 'khīṇā jāti, vusitaṃ brahmacariyaṃ, kataṃ karaṇīyaṃ, nāparaṃ itthattāyā'ti pajānātī"ti.

에-왕 빳상, 빅카웨-, 수따와- 아리야사-와꼬- 루-빠스밈삐 닙빈다띠, 웨-다나-야삐 닙빈다띠, 산냐-야삐 닙빈다띠, 상카-레-수삐 닙빈다띠, 윈냐-나스밈삐 닙빈다띠. 닙빈당 위랒자띠; 위라-가- 위뭊짜띠. 위뭊따스밍 위뭊따미띠 냐-낭 호-띠. '키-나- 자-띠, 우시땅 브라흐마짜리양, 까땅 까라니-양, 나-빠랑 잇탓따-야-'띠 빠자-나-띠-"띠

비구들이여, 이렇게 보는 잘 배운 성스러운 제자는 색(色)에 대해서도 염오(厭惡)하고, 수(受)에 대해서도 염오하고, 상(想)에 대해서도 염오하고, 행(行)들에 대해서도 염오하고, 식(識)에 대해서도 염오한다. 염오하는 자는 이탐(離貪)한다. 이탐으로부터 해탈(解脫)한다. 해탈했을 때 '나는 해탈했다.'라는 앎이 있다. '태어남은 다했다. 범행은 완성되었다. 해야 할 일을 했다. 다음에는 현재 상태[유(有)]가 되지 않는다.'라고 분명히 안다.

"ayaṃ vuccati, bhikkhave, bhikkhu nevācināti na apacināti, apacinitvā ṭhito, neva pajahati na upādiyati, pajahitvā ṭhito, neva visineti na ussineti, visinetvā ṭhito, neva vidhūpeti na sandhūpeti. vidhūpetvā ṭhito. kiñca nevācināti na apacināti, apacinitvā ṭhito? rūpaṃ nevācināti na apacināti; apacinitvā ṭhito. vedanaṃ nevācināti na apacināti; apacinitvā ṭhito. saññaṃ nevācināti na apacināti; apacinitvā ṭhito. saṅkhāre nevācināti na apacināti; apacinitvā ṭhito. viññāṇaṃ nevācināti na apacināti. apacinitvā ṭhito. kiñca neva pajahati na upādiyati pajahitvā ṭhito? rūpaṃ neva pajahati na upādiyati; pajahitvā ṭhito. vedanaṃ neva pajahati na upādiyati; pajahitvā ṭhito. saññaṃ neva pajahati na upādiyati; pajahitvā ṭhito. saṅkhāre neva pajahati na upādiyati; pajahitvā ṭhito. viññāṇaṃ neva pajahati na upādiyati. pajahitvā ṭhito. kiñca neva visineti na ussineti, visinetvā ṭhito? rūpaṃ neva visineti na ussineti; visinetvā ṭhito. vedanaṃ neva visineti na ussineti; visinetvā ṭhito. saññaṃ neva visineti na ussineti; visinetvā ṭhito. saṅkhāre neva visineti na ussineti; visinetvā ṭhito. viññāṇaṃ neva visineti na ussineti. visinetvā ṭhito. kiñca neva vidhūpeti na sandhūpeti, vidhūpetvā ṭhito? rūpaṃ neva vidhūpeti na sandhūpeti; vidhūpetvā ṭhito. vedanaṃ neva vidhūpeti na sandhūpeti; vidhūpetvā ṭhito. saññaṃ neva vidhūpeti na sandhūpeti; vidhūpetvā ṭhito. saṅkhāre neva vidhūpeti na sandhūpeti; vidhūpetvā ṭhito. viññāṇaṃ neva vidhūpeti na sandhūpeti. vidhūpetvā ṭhito. evaṃvimuttacittaṃ kho, bhikkhave, bhikkhuṃ saindā devā sabrahmakā sapajāpatikā ārakāva namassanti —

아양 웃짜띠, 빅카웨-, 빅쿠 네-와-찌나-띠 나 아빠찌나-띠, 아빠찌니뜨와- 티또- 네-와 빠자하띠 나 우빠-디야띠, 빠자히뜨와- 티또- 네-와 위시네-띠 나 웃시네-띠, 위시네-뜨와- 티또- 네-와 위두-뻬-띠 나 산두-뻬-띠. 위두-뻬-뜨와- 티또-. 낀짜 네-와-찌나-띠 나 아빠찌나-띠, 아빠찌니뜨와- 티또-? 루-빵 네-와-찌나-띠 나 아빠찌나-띠, 아빠찌니뜨와- 티또-. 웨-다낭 네-와-찌나-띠 나 아빠찌나-띠, 아빠찌니뜨와- 티또-. 산냐 네-와-찌나-띠 나 아빠찌나-띠, 아빠찌니뜨와- 티또-. 상카-레- 네-와-찌나-띠 나 아빠찌나-띠, 아빠찌니뜨와- 티또-. 윈냐-낭 네-와-찌나-띠 나 아빠찌나-띠, 아빠찌니뜨와- 티또-. 낀짜 네-와 빠자하띠 나 우빠-디야띠, 빠자히뜨와- 티또-? 루-빵 네-와 빠자하띠 나 우빠-디야띠, 빠자히뜨와- 티또-. 웨-다낭 네-와 빠자하띠 나 우빠-디야띠, 빠자히뜨와- 티또-. 산냐 네-와 빠자하띠 나 우빠-디야띠, 빠자히뜨와- 티또-. 상카-레- 네-와 빠자하띠 나 우빠-디야띠, 빠자히뜨와- 티또-. 윈냐-낭 네-와 빠자하띠 나 우빠-디야띠, 빠자히뜨와- 티또-. 낀짜 네-와 위시네-띠 나 웃시네-띠, 위시네-뜨와- 티또-? 루-빵 네-와 위시네-띠 나 웃시네-띠, 위시네-뜨와- 티또-. 웨-다낭 네-와 위시네-띠 나 웃시네-띠, 위시네-뜨와- 티또-. 산냐 네-와 위시네-띠 나 웃시네-띠, 위시네-뜨와- 티또-. 상카-레- 네-와 위시네-띠 나 웃시네-띠, 위시네-뜨와- 티또-. 윈냐-낭 네-와 위시네-띠 나 웃시네-띠, 위시네-뜨와- 티또-. 낀짜 네-와 위두-뻬-띠 나 산두-뻬-띠. 위두-뻬-뜨와- 티또-? 루-빵 네-와 위두-뻬-띠 나 산두-뻬-띠. 위두-뻬-뜨와- 티또-. 웨-다낭 네-와 위두-뻬-띠 나 산두-뻬-띠. 위두-뻬-뜨와- 티또-. 산냐 네-와 위두-뻬-띠 나 산두-뻬-띠. 위두-뻬-뜨와- 티또-. 상카-레- 네-와 위두-뻬-띠 나 산두-뻬-띠. 위두-뻬-뜨와- 티또-. 윈냐-낭 네-와 위두-뻬-띠 나 산두-뻬-띠. 위두-뻬-뜨와- 티또-. 에-왕위뭇따찟땅 코-, 빅카웨-, 빅쿵 사인다- 데-와- 사브라흐마까- 사빠자-빠띠까- 아-라까-와 나맛산띠 —

비구들이여, 이것이 '비구는 쌓지도 않고 허물지도 않고 허문 뒤에 서 있다, 버리지도 않고 붙잡지도 않고 버린 뒤에 서 있다, 풀지도 않고 묶지도 않고 푼 뒤에 서 있다, 맛을 떠나지도 않고 맛을 즐기지도 않고 맛을 떠난 뒤에 서 있다.'라고 불린다.

무엇을 쌓지도 않고 허물지도 않고 허문 뒤에 서 있는가? 색을 쌓지도 않고 허물지도 않고 허문 뒤에 서 있다. 수를 쌓지도 않고 허물지도 않고 허문 뒤에 서 있다. 상을 쌓지도 않고 허물지도 않고 허문 뒤에 서 있다. 행들을 쌓지도 않고 허물지도 않고 허문 뒤에 서 있다. 식을 쌓지도 않고 허물지도 않고 허문 뒤에 서 있다.

무엇을 버리지도 않고 붙잡지도 않고 버린 뒤에 서 있는가? 색을 버리지도 않고 붙잡지도 않고 버린 뒤에 서 있다. 수를 버리지도 않고 붙잡지도 않고 버린 뒤에 서 있다. 상을 버리지도 않고 붙잡지도 않고 버린 뒤에 서 있다. 행들을 버리지도 않고 붙잡지도 않고 버린 뒤에 서 있다. 식을 버리지도 않고 붙잡지도 않고 버린 뒤에 서 있다.

무엇을 풀지도 않고 묶지도 않고 푼 뒤에 서 있는가? 색을 풀지도 않고 묶지도 않고 푼 뒤에

서 있다. 수를 풀지도 않고 묶지도 않고 푼 뒤에 서 있다. 상을 풀지도 않고 묶지도 않고 푼 뒤에 서 있다. 행들을 풀지도 않고 묶지도 않고 푼 뒤에 서 있다. 식을 풀지도 않고 묶지도 않고 푼 뒤에 서 있다.

어떤 맛을 떠나지도 않고 즐기지도 않고 떠난 뒤에 서 있는가? 색의 맛을 떠나지도 않고 즐기지도 않고 떠난 뒤에 서 있다. 수의 맛을 떠나지도 않고 즐기지도 않고 떠난 뒤에 서 있다. 상의 맛을 떠나지도 않고 즐기지도 않고 떠난 뒤에 서 있다. 행들의 맛을 떠나지도 않고 즐기지도 않고 떠난 뒤에 서 있다. 식의 맛을 떠나지도 않고 즐기지도 않고 떠난 뒤에 서 있다.

비구들이여, 이렇게 해탈된 심(心)을 가진 비구에게 인드라와 함께하고 범천과 함께하고 빠자빠띠와 함께하는 신들은 멀리서도 공경할 것이다. —

"namo te purisājañña, namo te purisuttama.
yassa te nābhijānāma, yampi nissāya jhāyasī"ti.

나모- 떼- 뿌리사-잔냐, 나모- 떼- 뿌리숫따마
야사 떼- 나-비자-나-마, 얌삐 닛사-야 자-야시-"띠

'놀라운 분이여, 그대에게 귀의합니다. 최상의 분이여, 그대에게 귀의합니다.
그대는 어떤 것을 의지하여 선(禪)을 닦는데, 우리는 그것을 실답게 알지 못합니다.'라고. ▣

배워 알고 실천하는 불교 신자!

2. 오온(五蘊) ② — upādānaparipavattasuttaṃ (SN 22.56-집착의 양상 경)

- 오온의 정의 ②구성

  - 색(色) — 사대(四大 : 地-水-火-風)와 사대조색(四大造色-사대가 결합한 색)
  - 수(受) — 안촉(眼觸)-이촉(耳觸)-비촉(鼻觸)-설촉(舌觸)-신촉(身觸)-의촉(意觸)에서 생긴 수(受)
  - 상(想) — 색상(色想), 성상(聲想), 향상(香想), 미상(味想), 촉상(觸想), 법상(法想)
  - 행(行) — 색사(色思), 성사(聲思), 향사(香思), 미사(味思), 촉사(觸思), 법사(法思)
  - 식(識) — 안식(眼識), 이식(耳識), 비식(鼻識), 설식(舌識), 신식(身識), 의식(意識)

- 오취온(五取蘊)의 네 가지 계열을 실답게 알았기 때문에 '위없는 바른 깨달음을 깨달았다.'라고 선언함 ⇒ 부처님의 선언 그대로 배워 알고 실천해야 함

- 자라남과 소멸의 조건 관계 — 자량 → 색(色), 촉(觸) → 수(受)-상(想)-행(行), 명색(名色) → 식(識) ⇒ 촉과 수-상-행(사)의 관계는 자라남-소멸의 측면이어서 아함(잡아함 306 인경(人經))의 촉구생수상사(觸俱生受想思-촉에서 수상사가 함께 생김)와 다름 — 삶에 대한 이해 즉 교리체계의 심각한 차이를 보여줌

sāvatthinidānaṃ. "pañcime, bhikkhave, upādānakkhandhā. katame pañca? rūpupādānakkhandho, vedanupādānakkhandho, saññupādānakkhandho, saṅkhārupādānakkhandho, viññāṇupādānakkhandho. yāvakīvañcāhaṃ, bhikkhave, ime pañcupādānakkhandhe catuparivaṭṭaṃ yathābhūtaṃ nābbhaññāsiṃ, neva tāvāhaṃ, bhikkhave, sadevake loke samārake sabrahmake sassamaṇabrāhmaṇiyā pajāya sadevamanussāya anuttaraṃ sammāsambodhiṃ abhisambuddhoti paccaññāsiṃ. yato ca khvāhaṃ, bhikkhave, ime pañcupādānakkhandhe catuparivaṭṭaṃ yathābhūtaṃ abbhaññāsiṃ, athāhaṃ, bhikkhave, sadevake loke samārake sabrahmake sassamaṇabrāhmaṇiyā pajāya sadevamanussāya anuttaraṃ sammāsambodhiṃ abhisambuddhoti paccaññāsiṃ".

사-왓티니다-낭. "빤찌메-, 빅카웨-, 우빠-다-낙칸다-. 까따메- 빤짜? 루-뿌빠-다-낙칸도-, 웨-다누빠-다-낙칸도-, 산뉴빠-다-낙칸도-, 상카-루빠-다-낙칸도-, 윈냐-누빠-다-낙칸도-. 야-와끼-완짜-항, 빅카웨-, 이메- 빤쭈빠-다-낙칸데- 짜뚜빠리왓땅 야타-부-땅 나-ㅂ반냐-싱, 네-와 따-와-항, 빅카웨-, 사데-와께- 로-께- 사마-라께- 사브라흐마께- 삿사마나브라-흐마니야- 빠자-야 사데-와마눗사-야 아눗따랑 삼마-삼보-딩 아비삼붇도-띠 빳짠냐-싱. 야또- 짜 콰-항, 빅카웨-, 이메- 빤쭈빠-다-낙칸데- 짜뚜빠리왓땅 야타-부-땅 압반냐-싱, 아타-항, 빅카웨-, 사데-와께- 로-께- 사마-라께- 사브라흐마께- 삿사마나브라-흐마니야- 빠자-야 사데-와마눗사-야 아눗따랑 삼마-삼보-딩 아비삼붇도-띠 빳짠냐-싱

사왓티에서 설해짐. "비구들이여, 이런 다섯 가지 집착된 무더기[오취온(五取蘊)]가 있다. 무엇이 다섯인가? 색취온(色取蘊), 수취온(受取蘊), 상취온(想取蘊), 행취온(行取蘊), 식취온(識

取蘊)이다. 비구들이여, 오취온(五取蘊)의 이런 네 가지 계열을 있는 그대로 실답게 알지 못한 때까지는 나는 신과 마라와 범천을 포함하는 세상에서, 사문-바라문과 신과 사람을 포함하는 존재를 위해 '위없는 바른 깨달음을 깨달았다.'라고 선언하지 않았다. 그러나 비구들이여, 나는 오취온(五取蘊)의 이런 네 가지 계열을 있는 그대로 실답게 알았기 때문에 신과 마라와 범천을 포함하는 세상에서, 사문-바라문과 신과 사람을 포함하는 존재를 위해 '위없는 바른 깨달음을 깨달았다.'라고 선언했다.

"kathañca catuparivaṭṭaṃ? rūpaṃ abbhaññāsiṃ, rūpasamudayaṃ abbhaññāsiṃ, rūpanirodhaṃ abbhaññāsiṃ, rūpanirodhagāminiṃ paṭipadaṃ abbhaññāsiṃ; vedanaṃ abbhaññāsiṃ, vedanāsamudayaṃ abbhaññāsiṃ, vedanānirodhaṃ abbhaññāsiṃ, vedanānirodhagāminiṃ paṭipadaṃ abbhaññāsiṃ; saññaṃ abbhaññāsiṃ, saññāsamudayaṃ abbhaññāsiṃ, saññānirodhaṃ abbhaññāsiṃ, saññānirodhagāminiṃ paṭipadaṃ abbhaññāsiṃ; saṅkhāre abbhaññāsiṃ, saṅkhārasamudayaṃ abbhaññāsiṃ, saṅkhāranirodhaṃ abbhaññāsiṃ, saṅkhāranirodhagāminiṃ paṭipadaṃ abbhaññāsiṃ; viññāṇaṃ abbhaññāsiṃ, viññāṇasamudayaṃ abbhaññāsiṃ, viññāṇanirodhaṃ abbhaññāsiṃ, viññāṇanirodhagāminiṃ paṭipadaṃ abbhaññāsiṃ.

까탄짜 짜뚜빠리왓땅? 루-빵 압반냐-싱, 루-빠사무다양 압반냐-싱, 루-빠니로-당 압반냐-싱, 루-빠니로-다가-미닝 빠띠빠당 압반냐-싱; 웨-다낭 압반냐-싱, 웨-다나-사무다양 압반냐-싱, 웨-다나-니로-당 압반냐-싱, 웨-다나-니로-다가-미닝 빠띠빠당 압반냐-싱; 산냥 압반냐-싱, 산냐-사무다양 압반냐-싱, 산냐-니로-당 압반냐-싱, 산냐-니로-다가-미닝 빠띠빠당 압반냐-싱; 상카-레- 압반냐-싱, 상카-라사무다양 압반냐-싱, 상카-라니로-당 압반냐-싱, 상카-라니로-다가-미닝 빠띠빠당 압반냐-싱; 윈냐-낭 압반냐-싱, 윈냐-나사무다양 압반냐-싱, 윈냐-나니로-당 압반냐-싱, 윈냐-나니로-다가-미닝 빠띠빠당 압반냐-싱

그러면 네 가지 계열을 어떻게 알았는가? 색(色)을 실답게 알았고, 색의 자라남을 실답게 알았고, 색의 소멸을 실답게 알았고, 색의 소멸로 이끄는 실천을 실답게 알았다. 수(受)를 실답게 알았고, 수의 자라남을 실답게 알았고, 수의 소멸을 실답게 알았고, 수의 소멸로 이끄는 실천을 실답게 알았다. 상(想)을 실답게 알았고, 상의 자라남을 실답게 알았고, 상의 소멸을 실답게 알았고, 상의 소멸로 이끄는 실천을 실답게 알았다. 행(行)들을 실답게 알았고, 행들의 자라남을 실답게 알았고, 행들의 소멸을 실답게 알았고, 행들의 소멸로 이끄는 실천을 실답게 알았다. 식(識)을 실답게 알았고, 식의 자라남을 실답게 알았고, 식의 소멸을 실답게 알았고 식의 소멸로 이끄는 실천을 실답게 알았다.

"katamañca, bhikkhave, rūpaṃ? cattāro ca mahābhūtā catunnañca mahābhūtānaṃ upādāya rūpaṃ. idaṃ vuccati, bhikkhave, rūpaṃ. āhārasamudayā rūpasamudayo; āhāranirodhā rūpanirodho. ayameva ariyo aṭṭhaṅgiko maggo rūpanirodhagāminī paṭipadā, seyyathidaṃ — sammādiṭṭhi sammāsaṅkappo sammāvācā sammākammanto sammāājīvo sammāvāyāmo sammāsati sammāsamādhi.

까따만짜, 빅카웨-, 루-빵? 짯따-로- 짜 마하-부-따- 짜뚠난짜 마하-부-따-낭 우빠-다-야 루-빵. 이당 웃짜띠, 빅카웨-, 루-빵. 아-하-라사무다야- 루-빠사무다요-; 아-하-라니로-다- 루-빠니로-도-. 아야메-와 아리요- 앗탕기꼬- 막고- 루-빠니로-다가-미니- 빠띠빠다-, 세이야티당 — 삼마-딧티 삼마-상깝뽀- 삼마-와-짜- 삼마-깜만또- 삼마-아-지-오- 삼마-와-야-모- 삼마-사띠 삼마-사마-디

그러면 비구들이여, 무엇이 색(色-물질)인가? 사대(四大-네 가지 큰 존재)와 사대조색(四大造色-네 가지 큰 존재가 결합한 색) - 비구들이여, 이것이 색이라고 불린다. 자량(資糧)의 자라남으로부터 색의 자라남이 있고, 자량의 소멸로부터 색의 소멸이 있다. 오직 이것, 바른 견해-바른 사유-바른말-바른 행위-바른 생활-바른 노력-바른 사띠-바른 삼매의 여덟 요소로 구성된 성스러운 도(道)가 색의 소멸로 이끄는 실천이다.

“ye hi keci, bhikkhave, samaṇā vā brāhmaṇā vā evaṃ rūpaṃ abhiññāya, evaṃ rūpasamudayaṃ abhiññāya, evaṃ rūpanirodhaṃ abhiññāya, evaṃ rūpanirodhagāminiṃ paṭipadaṃ abhiññāya rūpassa nibbidāya virāgāya nirodhāya paṭipannā, te suppaṭipannā. ye suppaṭipannā, te imasmiṃ dhammavinaye gādhanti.

예- 히 께-찌, 빅카웨-, 사마나- 와- 브라-흐마나- 와- 에-왕 루-빵 아빈냐-야, 에-왕 루-빠사무다양 아빈냐-야, 에-왕 루-빠니로-당 아빈냐-야, 에-왕 루-빠니로-다가-미닝 빠띠빠당 아빈냐-야 루-빳사 닙비다-야 위라-가-야 니로-다-야 빠띠빤나-, 떼- 숩빠띠빤나-. 예- 숩빠띠빤나-, 떼- 이마스밍 담마위나예- 가-단띠

비구들이여, 어떤 사문들이든 바라문들이든 이렇게 색을 실답게 알고, 이렇게 색의 자라남을 실답게 알고, 이렇게 색의 소멸을 실답게 알고, 이렇게 색의 소멸로 이끄는 실천을 실답게 안 뒤에 색의 염오와 이탐과 소멸을 위해 실천하는 자들은 잘 실천하는 자들이다. 잘 실천하는 자들은 이 법과 율에서 확고히 선다.

“ye ca kho keci, bhikkhave, samaṇā vā brāhmaṇā vā evaṃ rūpaṃ abhiññāya, evaṃ rūpasamudayaṃ abhiññāya, evaṃ rūpanirodhaṃ abhiññāya, evaṃ rūpanirodhagāminiṃ paṭipadaṃ abhiññāya, rūpassa nibbidā virāgā nirodhā anupādā vimuttā te suvimuttā. ye suvimuttā te kevalino. ye kevalino vaṭṭaṃ tesaṃ natthi paññāpanāya.

예- 짜 코- 께-찌, 빅카웨-, 사마나- 와- 브라-흐마나- 와- 에-왕 루-빵 아빈냐-야, 에-왕 루-빠사무다양 아빈냐-야, 에-왕 루-빠니로-당 아빈냐-야, 에-왕 루-빠니로-다가-미닝 빠띠빠당 아빈냐-야, 루-빳사 닙비다- 위라-가- 니로-다- 아누빠-다- 위뭇따- 떼- 수위뭇따-. 예- 수위뭇따- 떼- 께-왈리노-. 예- 께-왈리노- 왓땅 떼-상 낫티 빤냐-빠나-야

비구들이여, 어떤 사문들이든 바라문들이든 이렇게 색을 실답게 알고, 이렇게 색의 자라남을 실답게 알고, 이렇게 색의 소멸을 실답게 알고, 이렇게 색의 소멸로 이끄는 실천을 실답게 안 뒤에 색의 염오와 이탐과 소멸로부터 집착 없이 해탈한 자들은 잘 해탈한 자들이다. 잘 해탈한 자들은 완전히 성취한 아라한이고, 완전히 성취한 아라한들에게 윤회의 선언은 없다.

“katamā ca, bhikkhave, vedanā? chayime, bhikkhave, vedanākāyā — cakkhusamphassajā vedanā, sotasamphassajā vedanā, ghānasamphassajā vedanā, jivhāsamphassajā vedanā, kāyasamphassajā vedanā, manosamphassajā vedanā. ayaṃ vuccati, bhikkhave, vedanā. phassasamudayā vedanāsamudayo; phassanirodhā vedanānirodho. ayameva ariyo aṭṭhaṅgiko maggo vedanānirodhagāminī paṭipadā, seyyathidaṃ — sammādiṭṭhi sammāsaṅkappo sammāvācā sammākammanto sammāājīvo sammāvāyāmo sammāsati sammāsamādhi.

까따마- 짜, 빅카웨-, 웨-다나-? 차이메-, 빅카웨-, 웨-다나-까-야- — 짝쿠삼팟사자- 웨-다나-, 소-따삼팟사자- 웨-다나-, 가-나삼팟사자- 웨-다나-, 지워하-삼팟사자- 웨-다나-, 까-야삼팟사자- 웨-다나-, 마노-삼팟사자- 웨-다나-. 아양 웃짜띠, 빅카웨-, 웨-다나-. 팟사사무다야- 웨-다나-사무다요-; 팟사니로-다- 웨-다나-니로-도-. 아야메-와 아리요- 앗탕기꼬- 막고- 웨-다나-니로-다가-미니- 빠띠빠다-, 세이야티당 — 삼마-딧티 삼마-상깝뽀- 삼마-와-짜- 삼마-깜만또- 삼마-아-지-오- 삼마-와-야-모- 삼마-사띠 삼마-사마-디

그러면 비구들이여, 무엇이 수(受-느낌/경험)인가? 비구들이여, 안촉(眼觸)에서 생긴 수, 이촉(耳觸)에서 생긴 수, 비촉(鼻觸)에서 생긴 수, 설촉(舌觸)에서 생긴 수, 신촉(身觸)에서 생긴 수, 의촉(意觸)에서 생긴 수의 여섯 가지 수의 무리 — 비구들이여, 이것이 수라고 불린다. 촉의 자라남으로부터 수의 자라남이 있고 촉의 소멸로부터 수의 소멸이 있다. 오직 이것, 바른 견해-바른 사유-바른말-바른 행위-바른 생활-바른 노력-바른 사띠-바른 삼매의 여덟 요소로 구성된 성스러운 도가 수의 소멸로 이끄는 실천이다.

“ye hi keci, bhikkhave, samaṇā vā brāhmaṇā vā evaṃ vedanaṃ abhiññāya, evaṃ vedanāsamudayaṃ abhiññāya, evaṃ vedanānirodhaṃ abhiññāya, evaṃ vedanānirodhagāminiṃ paṭipadaṃ abhiññāya vedanāya nibbidāya virāgāya nirodhāya paṭipannā, te suppaṭipannā. ye suppaṭipannā, te imasmiṃ dhammavinaye gādhanti.

예- 히 께-찌, 빅카웨-, 사마나- 와- 브라-흐마나- 와- 에-왕 웨-다낭 아빈냐-야, 에-왕 웨-다나-사무다양 아빈냐-야, 에-왕 웨-다나-니로-당 아빈냐-야, 에-왕 웨-다나-니로-다가-미닝 빠띠빠당 아빈냐-야 웨-다나-야 닙비다-야 위라-가-야 니로-다-야 빠띠빤나-, 떼- 숩빠띠빤나-. 예- 숩빠띠빤나-, 떼- 이마스밍 담마위나예- 가-단띠

비구들이여, 어떤 사문들이든 바라문들이든 이렇게 수를 실답게 알고, 이렇게 수의 자라남을 실답게 알고, 이렇게 수의 소멸을 실답게 알고, 이렇게 수의 소멸로 이끄는 실천을 실답게 안 뒤에 수의 염오와 이탐과 소멸을 위해 실천하는 자들은 잘 실천하는 자들이다. 잘 실천하는 자들은 이 법과 율에서 확고히 선다.

“ye ca kho keci, bhikkhave, samaṇā vā brāhmaṇā vā evaṃ vedanaṃ abhiññāya, evaṃ vedanāsamudayaṃ abhiññāya, evaṃ vedanānirodhaṃ abhiññāya, evaṃ vedanānirodhagāminiṃ paṭipadaṃ abhiññāya, vedanāya nibbidā virāgā nirodhā anupādā vimuttā te suvimuttā. ye suvimuttā te kevalino. ye kevalino vaṭṭaṃ tesaṃ natthi paññāpanāya.

예- 짜 코- 께-찌, 빅카웨-, 사마나- 와- 브라-흐마나- 와- 에-왕 웨-다낭 아빈냐-야, 에-왕 웨-다나-사무다양 아빈냐-야, 에-왕 웨-다나-니로-당 아빈냐-야, 에-왕 웨-다나-니로-다가-미닝 빠띠빠당 아빈냐-야, 웨-다나-야 닙비다- 위라-가- 니로-다- 아누빠-다- 위뭇따-떼- 수위뭇따-. 예- 수위뭇따- 떼- 께-왈리노-. 예- 께-왈리노- 왓땅 떼-상 낫티 빤냐-빠나-야

비구들이여, 어떤 사문들이든 바라문들이든 이렇게 수를 실답게 알고, 이렇게 수의 자라남을 실답게 알고, 이렇게 수의 소멸을 실답게 알고, 이렇게 수의 소멸로 이끄는 실천을 실답게 안 뒤에 수의 염오와 이탐과 소멸로부터 집착 없이 해탈한 자들은 잘 해탈한 자들이다. 잘 해탈한 자들은 완전히 성취한 아라한이고, 완전히 성취한 아라한들에게 윤회의 선언은 없다.

“katamā ca, bhikkhave, saññā? chayime, bhikkhave, saññākāyā — rūpasaññā, saddasaññā, gandhasaññā, rasasaññā, phoṭṭhabbasaññā, dhammasaññā. ayaṃ vuccati, bhikkhave, saññā. phassasamudayā saññāsamudayo; phassanirodhā saññānirodho. ayameva ariyo aṭṭhaṅgiko maggo saññānirodhagāminī paṭipadā, seyyathidaṃ — sammādiṭṭhi sammāsaṅkappo sammāvācā sammākammanto sammāājīvo sammāvāyāmo sammāsati sammāsamādhi.

까따마- 짜, 빅카웨-, 산냐-? 차이메-, 빅카웨-, 산냐-까-야- — 루-빠산냐-, 삳다산냐-, 간다산냐-, 라사산냐-, 폿탑바산냐-, 담마산냐-. 아양 웃짜띠, 빅카웨-, 산냐-. 팟사사무다야-산냐-사무다요-; 팟사니로-다- 산냐-니로-도-. 아야메-와 아리요- 앗탕기꼬- 막고- 산냐-

니로-다가-미니- 빠띠빠다-, 세이야티당 — 삼마-딧티 삼마-상깝뽀- 삼마-와-짜- 삼마-깜만또- 삼마-아-지-오- 삼마-와-야-모- 삼마-사띠 삼마-사마-디

그러면 비구들이여, 무엇이 상(想-경향)인가? 비구들이여, 색상(色想), 성상(聲想), 향상(香想), 미상(味想), 촉상(觸想), 법상(法想)의 여섯 가지 상의 무리 — 비구들이여, 이것이 상이라고 불린다. 촉의 자라남으로부터 상의 자라남이 있고 촉의 소멸로부터 상의 소멸이 있다. 오직 이것, 바른 견해-바른 사유-바른말-바른 행위-바른 생활-바른 노력-바른 사띠-바른 삼매의 여덟 요소로 구성된 성스러운 도가 상의 소멸로 이끄는 실천이다.

“ye hi keci, bhikkhave, samaṇā vā brāhmaṇā vā evaṃ saññaṃ abhiññāya, evaṃ saññāsamudayaṃ abhiññāya, evaṃ saññānirodhaṃ abhiññāya, evaṃ saññānirodhagāminiṃ paṭipadaṃ abhiññāya saññāya nibbidāya virāgāya nirodhāya paṭipannā, te suppaṭipannā. ye suppaṭipannā, te imasmiṃ dhammavinaye gādhanti.

예- 히 께-찌, 빅카웨-, 사마나- 와- 브라-흐마나- 와- 에-왕 산냥 아빈냐-야, 에-왕 산냐-사무다양 아빈냐-야, 에-왕 산냐-니로-당 아빈냐-야, 에-왕 산냐-니로-다가-미닝 빠띠빠당 아빈냐-야 산냐-야 닙비다-야 위라-가-야 니로-다-야 빠띠빤나-, 떼- 숩빠띠빤나-. 예- 숩빠띠빤나-, 떼- 이마스밍 담마위나예- 가-단띠

비구들이여, 어떤 사문들이든 바라문들이든 이렇게 상을 실답게 알고, 이렇게 상의 자라남을 실답게 알고, 이렇게 상의 소멸을 실답게 알고, 이렇게 상의 소멸로 이끄는 실천을 실답게 안 뒤에 상의 염오와 이탐과 소멸을 위해 실천하는 자들은 잘 실천하는 자들이다. 잘 실천하는 자들은 이 법과 율에서 확고히 선다.

“ye ca kho keci, bhikkhave, samaṇā vā brāhmaṇā vā evaṃ saññaṃ abhiññāya, evaṃ saññāsamudayaṃ abhiññāya, evaṃ saññānirodhaṃ abhiññāya, evaṃ saññānirodhagāminiṃ paṭipadaṃ abhiññāya saññāya nibbidā virāgā nirodhā anupādā vimuttā te suvimuttā. ye suvimuttā te kevalino. ye kevalino vaṭṭaṃ tesaṃ natthi paññāpanāya.

예- 짜 코- 께-찌, 빅카웨-, 사마나- 와- 브라-흐마나- 와- 에-왕 산냥 아빈냐-야, 에-왕 산냐-사무다양 아빈냐-야, 에-왕 산냐-니로-당 아빈냐-야, 에-왕 산냐-니로-다가-미닝 빠띠빠당 아빈냐-야, 산냐-야 닙비다- 위라-가- 니로-다- 아누빠-다- 위뭇따- 떼- 수위뭇따-. 예- 수위뭇따- 떼- 께-왈리노-. 예- 께-왈리노- 왓땅 떼-상 낫티 빤냐-빠나-야

비구들이여, 어떤 사문들이든 바라문들이든 이렇게 상을 실답게 알고, 이렇게 상의 자라남을 실답게 알고, 이렇게 상의 소멸을 실답게 알고, 이렇게 상의 소멸로 이끄는 실천을 실답게

안 뒤에 상의 염오와 이탐과 소멸로부터 집착 없이 해탈한 자들은 잘 해탈한 자들이다. 잘 해탈한 자들은 완전히 성취한 아라한이고, 완전히 성취한 아라한들에게 윤회의 선언은 없다.

"katame ca, bhikkhave, saṅkhārā? chayime, bhikkhave, cetanākāyā — rūpasañcetanā, saddasañcetanā, gandhasañcetanā, rasasañcetanā, phoṭṭhabbasañcetanā, dhammasañcetanā. ime vuccanti, bhikkhave, saṅkhārā. phassasamudayā saṅkhārasamudayo; phassanirodhā saṅkhāranirodho. ayameva ariyo aṭṭhaṅgiko maggo saṅkhāranirodhagāminī paṭipadā, seyyathidaṃ — sammādiṭṭhi sammāsaṅkappo sammāvācā sammākammanto sammāājīvo sammāvāyāmo sammāsati sammāsamādhi.

까따메- 짜, 빅카웨-, 상카-라-? 차이메-, 빅카웨-, 쩨-따나-까-야- — 루-빠산쩨-따나-, 삳다산쩨-따나-, 간다산쩨-따나-, 라사산쩨-따나-, 폿탑바산쩨-따나-, 담마산쩨-따나-. 이메- 웃짠띠, 빅카웨-, 상카-라-. 팟사사무다야- 상카-라사무다요-; 팟사니로-다- 상카-라니로-도-. 아야메-와 아리요- 앗탕기꼬- 막고- 상카-라니로-다가-미니- 빠띠빠다-, 세이야티당 — 삼마-딧티 삼마-상깝뽀- 삼마-와-짜- 삼마-깜만또- 삼마-아-지-오- 삼마-와-야-모- 삼마-사띠 삼마-사마-디

그러면 비구들이여, 무엇이 행(行-형성작용)들인가? 비구들이여, 색사(色思), 성사(聲思), 향사(香思), 미사(味思), 촉사(觸思), 법사(法思)의 여섯 가지 사(思-의도)의 무리 — 비구들이여, 이것이 행들이라고 불린다. 촉(觸)의 자라남으로부터 행들의 자라남이 있고 촉의 소멸로부터 행들의 소멸이 있다. 오직 이것, 바른 견해-바른 사유-바른말-바른 행위-바른 생활-바른 노력-바른 사띠-바른 삼매의 여덟 요소로 구성된 성스러운 도가 행들의 소멸로 이끄는 실천이다.

"ye hi keci, bhikkhave, samaṇā vā brāhmaṇā vā evaṃ saṅkhāre abhiññāya, evaṃ saṅkhārasamudayaṃ abhiññāya, evaṃ saṅkhāranirodhaṃ abhiññāya, evaṃ saṅkhāranirodhagāminiṃ paṭipadaṃ abhiññāya saṅkhārānaṃ nibbidāya virāgāya nirodhāya paṭipannā, te suppaṭipannā. ye suppaṭipannā, te imasmiṃ dhammavinaye gādhanti.

예- 히 께-찌, 빅카웨-, 사마나- 와- 브라-흐마나- 와- 에-왕 상카-레- 아빈냐-야, 에-왕 상카-라사무다양 아빈냐-야, 에-왕 상카-라니로-당 아빈냐-야, 에-왕 상카-라니로-다가-미닝 빠띠빠당 아빈냐-야 상카-라-낭 닙비다-야 위라-가-야 니로-다-야 빠띠빤나-, 떼- 숩빠띠빤나-. 예- 숩빠띠빤나-, 떼- 이마스밍 담마위나예- 가-단띠

비구들이여, 어떤 사문들이든 바라문들이든 이렇게 행들을 실답게 알고, 이렇게 행들의 자라남을 실답게 알고, 이렇게 행들의 소멸을 실답게 알고, 이렇게 행들의 소멸로 이끄는 실천

을 실답게 안 뒤에 행들의 염오와 이탐과 소멸을 위해 실천하는 자들은 잘 실천하는 자들이다. 잘 실천하는 자들은 이 법과 율에서 확고히 선다.

"ye ca kho keci, bhikkhave, samaṇā vā brāhmaṇā vā evaṃ saṅkhāre abhiññāya, evaṃ saṅkhārasamudayaṃ abhiññāya, evaṃ saṅkhāranirodhaṃ abhiññāya, evaṃ saṅkhāranirodhagāminiṃ paṭipadaṃ abhiññāya saṅkhārānaṃ nibbidā virāgā nirodhā anupādā vimuttā, te suvimuttā. ye suvimuttā, te kevalino. ye kevalino vaṭṭaṃ tesaṃ natthi paññāpanāya.

예- 짜 코- 께-찌, 빅카웨-, 사마나- 와- 브라-흐마나- 와- 에-왕 상카-레- 아빈냐-야, 에-왕 상카-라사무다양 아빈냐-야, 에-왕 상카-라니로-당 아빈냐-야, 에-왕 상카-라니로-다가-미닝 빠띠빠당 아빈냐-야 상카-라-낭 닙비다- 위라-가- 니로-다- 아누빠-다- 위뭇따-떼- 수위뭇따-. 예- 수위뭇따- 떼- 께-왈리노-. 예- 께-왈리노- 왓땅 떼-상 낫티 빤냐-빠나-야

비구들이여, 어떤 사문들이든 바라문들이든 이렇게 행들을 실답게 알고, 이렇게 행들의 자라남을 실답게 알고, 이렇게 행들의 소멸을 실답게 알고, 이렇게 행들의 소멸로 이끄는 실천을 실답게 안 뒤에 행들의 염오와 이탐과 소멸로부터 집착 없이 해탈한 자들은 잘 해탈한 자들이다. 잘 해탈한 자들은 완전히 성취한 아라한이고, 완전히 성취한 아라한들에게 윤회의 선언은 없다.

"katamañca, bhikkhave, viññāṇaṃ? chayime, bhikkhave, viññāṇakāyā — cakkhuviññāṇaṃ, sotaviññāṇaṃ, ghānaviññāṇaṃ, jivhāviññāṇaṃ, kāyaviññāṇaṃ, manoviññāṇaṃ. idaṃ vuccati, bhikkhave, viññāṇaṃ. nāmarūpasamudayā viññāṇasamudayo; nāmarūpanirodhā viññāṇanirodho. ayameva ariyo aṭṭhaṅgiko maggo viññāṇanirodhagāminī paṭipadā, seyyathidaṃ — sammādiṭṭhi sammāsaṅkappo sammāvācā sammākammanto sammāājīvo sammāvāyāmo sammāsati sammāsamādhi.

까따만짜, 빅카웨-, 윈냐-낭? 차이메-, 빅카웨-, 윈냐-나까-야- — 짝쿠윈냐-낭, 소-따윈냐-낭, 가-나윈냐-낭, 지워하-윈냐-낭, 까-야윈냐-낭, 마노-윈냐-낭. 이당 웃짜띠, 빅카웨-, 윈냐-낭. 나-마루-빠사무다야- 윈냐-나사무다요-; 나-마루-빠니로-다- 윈냐-나니로-도-. 아야메-와 아리요- 앗탕기꼬- 막고- 윈냐-나니로-다가-미니- 빠띠빠다-, 세이야티당 — 삼마-딧티 삼마-상깝뽀- 삼마-와-짜- 삼마-깜만또- 삼마-아-지-오- 삼마-와-야-모- 삼마-사띠 삼마-사마-디

그러면 비구들이여, 무엇이 식(識)인가? 비구들이여, 안식(眼識), 이식(耳識), 비식(鼻識), 설식(舌識), 신식(身識), 의식(意識)의 여섯 가지 식의 무리 — 비구들이여, 이것이 식이라고 불

린다. 명색(名色)의 자라남으로부터 식의 자라남이 있고 명색의 소멸로부터 식의 소멸이 있다. 오직 이것, 바른 견해-바른 사유-바른말-바른 행위-바른 생활-바른 노력-바른 사띠-바른 삼매의 여덟 요소로 구성된 성스러운 도가 식의 소멸로 이끄는 실천이다.

“ye hi keci, bhikkhave, samaṇā vā brāhmaṇā vā evaṃ viññāṇaṃ abhiññāya, evaṃ viññāṇasamudayaṃ abhiññāya, evaṃ viññāṇanirodhaṃ abhiññāya, evaṃ viññāṇanirodhagāminiṃ paṭipadaṃ abhiññāya viññāṇassa nibbidāya virāgāya nirodhāya paṭipannā, te suppaṭipannā. ye suppaṭipannā, te imasmiṃ dhammavinaye gādhanti.

예- 히 께-찌, 빅카웨-, 사마나- 와- 브라-흐마나- 와- 에-왕 윈냐-낭 아빈냐-야, 에-왕 윈냐-나사무다양 아빈냐-야, 에-왕 윈냐-나니로-당 아빈냐-야, 에-왕 윈냐-나니로-다가-미닝 빠띠빠당 아빈냐-야 윈냐-낫사 닙비다-야 위라-가-야 니로-다-야 빠띠빤나-, 떼- 숩빠띠빤나-. 예- 숩빠띠빤나-, 떼- 이마스밍 담마위나예- 가-단띠

비구들이여, 어떤 사문들이든 바라문들이든 이렇게 식을 실답게 알고, 이렇게 식의 자라남을 실답게 알고, 이렇게 식의 소멸을 실답게 알고, 이렇게 식의 소멸로 이끄는 실천을 실답게 안 뒤에 식의 염오와 이탐과 소멸을 위해 실천하는 자들은 잘 실천하는 자들이다. 잘 실천하는 자들은 이 법과 율에서 확고히 선다.

“ye ca kho keci, bhikkhave, samaṇā vā brāhmaṇā vā evaṃ viññāṇaṃ abhiññāya, evaṃ viññāṇasamudayaṃ abhiññāya, evaṃ viññāṇanirodhaṃ abhiññāya, evaṃ viññāṇanirodhagāminiṃ paṭipadaṃ abhiññāya viññāṇassa nibbidā virāgā nirodhā anupādā vimuttā, te suvimuttā. ye suvimuttā, te kevalino. ye kevalino vaṭṭaṃ tesaṃ natthi paññāpanāyā”ti.

예- 짜 코- 께-찌, 빅카웨-, 사마나- 와- 브라-흐마나- 와- 에-왕 윈냐-낭 아빈냐-야, 에-왕 윈냐-나사무다양 아빈냐-야, 에-왕 윈냐-나니로-당 아빈냐-야, 에-왕 윈냐-나니로-다가-미닝 빠띠빠당 아빈냐-야 윈냐-낫사 닙비다- 위라-가- 니로-다- 아누빠-다- 위뭇따- 떼- 수위뭇따-. 예- 수위뭇따- 떼- 께-왈리노-. 예- 께-왈리노- 왓땅 떼-상 낫티 빤냐-빠나-야-"띠

비구들이여, 어떤 사문들이든 바라문들이든 이렇게 식을 실답게 알고, 이렇게 식의 자라남을 실답게 알고, 이렇게 식의 소멸을 실답게 알고, 이렇게 식의 소멸로 이끄는 실천을 실답게 안 뒤에 식의 염오와 이탐과 소멸로부터 집착 없이 해탈한 자들은 잘 해탈한 자들이다. 잘 해탈한 자들은 완전히 성취한 아라한이고, 완전히 성취한 아라한들에게 윤회의 선언은 없다. ▣

3. samādhisuttaṃ (SN 22.5-삼매 경)

• 오온의 자라남(samudaya) — 기뻐하고 드러내고 묶여 머무는 삶 → 괴로움이 생겨나서 자라남 = 고집(苦集)

• 오온의 줄어듦(nirodha) — 기뻐하지 않고 드러내지 않고 묶여 머물지 않는 삶 → 괴로움이 줄어들어 소멸함 = 고멸(苦滅)

evaṃ me sutaṃ — ekaṃ samayaṃ bhagavā sāvatthiyaṃ viharati jetavane anāthapiṇḍikassa ārāme. tatra kho bhagavā bhikkhū āmantesi — "bhikkhavo"ti. "bhadante"ti te bhikkhū bhagavato paccassosuṃ. bhagavā etadavoca — "samādhiṃ, bhikkhave, bhāvetha; samāhito, bhikkhave, bhikkhu yathābhūtaṃ pajānāti. kiñca yathābhūtaṃ pajānāti? rūpassa samudayañca atthaṅgamañca, vedanāya samudayañca atthaṅgamañca, saññāya samudayañca atthaṅgamañca, saṅkhārānaṃ samudayañca atthaṅgamañca, viññāṇassa samudayañca atthaṅgamañca".

에-왕 메- 수땅 — 에-깡 사마양 바가와- 사-왓티양 위하라띠 제-따와네- 아나-타삔디깟사 아-라-메-. 따뜨라 코- 바가와- 빅쿠- 아-만떼-시 — "빅카오-"띠. "바단떼-"띠 떼- 빅쿠- 바가와또- 빳짯소-숭. 바가와- 에-따다오-짜 — "사마-딩, 빅카웨-, 바-웨-타; 사마-히또-, 빅카웨-, 빅쿠 야타-부-땅 빠자-나-띠. 낀짜 야타-부-땅 빠자-나-띠? 루-빳사 사무다얀짜 앗탕가만짜, 웨-다나-야 사무다얀짜 앗탕가만짜, 산냐-야 사무다얀짜 앗탕가만짜, 상카-라-낭 사무다얀짜 앗탕가만짜, 윈냐-낫사 사무다얀짜 앗탕가만짜"

이렇게 나는 들었다. — 한때 세존은 사왓티에서 제따와나의 아나타삔디까 사원에 머물렀다. 그때 세존은 "비구들이여."라고 비구들을 불렀다. "대덕이시여."라고 비구들은 세존에게 대답했다. 세존은 이렇게 말했다. — "비구들이여, 삼매를 닦아라. 비구들이여, 삼매를 닦는 비구는 있는 그대로 꿰뚫어 안다. 그러면 무엇을 있는 그대로 꿰뚫어 아는가? 색(色)의 자라남과 줄어듦, 수(受)의 자라남과 줄어듦, 상(想)의 자라남과 줄어듦, 행(行)들의 자라남과 줄어듦, 식(識)의 자라남과 줄어듦이다.

"ko ca, bhikkhave, rūpassa samudayo, ko vedanāya samudayo, ko saññāya samudayo, ko saṅkhārānaṃ samudayo, ko viññāṇassa samudayo? idha, bhikkhave, bhikkhu abhinandati abhivadati ajjhosāya tiṭṭhati.

꼬- 짜, 빅카웨-, 루-빳사 사무다요-, 꼬- 웨-다나-야 사무다요-, 꼬- 산냐-야 사무다요-, 꼬- 상카-라-낭 사무다요-, 꼬- 윈냐-낫사 사무다요-? 이다, 빅카웨-, 빅쿠 아비난다띠 아비와다띠 앗조-사-야 띳타띠

그러면 비구들이여, 무엇이 색의 자라남이고, 무엇이 수의 자라남이고, 무엇이 상의 자라남이고, 무엇이 행들의 자라남이고, 무엇이 식의 자라남인가? 비구들이여, 여기 비구는 기뻐하고 드러내고 묶여 머문다.

“kiñca abhinandati abhivadati ajjhosāya tiṭṭhati? rūpaṃ abhinandati abhivadati ajjhosāya tiṭṭhati. tassa rūpaṃ abhinandato abhivadato ajjhosāya tiṭṭhato uppajjati nandī. yā rūpe nandī tadupādānaṃ. tassupādānapaccayā bhavo; bhavapaccayā jāti; jātipaccayā jarāmaraṇaṃ sokaparidevadukkhadomanassupāyāsā sambhavanti. evametassa kevalassa dukkhakkhandhassa samudayo hoti.

낀짜 아비난다띠 아비와다띠 앗조-사-야 띳타띠? 루-빵 아비난다띠 아비와다띠 앗조-사-야 띳타띠. 땃사 루-빵 아비난다또- 아비와다또- 앗조-사-야 띳타또- 웁빳자띠 난디-. 야- 루-뻬- 난디- 따두빠-다-낭. 땃수빠-다-나빳짜야- 바오-; 바와빳짜야- 자-띠; 자-띠빳짜야- 자라-마라낭 소-까빠리데-와둑카도-마낫수빠-야-사- 삼바완띠. 에-와메-땃사 께-왈랏사 둑칵칸닷사 사무다요- 호-띠

그러면 무엇을 기뻐하고 드러내고 묶여 머무는가? 색을 기뻐하고 드러내고 묶여 머문다. 색을 기뻐하고 드러내고 묶여 머무는 그에게 소망이 생긴다. 색에 대한 소망이 있는 그에게 집착[취(取)]이 있다. 그에게 집착을 조건으로 존재[유(有)]가 있고, 존재를 조건으로 태어남[생(生)]이 있고, 태어남을 조건으로 늙음-죽음[노사(老死)]과 슬픔-비탄-고통-고뇌-절망[수비고우뇌(愁悲苦憂惱)]이 생긴다. 이렇게 이 모든 괴로움 무더기가 자라난다[고집(苦集)].

“vedanaṃ abhinandati abhivadati ajjhosāya tiṭṭhati. tassa vedanaṃ abhinandato abhivadato ajjhosāya tiṭṭhato uppajjati nandī. yā vedanāya nandī tadupādānaṃ. tassupādānapaccayā bhavo; bhavapaccayā jāti; jātipaccayā jarāmaraṇaṃ sokaparidevadukkhadomanassupāyāsā sambhavanti. evametassa kevalassa dukkhakkhandhassa samudayo hoti.

웨-다낭 아비난다띠 아비와다띠 앗조-사-야 띳타띠. 땃사 웨-다낭 아비난다또- 아비와다또- 앗조-사-야 띳타또- 웁빳자띠 난디-. 야- 웨-다나-야 난디- 따두빠-다-낭. 땃수빠-다-나빳짜야- 바오-; 바와빳짜야- 자-띠; 자-띠빳짜야- 자라-마라낭 소-까빠리데-와둑카도-마낫수빠-야-사- 삼바완띠. 에-와메-땃사 께-왈랏사 둑칵칸닷사 사무다요- 호-띠

수를 기뻐하고 드러내고 묶여 머문다. 수를 기뻐하고 드러내고 묶여 머무는 그에게 소망이 생긴다. 수에 대한 소망이 있는 그에게 집착이 있다. 그에게 집착을 조건으로 존재가 있고, 존재를 조건으로 태어남이 있고, 태어남을 조건으로 늙음-죽음과 슬픔-비탄-고통-고뇌-절

망이 생긴다. 이렇게 이 모든 괴로움 무더기가 자라난다.

“saññaṃ abhinandati abhivadati ajjhosāya tiṭṭhati. tassa saññaṃ abhinandato abhivadato ajjhosāya tiṭṭhato uppajjati nandī. yā saññāya nandī tadupādānaṃ. tassupādānapaccayā bhavo; bhavapaccayā jāti; jātipaccayā jarāmaraṇaṃ sokaparidevadukkhadomanassupāyāsā sambhavanti. evametassa kevalassa dukkhakkhandhassa samudayo hoti.

산냥 아비난다띠 아비와다띠 앗조-사-야 띳타띠. 땃사 산냥 아비난다또- 아비와다또- 앗조-사-야 띳타또- 웁빳자띠 난디-. 야- 산냐-야 난디- 따두빠-다-낭. 땃수빠-다-나빳짜야- 바오-; 바와빳짜야- 자-띠; 자-띠빳짜야- 자라-마라낭 소-까빠리데-와둑카도-마낫수빠-야-사- 삼바완띠. 에-와메-땃사 께-왈랏사 둑칵칸닷사 사무다요- 호-띠

상을 기뻐하고 드러내고 묶여 머문다. 상을 기뻐하고 드러내고 묶여 머무는 그에게 소망이 생긴다. 상에 대한 소망이 있는 그에게 집착이 있다. 그에게 집착을 조건으로 존재가 있고, 존재를 조건으로 태어남이 있고, 태어남을 조건으로 늙음-죽음과 슬픔-비탄-고통-고뇌-절망이 생긴다. 이렇게 이 모든 괴로움 무더기가 자라난다.

“saṅkhāre abhinandati abhivadati ajjhosāya tiṭṭhati. tassa saṅkhāre abhinandato abhivadato ajjhosāya tiṭṭhato uppajjati nandī. yā saṅkhāresu nandī tadupādānaṃ. tassupādānapaccayā bhavo; bhavapaccayā jāti; jātipaccayā jarāmaraṇaṃ sokaparidevadukkhadomanassupāyāsā sambhavanti. evametassa kevalassa dukkhakkhandhassa samudayo hoti.

상카-레- 아비난다띠 아비와다띠 앗조-사-야 띳타띠. 땃사 상카-레- 아비난다또- 아비와다또- 앗조-사-야 띳타또- 웁빳자띠 난디-. 야- 상카-레-수 난디- 따두빠-다-낭. 땃수빠-다-나빳짜야- 바오-; 바와빳짜야- 자-띠; 자-띠빳짜야- 자라-마라낭 소-까빠리데-와둑카도-마낫수빠-야-사- 삼바완띠. 에-와메-땃사 께-왈랏사 둑칵칸닷사 사무다요- 호-띠

행들을 기뻐하고 드러내고 묶여 머문다. 행들을 기뻐하고 드러내고 묶여 머무는 그에게 소망이 생긴다. 행들에 대한 소망이 있는 그에게 집착이 있다. 그에게 집착을 조건으로 존재가 있고, 존재를 조건으로 태어남이 있고, 태어남을 조건으로 늙음-죽음과 슬픔-비탄-고통-고뇌-절망이 생긴다. 이렇게 이 모든 괴로움 무더기가 자라난다.

“viññāṇaṃ abhinandati abhivadati ajjhosāya tiṭṭhati. tassa viññāṇaṃ abhinandato abhivadato ajjhosāya tiṭṭhato uppajjati nandī. yā viññāṇe nandī tadupādānaṃ. tassupādānapaccayā bhavo; bhavapaccayā jāti; jātipaccayā jarāmaraṇaṃ sokaparidevadukkhadomanassupāyāsā sambhavanti. evametassa kevalassa dukkhakkhandhassa samudayo hoti.

윈냐-낭 아비난다띠 아비와다띠 앗조-사-야 띳타띠. 땃사 윈냐-낭 아비난다또- 아비와다또- 앗조-사-야 띳타또- 웁빳자띠 난디-. 야- 윈냐-네- 난디- 따두빠-다-낭. 땃수빠-다-나빳짜야- 바오-; 바와빳짜야- 자-띠; 자-띠빳짜야- 자라-마라낭 소-까빠리데-와둑카도-마낫수빠-야-사- 삼바완띠. 에-와메-땃사 께-왈랏사 둑칵칸닷사 사무다요- 호-띠

식을 기뻐하고 드러내고 묶여 머문다. 식을 기뻐하고 드러내고 묶여 머무는 그에게 소망이 생긴다. 식에 대한 소망이 있는 그에게 집착이 있다. 그에게 집착을 조건으로 존재가 있고, 존재를 조건으로 태어남이 있고, 태어남을 조건으로 늙음-죽음과 슬픔-비탄-고통-고뇌-절망이 생긴다. 이렇게 이 모든 괴로움 무더기가 자라난다.

ayaṃ, bhikkhave, rūpassa samudayo; ayaṃ vedanāya samudayo; ayaṃ saññāya samudayo; ayaṃ saṅkhārānaṃ samudayo; ayaṃ viññāṇassa samudayo.

아양, 빅카웨-, 루-빳사 사무다요-, 아양 웨-다나-야 사무다요-, 아양 산냐-야 사무다요-, 아양 상카-라-낭 사무다요-, 아양 윈냐-낫사 사무다요-

비구들이여, 이것이 색의 자라남이고, 이것이 수의 자라남이고, 이것이 상의 자라남이고, 이것이 행들의 자라남이고, 이것이 식의 자라남이다.

"ko ca, bhikkhave, rūpassa atthaṅgamo, ko vedanāya atthaṅgamo, ko saññāya atthaṅgamo, ko saṅkhārānaṃ atthaṅgamo, ko viññāṇassa atthaṅgamo? idha, bhikkhave, nābhinandati nābhivadati nājjhosāya tiṭṭhati.

꼬- 짜, 빅카웨-, 루-빳사 앗탕가모-, 꼬- 웨-다나-야 앗탕가모-, 꼬- 산냐-야 앗탕가모-, 꼬- 상카-라-낭 앗탕가모-, 꼬- 윈냐-낫사 앗탕가모-? 이다, 빅카웨-, 나-비난다띠 나-비와다띠 나-ㅅ조-사-야 띳타띠

그러면 비구들이여, 무엇이 색(色)의 줄어듦이고, 무엇이 수(受)의 줄어듦이고, 무엇이 상(想)의 줄어듦이고, 무엇이 행(行)들의 줄어듦이고, 무엇이 식(識)의 줄어듦인가? 여기, 비구들이여, 기뻐하지 않고 드러내지 않고 묶여 머물지 않는다.

"kiñca nābhinandati nābhivadati nājjhosāya tiṭṭhati? rūpaṃ nābhinandati nābhivadati nājjhosāya tiṭṭhati. tassa rūpaṃ anabhinandato anabhivadato anajjhosāya tiṭṭhato yā rūpe nandī sā nirujjhati. tassa nandīnirodhā upādānanirodho; upādānanirodhā bhavanirodho; bhavanirodhā jātinirodho; jātinirodhā jarāmaraṇaṃ sokaparidevadukkhadomanassupāyāsā nirujjhanti. evametassa kevalassa dukkhakkhandhassa nirodho hoti.

낀짜 나-비난다띠 나-비와다띠 나-ㅅ조-사-야 띳타띠? 루-빵 나-비난다띠 나-비와다띠 나-ㅅ조-사-야 띳타띠. 땃사 루-빵 아나비난다또- 아나비와다또- 아낫조-사-야 띳타또- 야- 루-뻬- 난디- 사- 니룻자띠. 땃사 난디-니로-다- 우빠-다-나니로-도-; 우빠-다-나니로-다- 바와니로-도-; 바와니로-다- 자-띠니로-도-; 자-띠니로-다- 자라-마라낭 소-까빠리데-와둑카도-마낫수빠-야-사- 니룻잔띠. 에-와메-땃사 께-왈랏사 둑칵칸닷사 니로-도- 호-띠

그러면 무엇을 기뻐하지 않고 드러내지 않고 묶여 머물지 않는가? 색을 기뻐하지 않고 드러내지 않고 묶여 머물지 않는다. 색을 기뻐하지 않고 드러내지 않고 묶여 머물지 않는 그에게 색에 대한 소망이 소멸한다. 그에게 소망이 소멸할 때 집착[취(取)]이 소멸한다. 집착이 소멸할 때 존재[유(有)]가 소멸하고, 존재가 소멸할 때 태어남[생(生)]이 소멸하고, 태어남이 소멸할 때 늙음-죽음[노사(老死)]과 슬픔-비탄-고통-고뇌-절망[수비고우뇌(愁悲苦憂惱)]이 소멸한다. 이렇게 이 모든 괴로움 무더기가 소멸한다[고멸(苦滅)].

"vedanaṃ nābhinandati nābhivadati nājjhosāya tiṭṭhati. tassa vedanaṃ anabhinandato anabhivadato anajjhosā tiṭṭhato yā vedanāya nandī sā nirujjhati. tassa nandīnirodhā upādānanirodho; upādānanirodhā bhavanirodho; bhavanirodhā jātinirodho; jātinirodhā jarāmaraṇaṃ sokaparidevadukkhadomanassupāyāsā nirujjhanti. evametassa kevalassa dukkhakkhandhassa nirodho hoti.

웨-다낭 나-비난다띠 나-비와다띠 나-ㅅ조-사-야 띳타띠. 땃사 웨-다낭 아나비난다또- 아나비와다또- 아낫조-사- 띳타또- 야- 웨-다나-야 난디- 사- 니룻자띠. 땃사 난디-니로-다- 우빠-다-나니로-도-; 우빠-다-나니로-다- 바와니로-도-; 바와니로-다- 자-띠니로-도-; 자-띠니로-다- 자라-마라낭 소-까빠리데-와둑카도-마낫수빠-야-사- 니룻잔띠. 에-와메-땃사 께-왈랏사 둑칵칸닷사 니로-도- 호-띠

수를 기뻐하지 않고 드러내지 않고 묶여 머물지 않는다. 수를 기뻐하지 않고 드러내지 않고 묶여 머물지 않는 그에게 수에 대한 소망이 소멸한다. 그에게 소망이 소멸할 때 집착이 소멸한다. 집착이 소멸할 때 존재가 소멸하고, 존재가 소멸할 때 태어남이 소멸하고, 태어남이 소멸할 때 늙음-죽음과 슬픔-비탄-고통-고뇌-절망이 소멸한다. 이렇게 이 모든 괴로움 무더기가 소멸한다.

"saññaṃ nābhinandati nābhivadati nājjhosāya tiṭṭhati. tassa saññaṃ anabhinandato anabhivadato anajjhosā tiṭṭhato yā saññāya nandī sā nirujjhati. tassa nandīnirodhā upādānanirodho; upādānanirodhā bhavanirodho; bhavanirodhā jātinirodho; jātinirodhā jarāmaraṇaṃ sokaparidevadukkhadomanassupāyāsā nirujjhanti. evametassa kevalassa dukkhakkhandhassa nirodho hoti.

산냐 나-비난다띠 나-비와다띠 나-ㅅ조-사-야 띳타띠. 땃사 산냐 아나비난다또- 아나비와다또- 아낫조-사- 띳타또- 야- 산냐-야 난디- 사- 니룻자띠. 땃사 난디-니로-다- 우빠-다-나니로-도-; 우빠-다-나니로-다- 바와니로-도-; 바와니로-다- 자-띠니로-도-; 자-띠니로-다- 자라-마라낭 소-까빠리데-와둑카도-마낫수빠-야-사- 니룻잔띠. 에-와메-땃사 께-왈랏사 둑칵칸닷사 니로-도- 호-띠

상을 기뻐하지 않고 드러내지 않고 묶여 머물지 않는다. 상을 기뻐하지 않고 드러내지 않고 묶여 머물지 않는 그에게 상에 대한 소망이 소멸한다. 그에게 소망이 소멸할 때 집착이 소멸한다. 집착이 소멸할 때 존재가 소멸하고, 존재가 소멸할 때 태어남이 소멸하고, 태어남이 소멸할 때 늙음-죽음과 슬픔-비탄-고통-고뇌-절망이 소멸한다. 이렇게 이 모든 괴로움 무더기가 소멸한다.

"saṅkhāre nābhinandati nābhivadati nājjhosāya tiṭṭhati. tassa saṅkhāre anabhinandato anabhivadato anajjhosāya tiṭṭhato yā saṅkhāresu nandī sā nirujjhati. tassa nandīnirodhā upādānanirodho; upādānanirodhā bhavanirodho; bhavanirodhā jātinirodho; jātinirodhā jarāmaraṇaṃ sokaparidevadukkhadomanassupāyāsā nirujjhanti. evametassa kevalassa dukkhakkhandhassa nirodho hoti.

상카-레- 나-비난다띠 나-비와다띠 나-ㅅ조-사-야 띳타띠. 땃사 상카-레- 아나비난다또- 아나비와다또- 아낫조-사-야 띳타또- 야- 상카-레-수 난디- 사- 니룻자띠. 땃사 난디-니로-다- 우빠-다-나니로-도-; 우빠-다-나니로-다- 바와니로-도-; 바와니로-다- 자-띠니로-도-; 자-띠니로-다- 자라-마라낭 소-까빠리데-와둑카도-마낫수빠-야-사- 니룻잔띠. 에-와메-땃사 께-왈랏사 둑칵칸닷사 니로-도- 호-띠

행들을 기뻐하지 않고 드러내지 않고 묶여 머물지 않는다. 행들을 기뻐하지 않고 드러내지 않고 묶여 머물지 않는 그에게 행들에 대한 소망이 소멸한다. 그에게 소망이 소멸할 때 집착이 소멸한다. 집착이 소멸할 때 존재가 소멸하고, 존재가 소멸할 때 태어남이 소멸하고, 태어남이 소멸할 때 늙음-죽음과 슬픔-비탄-고통-고뇌-절망이 소멸한다. 이렇게 이 모든 괴로움 무더기가 소멸한다.

"viññāṇaṃ nābhinandati nābhivadati nājjhosāya tiṭṭhati. tassa viññāṇaṃ anabhinandato anabhivadato anajjhosāya tiṭṭhato yā viññāṇe nandī sā nirujjhati. tassa nandīnirodhā upādānanirodho; upādānanirodhā bhavanirodho; bhavanirodhā jātinirodho; jātinirodhā jarāmaraṇaṃ sokaparidevadukkhadomanassupāyāsā nirujjhanti. evametassa kevalassa dukkhakkhandhassa nirodho hoti.

윈냐-낭 나-비난다띠 나-비와다띠 나-ㅅ조-사-야 띳타띠. 땃사 윈냐-낭 아나비난다또- 아나비와다또- 아낫조-사-야 띳타또- 야- 윈냐-네- 난디- 사- 니룻자띠. 땃사 난디-니로-다- 우빠-다-나니로-도-; 우빠-다-나니로-다- 바와니로-도-; 바와니로-다- 자-띠니로-도-; 자-띠니로-다- 자라-마라낭 소-까빠리데-와둑카도-마낫수빠-야-사- 니룻잔띠. 에-와메-땃사 께-왈랏사 둑칵칸닷사 니로-도- 호-띠

식을 기뻐하지 않고 드러내지 않고 묶여 머물지 않는다. 식을 기뻐하지 않고 드러내지 않고 묶여 머물지 않는 그에게 식에 대한 소망이 소멸한다. 그에게 소망이 소멸할 때 집착이 소멸한다. 집착이 소멸할 때 존재가 소멸하고, 존재가 소멸할 때 태어남이 소멸하고, 태어남이 소멸할 때 늙음-죽음과 슬픔-비탄-고통-고뇌-절망이 소멸한다. 이렇게 이 모든 괴로움 무더기가 소멸한다.

ayaṃ, bhikkhave, rūpassa atthaṅgamo, ayaṃ vedanāya atthaṅgamo, ayaṃ saññāya atthaṅgamo, ayaṃ saṅkhārānaṃ atthaṅgamo, ayaṃ viññāṇassa atthaṅgamo"ti.

아양, 빅카웨-, 루-빳사 앗탕가모-, 아양 웨-다나-야 앗탕가모-, 아양 산냐-야 앗탕가모-, 아양 상카-라-낭 앗탕가모-, 아양 윈냐-낫사 앗탕가모-"띠

비구들이여, 이것이 색의 줄어듦이고, 이것이 수의 줄어듦이고, 이것이 상의 줄어듦이고, 이것이 행들의 줄어듦이고, 이것이 식의 줄어듦이다." ▣

배워 알고 실천하는 불교 신자!

4. 연기(緣起) — vibhaṅgasuttaṃ (SN 12.2-분석 경)

- 연기된 법 12가지의 정의 — 삶의 이해의 근본 → 정의된 대로 알아야 함
- 명(名-파생된 것) — 수(受), 상(想), 사(思), 촉(觸), 작의(作意)

  ; 명(名)이 식(識)을 포함[비색사음(非色四陰)]하면서 연기(緣起)에 대한 왜곡된 해석이 시작됨 ⇒ 재생연결식 ⇒ 삼세양중인과(三世兩重因果)

- 행(行)들 — 신행(身行-몸을 형성하는 작용) = 들숨-날숨, 구행(口行-말을 형성하는 작용) = 심(尋-vitakka)-사(伺-vicāra), 심행(心行-心을 형성하는 작용) = 상(想)-수(受)

sāvatthiyaṃ viharati. "paṭiccasamuppādaṃ vo, bhikkhave, desessāmi vibhajissāmi. taṃ suṇātha, sādhukaṃ manasi karotha; bhāsissāmī"ti. "evaṃ, bhante"ti kho te bhikkhū bhagavato paccassosuṃ. bhagavā etadavoca —

사-왓티얌 위하라띠 … "빠띳짜사뭅빠-당 오-, 빅카웨-, 데-셋사-미 위바짓사-미. 땅 수나-타, 사-두깡 마나시 까로-타; 바-싯사-미-"띠. "에-왕, 반떼-"띠 코- 떼- 빅쿠- 바가와또- 빳짯소-숭. 바가와- 에-따다오-짜 —

사왓티에 머물다. "비구들이여, 그대들에게 연기(緣起)를 설하고 분석할 것이다. 그것을 듣고 잘 사고하라. 나는 말하겠다." "알겠습니다, 대덕이시여."라고 그 비구들은 세존에게 대답했다. 세존은 이렇게 말했다. —

"katamo ca, bhikkhave, paṭiccasamuppādo? avijjāpaccayā, bhikkhave, saṅkhārā; saṅkhārapaccayā viññāṇaṃ; viññāṇapaccayā nāmarūpaṃ; nāmarūpapaccayā saḷāyatanaṃ; saḷāyatanapaccayā phasso; phassapaccayā vedanā; vedanāpaccayā taṇhā; taṇhāpaccayā upādānaṃ; upādānapaccayā bhavo; bhavapaccayā jāti; jātipaccayā jarāmaraṇaṃ sokaparidevadukkhadomanassupāyāsā sambhavanti. evametassa kevalassa dukkhakkhandhassa samudayo hoti.

"까따모- 짜, 빅카웨-, 빠띳짜사뭅빠-도-? 아윗자-빳짜야-, 빅카웨-, 상카-라-; 상카-라빳짜야- 윈냐-낭; 윈냐-나빳짜야- 나-마루-빵; 나-마루-빠빳짜야- 살라-야따낭; 살라-야따나빳짜야- 팟소-; 팟사빳짜야- 웨-다나-; 웨-다나-빳짜야- 딴하-; 딴하-빳짜야- 우빠-다-낭; 우빠-다-나빳짜야- 바오-; 바와빳짜야- 자-띠; 자-띠빳짜야- 자라-마라낭; 소-까빠리데-와둑카도-마낫수빠-야-사- 삼바완띠. 에-와메-땃사 께-왈랏사 둑칵칸닷사 사무다요- 호-띠.

"그러면 비구들이여, 무엇이 연기(緣起)인가? 비구들이여, 무명(無明)을 조건으로 행(行)들이, 행들을 조건으로 식(識)이, 식을 조건으로 명색(名色)이, 명색을 조건으로 육입(六入)이, 육입

을 조건으로 촉(觸)이, 촉을 조건으로 수(受)가, 수를 조건으로 애(愛)가, 애를 조건으로 취(取)가, 취를 조건으로 유(有)가, 유를 조건으로 생(生)이, 생을 조건으로 노사(老死)와 수비고우뇌(愁悲苦憂惱)가 생긴다. 이렇게 이 모든 괴로움 무더기가 자라난다[고집(苦集)].

"katamañca, bhikkhave, jarāmaraṇaṃ? yā tesaṃ tesaṃ sattānaṃ tamhi tamhi sattanikāye jarā jīraṇatā khaṇḍiccaṃ pāliccaṃ valittacatā āyuno saṃhāni indriyānaṃ paripāko; ayaṃ vuccati jarā. yā tesaṃ tesaṃ sattānaṃ tamhā tamhā sattanikāyā cuti cavanatā bhedo antaradhānaṃ maccu maraṇaṃ kālakiriyā khandhānaṃ bhedo kaḷevarassa nikkhepo, idaṃ vuccati maraṇaṃ. iti ayañca jarā, idañca maraṇaṃ. idaṃ vuccati, bhikkhave, jarāmaraṇaṃ.

까따만짜, 빅카웨-, 자라-마라낭? 야- 떼-상 떼-상 삿따-낭 땀히 땀히 삿따니까-예- 자라-지-라나따- 칸딧짱 빠-ㄹ릿짱 왈릿따짜따- 아-유노- 상하-니 인드리야-낭 빠리빠-꼬-; 아양 웃짜띠 자라-. 야- 떼-상 떼-상 삿따-낭 땀하- 땀하- 삿따니까-야- 쭈띠 짜와나따- 베-도- 안따라다-낭 맛쭈 마라낭 까-ㄹ라끼리야- 칸다-낭 베-도- 깔레-와랏사 닉케-뽀-, 이당 웃짜띠 마라낭. 이띠 아얀짜 자라-, 이단짜 마라낭. 이당 웃짜띠, 빅카웨-, 자라-마라낭

그러면 비구들이여, 무엇이 노사(老死-늙음-죽음)인가? 이런저런 중생에 속하는 그러그러한 중생의 무리에서 늙음, 노쇠함, 치아가 부러짐, 머리가 흼, 주름진 피부, 수명의 감소, 기능[근(根)]의 파괴, 이것이 노(老-늙음)라고 불린다. 이런저런 중생에 속하는 그러그러한 중생의 무리로부터 종말, 제거됨, 해체, 사라짐, 사망, 죽음, 서거, 온(蘊)의 해체, 육체를 내려놓음, 이것이 사(死-죽음)라고 불린다. 이렇게 이것이 노(老)고, 이것이 사(死)다. 이것이, 비구들이여, 노사라고 불린다.

"katamā ca, bhikkhave, jāti? yā tesaṃ tesaṃ sattānaṃ tamhi tamhi sattanikāye jāti sañjāti okkanti nibbatti abhinibbatti khandhānaṃ pātubhāvo āyatanānaṃ paṭilābho. ayaṃ vuccati, bhikkhave, jāti.

까따마- 짜, 빅카웨-, 자-띠? 야- 떼-상 떼-상 삿따-낭 땀히 땀히 삿따니까-예- 자-띠 산자-띠 옥깐띠 닙밧띠 아비닙밧띠 칸다-낭 빠-뚜바-오- 아-야따나-낭 빠띨라-보-. 아양 웃짜띠, 빅카웨-, 자-띠

그러면 비구들이여, 무엇이 생(生-태어남)인가? 이런저런 중생에 속하는 그러그러한 중생의 무리에서 태어남, 출생, 듦, 나타남, 탄생, 온의 출현, 처의 획득, 이것이 생이라고 불린다.

"katamo ca, bhikkhave, bhavo? tayo me, bhikkhave, bhavā — kāmabhavo, rūpabhavo, arūpabhavo. ayaṃ vuccati, bhikkhave, bhavo.

까따모- 짜, 빅카웨-, 바오-? 따요- 메-, 빅카웨-, 바와- — 까-마바오-, 루-빠바오-, 아루-빠바오-. 아양 웃짜띠, 빅카웨-, 바오-

그러면 비구들이여, 무엇이 유(有-존재)인가? 비구들이여, 이런 세 가지 유가 있다. — 욕유(慾有-욕계의 존재), 색유(色有-색계의 존재), 무색유(無色有-무색계의 존재). 비구들이여, 이것이 유라고 불린다.

“katamañca, bhikkhave, upādānaṃ? cattārimāni, bhikkhave, upādānāni — kāmupādānaṃ, diṭṭhupādānaṃ, sīlabbatupādānaṃ, attavādupādānaṃ. idaṃ vuccati, bhikkhave, upādānaṃ.

까따만짜, 빅카웨-, 우빠-다-낭? 짯따-리마-니, 빅카웨-, 우빠-다-나-니 — 까-무빠-다-낭, 딧투빠-다-낭, 시-ㄹ랍바뚜빠-다-낭, 앗따와-두빠-다-낭. 이당 웃짜띠, 빅카웨-, 우빠-다-낭

그러면 비구들이여, 무엇이 취(取-집착)인가? 비구들이여, 이런 네 가지 취가 있다. — 욕취(慾取-소유의 집착), 견취(見取-견해의 집착), 계금취(戒禁取-계와 관행의 집착), 아어취(我語取-나의 주장의 집착). 비구들이여, 이것이 취라고 불린다.

“katamā ca, bhikkhave, taṇhā? chayime, bhikkhave, taṇhākāyā — rūpataṇhā, saddataṇhā, gandhataṇhā, rasataṇhā, phoṭṭhabbataṇhā, dhammataṇhā. ayaṃ vuccati, bhikkhave, taṇhā.

까따마- 짜, 빅카웨-, 딴하-? 차이메-, 빅카웨-, 딴하-까-야- — 루-빠딴하-, 삳다딴하-, 간다딴하-, 라사딴하-, 폿탑바딴하-, 담마딴하-. 아양 웃짜띠, 빅카웨-, 딴하-

그러면 비구들이여, 무엇이 애(愛-갈애)인가? 비구들이여, 이런 여섯 가지 애의 무리가 있다. — 색애(色愛-형상에 대한 갈애), 성애(聲愛-소리에 대한 갈애), 향애(香愛-냄새에 대한 갈애), 미애(味愛-맛에 대한 갈애), 촉애(觸愛-느낌에 대한 갈애), 법애(法愛-법에 대한 갈애). 비구들이여, 이것이 애라고 불린다.

“katamā ca, bhikkhave, vedanā? chayime, bhikkhave, vedanākāyā — cakkhusamphassajā vedanā, sotasamphassajā vedanā, ghānasamphassajā vedanā, jivhāsamphassajā vedanā, kāyasamphassajā vedanā, manosamphassajā vedanā. ayaṃ vuccati, bhikkhave, vedanā.

까따마- 짜, 빅카웨-, 웨-다나-? 차이메-, 빅카웨-, 웨-다나-까-야- — 짝쿠삼팟사자- 웨-다나-, 소-따삼팟사자- 웨-다나-, 가-나삼팟사자- 웨-다나-, 지워하-삼팟사자- 웨-다나-, 까-

야삼팟사자- 웨-다나-, 마노-삼팟사자- 웨-다나-. 아양 웃짜띠, 빅카웨-, 웨-다나-

그러면 비구들이여, 무엇이 수(受-느낌/경험)인가? 이런 여섯 가지 수의 무리가 있다. — 안촉생수(眼觸生受-안촉에서 생긴 느낌), 이촉생수(耳觸生受-이촉에서 생긴 느낌), 비촉생수(鼻觸生受-비촉에서 생긴 느낌), 설촉생수(舌觸生受-설촉에서 생긴 느낌), 신촉생수(身觸生受-신촉에서 생긴 느낌), 의촉생수(意觸生受-의촉에서 생긴 느낌). 비구들이여, 이것이 수라고 불린다.

“katamo ca, bhikkhave, phasso? chayime, bhikkhave, phassakāyā — cakkhusamphasso, sotasamphasso, ghānasamphasso, jivhāsamphasso, kāyasamphasso, manosamphasso. ayaṃ vuccati, bhikkhave, phasso.

까따모- 짜, 빅카웨-, 팟소-? 차이메-, 빅카웨-, 팟사까-야- — 짝쿠삼팟소-, 소-따삼팟소-, 가-나삼팟소-, 지워하-삼팟소-, 까-야삼팟소-, 마노-삼팟소-. 아양 웃짜띠, 빅카웨-, 팟소-

그러면 비구들이여, 무엇이 촉(觸-만남)인가? 비구들이여, 이런 여섯 가지 촉의 무리가 있다. — 안촉(眼觸), 이촉(耳觸), 비촉(鼻觸), 설촉(舌觸), 신촉(身觸), 의촉(意觸). 비구들이여, 이것이 촉이라고 불린다.

“katamañca, bhikkhave, saḷāyatanaṃ? cakkhāyatanaṃ, sotāyatanaṃ, ghānāyatanaṃ, jivhāyatanaṃ, kāyāyatanaṃ, manāyatanaṃ — idaṃ vuccati, bhikkhave, saḷāyatanaṃ.

까따만짜, 빅카웨-, 살라-야따낭? 짝카-야따낭, 소-따-야따낭, 가-나-야따낭, 지워하-야따낭, 까-야-야따낭, 마나-야따낭 — 이당 웃짜띠, 빅카웨-, 살라-야따낭

그러면 비구들이여, 무엇이 육입(六入-여섯 인식 주관)인가? 안처(眼處), 이처(耳處), 비처(鼻處), 설처(舌處), 신처(身處), 의처(意處). — 비구들이여, 이것이 육입이라고 불린다.

“katamañca, bhikkhave, nāmarūpaṃ? vedanā, saññā, cetanā, phasso, manasikāro — idaṃ vuccati nāmaṃ. cattāro ca mahābhūtā, catunnañca mahābhūtānaṃ upādāyarūpaṃ. idaṃ vuccati rūpaṃ. iti idañca nāmaṃ, idañca rūpaṃ. idaṃ vuccati, bhikkhave, nāmarūpaṃ.

까따만짜, 빅카웨-, 나-마루-빵? 웨-다나-, 산냐-, 쩨-따나-, 팟소-, 마나시까-로- — 이당 웃짜띠 나-망. 짯따-로- 짜 마하-부-따-, 짜뚠난짜 마하-부-따-낭 우빠-다-야루-빵. 이당 웃짜띠 루-빵. 이띠 이단짜 나-망, 이단짜 루-빵. 이당 웃짜띠, 빅카웨-, 나-마루-빵

그러면 비구들이여, 무엇이 명색(名色-파생된 것과 물질)인가? 수(受), 상(想), 사(思), 촉(觸), 작의(作意) — 이것이 명(名-파생된 것)이라 불린다. 사대(四大)와 사대조색(四大造色). 이것이 색(色-물질)이라 불린다. 이렇게 이것이 명(名-파생된 것)이고, 이것이 색(色-물질)이다. 비구들이여, 이것이 명색이라고 불린다.

"katamañca, bhikkhave, viññāṇaṃ? chayime, bhikkhave, viññāṇakāyā — cakkhuviññāṇaṃ, sotaviññāṇaṃ, ghānaviññāṇaṃ, jivhāviññāṇaṃ, kāyaviññāṇaṃ, manoviññāṇaṃ. idaṃ vuccati, bhikkhave, viññāṇaṃ.

까따만짜, 빅카웨-, 윈냐-낭? 차이메-, 빅카웨-, 윈냐-나까-야- — 짝쿠윈냐-낭, 소-따윈냐-낭, 가-나윈냐-낭, 지워하-윈냐-낭, 까-야윈냐-낭, 마노-윈냐-낭. 이당 웃짜띠, 빅카웨-, 윈냐-낭

그러면 비구들이여, 무엇이 식(識)인가? 비구들이여, 이런 여섯 가지 식(識)의 무리가 있다. — 안식(眼識), 이식(耳識), 비식(鼻識), 설식(舌識), 신식(身識), 의식(意識). 비구들이여, 이것이 식이라고 불린다.

"katame ca, bhikkhave, saṅkhārā? tayome, bhikkhave, saṅkhārā — kāyasaṅkhāro, vacīsaṅkhāro, cittasaṅkhāro. ime vuccanti, bhikkhave, saṅkhārā.

까따메- 짜, 빅카웨-, 상카-라-? 따요-메-, 빅카웨-, 상카-라- — 까-야상카-로-, 와찌-상카-로-, 찟따상카-로-. 이메- 웃짠띠, 빅카웨-, 상카-라-

그러면 비구들이여, 무엇이 행(行-형성작용)들인가? 비구들이여, 이런 세 가지 행(行-형성작용)들이 있다. 신행(身行-몸을 형성하는 작용), 구행(口行-말을 형성하는 작용), 심행(心行-심을 형성하는 작용). 비구들이여, 이것이 행들이라고 불린다.

"katamā ca, bhikkhave, avijjā? yaṃ kho, bhikkhave, dukkhe aññāṇaṃ, dukkhasamudaye aññāṇaṃ, dukkhanirodhe aññāṇaṃ, dukkhanirodhagāminiyā paṭipadāya aññāṇaṃ. ayaṃ vuccati, bhikkhave, avijjā.

까따마- 짜, 빅카웨-, 아윗자-? 양 코-, 빅카웨-, 둑케- 안냐-낭, 둑카사무다예- 안냐-낭, 둑카니로-데- 안냐-낭, 둑카니로-다가-미니야- 빠띠빠다-야 안냐-낭. 아양 웃짜띠, 빅카웨-, 아윗자-

그러면 비구들이여, 무엇이 무명(無明)인가? 비구들이여, 고(苦)에 대한 무지(無知), 고집(苦集)에 대한 무지, 고멸(苦滅)에 대한 무지, 고멸(苦滅)로 이끄는 실천에 대한 무지. 비구들이여, 이것이 무명이라고 불린다.

“iti kho, bhikkhave, avijjāpaccayā saṅkhārā; saṅkhārapaccayā viññāṇaṃ; viññāṇapaccayā nāmarūpaṃ; nāmarūpapaccayā saḷāyatanaṃ; saḷāyatanapaccayā phasso; phassapaccayā vedanā; vedanāpaccayā taṇhā; taṇhāpaccayā upādānaṃ; upādānapaccayā bhavo; bhavapaccayā jāti; jātipaccayā jarāmaraṇaṃ sokaparidevadukkhadomanassupāyāsā sambhavanti. evametassa kevalassa dukkhakkhandhassa samudayo hoti. avijjāya tveva asesavirāganirodhā saṅkhāranirodho; saṅkhāranirodhā viññāṇanirodho; viññāṇanirodhā nāmarūpanirodho; nāmarūpanirodhā saḷāyatananirodho; saḷāyatananirodhā phassanirodho; phassanirodhā vedanānirodho; vedanānirodhā taṇhānirodho; taṇhānirodhā upādānanirodho; upādānanirodhā bhavanirodho; bhavanirodhā jātinirodho; jātinirodhā jarāmaraṇaṃ sokaparidevadukkhadomanassupāyāsā nirujjhanti. evametassa kevalassa dukkhakkhandhassa nirodho hotī”ti.

이띠 코-, 빅카웨-, 아윗자-빳짜야- 상카-라-; 상카-라빳짜야- 윈냐-낭; 윈냐-나빳짜야- 나-마루-빵; 나-마루-빠빳짜야- 살라-야따낭; 살라-야따나빳짜야- 팟소-; 팟사빳짜야- 웨-다나-; 웨-다나-빳짜야- 딴하-; 딴하-빳짜야- 우빠-다-낭; 우빠-다-나빳짜야- 바오-; 바와빳짜야- 자-띠; 자-띠빳짜야- 자라-마라낭; 소-까빠리데-와둑카도-마낫수빠-야-사- 삼바완띠. 에-와메-땃사 께-왈랏사 둑칵칸닷사 사무다요- 호-띠. 아윗자-야 뜨웨-와 아세-사위라-가니로-다- 상카-라니로-도-; 상카-라니로-다- 윈냐-나니로-도-; 윈냐-나니로-다- 나-마루-빠니로-도-; 나-마루-빠니로-다- 살라-야따나니로-도-; 살라-야따나니로-다- 팟사니로-도-; 팟사니로-다- 웨-다나-니로-도-; 웨-다나-니로-다- 딴하-니로-도-; 딴하-니로-다- 우빠-다-나니로-도-; 우빠-다-나니로-다- 바와니로-도-; 바와니로-다- 자-띠니로-도-; 자-띠니로-다- 자라-마라낭; 소-까빠리데-와둑카도-마낫수빠-야-사- 니룻잔띠. 에-와메-땃사 께-왈랏사 둑칵칸닷사 니로-도- 호-띠-”띠

이렇게 비구들이여, 무명(無明)을 조건으로 행(行)들이, 행들을 조건으로 식(識)이, 식을 조건으로 명색(名色)이, 명색을 조건으로 육입(六入)이, 육입을 조건으로 촉(觸)이, 촉을 조건으로 수(受)가, 수를 조건으로 애(愛)가, 애를 조건으로 취(取)가, 취를 조건으로 유(有)가, 유를 조건으로 생(生)이, 생을 조건으로 노사(老死)와 수비고우뇌(愁悲苦憂惱)가 생긴다. 이렇게 이 모든 괴로움 무더기가 자라난다[고집(苦集)].

그러나 무명이 남김없이 바래어 소멸할 때 행들이 소멸하고, 행들이 소멸할 때 식이 소멸하고, 식이 소멸할 때 명색이 소멸하고, 명색이 소멸할 때 육입이 소멸하고, 육입이 소멸할 때 촉이 소멸하고, 촉이 소멸할 때 수가 소멸하고, 수가 소멸할 때 애가 소멸하고, 애가 소멸할 때 취가 소멸하고, 취가 소멸할 때 유가 소멸하고, 유가 소멸할 때 생이 소멸하고, 생이 소멸할 때 노사와 수비고우뇌가 소멸한다. 이렇게 이 모든 괴로움 무더기가 소멸한다[고멸(苦滅)].”라고. ▣

존재[유(有)]를 중심에 둔 십이연기(十二緣起)

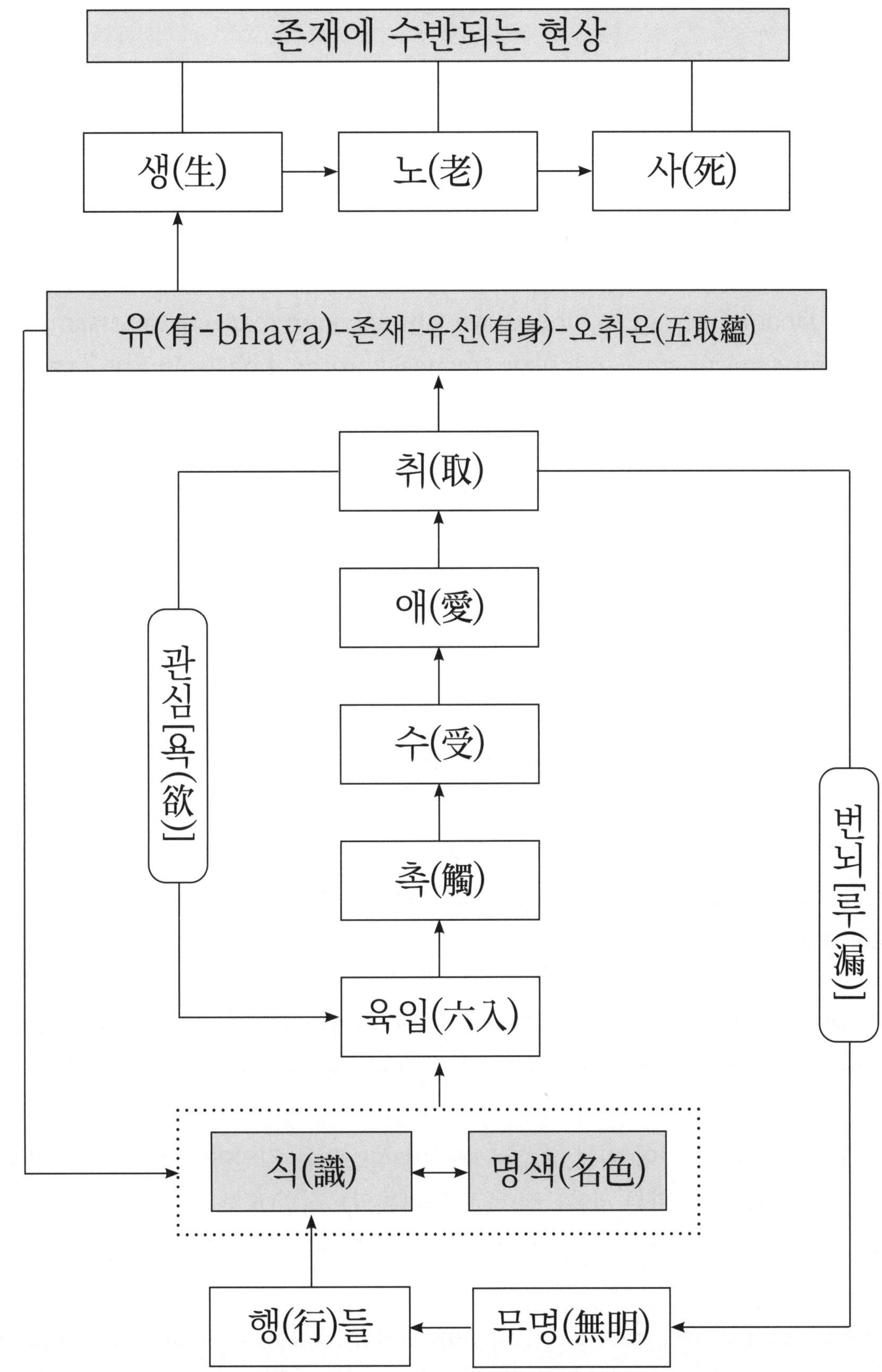

5. 팔정도(八正道) — vibhaṅgasuttaṃ (SN 45.8-분석 경)

• 팔정도의 여덟 지분의 정의 — 정견(正見-바른 견해), 정사유(正思惟-바른 사유), 정어(正語-바른말), 정업(正業-바른 행위), 정명(正命-바른 생활), 정정진(正精進-바른 노력), 정념(正念-바른 사띠), 정정(正定-바른 삼매)

• 정정진(正精進-바른 노력) = 사정근(四精勤), 정념(正念-바른 사띠) = 사념처(四念處), 정정(正定-바른 삼매) = 사선(四禪)

• 정정(正定-바른 삼매) = 필수품(정견~정념)을 갖춘 삼매 → 깨달음으로 이끌림 ⇒ 수행지도(修行地圖) 참조

sāvatthinidānaṃ. "ariyaṃ vo, bhikkhave, aṭṭhaṅgikaṃ maggaṃ desessāmi vibhajissāmi. taṃ suṇātha, sādhukaṃ manasi karotha; bhāsissāmī"ti. "evaṃ, bhante"ti kho te bhikkhū bhagavato paccassosuṃ. bhagavā etadavoca —

사-왓티니다-낭. "아리양 오-, 빅카웨-, 앗탕기깡 막강 데-셋사-미 위바짓사-미. 땅 수나-타, 사-두깡 마나시 까로-타; 바-싯사-미-"띠. "에-왕, 반떼-"띠 코- 떼- 빅쿠- 바가와또- 빳짯소-숭. 바가와- 에-따다오-짜 —

사왓티에서 설해짐. "비구들이여, 그대들에게 여덟 요소로 구성된 성스러운 길을 설하고 분석할 것이다. 그것을 듣고 잘 사고하라. 나는 말할 것이다." "알겠습니다, 대덕이시여."라고 그 비구들은 세존에게 대답했다. 세존은 이렇게 말했다. —

"katamo ca, bhikkhave, ariyo aṭṭhaṅgiko maggo? seyyathidaṃ — sammādiṭṭhi sammāsaṅkappo sammāvācā sammākammanto sammāājīvo sammāvāyāmo sammāsati sammāsamādhi.

까따모- 짜, 빅카웨-, 아리요- 앗탕기꼬- 막고-? 세이야티당 — 삼마-딧티 삼마-상깝뽀- 삼마-와-짜- 삼마-깜만또- 삼마-아-지-오- 삼마-와-야-모- 삼마-사띠 삼마-사마-디

"그러면 비구들이여, 무엇이 여덟 요소로 구성된 성스러운 길인가? 말하자면 정견(正見-바른 견해), 정사유(正思惟-바른 사유), 정어(正語-바른말), 정업(正業-바른 행위), 정명(正命-바른 생활), 정정진(正精進-바른 노력), 정념(正念-바른 사띠), 정정(正定-바른 삼매)다.

"katamā ca, bhikkhave, sammādiṭṭhi? yaṃ kho, bhikkhave, dukkhe ñāṇaṃ, dukkhasamudaye ñāṇaṃ, dukkhanirodhe ñāṇaṃ, dukkhanirodhagāminiyā paṭipadāya ñāṇaṃ — ayaṃ vuccati, bhikkhave, sammādiṭṭhi.

까따마- 짜, 빅카웨-, 삼마-딧티? 양 코-, 빅카웨-, 둑케- 냐-낭, 둑카사무다예- 냐-냥, 둑카니로-데- 냐-낭, 둑카니로-다가-미니야- 빠띠빠다-야 냐-낭 — 아양 웃짜띠, 빅카웨-, 삼마-딧티

그러면 비구들이여, 무엇이 정견(正見-바른 견해)인가? 비구들이여, 괴로움[고(苦)]에 대한 앎, 괴로움의 자라남[고집(苦集)]에 대한 앎, 괴로움의 소멸[고멸(苦滅)]에 대한 앎, 괴로움의 소멸로 이끄는 실천[고멸도(苦滅道)]에 대한 앎 — 비구들이여, 이것이 정견이라고 불린다.

"katamo ca, bhikkhave, sammāsaṅkappo? yo kho, bhikkhave, nekkhammasaṅkappo, abyāpādasaṅkappo, avihiṃsāsaṅkappo — ayaṃ vuccati, bhikkhave, sammāsaṅkappo.

까따모- 짜, 빅카웨-, 삼마-상깝뽀-? 요- 코-, 빅카웨-, 넥캄마상깝뽀-, 아뱌-빠-다상깝뽀-, 아위힝사-상깝뽀- — 아양 웃짜띠, 빅카웨-, 삼마-상깝뽀-

그러면 비구들이여, 무엇이 정사유(正思惟-바른 사유)인가? 비구들이여, 출리(出離)의 사유, 분노하지 않는 사유, 비폭력의 사유 — 비구들이여, 이것이 정사유라고 불린다.

"katamā ca, bhikkhave, sammāvācā? yā kho, bhikkhave, musāvādā veramaṇī, pisuṇāya vācāya veramaṇī, pharusāya vācāya veramaṇī, samphappalāpā veramaṇī — ayaṃ vuccati, bhikkhave, sammāvācā.

까따마- 짜, 빅카웨-, 삼마-와-짜-? 야- 코-, 빅카웨-, 무사-와-다- 웨-라마니-, 삐수나-야 와-짜-야 웨-라마니-, 파루사-야 와-짜-야 웨-라마니-, 삼팝빨라-빠- 웨-라마니- — 아양 웃짜띠, 빅카웨-, 삼마-와-짜-

그러면 비구들이여, 무엇이 정어(正語-바른말)인가? 비구들이여, 거짓을 말하는 행위를 삼가고, 험담하는 행위를 삼가고, 거칠게 말하는 행위를 삼가고, 쓸모없고 허튼 말하는 행위를 삼가는 것 — 비구들이여, 이것이 정어라고 불린다.

"katamo ca, bhikkhave, sammākammanto? yā kho, bhikkhave, pāṇātipātā veramaṇī, adinnādānā veramaṇī, abrahmacariyā veramaṇī — ayaṃ vuccati, bhikkhave, sammākammanto.

까따모- 짜, 빅카웨-, 삼마-깜만또-? 야- 코-, 빅카웨-, 빠-나-띠빠-따- 웨-라마니-, 아딘나-다-나- 웨-라마니-, 아브라흐마짜리야- 웨-라마니- — 아양 웃짜띠, 빅카웨-, 삼마-깜만

또-

그러면 비구들이여, 무엇이 정업(正業-바른 행위)인가? 비구들이여, 생명을 해치는 행위를 삼가고, 주지 않는 것을 가지는 행위를 삼가고, 범행(梵行) 아닌 행위를 삼가는 것 — 비구들이여, 이것이 정업이라고 불린다.

"katamo ca, bhikkhave, sammāājīvo? idha, bhikkhave, ariyasāvako micchāājīvaṃ pahāya sammāājīvena jīvitaṃ kappeti — ayaṃ vuccati, bhikkhave, sammāājīvo.

까따모- 짜, 빅카웨-, 삼마-아-지-오-? 이다, 빅카웨-, 아리야사-와꼬- 밋차-아-지-왕 빠하-야 삼마-아-지-웨-나 지-위땅 깝뻬-띠 — 아양 웃짜띠, 빅카웨-, 삼마-아-지-오-

그러면 비구들이여, 무엇이 정명(正命-바른 생활)인가? 비구들이여, 여기 성스러운 제자는 삿된 생활을 버리고, 바른 생활로써 생계를 유지한다. — 비구들이여, 이것이 정명이라고 불린다.

"katamo ca, bhikkhave, sammāvāyāmo? idha, bhikkhave, bhikkhu anuppannānaṃ pāpakānaṃ akusalānaṃ dhammānaṃ anuppādāya chandaṃ janeti vāyamati vīriyaṃ ārabhati cittaṃ paggaṇhāti padahati, uppannānaṃ pāpakānaṃ akusalānaṃ dhammānaṃ pahānāya chandaṃ janeti vāyamati vīriyaṃ ārabhati cittaṃ paggaṇhāti padahati, anuppannānaṃ kusalānaṃ dhammānaṃ uppādāya chandaṃ janeti vāyamati vīriyaṃ ārabhati cittaṃ paggaṇhāti padahati, uppannānaṃ kusalānaṃ dhammānaṃ ṭhitiyā asammosāya bhiyyobhāvāya vepullāya bhāvanāya pāripūriyā chandaṃ janeti vāyamati vīriyaṃ ārabhati cittaṃ paggaṇhāti padahati — ayaṃ vuccati, bhikkhave, sammāvāyāmo.

까따모- 짜, 빅카웨-, 삼마-와-야-모-? 이다, 빅카웨-, 빅쿠 아눕빤나-낭 빠-빠까-낭 아꾸살라-낭 담마-낭 아눕빠-다-야 찬당 자네-띠 와-야마띠 위-리양 아-라바띠 찟땅 빡간하-띠 빠다하띠, 웁빤나-낭 빠-빠까-낭 아꾸살라-낭 담마-낭 빠하-나-야 찬당 자네-띠 와-야마띠 위-리양 아-라바띠 찟땅 빡간하-띠 빠다하띠, 아눕빤나-낭 꾸살라-낭 담마-낭 웁빠-다-야 찬당 자네-띠 와-야마띠 위-리양 아-라바띠 찟땅 빡간하-띠 빠다하띠, 웁빤나-낭 꾸살라-낭 담마-낭 티띠야- 아삼모-사-야 비이요-바-와-야 웨-뿔라-야 바-와나-야 빠-리뿌-리야- 찬당 자네-띠 와-야마띠 위-리양 아-라바띠 찟땅 빡간하-띠 빠다하띠 — 아양 웃짜띠, 빅카웨-, 삼마-와-야-모-

그러면 비구들이여, 무엇이 정정진(正精進-바른 노력)인가? 여기, 비구들이여, 비구는 생겨나지 않은 악한 불신법들이 생겨나지 않도록 관심을 생기게 하고, 노력하고, 힘을 나하고, 심

(心)을 돌보고, 애쓴다. 생겨난 악한 불선법들이 버려지도록 관심을 생기게 하고, 노력하고, 힘을 다하고, 심(心)을 돌보고, 애쓴다. 생겨나지 않은 선법들이 생겨나도록 관심을 생기게 하고, 노력하고, 힘을 다하고, 심(心)을 돌보고, 애쓴다. 생겨난 선법들이 유지되고, 혼란스럽지 않게 되고, 점점 더 커져서 가득 차게 되고, 닦아서 완성되도록 관심을 생기게 하고, 노력하고, 힘을 다하고, 심(心)을 돌보고, 애쓴다. — 비구들이여, 이것이 정정진이라고 불린다.

"katamā ca, bhikkhave, sammāsati? idha, bhikkhave, bhikkhu kāye kāyānupassī viharati ātāpī sampajāno satimā, vineyya loke abhijjhādomanassaṃ; vedanāsu vedanānupassī viharati ātāpī sampajāno satimā, vineyya loke abhijjhādomanassaṃ; citte cittānupassī viharati ātāpī sampajāno satimā, vineyya loke abhijjhādomanassaṃ; dhammesu dhammānupassī viharati ātāpī sampajāno satimā, vineyya loke abhijjhādomanassaṃ — ayaṃ vuccati, bhikkhave, sammāsati.

까따마- 짜, 빅카웨-, 삼마-사띠? 이다, 빅카웨-, 빅쿠 까-예- 까-야-누빳시- 위하라띠 아-따-삐- 삼빠자-노- 사띠마-, 위네이야 로-께- 아빗자-도-마낫상; 웨-다나-수 웨-다나-누빳시- 위하라띠 아-따-삐- 삼빠자-노- 사띠마-, 위네이야 로-께- 아빗자-도-마낫상; 찟떼- 찟따-누빳시- 위하라띠 아-따-삐- 삼빠자-노- 사띠마-, 위네이야 로-께- 아빗자-도-마낫상; 담메-수 담마-누빳시- 위하라띠 아-따-삐- 삼빠자-노- 사띠마-, 위네이야 로-께- 아빗자-도-마낫상 — 아양 웃짜띠, 빅카웨-, 삼마-사띠.

그러면 비구들이여, 무엇이 정념(正念-바른 사띠)인가? 여기, 비구들이여, 비구는 몸(身)에서 몸을 이어 보면서 머문다. 알아차리고, 옳고 그름을 판단하고, 옳음의 유지-향상을 위해 노력하는 자는 세상에서 간탐과 고뇌를 제거한다. 느낌(受)들에서 느낌을 이어 보면서 머문다. 알아차리고, 옳고 그름을 판단하고, 옳음의 유지-향상을 위해 노력하는 자는 세상에서 간탐과 고뇌를 제거한다. 마음(心)에서 마음을 이어 보면서 머문다. 알아차리고, 옳고 그름을 판단하고, 옳음의 유지-향상을 위해 노력하는 자는 세상에서 간탐과 고뇌를 제거한다. 법(法)들에서 법을 이어 보면서 머문다. 알아차리고, 옳고 그름을 판단하고, 옳음의 유지-향상을 위해 노력하는 자는 세상에서 간탐과 고뇌를 제거한다. — 비구들이여, 이것이 정념이라고 불린다.

"katamo ca, bhikkhave, sammāsamādhi? idha, bhikkhave, bhikkhu vivicceva kāmehi vivicca akusalehi dhammehi savitakkaṃ savicāraṃ vivekajaṃ pītisukhaṃ paṭhamaṃ jhānaṃ upasampajja viharati. vitakkavicārānaṃ vūpasamā ajjhattaṃ sampasādanaṃ cetaso ekodibhāvaṃ avitakkaṃ avicāraṃ samādhijaṃ pītisukhaṃ dutiyaṃ jhānaṃ upasampajja viharati. pītiyā ca virāgā upekkhako ca viharati sato ca sampajāno, sukhañca kāyena paṭisaṃvedeti, yaṃ taṃ ariyā ācikkhanti — 'upekkhako satimā sukhavihārī'ti tatiyaṃ jhānaṃ upasampajja viharati. sukhassa ca pahānā dukkhassa ca pahānā pubbeva somanassadomanassānaṃ atthaṅgamā adukkhamasukhaṃ upekkhāsatipārisuddhiṃ catutthaṃ jhānaṃ upasampajja viharati — ayaṃ vuccati, bhikkhave, sammāsamādhī”ti.

까따모- 짜, 빅카웨-, 삼마-사마-디? 이다, 빅카웨-, 빅쿠 위윗쩨-와 까-메-히 위윗짜 아꾸살레-히 담메-히 사위딱깡 사위짜-랑 위웨-까장 삐-띠수캉 빠타망 자-낭 우빠삼빳자 위하라띠. 위딱까위짜-라-낭 우-빠사마- 앗잣땅 삼빠사-다낭 쩨-따소- 에-꼬-디바-왕 아위딱깡 아위짜-랑 사마-디장 삐-띠수캉 두띠양 자-낭 우빠삼빳자 위하라띠. 삐-띠야- 짜 위라-가- 우뻭카꼬- 짜 위하라띠 사또- 짜 삼빠자-노-, 수칸짜 까-예-나 빠띠상웨-데-띠, 양 땅 아리야- 아-찍칸띠 — '우뻭카꼬- 사띠마- 수카위하-리-'띠 따띠양 자-낭 우빠삼빳자 위하라띠. 수캇사 짜 빠하-나- 둑캇사 짜 빠하-나- 뿝베-와 소-마낫사도-마낫사-낭 앗탕가마- 아둑카마수캉 우뻭카-사띠빠-리숟딩 짜뚯탕 자-낭 우빠삼빳자 위하라띠 — 아양 웃짜띠, 빅카웨-, 삼마-사마-디-”띠

그러면 비구들이여, 무엇이 정정(正定-바른 삼매)인가? 여기, 비구들이여, 비구는 소유의 삶에서 벗어나고, 불선법(不善法)들에서 벗어나서, 위딱까가 있고 위짜라가 있고 떨침에서 생긴 기쁨과 즐거움의 초선(初禪)을 성취하여 머문다. 위딱까와 위짜라의 가라앉음으로 인해, 안으로 평온함과 마음의 집중된 상태가 되어, 위딱까도 없고 위짜라도 없이, 삼매에서 생긴 기쁨과 즐거움의 제이선(第二禪)을 성취하여 머문다. 기쁨의 바램으로부터 평정하게 머물고, 사띠와 바른 앎을 가지고 몸으로 즐거움을 경험하면서, 성인들이 '평정을 가진 자, 사띠를 가진 자, 즐거움에 머무는 자[사념락주(捨念樂住)].'라고 말하는 제삼선(第三禪)을 성취하여 머문다. 즐거움의 버림과 괴로움의 버림으로부터, 이미 만족과 불만들의 줄어듦으로부터, 괴로움도 즐거움도 없고 평정과 청정한 사띠[사념청정(捨念清淨)]의 제사선(第四禪)을 성취하여 머문다. — 비구들이여, 이것이 정정이라고 불린다. ▣

배워 알고 실천하는 불교 신자!

6. 염처(念處) — vibhaṅgasuttaṃ (SN 47.40-분석 경)

• 염처(念處)와 염처수행 ↔ 삼매와 삼매수행

"satipaṭṭhānañca vo, bhikkhave, desessāmi satipaṭṭhānabhāvanañca satipaṭṭhānabhāvanāgāmininñca paṭipadaṃ. taṃ suṇātha". "katamañca, bhikkhave, satipaṭṭhānaṃ? idha, bhikkhave, bhikkhu kāye kāyānupassī viharati ātāpī sampajāno satimā, vineyya loke abhijjhādomanassaṃ; vedanāsu vedanānupassī viharati ātāpī sampajāno satimā, vineyya loke abhijjhādomanassaṃ; citte cittānupassī viharati ātāpī sampajāno satimā, vineyya loke abhijjhādomanassaṃ; dhammesu dhammānupassī viharati ātāpī sampajāno satimā, vineyya loke abhijjhādomanassaṃ. idaṃ vuccati, bhikkhave, satipaṭṭhānaṃ".

사띠빳타-난짜 오-, 빅카웨-, 데-셋사-미 사띠빳타-나바-와난짜 사띠빳타-나바-와나-가-미닌짜 빠띠빠당. 땅 수나-타. 까따만짜, 빅카웨-, 사띠빳타-낭? 이다, 빅카웨-, 빅쿠 까-예- 까-야-누빳시- 위하라띠 아-따-삐- 삼빠자-노- 사띠마-, 위네이야 로-께- 아빗자-도-마낫상; 웨-다나-수 웨-다나-누빳시- 위하라띠 아-따-삐- 삼빠자-노- 사띠마-, 위네이야 로-께- 아빗자-도-마낫상; 찟떼- 찟따-누빳시- 위하라띠 아-따-삐- 삼빠자-노- 사띠마-, 위네이야 로-께- 아빗자-도-마낫상; 담메-수 담마-누빳시- 위하라띠 아-따-삐- 삼빠자-노- 사띠마-, 위네이야 로-께- 아빗자-도-마낫상. 이당 웃짜띠, 빅카웨-, 사띠빳타-낭

비구들이여, 그대들에게 염처(念處)와 염처수행(念處修行)과 염처수행으로 이끄는 실천을 설하겠다. 그것을 들어라. 그러면 비구들이여, 무엇이 염처(念處)인가? 여기, 비구들이여, 비구는 몸(身)에서 몸을 이어 보면서 머문다. 알아차리고, 옳고 그름을 판단하고, 옳음의 유지-향상을 위해 노력하는 자는 세상에서 간탐과 고뇌를 제거한다. 느낌(受)들에서 느낌을 이어 보면서 머문다. 알아차리고, 옳고 그름을 판단하고, 옳음의 유지-향상을 위해 노력하는 자는 세상에서 간탐과 고뇌를 제거한다. 마음(心)에서 마음을 이어 보면서 머문다. 알아차리고, 옳고 그름을 판단하고, 옳음의 유지-향상을 위해 노력하는 자는 세상에서 간탐과 고뇌를 제거한다. 법(法)들에서 법을 이어 보면서 머문다. 알아차리고, 옳고 그름을 판단하고, 옳음의 유지-향상을 위해 노력하는 자는 세상에서 간탐과 고뇌를 제거한다. 이것이, 비구들이여, 염처라고 불린다.

"katamā ca, bhikkhave, satipaṭṭhānabhāvanā? idha, bhikkhave, bhikkhu samudayadhammānupassī kāyasmiṃ viharati, vayadhammānupassī kāyasmiṃ viharati, samudayavayadhammānupassī kāyasmiṃ viharati, ātāpī sampajāno satimā, vineyya loke abhijjhādomanassaṃ. samudayadhammānupassī vedanāsu viharati, vayadhammānupassī vedanāsu viharati, samudayavayadhammānupassī vedanāsu viharati. ātāpī sampajāno satimā, vineyya loke abhijjhādomanassaṃ. samudayadhammānupassī citte viharati, vayadhammānupassī citte viharati, samudayavayadhammānupassī citte viharati. ātāpī sampajāno satimā, vineyya loke abhijjhādomanassaṃ. samudayadhammānupassī dhammesu viharati, vayadhammānupassī dhammesu viharati, samudayavayadhammānupassī dhammesu viharati, ātāpī sampajāno satimā, vineyya loke abhijjhādomanassaṃ. ayaṃ vuccati, bhikkhave, satipaṭṭhānabhāvanā.

까따마- 짜, 빅카웨-, 사띠빳타-나바-와나-? 이다, 빅카웨-, 빅쿠 사무다야담마-누빳시- 까-야스밍 위하라띠, 와야담마-누빳시- 까-야스밍 위하라띠, 사무다야와야담마-누빳시- 까-야스밍 위하라띠, 아-따-삐- 삼빠자-노- 사띠마-, 위네이야 로-께- 아빗자-도-마낫상. 사무다야담마-누빳시- 웨-다나-수 위하라띠, 와야담마-누빳시- 웨-다나-수 위하라띠, 사무다야와야담마-누빳시- 웨-다나-수 위하라띠, 아-따-삐- 삼빠자-노- 사띠마-, 위네이야 로-께- 아빗자-도-마낫상. 사무다야담마-누빳시- 찟떼- 위하라띠, 와야담마-누빳시- 찟떼- 위하라띠, 사무다야와야담마-누빳시- 찟떼- 위하라띠, 아-따-삐- 삼빠자-노- 사띠마-, 위네이야 로-께- 아빗자-도-마낫상. 사무다야담마-누빳시- 담메-수 위하라띠, 와야담마-누빳시- 담메-수 위하라띠, 사무다야와야담마-누빳시- 담메-수 위하라띠, 아-따-삐- 삼빠자-노- 사띠마-, 위네이야 로-께- 아빗자-도-마낫상. 아양 웃짜띠, 빅카웨-, 사띠빳타-나바-와나-

그러면 비구들이여, 무엇이 염처수행인가? 비구들이여, 여기 비구는 자라나는 법을 이어 보면서 몸(身)에 머물거나, 무너지는 법을 이어 보면서 몸에 머물거나, 자라나고 무너지는 법을 이어 보면서 몸에 머문다. 알아차리고, 옳고 그름을 판단하고, 옳음의 유지-향상을 위해 노력하는 자는 세상에서 간탐과 고뇌를 제거한다. 자라나는 법을 이어 보면서 느낌(受)들에 머물거나 무너지는 법을 이어 보면서 느낌들에 머물거나, 자라나고 무너지는 법을 이어 보면서 느낌들에 머문다. 알아차리고, 옳고 그름을 판단하고, 옳음의 유지-향상을 위해 노력하는 자는 세상에서 간탐과 고뇌를 제거한다. 자라나는 법을 이어 보면서 마음(心)에 머물거나 무너지는 법을 이어 보면서 마음에 머물거나, 자라나고 무너지는 법을 이어 보면서 마음에 머문다. 알아차리고, 옳고 그름을 판단하고, 옳음의 유지-향상을 위해 노력하는 자는 세상에서 간탐과 고뇌를 제거한다. 자라나는 법을 이어 보면서 법(法)들에 머물거나, 무너지는 법을 이어 보면서 법들에 머물거나, 자라나고 무너지는 법을 이어 보면서 법들에 머문다. 알아차리고, 옳고 그름을 판단하고, 옳음의 유지-향상을 위해 노력하는 자는 세상에서 간탐과 고뇌를 제거한다. 이것이, 비구들이여, 염처수행이라고 불린다.

"katamā ca, bhikkhave, satipaṭṭhānabhāvanāgāminī paṭipadā? ayameva ariyo aṭṭhaṅgiko maggo, seyyathidaṃ — sammādiṭṭhi, sammāsaṅkappo, sammāvācā, sammākammanto, sammāājīvo, sammāvāyāmo, sammāsati, sammāsamādhi. ayaṃ vuccati, bhikkhave, satipaṭṭhānabhāvanāgāminī paṭipadā"ti.

까따마- 짜, 빅카웨-, 사띠빳타-나바-와나-가-미니- 빠띠빠다-? 아야메-와 아리요- 앗탕기꼬- 막고- 세이야티당 — 삼마-딧티, 삼마-상깝뽀-, 삼마-와-짜-, 삼마-깜만또-, 삼마-아-지-오-, 삼마-와-야-모-, 삼마-사띠, 삼마-사마-디. 아양 웃짜띠, 빅카웨-, 사띠빳타-나바-와나-가-미니- 빠띠빠다-."띠

그러면 비구들이여, 무엇이 염처수행으로 이끄는 실천인가? 오직 이것, 정견(正見)-정사유(正思惟)-정어(正語)-정업(正業)-정명(正命)-정정진(正精進)-정념(正念)-정정(正定)의 여덟 요소로 구성된 성스러운 도(道)[팔정도(八正道)]이다. 이것이, 비구들이여, 염처수행으로 이끄는 실천이라고 불린다. ▣

배워 알고 실천하는 불교 신자!

7. 오근(五根) ① — dutiyavibhaṅgasuttaṃ (SN 48.10-분석 경2)

• 믿음-정진-사띠-삼매-지혜[신(信)-정진(精進)-염(念)-정(定)-혜(慧)]

“pañcimāni, bhikkhave, indriyāni. katamāni pañca? saddhindriyaṃ, vīriyindriyaṃ, satindriyaṃ, samādhindriyaṃ, paññindriyaṃ. katamañca, bhikkhave, saddhindriyaṃ? idha, bhikkhave, ariyasāvako saddho hoti, saddahati tathāgatassa bodhiṃ — ‘itipi so bhagavā arahaṃ sammāsambuddho vijjācaraṇasampanno sugato lokavidū anuttaro purisadammasārathi satthā devamanussānaṃ buddho bhagavā’ti — idaṃ vuccati, bhikkhave, saddhindriyaṃ.

빤찌마-니, 빅카웨-, 인드리야-니. 까따마-니 빤짜? 산딘드리양, 위-리인드리양, 사띤드리양, 사마-딘드리양, 빤닌드리양. 까따만짜, 빅카웨-, 산딘드리양? 이다, 빅카웨-, 아리야사-와꼬- 삳도- 호-띠, 삳다하띠 따타-가땃사 보-딩 — ‘이띠삐 소- 바가와- 아라항 삼마-삼붇도- 윚자-짜라나삼빤노- 수가또- 로-까위두- 아눗따로- 뿌리사담마사-라티 삿타- 데-와마눗사-낭 붇도- 바가와-’띠 — 이당 웃짜띠, 빅카웨-, 산딘드리양

비구들이여, 이런 다섯 가지 기능이 있다. 어떤 다섯 가지인가? 믿음의 기능, 정진의 기능, 사띠의 기능, 삼매의 기능, 지혜의 기능이다[신(信)-정진(精進)-염(念)-정(定)-혜(慧)]. 비구들이여, 무엇이 믿음의 기능인가? 여기, 비구들이여, 성스러운 제자는 믿음을 가졌다. ‘이렇게 그분 세존(世尊)께서는 모든 번뇌 떠나신 분, 스스로 완전한 깨달음을 이루신 분, 밝음과 실천을 갖추신 분, 진리의 길 보이신 분, 세상일을 모두 훤히 아시는 분, 어리석은 이도 잘 이끄시는 위없는 분, 신과 인간의 스승, 깨달으신 분, 존귀하신 분이시다.’라고 여래(如來)의 깨달음을 믿는다. — 이것이, 비구들이여, 믿음의 기능이라고 불린다.

“katamañca, bhikkhave, vīriyindriyaṃ? idha, bhikkhave, ariyasāvako āraddhavīriyo viharati akusalānaṃ dhammānaṃ pahānāya, kusalānaṃ dhammānaṃ upasampadāya, thāmavā daḷhaparakkamo anikkhittadhuro kusalesu dhammesu. so anuppannānaṃ pāpakānaṃ akusalānaṃ dhammānaṃ anuppādāya chandaṃ janeti vāyamati vīriyaṃ ārabhati cittaṃ paggaṇhāti padahati; uppannānaṃ pāpakānaṃ akusalānaṃ dhammānaṃ pahānāya chandaṃ janeti vāyamati vīriyaṃ ārabhati cittaṃ paggaṇhāti padahati; anuppannānaṃ kusalānaṃ dhammānaṃ uppādāya chandaṃ janeti vāyamati vīriyaṃ ārabhati cittaṃ paggaṇhāti padahati; uppannānaṃ kusalānaṃ dhammānaṃ ṭhitiyā asammosāya bhiyyobhāvāya vepullāya bhāvanāya pāripūriyā chandaṃ janeti vāyamati vīriyaṃ ārabhati cittaṃ paggaṇhāti padahati — idaṃ vuccati, bhikkhave, vīriyindriyaṃ.

다섯 가지 기능[오근(五根)]의 개념도 - Ⅰ

[마음을 도와서 삶을 향상으로 이끄는 기능 = 삶의 질적 향상을 위한 마음의 성장 부분]

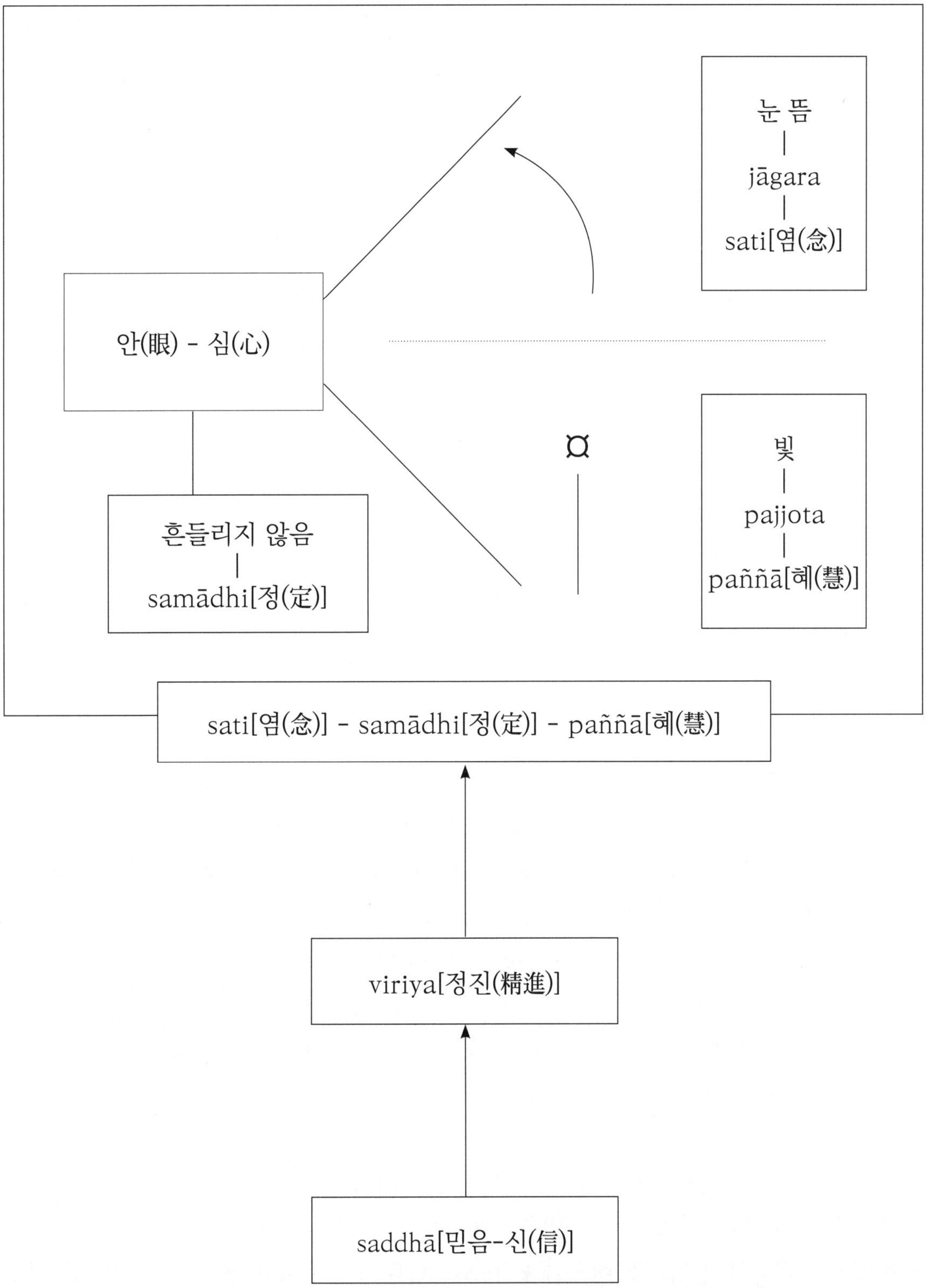

까따만짜, 빅카웨-, 위-리인드리양? 이다, 빅카웨-, 아리야사-와꼬- 아-랄다위-리요- 위하라띠 아꾸살라-낭 담마-낭 빠하-나-야, 꾸살라-낭 담마-낭 우빠삼빠다-야, 타-마와- 달하빠락까모- 아닉킷따두로- 꾸살레-수 담메-수. 소- 아눕빤나-낭 빠-빠까-낭 아꾸살라-낭 담마-낭 아눕빠-다-야 찬당 자네-띠 와-야마띠 위-리양 아-라바띠 찟땅 빡간하-띠 빠다하띠, 웁빤나-낭 빠-빠까-낭 아꾸살라-낭 담마-낭 빠하-나-야 찬당 자네-띠 와-야마띠 위-리양 아-라바띠 찟땅 빡간하-띠 빠다하띠, 아눕빤나-낭 꾸살라-낭 담마-낭 웁빠-다-야 찬당 자네-띠 와-야마띠 위-리양 아-라바띠 찟땅 빡간하-띠 빠다하띠, 웁빤나-낭 꾸살라-낭 담마-낭 티띠야- 아삼모-사-야 비이요-바-와-야 웨-뿔라-야 바-와나-야 빠-리뿌-리야- 찬당 자네-띠 와-야마띠 위-리양 아-라바띠 찟땅 빡간하-띠 빠다하띠 — 이당 웃짜띠, 빅카웨-, 위-리인드리양

그러면 비구들이여, 무엇이 정진의 기능인가? 여기, 비구들이여, 성스러운 제자는 불선법(不善法)들의 버림을 위해, 선법(善法)들의 성취를 위해 열심히 정진하면서 머문다. 선법들에 대해 열정적이고 책임을 포기하지 않는 강한 자이다.

그는 생겨나지 않은 악한 불선법들이 생겨나지 않도록 관심을 생기게 하고, 노력하고, 힘을 다하고, 심(心)을 돌보고, 애쓴다. 생겨난 악한 불선법들이 버려지도록 관심을 생기게 하고, 노력하고, 힘을 다하고, 심(心)을 돌보고, 애쓴다. 생겨나지 않은 선법들이 생겨나도록 관심을 생기게 하고, 노력하고, 힘을 다하고, 심(心)을 돌보고, 애쓴다. 생겨난 선법들이 유지되고, 혼란스럽지 않게 되고, 점점 더 커져서 가득 차게 되고, 닦아서 완성되도록 관심을 생기게 하고, 노력하고, 힘을 다하고, 심(心)을 돌보고, 애쓴다. — 이것이, 비구들이여, 정진의 기능이라고 불린다.

“katamañca, bhikkhave, satindriyaṃ? idha, bhikkhave, ariyasāvako satimā hoti paramena satinepakkena samannāgato, cirakatampi cirabhāsitampi saritā anussaritā. so kāye kāyānupassī viharati ātāpī sampajāno satimā, vineyya loke abhijjhādomanassaṃ; vedanāsu vedanānupassī viharati ātāpī sampajāno satimā, vineyya loke abhijjhādomanassaṃ; citte cittānupassī viharati ātāpī sampajāno satimā, vineyya loke abhijjhādomanassaṃ; dhammesu dhammānupassī viharati ātāpī sampajāno satimā, vineyya loke abhijjhādomanassaṃ — idaṃ vuccati, bhikkhave, satindriyaṃ.

까따만짜, 빅카웨-, 사띤드리양? 이다, 빅카웨-, 아리야사-와꼬- 사띠마- 호-띠 빠라메-나 사띠네-빡께-나 사만나-가또- 찌라까땀삐 찌라바-시땀삐 사리따- 아눗사리따-. 소- 까-예- 까-야-누빳시- 위하라띠 아-따-삐- 삼빠자-노- 사띠마-, 위네이야 로-께- 아빗자-도-마낫상; 웨-다나-수 웨-다나-누빳시- 위하라띠 아-따-삐- 삼빠자-노- 사띠마-, 위네이야 로-께- 아빗자-도-마낫상; 찟떼- 찟따-누빳시- 위하라띠 아-따-삐- 삼빠자-노- 사띠마-, 위네

이야 로-께- 아빗자-도-마낫상; 담메-수 담마-누빳시- 위하라띠 아-따-삐- 삼빠자-노- 사띠마-, 위네이야 로-께- 아빗자-도-마낫상 — 이당 웃짜띠, 빅카웨-, 사띤드리양

그러면 비구들이여, 무엇이 사띠의 기능인가? 여기, 비구들이여, 성스러운 제자는 사띠를 가졌다. 최상의 사띠와 신중함을 갖추어 오래전에 행한 것에게도, 오래전에 말한 것에게도 다가가서 기억한다.

그는 몸(身)에서 몸을 이어 보면서 머문다. 알아차리고, 옳고 그름을 판단하고, 옳음의 유지-향상을 위해 노력하는 자는 세상에서 간탐과 고뇌를 제거한다. 느낌(受)들에서 느낌을 이어 보면서 머문다. 알아차리고, 옳고 그름을 판단하고, 옳음의 유지-향상을 위해 노력하는 자는 세상에서 간탐과 고뇌를 제거한다. 마음(心)에서 마음을 이어 보면서 머문다. 알아차리고, 옳고 그름을 판단하고, 옳음의 유지-향상을 위해 노력하는 자는 세상에서 간탐과 고뇌를 제거한다. 법(法)들에서 법을 이어 보면서 머문다. 알아차리고, 옳고 그름을 판단하고, 옳음의 유지-향상을 위해 노력하는 자는 세상에서 간탐과 고뇌를 제거한다. — 이것이, 비구들이여, 사띠의 기능이라고 불린다.

"katamañca, bhikkhave, samādhindriyaṃ? idha, bhikkhave, ariyasāvako vossaggārammaṇaṃ karitvā labhati samādhiṃ, labhati cittassa ekaggataṃ. so vivicceva kāmehi vivicca akusalehi dhammehi savitakkaṃ savicāraṃ vivekajaṃ pītisukhaṃ paṭhamaṃ jhānaṃ upasampajja viharati. vitakkavicārānaṃ vūpasamā ajjhattaṃ sampasādanaṃ cetaso ekodibhāvaṃ avitakkaṃ avicāraṃ samādhijaṃ pītisukhaṃ dutiyaṃ jhānaṃ upasampajja viharati. pītiyā ca virāgā upekkhako ca viharati sato ca sampajāno sukhañca kāyena paṭisaṃvedeti yaṃ taṃ ariyā ācikkhanti 'upekkhako satimā sukhavihārī'ti tatiyaṃ jhānaṃ upasampajja viharati. sukhassa ca pahānā dukkhassa ca pahānā pubbeva somanassadomanassānaṃ atthaṅgamā adukkhamasukhaṃ upekkhāsatipārisuddhiṃ catutthaṃ jhānaṃ upasampajja viharati — idaṃ vuccati, bhikkhave, samādhindriyaṃ.

까따만짜, 빅카웨-, 사마-딘드리양? 이다, 빅카웨-, 아리야사-와꼬- 옷삭가-람마낭 까리뜨와- 라바띠 사마-딩, 라바띠 찟땃사 에-깍가땅. 소- 위윗쩨-와 까-메-히 위윗짜 아꾸살레-히 담메-히 사위딱깡 사위짜-랑 위웨-까장 삐-띠수캉 빠타망 자-낭 우빠삼빳자 위하라띠. 위딱까위짜-라-낭 우-빠사마- 앗잣땅 삼빠사-다낭 쩨-따소- 에-꼬-디바-왕 아위딱깡 아위짜-랑 사마-디장 삐-띠수캉 두띠양 자-낭 우빠삼빳자 위하라띠. 삐-띠야- 짜 위라-가- 우뻭카꼬- 짜 위하라띠 사또- 짜 삼빠자-노-, 수칸짜 까-예-나 빠띠상웨-데-띠, 양 땅 아리야- 아-찍칸띠 — '우뻭카꼬- 사띠마- 수카위하-리-'띠 따띠양 자-낭 우빠삼빳자 위하라띠. 수캇사 짜 빠하-나- 둑캇사 짜 빠하-나- 뿝베-와 소-마낫사도-마낫사-낭 앗탕가마- 아둑카마수캉 우뻭카-사띠빠-리숫딩 짜뚯탕 자-낭 우빠삼빳자 위하라띠 — 이당 웃짜띠, 빅카웨-,

사마-딘드리양

그러면 비구들이여, 무엇이 삼매의 기능인가? 여기, 비구들이여, 성스러운 제자는 대상의 양도를 행한 뒤에[또는 대상에서 쉬면서] 삼매를 얻는다. 심(心)의 집중상태를 얻는다.

그는 소유의 삶에서 벗어나고, 불선법(不善法)들에서 벗어나서, 위딱까가 있고 위짜라가 있고 떨침에서 생긴 기쁨과 즐거움의 초선(初禪)을 성취하여 머문다. 위딱까와 위짜라의 가라앉음으로 인해, 안으로 평온함과 마음의 집중된 상태가 되어, 위딱까도 없고 위짜라도 없이, 삼매에서 생긴 기쁨과 즐거움의 제이선(第二禪)을 성취하여 머문다. 기쁨의 바램으로부터 평정하게 머물고, 사띠와 바른 앎을 가지고 몸으로 즐거움을 경험하면서, 성인들이 '평정을 가진 자, 사띠를 가진 자, 즐거움에 머무는 자[사념락주(捨念樂住)].'라고 말하는 제삼선(第三禪)을 성취하여 머문다. 즐거움의 버림과 괴로움의 버림으로부터, 이미 만족과 불만들의 줄어듦으로부터, 괴로움도 즐거움도 없고 평정과 청정한 사띠[사념청정(捨念淸淨)]의 제사선(第四禪)을 성취하여 머문다. — 이것이, 비구들이여, 삼매의 기능이라고 불린다.

"katamañca, bhikkhave, paññindriyaṃ? idha, bhikkhave, ariyasāvako paññavā hoti udayatthagāminiyā paññāya samannāgato ariyāya nibbedhikāya, sammā dukkhakkhayagāminiyā. so 'idaṃ dukkhan'ti yathābhūtaṃ pajānāti, 'ayaṃ dukkhasamudayo'ti yathābhūtaṃ pajānāti, 'ayaṃ dukkhanirodho'ti yathābhūtaṃ pajānāti, 'ayaṃ dukkhanirodhagāminī paṭipadā'ti yathābhūtaṃ pajānāti — idaṃ vuccati, bhikkhave, paññindriyaṃ. imāni kho, bhikkhave, pañcindriyānī"ti.

까따만짜, 빅카웨-, 빤닌드리양? 이다, 빅카웨-, 아리야사-와꼬- 빤냐와- 호-띠 우다얏타가-미니야- 빤냐-야 사만나-가또- 아리야-야 닙베-디까-야, 삼마- 둑칵카야가-미니야-. 소- '이당 둑칸'띠 야타-부-땅 빠자-나-띠, '아양 둑카사무다요-'띠 야타-부-땅 빠자-나-띠, '아양 둑카니로-도-'띠 야타-부-땅 빠자-나-띠, '아양 둑카니로-다가-미니- 빠띠빠다-'띠 야타-부-땅 빠자-나-띠, — 이당 웃짜띠, 빅카웨-, 빤닌드리양. 이마-니 코-, 빅카웨-, 빤찐드리야-니-"띠

그러면 비구들이여, 무엇이 지혜의 기능인가? 여기, 비구들이여, 성스러운 제자는 지혜를 가졌다. 자라남-줄어듦으로 이끌고, 성스러운 꿰뚫음에 의해 바르게 괴로움의 부서짐으로 이끄는 지혜를 갖추었다.

그는 '이것이 고(苦)다.'라고 있는 그대로 꿰뚫어 안다. '이것이 고집(苦集)이다.'라고 있는 그대로 꿰뚫어 안다. '이것이 고멸(苦滅)이다.'라고 있는 그대로 꿰뚫어 안다. '이것이 고멸(苦滅)로 이끄는 실천이다.'라고 있는 그대로 꿰뚫어 안다. — 이것이 비구들이여, 지혜의 기능이라고 불린다. 이것이, 비구들이여, 다섯 가지 기능이다. ▣

8. 오근(五根) ② — vibhaṅgasuttaṃ (SN 48.36~38-분석 경1~3)

- 즐거움-괴로움-만족-고뇌-평정[락근(樂根)-고근(苦根)-희근(喜根)-우근(憂根)-사근(捨根)]

- 즐거움의 기능과 만족의 기능[근(根)] = 즐거움의 경험[수(受)]
  괴로움의 기능과 고뇌의 기능 = 괴로움의 경험
  평정의 기능 = 괴롭지도 즐겁지도 않음의 경험

- 촉(觸)에서 생긴 수(受) — 인식 과정에서 경험되는 느낌
  신(身) 또는 심(心)에 속한 느낌 — 몸과 마음의 상태에 수반되는 느낌

"pañcimāni, bhikkhave, indriyāni. katamāni pañca? sukhindriyaṃ, dukkhindriyaṃ, somanassindriyaṃ, domanassindriyaṃ, upekkhindriyaṃ.

빤찌마-니, 빅카웨-, 인드리야-니. 까따마-니 빤짜? 수킨드리양, 둑킨드리양, 소-마낫신드리양, 도-마낫신드리양, 우뻭킨드리양

비구들이여, 이런 다섯 가지 기능이 있다. 어떤 다섯 가지인가? 즐거움의 기능[락근(樂根)], 괴로움의 기능[고근(苦根)], 만족의 기능[희근(喜根)], 고뇌의 기능[우근(憂根)], 평정의 기능[사근(捨根)]이다.

"katamañca, bhikkhave, sukhindriyaṃ? yaṃ kho, bhikkhave, kāyikaṃ sukhaṃ, kāyikaṃ sātaṃ, kāyasamphassajaṃ sukhaṃ sātaṃ vedayitaṃ — idaṃ vuccati, bhikkhave, sukhindriyaṃ.

까따만짜, 빅카웨-, 수킨드리양? 양 코-, 빅카웨-, 까-이깡 수캉, 까-이깡 사-땅, 까-야삼팟사장 수캉 사-땅 웨-다이땅 — 이당 웃짜띠, 빅카웨-, 수킨드리양

그러면 비구들이여, 무엇이 즐거움의 기능인가? 비구들이여, 신(身-몸)에 속한 즐거움, 신(身)에 속한 편안함, 신(身)의 촉(觸)에서 생긴 즐거움과 편안함의 경험 — 이것이, 비구들이여, 즐거움의 기능이라 불린다.

"katamañca, bhikkhave, dukkhindriyaṃ? yaṃ kho, bhikkhave, kāyikaṃ dukkhaṃ, kāyikaṃ asātaṃ, kāyasamphassajaṃ dukkhaṃ asātaṃ vedayitaṃ — idaṃ vuccati, bhikkhave, dukkhindriyaṃ.

까따만짜, 빅카웨-, 둑킨드리양? 양 코-, 빅카웨-, 까-이깡 둑캉,까-이깡 아사-땅, 까-야삼팟사장 둑캉 아사-땅 웨-다이땅 — 이당 웃짜띠, 빅카웨-, 둑킨드리양

그러면 비구들이여, 무엇이 괴로움의 기능인가? 비구들이여, 신(身)에 속한 괴로움, 신(身)에 속한 불편함, 신(身)의 촉(觸)에서 생긴 괴로움과 불편함의 경험 — 이것이, 비구들이여, 괴로움의 기능이라 불린다.

"katamañca, bhikkhave, somanassindriyaṃ? yaṃ kho, bhikkhave, cetasikaṃ sukhaṃ, cetasikaṃ sātaṃ, manosamphassajaṃ sukhaṃ sātaṃ vedayitaṃ — idaṃ vuccati, bhikkhave, somanassindriyaṃ.

까따만짜, 빅카웨-, 소-마낫신드리양? 양 코-, 빅카웨-, 쩨-따시깡 수캉, 쩨-따시깡 사-땅, 마노-삼팟사장 수캉 사-땅 웨-다이땅 — 이당 웃짜띠, 빅카웨-, 소-마낫신드리양

그러면 비구들이여, 무엇이 만족의 기능인가? 비구들이여, 심(心-마음)에 속한 즐거움, 심(心)에 속한 편안함, 의촉(意觸)에서 생긴 즐거움과 편안함의 경험 — 이것이, 비구들이여, 만족의 기능이라 불린다.

"katamañca, bhikkhave, domanassindriyaṃ? yaṃ kho, bhikkhave, cetasikaṃ dukkhaṃ, cetasikaṃ asātaṃ, manosamphassajaṃ dukkhaṃ asātaṃ vedayitaṃ — idaṃ vuccati, bhikkhave, domanassindriyaṃ.

까따만짜, 빅카웨-, 도-마낫신드리양? 양 코-, 빅카웨-, 쩨-따시깡 둑캉, 쩨-따시깡 아사-땅, 마노-삼팟사장 둑캉 아사-땅 웨-다이땅 — 이당 웃짜띠, 빅카웨-, 도-마낫신드리양

그러면 비구들이여, 무엇이 고뇌의 기능인가? 비구들이여, 심(心)에 속한 괴로움, 심(心)에 속한 불편함, 의촉(意觸)에서 생긴 괴로움과 불편함의 경험 — 이것이, 비구들이여, 고뇌의 기능이라 불린다.

"katamañca, bhikkhave, upekkhindriyaṃ? yaṃ kho, bhikkhave, kāyikaṃ vā cetasikaṃ vā nevasātaṃ nāsātaṃ vedayitaṃ — idaṃ vuccati, bhikkhave, upekkhindriyaṃ.

까따만짜, 빅카웨-, 우뻭킨드리양? 양 코-, 빅카웨-, 까-이깡 와- 쩨-따시깡 와- 네-와사-땅, 나-사-땅 웨-다이땅 — 이당 웃짜띠, 빅카웨-, 우뻭킨드리양

그러면 비구들이여, 무엇이 평정의 기능인가? 비구들이여, 신(身)에 속하거나 심(心)에 속한 편안함도 아니고 불편함도 아닌 경험 — 이것이, 비구들이여, 평정의 기능이라 불린다.

"tatra, bhikkhave, yañca sukhindriyaṃ yañca somanassindriyaṃ, sukhā sā vedanā daṭṭhabbā. tatra, bhikkhave, yañca dukkhindriyaṃ yañca domanassindriyaṃ, dukkhā sā vedanā daṭṭhabbā. tatra, bhikkhave, yadidaṃ upekkhindriyaṃ, adukkhamasukhā sā vedanā daṭṭhabbā. iti kho, bhikkhave, imāni pañcindriyāni pañca hutvā tīṇi honti, tīṇi hutvā pañca honti pariyāyenā"ti.

따뜨라, 빅카웨-, 얀짜 수킨드리양 얀짜 소-마낫신드리양, 수카- 사- 웨-다나- 닷탑바-. 따뜨라, 빅카웨-, 얀짜 둑킨드리양 얀짜 도-마낫신드리양, 둑카- 사- 웨-다나- 닷탑바-. 따뜨라, 빅카웨-, 야디당 우뻭킨드리양, 아둑카마수카- 사- 웨-다나- 닷탑바-. 이띠 코-, 빅카웨-, 이마-니 빤찐드리야-니 빤짜 후뜨와- 띠-니 혼띠, 띠-니 후뜨와- 빤짜 혼띠 빠리야-예-나-"띠

거기서, 비구들이여, 즐거움의 기능과 만족의 기능은 즐거움의 경험이라고 보아야 한다. 거기서, 비구들이여, 괴로움의 기능과 고뇌의 기능은 괴로움의 경험이라고 보아야 한다. 거기서, 비구들이여, 평정의 기능은 괴롭지도 즐겁지도 않음의 경험이라고 보아야 한다. 이런 방법으로, 비구들이여, 이 다섯 가지 기능은 다섯이면서 셋이 되고, 셋이면서 다섯이 된다. ▣

배워 알고 실천하는 불교 신자!

9. bhaddekarattasuttaṃ (MN 131-상서로운 하룻밤 경)

• 맛지마 니까야 제14-분석품(vibhaṅgavaggo) — 어떤 주제의 분석 즉 주제에 대한 정의

• 과거-미래-현재 — 과거를 이어 머물지 말고, 미래를 동경하지 말라. 과거는 버려졌고, 미래는 얻지 못했다. 현재의 법을 거기서 거듭 통찰하라. 현명한 자는 흔들리지 않게 꾸준히 그것을 실천해야 한다.

• 배우지 못한 범부의 아(我)를 전제한 관찰 — 현재의 법에 대해 끌려감 → 통찰하지 못함
• 성스러운 제자의 아(我)를 전제하지 않은 관찰 — 현재의 법에 대해 끌려가지 않음 → 통찰함

evaṃ me sutaṃ — ekaṃ samayaṃ bhagavā sāvatthiyaṃ viharati jetavane anāthapiṇḍikassa ārāme. tatra kho bhagavā bhikkhū āmantesi — "bhikkhavo"ti. "bhadante"ti te bhikkhū bhagavato paccassosuṃ. bhagavā etadavoca — "bhadde karattassa vo, bhikkhave, uddesañca vibhaṅgañca desessāmi. taṃ suṇātha, sādhukaṃ manasi karotha; bhāsissāmī"ti. "evaṃ, bhante"ti kho te bhikkhū bhagavato paccassosuṃ. bhagavā etadavoca —

에-왕 메- 수땅 — 에-깡 사마양 바가와- 사-왓티양 위하라띠 제-따와네- 아나-타삔디깟사 아-라-메-. 따뜨라 코- 바가와- 빅쿠- 아-만떼-시 — "빅카오-"띠. "바단떼-"띠 떼- 빅쿠- 바가와또- 빳짯소-숭. 바가와- 에-따다오-짜 — "받데-까랏땃사 오-, 빅카웨-, 욷데-산짜 위방간짜 데-셋사-미; 땅 수나-타, 사-두깡 마나시 까로-타; 바-싯사-미-"띠. "에-왕, 반떼-"띠 코- 떼- 빅쿠- 바가와또- 빳짯소-숭. 바가와- 에-따다오-짜 —

이렇게 나는 들었다. — 한때 세존은 사왓티에서 제따와나의 아나타삔디까 사원에 머물렀다. 거기서 세존은 "비구들이여."라고 비구들을 불렀다. "대덕이시여."라고 그 비구들은 세존에게 대답했다. 세존은 이렇게 말했다. — "상서로운 하룻밤을 위한 개요와 분석을 설할 것이다. 그것을 듣고 잘 사고하라. 나는 말하겠다."라고. "알겠습니다, 대덕이시여."라고 그 비구들은 세존에게 대답했다. 세존은 이렇게 말했다. —

"atītaṃ nānvāgameyya, nappaṭikaṅkhe anāgataṃ.
yadatītaṃ pahīnaṃ taṃ, appattañca anāgataṃ.

아띠-땅 나-ㄴ와-가메이야, 납빠띠깡케- 아나-가땅
야다띠-땅 빠히-낭 땅, 압빳딴짜 아나-가땅

과거를 이어 머물지 말고, 미래를 동경하지 말라.
과거는 버려졌고, 미래는 얻지 못했다.

"paccuppannañca yo dhammaṃ, tattha tattha vipassati.

asaṃhīraṃ asaṃkuppaṃ, taṃ vidvā manubrūhaye.

빳쭙빤난짜 요- 담망, 땃타 땃타 위빳사띠
아상히-랑 아상꿉빵, 땅 위드와- 마누브루-하예-

현재의 법을 거기서 거듭 통찰하라.
현명한 자는 흔들리지 않게 꾸준히 그것을 실천해야 한다.

"ajjeva kiccamātappaṃ, ko jaññā maraṇaṃ suve.
na hi no saṅgaraṃ tena, mahāsenena maccunā.

앗제-와 낏짜마-땁빵, 꼬- 잔냐- 마라낭 수웨-
나 히 노- 상가랑 떼-나, 마하-세-네-나 맛쭈나-

바로 오늘 노력해야 한다. 내일 죽을지 누가 알겠는가!
그 큰 죽음의 군대에게 동의하지 말라.

"evaṃ vihāriṃ ātāpiṃ, ahorattamatanditaṃ.
taṃ ve bhaddekarattoti, santo ācikkhate muni".

에-왕 위하-링 아-따-삥, 아호-랏따마딴디땅
땅 웨- 받데-까랏또-띠, 산또- 아-찍카떼- 무니

이렇게 밤낮으로 게으르지 않게 노력하며 머무는 자
참으로 그를 상서로운 하룻밤을 가진 자, 평화로운 성자라고 말한다.

"kathañca, bhikkhave, atītaṃ anvāgameti? 'evaṃrūpo ahosiṃ atītamaddhānan'ti tattha nandiṃ samanvāneti, 'evaṃvedano ahosiṃ atītamaddhānan'ti tattha nandiṃ samanvāneti, 'evaṃsañño ahosiṃ atītamaddhānan'ti tattha nandiṃ samanvāneti, 'evaṃsaṅkhāro ahosiṃ atītamaddhānan'ti tattha nandiṃ samanvāneti, 'evaṃviññāṇo ahosiṃ atītamaddhānan'ti tattha nandiṃ samanvāneti — evaṃ kho, bhikkhave, atītaṃ anvāgameti.

까탄짜, 빅카웨-, 아띠-땅 안와-가메-띠? '에-왕루-뽀- 아호-싱 아띠-따맏다-난'띠 땃타 난딩 사만와-네-띠, '에-왕웨-다노- 아호-싱 아띠-따맏다-난'띠 땃타 난딩 사만와-네-띠, '에-왕산뇨- 아호-싱 아띠-따맏다-난'띠 땃타 난딩 사만와-네-띠, '에-왕상카-로- 아호-싱 아띠-따맏다-난'띠 땃타 난딩 사만와-네-띠, '에-왕윈냐-노- 아호-싱 아띠-따맏다-난'띠 땃타 난딩 사만와-네-띠 — 에-왕 코-, 빅카웨-, 아띠-땅 안와-가메-띠 비구들이여, 어떻게 과거를 이어 머무는가? '과거에 나는 이런 색(色)을 가졌었다.'라고 거기에 소망을 계속해서 일으킨다. '과거에 나는 이런 수(受)를 가졌었다.'라고 거기에 소망을 계속해서 일으킨다. '과거에 나는 이런 상(想)을 가졌었다.'라고 거기에 소망을 계속해서 일으킨다. '과거에 나는 이런 행(行)들을 가졌었다.'라고 거기에 소망을 계속해서 일으킨다. '과거에 나는 이런 식(識)을 가졌었다.'라고 거기에 소망을 계속해서 일으킨다. 이렇게, 비구들이여, 과거를 이어 머문다.

"kathañca, bhikkhave, atītaṃ nānvāgameti? 'evaṃrūpo ahosiṃ atītamaddhānan'ti tattha nandiṃ na samanvāneti, 'evaṃvedano ahosiṃ atītamaddhānan'ti tattha nandiṃ na samanvāneti, 'evaṃsañño ahosiṃ atītamaddhānan'ti tattha nandiṃ na samanvāneti, 'evaṃsaṅkhāro ahosiṃ atītamaddhānan'ti tattha nandiṃ na samanvāneti, 'evaṃviññāṇo ahosiṃ atītamaddhānan'ti tattha nandiṃ na samanvāneti — evaṃ kho, bhikkhave, atītaṃ nānvāgameti.

까탄짜, 빅카웨-, 아띠-땅 나-ㄴ와-가메-띠? '에-왕루-뽀- 아호-싱 아띠-따맏다-난'띠 땃타 난딩 나 사만와-네-띠, '에-왕웨-다노- 아호-싱 아띠-따맏다-난'띠 땃타 난딩 나 사만와-네-띠, '에-왕산뇨- 아호-싱 아띠-따맏다-난'띠 땃타 난딩 나 사만와-네-띠, '에-왕상카-로- 아호-싱 아띠-따맏다-난'띠 땃타 난딩 나 사만와-네-띠, '에-왕윈냐-노- 아호-싱 아띠-따맏다-난'띠 땃타 난딩 나 사만와-네-띠 — 에-왕 코-, 빅카웨-, 아띠-땅 나-ㄴ와-가메-띠

비구들이여, 어떻게 과거를 이어 머물지 않는가? '과거에 나는 이런 색을 가졌었다.'라고 거기에 소망을 계속해서 일으키지 않는다. '과거에 나는 이런 수를 가졌었다.'라고 거기에 소망을 계속해서 일으키지 않는다. '과거에 나는 이런 상을 가졌었다.'라고 거기에 소망을 계속해서 일으키지 않는다. '과거에 나는 이런 행들을 가졌었다.'라고 거기에 소망을 계속해서 일으키지 않는다. '과거에 나는 이런 식을 가졌었다.'라고 거기에 소망을 계속해서 일으키지 않는다. 이렇게, 비구들이여, 과거를 이어 머물지 않는다.

"kathañca, bhikkhave, anāgataṃ paṭikaṅkhati? 'evaṃrūpo siyaṃ anāgatamaddhānan'ti tattha nandiṃ samanvāneti, evaṃvedano siyaṃ anāgatamaddhānan'ti tattha nandiṃ samanvāneti, evaṃsañño siyaṃ anāgatamaddhānan'ti tattha nandiṃ samanvāneti, evaṃsaṅkhāro siyaṃ anāgatamaddhānan'ti tattha nandiṃ samanvāneti, evaṃviññāṇo siyaṃ anāgatamaddhānanti tattha nandiṃ samanvāneti — evaṃ kho, bhikkhave, anāgataṃ paṭikaṅkhati.

까탄짜, 빅카웨-, 아나-가땅 빠띠깡카띠? '에-왕루-뽀- 시양 아나-가따맏다-난'띠 땃타 난딩 사만와-네-띠, '에-왕웨-다노- 시양 아나-가따맏다-난'띠 땃타 난딩 사만와-네-띠, '에-

왕산뇨- 시양 아나-가따맏다-난' 띠 땃타 난딩 사만와-네-띠, '에-왕상카-로- 시양 아나-가따맏다-난' 띠 땃타 난딩 사만와-네-띠, '에-왕윈냐-노- 시양 아나-가따맏다-난' 띠 땃타 난딩 사만와-네-띠 — 에-왕 코-, 빅카웨-, 아나-가땅 빠띠깡카띠

비구들이여, 어떻게 미래를 동경하는가? '미래에 나는 이런 색을 가질 것이다.'라고 거기에 소망을 계속해서 일으킨다. '미래에 나는 이런 수를 가질 것이다.'라고 거기에 소망을 계속해서 일으킨다. '미래에 나는 이런 상을 가질 것이다.'라고 거기에 소망을 계속해서 일으킨다. '미래에 나는 이런 행들을 가질 것이다.'라고 거기에 소망을 계속해서 일으킨다. '미래에 나는 이런 식을 가질 것이다.'라고 거기에 소망을 계속해서 일으킨다. 이렇게, 비구들이여, 미래를 동경한다.

"kathañca, bhikkhave, anāgataṃ nappaṭikaṅkhati? 'evaṃrūpo siyaṃ anāgatamaddhānan' ti tattha nandiṃ na samanvāneti, evaṃvedano siyaṃ anāgatamaddhānan' ti tattha nandiṃ na samanvāneti, evaṃsañño siyaṃ anāgatamaddhānan' ti tattha nandiṃ na samanvāneti, evaṃsaṅkhāro siyaṃ anāgatamaddhānan' ti tattha nandiṃ na samanvāneti, 'evaṃviññāṇo siyaṃ anāgatamaddhānan' ti tattha nandiṃ na samanvāneti — evaṃ kho, bhikkhave, anāgataṃ nappaṭikaṅkhati.

까탄짜, 빅카웨-, 아나-가땅 납빠띠깡카띠? '에-왕루-뽀- 시양 아나-가따맏다-난' 띠 땃타 난딩 나 사만와-네-띠, '에-왕웨-다노- 시양 아나-가따맏다-난' 띠 땃타 난딩 나 사만와-네-띠, '에-왕산뇨- 시양 아나-가따맏다-난' 띠 땃타 난딩 나 사만와-네-띠, '에-왕상카-로- 시양 아나-가따맏다-난' 띠 땃타 난딩 나 사만와-네-띠, '에-왕윈냐-노- 시양 아나-가따맏다-난' 띠 땃타 난딩 나 사만와-네-띠 — 에-왕 코-, 빅카웨-, 아나-가땅 납빠띠깡카띠

비구들이여, 어떻게 미래를 동경하지 않는가? '미래에 나는 이런 색을 가질 것이다.'라고 거기에 소망을 계속해서 일으키지 않는다. '미래에 나는 이런 수를 가질 것이다.'라고 거기에 소망을 계속해서 일으키지 않는다. '미래에 나는 이런 상을 가질 것이다.'라고 거기에 소망을 계속해서 일으키지 않는다. '미래에 나는 이런 행들을 가질 것이다.'라고 거기에 소망을 계속해서 일으키지 않는다. '미래에 나는 이런 식을 가질 것이다.'라고 거기에 소망을 계속해서 일으키지 않는다. 이렇게, 비구들이여, 미래를 동경하지 않는다.

"kathañca, bhikkhave, paccuppannesu dhammesu saṃhīrati? idha, bhikkhave, assutavā puthujjano ariyānaṃ adassāvī ariyadhammassa akovido ariyadhamme avinīto sappurisānaṃ adassāvī sappurisadhammassa akovido sappurisadhamme avinīto rūpaṃ attato samanupassati, rūpavantaṃ vā attānaṃ, attani vā rūpaṃ, rūpasmiṃ vā attānaṃ; vedanaṃ attato samanupassati, vedanāvantaṃ vā attānaṃ; attani vā vedanaṃ, vedanāya vā attānaṃ; saññaṃ attato samanupassati, saññāvantaṃ vā attānaṃ; attani vā saññaṃ, saññāya vā attānaṃ; saṅkhāre attato samanupassati, saṅkhāravantaṃ vā attānaṃ; attani vā saṅkhāre, saṅkhāresu vā attānaṃ; viññāṇaṃ attato samanupassati, viññāṇavantaṃ vā attānaṃ attani vā viññāṇaṃ, viññāṇasmiṃ vā attānaṃ — evaṃ kho, bhikkhave, paccuppannesu dhammesu saṃhīrati.

까탄짜, 빅카웨-, 빳쭙빤네-수 담메-수 상히-라띠? 이다, 빅카웨-, 앗수따와- 뿌툿자노- 아리야-낭 아닷사-위- 아리야담맛사 아꼬-위도- 아리야담메- 아위니-또- 삽뿌리사-낭 아닷사-위- 삽뿌리사담맛사 아꼬-위도- 삽뿌리사담메- 아위니-또- 루-빵 앗따또- 사마누빳사띠, 루-빠완땅 와- 앗따-낭, 앗따니 와- 루-빵, 루-빠스밍 와- 앗따-낭; 웨-다낭 앗따또- 사마누빳사띠, 웨-다나-완땅 와- 앗따-낭, 앗따니 와- 웨-다낭, 웨-다나-야 와- 앗따-낭; 산냥 앗따또- 사마누빳사띠, 산냐-완땅 와- 앗따-낭, 앗따니 와- 산냥, 산냐-야 와- 앗따-낭; 상카-레- 앗따또- 사마누빳사띠, 상카-라완땅 와- 앗따-낭, 앗따니 와- 상카-레-, 상카-레-수 와- 앗따-낭; 윈냐-낭 앗따또- 사마누빳사띠, 윈냐-나완땅 와- 앗따-낭, 앗따니 와- 윈냐-낭, 윈냐-나스밍 와- 앗따-낭 — 에-왕 코-, 빅카웨-, 빳쭙빤네-수 담메-수 상히-라띠

비구들이여, 어떻게 현재의 법에 대해 끌려가는가? 여기, 비구들이여, 성스러운 사람을 만나지 못하고, 성스러운 법에 대해 능숙하지 못하고, 성스러운 법에서 훈련되지 못하고, 고결한 사람을 만나지 못하고, 고결한 사람의 법에 대해 능숙하지 못하고, 고결한 사람의 법에서 훈련되지 못한 배우지 못한 범부는 아(我)로부터 색(色)을 관찰한다. 색을 가진 자로서의 아를 관찰하거나, 아에서 색을 관찰하거나, 색에서 아를 관찰한다. 아(我)로부터 수(受)를 관찰한다. 수를 가진 자로서의 아를 관찰하거나, 아에서 수를 관찰하거나, 수에서 아를 관찰한다. 아(我)로부터 상(想)을 관찰한다. 상을 가진 자로서의 아를 관찰하거나, 아에서 상을 관찰하거나, 상에서 아를 관찰한다. 아(我)로부터 행(行)들을 관찰한다. 행들을 가진 자로서의 아를 관찰하거나, 아에서 행들을 관찰하거나, 행들에서 아를 관찰한다. 아(我)로부터 식(識)을 관찰한다. 식을 가진 자로서의 아를 관찰하거나, 아에서 식을 관찰하거나, 식에서 아를 관찰한다. 이렇게, 비구들이여, 현재의 법에 대해 끌려간다.

"kathañca, bhikkhave, paccuppannesu dhammesu na saṃhīrati? idha, bhikkhave, sutavā ariyasāvako ariyānaṃ dassāvī ariyadhammassa kovido ariyadhamme suvinīto sappurisānaṃ dassāvī sappurisadhammassa kovido sappurisadhamme suvinīto na rūpaṃ attato samanupassati, na rūpavantaṃ vā attānaṃ, na attani vā rūpaṃ, na rūpasmiṃ vā attānaṃ; na vedanaṃ attato samanupassati, na vedanāvantaṃ vā attānaṃ; na attani vā vedanaṃ, na vedanāya vā attānaṃ; na saññaṃ attato samanupassati, na saññāvantaṃ vā attānaṃ; na attani vā saññaṃ, na saññāya vā attānaṃ; na saṅkhāre attato samanupassati, na saṅkhāravantaṃ vā attānaṃ; na attani vā saṅkhāre, na saṅkhāresu vā attānaṃ; na viññāṇaṃ attato samanupassati, na viññāṇavantaṃ vā attānaṃ, na attani vā viññāṇaṃ, na

배우지 못한 범부의 아(我)를 전제한 관찰

etaṃ mama
이것은 나의 것이다

아(我)

색(色)-수(受)-상(想)-행(行)-식(識)을 가진 자

esohamasmi
이것은 나다

아(我)

색(色)-수(受)-상(想)-행(行)-식(識)

eso me attā
이것은 나의 아(我)다

색(色)	아(我)
수(受)	아(我)
상(想)	아(我)
행(行)	아(我)
식(識)	아(我)

아(我-atta)

rūpaṃ attato samanupassati, rūpavantaṃ vā attānaṃ, attani vā rūpaṃ, rūpasmiṃ vā attānaṃ 아(我)로부터 색(色)을 관찰한다. 색을 가진 자로서의 아를 관찰하거나, 아에서 색을 관찰하거나, 색에서 아를 관찰한다. → 오온(五蘊)에 반복

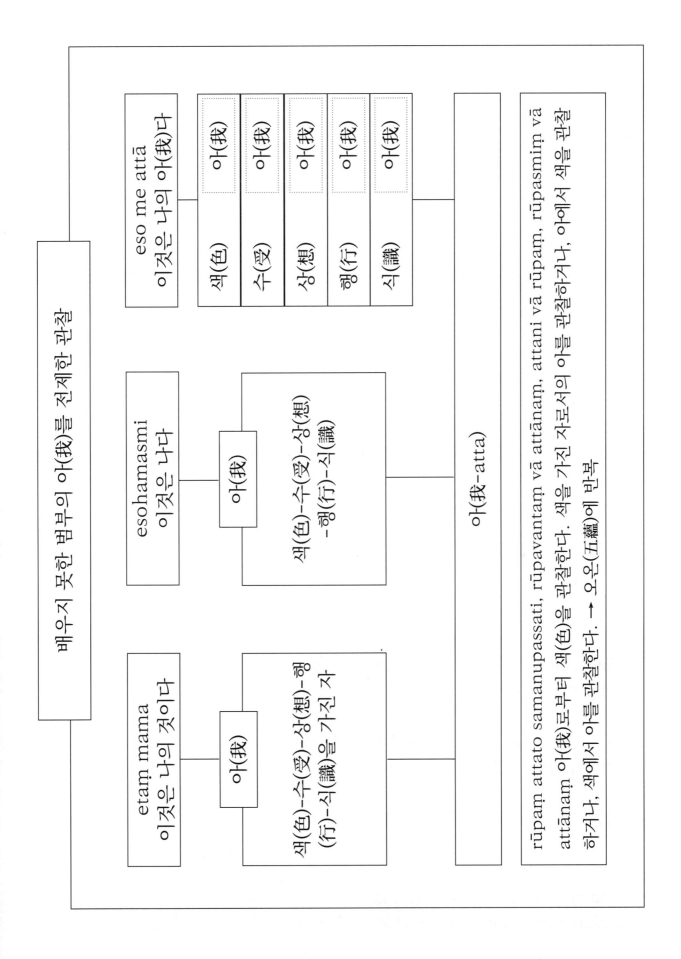

viññāṇasmiṃ vā attānaṃ — evaṃ kho, bhikkhave, paccuppannesu dhammesu na saṃhīrati.

까탄짜, 빅카웨-, 빳쭙빤네-수 담메-수 나 상히-라띠? 이다, 빅카웨-, 수따와- 아리야사-와꼬- 아리야-낭 닷사-위- 아리야담맛사 꼬-위도- 아리야담메- 수위니-또- 삽뿌리사-낭 닷사-위- 삽뿌리사담맛사 꼬-위도- 삽뿌리사담메- 수위니-또- 나 루-빵 앗따또- 사마누빳사띠, 나 루-빠완땅 와- 앗따-낭, 나 앗따니 와- 루-빵, 나 루-빠스밍 와- 앗따-낭; 나 웨-다낭 앗따또- 사마누빳사띠, 나 웨-다나-완땅 와- 앗따-낭, 나 앗따니 와- 웨-다낭, 나 웨-다나-야 와- 앗따-낭; 나 산냥 앗따또- 사마누빳사띠, 나 산냐-완땅 와- 앗따-낭, 나 앗따니 와- 산냥, 나 산냐-야 와- 앗따-낭; 나 상카-레- 앗따또- 사마누빳사띠, 나 상카-라완땅 와- 앗따-낭, 나 앗따니 와- 상카-레-, 나 상카-레-수 와- 앗따-낭; 나 윈냐-낭 앗따또- 사마누빳사띠, 나 윈냐-나완땅 와- 앗따-낭, 나 앗따니 와- 윈냐-낭, 나 윈냐-나스밍 와- 앗따-낭 — 에-왕 코-, 빅카웨-, 빳쭙빤네-수 담메-수 나 상히-라띠

비구들이여, 어떻게 현재의 법에 대해 끌려가지 않는가? 여기, 비구들이여, 성스러운 사람을 만나고, 성스러운 법에 대해 능숙하고, 성스러운 법에서 훈련되고, 고결한 사람을 만나고, 고결한 사람의 법에 대해 능숙하고, 고결한 사람의 법에서 훈련된 잘 배운 성스러운 제자는 아로부터 색을 관찰하지 않는다. 색을 가진 자로서의 아를 관찰하거나, 아에서 색을 관찰하거나, 색에서 아를 관찰하지 않는다. 아로부터 수를 관찰하지 않는다. 수를 가진 자로서의 아를 관찰하거나, 아에서 수를 관찰하거나, 수에서 아를 관찰하지 않는다. 아로부터 상을 관찰하지 않는다. 상을 가진 자로서의 아를 관찰하거나, 아에서 상을 관찰하거나, 상에서 아를 관찰하지 않는다. 아로부터 행들을 관찰하지 않는다. 행들을 가진 자로서의 아를 관찰하거나, 아에서 행들을 관찰하거나, 행들에서 아를 관찰하지 않는다. 아로부터 식을 관찰하지 않는다. 식을 가진 자로서의 아를 관찰하거나, 아에서 식을 관찰하거나, 식에서 아를 관찰하지 않는다. 이렇게, 비구들이여, 현재의 법에 대해 끌려가지 않는다.

"atītaṃ nānvāgameyya, nappaṭikaṅkhe anāgataṃ.
yadatītaṃ pahīnaṃ taṃ, appattañca anāgataṃ.

아띠-땅 나-ㄴ와-가메이야, 납빠띠깡케- 아나-가땅
야다띠-땅 빠히-낭 땅, 압빳딴짜 아나-가땅

과거를 이어 머물지 말고, 미래를 동경하지 말라.
과거는 버려졌고, 미래는 얻지 못했다.

"paccuppannañca yo dhammaṃ, tattha tattha vipassati.
asaṃhīraṃ asaṃkuppaṃ, taṃ vidvā manubrūhaye.

빳쭙빤난짜 요- 담망, 땃타 땃타 위빳사띠
아상히-랑 아상꿉빵, 땅 위드와- 마누브루-하예-

현재의 법을 거기서 거듭 통찰하라.
현명한 자는 흔들리지 않게 꾸준히 그것을 실천해야 한다.

"ajjeva kiccamātappaṃ, ko jaññā maraṇaṃ suve.
na hi no saṅgaraṃ tena, mahāsenena maccunā.

앗제-와 낏짜마-땁빵, 꼬- 잔냐- 마라낭 수웨-
나 히 노- 상가랑 떼-나, 마하-세-네-나 맛쭈나-

바로 오늘 노력해야 한다. 내일 죽을지 누가 알겠는가!
그 큰 죽음의 군대에게 동의하지 말라.

"evaṃ vihāriṃ ātāpiṃ, ahorattamatanditaṃ.
taṃ ve bhaddekarattoti, santo ācikkhate muni".

에-왕 위하-링 아-따-삥, 아호-랏따마딴디땅
땅 웨- 받데-까랏또-띠, 산또- 아-찍카떼- 무니

이렇게 밤낮으로 게으르지 않게 노력하며 머무는 자
참으로 그를 상서로운 하룻밤을 가진 자, 평화로운 성자라고 말한다.

"'bhaddekarattassa vo, bhikkhave, uddesañca vibhaṅgañca desessāmī'ti — iti yaṃ taṃ vuttaṃ idametaṃ paṭicca vuttan"ti.

'받데-까랏땃사 오-, 빅카웨-, 운데-산짜 위방간짜 데-셋사-미-'띠 — 이띠 양 땅 웃땅 이다메-땅 빠띳짜 웃딴"띠

'상서로운 하룻밤을 위한 개요과 분석을 설할 것이다.'라고 이렇게 말한 것은 이것을 연(緣)하여 말하였다."

idamavoca bhagavā. attamanā te bhikkhū bhagavato bhāsitaṃ abhinandunti.

이다마오-짜 바가와-. 앗따마나- 떼- 빅쿠- 바가와또- 바-시땅 아비난둔띠

세존은 이렇게 말했다. 그 비구들은 즐거워하면서 세존의 말씀을 기뻐했다. ▣

11. adhammacariyāsuttaṃ (AN 10.220-비법(非法)의 행위 경)

- 비법(非法)의 행위와 안정되지 못한 행위 = 십악업(十惡業)
- 법(法)의 행위와 안정된 행위 = 십선업(十善業)

- 「십악업(十惡業)을 원인으로 여기 어떤 중생들은 몸이 무너져 죽은 뒤에 상실과 비탄의 상태, 비참한 존재, 벌 받는 상태, 지옥에 태어난다」 — 과(果)도 보(報)도 고(苦)여서 지옥으로 이끄는 힘이 있음 — 피해야 함

- 「십선업(十善業)을 원인으로 이렇게 여기 어떤 중생들은 몸이 무너져 죽은 뒤에 좋은 곳, 하늘 세상에 태어난다」 — 과(果)도 보(報)도 락(樂)이어서 하늘로 이끄는 힘이 있음 — 적극 행해야 함

※ 과(果)도 보(報)도 고(苦)인 법 — ①십사도(十邪道), ②십악업(十惡業), ③화(kodha) 등 열 가지
과(果)도 보(報)도 락(樂)인 법 — ①십정도(十正道), ②십선업(十善業), ③화 없음(akodha) 등 열 가지

atha kho aññataro brāhmaṇo yena bhagavā tenupasaṅkami; upasaṅkamitvā bhagavatā saddhiṃ sammodi. sammodanīyaṃ kathaṃ sāraṇīyaṃ vītisāretvā ekamantaṃ nisīdi. ekamantaṃ nisinno kho so brāhmaṇo bhagavantaṃ etadavoca — “ko nu kho, bho gotama, hetu ko paccayo yenamidhekacce sattā kāyassa bhedā paraṃ maraṇā apāyaṃ duggatiṃ vinipātaṃ nirayaṃ upapajjantī”ti? “adhammacariyāvisamacariyāhetu kho, brāhmaṇa, evamidhekacce sattā kāyassa bhedā paraṃ maraṇā apāyaṃ duggatiṃ vinipātaṃ nirayaṃ upapajjantī”ti.

아타 코- 안냐따로- 브라-흐마노- 예-나 바가와- 떼-누빠상까미; 우빠상까미뜨와- 바가와따- 삳딩 삼모-디. 삼모-다니-양 까탕 사-라니-양 위-띠사-레-뜨와- 에-까만땅 니시-디. 에-까만땅 니신노- 코- 소- 브라-흐마노- 바가완땅 에-따다오-짜 — “꼬- 누 코-, 보- 고-따마, 헤-뚜 꼬- 빳짜요- 예-나미데-깟쩨- 삿따- 까-야사 베-다- 빠랑 마라나- 아빠-양 둑가띵 위니빠-땅 니라양 우빠빳잔띠-”띠? “아담마짜리야-위사마짜리야-헤-뚜 코-, 브라-흐마나, 에-와미데-깟쩨- 삿따- 까-야사 베-다- 빠랑 마라나- 아빠-양 둑가띵 위니빠-땅 니라양 우빠빳잔띠-”띠

그때 어떤 바라문이 세존에게 왔다. 와서는 세존과 함께 인사를 나누었다. 유쾌하고 기억할 만한 이야기를 주고받은 뒤 한 곁에 앉았다. 한 곁에 앉은 그 바라문은 세존에게 이렇게 말했다. — “고따마 존자시여, 어떤 원인, 어떤 조건 때문에 여기 어떤 중생들은 몸이 무너져 죽은 뒤에 상실과 비탄의 상태, 비참한 존재, 벌 받는 상태, 지옥에 태어납니까?” “바라문이여, 비법(非法)의 행위와 안정되지 못한 행위를 원인으로 여기 어떤 중생들은 몸이 무너져 죽은 뒤에 상실과 비탄의 상태, 비참한 존재, 벌 받는 상태, 지옥에 태어납니다.”

“ko pana, bho gotama, hetu ko paccayo yenamidhekacce sattā kāyassa bhedā paraṃ maraṇā sugatiṃ saggaṃ lokaṃ upapajjantī”ti? “dhammacariyā samacariyāhetu kho, brāhmaṇa, evamidhekacce sattā kāyassa bhedā paraṃ maraṇā sugatiṃ saggaṃ lokaṃ upapajjantī”ti.

“꼬- 빠나, 보- 고-따마, 헤-뚜 꼬- 빳짜요- 예-나미데-깟쩨- 삿따- 까-야사 베-다- 빠랑 마라나- 수가띵 삭강 로-깡 우빠빳잔띠-”띠? “담마짜리야-사마짜리야-헤-뚜 코-, 브라-흐마나, 에-와미데-깟쩨- 삿따- 까-야사 베-다- 빠랑 마라나- 수가띵 삭강 로-깡 우빠빳잔띠-”띠

“고따마 존자시여, 어떤 원인, 어떤 조건 때문에 여기 어떤 중생들은 몸이 무너져 죽은 뒤에 좋은 곳 하늘 세상에 태어납니까?” “바라문이여, 법(法)의 행위와 안정된 행위를 원인으로 여기 어떤 중생들은 몸이 무너져 죽은 뒤에 좋은 곳 하늘 세상에 태어납니다.”

“na kho ahaṃ imassa bhoto gotamassa saṃkhittena bhāsitassa vitthārena atthaṃ ājānāmi. sādhu me bhavaṃ gotamo tathā dhammaṃ desetu yathāhaṃ imassa bhoto gotamassa saṃkhittena bhāsitassa vitthārena atthaṃ ājāneyyan”ti. “tena hi, brāhmaṇa, suṇāhi, sādhukaṃ manasi karohi; bhāsissāmī”ti. “evaṃ, bho”ti kho so brāhmaṇo bhagavato paccassosi. bhagavā etadavoca —

“나 코- 아항 이맛사 보-또- 고-따맛사 상킷떼-나 바-시땃사 윗타-레-나 앗탕 아-자-나-미. 사-두 메- 바왕 고-따모- 따타- 담망 데-세-뚜 야타-항 이맛사 보-또- 고-따맛사 상킷떼-나 바-시땃사 윗타-레-나 앗탕 아-자-네이얀”띠. “떼-나 히, 브라-흐마나, 수나-히, 사-두깡 마나시 까로-히; 바-싯사-미-”띠. “에-왕, 보-”띠 코- 소- 브라-흐마노- 바가와또- 빳짯소-시. 바가와- 에-따다오-짜 —

“저는 고따마 존자가 간략하게 설한 이 말씀의 상세한 의미를 알지 못합니다. 제가 고따마 존자가 간략하게 설한 이 말씀의 상세한 의미를 알 수 있는 법을 고따마 존자께서 저에게 설해주시면 고맙겠습니다.” “그렇다면, 바라문이여, 듣고 잘 사고하십시오. 나는 말하겠습니다.” “알겠습니다, 존자여.”라고 그 바라문은 세존에게 대답했다. 세존은 이렇게 말했다. —

“tividhā kho, brāhmaṇa, kāyena adhammacariyāvisamacariyā hoti; catubbidhā vācāya adhammacariyāvisamacariyā hoti; tividhā manasā adhammacariyā visamacariyā hoti.

“띠위다- 코-, 브라-흐마나, 까-예-나 아담마짜리야-위사마짜리야- 호-띠; 짜뚭비다- 와-짜-야 아담마짜리야-위사마짜리야- 호-띠; 띠위다- 마나사- 아담마짜리야-위사마짜리야-호-띠

“바라문이여, 몸에 의한 세 가지 비법의 행위와 안정되지 못한 행위가 있습니다. 말에 의한 네 가지 비법의 행위와 안정되지 못한 행위가 있습니다. 의(意)에 의한 세 가지 비법의 행위와 안정되지 못한 행위가 있습니다.

“kathañca, brāhmaṇa, tividhā kāyena adhammacariyāvisamacariyā hoti? idha, brāhmaṇa, ekacco pāṇātipātī hoti, luddo lohitapāṇi hatappahate niviṭṭho adayāpanno pāṇabhūtesu.

까탄짜, 브라-흐마나, 띠위다- 까-예-나 아담마짜리야-위사마짜리야- 호-띠? 이다, 브라-흐마나, 에-깟쪼- 빠-나-띠빠-띠- 호-띠, 룯도- 로-히따빠-니 하땁빠하떼- 니윗토- 아다야-빤노- 빠-나부-떼-수

바라문이여, 어떻게 몸에 의한 세 가지 비법의 행위와 안정되지 못한 행위가 있습니까? 바라문이여, 여기 어떤 사람은 생명을 해치는 자입니다. 난폭하고, 손에 피를 묻히고, 해침과 죽임에 대해 열심이고, 생명에 대해 연민하지 않습니다.

“adinnādāyī kho pana hoti. yaṃ taṃ parassa paravittūpakaraṇaṃ, gāmagataṃ vā araññagataṃ vā, taṃ adinnaṃ theyyasaṅkhātaṃ ādātā hoti.

아딘나-다-이- 코- 빠나 호-띠. 양 땅 빠랏사 빠라윗뚜-빠까라낭, 가-마가땅 와- 아란냐가땅 와-, 땅 아딘낭 테이야상카-땅 아-다-따- 호-띠

다시 그는 주지 않는 것을 가지는 자입니다. 마을에 있거나 숲에 있는 주어지지 않은 남의 재산과 살림을 도둑처럼 가집니다.

“kāmesumicchācārī kho pana hoti. yā tā māturakkhitā piturakkhitā mātāpiturakkhitā bhāturakkhitā bhaginirakkhitā ñātirakkhitā gottarakkhitā dhammarakkhitā sassāmikā saparidaṇḍā antamaso mālāguḷaparikkhittāpi, tathārūpāsu cārittaṃ āpajjitā hoti. evaṃ kho, brāhmaṇa, tividhā kāyena adhammacariyāvisamacariyā hoti.

까-메-수밋차-짜-리- 코- 빠나 호-띠. 야- 따- 마-뚜락키따- 삐뚜락키따- 마-따-삐뚜락키따- 바-뚜락키따- 바기니락키따- 냐-띠락키따- 곳따락키따- 담마락키따- 삿사-미까- 사빠리단다- 안따마소- 마-ㄹ라-굴라빠릭킷따-삐, 따타-루-빠-수 짜-릿땅 아-빳지따- 호-띠. 에-왕 코-, 브라-흐마나, 띠위다- 까-예-나 아담마짜리야-위사마짜리야- 호-띠

다시 그는 음행(淫行)에 대해 삿되게 행하는 자입니다. 어머니에 의해 보호되고, 아버지에 의

해 보호되고, 부모에 의해 보호되고, 형제에 의해 보호되고, 자매에 의해 보호되고, 친척에 의해 보호되고, 가문에 의해 보호되고, 법에 의해 보호되고, 남편이 있고, 심지어 꽃다발을 두른 여인들에 대해 행위를 저지릅니다. 바라문이여, 이렇게 몸에 의한 세 가지 비법의 행위와 안정되지 못한 행위가 있습니다.

“kathañca, brāhmaṇa, catubbidhā vācāya adhammacariyāvisamacariyā hoti? idha, brāhmaṇa, ekacco musāvādī hoti. sabhāgato vā parisāgato vā, ñātimajjhagato vā pūgamajjhagato vā rājakulamajjhagato vā, abhinīto sakkhipuṭṭho — ‘ehambho purisa, yaṃ jānāsi taṃ vadehī’ti, so ajānaṃ vā āha — ‘jānāmī’ti, jānaṃ vā āha — ‘na jānāmī’ti, apassaṃ vā āha — ‘passāmī’ti, passaṃ vā āha — ‘na passāmī’ti. iti attahetu vā parahetu vā āmisakiñcikkhahetu vā sampajānamusā bhāsitā hoti.

까탄짜, 브라-흐마나, 짜뚭비다- 와-짜-야 아담마짜리야-위사마짜리야- 호-띠? 이다, 브라-흐마나, 에-깟쪼- 무사-와-디- 호-띠. 사바-가또- 와- 빠리사-가또- 와-, 냐-띠맞자가또- 와- 뿌-가맞자가또- 와- 라-자꿀라맞자가또- 와-, 아비니-또- 삭키뿟토- — ‘에-함보- 뿌리사, 양 자-나-시 땅 와데-히-’띠, 소- 아자-낭 와- 아-하 — ‘자-나-미-’띠, 자-낭 와- 아-하 — ‘나 자-나-미-’띠, 아빳상 와- 아-하 — ‘빳사-미-’띠, 빳상 와- 아-하 — ‘나 빳사-미-’띠. 이띠 앗따헤-뚜 와- 빠라헤-뚜 와- 아-미사낀찍카헤-뚜 와- 삼빠자-나무사- 바-시따- 호-띠

바라문이여, 어떻게 말에 의한 네 가지 비법의 행위와 안정되지 못한 행위가 있습니까? 바라문이여, 여기 어떤 사람은 거짓을 말하는 자입니다. 의회나 모임이나 친척 가운데나 조합 가운데나 왕족 가운데 불려가 그 앞에서 ‘여보시오, 그대가 아는 것을 말하시오’라고 질문을 받습니다. 그는 알지 못하는 것에 대해 ‘나는 압니다.’라고 말하고, 아는 것에 대해 ‘나는 알지 못합니다.’라고 말합니다. 보지 못하는 것에 대해 ‘나는 봅니다.’라고 말하고, 보는 것에 대해 ‘나는 보지 못합니다.’라고 말합니다. 이렇게 자신을 원인으로 하거나 남을 원인으로 하여 무언가 작은 보상을 얻는 것을 원인으로 알면서 거짓을 말합니다.

“pisuṇavāco kho pana hoti. ito sutvā amutra akkhātā imesaṃ bhedāya, amutra vā sutvā imesaṃ akkhātā amūsaṃ bhedāya. iti samaggānaṃ vā bhettā, bhinnānaṃ vā anuppadātā, vaggārāmo vaggarato vagganandī vaggakaraṇiṃ vācaṃ bhāsitā hoti.

삐수나와-쪼- 코- 빠나 호-띠. 이또- 수뜨와- 아무뜨라 악카-따- 이메-상 베-다-야, 아무뜨라 와- 수뜨와- 이메-상 악카-따- 아무-상 베-다-야. 이띠 사막가-낭 와- 벳따-, 빈나-낭 와- 아눕빠다-따-, 왁가-라-모- 왁가라또- 왁가난디- 왁가까라닝 와-짱 바-시따- 호-띠

다시 그는 험담하는 자입니다. 여기서 들은 뒤 저기서 말하여 이것들의 해체를 이끌고, 저기서 들은 뒤 이들에게 말하여 이러한 해체로 이끕니다. 이렇게 화합을 깨거나 균열을 초래합

니다. 분열을 좋아하고 분열을 꾀하고 분열을 즐기고 분열을 만드는 말을 합니다.

“pharusavāco kho pana hoti. yā sā vācā aṇḍakā kakkasā parakaṭukā parābhisajjanī kodhasāmantā asamādhisaṃvattanikā, tathārūpiṃ vācaṃ bhāsitā hoti.

파루사와-쪼- 코- 빠나 호-띠. 야- 사- 와-짜- 안다까- 깍까사- 빠라까뚜까- 빠라-비삿자니- 꼬-다사-만따- 아사마-디상왓따니까-, 따타-루-삥 와-짱 바-시따- 호-띠

다시 그는 거친 말을 하는 자입니다. 거칠고 난폭하고 남에게 가혹하고 남을 모욕하고 주변 사람들에 분노하고 삼매로 이끌지 않는 그런 말을 합니다.

“samphappalāpī kho pana hoti. akālavādī abhūtavādī anatthavādī adhammavādī avinayavādī. anidhānavatiṃ vācaṃ bhāsitā hoti akālena anapadesaṃ apariyantavatiṃ anatthasaṃhitaṃ. evaṃ kho, brāhmaṇa, catubbidhā vācāya adhammacariyāvisamacariyā hoti.

삼팝빨라-삐- 코- 빠나 호-띠. 아까-ㄹ라와-디- 아부-따와-디- 아낫타와-디- 아담마와-디- 아위나야와-디-. 아니다-나와띵 와-짱 바-시따- 호-띠 아까-ㄹ레-나 아나빠데-상 아빠리얀따와띵 아낫타상히땅. 에-왕 코-, 브라-흐마나, 짜뚭비다- 와-짜-야 아담마짜리야-위사마짜리야- 호-띠

다시 그는 쓸모없고 허튼 말을 하는 자입니다. 적절하지 않은 때에 말하고, 진실 되지 않게 말하고, 이익되지 않게 말하고, 법에 맞지 않게 말하고, 율에 맞지 않게 말합니다. 적절하지 않은 때에 근거 없고 무절제하고 이익되지 않는 말을 합니다. 바라문이여, 이렇게 말에 의한 네 가지 비법의 행위와 안정되지 못한 행위가 있습니다.

“kathañca, brāhmaṇa, tividhā manasā adhammacariyāvisamacariyā hoti? idha, brāhmaṇa, ekacco abhijjhālu hoti, yaṃ taṃ parassa paravittūpakaraṇaṃ taṃ abhijjhātā hoti — ‘aho vata yaṃ parassa taṃ mamassā’”ti!

까탄짜, 브라-흐마나, 띠위다- 마나사- 아담마짜리야-위사마짜리야- 호-띠? 이다, 브라-흐마나, 에-깟쪼- 아빗자-ㄹ루 호-띠, 양 땅 빠랏사 빠라윗뚜-빠까라낭 땅 아빗자-따- 호-띠 — ‘아호- 와따 양 빠랏사 땅 마맛사-’띠!

바라문이여, 어떻게 의에 의한 세 가지 비법의 행위와 안정되지 못한 행위가 있습니까? 바라문이여, 여기 어떤 사람은 간탐 하는 자입니다. — ‘참으로 남의 것이 나의 것이 되기를!’이라고 남의 재산과 살림을 간탐합니다.

“byāpannacitto kho pana hoti paduṭṭhamanasaṅkappo — ‘ime sattā haññantu vā vajjhantu vā ucchijjantu vā vinassantu vā mā vā ahesun’”ti.

뱌-빤나찟또- 코- 빠나 호-띠 빠둣타마나상깝뽀- — ‘이메- 삿따- 한냔뚜 와- 왓잔뚜 와- 웃칫잔뚜 와- 위낫산뚜 와- 마- 와- 아헤-순’띠

다시 그는 거슬린 심(心)을 가진 자입니다. — ‘이 중생들이 죽임당하거나 살해되거나 전멸되거나 파괴되거나 존재하지 않게 되어라!’라고 거친 의(意)의 사유를 합니다.

“micchādiṭṭhiko kho pana hoti viparītadassano — ‘natthi dinnaṃ natthi yiṭṭhaṃ natthi hutaṃ, natthi sukatadukkaṭānaṃ kammānaṃ phalaṃ vipāko, natthi ayaṃ loko natthi paro loko, natthi mātā natthi pitā, natthi sattā opapātikā, natthi loke samaṇabrāhmaṇā sammaggatā sammāpaṭipannā ye imañca lokaṃ parañca lokaṃ sayaṃ abhiññā sacchikatvā pavedentī’ti. evaṃ kho, brāhmaṇa, tividhā manasā adhammacariyāvisamacariyā hoti.

밋차-딧티꼬- 코- 빠나 호-띠 위빠리-따닷사노- — ‘낫티 딘낭 낫티 잇탕 낫티 후땅, 낫티 수까따둑까따-낭 깜마-낭 팔랑 위빠-꼬-, 낫티 아양 로-꼬- 낫티 빠로- 로-꼬-, 낫티 마-따- 낫티 삐따-, 낫티 삿따- 오-빠빠-띠까-, 낫티 로-께- 사마나브라-흐마나- 삼막가따- 삼마-빠띠빤나- 예- 이만짜 로-깡 빠란짜 로-깡 사양 아빈냐- 삿치까뜨와- 빠웨-덴띠-’띠. 에-왕 코-, 브라-흐마나, 띠위다- 마나사- 아담마짜리야-위사마짜리야- 호-띠

다시 그는 삿된 견해를 가진 자입니다. — '①보시도 없고 제사도 없고 봉헌도 없다. ②선행(善行)과 악행(惡行)의 업(業)들에게 과(果)도 없고 보(報)도 없다. ③이 세상도 없고 저세상도 없다. ④어머니도 없고 아버지도 없다. ⑤화생(化生)하는 중생은 없다. ⑥세상에는 이 세상과 저세상을 스스로 실답게 안 뒤에 실현하여 선언하는, 바른길에 들어서서 바르게 실천하는 사문-바라문들이 없다.'라고 거꾸로 보는 자입니다. 바라문이여, 이렇게 의에 의한 세 가지 비법의 행위와 안정되지 못한 행위가 있습니다.

“evaṃ adhammacariyāvisamacariyāhetu kho, brāhmaṇa, evamidhekacce sattā kāyassa bhedā paraṃ maraṇā apāyaṃ duggatiṃ vinipātaṃ nirayaṃ upapajjanti.

에-왕 아담마짜리야-위사마짜리야-헤-뚜 코-, 브라-흐마나, 에-와미데-깟쩨- 삿따- 까-야사 베-다- 빠랑 마라나- 아빠-양 둑가띵 위니빠-땅 니라양 우빠빳잔띠

바라문이여, 이런 비법의 행위와 안정되지 못한 행위를 원인으로 이렇게 여기 어떤 중생들은 몸이 무너져 죽은 뒤에 상실과 비탄의 상태, 비참한 존재, 벌 받는 상태, 지옥에 태어납니다.

“tividhā brāhmaṇa, kāyena dhammacariyāsamacariyā hoti; catubbidhā vācāya dhammacariyāsamacariyā hoti; tividhā manasā dhammacariyāsamacariyā hoti.

띠위다- 브라-흐마나, 까-예-나 담마짜리야-사마짜리야- 호-띠; 짜뚭비다- 와-짜-야 담마짜리야-사마짜리야- 호-띠; 띠위다- 마나사- 담마짜리야-사마짜리야- 호-띠

바라문이여, 몸에 의한 세 가지 법의 행위와 안정된 행위가 있습니다. 말에 의한 네 가지 법의 행위와 안정된 행위가 있습니다. 의에 의한 세 가지 법의 행위와 안정된 행위가 있습니다.

“kathañca, brāhmaṇa, tividhā kāyena dhammacariyāsamacariyā hoti? idha, brāhmaṇa, ekacco pāṇātipātaṃ pahāya pāṇātipātā paṭivirato hoti, nihitadaṇḍo nihitasattho lajjī dayāpanno sabbapāṇabhūtahitānukampī viharati.

까탄짜, 브라-흐마나, 띠위다- 까-예-나 담마짜리야-사마짜리야- 호-띠? 이다, 브라-흐마나, 에-깟쪼- 빠-나-띠빠-땅 빠하-야 빠-나-띠빠-따- 빠띠위라또- 호-띠, 니히따단도- 니히따삿토- 랏지- 다야-빤노- 삽바빠-나부-따히따-누깜삐- 위하라띠

바라문이여, 어떻게 몸에 의한 세 가지 법의 행위와 안정된 행위가 있습니까? 바라문이여, 여기 어떤 사람은 생명을 해치는 행위를 버렸기 때문에 생명을 해치는 행위로부터 피한 자입니다. 몽둥이를 내려놓았고, 칼을 내려놓았고, 겸손하고, 연민하고, 모든 생명에게 우정과 동정으로 머뭅니다.

“adinnādānaṃ pahāya adinnādānā paṭivirato hoti. yaṃ taṃ parassa para vittūpakaraṇaṃ, gāmagataṃ vā araññagataṃ vā, taṃ nādinnaṃ theyyasaṅkhātaṃ ādātā hoti.

아딘나-다-낭 빠하-야 아딘나-다-나- 빠띠위라또- 호-띠. 양 땅 빠랏사 빠라윗뚜-빠까라낭, 가-마가땅 와- 아란냐가땅 와-, 땅 나-딘낭 테이야상카-땅 아-다-따- 호-띠

그는 주지 않는 것을 가지는 행위를 버렸기 때문에 주지 않는 것을 가지는 행위로부터 피한 자입니다. 마을에 있거나 숲에 있는 주어지지 않은 남의 재산과 살림을 도둑처럼 가지지 않습니다.

“kāmesumicchācāraṃ pahāya kāmesumicchācārā paṭivirato hoti. yā tā māturakkhitā piturakkhitā mātāpiturakkhitā bhāturakkhitā bhaginirakkhitā ñātirakkhitā gottarakkhitā dhammarakkhitā sassāmikā saparidaṇḍā antamaso mālāguḷaparikkhittāpi, tathārūpāsu na cārittaṃ āpajjitā hoti. evaṃ kho, brāhmaṇa, tividhā kāyena dhammacariyāsamacariyā hoti.

까-메-수밋차-짜-랑 빠하-야 까-메-수밋차-짜-라- 빠띠위라또- 호-띠. 야- 따- 마-뚜락키따- 삐뚜락키따- 마-따-삐뚜락키따- 바-뚜락키따- 바기니락키따- 냐-띠락키따- 곳따락키따- 담마락키따- 삿사-미까- 사빠리단다- 안따마소- 마-ㄹ라-굴라빠릭킷따-삐, 따타-루-빠-수 나 짜-릿땅 아-빳지따- 호-띠. 에-왕 코-, 브라-흐마나, 띠위다- 까-예-나 담마짜리야-사마짜리야- 호-띠

그는 음행에 대한 삿된 행위를 버렸기 때문에 음행에 대한 삿된 행위로부터 피한 자입니다. 어머니에 의해 보호되고, 아버지에 의해 보호되고, 부모에 의해 보호되고, 형제에 의해 보호되고, 자매에 의해 보호되고, 친척에 의해 보호되고, 가문에 의해 보호되고, 법에 의해 보호되고, 남편이 있고, 심지어 꽃다발을 두른 여인들에 대해 행위를 저지르지 않습니다. 바라문이여, 이렇게 몸에 의한 세 가지 법의 행위와 안정된 행위가 있습니다.

“kathañca, brāhmaṇa, catubbidhā vācāya dhammacariyāsamacariyā hoti? idha, brāhmaṇa, ekacco musāvādaṃ pahāya musāvādā paṭivirato hoti. sabhāgato vā parisāgato vā, ñātimajjhagato vā pūgamajjhagato vā rājakulamajjhagato vā, abhinīto sakkhipuṭṭho — ‘ehambho purisa, yaṃ jānāsi taṃ vadehī’ti, so ajānaṃ vā āha — ‘na jānāmī’ti, jānaṃ vā āha — ‘jānāmī’ti, apassaṃ vā āha — ‘na passāmī’ti, passaṃ vā āha — ‘passāmī’ti. iti attahetu vā parahetu vā āmisakiñcikkhahetu vā na sampajānamusā bhāsitā hoti.

까탄짜, 브라-흐마나, 짜뚭비다- 와-짜-야 담마짜리야-사마짜리야- 호-띠? 이다, 브라-흐마나, 에-깟쪼- 무사-와-당 빠하-야 무사-와-다- 빠띠위라또- 호-띠. 사바-가또- 와- 빠리사-가또- 와-, 냐-띠맛자가또- 와- 뿌-가맛자가또- 와- 라-자꿀라맛자가또- 와-, 아비니-또- 삭키뿟토- — ‘에-함보- 뿌리사, 양 자-나-시 땅 와데-히-’띠, 소- 아자-낭 와- 아-하 — ‘나 자-나-미-’띠, 자-낭 와- 아-하 — ‘자-나-미-’띠, 아빳상 와- 아-하 — ‘나 빳사-미-’띠, 빳상 와- 아-하 — ‘빳사-미-’띠. 이띠 앗따헤-뚜 와- 빠라헤-뚜 와- 아-미사낀찍카헤-뚜 와- 나 삼빠자-나무사- 바-시따- 호-띠

바라문이여, 어떻게 말에 의한 네 가지 법의 행위와 안정된 행위가 있습니까? 바라문이여, 여기 어떤 사람은 거짓을 말하는 행위를 버렸기 때문에 거짓을 말하는 행위로부터 피한 자입니다. 의회나 모임이나 친척 가운데나 조합 가운데나 왕족 가운데 불려가 그 앞에서 ‘여보시오, 그대가 아는 것을 말하시오’라고 질문을 받습니다. 그는 알지 못하는 것에 대해 ‘나는 알지 못합니다.’라고 말하고, 아는 것에 대해 ‘나는 압니다.’라고 말합니다. 보지 못하는 것에 대해 ‘나는 보지 못합니다.’라고 말하고, 보는 것에 대해 ‘나는 봅니다.’라고 말합니다. 이렇게 자신을 원인으로 하거나 남을 원인으로 하여 무언가 작은 보상을 얻는 것을 원인으로 알면서 거짓을 말하지 않습니다.

“pisuṇaṃ vācaṃ pahāya pisuṇāya vācāya paṭivirato hoti, ito sutvā na amutra akkhātā imesaṃ bhedāya, amutra vā sutvā na imesaṃ akkhātā amūsaṃ bhedāya. iti bhinnānaṃ vā sandhātā, sahitānaṃ vā anuppadātā, samaggārāmo samaggarato samagganandī samaggakaraṇiṃ vācaṃ bhāsitā hoti.

삐수낭 와-짱 빠하-야 삐수나-야 와-짜-야 빠띠위라또- 호-띠. 이또- 수뜨와- 나 아무뜨라 악카-따- 이메-상 베-다-야, 아무뜨라 와- 수뜨와- 나 이메-상 악카-따- 아무-상 베-다-야. 이띠 빈나-낭 와- 산다-따-, 사히따-낭 와- 아눕빠다-따-, 사막가-라-모- 사막가라또- 사막가난디- 사막가까라닝 와-짱 바-시따- 호-띠

그는 험담하는 행위를 버렸기 때문에 험담하는 행위로부터 피한 자입니다. 여기서 들은 뒤 저기서 말하여 이들의 해체를 이끌지 않고, 저기서 들은 뒤 이들에게 말하여 이러한 해체를 이끌지 않습니다, 이렇게 깨어진 것을 회유하거나 단결을 가져옵니다. 화합을 좋아하고 화합을 꾀하고 화합을 즐기고 화합을 만드는 말을 합니다.

“pharusaṃ vācaṃ pahāya pharusāya vācāya paṭivirato hoti. yā sā vācā nelā kaṇṇasukhā pemanīyā hadayaṅgamā porī bahujanakantā bahujanamanāpā — tathārūpiṃ vācaṃ bhāsitā hoti.

파루상 와-짱 빠하-야 파루사-야 와-짜-야 빠띠위라또- 호-띠. 야- 사- 와-짜- 네-ㄹ라- 깐나수카- 뻬-마니-야- 하다양가마- 뽀-리- 바후자나깐따- 바후자나마나-빠- — 따타-루-삥 와-짱 바-시따- 호-띠

그는 거칠게 말하는 행위를 버렸기 때문에 거칠게 말하는 행위로부터 피한 자입니다. 침이 튀지 않고, 귀에 즐겁고, 애정이 넘치고, 매력적이고, 예의 바르고, 대중들이 좋아하고, 대중들의 마음에 드는 말을 합니다.

“samphappalāpaṃ pahāya samphappalāpā paṭivirato hoti. kālavādī bhūtavādī atthavādī dhammavādī vinayavādī nidhānavatiṃ vācaṃ bhāsitā hoti kālena sāpadesaṃ pariyantavatiṃ atthasaṃhitaṃ. evaṃ kho, brāhmaṇa, catubbidhā vācāya dhammacariyāsamacariyā hoti.

삼팝빨라-빵 빠하-야 삼팝빨라-빠- 빠띠위라또- 호-띠. 까-ㄹ라와-디- 부-따와-디- 앗타와-디- 담마와-디- 위나야와-디- 니다-나와띵 와-짱 바-시따- 호-띠 까-ㄹ레-나 사-빠데-상 빠리얀따와띵 앗타상히땅. 에-왕 코-, 브라-흐마나, 짜뚭비다- 와-짜-야 담마짜리야-사마짜리야- 호-띠

그는 쓸모없고 허튼 말하는 행위를 버렸기 때문에 쓸모없고 허튼 말하는 행위로부터 피한 자입니다. 적절한 때에 말하고, 진실 되게 말하고, 이익되게 말하고, 법에 맞게 말하고, 율에 맞게 말합니다. 적절한 때에, 근거를 갖춘, 절제된, 이익되는 말을 합니다. 바라문이여, 이렇게 말에 의한 네 가지 법의 행위와 안정된 행위가 있습니다.

"kathañca, brāhmaṇa, tividhā manasā dhammacariyāsamacariyā hoti? idha, brāhmaṇa, ekacco anabhijjhālu hoti, yaṃ taṃ parassa paravittūpakaraṇaṃ taṃ nābhijjhātā hoti — 'aho vata yaṃ parassa taṃ mamassā'ti!

까탄짜, 브라-흐마나, 띠위다- 마나사- 담마짜리야-사마짜리야- 호-띠? 이다, 브라-흐마나, 에-깟쪼- 아나빗자-ㄹ루 호-띠, 양 땅 빠랏사 빠라윗뚜-빠까라낭 땅 나-빗자-따- 호-띠 — '아호- 와따 양 빠랏사 땅 마맛사-'띠!

바라문이여, 어떻게 의에 의한 세 가지 법의 행위와 안정된 행위가 있습니까? 바라문이여, 여기 어떤 사람은 간탐 하지 않는 자입니다. — '참으로 남의 것이 나의 것이 되기를!'이라고 남의 재산과 살림을 간탐하지 않습니다.

"abyāpannacitto kho pana hoti appaduṭṭhamanasaṅkappo — 'ime sattā averā abyābajjhā anīghā sukhī attānaṃ pariharantū'ti.

아뱌-빤나찟또- 코- 빠나 호-띠 압빠둣타마나상깝뽀- — '이메- 삿따- 아웨-라- 아뱌-밧자- 아니-가- 수키- 앗따-낭 빠리하란뚜-'띠

다시 그는 거슬린 심(心)을 가진 자가 아닙니다. — '이 중생들이 원망 없고 거슬림 없고 고통 없고 행복하고 자신을 보호하여라!'라고 거칠지 않은 의(意)의 사유를 합니다.

"sammādiṭṭhiko kho pana hoti aviparītadassano — 'atthi dinnaṃ atthi yiṭṭhaṃ atthi hutaṃ, atthi sukatadukkaṭānaṃ kammānaṃ phalaṃ vipāko, atthi ayaṃ loko atthi paro loko, atthi mātā atthi pitā, atthi sattā opapātikā, atthi loke samaṇabrāhmaṇā sammaggatā sammāpaṭipannā ye imañca lokaṃ parañca lokaṃ sayaṃ abhiññā sacchikatvā pavedentī'ti. evaṃ kho, brāhmaṇa, tividhā manasā dhammacariyāsamacariyā hoti.

삼마-딧티꼬- 코- 빠나 호-띠 아위빠리-따닷사노- — '앗티 딘낭 앗티 잇탕 앗티 후땅, 앗티 수까따둑까따-낭 깜마-낭 팔랑 위빠-꼬-, 앗티 아양 로-꼬- 앗티 빠로- 로-꼬-, 앗티 마-따- 앗티 삐따-, 앗티 삿따- 오-빠빠-띠까-, 앗티 로-께- 사마나브라-흐마나- 삼막가따- 삼마-빠띠빤나- 예- 이만짜 로-깡 빠란짜 로-깡 사양 아빈냐- 삿치까뜨와- 빠웨-덴띠-'띠. 에-왕 코-, 브라-흐마나, 띠위다- 마나사- 담마짜리야-사마짜리야- 호-띠

다시 그는 바른 견해를 가진 자입니다. — '①보시도 있고 제사도 있고 봉헌도 있다. ②선행과 악행의 업들에게 과도 있고 보도 있다. ③이 세상도 있고 저세상도 있다. ④어머니도 있고 아버지도 있다. ⑤화생 하는 중생은 있다. ⑥세상에는 이 세상과 저세상을 스스로 실답게 안 뒤에 실현하여 선언하는, 바른길에 들어서서 바르게 실천하는 사문-바라문들이 있다.'라고 바르게 보는 자입니다. 바라문이여, 이렇게 의에 의한 세 가지 법의 행위와 안정된 행위가 있습니다.

“evaṃ dhammacariyāsamacariyāhetu kho, brāhmaṇa, evamidhekacce sattā kāyassa bhedā paraṃ maraṇā sugatiṃ saggaṃ lokaṃ upapajjanti.

에-왕 담마짜리야-사마짜리야-헤-뚜 코-, 브라-흐마나, 에-와미데-깟쩨- 삿따- 까-야사 베-다- 빠랑 마라나- 수가띵 삭강 로-깡 우빠빳잔띠

바라문이여, 이런 법의 행위와 안정된 행위를 원인으로 이렇게 여기 어떤 중생들은 몸이 무너져 죽은 뒤에 좋은 곳, 하늘 세상에 태어납니다.

“abhikkantaṃ, bho gotama, abhikkantaṃ, bho gotama, seyyathāpi, bho gotama, nikkujjitaṃ vā ukkujjeyya, paṭicchannaṃ vā vivareyya, mūḷhassa vā maggaṃ ācikkheyya, andhakāre vā telapajjotaṃ dhāreyya — cakkhumanto rūpāni dakkhantīti — evamevaṃ bhagavatā anekapariyāyena dhammo pakāsito. esāhaṃ, bho gotama, bhagavantaṃ saraṇaṃ gacchāmi, dhammañca, bhikkhusaṅghañca. upāsakaṃ maṃ bhagavā dhāretu ajjatagge pāṇupetaṃ saraṇaṃ gatan”ti.

“아빅깐땅, 보- 고-따마, 아빅깐땅, 보- 고-따마, 세이야타-삐, 보- 고-따마, 닉꿋지땅 와- 욱꿋제이야, 빠띳찬낭 와- 위와레이야, 무-ㄹ핫사 와- 막강 아-찍케이야, 안다까-레- 와- 떼-ㄹ라빳조-땅 다-레이야 — 짝쿠만또- 루-빠-니 닥칸띠-띠 — 에-와메-왕 바가와따- 아네-까빠리야-예-나 담모- 빠까-시또-, 에-사-항, 보- 고-따마, 바가완땅 사라낭 갓차-미, 담만짜, 빅쿠상간짜. 우빠-사깡 망 바가와- 다-레-뚜 앗자딱게- 빠-누뻬-땅 사라낭 가딴”띠

"정말 기쁩니다, 고따마 존자시여. 정말 기쁩니다, 고따마 존자시여! 예를 들면, 고따마 존자시여, 넘어진 자를 일으킬 것입니다. 덮여있는 것을 걷어낼 것입니다. 길 잃은 자에게 길을 알려줄 것입니다. ‘눈 있는 자들은 모습들을 본다.’라며 어둠 속에서 기름 등불을 들 것입니다. 이처럼, 고따마 존자에 의해서 여러 가지 방법으로 설해진 법이 있습니다. 이런 저는 의지처인 고따마 존자 그리고 가르침과 비구 상가에게로 갑니다. 고따마 존자께서는 저를 오늘부터 살아있는 동안 귀의한 재가 신자로 받아 주십시오." ▣

업(業)의 해석 그리고 사무량심(四無量心)과 사섭법(四攝法)의 도식적 이해

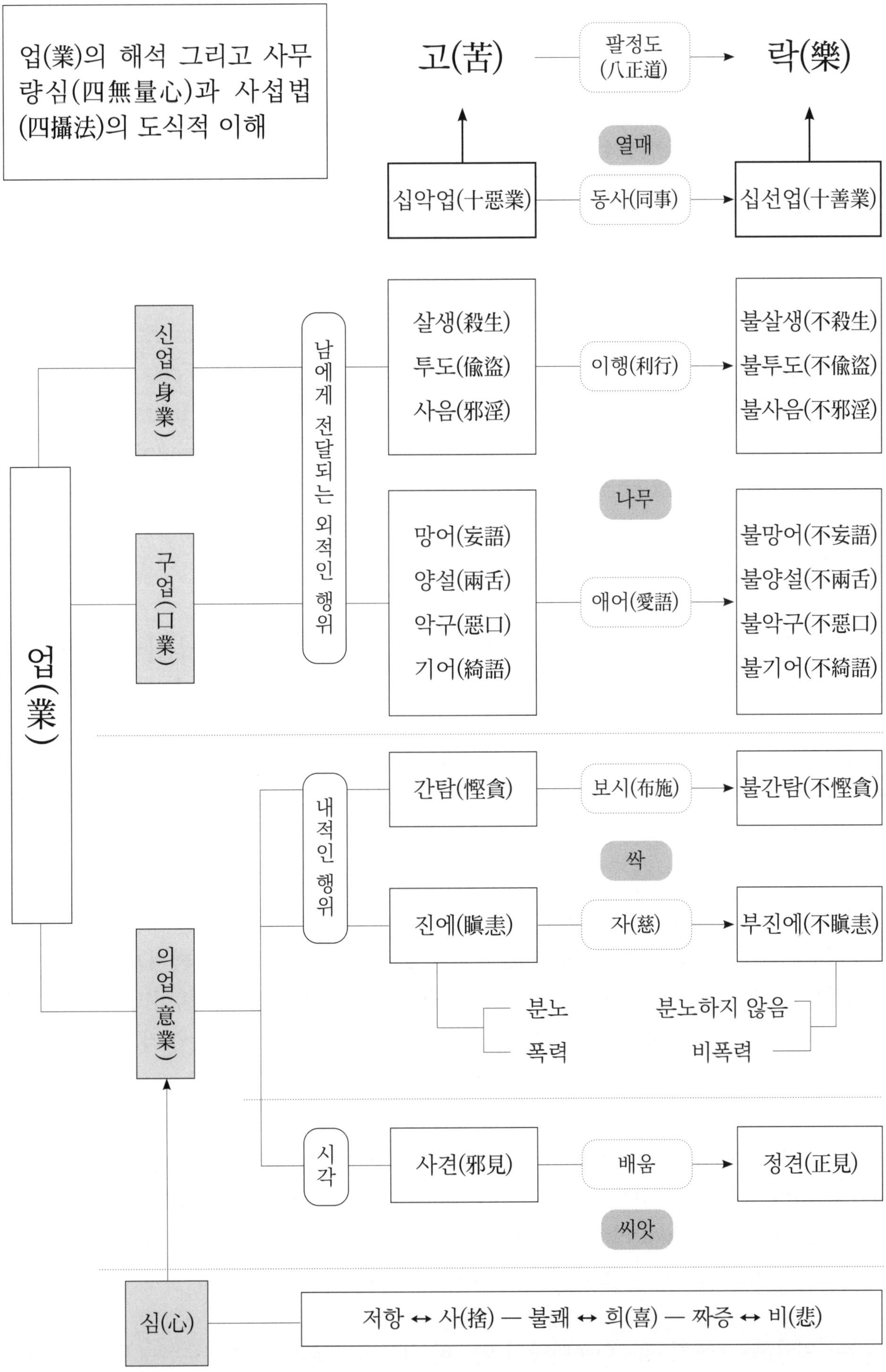

12. 다섯 가지 장애와 칠각지(七覺支) — āhārasuttaṃ (SN 46.51-자량 경)

• 다섯 가지 장애[오장(五障)] — 소유의 관심[간탐-욕탐(慾貪)]-진에-해태·혼침-들뜸·후회-의심

• 일곱 가지 깨달음의 요소[칠각지(七覺支)] — 염각지(念覺支)-택법각지(擇法覺支)-정진각지(精進覺支)-희각지(喜覺支)-경안각지(輕安覺支)-정각지(定覺支)-사각지(捨覺支)
⇒「수행의 중심 개념」

• 다섯 가지 장애와 일곱 가지 깨달음의 요소의 자량과 자량 아닌 것 → 의심과 택법각지의 대응

sāvatthinidānaṃ. "pañcannañca, bhikkhave, nīvaraṇānaṃ sattannañca bojjhaṅgānaṃ āhārañca anāhārañca desessāmi; taṃ suṇātha. ko ca, bhikkhave, āhāro anuppannassa vā kāmacchandassa uppādāya, uppannassa vā kāmacchandassa bhiyyobhāvāya vepullāya? atthi, bhikkhave, subhanimittaṃ. tattha ayonisomanasikārabahulīkāro — ayamāhāro anuppannassa vā kāmacchandassa uppādāya, uppannassa vā kāmacchandassa bhiyyobhāvāya vepullāya.

사-왓티니다-낭. "빤짠난짜, 빅카웨-, 니-와라나-낭 삿딴난짜 봇장가-낭 아-하-란짜 아나-하-란짜 데-셋사-미; 땅 수나-타. 꼬- 짜, 빅카웨-, 아-하-로- 아눕빤낫사 와- 까-맛찬닷사 웁빠-다-야, 웁빤낫사 와- 까-맛찬닷사 비이요-바-와-야 웨-뿔라-야? 앗티, 빅카웨-, 수바니밋땅. 땃타 아요-니소-마나시까-라바훌리-까-로- — 아야마-하-로- 아눕빤낫사 와- 까-맛찬닷사 웁빠-다-야, 웁빤낫사 와- 까-맛찬닷사 비이요-바-와-야 웨-뿔라-야

사왓티에서 설해짐. "비구들이여, 다섯 가지 장애[오장(五障)]와 일곱 가지 깨달음의 요소[칠각지(七覺支)]의 자량과 자량 아닌 것을 설하리라. 그것을 들어라. 비구들이여, 무엇이 생겨나지 않은 소유의 관심은 생겨나게 하고, 생겨난 소유의 관심은 점점 더 커져서 가득 차게 하는 자량인가? 비구들이여, 깨끗함의 상(相)[정상(淨相)]이 있다. 거기에 비여리작의(非如理作意)를 많이 행함 — 이것이 생겨나지 않은 소유의 관심은 생겨나게 하고, 생겨난 소유의 관심은 점점 더 커져서 가득 차게 하는 자량이다.

"ko ca, bhikkhave, āhāro anuppannassa vā byāpādassa uppādāya, uppannassa vā byāpādassa bhiyyobhāvāya vepullāya? atthi, bhikkhave, paṭighanimittaṃ. tattha ayonisomanasikārabahulīkāro — ayamāhāro anuppannassa vā byāpādassa uppādāya, uppannassa vā byāpādassa bhiyyobhāvāya vepullāya.

꼬- 짜, 빅카웨-, 아-하-로- 아눕빤낫사 와- 뱌-빠-닷사 웁빠-다-야, 웁빤낫사 와- 뱌-빠-닷사 비이요-바-와-야 웨-뿔라-야? 앗티, 빅카웨-, 빠띠가니밋땅. 땃타 아요-니소-마나시

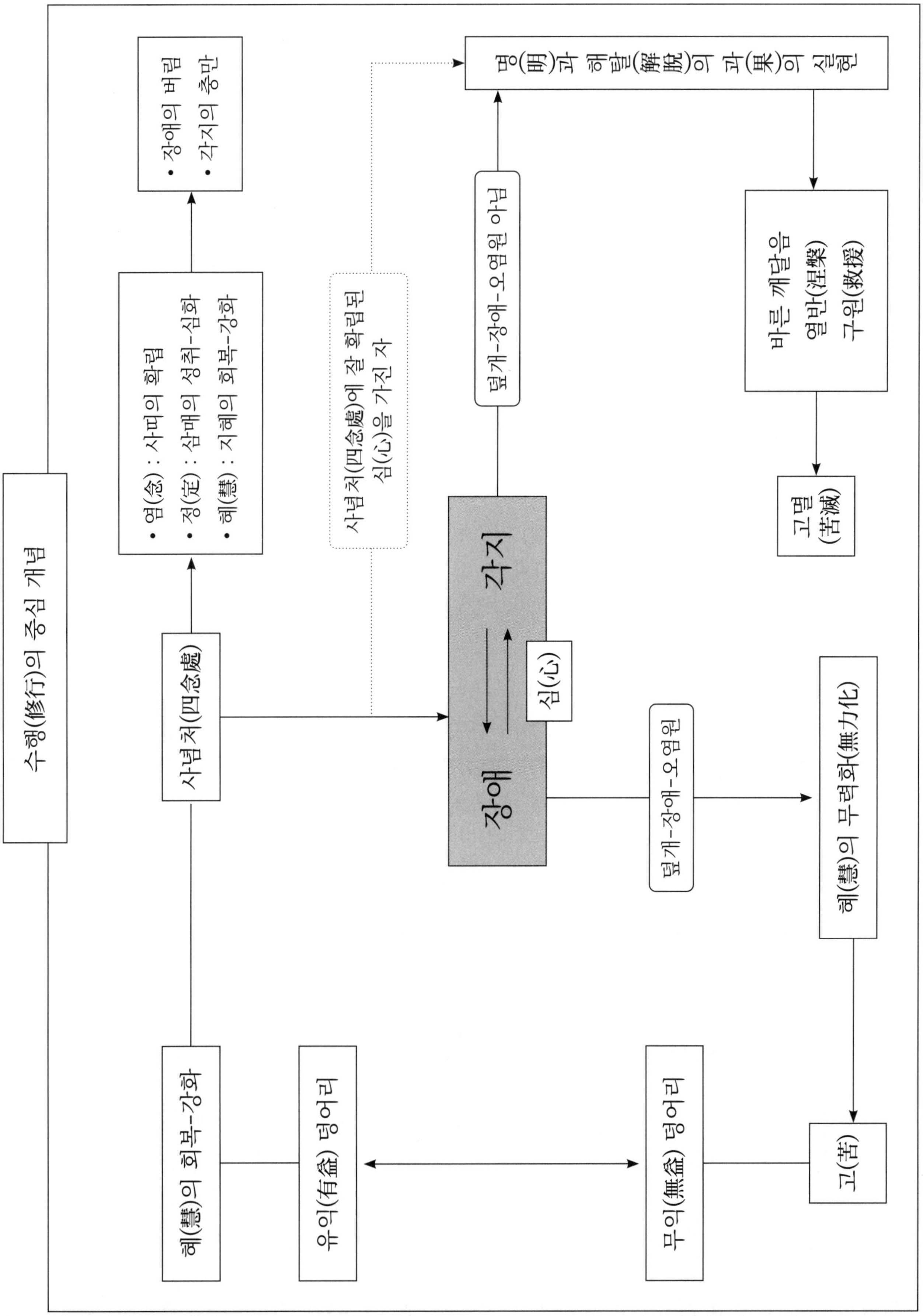
수행(修行)의 중심 개념
혜(慧)의 회복-강화
사념처(四念處)
• 염(念) : 사띠의 확립
• 정(定) : 삼매의 성취-심화
• 혜(慧) : 지혜의 회복-강화
• 장애의 버림
• 각지의 충만
사념처(四念處)에 잘 확립된
심(心)을 가진 자
장애
각지
심(心)
덮개-장애-오염원 아님
명(明)과 해탈(解脫)의 과(果)의 실현
바른 깨달음
열반(涅槃)
구원(救援)
고멸(苦滅)
덮개-장애-오염원
혜(慧)의 무력화(無力化)
유익(有益) 덩어리
무익(無益) 덩어리
고(苦)

까-라바훌리-까-로- — 아야마-하-로- 아눕빤낫사 와- 뱌-빠-닷사 웁빠-다-야, 웁빤낫사 와- 뱌-빠-닷사 비이요-바-와-야 웨-뿔라-야

비구들이여, 무엇이 생겨나지 않은 진에는 생겨나게 하고, 생겨난 진에는 점점 더 커져서 가득 차게 하는 자량인가? 비구들이여, 저항의 상(相)이 있다. 거기에 비여리작의를 많이 행함 — 이것이 생겨나지 않은 진에는 생겨나게 하고, 생겨난 진에는 점점 더 커져서 가득 차게 하는 자량이다.

“ko ca, bhikkhave, āhāro anuppannassa vā thinamiddhassa uppādāya, uppannassa vā thinamiddhassa bhiyyobhāvāya vepullāya? atthi, bhikkhave, arati tandi vijambhitā bhattasammado cetaso ca līnattaṃ. tattha ayonisomanasikārabahulīkāro — ayamāhāro anuppannassa vā thinamiddhassa uppādāya, uppannassa vā thinamiddhassa bhiyyobhāvāya vepullāya.

꼬- 짜, 빅카웨-, 아-하-로- 아눕빤낫사 와- 티나믿닷사 웁빠-다-야, 웁빤낫사 와- 티나믿닷사 비이요-바-와-야 웨-뿔라-야? 앗티, 빅카웨-, 아라띠 딴디 위잠비따- 밧따삼마도- 쩨-따소- 짜 리-낫땅. 땃타 아요-니소-마나시까-라바훌리-까-로- — 아야마-하-로- 아눕빤낫사 와- 티나믿닷사 웁빠-다-야, 웁빤낫사 와- 티나믿닷사 비이요-바-와-야 웨-뿔라-야

비구들이여, 무엇이 생겨나지 않은 해태-혼침은 생겨나게 하고, 생겨난 해태-혼침은 점점 더 커져서 가득 차게 하는 자량인가? 비구들이여, 싫어함, 지루함, 무기력함, 식곤증, 심(心)의 비활성이 있다. 거기에 비여리작의를 많이 행함 — 이것이 생겨나지 않은 해태-혼침은 생겨나게 하고, 생겨난 해태-혼침은 점점 더 커져서 가득 차게 하는 자량이다.

“ko ca, bhikkhave, āhāro anuppannassa vā uddhaccakukkuccassa uppādāya, uppannassa vā uddhaccakukkuccassa bhiyyobhāvāya vepullāya? atthi, bhikkhave, cetaso avūpasamo. tattha ayonisomanasikārabahulīkāro — ayamāhāro anuppannassa vā uddhaccakukkuccassa uppādāya, uppannassa vā uddhaccakukkuccassa bhiyyobhāvāya vepullāya.

꼬- 짜, 빅카웨-, 아-하-로- 아눕빤낫사 와- 욷닷짜꾹꿋짯사 웁빠-다-야, 웁빤낫사 와- 욷닷짜꾹꿋짯사 비이요-바-와-야 웨-뿔라-야? 앗티, 빅카웨-, 쩨-따소- 아우-빠사모-. 땃타 아요-니소-마나시까-라바훌리-까-로- — 아야마-하-로- 아눕빤낫사 와- 욷닷짜꾹꿋짯사 웁빠-다-야, 웁빤낫사 와- 욷닷짜꾹꿋짯사 비이요-바-와-야 웨-뿔라-야

비구들이여, 무엇이 생겨나지 않은 들뜸-후회는 생겨나게 하고, 생겨난 들뜸-후회는 점점 더 커져서 가득 차게 하는 자량인가? 비구들이여, 심의 가라앉지 않음이 있다. 거기에 비여

리작의를 많이 행함 — 이것이 생겨나지 않은 들뜸-후회는 생겨나게 하고, 생겨난 들뜸-후회는 점점 더 커져서 가득 차게 하는 자량이다.

"ko ca, bhikkhave, āhāro anuppannāya vā vicikicchāya uppādāya, uppannāya vā vicikicchāya bhiyyobhāvāya vepullāya? atthi, bhikkhave, vicikicchāṭṭhānīyā dhammā. tattha ayonisomanasikārabahulīkāro — ayamāhāro anuppannāya vā vicikicchāya uppādāya, uppannāya vā vicikicchāya bhiyyobhāvāya vepullāya.

꼬- 짜, 빅카웨-, 아-하-로- 아눕빤나-야 와- 위찌낏차-야 웁빠-다-야, 웁빤나-야 와- 위찌낏차-야 비이요-바-와-야 웨-뿔라-야? 앗티, 빅카웨-, 위찌낏차-ㅅ타-니-야- 담마-. 땃타 아요-니소-마나시까-라바훌리-까-로- — 아야마-하-로- 아눕빤나-야 와- 위찌낏차-야 웁빠-다-야, 웁빤나-야 와- 위찌낏차-야 비이요-바-와-야 웨-뿔라-야

비구들이여, 무엇이 생겨나지 않은 의심은 생겨나게 하고, 생겨난 의심은 점점 더 커져서 가득 차게 하는 자량인가? 비구들이여, 의심의 토대인 법들이 있다. 거기에 비여리작의를 많이 행함 — 이것이 생겨나지 않은 의심은 생겨나게 하고, 생겨난 의심은 점점 더 커져서 가득 차게 하는 자량이다.

"ko ca, bhikkhave, āhāro anuppannassa vā satisambojjhaṅgassa uppādāya, uppannassa vā satisambojjhaṅgassa bhāvanāya pāripūriyā? atthi, bhikkhave, satisambojjhaṅgaṭṭhānīyā dhammā. tattha yonisomanasikārabahulīkāro — ayamāhāro anuppannassa vā satisambojjhaṅgassa uppādāya, uppannassa vā satisambojjhaṅgassa bhāvanāya pāripūriyā.

꼬- 짜, 빅카웨-, 아-하-로- 아눕빤낫사 와- 사띠삼봇장갓사 웁빠-다-야, 웁빤낫사 와- 사띠삼봇장갓사 바-와나-야 빠-리뿌-리야-? 앗티, 빅카웨-, 사띠삼봇장갓타-니-야- 담마-. 땃타 요-니소-마나시까-라바훌리-까-로- — 아야마-하-로- 아눕빤낫사 와- 사띠삼봇장갓사 웁빠-다-야, 웁빤낫사 와- 사띠삼봇장갓사 바-와나-야 빠-리뿌-리야-

비구들이여, 무엇이 생겨나지 않은 염각지(念覺支)는 생겨나게 하고, 생겨난 염각지는 늘어나 충만하게 하는 자량인가? 비구들이여, 염각지의 토대인 법들이 있다. 거기에 여리작의(如理作意)를 많이 행함 — 이것이 생겨나지 않은 염각지는 생겨나게 하고, 생겨난 염각지는 늘어나 충만하게 하는 자량이다.

"ko ca, bhikkhave, āhāro anuppannassa vā dhammavicayasambojjhaṅgassa uppādāya, uppannassa vā dhammavicayasambojjhaṅgassa bhāvanāya pāripūriyā? atthi, bhikkhave, kusalākusalā dhammā sāvajjānavajjā dhammā hīnapaṇītā dhammā kaṇhasukkasappaṭibhāgā dhammā. tattha yonisomanasikārabahulīkāro — ayamāhāro anuppannassa vā dhammavicayasambojjhaṅgassa uppādāya, uppannassa vā dhammavicayasambojjhaṅgassa bhāvanāya pāripūriyā.

꼬- 짜, 빅카웨-, 아-하-로- 아눕빤낫사 와- 담마위짜야삼봊장갓사 웁빠-다-야, 웁빤낫사 와- 담마위짜야삼봊장갓사 바-와나-야 빠-리뿌-리야-? 앗티, 빅카웨-, 꾸살라-꾸살라- 담마- 사-왓자-나왓자- 담마- 히-나빠니-따- 담마- 깐하숙까삽빠띠바-가- 담마-. 땃타 요-니소-마나시까-라바훌리-까-로- — 아야마-하-로- 아눕빤낫사 와- 담마위짜야삼봊장갓사 웁빠-다-야, 웁빤낫사 와- 담마위짜야삼봊장갓사 바-와나-야 빠-리뿌-리야-

비구들이여, 무엇이 생겨나지 않은 택법각지(擇法覺支)는 생겨나게 하고, 생겨난 택법각지는 늘어나 충만하게 하는 자량인가? 비구들이여, 유익하거나 무익한 법들, 결점이 있거나 결점이 없는 법들, 저열하거나 뛰어난 법들, 악(惡)과 선(善)이 대응한 법들이 있다. 거기에 여리작의를 많이 행함 — 이것이 생겨나지 않은 택법각지는 생겨나게 하고, 생겨난 택법각지는 늘어나 충만하게 하는 자량이다.

"ko ca, bhikkhave, āhāro anuppannassa vā vīriyasambojjhaṅgassa uppādāya, uppannassa vā vīriyasambojjhaṅgassa bhāvanāya pāripūriyā? atthi, bhikkhave, ārambhadhātu nikkamadhātu parakkamadhātu. tattha yonisomanasikārabahulīkāro — ayamāhāro anuppannassa vā vīriyasambojjhaṅgassa uppādāya, uppannassa vā vīriyasambojjhaṅgassa bhāvanāya pāripūriyā.

꼬- 짜, 빅카웨-, 아-하-로- 아눕빤낫사 와- 위-리야삼봊장갓사 웁빠-다-야, 웁빤낫사 와- 위-리야삼봊장갓사 바-와나-야 빠-리뿌-리야-? 앗티, 빅카웨-, 아-람바다-뚜 닉까마다-뚜 빠락까마다-뚜. 땃타 요-니소-마나시까-라바훌리-까-로- — 아야마-하-로- 아눕빤낫사 와- 위-리야삼봊장갓사 웁빠-다-야, 웁빤낫사 와- 위-리야삼봊장갓사 바-와나-야 빠-리뿌-리야-

비구들이여, 무엇이 생겨나지 않은 정진각지(精進覺支)는 생겨나게 하고, 생겨난 정진각지는 늘어나 충만하게 하는 자량인가? 비구들이여, 시도의 요소와 인내의 요소와 노력의 요소가 있다. 거기에 여리작의를 많이 행함 — 이것이 생겨나지 않은 정진각지는 생겨나게 하고, 생겨난 정진각지는 늘어나 충만하게 하는 자량이다.

"ko ca, bhikkhave, āhāro anuppannassa vā pītisambojjhaṅgassa uppādāya, uppannassa vā pītisambojjhaṅgassa bhāvanāya pāripūriyā? atthi, bhikkhave, pītisambojjhaṅgaṭṭhānīyā dhammā. tattha yonisomanasikārabahulīkāro —

ayamāhāro anuppannassa vā pītisambojjhaṅgassa uppādāya, uppannassa vā pītisambojjhaṅgassa bhāvanāya pāripūriyā.

꼬- 짜, 빅카웨-, 아-하-로- 아눕빤낫사 와- 삐-띠삼봇장갓사 웁빠-다-야, 웁빤낫사 와- 삐-띠삼봇장갓사 바-와나-야 빠-리뿌-리야-? 앗티, 빅카웨-, 삐-띠삼봇장갓타-니-야- 담마-. 땃타 요-니소-마나시까-라바훌리-까-로- — 아야마-하-로- 아눕빤낫사 와- 삐-띠삼봇장갓사 웁빠-다-야, 웁빤낫사 와- 삐-띠삼봇장갓사 바-와나-야 빠-리뿌-리야-

비구들이여, 무엇이 생겨나지 않은 희각지(喜覺支)는 생겨나게 하고, 생겨난 희각지는 늘어나 충만하게 하는 자량인가? 비구들이여, 희각지의 토대인 법들이 있다. 거기에 여리작의를 많이 행함 — 이것이 생겨나지 않은 희각지는 생겨나게 하고, 생겨난 희각지는 늘어나 충만하게 하는 자량이다.

"ko ca, bhikkhave, āhāro anuppannassa vā passaddhisambojjhaṅgassa uppādāya, uppannassa vā passaddhisambojjhaṅgassa bhāvanāya pāripūriyā? atthi, bhikkhave, kāyappassaddhi cittappassaddhi. tattha yonisomanasikārabahulīkāro — ayamāhāro anuppannassa vā passaddhisambojjhaṅgassa uppādāya, uppannassa vā passaddhisambojjhaṅgassa bhāvanāya pāripūriyā.

꼬- 짜, 빅카웨-, 아-하-로- 아눕빤낫사 와- 빳삳디삼봇장갓사 웁빠-다-야, 웁빤낫사 와- 빳삳디삼봇장갓사 바-와나-야 빠-리뿌-리야-? 앗티, 빅카웨-, 까-얍빳삳디 찟땁빳삳디. 땃타 요-니소-마나시까-라바훌리-까-로- — 아야마-하-로- 아눕빤낫사 와- 빳삳디삼봇장갓사 웁빠-다-야, 웁빤낫사 와- 빳삳디삼봇장갓사 바-와나-야 빠-리뿌-리야-

비구들이여, 무엇이 생겨나지 않은 경안각지(輕安覺支)는 생겨나게 하고, 생겨난 경안각지는 늘어나 충만하게 하는 자량인가? 비구들이여, 몸의 진정[경안(輕安)]과 심(心)의 진정이 있다. 거기에 여리작의를 많이 행함 — 이것이 생겨나지 않은 경안각지는 생겨나게 하고, 생겨난 경안각지는 늘어나 충만하게 하는 자량이다.

"ko ca, bhikkhave, āhāro anuppannassa vā samādhisambojjhaṅgassa uppādāya, uppannassa vā samādhisambojjhaṅgassa bhāvanāya pāripūriyā? atthi, bhikkhave, samathanimittaṃ abyagganimittaṃ. tattha yonisomanasikārabahulīkāro — ayamāhāro anuppannassa vā samādhisambojjhaṅgassa uppādāya, uppannassa vā samādhisambojjhaṅgassa bhāvanāya pāripūriyā.

꼬- 짜, 빅카웨-, 아-하-로- 아눕빤낫사 와- 사마-디삼봇장갓사 웁빠-다-야, 웁빤낫사 와- 사마-디삼봇장갓사 바-와나-야 빠-리뿌-리야-? 앗티, 빅카웨-, 사마타니밋땅 아뱍가니밋땅. 땃타 요-니소-마나시까-라바훌리-까-로- — 아야마-하-로- 아눕빤낫사 와- 사마-디삼봇장갓사 웁빠-다-야, 웁빤낫사 와- 사마-디삼봇장갓사 바-와나-야 빠-리뿌-리야-

비구들이여, 무엇이 생겨나지 않은 정각지(定覺支)는 생겨나게 하고, 생겨난 정각지는 늘어나 충만하게 하는 자량인가? 비구들이여, 사마타의 상(相)과 부동(不動)의 상(相)이 있다. 거기에 여리작의를 많이 행함 — 이것이 생겨나지 않은 정각지는 생겨나게 하고, 생겨난 정각지는 늘어나 충만하게 하는 자량이다.

“ko ca, bhikkhave, āhāro anuppannassa vā upekkhāsambojjhaṅgassa uppādāya, uppannassa vā upekkhāsambojjhaṅgassa bhāvanāya pāripūriyā? atthi, bhikkhave, upekkhāsambojjhaṅgaṭṭhānīyā dhammā. tattha yonisomanasikārabahulīkāro — ayamāhāro anuppannassa vā upekkhāsambojjhaṅgassa uppādāya, uppannassa vā upekkhāsambojjhaṅgassa bhāvanāya pāripūriyā.

꼬- 짜, 빅카웨-, 아-하-로- 아눕빤낫사 와- 우뻭카-삼봇장갓사 웁빠-다-야, 웁빤낫사 와- 우뻭카-삼봇장갓사 바-와나-야 빠-리뿌-리야-? 앗티, 빅카웨-, 우뻭카-삼봇장갓타-니-야- 담마-. 땃타 요-니소-마나시까-라바훌리-까-로- — 아야마-하-로- 아눕빤낫사 와- 우뻭카-삼봇장갓사 웁빠-다-야, 웁빤낫사 와- 우뻭카-삼봇장갓사 바-와나-야 빠-리뿌-리야-

비구들이여, 무엇이 생겨나지 않은 사각지(捨覺支)는 생겨나게 하고, 생겨난 사각지는 늘어나 충만하게 하는 자량인가? 비구들이여, 사각지의 토대인 법들이 있다. 거기에 여리작의를 많이 행함 — 이것이 생겨나지 않은 사각지는 생겨나게 하고, 생겨난 사각지는 늘어나 충만하게 하는 자량이다.

“ko ca, bhikkhave, anāhāro anuppannassa vā kāmacchandassa uppādāya, uppannassa vā kāmacchandassa bhiyyobhāvāya vepullāya? atthi, bhikkhave, asubhanimittaṃ. tattha yonisomanasikārabahulīkāro — ayamanāhāro anuppannassa vā kāmacchandassa uppādāya, uppannassa vā kāmacchandassa bhiyyobhāvāya vepullāya.

꼬- 짜, 빅카웨-, 아나-하-로- 아눕빤낫사 와- 까-맛찬닷사 웁빠-다-야, 웁빤낫사 와- 까-맛찬닷사 비이요-바-와-야 웨-뿔라-야? 앗티, 빅카웨-, 아수바니밋땅. 땃타 요-니소-마나시까-라바훌리-까-로- — 아야마나-하-로- 아눕빤낫사 와- 까-맛찬닷사 웁빠-다-야, 웁빤낫사 와- 까-맛찬닷사 비이요-바-와-야 웨-뿔라-야

비구들이여, 무엇이 생겨나지 않은 소유의 관심은 생겨나게 하고, 생겨난 소유의 관심은 점점 더 커져서 가득 차게 하는 자량이 아닌 것인가? 비구들이여, 부정상(不淨相)이 있다. 거기

에 여리작의를 많이 행함 — 이것이 생겨나지 않은 소유의 관심은 생겨나게 하고, 생겨난 소유의 관심은 점점 더 커져서 가득 차게 하는 자량이 아닌 것이다.

“ko ca, bhikkhave, anāhāro anuppannassa vā byāpādassa uppādāya, uppannassa vā byāpādassa bhiyyobhāvāya vepullāya? atthi, bhikkhave, mettācetovimutti. tattha yonisomanasikārabahulīkāro — ayamanāhāro anuppannassa vā byāpādassa uppādāya, uppannassa vā byāpādassa bhiyyobhāvāya vepullāya.

꼬- 짜, 빅카웨-, 아나-하-로- 아눕빤낫사 와- 뱌-빠-닷사 웁빠-다-야, 웁빤낫사 와- 뱌-빠-닷사 비이요-바-와-야 웨-뿔라-야? 앗티, 빅카웨-, 멧따-쩨-또-위뭇띠. 땃타 요-니소-마나시까-라바훌리-까-로- — 아야마나-하-로- 아눕빤낫사 와- 뱌-빠-닷사 웁빠-다-야, 웁빤낫사 와- 뱌-빠-닷사 비이요-바-와-야 웨-뿔라-야

비구들이여, 무엇이 생겨나지 않은 진에는 생겨나게 하고, 생겨난 진에는 점점 더 커져서 가득 차게 하는 자량이 아닌 것인가? 비구들이여, 자심해탈(慈心解脫)이 있다. 거기에 여리작의를 많이 행함 — 이것이 생겨나지 않은 진에는 생겨나게 하고, 생겨난 진에는 점점 더 커져서 가득 차게 하는 자량이 아닌 것이다.

“ko ca, bhikkhave, anāhāro anuppannassa vā thinamiddhassa uppādāya, uppannassa vā thinamiddhassa bhiyyobhāvāya vepullāya? atthi, bhikkhave, ārambhadhātu nikkamadhātu parakkamadhātu. tattha yonisomanasikārabahulīkāro — ayamanāhāro anuppannassa vā thinamiddhassa uppādāya, uppannassa vā thinamiddhassa bhiyyobhāvāya vepullāya.

꼬- 짜, 빅카웨-, 아나-하-로- 아눕빤낫사 와- 티나믿닷사 웁빠-다-야, 웁빤낫사 와- 티나믿닷사 비이요-바-와-야 웨-뿔라-야? 앗티, 빅카웨-, 아-람바다-뚜 닉까마다-뚜 빠락까마다-뚜. 땃타 요-니소-마나시까-라바훌리-까-로- — 아야마나-하-로- 아눕빤낫사 와- 티나믿닷사 웁빠-다-야, 웁빤낫사 와- 티나믿닷사 비이요-바-와-야 웨-뿔라-야

비구들이여, 무엇이 생겨나지 않은 해태-혼침은 생겨나게 하고, 생겨난 해태-혼침은 점점 더 커져서 가득 차게 하는 자량이 아닌 것인가? 비구들이여, 시도의 요소와 인내의 요소와 노력의 요소가 있다. 거기에 여리작의를 많이 행함 — 이것이 생겨나지 않은 해태-혼침은 생겨나게 하고, 생겨난 해태-혼침은 점점 더 커져서 가득 차게 하는 자량이 아닌 것이다.

“ko ca, bhikkhave, anāhāro anuppannassa vā uddhaccakukkuccassa uppādāya, uppannassa vā uddhaccakukkuccassa bhiyyobhāvāya vepullāya? atthi, bhikkhave, cetaso vūpasamo. tattha yonisomanasikārabahulīkāro —

ayamanāhāro anuppannassa vā uddhaccakukkuccassa uppādāya, uppannassa vā uddhaccakukkuccassa bhiyyobhāvāya vepullāya.

꼬- 짜, 빅카웨-, 아나-하-로- 아눕빤낫사 와- 욷닷짜꾹꿋짯사 웁빠-다-야, 웁빤낫사 와- 욷닷짜꾹꿋짯사 비이요-바-와-야 웨-뿔라-야? 앗티, 빅카웨-, 쩨-따소- 우-빠사모-. 땃타 요-니소-마나시까-라바훌리-까-로- — 아야마나-하-로- 아눕빤낫사 와- 욷닷짜꾹꿋짯사 웁빠-다-야, 웁빤낫사 와- 욷닷짜꾹꿋짯사 비이요-바-와-야 웨-뿔라-야

비구들이여, 무엇이 생겨나지 않은 들뜸-후회는 생겨나게 하고, 생겨난 들뜸-후회는 점점 더 커져서 가득 차게 하는 자량이 아닌 것인가? 비구들이여, 심의 가라앉음이 있다. 거기에 여리작의를 많이 행함 — 이것이 생겨나지 않은 들뜸-후회는 생겨나게 하고, 생겨난 들뜸-후회는 점점 더 커져서 가득 차게 하는 자량이 아닌 것이다.

"ko ca, bhikkhave, anāhāro anuppannāya vā vicikicchāya uppādāya, uppannāya vā vicikicchāya bhiyyobhāvāya vepullāya? atthi, bhikkhave, kusalākusalā dhammā sāvajjānavajjā dhammā hīnapaṇītā dhammā kaṇhasukkasappaṭibhāgā dhammā. tattha yonisomanasikārabahulīkāro — ayamanāhāro anuppannāya vā vicikicchāya uppādāya, uppannāya vā vicikicchāya bhiyyobhāvāya vepullāya.

꼬- 짜, 빅카웨-, 아나-하-로- 아눕빤나-야 와- 위찌낏차-야 웁빠-다-야, 웁빤나-야 와- 위찌낏차-야 비이요-바-와-야 웨-뿔라-야? 앗티, 빅카웨-, 꾸살라-꾸살라- 담마- 사-왓자-나왓자- 담마- 히-나빠니-따- 담마- 깐하숙까삽빠띠바-가- 담마-. 땃타 요-니소-마나시까-라바훌리-까-로- — 아야마나-하-로- 아눕빤나-야 와- 위찌낏차-야 웁빠-다-야, 웁빤나-야 와- 위찌낏차-야 비이요-바-와-야 웨-뿔라-야

비구들이여, 무엇이 생겨나지 않은 의심은 생겨나게 하고, 생겨난 의심은 점점 더 커져서 가득 차게 하는 자량이 아닌 것인가? 비구들이여, 유익하거나 무익한 법들, 결점이 있거나 결점이 없는 법들, 저열하거나 뛰어난 법들, 악과 선이 대응한 법들이 있다. 거기에 여리작의를 많이 행함 — 이것이 생겨나지 않은 의심은 생겨나게 하고, 생겨난 의심은 점점 더 커져서 가득 차게 하는 자량이 아닌 것이다.

"ko ca, bhikkhave, anāhāro anuppannassa vā satisambojjhaṅgassa uppādāya, uppannassa vā satisambojjhaṅgassa bhāvanāya pāripūriyā? atthi, bhikkhave, satisambojjhaṅgaṭṭhānīyā dhammā. tattha amanasikārabahulīkāro — ayamanāhāro anuppannassa vā satisambojjhaṅgassa uppādāya, uppannassa vā satisambojjhaṅgassa bhāvanāya pāripūriyā.

꼬- 짜, 빅카웨-, 아나-하-로- 아눕빤낫사 와- 사띠삼봇장갓사 웁빠-다-야, 웁빤낫사 와- 사띠삼봇장갓사 바-와나-야 빠-리뿌-리야-? 앗티, 빅카웨-, 사띠삼봇장갓타-니-야- 담마-. 땃타 아마나시까-라바훌리-까-로- — 아야마나-하-로- 아눕빤낫사 와- 사띠삼봇장갓사 웁빠-다-야, 웁빤낫사 와- 사띠삼봇장갓사 바-와나-야 빠-리뿌-리야-

비구들이여, 무엇이 생겨나지 않은 염각지는 생겨나게 하고, 생겨난 염각지는 늘어나 충만하게 하는 자량이 아닌 것인가? 비구들이여, 염각지의 토대인 법들이 있다. 거기에 작의를 많이 행하지 않음 — 이것이 생겨나지 않은 염각지는 생겨나게 하고, 생겨난 염각지는 늘어나 충만하게 하는 자량이 아닌 것이다.

"ko ca, bhikkhave, anāhāro anuppannassa vā dhammavicayasambojjhaṅgassa uppādāya, uppannassa vā dhammavicayasambojjhaṅgassa bhāvanāya pāripūriyā? atthi, bhikkhave, kusalākusalā dhammā sāvajjānavajjā dhammā hīnapaṇītā dhammā kaṇhasukkasappaṭibhāgā dhammā. tattha amanasikārabahulīkāro — ayamanāhāro anuppannassa vā dhammavicayasambojjhaṅgassa uppādāya, uppannassa vā dhammavicayasambojjhaṅgassa bhāvanāya pāripūriyā.

꼬- 짜, 빅카웨-, 아나-하-로- 아눕빤낫사 와- 담마위짜야삼봇장갓사 웁빠-다-야, 웁빤낫사 와- 담마위짜야삼봇장갓사 바-와나-야 빠-리뿌-리야-? 앗티, 빅카웨-, 꾸살라-꾸살라- 담마- 사-왓자-나왓자- 담마- 히-나빠니-따- 담마- 깐하숙까삽빠띠바-가- 담마-. 땃타 아마나시까-라바훌리-까-로- — 아야마나-하-로- 아눕빤낫사 와- 담마위짜야삼봇장갓사 웁빠-다-야, 웁빤낫사 와- 담마위짜야삼봇장갓사 바-와나-야 빠-리뿌-리야-

비구들이여, 무엇이 생겨나지 않은 택법각지는 생겨나게 하고, 생겨난 택법각지는 늘어나 충만하게 하는 자량이 아닌 것인가? 비구들이여, 유익하거나 무익한 법들, 결점이 있거나 결점이 없는 법들, 저열하거나 뛰어난 법들, 악과 선이 대응한 법들이 있다. 거기에 작의를 많이 행하지 않음 — 이것이 생겨나지 않은 택법각지는 생겨나게 하고, 생겨난 택법각지는 늘어나 충만하게 하는 자량이 아닌 것이다.

"ko ca, bhikkhave, anāhāro anuppannassa vā vīriyasambojjhaṅgassa uppādāya, uppannassa vā vīriyasambojjhaṅgassa bhāvanāya pāripūriyā? atthi, bhikkhave, ārambhadhātu nikkamadhātu parakkamadhātu. tattha amanasikārabahulīkāro — ayamanāhāro anuppannassa vā vīriyasambojjhaṅgassa uppādāya, uppannassa vā vīriyasambojjhaṅgassa bhāvanāya pāripūriyā.

꼬- 짜, 빅카웨-, 아나-하-로- 아눕빤낫사 와- 위-리야삼봇장갓사 웁빠-다-야, 웁빤낫사 와- 위-리야삼봇장갓사 바-와나-야 빠-리뿌-리야-? 앗티, 빅카웨-, 아-람바다-뚜 닉까마다-뚜 빠락까마다-뚜. 땃타 아마나시까-라바훌리-까-로- — 아야마나-하-로- 아눕빤낫사 와- 위-리야삼봇장갓사 웁빠-다-야, 웁빤낫사 와- 위-리야삼봇장갓사 바-와나-야 빠-리뿌-리야-

비구들이여, 무엇이 생겨나지 않은 정진각지는 생겨나게 하고, 생겨난 정진각지는 늘어나 충만하게 하는 자량이 아닌 것인가? 비구들이여, 시도의 요소와 인내의 요소와 노력의 요소가 있다. 거기에 작의를 많이 행하지 않음 — 이것이 생겨나지 않은 정진각지는 생겨나게 하고, 생겨난 정진각지는 늘어나 충만하게 하는 자량이 아닌 것이다.

“ko ca, bhikkhave, anāhāro anuppannassa vā pītisambojjhaṅgassa uppādāya, uppannassa vā pītisambojjhaṅgassa bhāvanāya pāripūriyā? atthi, bhikkhave, pītisambojjhaṅgaṭṭhānīyā dhammā. tattha amanasikārabahulīkāro — ayamanāhāro anuppannassa vā pītisambojjhaṅgassa uppādāya, uppannassa vā pītisambojjhaṅgassa bhāvanāya pāripūriyā.

꼬- 짜, 빅카웨-, 아나-하-로- 아눕빤낫사 와- 삐-띠삼봇장갓사 웁빠-다-야, 웁빤낫사 와- 삐-띠삼봇장갓사 바-와나-야 빠-리뿌-리야-? 앗티, 빅카웨-, 삐-띠삼봇장갓타-니-야- 담마-. 땃타 아마나시까-라바훌리-까-로- — 아야마나-하-로- 아눕빤낫사 와- 삐-띠삼봇장갓사 웁빠-다-야, 웁빤낫사 와- 삐-띠삼봇장갓사 바-와나-야 빠-리뿌-리야-

비구들이여, 무엇이 생겨나지 않은 희각지는 생겨나게 하고, 생겨난 희각지는 늘어나 충만하게 하는 자량이 아닌 것인가? 비구들이여, 희각지의 토대인 법들이 있다. 거기에 작의를 많이 행하지 않음 — 이것이 생겨나지 않은 희각지는 생겨나게 하고, 생겨난 희각지는 늘어나 충만하게 하는 자량이 아닌 것이다.

“ko ca, bhikkhave, anāhāro anuppannassa vā passaddhisambojjhaṅgassa uppādāya, uppannassa vā passaddhisambojjhaṅgassa bhāvanāya pāripūriyā? atthi, bhikkhave, kāyappassaddhi cittappassaddhi. tattha amanasikārabahulīkāro — ayamanāhāro anuppannassa vā passaddhisambojjhaṅgassa uppādāya, uppannassa vā passaddhisambojjhaṅgassa bhāvanāya pāripūriyā.

꼬- 짜, 빅카웨-, 아나-하-로- 아눕빤낫사 와- 빳삳디삼봇장갓사 웁빠-다-야, 웁빤낫사 와- 빳삳디삼봇장갓사 바-와나-야 빠-리뿌-리야-? 앗티, 빅카웨-, 까-얍빳삳디 찟땁빳삳디. 땃타 아마나시까-라바훌리-까-로- — 아야마나-하-로- 아눕빤낫사 와- 빳삳디삼봇장갓사 웁빠-다-야, 웁빤낫사 와- 빳삳디삼봇장갓사 바-와나-야 빠-리뿌-리야-

비구들이여, 무엇이 생겨나지 않은 경안각지는 생겨나게 하고, 생겨난 경안각지는 늘어나 충만하게 하는 자량이 아닌 것인가? 비구들이여, 몸의 진정과 심(心)의 진정이 있다. 거기에 작의를 많이 행하지 않음 — 이것이 생겨나지 않은 경안각지는 생겨나게 하고, 생겨난 경안각지는 늘어나 충만하게 하는 자량이 아닌 것이다.

"ko ca, bhikkhave, anāhāro anuppannassa vā samādhisambojjhaṅgassa uppādāya, uppannassa vā samādhisambojjhaṅgassa bhāvanāya pāripūriyā? atthi, bhikkhave, samathanimittaṃ abyagganimittaṃ. tattha amanasikārabahulīkāro — ayamanāhāro anuppannassa vā samādhisambojjhaṅgassa uppādāya, uppannassa vā samādhisambojjhaṅgassa bhāvanāya pāripūriyā.

꼬- 짜, 빅카웨-, 아나-하-로- 아눕빤낫사 와- 사마-디삼봊장갓사 웁빠-다-야, 웁빤낫사 와- 사마-디삼봊장갓사 바-와나-야 빠-리뿌-리야-? 앗티, 빅카웨-, 사마타니밋땅 아뱌가니밋땅. 땃타 아마나시까-라바훌리-까-로- — 아야마나-하-로- 아눕빤낫사 와- 사마-디삼봊장갓사 웁빠-다-야, 웁빤낫사 와- 사마-디삼봊장갓사 바-와나-야 빠-리뿌-리야-

비구들이여, 무엇이 생겨나지 않은 정각지는 생겨나게 하고, 생겨난 정각지는 늘어나 충만하게 하는 자량이 아닌 것인가? 비구들이여, 사마타의 상(相)과 부동(不動)의 상(相)이 있다. 거기에 작의를 많이 행하지 않음 — 이것이 생겨나지 않은 정각지는 생겨나게 하고, 생겨난 정각지는 늘어나 충만하게 하는 자량이 아닌 것이다.

"ko ca, bhikkhave, anāhāro anuppannassa vā upekkhāsambojjhaṅgassa uppādāya, uppannassa vā upekkhāsambojjhaṅgassa bhāvanāya pāripūriyā? atthi, bhikkhave, upekkhāsambojjhaṅgaṭṭhānīyā dhammā. tattha amanasikārabahulīkāro — ayamanāhāro anuppannassa vā upekkhāsambojjhaṅgassa uppādāya, uppannassa vā upekkhāsambojjhaṅgassa bhāvanāya pāripūriyā"ti.

꼬- 짜, 빅카웨-, 아나-하-로- 아눕빤낫사 와- 우뻭카-삼봊장갓사 웁빠-다-야, 웁빤낫사 와- 우뻭카-삼봊장갓사 바-와나-야 빠-리뿌-리야-? 앗티, 빅카웨-, 우뻭카-삼봊장갓타-니-야- 담마-. 땃타 아마나시까-라바훌리-까-로- — 아야마나-하-로- 아눕빤낫사 와- 우뻭카-삼봊장갓사 웁빠-다-야, 웁빤낫사 와- 우뻭카-삼봊장갓사 바-와나-야 빠-리뿌-리야-"띠

비구들이여, 무엇이 생겨나지 않은 사각지는 생겨나게 하고, 생겨난 사각지는 늘어나 충만하게 하는 자량이 아닌 것인가? 비구들이여, 사각지의 토대인 법들이 있다. 거기에 작의를 많이 행하지 않음 — 이것이 생겨나지 않은 사각지는 생겨나게 하고, 생겨난 사각지는 늘어나 충만하게 하는 자량이 아닌 것이다. ▣

제5장

신행(信行) — 향상하는 삶

1. tiṇakaṭṭhasuttaṃ (SN 15.1-풀과 나무토막 경)
2. abhisandasuttaṃ (AN 8.39-쌓음 경)
3. paṭhamamettāsuttaṃ (AN 4.125-자애 경1)
4. dutiyamettāsuttaṃ (AN 4.126-자애 경2)
5. saṅgahasuttaṃ (AN 4.32-따르게 함 경)
6. dutiyahatthakasuttaṃ (AN 8.24-핫타까 경2)
7. balasuttaṃ (AN 9.5-힘 경)

8. mahānāmasuttaṃ (SN 55.37-마하나마 경)
9. mahānāmasuttaṃ (AN 8.25-마하나마 경)
10. paṭhamamahānāmasuttaṃ (SN 55.21-마하나마 경1)
11. dutiyamahānāmasuttaṃ (SN 55.22-마하나마 경2)
12. gihisuttaṃ (AN 5.179-재가자 경)
13. gihisāmīcisuttaṃ (AN 4.60-재가자의 여법함 경)
14. pītisuttaṃ (AN 5.176-희열 경)
15. iṭṭhasuttaṃ (AN 5.43-원함 경)
16. pattakammasuttaṃ (AN 4.61-배운 사람의 행위 경)
    16-1) dīghajāṇusuttaṃ (AN 8.54-디가자누 경)
    16-2) samacittavaggo (AN 2.33-42-평등한 심(心) 품)
    16-3) paṭhamasamajīvīsuttaṃ (AN 4.55-동등한 삶 경1)

17. dukkathāsuttaṃ (AN 5.157-나쁜 이야기 경)
18. pabbatūpamasuttaṃ (SN 3.25-산의 비유 경)
19. piyasuttaṃ (SN 3.4-사랑하는 자 경)
20. attarakkhitasuttaṃ (SN 3.5-자기 보호 경)
21. asibandhakaputtasuttaṃ (SN 42.6-아시반다까뿟따 경)
22. byasanasuttaṃ (AN 5.130-실패 경)
23. caṇḍālasuttaṃ (AN 5.175-낮은 자 경)

24. mettasuttaṃ (KN 5.8-자애 경)
25. maṅgalasuttaṃ (KN 5.16-길상 경)
26. ratanasuttaṃ (KN 5.13-보배 경)

27. anussatiṭṭhānasuttaṃ (AN 6.25-계속해서 기억함의 토대 경)
28. anuttariyasuttaṃ (AN 6.30-위없음 경)
29. vitthatabalasuttaṃ (AN 7.4-상세한 힘 경)
30. vitthatadhanasuttaṃ (AN 7.6-상세한 재산 경)
31. assaddhasuttaṃ (AN 4.202-믿음이 없는 사람 경)

32. paṭhamamaraṇassatisuttaṃ (AN 8.73-죽음에 대한 사띠 경1)
33. dutiyamaraṇassatisuttaṃ (AN 8.74-죽음에 대한 사띠 경2)

34. vitthatūposathasuttaṃ (AN 8.42-상세한 포살(布薩) 경)

1. tiṇakaṭṭhasuttaṃ (SN 15.1-풀과 나무토막 경)

• 무명(無明)에 덮이고 애(愛)에 묶여서 옮겨가고 윤회하는 중생들에게 윤회의 시작점은 알려지지 않음

evaṃ me sutaṃ — ekaṃ samayaṃ bhagavā sāvatthiyaṃ viharati jetavane anāthapiṇḍikassa ārāme. tatra kho bhagavā bhikkhū āmantesi — "bhikkhavo"ti. "bhadante"ti te bhikkhū bhagavato paccassosuṃ. bhagavā etadavoca —

에-왕 메- 수땅 — 에-깡 사마양 바가와- 사-왓티양 위하라띠 제-따와네- 아나-타삔디깟사 아-라-메-. 따뜨라 코- 바가와- 빅쿠- 아-만떼-시 — "빅카오-"띠. "바단떼-"띠 떼- 빅쿠- 바가와또- 빳짯소-숭. 바가와- 에-따다오-짜 —

이렇게 나는 들었다. — 한때 세존은 사왓티에서 제따와나의 아나타삔디까 사원에 머물렀다. 거기서 세존은 "비구들이여."라고 비구들을 불렀다. "대덕이시여."라고 그 비구들은 세존에게 대답했다. 세존은 이렇게 말했다. —

"anamataggoyaṃ bhikkhave, saṃsāro. pubbā koṭi na paññāyati avijjānīvaraṇānaṃ sattānaṃ taṇhāsaṃyojanānaṃ sandhāvataṃ saṃsarataṃ. seyyathāpi, bhikkhave, puriso yaṃ imasmiṃ jambudīpe tiṇakaṭṭhasākhāpalāsaṃ taṃ chetvā ekajjhaṃ saṃharitvā caturaṅgulaṃ caturaṅgulaṃ ghaṭikaṃ katvā nikkhipeyya — 'ayaṃ me mātā, tassā me mātu ayaṃ mātā'ti, apariyādinnāva bhikkhave, tassa purisassa mātumātaro assu, atha imasmiṃ jambudīpe tiṇakaṭṭhasākhāpalāsaṃ parikkhayaṃ pariyādānaṃ gaccheyya. taṃ kissa hetu? anamataggoyaṃ, bhikkhave, saṃsāro. pubbā koṭi na paññāyati avijjānīvaraṇānaṃ sattānaṃ taṇhāsaṃyojanānaṃ sandhāvataṃ saṃsarataṃ. evaṃ dīgharattaṃ vo, bhikkhave, dukkhaṃ paccanubhūtaṃ tibbaṃ paccanubhūtaṃ byasanaṃ paccanubhūtaṃ, kaṭasī vaḍḍhitā. yāvañcidaṃ, bhikkhave, alameva sabbasaṅkhāresu nibbindituṃ alaṃ virajjituṃ alaṃ vimuccitun"ti.

아나마딱고-양 빅카웨-, 상사-로-. 뿝바- 꼬-띠 나 빤냐-야띠 아윗자-니-와라나-낭 삿따-낭 딴하-상요-자나-낭 산다-와땅 상사라땅. 세이야타-삐, 빅카웨-, 뿌리소- 양 이마스밍 잠부디-뻬- 띠나깟타사-카-빨라-상 땅 체-뜨와- 에-깟장 상하리뜨와- 짜뚜랑굴랑 짜뚜랑굴랑 가띠깡 까뜨와- 닉키뻬이야 — '아양 메- 마-따-, 땃사- 메- 마-뚜 아양 마-따-'띠, 아빠리야-딘나-와 빅카웨-, 땃사 뿌리삿사 마-뚜마-따로- 앗수, 아타 이마스밍 잠부디-뻬- 띠나깟타사-카-빨라-상 빠릭카양 빠리야-다-낭 갓체이야. 땅 낏사 헤-뚜? 아나마딱고-양 빅카웨-, 상사-로-. 뿝바- 꼬-띠 나 빤냐-야띠 아윗자-니-와라나-낭 삿따-낭 딴하-상요-자나-낭 산다-와땅 상사라땅. 에-왕 디-가랏땅 오-, 빅카웨-, 둑캉 빳짜누부-땅 띱방 빳짜누부-땅

뱌사낭 빳짜누부-땅, 까따시- 왇디따-. 야-완찌당, 빅카웨-, 알라메-와 삽바상카-레-수 닙빈디뚱 알랑 위랏지뚱 알랑 위뭇찌뚠"띠

"비구들이여, 윤회(輪迴)는 시작이 알려지지 않는 것이다. 무명(無明)에 덮이고 애(愛)에 묶여서 옮겨가고 윤회하는 중생들에게 처음 시작점은 알려지지 않는다. 예를 들면, 비구들이여, 어떤 사람이 이 잠부디빠에 있는 풀과 나무토막과 가지와 잎들을 잘라서 함께 모은 뒤에 손가락 네 개에 해당하는 만큼씩을 작은 그릇에 담아서 '이것은 나의 어머니의 것, 이것은 그 어머니의 자식이었던 나의 어머니의 것'이라며 놓는다고 하면, 비구들이여, 이 잠부디빠에 있는 풀과 나무토막과 가지와 잎들을 모두 쓰고 모두 소진되어도, 어머니의 자식이었던 그 사람의 어머니들(*)은 끝나지 않을 것이다. 그것의 원인은 무엇인가? 비구들이여, 윤회는 시작이 알려지지 않는 것이다. 무명에 덮이고 애에 묶여서 옮겨가고 윤회하는 중생들에게 처음 시작점은 알려지지 않는다. 이렇게 오랫동안, 비구들이여, 그대들은 괴로움을 경험하고, 격렬함을 경험하고, 불행을 경험하고, 무덤을 증가시켰다. 그러므로 비구들이여, 모든 행(行)에 대해 염오(厭惡)하는 것이 마땅하고, 이탐(離貪) 하는 것이 마땅하고, 해탈(解脫)하는 것이 마땅하다." ▣

(*) 그 사람의 전생의 어머니들 → 어머니들의 계보 즉 인류의 역사가 아니라 그 사람의 전생들의 어머니들 → 윤회하는 그 사람의 역사

배워 알고 실천하는 불교 신자!

2. abhisandasuttaṃ (AN 8.39-쌓음 경)

• 삼귀의(三歸依)와 오계(五戒) — 공덕을 쌓고, 유익을 쌓고, 행복의 자량이 되고, 하늘로 연결되고, 보가 행복이고, 하늘로 이끄는 것 → 이익과 행복으로 이끎

• 오계(五戒) = 무외시(無畏施-두렵지 않음을 베푸는 보시) — 보시의 특성 = 베풂의 성과를 나누어 가짐 = 공덕 → 원망과 거슬림 없음을 매개로 사무량심(四無量心)과 연결됨

"aṭṭhime, bhikkhave, puññābhisandā kusalābhisandā sukhassāhārā sovaggikā sukhavipākā saggasaṃvattanikā, iṭṭhāya kantāya manāpāya hitāya sukhāya saṃvattanti. katame aṭṭha? idha, bhikkhave, ariyasāvako buddhaṃ saraṇaṃ gato hoti. ayaṃ, bhikkhave, paṭhamo puññābhisando kusalābhisando sukhassāhāro sovaggiko sukhavipāko saggasaṃvattaniko, iṭṭhāya kantāya manāpāya hitāya sukhāya saṃvattati.

앗티메-, 빅카웨-, 뿐냐-비산다- 꾸살라-비산다- 수캇사-하-라- 소-왁기까- 수카위빠-까- 삭가상왓따니까-, 잇타-야 깐따-야 마나-빠-야 히따-야 수카-야 상왓딴띠. 까따메- 앗타? 이다, 빅카웨-, 아리야사-와꼬- 붇당 사라낭 가또- 호-띠. 아양, 빅카웨-, 빠타모- 뿐냐-비산도- 꾸살라-비산도- 수캇사-하-로- 소-왁기꼬- 수카위빠-꼬- 삭가상왓따니꼬-, 잇타-야 깐따-야 마나-빠-야 히따-야 수카-야 상왓따띠

비구들이여, 공덕을 쌓고, 유익을 쌓고, 행복의 자량이 되고, 하늘로 연결되고, 보(報)가 행복이고, 하늘로 이끄는 이런 여덟 가지는 원하고 좋아하고 마음에 드는 이익과 행복으로 이끈다. 어떤 여덟인가? 여기, 비구들이여, 성스러운 제자는 의지처인 부처님에게로 간다. 이것이, 비구들이여, 공덕을 쌓고, 유익을 쌓고, 행복의 자량이 되고, 하늘로 연결되고, 보가 행복이고, 하늘로 이끄는 첫 번째 것인데, 원하고 좋아하고 마음에 드는 이익과 행복으로 이끈다.

"puna caparaṃ, bhikkhave, ariyasāvako dhammaṃ saraṇaṃ gato hoti. ayaṃ, bhikkhave, dutiyo puññābhisando kusalābhisando sukhassāhāro sovaggiko sukhavipāko saggasaṃvattaniko, iṭṭhāya kantāya manāpāya hitāya sukhāya saṃvattati.

뿌나 짜빠랑, 빅카웨-, 아리야사-와꼬- 담망 사라낭 가또- 호-띠. 아양, 빅카웨-, 두띠요- 뿐냐-비산도- 꾸살라-비산도- 수캇사-하-로- 소-왁기꼬- 수카위빠-꼬- 삭가상왓따니꼬-, 잇타-야 깐따-야 마나-빠-야 히따-야 수카-야 상왓따띠

다시, 비구들이여, 성스러운 제자는 의지처인 가르침에게로 간다. 이것이, 비구들이여, 공덕을 쌓고, 유익을 쌓고, 행복의 자량이 되고, 하늘로 연결되고, 보가 행복이고, 하늘로 이끄는

두 번째 것인데, 원하고 좋아하고 마음에 드는 이익과 행복으로 이끈다.

"puna caparaṃ, bhikkhave, ariyasāvako saṅghaṃ saraṇaṃ gato hoti. ayaṃ, bhikkhave, tatiyo puññābhisando kusalābhisando sukhassāhāro sovaggiko sukhavipāko saggasaṃvattaniko, iṭṭhāya kantāya manāpāya hitāya sukhāya saṃvattati.

뿌나 짜빠랑, 빅카웨-, 아리야사-와꼬- 상강 사라낭 가또- 호-띠. 아양, 빅카웨-, 따띠요- 뿐냐-비산도- 꾸살라-비산도- 수캇사-하-로- 소-왁기꼬- 수카위빠-꼬- 삭가상왓따니꼬-, 잇타-야 깐따-야 마나-빠-야 히따-야 수카-야 상왓따띠

다시, 비구들이여, 성스러운 제자는 의지처인 성자들에게로 간다. 이것이, 비구들이여, 공덕을 쌓고, 유익을 쌓고, 행복의 자량이 되고, 하늘로 연결되고, 보가 행복이고, 하늘로 이끄는 세 번째 것인데, 원하고 좋아하고 마음에 드는 이익과 행복으로 이끈다.

"pañcimāni, bhikkhave, dānāni mahādānāni aggaññāni rattaññāni vaṃsaññāni porāṇāni asaṃkiṇṇāni asaṃkiṇṇapubbāni, na saṃkiyanti na saṃkiyissanti, appaṭikuṭṭhāni samaṇehi brāhmaṇehi viññūhi. katamāni pañca? idha, bhikkhave, ariyasāvako pāṇātipātaṃ pahāya pāṇātipātā paṭivirato hoti. pāṇātipātā paṭivirato, bhikkhave, ariyasāvako aparimāṇānaṃ sattānaṃ abhayaṃ deti, averaṃ deti, abyābajjhaṃ deti. aparimāṇānaṃ sattānaṃ abhayaṃ datvā averaṃ datvā abyābajjhaṃ datvā aparimāṇassa abhayassa averassa abyābajjhassa bhāgī hoti. idaṃ, bhikkhave, paṭhamaṃ dānaṃ mahādānaṃ aggaññaṃ rattaññaṃ vaṃsaññaṃ porāṇaṃ asaṃkiṇṇaṃ asaṃkiṇṇapubbaṃ, na saṃkiyati na saṃkiyissati, appaṭikuṭṭhaṃ samaṇehi brāhmaṇehi viññūhi. ayaṃ, bhikkhave, catuttho puññābhisando kusalābhisando sukhassāhāro sovaggiko sukhavipāko saggasaṃvattaniko, iṭṭhāya kantāya manāpāya hitāya sukhāya saṃvattati.

빤찌마-니, 빅카웨-, 다-나-니 마하-다-나-니 악간냐-니 랏딴냐-니 왕산냐-니 뽀-라-나-니 아상낀나-니 아상낀나뿝바-니, 나 상끼얀띠 나 상끼잇산띠, 압빠띠꿋타-니 사마네-히 브라-흐마네-히 윈뉴-히. 까따마-니 빤짜? 이다, 빅카웨-, 아리야사-와꼬- 빠-나-띠빠-땅 빠하-야 빠-나-띠빠-따- 빠띠위라또- 호-띠. 빠-나-띠빠-따- 빠띠위라또-, 빅카웨-, 아리야사-와꼬- 아빠리마-나-낭 삿따-낭 아바양 데-띠, 아웨-랑 데-띠, 아뱌-밧장 데-띠. 아빠리마-나-낭 삿따-낭 아바양 다뜨와- 아웨-랑 다뜨와- 아뱌-밧장 다뜨와- 아빠리마-낫사 아바얏사 아웨-랏사 아뱌-밧잣사 바-기- 호-띠. 이당, 빅카웨-, 빠타망 다-낭 마하-다-낭 악간냥 랏딴냥 왕산냥 뽀-라-낭 아상낀낭 아상낀나뿝방, 나 상끼야띠 나 상끼잇사띠, 압빠띠꿋탕 사마네-히 브라-흐마네-히 윈뉴-히. 아양, 빅카웨-, 짜뚯토- 뿐냐-비산도- 꾸살라-비산도- 수캇사-하-로- 소-왁기꼬- 수카위빠-꼬- 삭가상왓따니꼬-, 잇타-야 깐따-야 마나-빠-

야 히따-야 수카-야 상왓따띠

비구들이여, 다섯 가지 보시(布施)가 있다. 가장 높은 것이라고 알려지고, 오래되었다고 알려지고, 계보라고 알려지고, 고대로부터 전해오고, 오염되지 않은 것이어서 이전에도 오염되지 않았고, 오염되지 않은 그리고 오염되지 않을 위대한 보시인데, 현명한 사문-바라문들에 의해 책망받지 않는 것이다. 어떤 다섯인가? 여기, 비구들이여, 성스러운 제자는 생명을 해치는 행위를 버렸기 때문에 생명을 해치는 행위로부터 피한 자이다. 비구들이여, 생명을 해치는 행위로부터 피한 성스러운 제자는 무량한 중생들에게 두려움 없음을 베푼다. 원망 없음을 베푼다. 거슬림 없음을 베푼다. 무량한 중생들에게 두려움 없음을 베풀고, 원망 없음을 베풀고, 거슬림 없음을 베푼 뒤에 무량한 두려움 없음과 원망 없음과 거슬림 없음을 나누어 가진다. 이것이, 비구들이여, 첫 번째 보시이다. 가장 높은 것이라고 알려지고, 오래되었다고 알려지고, 계보라고 알려지고, 고대로부터 전해오고, 오염되지 않은 것이어서 이전에도 오염되지 않았고, 오염되지 않은 그리고 오염되지 않을 위대한 보시인데, 현명한 사문-바라문들에 의해 책망받지 않는 것이다. 이것이, 비구들이여, 공덕을 쌓고, 유익을 쌓고, 행복의 자량이 되고, 하늘로 연결되고, 보가 행복이고, 하늘로 이끄는 네 번째 것인데, 원하고 좋아하고 마음에 드는 이익과 행복으로 이끈다.

“puna caparaṃ, bhikkhave, ariyasāvako adinnādānaṃ pahāya adinnādānā paṭivirato hoti. adinnādānā paṭivirato, bhikkhave, ariyasāvako aparimāṇānaṃ sattānaṃ abhayaṃ deti, averaṃ deti, abyābajjhaṃ deti. aparimāṇānaṃ sattānaṃ abhayaṃ datvā averaṃ datvā abyābajjhaṃ datvā aparimāṇassa abhayassa averassa abyābajjhassa bhāgī hoti. idaṃ, bhikkhave, dutiyaṃ dānaṃ mahādānaṃ aggaññaṃ rattaññaṃ vaṃsaññaṃ porāṇaṃ asaṃkiṇṇaṃ asaṃkiṇṇapubbaṃ, na saṃkiyati na saṃkiyissati, appaṭikuṭṭhaṃ samaṇehi brāhmaṇehi viññūhi. ayaṃ, bhikkhave, pañcamo puññābhisando kusalābhisando sukhassāhāro sovaggiko sukhavipāko saggasaṃvattaniko, iṭṭhāya kantāya manāpāya hitāya sukhāya saṃvattati.

뿌나 짜빠랑, 빅카웨-, 아리야사-와꼬- 아딘나-다-낭 빠하-야 아딘나-다-나- 빠띠위라또-호-띠. 아딘나-다-나- 빠띠위라또-, 빅카웨-, 아리야사-와꼬- 아빠리마-나-낭 삿따-낭 아바양 데-띠, 아웨-랑 데-띠, 아뱌-밧장 데-띠. 아빠리마-나-낭 삿따-낭 아바양 다뜨와- 아웨-랑 다뜨와- 아뱌-밧장 다뜨와- 아빠리마-낫사 아바얏사 아웨-랏사 아뱌-밧잣사 바-기-호-띠. 이당, 빅카웨-, 두띠양 다-낭 마하-다-낭 악간냥 랏딴냥 왕산냥 뽀-라-낭 아상낀낭 아상낀나뿝방, 나 상끼야띠 나 상끼잇사띠, 압빠띠꿋탕 사마네-히 브라-흐마네-히 윈뉴-히. 아양, 빅카웨-, 빤짜모- 뿐냐-비산도- 꾸살라-비산도- 수캇사-하-로- 소-왁기꼬- 수카위빠-꼬- 삭가상왓따니꼬-, 잇타-야 깐따-야 마나-빠-야 히따-야 수카-야 상왓따띠

다시, 비구들이여, 성스러운 제자는 주지 않는 것을 가지는 행위를 버렸기 때문에 주지 않는

것을 가지는 행위로부터 피한 자이다. 비구들이여, 주지 않는 것을 가지는 행위로부터 피한 성스러운 제자는 무량한 중생들에게 두려움 없음을 베푼다. 원망 없음을 베푼다. 거슬림 없음을 베푼다. 무량한 중생들에게 두려움 없음을 베풀고, 원망 없음을 베풀고, 거슬림 없음을 베푼 뒤에 무량한 두려움 없음과 원망 없음과 거슬림 없음을 나누어 가진다. 이것이, 비구들이여, 두 번째 보시이다. 가장 높은 것이라고 알려지고, 오래되었다고 알려지고, 계보라고 알려지고, 고대로부터 전해오고, 오염되지 않은 것이어서 이전에도 오염되지 않았고, 오염되지 않은 그리고 오염되지 않을 위대한 보시인데, 현명한 사문-바라문들에 의해 책망받지 않는 것이다. 이것이, 비구들이여, 공덕을 쌓고, 유익을 쌓고, 행복의 자량이 되고, 하늘로 연결되고, 보가 행복이고, 하늘로 이끄는 다섯 번째 것인데, 원하고 좋아하고 마음에 드는 이익과 행복으로 이끈다.

“puna caparaṃ, bhikkhave, ariyasāvako kāmesumicchācāraṃ pahāya kāmesumicchācārā paṭivirato hoti. kāmesumicchācārā paṭivirato, bhikkhave, ariyasāvako aparimāṇānaṃ sattānaṃ abhayaṃ deti, averaṃ deti, abyābajjhaṃ deti. aparimāṇānaṃ sattānaṃ abhayaṃ datvā averaṃ datvā abyābajjhaṃ datvā aparimāṇassa abhayassa averassa abyābajjhassa bhāgī hoti. idaṃ, bhikkhave, tatiyaṃ dānaṃ mahādānaṃ aggaññaṃ rattaññaṃ vaṃsaññaṃ porāṇaṃ asaṃkiṇṇaṃ asaṃkiṇṇapubbaṃ, na saṃkiyati na saṃkiyissati, appaṭikuṭṭhaṃ samaṇehi brāhmaṇehi viññūhi. ayaṃ, bhikkhave, chaṭṭho puññābhisando kusalābhisando sukhassāhāro sovaggiko sukhavipāko saggasaṃvattaniko, iṭṭhāya kantāya manāpāya hitāya sukhāya saṃvattati.

뿌나 짜빠랑, 빅카웨-, 아리야사-와꼬- 까-메-수밋차-짜-랑 빠하-야 까-메-수밋차-짜-라- 빠띠위라또- 호-띠. 까-메-수밋차-짜-라- 빠띠위라또-, 빅카웨-, 아리야사-와꼬- 아빠리마-나-낭 삿따-낭 아바양 데-띠, 아웨-랑 데-띠, 아뱌-밧장 데-띠. 아빠리마-나-낭 삿따-낭 아바양 다뜨와- 아웨-랑 다뜨와- 아뱌-밧장 다뜨와- 아빠리마-낫사 아바얏사 아웨-랏사 아뱌-밧잣사 바-기- 호-띠. 이당, 빅카웨-, 따띠양 다-낭 마하-다-낭 악간냥 랏딴냥 왕산냥 뽀-라-낭 아상낀낭 아상낀나뿝방, 나 상끼야띠 나 상끼잇사띠, 압빠띠꿋탕 사마네-히 브라-흐마네-히 윈뉴-히. 아양, 빅카웨-, 찻토- 뿐냐-비산도- 꾸살라-비산도- 수캇사-하-로- 소-왁기꼬- 수카위빠-꼬- 삭가상왓따니꼬-, 잇타-야 깐따-야 마나-빠-야 히따-야 수카-야 상왓따띠

다시, 비구들이여, 성스러운 제자는 음행(淫行)에 대한 삿된 행위를 버렸기 때문에 음행(淫行)에 대한 삿된 행위로부터 피한 자이다. 비구들이여, 음행(淫行)에 대한 삿된 행위로부터 피한 성스러운 제자는 무량한 중생들에게 두려움 없음을 베푼다. 원망 없음을 베푼다. 거슬림 없음을 베푼다. 무량한 중생들에게 두려움 없음을 베풀고, 원망 없음을 베풀고, 거슬림 없음을 베푼 뒤에 무량한 두려움 없음과 원망 없음과 거슬림 없음을 나누어 가진다. 이것이, 비구들이여, 세 번째 보시이다. 가장 높은 것이라고 알려지고, 오래되었다고 알려지고, 계보라

고 알려지고, 고대로부터 전해오고, 오염되지 않은 것이어서 이전에도 오염되지 않았고, 오염되지 않은 그리고 오염되지 않을 위대한 보시인데, 현명한 사문-바라문들에 의해 책망받지 않는 것이다. 이것이, 비구들이여, 공덕을 쌓고, 유익을 쌓고, 행복의 자량이 되고, 하늘로 연결되고, 보가 행복이고, 하늘로 이끄는 여섯 번째 것인데, 원하고 좋아하고 마음에 드는 이익과 행복으로 이끈다.

"puna caparaṃ, bhikkhave, ariyasāvako musāvādaṃ pahāya musāvādā paṭivirato hoti. musāvādā paṭivirato, bhikkhave, ariyasāvako aparimāṇānaṃ sattānaṃ abhayaṃ deti, averaṃ deti, abyābajjhaṃ deti. aparimāṇānaṃ sattānaṃ abhayaṃ datvā averaṃ datvā abyābajjhaṃ datvā aparimāṇassa abhayassa averassa abyābajjhassa bhāgī hoti. idaṃ, bhikkhave, catutthaṃ dānaṃ mahādānaṃ aggaññaṃ rattaññaṃ vaṃsaññaṃ porāṇaṃ asaṃkiṇṇaṃ asaṃkiṇṇapubbaṃ, na saṃkiyati na saṃkiyissati, appaṭikuṭṭhaṃ samaṇehi brāhmaṇehi viññūhi. ayaṃ, bhikkhave, sattamo puññābhisando kusalābhisando sukhassāhāro sovaggiko sukhavipāko saggasaṃvattaniko, iṭṭhāya kantāya manāpāya hitāya sukhāya saṃvattati.

뿌나 짜빠랑, 빅카웨-, 아리야사-와꼬- 무사-와-당 빠하-야 무사-와-다- 빠띠위라또- 호-띠. 무사-와-다- 빠띠위라또-, 빅카웨-, 아리야사-와꼬- 아빠리마-나-낭 삿따-낭 아바양 데-띠, 아웨-랑 데-띠, 아뱌-밧장 데-띠. 아빠리마-나-낭 삿따-낭 아바양 다뜨와- 아웨-랑 다뜨와- 아뱌-밧장 다뜨와- 아빠리마-낫사 아바얏사 아웨-랏사 아뱌-밧잣사 바-기- 호-띠. 이당, 빅카웨-, 짜뚯탕 다-낭 마하-다-낭 악간냥 랏딴냥 왕산냥 뽀-라-낭 아상낀낭 아상낀나뿝방, 나 상끼야띠 나 상끼잇사띠, 압빠띠꿋탕 사마네-히 브라-흐마네-히 윈뉴-히. 아양, 빅카웨-, 삿따모- 뿐냐-비산도- 꾸살라-비산도- 수캇사-하-로- 소-왁기꼬- 수카위빠-꼬- 삭가상왓따니꼬-, 잇타-야 깐따-야 마나-빠-야 히따-야 수카-야 상왓따띠

다시, 비구들이여, 성스러운 제자는 거짓을 말하는 행위를 버렸기 때문에 거짓을 말하는 행위로부터 피한 자이다. 비구들이여, 거짓을 말하는 행위로부터 피한 성스러운 제자는 무량한 중생들에게 두려움 없음을 베푼다. 원망 없음을 베푼다. 거슬림 없음을 베푼다. 무량한 중생들에게 두려움 없음을 베풀고, 원망 없음을 베풀고, 거슬림 없음을 베푼 뒤에 무량한 두려움 없음과 원망 없음과 거슬림 없음을 나누어 가진다. 이것이, 비구들이여, 네 번째 보시이다. 가장 높은 것이라고 알려지고, 오래되었다고 알려지고, 계보라고 알려지고, 고대로부터 전해오고, 오염되지 않은 것이어서 이전에도 오염되지 않았고, 오염되지 않은 그리고 오염되지 않을 위대한 보시인데, 현명한 사문-바라문들에 의해 책망받지 않는 것이다. 이것이, 비구들이여, 공덕을 쌓고, 유익을 쌓고, 행복의 자량이 되고, 하늘로 연결되고, 보가 행복이고, 하늘로 이끄는 일곱 번째 것인데, 원하고 좋아하고 마음에 드는 이익과 행복으로 이끈다.

"puna caparaṃ, bhikkhave, ariyasāvako surāmerayamajjapamādaṭṭhānaṃ pahāya surāmerayamajjapamādaṭṭhānā paṭivirato hoti. surāmerayamajjapamādaṭṭhānā paṭivirato, bhikkhave, ariyasāvako aparimāṇānaṃ sattānaṃ abhayaṃ deti averaṃ deti abyābajjhaṃ deti. aparimāṇānaṃ sattānaṃ abhayaṃ datvā averaṃ datvā abyābajjhaṃ datvā, aparimāṇassa abhayassa averassa abyābajjhassa bhāgī hoti. idaṃ, bhikkhave, pañcamaṃ dānaṃ mahādānaṃ aggaññaṃ rattaññaṃ vaṃsaññaṃ porāṇaṃ asaṃkiṇṇaṃ asaṃkiṇṇapubbaṃ, na saṃkiyati na saṃkiyissati, appaṭikuṭṭhaṃ samaṇehi brāhmaṇehi viññūhi. ayaṃ kho, bhikkhave, aṭṭhamo puññābhisando kusalābhisando sukhassāhāro sovaggiko sukhavipāko saggasaṃvattaniko, iṭṭhāya kantāya manāpāya hitāya sukhāya saṃvattati. ime kho, bhikkhave, aṭṭha puññābhisandā kusalābhisandā sukhassāhārā sovaggikā sukhavipākā saggasaṃvattanikā, iṭṭhāya kantāya manāpāya hitāya sukhāya saṃvattantī"ti.

뿌나 짜빠랑, 빅카웨-, 아리야사-와꼬- 수라-메-라야맛자빠마-닷타-낭 빠하-야 수라-메-라야맛자빠마-닷타-나- 빠띠위라또- 호-띠. 수라-메-라야맛자빠마-닷타-나- 빠띠위라또-, 빅카웨-, 아리야사-와꼬- 아빠리마-나-낭 삿따-낭 아바양 데-띠, 아웨-랑 데-띠, 아뱌-밧장 데-띠. 아빠리마-나-낭 삿따-낭 아바양 다뜨와- 아웨-랑 다뜨와- 아뱌-밧장 다뜨와- 아빠리마-낫사 아바얏사 아웨-랏사 아뱌-밧잣사 바-기- 호-띠. 이당, 빅카웨-, 빤짜망 다-낭 마하-다-낭 악간냥 랏딴냥 왕산냥 뽀-라-낭 아상낀낭 아상낀나뿝방, 나 상끼야띠 나 상끼잇사띠, 압빠띠꿋탕 사마네-히 브라-흐마네-히 윈뉴-히. 아양 코-, 빅카웨-, 앗타모- 뿐냐-비산도- 꾸살라-비산도- 수캇사-하-로- 소-왁기꼬- 수카위빠-꼬- 삭가상왓따니꼬-, 잇타-야 깐따-야 마나-빠-야 히따-야 수카-야 상왓따띠. 이메- 코-, 빅카웨-, 앗타 뿐냐-비산다- 꾸살라-비산다- 수캇사-하-라- 소-왁기까- 수카위빠-까- 삭가상왓따니까-, 잇타-야 깐따-야 마나-빠-야 히따-야 수카-야 상왓딴띠-"띠

다시, 비구들이여, 성스러운 제자는 술과 발효액 등 취하게 하는 것으로 인한 방일한 머묾을 버렸기 때문에 술과 발효액 등 취하게 하는 것으로 인한 방일한 머묾을 피한 자이다. 비구들이여, 술과 발효액 등 취하게 하는 것으로 인한 방일한 머묾을 피한 성스러운 제자는 무량한 중생들에게 두려움 없음을 베푼다. 원망 없음을 베푼다. 거슬림 없음을 베푼다. 무량한 중생들에게 두려움 없음을 베풀고, 원망 없음을 베풀고, 거슬림 없음을 베푼 뒤에 무량한 두려움 없음과 원망 없음과 거슬림 없음을 나누어 가진다. 이것이, 비구들이여, 다섯 번째 보시이다. 가장 높은 것이라고 알려지고, 오래되었다고 알려지고, 계보라고 알려지고, 고대로부터 전해오고, 오염되지 않은 것이어서 이전에도 오염되지 않았고, 오염되지 않은 그리고 오염되지 않을 위대한 보시인데, 현명한 사문-바라문들에 의해 책망받지 않는 것이다. 이것이, 비구들이여, 공덕을 쌓고, 유익을 쌓고, 행복의 자량이 되고, 하늘로 연결되고, 보가 행복이고, 하늘로 이끄는 여덟 번째 것인데, 원하고 좋아하고 마음에 드는 이익과 행복으로 이끈다. ▣

3. paṭhamamettāsuttaṃ (AN 4.125-자애 경1)

• 자(慈)-비(悲)-희(喜)-사(捨) 사무량심(四無量心) — 원망과 거슬림 없음을 매개로 오계(五戒)에서 연속됨

• 사무량심(四無量心)과 사선(四禪)의 대응 — 자무량심(慈無量心) ↔ 초선(初禪), 비무량심(悲無量心) ↔ 제2선(第二禪), 희무량심(喜無量心) ↔ 제3선(第三禪), 사무량심(捨無量心) ↔ 제4선(第四禪)

• 색계(色界) 하늘에 태어난 신(神)들 가운데 범부는 수명의 기준만큼 머문 뒤에, 그 신들의 수명의 기준이 모두 지나면 지옥으로도, 축생의 모태로도, 아귀 계로도 감. 그러나 세존의 제자는 거기서 수명의 기준만큼 머문 뒤에, 그 신들의 수명의 기준이 모두 지나면 그 존재에서 오직 완전히 꺼짐[반열반(般涅槃)] — 배우지 못한 범부와 잘 배운 성스러운 제자의 차이

⇒ '깨닫기 위해서는 인간으로 태어나야 하는 것' 아님

"cattārome, bhikkhave, puggalā santo saṃvijjamānā lokasmiṃ. katame cattāro? idha, bhikkhave, ekacco puggalo mettāsahagatena cetasā ekaṃ disaṃ pharitvā viharati, tathā dutiyaṃ tathā tatiyaṃ tathā catutthaṃ. iti uddhamadho tiriyaṃ sabbadhi sabbattatāya sabbāvantaṃ lokaṃ mettāsahagatena cetasā vipulena mahaggatena appamāṇena averena abyāpajjena pharitvā viharati. so tadassādeti, taṃ nikāmeti, tena ca vittiṃ āpajjati. tattha ṭhito tadadhimutto tabbahulavihārī aparihīno kālaṃ kurumāno brahmakāyikānaṃ devānaṃ sahabyataṃ upapajjati. brahmakāyikānaṃ, bhikkhave, devānaṃ kappo āyuppamāṇaṃ. tattha puthujjano yāvatāyukaṃ ṭhatvā yāvatakaṃ tesaṃ devānaṃ āyuppamāṇaṃ taṃ sabbaṃ khepetvā nirayampi gacchati tiracchānayonimpi gacchati pettivisayampi gacchati. bhagavato pana sāvako tattha yāvatāyukaṃ ṭhatvā yāvatakaṃ tesaṃ devānaṃ āyuppamāṇaṃ taṃ sabbaṃ khepetvā tasmiṃyeva bhave parinibbāyati. ayaṃ kho, bhikkhave, viseso ayaṃ adhippayāso idaṃ nānākaraṇaṃ sutavato ariyasāvakassa assutavatā puthujjanena, yadidaṃ gatiyā upapattiyā sati.

짯따-로-메-, 빅카웨-, 뿍갈라- 산또- 상윚자마-나- 로-까스밍. 까따메- 짯따-로-? 이다, 빅카웨-, 에-깟쪼- 뿍갈로- 멧따-사하가떼-나 쩨-따사- 에-깡 디상 파리뜨와- 위하라띠. 따타- 두띠양 따타- 따띠양 따타- 짜뚯탕. 이띠 욷다마도- 띠리양 삽바디 삽밧따따-야 삽바-완땅 로-깡 멧따-사하가떼-나 쩨-따사- 위뿔레-나 마학가떼-나 압빠마-네-나 아웨-레-나 아뱌-빳제-나 파리뜨와- 위하라띠. 소- 따닷사-데-띠, 땅 니까-메-띠, 떼-나 짜 윗띵 아-빳자띠. 땃타 티또- 따다디뭇또- 땁바훌라위하-리- 아빠리히-노- 까-ㄹ랑 꾸루마-노- 브라흐마까-이까-낭 데-와-낭 사하뱌땅 우빠빳자띠. 브라흐마까-이까-낭, 빅카웨-, 데-와-낭 깝뽀- 아-윱빠마-낭. 땃타 뿌툿자노- 야-와따-유깡 타뜨와- 야-와따깡 떼-상 데-와-낭 아-윱빠마-낭 땅 삽방 케-뻬-뜨와- 니라얌삐 갓차띠 띠랏차-나요-님삐 갓차띠 뻿띠위사얌삐 갓

차띠. 바가와또- 빠나 사-와꼬- 땃타 야-와따-유깡 타뜨와- 야-와따깡 떼-상 데-와-낭 아-육빠마-낭 땅 삽방 케-뻬-뜨와- 따스밍예-와 바웨- 빠리닙바-야띠. 아양 코-, 빅카웨-, 위세-소- 아양 아딥빠야-소- 이당 나-나-까라낭 수따와또- 아리야사-와깟사 앗수따와따- 뿌툿자네-나, 야디당 가띠야- 우빠빳띠야- 사띠

비구들이여, 세상에는 이런 네 부류의 사람이 존재한다. 어떤 네 부류인가? 여기, 비구들이여, 어떤 사람은 자(慈)가 함께한 심(心)으로 한 방향을 두루 미치면서 머문다. 그렇게 두 방향을, 그렇게 세 방향을, 그렇게 네 방향을. 이렇게 위로 아래로 중간방위로, 모든 곳에서 모두에게 펼쳐서 모든 세상을 크고 귀하고 무량한, 원망 없고 거슬림 없는 자가 함께한 심으로 두루 미치면서 머문다. 그는 그것을 즐기고, 그것을 열망하고, 그것에 따르는 행복을 경험한다. 거기에서 흔들리지 않고 거기에 기울고 거기에 많이 머물고 퇴보하지 않는 그는, 죽으면, 범신천(梵神天)의 신들의 동료로 태어난다. 비구들이여, 범신천의 신들의 수명의 기준은 일겁(劫)이다. 거기서 범부는 수명의 기준만큼 머문 뒤에, 그 신들의 수명의 기준이 모두 지나면 지옥으로도 가고 축생의 모태로도 가고 아귀 계로도 간다. 그러나 세존의 제자는 거기서 수명의 기준만큼 머문 뒤에, 그 신들의 수명의 기준이 모두 지나면 그 존재에서 오직 완전히 꺼진다[반열반(般涅槃)]. 비구들이여, 배우지 못한 범부와 비교할 때, 갈 곳과 태어남에 대해 잘 배운 성스러운 제자에게 이런 차이가 있고 이런 특별함이 있고 이런 다름이 있다.

"puna caparaṃ, bhikkhave, idhekacco puggalo karuṇāsahagatena cetasā ekaṃ disaṃ pharitvā viharati, tathā dutiyaṃ tathā tatiyaṃ tathā catutthaṃ. iti uddhamadho tiriyaṃ sabbadhi sabbattatāya sabbāvantaṃ lokaṃ karuṇāsahagatena cetasā vipulena mahaggatena appamāṇena averena abyāpajjena pharitvā viharati. so tadassādeti, taṃ nikāmeti, tena ca vittiṃ āpajjati. tattha ṭhito tadadhimutto tabbahulavihārī aparihīno kālaṃ kurumāno ābhassarānaṃ devānaṃ sahabyataṃ upapajjati. ābhassarānaṃ, bhikkhave, devānaṃ dve kappā āyuppamāṇaṃ. tattha puthujjano yāvatāyukaṃ ṭhatvā yāvatakaṃ tesaṃ devānaṃ āyuppamāṇaṃ taṃ sabbaṃ khepetvā nirayampi gacchati tiracchānayonimpi gacchati pettivisayampi gacchati. bhagavato pana sāvako tattha yāvatāyukaṃ ṭhatvā yāvatakaṃ tesaṃ devānaṃ āyuppamāṇaṃ taṃ sabbaṃ khepetvā tasmiṃyeva bhave parinibbāyati. ayaṃ kho, bhikkhave, viseso ayaṃ adhippayāso idaṃ nānākaraṇaṃ sutavato ariyasāvakassa assutavatā puthujjanena, yadidaṃ gatiyā upapattiyā sati.

뿌나 짜빠랑, 빅카웨-, 이데-깟쪼- 뿍갈로- 까루나-사하가떼-나 쩨-따사- 에-깡 디상 파리뜨와- 위하라띠. 따타- 두띠양 따타- 따띠양 따타- 짜뚯탕. 이띠 욷다마도- 띠리양 삽바디 삽밧따따-야 삽바-완땅 로-깡 까루나-사하가떼-나 쩨-따사- 위뿔레-나 마학가떼-나 압빠마-네-나 아웨-레-나 아뱌-빳제-나 파리뜨와- 위하라띠. 소- 따닷사-데-띠, 땅 니까-메-띠, 떼-나 짜 윗띵 아-빳자띠. 땃타 티또- 따다디뭇또- 땁바훌라위하-리- 아빠리히-노- 까-

ㄹ랑 꾸루마-노- 아-빳사라-낭 데-와-낭 사하뱌땅 우빠빳자띠. 아-빳사라-낭, 빅카웨-, 데-와-낭 드웨- 깝빠- 아-윱빠마-낭. 땃타 뿌툿자노- 야-와따-유깡 타뜨와- 야-와따깡 떼-상 데-와-낭 아-윱빠마-낭 땅 삽방 케-뻬-뜨와- 니라얌삐 갓차띠 띠랏차-나요-님삐 갓차띠 뻿띠위사얌삐 갓차띠. 바가와또- 빠나 사-와꼬- 땃타 야-와따-유깡 타뜨와- 야-와따깡 떼-상 데-와-낭 아-윱빠마-낭 땅 삽방 케-뻬-뜨와- 따스밍예-와 바웨- 빠리닙바-야띠. 아양 코-, 빅카웨-, 위세-소- 아양 아딥빠야-소- 이당 나-나-까라낭 수따와또- 아리야사-와깟사 앗수따와따- 뿌툿자네-나, 야디당 가띠야- 우빠빳띠야- 사띠

다시, 비구들이여, 여기 어떤 사람은 비(悲)가 함께한 심(心)으로 한 방향을 두루 미치면서 머문다. 그렇게 두 방향을, 그렇게 세 방향을, 그렇게 네 방향을. 이렇게 위로 아래로 중간방위로, 모든 곳에서 모두에게 펼쳐서 모든 세상을 크고 귀하고 무량한, 원망 없고 거슬림 없는 비가 함께한 심으로 두루 미치면서 머문다. 그는 그것을 즐기고, 그것을 열망하고, 그것에 따르는 행복을 경험한다. 거기에서 흔들리지 않고 거기에 기울고 거기에 많이 머물고 퇴보하지 않는 그는, 죽으면, 광음천(光音天)의 신들의 동료로 태어난다. 비구들이여, 광음천의 신들의 수명의 기준은 이 겁이다. 거기서 범부는 수명의 기준만큼 머문 뒤에, 그 신들의 수명의 기준이 모두 지나면 지옥으로도 가고 축생의 모태로도 가고 아귀 계로도 간다. 그러나 세존의 제자는 거기서 수명의 기준만큼 머문 뒤에, 그 신들의 수명의 기준이 모두 지나면 그 존재에서 오직 완전히 꺼진다. 비구들이여, 배우지 못한 범부와 비교할 때, 갈 곳과 태어남에 대해 잘 배운 성스러운 제자에게 이런 차이가 있고 이런 특별함이 있고 이런 다름이 있다.

puna caparaṃ, bhikkhave, idhekacco puggalo muditāsahagatena cetasā ekaṃ disaṃ pharitvā viharati, tathā dutiyaṃ tathā tatiyaṃ tathā catutthaṃ. iti uddhamadho tiriyaṃ sabbadhi sabbattatāya sabbāvantaṃ lokaṃ muditāsahagatena cetasā vipulena mahaggatena appamāṇena averena abyāpajjena pharitvā viharati. so tadassādeti, taṃ nikāmeti, tena ca vittiṃ āpajjati. tattha ṭhito tadadhimutto tabbahulavihārī aparihīno kālaṃ kurumāno subhakiṇhānaṃ devānaṃ sahabyataṃ upapajjati. subhakiṇhānaṃ, bhikkhave, devānaṃ cattāro kappā āyuppamāṇaṃ. tattha puthujjano yāvatāyukaṃ ṭhatvā yāvatakaṃ tesaṃ devānaṃ āyuppamāṇaṃ taṃ sabbaṃ khepetvā nirayampi gacchati tiracchānayonimpi gacchati pettivisayampi gacchati. bhagavato pana sāvako tattha yāvatāyukaṃ ṭhatvā yāvatakaṃ tesaṃ devānaṃ āyuppamāṇaṃ taṃ sabbaṃ khepetvā tasmiṃyeva bhave parinibbāyati. ayaṃ kho, bhikkhave, viseso ayaṃ adhippayāso idaṃ nānākaraṇaṃ sutavato ariyasāvakassa assutavatā puthujjanena, yadidaṃ gatiyā upapattiyā sati.

뿌나 짜빠랑, 빅카웨-, 이데-깟쪼- 뿍갈로- 무디따-사하가떼-나 쩨-따사- 에-깡 디상 파리뜨와- 위하라띠. 따타- 두띠양 따타- 따띠양 따타- 짜뚯탕. 이띠 욷다마도- 띠리양 삽바디

삽밧따따-야 삽바-완땅 로-깡 무디따-사하가떼-나 쩨-따사- 위뿔레-나 마학가떼-나 압빠마-네-나 아웨-레-나 아뱌-빳제-나 파리뜨와- 위하라띠. 소- 따닷사-데-띠, 땅 니까-메-띠, 떼-나 짜 윗띵 아-빳자띠. 땃타 티또- 따다디뭇또- 땁바훌라위하-리- 아빠리히-노- 까-ㄹ랑 꾸루마-노- 수바낀하-낭 데-와-낭 사하뱌땅 우빠빳자띠. 수바낀하-낭, 빅카웨-, 데-와-낭 쨧따-로- 깝빠- 아-윱빠마-낭. 땃타 뿌툿자노- 야-와따-유깡 타뜨와- 야-와따깡 떼-상 데-와-낭 아-윱빠마-낭 땅 삽방 케-뻬-뜨와- 니라얌삐 갓차띠 띠랏차-나요-님삐 갓차띠 뻿띠위사얌삐 갓차띠. 바가와또- 빠나 사-와꼬- 땃타 야-와따-유깡 타뜨와- 야-와따깡 떼-상 데-와-낭 아-윱빠마-낭 땅 삽방 케-뻬-뜨와- 따스밍예-와 바웨- 빠리닙바-야띠. 아양 코-, 빅카웨-, 위세-소- 아양 아딥빠야-소- 이당 나-나-까라낭 수따와또- 아리야사-와깟사 앗수따와따- 뿌툿자네-나, 야디당 가띠야- 우빠빳띠야- 사띠

다시, 비구들이여, 여기 어떤 사람은 희(喜)가 함께한 심(心)으로 한 방향을 두루 미치면서 머문다. 그렇게 두 방향을, 그렇게 세 방향을, 그렇게 네 방향을. 이렇게 위로 아래로 중간방위로, 모든 곳에서 모두에게 펼쳐서 모든 세상을 크고 귀하고 무량한, 원망 없고 거슬림 없는 희가 함께한 심으로 두루 미치면서 머문다. 그는 그것을 즐기고, 그것을 열망하고, 그것에 따르는 행복을 경험한다. 거기에서 흔들리지 않고 거기에 기울고 거기에 많이 머물고 퇴보하지 않는 그는, 죽으면, 변정천(遍淨天)의 신들의 동료로 태어난다. 비구들이여, 변정천의 신들의 수명의 기준은 사 겁이다. 거기서 범부는 수명의 기준만큼 머문 뒤에, 그 신들의 수명의 기준이 모두 지나면 지옥으로도 가고 축생의 모태로도 가고 아귀 계로도 간다. 그러나 세존의 제자는 거기서 수명의 기준만큼 머문 뒤에, 그 신들의 수명의 기준이 모두 지나면 그 존재에서 오직 완전히 꺼진다. 비구들이여, 배우지 못한 범부와 비교할 때, 갈 곳과 태어남에 대해 잘 배운 성스러운 제자에게 이런 차이가 있고 이런 특별함이 있고 이런 다름이 있다.

puna caparaṃ, bhikkhave, idhekacco puggalo upekkhāsahagatena cetasā ekaṃ disaṃ pharitvā viharati, tathā dutiyaṃ tathā tatiyaṃ tathā catutthaṃ. iti uddhamadho tiriyaṃ sabbadhi sabbattatāya sabbāvantaṃ lokaṃ upekkhāsahagatena cetasā vipulena mahaggatena appamāṇena averena abyāpajjena pharitvā viharati. so tadassādeti, taṃ nikāmeti, tena ca vittiṃ āpajjati. tattha ṭhito tadadhimutto tabbahulavihārī aparihīno kālaṃ kurumāno vehapphalānaṃ devānaṃ sahabyataṃ upapajjati. vehapphalānaṃ, bhikkhave, devānaṃ pañca kappasatāni āyuppamāṇaṃ. tattha puthujjano yāvatāyukaṃ ṭhatvā yāvatakaṃ tesaṃ devānaṃ āyuppamāṇaṃ taṃ sabbaṃ khepetvā nirayampi gacchati tiracchānayonimpi gacchati pettivisayampi gacchati. bhagavato pana sāvako tattha yāvatāyukaṃ ṭhatvā yāvatakaṃ tesaṃ devānaṃ āyuppamāṇaṃ taṃ sabbaṃ khepetvā tasmiṃyeva bhave parinibbāyati. ayaṃ kho, bhikkhave, viseso ayaṃ adhippayāso idaṃ nānākaraṇaṃ sutavato ariyasāvakassa assutavatā puthujjanena, yadidaṃ gatiyā upapattiyā sati. ime kho, bhikkhave, cattāro puggalā santo saṃvijjamānā lokasmin"ti.

뿌나 짜빠랑, 빅카웨-, 이데-깟쪼- 뿍갈로- 우뻭카-사하가떼-나 쩨-따사- 에-깡 디상 파리뜨와- 위하라띠. 따타- 두띠양 따타- 따띠양 따타- 짜뚯탕. 이띠 욷다마도- 띠리양 삽바디 삽밧따따-야 삽바-완땅 로-깡 우뻭카-사하가떼-나 쩨-따사- 위뿔레-나 마학가떼-나 압빠마-네-나 아웨-레-나 아뱌-빳제-나 파리뜨와- 위하라띠. 소- 따닷사-데-띠, 땅 니까-메-띠, 떼-나 짜 윗띵 아-빳자띠. 땃타 티또- 따다디뭇또- 땁바훌라위하-리- 아빠리히-노- 까-르랑 꾸루마-노- 웨-합팔라-낭 데-와-낭 사하뱌땅 우빠빳자띠. 웨-합팔라-낭, 빅카웨-, 데-와-낭 빤짜 깝빠사따-니 아-윱빠마-낭. 땃타 뿌툿자노- 야-와따-유깡 타뜨와- 야-와따깡 떼-상 데-와-낭 아-윱빠마-낭 땅 삽방 케-뻬-뜨와- 니라얌삐 갓차띠 띠랏차-나요-님삐 갓차띠 뻿띠위사얌삐 갓차띠. 바가와또- 빠나 사-와꼬- 땃타 야-와따-유깡 타뜨와- 야-와따깡 떼-상 데-와-낭 아-윱빠마-낭 땅 삽방 케-뻬-뜨와- 따스밍예-와 바웨- 빠리닙바-야띠. 아양 코-, 빅카웨-, 위세-소- 아양 아딥빠야-소- 이당 나-나-까라낭 수따와또- 아리야사-와깟사 앗수따와따- 뿌툿자네-나, 야디당 가띠야- 우빠빳띠야- 사띠. 이메- 코-, 빅카웨-, 짯따-로- 뿍갈라- 산또- 상윗자마-나- 로-까스민"띠

다시, 비구들이여, 여기 어떤 사람은 사(捨)가 함께한 심(心)으로 한 방향을 두루 미치면서 머문다. 그렇게 두 방향을, 그렇게 세 방향을, 그렇게 네 방향을. 이렇게 위로 아래로 중간방위로, 모든 곳에서 모두에게 펼쳐서 모든 세상을 크고 귀하고 무량한, 원망 없고 거슬림 없는 사가 함께한 심으로 두루 미치면서 머문다. 그는 그것을 즐기고, 그것을 열망하고, 그것에 따르는 행복을 경험한다. 거기에서 흔들리지 않고 거기에 기울고 거기에 많이 머물고 퇴보하지 않는 그는, 죽으면, 광과천(廣果天)의 신들의 동료로 태어난다. 비구들이여, 광과천의 신들의 수명의 기준은 오백 겁이다. 거기서 범부는 수명의 기준만큼 머문 뒤에, 그 신들의 수명의 기준이 모두 지나면 지옥으로도 가고 축생의 모태로도 가고 아귀 계로도 간다. 그러나 세존의 제자는 거기서 수명의 기준만큼 머문 뒤에, 그 신들의 수명의 기준이 모두 지나면 그 존재에서 오직 완전히 꺼진다. 비구들이여, 배우지 못한 범부와 비교할 때, 갈 곳과 태어남에 대해 잘 배운 성스러운 제자에게 이런 차이가 있고 이런 특별함이 있고 이런 다름이 있다. 비구들이여, 세상에는 이런 네 부류의 사람이 존재한다. ▣

배워 알고 실천하는 불교 신자!

4. dutiyamettāsuttaṃ (AN 4.126-자애 경2)

- 사무량심의 토대 → 무상(無常)-고(苦)-무아(無我)의 관찰[벗어남의 과정] → 정거천(淨居天)의 신들의 동료로 태어남 = 범부들과 공통되지 않은 것

; 불교에서는 사선(四禪)과 대응하는 사무량심(四無量心)도 깨달음을 위한 토대가 됨

"cattārome, bhikkhave, puggalā santo saṃvijjamānā lokasmiṃ. katame cattāro? idha, bhikkhave, ekacco puggalo mettāsahagatena cetasā ekaṃ disaṃ pharitvā viharati, tathā dutiyaṃ tathā tatiyaṃ tathā catutthaṃ. iti uddhamadho tiriyaṃ sabbadhi sabbattatāya sabbāvantaṃ lokaṃ mettāsahagatena cetasā vipulena mahaggatena appamāṇena averena abyāpajjena pharitvā viharati. so yadeva tattha hoti rūpagataṃ vedanāgataṃ saññāgataṃ saṅkhāragataṃ viññāṇagataṃ te dhamme aniccato dukkhato rogato gaṇḍato sallato aghato ābādhato parato palokato suññato anattato samanupassati. so kāyassa bhedā paraṃ maraṇā suddhāvāsānaṃ devānaṃ sahabyataṃ upapajjati. ayaṃ, bhikkhave, upapatti asādhāraṇā puthujjanehi.

짯따-로-메-, 빅카웨-, 뿍갈라- 산또- 상윗자마-나- 로-까스밍. 까따메- 짯따-로-? 이다, 빅카웨-, 에-깟쪼- 뿍갈로- 멧따-사하가떼-나 쩨-따사- 에-깡 디상 파리뜨와- 위하라띠. 따타- 두띠양 따타- 따띠양 따타- 짜뚯탕. 이띠 욷다마도- 띠리양 삽바디 삽밧따따-야 삽바-완땅 로-깡 멧따-사하가떼-나 쩨-따사- 위뿔레-나 마학가떼-나 압빠마-네-나 아웨-레-나 아뱌-빳제-나 파리뜨와- 위하라띠. 소- 야데-와 땃타 호-띠 루-빠가땅 웨-다나-가땅 산냐-가땅 상카-라가땅 윈냐-나가땅 떼- 담메- 아닛짜또- 둑카또- 로-가또- 간다또- 살라또- 아가또- 아-바-다또- 빠라또- 빨로-까또- 순냐또- 아낫따또- 사마누빳사띠. 소- 까-얏사 베-다- 빠랑 마라나- 숟다-와-사-낭 데-와-낭 사하뱌땅 우빠빳자띠. 아양, 빅카웨-, 우빠빳띠 아사-다-라나- 뿌툿자네-히

비구들이여, 세상에는 이런 네 부류의 사람이 존재한다. 무엇이 넷인가? 비구들이여, 여기 어떤 사람은 자(慈)가 함께한 심(心)으로 한 방향을 두루 미치면서 머문다. 그렇게 두 방향을, 그렇게 세 방향을, 그렇게 네 방향을. 이렇게 위로 아래로 중간방위로, 모든 곳에서 모두에게 펼쳐서 모든 세상을 크고 귀하고 무량한, 원망 없고 거슬림 없는 자가 함께한 심으로 두루 미치면서 머문다. 그는 거기서 색(色)에 속하고, 수(受)에 속하고, 상(想)에 속하고, 행(行)들에 속하고, 식(識)에 속한 법들을 무상(無常)하고 고(苦)고 아픔이고 종기고 화살이고 재난이고 결점이고 남[他]이고 부서지는 것이고 공(空)이고 무아(無我)라고 관찰한다. 그는 몸이 무너져 죽은 뒤 정거천(淨居天)의 신들의 동료로 태어난다. 비구들이여, 이 태어남은 범부들과 공통되지 않은 것이다.

"puna caparaṃ, bhikkhave, idhekacco puggalo karuṇāsahagatena cetasā ekaṃ disaṃ pharitvā viharati, tathā dutiyaṃ tathā tatiyaṃ tathā catutthaṃ. iti uddhamadho tiriyaṃ sabbadhi sabbattatāya sabbāvantaṃ lokaṃ karuṇāsahagatena cetasā vipulena mahaggatena appamāṇena averena abyāpajjena pharitvā viharati. so yadeva tattha hoti rūpagataṃ vedanāgataṃ saññāgataṃ saṅkhāragataṃ viññāṇagataṃ te dhamme aniccato dukkhato rogato gaṇḍato sallato aghato ābādhato parato palokato suññato anattato samanupassati. so kāyassa bhedā paraṃ maraṇā suddhāvāsānaṃ devānaṃ sahabyataṃ upapajjati. ayaṃ, bhikkhave, upapatti asādhāraṇā puthujjanehi.

뿌나 짜빠랑, 빅카웨-, 이데-깟쪼- 뿍갈로- 까루나-사하가떼-나 쩨-따사- 에-깡 디상 파리뜨와- 위하라띠. 따타- 두띠양 따타- 따띠양 따타- 짜뚯탕. 이띠 욷다마도- 띠리양 삽바디 삽밧따따-야 삽바-완땅 로-깡 까루나-사하가떼-나 쩨-따사- 위뿔레-나 마학가떼-나 압빠마-네-나 아웨-레-나 아뱌-빳제-나 파리뜨와- 위하라띠. 소- 야데-와 땃타 호-띠 루-빠가땅 웨-다나-가땅 산냐-가땅 상카-라가땅 윈냐-나가땅 떼- 담메- 아닛짜또- 둑카또- 로-가또- 간다또- 살라또- 아가또- 아-바-다또- 빠라또- 빨로-까또- 순냐또- 아낫따또- 사마누빳사띠. 소- 까-얏사 베-다- 빠랑 마라나- 숟다-와-사-낭 데-와-낭 사하뱌땅 우빠빳자띠. 아양, 빅카웨-, 우빠빳띠 아사-다-라나- 뿌툿자네-히

다시, 비구들이여, 여기 어떤 사람은 비(悲)가 함께한 심(心)으로 한 방향을 두루 미치면서 머문다. 그렇게 두 방향을, 그렇게 세 방향을, 그렇게 네 방향을. 이렇게 위로 아래로 중간방위로, 모든 곳에서 모두에게 펼쳐서 모든 세상을 크고 귀하고 무량한, 원망 없고 거슬림 없는 비가 함께한 심으로 두루 미치면서 머문다. 그는 거기서 색에 속하고, 수에 속하고, 상에 속하고, 행들에 속하고, 식에 속한 법들을 무상하고 고고 아픔이고 종기고 화살이고 재난이고 결점이고 남이고 부서지는 것이고 공이고 무아라고 관찰한다. 그는 몸이 무너져 죽은 뒤 정거천의 신들의 동료로 태어난다. 비구들이여, 이 태어남은 범부들로부터 공통되지 않은 것이다.

"puna caparaṃ, bhikkhave, idhekacco puggalo muditāsahagatena cetasā ekaṃ disaṃ pharitvā viharati, tathā dutiyaṃ tathā tatiyaṃ tathā catutthaṃ. iti uddhamadho tiriyaṃ sabbadhi sabbattatāya sabbāvantaṃ lokaṃ muditāsahagatena cetasā vipulena mahaggatena appamāṇena averena abyāpajjena pharitvā viharati. so yadeva tattha hoti rūpagataṃ vedanāgataṃ saññāgataṃ saṅkhāragataṃ viññāṇagataṃ te dhamme aniccato dukkhato rogato gaṇḍato sallato aghato ābādhato parato palokato suññato anattato samanupassati. so kāyassa bhedā paraṃ maraṇā suddhāvāsānaṃ devānaṃ sahabyataṃ upapajjati. ayaṃ, bhikkhave, upapatti asādhāraṇā puthujjanehi.

뿌나 짜빠랑, 빅카웨-, 이데-깟쪼- 뿍갈로- 무디따-사하가떼-나 쩨-따사- 에-깡 디상 파리뜨와- 위하라띠. 따타- 두띠양 따타- 따띠양 따타- 짜뜻탕. 이띠 욷다마도- 띠리양 삽바디 삽밧따따-야 삽바-완땅 로-깡 무디따-사하가떼-나 쩨-따사- 위뿔레-나 마학가떼-나 압빠마-네-나 아웨-레-나 아뱌-빳제-나 파리뜨와- 위하라띠. 소- 야데-와 땃타 호-띠 루-빠가땅 웨-다나-가땅 산냐-가땅 상카-라가땅 윈냐-나가땅 떼- 담메- 아닛짜또- 둑카또- 로-가또- 간다또- 살라또- 아가또- 아-바-다또- 빠라또- 빨로-까또- 순냐또- 아낫따또- 사마누빳사띠. 소- 까-야사 베-다- 빠랑 마라나- 숟다-와-사-낭 데-와-낭 사하뱌땅 우빠빳자띠. 아양, 빅카웨-, 우빠빳띠 아사-다-라나- 뿌툿자네-히

다시, 비구들이여, 여기 어떤 사람은 희(喜)가 함께한 심(心)으로 한 방향을 두루 미치면서 머문다. 그렇게 두 방향을, 그렇게 세 방향을, 그렇게 네 방향을. 이렇게 위로 아래로 중간방위로, 모든 곳에서 모두에게 펼쳐서 모든 세상을 크고 귀하고 무량한, 원망 없고 거슬림 없는 희가 함께한 심으로 두루 미치면서 머문다. 그는 거기서 색에 속하고, 수에 속하고, 상에 속하고, 행들에 속하고, 식에 속한 법들을 무상하고 고고 아픔이고 종기고 화살이고 재난이고 결점이고 남이고 부서지는 것이고 공이고 무아라고 관찰한다. 그는 몸이 무너져 죽은 뒤 정거천의 신들의 동료로 태어난다. 비구들이여, 이 태어남은 범부들로부터 공통되지 않은 것이다.

“puna caparaṃ, bhikkhave, idhekacco puggalo upekkhāsahagatena cetasā ekaṃ disaṃ pharitvā viharati, tathā dutiyaṃ tathā tatiyaṃ tathā catutthaṃ. iti uddhamadho tiriyaṃ sabbadhi sabbattatāya sabbāvantaṃ lokaṃ upekkhāsahagatena cetasā vipulena mahaggatena appamāṇena averena abyāpajjena pharitvā viharati. so yadeva tattha hoti rūpagataṃ vedanāgataṃ saññāgataṃ saṅkhāragataṃ viññāṇagataṃ te dhamme aniccato dukkhato rogato gaṇḍato sallato aghato ābādhato parato palokato suññato anattato samanupassati. so kāyassa bhedā paraṃ maraṇā suddhāvāsānaṃ devānaṃ sahabyataṃ upapajjati. ayaṃ, bhikkhave, upapatti asādhāraṇā puthujjanehi. ime kho, bhikkhave, cattāro puggalā santo saṃvijjamānā lokasmin”ti.

뿌나 짜빠랑, 빅카웨-, 이데-깟쪼- 뿍갈로- 우뻭카-사하가떼-나 쩨-따사- 에-깡 디상 파리뜨와- 위하라띠. 따타- 두띠양 따타- 따띠양 따타- 짜뜻탕. 이띠 욷다마도- 띠리양 삽바디 삽밧따따-야 삽바-완땅 로-깡 우뻭카-사하가떼-나 쩨-따사- 위뿔레-나 마학가떼-나 압빠마-네-나 아웨-레-나 아뱌-빳제-나 파리뜨와- 위하라띠. 소- 야데-와 땃타 호-띠 루-빠가땅 웨-다나-가땅 산냐-가땅 상카-라가땅 윈냐-나가땅 떼- 담메- 아닛짜또- 둑카또- 로-가또- 간다또- 살라또- 아가또- 아-바-다또- 빠라또- 빨로-까또- 순냐또- 아낫따또- 사마누빳사띠. 소- 까-얏사 베-다- 빠랑 마라나- 숟다-와-사-낭 데-와-낭 사하뱌땅 우빠빳자띠.

아양, 빅카웨-, 우빠빳띠 아사-다-라나- 뿌톳자네-히. 이메- 코-, 빅카웨-, 짯따-로- 뿍갈라- 산또- 상윗자마-나- 로-까스민”띠

다시, 비구들이여, 여기 어떤 사람은 사(捨)가 함께한 심(心)으로 한 방향을 두루 미치면서 머문다. 그렇게 두 방향을, 그렇게 세 방향을, 그렇게 네 방향을. 이렇게 위로 아래로 중간방위로, 모든 곳에서 모두에게 펼쳐서 모든 세상을 크고 귀하고 무량한, 원망 없고 거슬림 없는 사가 함께한 심으로 두루 미치면서 머문다. 그는 거기서 색에 속하고, 수에 속하고, 상에 속하고, 행들에 속하고, 식에 속한 법들을 무상하고 고고 아픔이고 종기고 화살이고 재난이고 결점이고 남이고 부서지는 것이고 공이고 무아라고 관찰한다. 그는 몸이 무너져 죽은 뒤 정거천의 신들의 동료로 태어난다. 비구들이여, 이 태어남은 범부들로부터 공통되지 않은 것이다. 비구들이여, 세상에는 이런 네 부류의 사람이 존재한다. ▣

배워 알고 실천하는 불교 신자!

5. saṅgahasuttaṃ (AN 4.32-따르게 함 경)

• 두 가지 성숙 — ①내적 성숙, ②관계의 성숙 → 내가 세상을 만나는 이야기의 완성

• 내적 성숙 기법 — 「사념처 → 사마타-위빳사나」
• 관계의 성숙 기법 — 사무량심(四無量心)-사섭법(四攝法)

• 사섭법(四攝法-네 가지 따르게 함) — 보시(布施-베풂), 애어(愛語-사랑스러운 말), 이행(利行-이익되는 행위), 동사(同事-함께함)

"cattārimāni, bhikkhave, saṅgahavatthūni. katamāni cattāri? dānaṃ, peyyavajjaṃ, atthacariyā, samānattatā — imāni kho, bhikkhave, cattāri saṅgahavatthūnī""ti.

짯따-리마-니, 빅카웨-, 상가하왓투-니. 까따마-니 짯따-리? 다-낭, 뻬이야왓장, 앗타짜리야-, 사마-낫따따- — 이마-니 코-, 빅카웨-, 짯따-리 상가하왓투-니-"띠

비구들이여, 이런 네 가지 따르게 함의 토대가 있다. 어떤 네 가지인가? 보시(布施), 애어(愛語), 이행(利行), 동사(同事) — 이것이, 비구들이여, 네 가지 따르게 함의 토대다.

"dānañca peyyavajjañca, atthacariyā ca yā idha.
samānattatā ca dhammesu, tattha tattha yathārahaṃ.
ete kho saṅgahā loke, rathassāṇīva yāyato.

다-난짜 뻬이야왓잔짜, 앗타짜리야- 짜 야- 이다
사마-낫따따- 짜 담메-수, 땃타 땃타 야타-라항
에-떼- 코- 상가하- 로-께-, 라탓사-니-와 야-야또-

보시와 사랑스러운 말과 이로운 행위
여기저기 적절한 곳에서 법들 가운데 함께하는 것
이런 따르게 함들은 이 세상에서 움직이는 마차 바퀴의 비녀장과 같다.

"ete ca saṅgahā nāssu, na mātā puttakāraṇā.
labhetha mānaṃ pūjaṃ vā, pitā vā puttakāraṇā.

에-떼- 짜 상가하- 나-ㅅ수, 나 마-따- 뿟따까-라나-
라베-타 마-낭 뿌-장 와-, 삐따- 와- 뿟따까-라나-

이런 따르게 함이 없다면 자식을 낳은 어머니도

자식을 기른 아버지도 자부심과 공경을 얻지 못할 것이다.

“yasmā ca saṅgahā ete, samavekkhanti paṇḍitā.
tasmā mahattaṃ papponti, pāsaṃsā ca bhavanti te”ti.

야스마- 짜 상가하- 에-떼-, 사마웩칸띠 빤디따-
따스마- 마핫땅 빱뽄띠, 빠-상사- 짜 바완띠 떼-“띠

현명한 사람은 이런 따르게 함을 고찰하기 때문에
위대함을 얻고 칭송받는다. ▣

배워 알고 실천하는 불교 신자!

6. dutiyahatthakasuttaṃ (AN 8.24-핫타까 경2)

• 사섭법(四攝法) = 큰 모임을 따르게 하기 위한 성품 → 지도자의 덕목

• 놀랍고 신기한 여덟 가지 법을 갖춘 알라위의 핫타까 = 남신자 제자 가운데 사섭법에 의해 모임을 따르게 함의 측면에서 으뜸

ekaṃ samayaṃ bhagavā āḷaviyaṃ viharati aggāḷave cetiye. atha kho hatthako āḷavako pañcamattehi upāsakasatehi parivuto yena bhagavā tenupasaṅkami; upasaṅkamitvā bhagavantaṃ abhivādetvā ekamantaṃ nisīdi. ekamantaṃ nisinnaṃ kho hatthakaṃ āḷavakaṃ bhagavā etadavoca — "mahatī kho tyāyaṃ, hatthaka, parisā. kathaṃ pana tvaṃ, hatthaka, imaṃ mahatiṃ parisaṃ saṅgaṇhāsī"ti? "yānimāni, bhante, bhagavatā desitāni cattāri saṅgahavatthūni, tehāhaṃ imaṃ mahatiṃ parisaṃ saṅgaṇhāmi. ahaṃ, bhante, yaṃ jānāmi — 'ayaṃ dānena saṅgahetabbo'ti, taṃ dānena saṅgaṇhāmi; yaṃ jānāmi — 'ayaṃ peyyavajjena saṅgahetabbo'ti, taṃ peyyavajjena saṅgaṇhāmi; yaṃ jānāmi — 'ayaṃ atthacariyāya saṅgahetabbo'ti, taṃ atthacariyāya saṅgaṇhāmi; yaṃ jānāmi — 'ayaṃ samānattatāya saṅgahetabbo'ti, taṃ samānattatāya saṅgaṇhāmi. saṃvijjanti kho pana me, bhante, kule bhogā. daliddassa kho no tathā sotabbaṃ maññantī"ti. "sādhu sādhu, hatthaka! yoni kho tyāyaṃ, hatthaka, mahatiṃ parisaṃ saṅgahetuṃ. ye hi keci, hatthaka, atītamaddhānaṃ mahatiṃ parisaṃ saṅgahesuṃ, sabbe te imeheva catūhi saṅgahavatthūhi mahatiṃ parisaṃ saṅgahesuṃ. yepi hi keci, hatthaka, anāgatamaddhānaṃ mahatiṃ parisaṃ saṅgaṇhissanti, sabbe te imeheva catūhi saṅgahavatthūhi mahatiṃ parisaṃ saṅgaṇhissanti. yepi hi keci, hatthaka, etarahi mahatiṃ parisaṃ saṅgaṇhanti, sabbe te imeheva catūhi saṅgahavatthūhi mahatiṃ parisaṃ saṅgaṇhantī"ti.

에-깡 사마양 바가와- 아-ㄹ라위양 위하라띠 악가-ㄹ라웨- 쩨-띠예-. 아타 코- 핫타꼬- 아-ㄹ라와꼬- 빤짜맛떼-히 우빠-사까사떼-히 빠리우또- 예-나 바가와- 떼-누빠상까미; 우빠상까미뜨와- 바가완땅 아비와-데-뜨와- 에-까만땅 니시-디. 에-까만땅 니신낭 코- 핫타깡 아-ㄹ라와깡 바가와- 에-따다오-짜 — "마하띠- 코- 땨-양, 핫타까, 빠리사-. 까탕 빠나 뜨왕, 핫타까, 이망 마하띵 빠리상 상간하-시-"띠? "야-니마-니, 반떼-, 바가와따- 데-시따-니 짯따-리 상가하왓투-니, 떼-하-항 이망 마하띵 빠리상 상간하-미. 아항, 반떼-, 양 자-나-미 — '아양 다-네-나 상가헤-땁보-'띠, 땅 다-네-나 상간하-미; 양 자-나-미 — '아양 뻬이야왓제-나 상가헤-땁보-'띠, 땅 뻬이야왓제-나 상간하-미; 양 자-나-미 — '아양 앗타짜리야-야 상가헤-땁보-'띠, 땅 앗타짜리야-야 상간하-미; 양 자-나-미 — '아양 사마-낫따따-야 상가헤-땁보-'띠, 땅 사마-낫따따-야 상간하-미; 상윗잔띠 코- 빠나 메-, 반떼-, 꿀레- 보-가-. 달릳닷사 코- 노- 따타- 소-땁방 만냔띠-"띠. "사-두 사-두, 핫타까! 요-니 코- 땨-양,

핫타까, 마하띵 빠리상 상가헤-뚱. 예- 히 께-찌, 핫타까, 아띠-따맏다-낭 마하띵 빠리상 상가헤-숭, 삽베- 떼- 이메-헤-와 짜뚜-히 상가하왓투-히 마하띵 빠리상 상가헤-숭. 예-삐 히 께-찌, 핫타까, 아나-가따맏다-낭 마하띵 빠리상 상간힛산띠, 삽베- 떼- 이메-헤-와 짜뚜-히 상가하왓투-히 마하띵 빠리상 상간힛산띠. 예-삐 히 께-찌, 핫타까, 에-따라히 마하띵 빠리상 상간한띠, 삽베- 떼- 이메-헤-와 짜뚜-히 상가하왓투-히 마하띵 빠리상 상간한띠-"띠

한때 세존은 알라위에서 악갈라와 탑에 머물렀다. 그때 알라위의 핫타까가 오백 명의 남신자들에 둘러싸여 세존에게 왔다. 와서는 세존에게 절한 뒤 한 곁에 앉았다. 한 곁에 앉은 알라위의 핫타까에게 세존은 이렇게 말했다. — "핫타까여, 그대의 이 모임은 크다. 핫타까여, 그대는 어떻게 이 큰 모임을 따르게 하는가?" "대덕이시여, 세존께서 설하신 사섭법(四攝法-네 가지 따르게 하는 토대)에 의해서 저는 이 큰 모임을 따르게 합니다. 대덕이시여, 저는 '이 사람은 보시(布施-베풂)에 의해 따라지는 사람이다.'라고 알면, 베풂으로써 따르게 합니다. 대덕이시여, 저는 '이 사람은 애어(愛語-사랑스러운 말)에 의해 따라지는 사람이다.'라고 알면, 사랑스러운 말로써 따르게 합니다. 대덕이시여, 저는 '이 사람은 이행(利行-이익되는 행위)에 의해 따라지는 사람이다.'라고 알면, 이익되는 행위로써 따르게 합니다. 대덕이시여, 저는 '이 사람은 동사(同事-함께함)에 의해 따라지는 사람이다.'라고 알면, 함께함으로써 따르게 합니다. 참으로, 대덕이시여, 저희 가문에는 재산이 있습니다. 저희는 가난한 사람들에게 그렇게 알려져야 한다고 생각합니다."라고.

"훌륭하고 훌륭하다, 핫타까여! 핫타까여, 그것이 이 큰 모임을 따르게 하기 위한 성품이다. 핫타까여, 누구든지 과거에 큰 모임을 따르게 한 사람들은 모두 이 사섭법에 의해 큰 모임을 따르게 했다. 핫타까여, 누구든지 미래에 큰 모임을 따르게 할 사람들은 모두 이 사섭법에 의해 큰 모임을 따르게 할 것이다. 핫타까여, 누구든지 현재에 큰 모임을 따르게 하는 사람들은 모두 이 사섭법에 의해 큰 모임을 따르게 한다."

atha kho hatthako āḷavako bhagavatā dhammiyā kathāya sandassito samādapito samuttejito sampahaṃsito uṭṭhāyāsanā bhagavantaṃ abhivādetvā padakkhiṇaṃ katvā pakkāmi. atha kho bhagavā acirapakkante hatthake āḷavake bhikkhū āmantesi — "aṭṭhahi, bhikkhave, acchariyehi abbhutehi dhammehi samannāgataṃ hatthakaṃ āḷavakaṃ dhāretha. katamehi aṭṭhahi? saddho, bhikkhave, hatthako āḷavako; sīlavā, bhikkhave, hatthako āḷavako; hirīmā, bhikkhave, hatthako āḷavako; ottappī, bhikkhave, hatthako āḷavako; bahussuto, bhikkhave, hatthako āḷavako; cāgavā, bhikkhave, hatthako āḷavako; paññavā, bhikkhave, hatthako āḷavako; appiccho, bhikkhave, hatthako āḷavako. imehi kho, bhikkhave, aṭṭhahi acchariyehi abbhutehi dhammehi samannāgataṃ hatthakaṃ āḷavakaṃ dhārethā"ti.

아타 코- 핫타꼬- 아-ㄹ라와꼬- 바가와따- 담미야- 까타-야 산닷시또- 사마-다삐또- 사뭇

떼-지또- 삼빠항시또- 웃타-야-사나- 바가완땅 아비와-데-뜨와- 빠닥키낭 까뜨와- 빡까-미. 아타 코- 바가와- 아찌라빡깐떼- 핫타께- 아-ㄹ라와께- 빅쿠- 아-만떼-시 — “앗타히, 빅카웨-, 앗차리예-히 압부떼-히 담메-히 사만나-가땅 핫타깡 아-ㄹ라와깡 다-레-타. 까따메-히 앗타히? 산도-, 빅카웨-, 핫타꼬- 아-ㄹ라와꼬-; 시-ㄹ라와-, 빅카웨-, 핫타꼬- 아-ㄹ라와꼬-; 히리-마-, 빅카웨-, 핫타꼬- 아-ㄹ라와꼬-; 옷땁삐-, 빅카웨-, 핫타꼬- 아-ㄹ라와꼬-; 바훗수또-, 빅카웨-, 핫타꼬- 아-ㄹ라와꼬-; 짜-가와-, 빅카웨-, 핫타꼬- 아-ㄹ라와꼬-; 빤냐와-, 빅카웨-, 핫타꼬- 아-ㄹ라와꼬-; 압삣초-, 빅카웨-, 핫타꼬- 아-ㄹ라와꼬-. 이메-히 코-, 빅카웨-, 앗타히 앗차리예-히 압부떼-히 담메-히 사만나-가땅 핫타깡 아-ㄹ라와깡 다-레-타-”띠

그러자 세존의 법다운 말씀으로 설명받고 격려받고 열중하고 만족한 알라위의 핫타까는 자리에서 일어나 세존에게 절하고, 오른쪽으로 돈 뒤에 돌아갔다. 그리고 세존은 알라위의 핫타까가 돌아가고 오래지 않아서 비구들에게 말했다. — “비구들이여, 놀랍고 신기한 여덟 가지 법을 갖춘 알라위의 핫타까를 명심해야 한다. 어떤 여덟 가지인가? 참으로, 비구들이여, 알라위의 핫타까는 믿음이 있고, 알라위의 핫타까는 계(戒)를 중시하고, 알라위의 핫타까는 히리(자책의 두려움)가 있고, 알라위의 핫타까는 옷땁빠(타책의 두려움)가 있고, 알라위의 핫타까는 많이 배웠고, 알라위의 핫타까는 보시를 하고, 알라위의 핫타까는 지혜가 있고, 알라위의 핫타까는 원하는 것이 적다. — 비구들이여, 놀랍고 신기한 이런 여덟 가지 법을 갖춘 알라위의 핫타까를 명심해야 한다.”라고. ▣

7. balasuttaṃ (AN 9.5-힘 경)

• 네 가지 힘을 갖춘 성스러운 제자는 다섯 가지 두려움을 극복함

• 네 가지 힘 — 지혜의 힘, 정진의 힘, 결점 없음의 힘, 따르게 함의 힘
• 다섯 가지 두려움 — 생계에 대한 두려움, 나쁜 평판에 대한 두려움, 모임에 당당하지 못함에 대한 두려움, 죽음에 대한 두려움, 나쁜 곳에 가는 것에 대한 두려움

⇒ 힘이 없는 자는 두려워 하고 힘이 있는 자는 두려워 하지 않음 ⇒ 두려워 말고 힘을 갖출 것

※ 따르게 함의 힘 — 보시-애어-이행-동사 가운데 으뜸에 대해 정의

“cattārimāni, bhikkhave, balāni. katamāni cattāri? paññābalaṃ, vīriyabalaṃ, anavajjabalaṃ, saṅgāhabalaṃ. katamañca, bhikkhave, paññābalaṃ? ye dhammā kusalākusalasaṅkhātā ye dhammā akusalā akusalasaṅkhātā ye dhammā sāvajjā sāvajjasaṅkhātā ye dhammā anavajjā anavajjasaṅkhātā ye dhammā kaṇhā kaṇhasaṅkhātā ye dhammā sukkā sukkasaṅkhātā ye dhammā sevitabbā sevitabbasaṅkhātā ye dhammā asevitabbā asevitabbasaṅkhātā ye dhammā nālamariyā nālamariyasaṅkhātā ye dhammā alamariyā alamariyasaṅkhātā, tyāssa dhammā paññāya vodiṭṭhā honti vocaritā. idaṃ vuccati, bhikkhave, paññābalaṃ.

짯따-리마-니, 빅카웨-, 발라-니. 까따마-니 짯따-리? 빤냐-발랑, 위-리야발랑, 아나왓자발랑, 상가-하발랑. 까따만짜, 빅카웨-, 빤냐-발랑? 예- 담마- 꾸살라- 꾸살라상카-따- 예- 담마- 아꾸살라- 아꾸살라상카-따- 예- 담마- 사-왓자- 사-왓자상카-따- 예- 담마- 아나왓자- 아나왓자상카-따- 예- 담마- 깐하- 깐하상카-따- 예- 담마- 숙까- 숙까상카-따- 예- 담마- 세-위땁바- 세-위땁바상카-따- 예- 담마- 아세-위땁바- 아세-위땁바상카-따- 예- 담마- 나-ㄹ라마리야- 나-ㄹ라마리야상카-따- 예- 담마- 알라마리야- 알라마리야상카-따-, 땨-ㅅ사 담마- 빤냐-야 오-딧타- 혼띠 오-짜리따-. 이당 웃짜띠, 빅카웨-, 빤냐-발랑

비구들이여, 이런 네 가지 힘이 있다. 어떤 네 가지인가? 지혜의 힘, 정진의 힘, 결점 없음의 힘, 따르게 함[함께함=좋은 관계를 유지함]의 힘이다.

그러면 비구들이여, 무엇이 지혜의 힘인가? ‘유익하고 유익하다고 동의 된 법들, 무익하고 무익하다고 동의 된 법들, 결점이 있고, 결점이 있다고 동의 된 법들, 결점이 없고 결점이 없다고 동의 된 법들, 나쁘고 나쁘다고 동의 된 법들, 좋고 좋다고 동의 된 법들, 실천해야 하고 실천해야 한다고 동의 된 법들, 실천하지 않아야 하고 실천하지 않아야 한다고 동의 된 법들, 성자에게 어울리지 않고 성자에게 어울리지 않는다고 동의 된 법들, 성자에게 어울리고 성자에게 어울린다고 동의 된 법들’은 지혜에 의해서 알려지고 이해된다. 이것이, 비구들이여,

지혜의 힘이라고 불린다.

“katamañca, bhikkhave, vīriyabalaṃ? ye dhammā akusalā akusalasaṅkhātā ye dhammā sāvajjā sāvajjasaṅkhātā ye dhammā kaṇhā kaṇhasaṅkhātā ye dhammā asevitabbā asevitabbasaṅkhātā ye dhammā nālamariyā nālamariyasaṅkhātā, tesaṃ dhammānaṃ pahānāya chandaṃ janeti vāyamati vīriyaṃ ārabhati cittaṃ paggaṇhāti padahati. ye dhammā kusalā kusalasaṅkhātā ye dhammā anavajjā anavajjasaṅkhātā ye dhammā sukkā sukkasaṅkhātā ye dhammā sevitabbā sevitabbasaṅkhātā ye dhammā alamariyā alamariyasaṅkhātā, tesaṃ dhammānaṃ paṭilābhāya chandaṃ janeti vāyamati vīriyaṃ ārabhati cittaṃ paggaṇhāti padahati. idaṃ vuccati, bhikkhave, vīriyabalaṃ.

까따만짜, 빅카웨-, 위-리야발랑? 예- 담마- 아꾸살라- 아꾸살라상카-따- 예- 담마- 사-왓자- 사-왓자상카-따- 예- 담마- 깐하- 깐하상카-따- 예- 담마- 아세-위땁바- 아세-위땁바상카-따- 예- 담마- 나-ㄹ라마리야- 나-ㄹ라마리야상카-따-, 떼-상 담마-낭 빠하-나-야 찬당 자네-띠 와-야마띠 위-리양 아-라바띠 찟땅 빡간하-띠 빠다하띠. 예- 담마- 꾸살라- 꾸살라상카-따- 예- 담마- 아나왓자- 아나왓자상카-따- 예- 담마- 숙까- 숙까상카-따- 예- 담마- 세-위땁바- 세-위땁바상카-따- 예- 담마- 알라마리야- 알라마리야상카-따-, 떼-상 담마-낭 빠띨라-바-야 찬당 자네-띠 와-야마띠 위-리양 아-라바띠 찟땅 빡간하-띠 빠다하띠. 이당 웃짜띠, 빅카웨-, 위-리야발랑

그러면 비구들이여, 무엇이 정진의 힘인가? 무익하고 무익하다고 동의 된 법들, 결점이 있고, 결점이 있다고 동의 된 법들, 나쁘고 나쁘다고 동의 된 법들, 실천하지 않아야 하고 실천하지 않아야 한다고 동의 된 법들, 성자에게 어울리지 않고 성자에게 어울리지 않는다고 동의 된 법들을 버리기 위해서 관심을 생기게 하고, 노력하고, 힘을 다하고, 심을 돌보고, 애쓴다. 유익하고 유익하다고 동의 된 법들, 결점이 없고 결점이 없다고 동의 된 법들, 좋고 좋다고 동의 된 법들, 실천해야 하고 실천해야 한다고 동의 된 법들, 성자에게 어울리고 성자에게 어울린다고 동의 된 법들을 얻기 위해서 관심을 생기게 하고, 노력하고, 힘을 다하고, 심을 돌보고, 애쓴다. 이것이, 비구들이여, 정진의 힘이라고 불린다.

“katamañca, bhikkhave, anavajjabalaṃ? idha, bhikkhave, ariyasāvako anavajjena kāyakammena samannāgato hoti, anavajjena vacīkammena samannāgato hoti, anavajjena manokammena samannāgato hoti. idaṃ vuccati, bhikkhave, anavajjabalaṃ.

까따만짜, 빅카웨-, 아나왓자발랑? 이다, 빅카웨-, 아리야사-와꼬- 아나왓제-나 까-야깜메-나 사만나-가또- 호-띠, 아나왓제-나 와찌-깜메-나 사만나-가또- 호-띠, 아나왓제-나 마

노-깜메-나 사만나-가또- 호-띠. 이당 웃짜띠, 빅카웨-, 아나왓자발랑

그러면 비구들이여, 무엇이 결점 없음의 힘인가? 여기, 비구들이여, 성스러운 제자는 결점 없는 신업(身業)을 갖추고, 결점 없는 구업(口業)을 갖추고, 결점 없는 의업(意業)을 갖춘다. 이것이, 비구들이여, 결점 없음의 힘이라고 불린다.

“katamañca, bhikkhave, saṅgāhabalaṃ? cattārimāni, bhikkhave, saṅgahavatthūni — dānaṃ, peyyavajjaṃ, atthacariyā, samānattatā. etadaggaṃ, bhikkhave, dānānaṃ yadidaṃ dhammadānaṃ. etadaggaṃ, bhikkhave, peyyavajjānaṃ yadidaṃ atthikassa ohitasotassa punappunaṃ dhammaṃ deseti. etadaggaṃ, bhikkhave, atthacariyānaṃ yadidaṃ assaddhaṃ saddhāsampadāya samādapeti niveseti patiṭṭhāpeti, dussīlaṃ sīlasampadāya samādapeti niveseti patiṭṭhāpeti, macchariṃ cāgasampadāya samādapeti niveseti patiṭṭhāpeti, duppaññaṃ paññāsampadāya samādapeti niveseti patiṭṭhāpeti. etadaggaṃ, bhikkhave, samānattatānaṃ yadidaṃ sotāpanno sotāpannassa samānatto, sakadāgāmī sakadāgāmissa samānatto, anāgāmī anāgāmissa samānatto, arahā arahato samānatto. idaṃ vuccati, bhikkhave, saṅgāhabalaṃ. imāni kho, bhikkhave, cattāri balāni.

까따만짜, 빅카웨-, 상가-하발랑? 짯따-리마-니, 빅카웨-, 상가하왓투-니 — 다-낭, 뻬이야왓장, 앗타짜리야-, 사마-낫따따-. 에-따닥강, 빅카웨-, 다-나-낭 야디당 담마다-낭. 에-따닥강, 빅카웨-, 뻬이야왓자-낭 야디당 앗티깟사 오-히따소-땃사 뿌납뿌낭 담망 데-세-띠. 에-따닥강, 빅카웨-, 앗타짜리야-낭 야디당 앗산당 산다-삼빠다-야 사마-다뻬-띠 니웨-세-띠 빠띳타-뻬-띠, 둣시-ㄹ랑 시-ㄹ라삼빠다-야 사마-다뻬-띠 니웨-세-띠 빠띳타-뻬-띠, 맛차링 짜-가삼빠다-야 사마-다뻬-띠 니웨-세-띠 빠띳타-뻬-띠, 둡빤냥 빤냐-삼빠다-야 사마-다뻬-띠 니웨-세-띠 빠띳타-뻬-띠, 에-따닥강, 빅카웨-, 사마-낫따따-낭 야디당 소-따-빤노- 소-따-빤낫사 사마-낫또-, 사까다-가-미- 사까다-가-밋사 사마-낫또-, 아나-가-미- 아나-가-밋사 사마-낫또-, 아라하- 아라하또- 사마-낫또-. 이당 웃짜띠, 빅카웨-, 상가-하발랑. 이마-니 코-, 빅카웨-, 짯따-리 발라-니

그러면 비구들이여, 무엇이 따르게 함의 힘인가? 비구들이여, 이런 네 가지 따르게 함의 토대[사섭법(四攝法)]가 있다. — 보시(布施), 애어(愛語), 이행(利行), 동사(同事). 비구들이여, 법시(法施)가 보시 가운데 으뜸이다. 원하고 귀를 기울이는 자에게 반복해서 법을 설하는 것이 애어 가운데 으뜸이다. 믿음이 없는 자에게 믿음의 성취를 위해 부추기고, 들어가게 하고, 확립하게 하고, 계를 경시하는 자에게 계의 성취를 위해 부추기고, 들어가게 하고, 확립하게 하고, 이기적인 자에게 보시의 성취를 위해 부추기고, 들어가게 하고, 확립하게 하고, 어리석은 자에게 지혜의 성취를 위해 부추기고, 들어가게 하고, 확립하게 하는 것이 이행 가운데 으뜸이다. 예류자(預流者)는 예류자와 사귀고, 일래자(一來者)는 일래자와 사귀고, 불환자(不還者)

는 불환자와 사귀고, 아라한(阿羅漢)은 아라한과 사귀는 것이 동사 가운데 으뜸이다. 이것이, 비구들이여, 따르게 함의 힘이라고 불린다. 이것이, 비구들이여, 네 가지 힘이다.

“imehi kho, bhikkhave, catūhi balehi samannāgato ariyasāvako pañca bhayāni samatikkanto hoti. katamāni pañca? ājīvikabhayaṃ, asilokabhayaṃ, parisasārajjabhayaṃ, maraṇabhayaṃ, duggatibhayaṃ. sa kho so, bhikkhave, ariyasāvako iti paṭisañcikkhati — ‘nāhaṃ ājīvikabhayassa bhāyāmi. kissāhaṃ ājīvikabhayassa bhāyissāmi? atthi me cattāri balāni — paññābalaṃ, vīriyabalaṃ, anavajjabalaṃ, saṅgāhabalaṃ. duppañño kho ājīvikabhayassa bhāyeyya. kusīto ājīvikabhayassa bhāyeyya. sāvajjakāyakammantavacīkammantamanokammanto ājīvikabhayassa bhāyeyya. asaṅgāhako ājīvikabhayassa bhāyeyya.

이메-히 코-, 빅카웨-, 짜뚜-히 발레-히 사만나-가또- 아리야사-와꼬- 빤짜 바야-니 사마띡깐또- 호-띠. 까따마-니 빤짜? 아-지-위까바양, 아실로-까바양, 빠리사사-랏자바양, 마라나바양, 둑가띠바양. 사 코- 소-, 빅카웨-, 아리야사-와꼬- 이띠 빠띠산찍카띠 — ‘나-항 아-지-위까바얏사 바-야-미. 낏사-항 아-지-위까바얏사 바-잇사-미? 앗티 메- 짯따-리 발라-니 — 빤냐-발랑, 위-리야발랑, 아나왓자발랑, 상가-하발랑. 둡빤뇨- 코- 아-지-위까바얏사 바-예이야. 꾸시-또- 아-지-위까바얏사 바-예이야 사-왓자까-야깜만따와찌-깜만따마노-깜만또- 아-지-위까바얏사 바-예이야. 아상가-하꼬- 아-지-위까바얏사 바-예이야

비구들이여, 이런 네 가지 힘을 갖춘 성스러운 제자는 다섯 가지 두려움을 극복한다. 어떤 다섯 가지인가? 생계에 대한 두려움, 나쁜 평판에 대한 두려움, 모임에 당당하지 못함에 대한 두려움, 죽음에 대한 두려움, 나쁜 곳에 가는 것에 대한 두려움이다. 비구들이여, 그 성스러운 제자는 이렇게 숙고한다. — ’나는 생계에 대해 두려워하지 않는다. 무엇 때문에 내가 생계에 대해 두려워하겠는가? 나에게는 지혜의 힘, 정진의 힘, 결점 없음의 힘, 따르게 함의 힘이라는 네 가지 힘이 있다. 어리석은 자는 생계에 대해 두려워할 것이다. 게으른 자는 생계에 대해 두려워할 것이다. 신업과 구업과 의업에 결점이 있는 자는 생계에 대해 두려워할 것이다. 따르게 함이 없는 자는 생계에 대해 두려워할 것이다.

nāhaṃ asilokabhayassa bhāyāmi. kissāhaṃ asilokabhayassa bhāyissāmi? atthi me cattāri balāni — paññābalaṃ, vīriyabalaṃ, anavajjabalaṃ, saṅgāhabalaṃ. duppañño kho asilokabhayassa bhāyeyya. kusīto asilokabhayassa bhāyeyya. sāvajjakāyakammantavacīkammantamanokammanto asilokabhayassa bhāyeyya. asaṅgāhako asilokabhayassa bhāyeyya.

나-항 아실로-까바얏사 바-야-미. 낏사-항 아실로-까바얏사 바-잇사-미? 앗티 메- 짯따-리 발라-니 — 빤냐-발랑, 위-리야발랑, 아나왓자발랑, 상가-하발랑. 둡빤뇨- 코- 아실로-까바

야사 바-예이야. 꾸시-또- 아실로-까바야사 바-예이야 사-왓자까-야깜만따와찌-깜만따마노-깜만또- 아실로-까바야사 바-예이야. 아상가-하꼬- 아실로-까바야사 바-예이야

나는 나쁜 평판에 대해 두려워하지 않는다. 무엇 때문에 내가 나쁜 평판에 대해 두려워하겠는가? 나에게는 지혜의 힘, 정진의 힘, 결점 없음의 힘, 따르게 함의 힘이라는 네 가지 힘이 있다. 어리석은 자는 나쁜 평판에 대해 두려워할 것이다. 게으른 자는 나쁜 평판에 대해 두려워할 것이다. 신업과 구업과 의업에 결점이 있는 자는 나쁜 평판에 대해 두려워할 것이다. 따르게 함이 없는 자는 나쁜 평판에 대해 두려워할 것이다.

nāhaṃ parisasārajjabhayassa bhāyāmi. kissāhaṃ parisasārajjabhayassa bhāyissāmi? atthi me cattāri balāni — paññābalaṃ, vīriyabalaṃ, anavajjabalaṃ, saṅgāhabalaṃ. duppañño kho parisasārajjabhayassa bhāyeyya. kusīto parisasārajjabhayassa bhāyeyya. sāvajjakāyakammantavacīkammantamanokammanto parisasārajjabhayassa bhāyeyya. asaṅgāhako parisasārajjabhayassa bhāyeyya.

나-항 빠리사사-랏자바야사 바-야-미. 낏사-항 빠리사사-랏자바야사 바-잇사-미? 앗티 메- 짯따-리 발라-니 — 빤냐-발랑, 위-리야발랑, 아나왓자발랑, 상가-하발랑. 둡빤뇨- 코- 빠리사사-랏자바야사 바-예이야. 꾸시-또- 빠리사사-랏자바야사 바-예이야 사-왓자까-야깜만따와찌-깜만따마노-깜만또- 빠리사사-랏자바야사 바-예이야. 아상가-하꼬- 빠리사사-랏자바야사 바-예이야

나는 모임에 당당하지 못함에 대해 두려워하지 않는다. 무엇 때문에 내가 모임에 당당하지 못함에 대해 두려워하겠는가? 나에게는 지혜의 힘, 정진의 힘, 결점 없음의 힘, 따르게 함의 힘이라는 네 가지 힘이 있다. 어리석은 자는 모임에 당당하지 못함에 대해 두려워할 것이다. 게으른 자는 모임에 당당하지 못함에 대해 두려워할 것이다. 신업과 구업과 의업에 결점이 있는 자는 모임에 당당하지 못함에 대해 두려워할 것이다. 따르게 함이 없는 자는 모임에 당당하지 못함에 대해 두려워할 것이다.

nāhaṃ maraṇabhayassa bhāyāmi. kissāhaṃ maraṇabhayassa bhāyissāmi? atthi me cattāri balāni — paññābalaṃ, vīriyabalaṃ, anavajjabalaṃ, saṅgāhabalaṃ. duppañño kho maraṇabhayassa bhāyeyya. kusīto maraṇabhayassa bhāyeyya. sāvajjakāyakammantavacīkammantamanokammanto maraṇabhayassa bhāyeyya. asaṅgāhako maraṇabhayassa bhāyeyya.

나-항 마라나바야사 바-야-미. 낏사-항 마라나바야사 바-잇사-미? 앗티 메- 짯따-리 발라-니 — 빤냐-발랑, 위-리야발랑, 아나왓자발랑, 상가-하발랑. 둡빤뇨- 코- 마라나바야사 바-

예이야. 꾸시-또- 마라나바얏사 바-예이야 사-왓자까-야깜만따와찌-깜만따마노-깜만또-마라나바얏사 바-예이야. 아상가-하꼬- 마라나바얏사 바-예이야

나는 죽음에 대해 두려워하지 않는다. 무엇 때문에 내가 죽음에 대해 두려워하겠는가? 나에게는 지혜의 힘, 정진의 힘, 결점 없음의 힘, 따르게 함의 힘이라는 네 가지 힘이 있다. 어리석은 자는 죽음에 대해 두려워할 것이다. 게으른 자는 죽음에 대해 두려워할 것이다. 신업과 구업과 의업에 결점이 있는 자는 죽음에 대해 두려워할 것이다. 따르게 함이 없는 자는 죽음에 대해 두려워할 것이다.

nāhaṃ duggatibhayassa bhāyāmi. kissāhaṃ duggatibhayassa bhāyissāmi? atthi me cattāri balāni — paññābalaṃ, vīriyabalaṃ, anavajjabalaṃ, saṅgāhabalaṃ. duppañño kho duggatibhayassa bhāyeyya. kusīto duggatibhayassa bhāyeyya. sāvajjakāyakammantavacīkammantamanokammanto duggatibhayassa bhāyeyya. asaṅgāhako duggatibhayassa bhāyeyya. imehi kho, bhikkhave, catūhi balehi samannāgato ariyasāvako imāni pañca bhayāni samatikkanto hotī"ti.

나-항 둑가띠바얏사 바-야-미. 낏사-항 둑가띠바얏사 바-잇사-미? 앗티 메- 짯따-리 발라-니 — 빤냐-발랑, 위-리야발랑, 아나왓자발랑, 상가-하발랑. 둡빤뇨- 코- 둑가띠바얏사 바-예이야. 꾸시-또- 둑가띠바얏사 바-예이야 사-왓자까-야깜만따와찌-깜만따마노-깜만또-둑가띠바얏사 바-예이야. 아상가-하꼬- 둑가띠바얏사 바-예이야. 이메-히 코-, 빅카웨-, 짜뚜-히 발레-히 사만나-가또- 아리야사-와꼬- 이마-니 빤짜 바야-니 사마띡깐또- 호-띠-"띠

나는 나쁜 곳에 가는 것에 대해 두려워하지 않는다. 무엇 때문에 내가 나쁜 곳에 가는 것에 대해 두려워하겠는가? 나에게는 지혜의 힘, 정진의 힘, 결점 없음의 힘, 따르게 함의 힘이라는 네 가지 힘이 있다. 어리석은 자는 나쁜 곳에 가는 것에 대해 두려워할 것이다. 게으른 자는 나쁜 곳에 가는 것에 대해 두려워할 것이다. 신업과 구업과 의업에 결점이 있는 자는 나쁜 곳에 가는 것에 대해 두려워할 것이다. 따르게 함이 없는 자는 나쁜 곳에 가는 것에 대해 두려워할 것이다. 비구들이여, 이런 네 가지 힘을 갖춘 성스러운 제자는 이런 다섯 가지 두려움을 극복한다. ▣

배워 알고 실천하는 불교 신자!

8. mahānāmasuttaṃ (SN 55.37-마하나마 경)

- 삭까 사람 마하나마 — 남신자 제자 가운데 뛰어난 보시의 측면에서 으뜸

- 재가 신자의 정의 — 누가 재가 신자입니까?
- 재가 신자의 덕목 — 누가 ①계(戒)-②믿음-③보시(布施)-④지혜를 갖춘 재가 신자입니까?

ekaṃ samayaṃ bhagavā sakkesu viharati kapilavatthusmiṃ nigrodhārāme. atha kho mahānāmo sakko yena bhagavā tenupasaṅkami; upasaṅkamitvā bhagavantaṃ abhivādetvā ekamantaṃ nisīdi. ekamantaṃ nisinno kho mahānāmo sakko bhagavantaṃ etadavoca —

에-깡 사마양 바가와- 삭께-수 위하라띠 까삘라왓투스밍 니그로-다-라-메-. 아타 코- 마하-나-모- 삭꼬- 예-나 바가와- 떼-누빠상까미; 우빠상까미뜨와- 바가완땅 아비와-데-뜨와- 에-까만땅 니시-디. 에-까만땅 니신노- 코- 마하-나-모- 삭꼬- 바가완땅 에-따다오-짜 —

한때 세존은 삭까에서 까삘라왓투의 니그로다 사원에 머물렀다. 그때 삭까 사람 마하나마가 세존에게 왔다. 와서는 세존에게 절한 뒤 한 곁에 앉았다. 한 곁에 앉은 삭까 사람 마하나마는 세존에게 이렇게 말했다. —

"kittāvatā nu kho, bhante, upāsako hotī"ti? "yato kho, mahānāma, buddhaṃ saraṇaṃ gato hoti, dhammaṃ saraṇaṃ gato hoti, saṅghaṃ saraṇaṃ gato hoti — ettāvatā kho, mahānāma, upāsako hotī"ti.

"낏따-와따- 누 코-, 반떼-, 우빠-사꼬- 호-띠-"띠? "야또- 코-, 마하-나-마, 붇당 사라낭 가또- 호-띠, 담망 사라낭 가또- 호-띠, 상강 사라낭 가또- 호-띠 — 엣따-와따- 코-, 마하-나-마, 우빠-사꼬- 호-띠-"띠

"대덕이시여, 누가 재가 신자입니까?" "마하나마여, 의지처인 부처님에게로 가고, 의지처인 가르침에게로 가고, 의지처인 성자들에게로 갈 때 — 마하나마여, 이런 사람이 재가 신자다."

"kittāvatā pana, bhante, upāsako sīlasampanno hotī"ti? "yato kho, mahānāma, upāsako pāṇātipātā paṭivirato hoti, adinnādānā paṭivirato hoti, kāmesumicchācārā paṭivirato hoti, musāvādā paṭivirato hoti, surāmerayamajjappamādaṭṭhānā paṭivirato hoti — ettāvatā kho, mahānāma, upāsako sīlasampanno hotī"ti.

"낏따-와따- 빠나, 반떼-, 우빠-사꼬- 시-ㄹ라삼빤노- 호-띠-"띠? "야또- 코-, 마하-나-마, 우빠-사꼬- 빠-나-띠빠-따- 빠띠위라또- 호-띠, 아딘나-다-나- 빠띠위라또- 호-띠, 까-메-수밋차-짜-라- 빠띠위라또- 호-띠, 무사-와-다- 빠띠위라또- 호-띠, 수라-메-라야맛잡빠마-닷타-나- 빠띠위라또- 호-띠 — 엣따-와따- 코-, 마하-나-마, 우빠-사꼬- 시-ㄹ라삼빤노- 호-띠-"띠

"그러면, 대덕이시여, 누가 계(戒)를 갖춘 재가 신자입니까?" "마하나마여, 재가 신자가 생명을 해치는 행위로부터 피하고, 주지 않는 것을 가지는 행위로부터 피하고, 음행(淫行)에 대한 삿된 행위로부터 피하고, 거짓을 말하는 행위로부터 피하고, 술과 발효액 등 취하게 하는 것으로 인한 방일한 머묾으로부터 피할 때 — 마하나마여, 이런 사람이 계(戒)를 갖춘 재가 신자다."

"kittāvatā pana, bhante, upāsako saddhāsampanno hotī"ti? "idha, mahānāma, upāsako saddho hoti, saddahati tathāgatassa bodhiṃ — itipi so bhagavā arahaṃ sammāsambuddho vijjācaraṇasampanno sugato lokavidū anuttaro purisadammasārathi satthā devamanussānaṃ buddho bhagavāti. ettāvatā kho, mahānāma, upāsako saddhāsampanno hotī"ti.

"낏따-와따- 빠나, 반떼-, 우빠-사꼬- 삳다-삼빤노- 호-띠-"띠? "이다, 마하-나-마, 우빠-사꼬- 삳도- 호-띠, 삳다하띠 따타-가땃사 보-딩 — '이띠삐 소- 바가와- 아라항 삼마-삼붇도- 윗자-짜라나삼빤노- 수가또- 로-까위두- 아눗따로- 뿌리사담마사-라티 삿타- 데-와마눗사-낭 붇도- 바가와-띠. 엣따-와따- 코-, 마하-나-마, 우빠-사꼬- 삳다-삼빤노- 호-띠-"띠

"그러면, 대덕이시여, 누가 믿음을 갖춘 재가 신자입니까?" "여기, 마하나마여, 재가 신자는 믿음을 가진다. '이렇게 그분 세존(世尊)께서는 모든 번뇌 떠나신 분, 스스로 완전한 깨달음을 이루신 분, 밝음과 실천을 갖추신 분, 진리의 길 보이신 분, 세상일을 모두 훤히 아시는 분, 어리석은 이도 잘 이끄시는 위없는 분, 천상과 인간의 스승, 깨달으신 분, 존귀하신 분이시다.'라고 여래(如來)의 깨달음을 믿는다. 마하나마여, 이런 사람이 믿음을 갖춘 재가 신자다."

"kittāvatā pana, bhante, upāsako cāgasampanno hotī"ti? "idha, mahānāma, upāsako vigatamalamaccherena cetasā agāraṃ ajjhāvasati muttacāgo payatapāṇi vossaggarato yācayogo dānasaṃvibhāgarato — ettāvatā kho, mahānāma, upāsako cāgasampanno hotī"ti.

"낏따-와따- 빠나, 반떼-, 우빠-사꼬- 짜-가삼빤노- 호-띠-"띠? "이다, 마하-나-마, 우빠-사

꼬- 위가따말라맛체-레-나 쩨-따사- 아가-랑 앗자-와사띠 뭇따짜-고- 빠야따빠-니 옷삭가라또- 야-짜요-고- 다-나상위바-가라또- — 엣따-와따- 코-, 마하-나-마, 우빠-사꼬- 짜-가삼빤노- 호-띠-"띠

"그러면, 대덕이시여, 누가 보시(布施)를 갖춘 재가 신자입니까?" "여기, 마하나마여, 재가 신자는 인색의 때에서 벗어난 심(心)으로 자유롭게 보시하고, 손은 깨끗하고, 주기를 좋아하고, 다른 사람의 요구에 응할 준비가 되어있고, 베풂과 나눔을 좋아하며 재가에 산다. — 마하나마여, 이런 사람이 보시를 갖춘 재가 신자다."

"kittāvatā pana, bhante, upāsako paññāsampanno hotī"ti? "idha, mahānāma, upāsako paññavā hoti udayatthagāminiyā paññāya samannāgato ariyāya nibbedhikāya sammā dukkhakkhayagāminiyā — ettāvatā kho, mahānāma, upāsako paññāsampanno hotī"ti.

"낏따-와따- 빠나, 반떼-, 우빠-사꼬- 빤냐-삼빤노- 호-띠-"띠? "이다, 마하-나-마, 우빠-사꼬- 빤냐와- 호-띠 우다얏타가-미니야- 빤냐-야 사만나-가또- 아리야-야 닙베-디까-야 삼마- 둑칵카야가-미니야- — 엣따-와따- 코-, 마하-나-마, 우빠-사꼬- 빤냐-삼빤노- 호-띠-"띠

"그러면, 대덕이시여, 누가 지혜를 갖춘 재가 신자입니까?" "여기, 마하나마여, 재가 신자는 지혜를 가졌다. 자라남-줄어듦으로 이끌고, 성스러운 꿰뚫음에 의해 바르게 괴로움의 부서짐으로 이끄는 지혜를 갖추었다. — 마하나마여, 이런 사람이 지혜를 갖춘 재가 신자다." ▣

배워 알고 실천하는 불교 신자!

9. mahānāmasuttaṃ (AN 8.25-마하나마 경)

- 소승적인 불교 신자 — 자기의 이익은 위하지만 남의 이익은 위하지 않는 실천을 하는 재가 신자
- 대승적인 불교 신자 — 자기의 이익도 위하고 남의 이익도 위하는 실천을 하는 재가 신자

ekaṃ samayaṃ bhagavā sakkesu viharati kapilavatthusmiṃ nigrodhārāme. atha kho mahānāmo sakko yena bhagavā tenupasaṅkami; upasaṅkamitvā bhagavantaṃ abhivādetvā ekamantaṃ nisīdi. ekamantaṃ nisinno kho mahānāmo sakko bhagavantaṃ etadavoca — "kittāvatā nu kho, bhante, upāsako hotī"ti? "yato kho, mahānāma, buddhaṃ saraṇaṃ gato hoti, dhammaṃ saraṇaṃ gato hoti, saṅghaṃ saraṇaṃ gato hoti; ettāvatā kho, mahānāma, upāsako hotī"ti.

에-깡 사마양 바가와- 삭께-수 위하라띠 까빌라왓투스밍 니그로-다-라-메-. 아타 코- 마하-나-모- 삭꼬- 예-나 바가와- 떼-누빠상까미; 우빠상까미뜨와- 바가완땅 아비와-데-뜨와- 에-까만땅 니시-디. 에-까만땅 니신노- 코- 마하-나-모- 삭꼬- 바가완땅 에-따다오-짜 — "낏따-와따- 누 코-, 반떼-, 우빠-사꼬- 호-띠-"띠? "야또- 코-, 마하-나-마, 붇당 사라낭 가또- 호-띠, 담망 사라낭 가또- 호-띠, 상강 사라낭 가또- 호-띠 — 엣따-와따- 코-, 마하-나-마, 우빠-사꼬- 호-띠-"띠

한때 세존은 삭까에서 까빌라왓투의 니그로다 사원에 머물렀다. 그때 삭까 사람 마하나마가 세존에게 왔다. 와서는 세존에게 절한 뒤 한 곁에 앉았다. 한 곁에 앉은 삭까 사람 마하나마는 세존에게 이렇게 말했다. — "대덕이시여, 누가 재가 신자입니까?" "마하나마여, 의지처인 부처님에게로 가고, 의지처인 가르침에게로 가고, 의지처인 성자들에게로 갈 때 — 마하나마여, 이런 사람이 재가 신자다."

"kittāvatā pana, bhante, upāsako sīlavā hotī"ti? "yato kho, mahānāma, upāsako pāṇātipātā paṭivirato hoti, adinnādānā paṭivirato hoti, kāmesumicchācārā paṭivirato hoti, musāvādā paṭivirato hoti, surāmerayamajjapamādaṭṭhānā paṭivirato hoti; ettāvatā kho, mahānāma, upāsako sīlavā hotī"ti.

"낏따-와따- 빠나, 반떼-, 우빠-사꼬- 시-ㄹ라와- 호-띠-"띠? "야또- 코-, 마하-나-마, 우빠-사꼬- 빠-나-띠빠-따- 빠띠위라또- 호-띠, 아딘나-다-나- 빠띠위라또- 호-띠, 까-메-수밋차-짜-라- 빠띠위라또- 호-띠, 무사-와-다- 빠띠위라또- 호-띠, 수라-메-라야맛자빠마-닷타-나- 빠띠위라또- 호-띠 — 엣따-와따- 코-, 마하-나-마, 우빠-사꼬- 시-ㄹ라와- 호-띠-"띠

"그러면, 대덕이시여, 누가 계(戒)를 지닌 재가 신자입니까?" "마하나마여, 재가 신자가 생명

을 해치는 행위로부터 피하고, 주지 않는 것을 가지는 행위로부터 피하고, 음행(淫行)에 대한 삿된 행위로부터 피하고, 거짓을 말하는 행위로부터 피하고, 술과 발효액 등 취하게 하는 것으로 인한 방일한 머묾으로부터 피할 때 — 마하나마여, 이런 사람이 계(戒)를 지닌 재가 신자다."

"kittāvatā pana, bhante, upāsako attahitāya paṭipanno hoti, no parahitāyā"ti?
"yato kho, mahānāma, upāsako attanāva saddhāsampanno hoti, no paraṃ saddhāsampadāya samādapeti; attanāva sīlasampanno hoti, no paraṃ sīlasampadāya samādapeti; attanāva cāgasampanno hoti, no paraṃ cāgasampadāya samādapeti; attanāva bhikkhūnaṃ dassanakāmo hoti, no paraṃ bhikkhūnaṃ dassane samādapeti; attanāva saddhammaṃ sotukāmo hoti, no paraṃ saddhammassavane samādapeti; attanāva sutānaṃ dhammānaṃ dhāraṇajātiko hoti, no paraṃ dhammadhāraṇāya samādapeti; attanāva sutānaṃ dhammānaṃ atthūpaparikkhitā hoti, no paraṃ atthūpaparikkhāya samādapeti; attanāva atthamaññāya dhammamaññāya dhammānudhammappaṭipanno hoti, no paraṃ dhammānudhammappaṭipattiyā samādapeti. ettāvatā kho, mahānāma, upāsako attahitāya paṭipanno hoti, no parahitāyā"ti.

"낏따-와따- 빠나, 반떼-, 우빠-사꼬- 앗따히따-야 빠띠빤노- 호-띠, 노- 빠라히따-야-"띠?
"야또- 코-, 마하-나-마, 우빠-사꼬- 앗따나-와 삳다-삼빤노- 호-띠, 노- 빠랑 삳다-삼빠다-야 사마-다뻬-띠; 앗따나-와 시-ㄹ라삼빤노- 호-띠, 노- 빠랑 시-ㄹ라삼빠다-야 사마-다뻬-띠; 앗따나-와 짜-가삼빤노- 호-띠, 노- 빠랑 짜-가삼빠다-야 사마-다뻬-띠; 앗따나-와 빅쿠-낭 닷사나까-모- 호-띠, 노- 빠랑 빅쿠-낭 닷사네- 사마-다뻬-띠; 앗따나-와 삳담망 소-뚜까-모- 호-띠, 노- 빠랑 삳담맛사와네- 사마-다뻬-띠; 앗따나-와 수따-낭 담마-낭 다-라나자-띠꼬- 호-띠, 노- 빠랑 담마다-라나-야 사마-다뻬-띠; 앗따나-와 수따-낭 담마-낭 앗투-빠빠릭키따- 호-띠, 노- 빠랑 앗투-빠빠릭카-야 사마-다뻬-띠; 앗따나-와 앗타만냐-야 담마만냐-야 담마-누담맙빠띠빤노- 호-띠, 노- 빠랑 담마-누담맙빠띠빳띠야- 사마-다뻬-띠; 엣따-와따- 코-, 마하-나-마, 우빠-사꼬- 앗따히따-야 빠띠빤노- 호-띠, 노- 빠라히따-야-"띠

"대덕이시여, 누가 자기의 이익은 위하지만 남의 이익은 위하지 않는 실천을 하는 재가 신자입니까?"

"마하나마여, 재가 신자가 ①자기만 믿음을 갖추고 남에게는 믿음을 갖추도록 부추기지 않는다. ②자기만 계를 갖추고 남에게는 계를 갖추도록 부추기지 않는다. ③자기만 보시를 갖추고 남에게는 보시를 갖추도록 부추기지 않는다. ④-1)자기만 비구를 만나기를 좋아하고 남에게는 비구를 만날 것을 부추기지 않는다. ④-2)자기만 정법을 듣기를 좋아하고 남에게

는 정법을 바라도록 부추기지 않는다. ④-3)자기만 들은 법을 마음에 새기고 남에게는 법을 마음에 새기도록 부추기지 않는다. ④-4)자기만 들은 법의 의미를 검증하고 남에게는 의미를 검증하도록 부추기지 않는다. ④-5)자기만 의미와 법을 이해한 뒤에 가르침에 일치하는 법을 실천하고 남에게는 가르침에 일치하는 법을 실천하도록 부추기지 않는다. 마하나마여, 이런 사람이 자기의 이익은 위하지만 남의 이익은 위하지 않는 실천을 하는 재가 신자다."

"kittāvatā pana, bhante, upāsako attahitāya ca paṭipanno hoti parahitāya cā"ti? "yato kho, mahānāma, upāsako attanā ca saddhāsampanno hoti, parañca saddhāsampadāya samādapeti; attanā ca sīlasampanno hoti, parañca sīlasampadāya samādapeti; attanā ca cāgasampanno hoti, parañca cāgasampadāya samādapeti; attanā ca bhikkhūnaṃ dassanakāmo hoti, parañca bhikkhūnaṃ dassane samādapeti; attanā ca saddhammaṃ sotukāmo hoti, parañca saddhammassavane samādapeti; attanā ca sutānaṃ dhammānaṃ dhāraṇajātiko hoti, parañca dhammadhāraṇāya samādapeti; attanā ca sutānaṃ dhammānaṃ atthūpaparikkhitā hoti, parañca atthūpaparikkhāya samādapeti, attanā ca atthamaññāya dhammamaññāya dhammānudhammappaṭipanno hoti, parañca dhammānudhammappaṭipattiyā samādapeti. ettāvatā kho, mahānāma, upāsako attahitāya ca paṭipanno hoti parahitāya cā"ti.

"낏따-와따- 빠나, 반떼-, 우빠-사꼬- 앗따히따-야 짜 빠띠빤노- 호-띠 빠라히따-야 짜-"띠? "야또- 코-, 마하-나-마, 우빠-사꼬- 앗따나- 짜 삳다-삼빤노- 호-띠, 빠란짜 삳다-삼빠다-야 사마-다뻬-띠; 앗따나- 짜 시-ㄹ라삼빤노- 호-띠, 빠란짜 시-ㄹ라삼빠다-야 사마-다뻬-띠; 앗따나- 짜 짜-가삼빤노- 호-띠, 빠란짜 짜-가삼빠다-야 사마-다뻬-띠; 앗따나- 짜 빅쿠-낭 닷사나까-모- 호-띠, 빠란짜 빅쿠-낭 닷사네- 사마-다뻬-띠; 앗따나- 짜 삳담망 소-뚜까-모- 호-띠, 빠란짜 삳담맛사와네- 사마-다뻬-띠; 앗따나- 짜 수따-낭 담마-낭 다-라나자-띠꼬- 호-띠, 빠란짜 담마다-라나-야 사마-다뻬-띠; 앗따나- 짜 수따-낭 담마-낭 앗투-빠빠릭키따- 호-띠, 빠란짜 앗투-빠빠릭카-야 사마-다뻬-띠; 앗따나- 짜 앗타만냐-야 담마만냐-야 담마-누담맙빠띠빤노- 호-띠, 빠란짜 담마-누담맙빠띠빳띠야- 사마-다뻬-띠; 엣따-와따- 코-, 마하-나-마, 우빠-사꼬- 앗따히따-야 짜 빠띠빤노- 호-띠- 빠라히따-야 짜-"띠

"대덕이시여, 누가 자기의 이익도 위하고 남의 이익도 위하는 실천을 하는 재가 신자입니까?"

"마하나마여, 재가 신자가 ①자기도 믿음을 갖추고 남에게도 믿음을 갖추도록 부추긴다. ②자기도 계를 갖추고 남에게도 계를 갖추도록 부추긴다. ③자기도 보시를 갖추고 남에게도 보시를 갖추도록 부추긴다. ④-1)자기도 비구를 만나기를 좋아하고 남에게도 비구를 만날

것을 부추긴다. ④-2)자기도 정법을 듣기를 좋아하고 남에게도 정법을 바라도록 부추긴다. ④-3)자기도 들은 법을 마음에 새기고 남에게도 법을 마음에 새기도록 부추긴다. ④-4)자기도 들은 법의 의미를 검증하고 남에게도 의미를 검증하도록 부추긴다. ④-5)자기도 의미와 법을 이해한 뒤에 가르침에 일치하는 법을 실천하고 남에게도 가르침에 일치하는 법을 실천하도록 부추긴다. 마하나마여, 이런 사람이 자기의 이익도 위하고 남의 이익도 위하는 실천을 하는 재가 신자다." ▣

배워 알고 실천하는 불교 신자!

10. paṭhamamahānāmasuttaṃ (SN 55.21-마하나마 경1)

- '내가 만약 지금 죽는다면 나의 갈 곳은 어디일까? 어디에 태어날까?'

- 몸 — 죽으면 다른 생명의 먹이가 되는 것
- 믿음-계-배움-보시-지혜를 온전히 닦은 심(心) — 위로 올라가고 특별한 곳으로 감 → 죽음을 두려워하지 말고, 바른 신행(信行)을 실천하지 않는 것을 두려워해야 함

evaṃ me sutaṃ — ekaṃ samayaṃ bhagavā sakkesu viharati kapilavatthusmiṃ nigrodhārāme. atha kho mahānāmo sakko yena bhagavā tenupasaṅkami; upasaṅkamitvā bhagavantaṃ abhivādetvā ekamantaṃ nisīdi. ekamantaṃ nisinno kho mahānāmo sakko bhagavantaṃ etadavoca — "idaṃ, bhante, kapilavatthu iddhañceva phītañca bāhujaññaṃ ākiṇṇamanussaṃ sambādhabyūhaṃ. so khvāhaṃ, bhante, bhagavantaṃ vā payirupāsitvā manobhāvanīye vā bhikkhū sāyanhasamayaṃ kapilavatthuṃ pavisanto; bhantenapi hatthinā samāgacchāmi; bhantenapi assena samāgacchāmi; bhantenapi rathena samāgacchāmi; bhantenapi sakaṭena samāgacchāmi; bhantenapi purisena samāgacchāmi. tassa mayhaṃ, bhante, tasmiṃ samaye mussateva bhagavantaṃ ārabbha sati, mussati dhammaṃ ārabbha sati, mussati saṅghaṃ ārabbha sati. tassa mayhaṃ, bhante, evaṃ hoti — 'imamhi cāhaṃ samaye kālaṃ kareyyaṃ, kā mayhaṃ gati, ko abhisamparāyo'"ti?

에-왕 메- 수땅 — 에-깡 사마양 바가와- 삭께-수 위하라띠 까삘라왓투스밍 니그로-다-라-메-. 아타 코- 마하-나-모- 삭꼬- 예-나 바가와- 떼-누빠상까미; 우빠상까미뜨와- 바가완땅 아비와-데-뜨와- 에-까만땅 니시-디. 에-까만땅 니신노- 코- 마하-나-모- 삭꼬- 바가완땅 에-따다오-짜 — "이당, 반떼-, 까삘라왓투 인단쩨-와 피-딴짜 바-후잔냥 아-낀나마눗상 삼바-다뷰-항. 소- 콰-항, 반떼-, 바가완땅 와- 빠이루빠-시뜨와- 마노-바-와니-예- 와- 빅쿠- 사-얀하사마양 까삘라왓퉁 빠위산또-; 반떼-나삐 핫티나- 사마-갓차-미; 반떼-나삐 앗세-나 사마-갓차-미; 반떼-나삐 라테-나 사마-갓차-미; 반떼-나삐 사까떼-나 사마-갓차-미; 반떼-나삐 뿌리세-나 사마-갓차-미. 땃사 마이항, 반떼-, 따스밍 사마예- 뭇사떼-와 바가완땅 아-랍바 사띠, 뭇사띠 담망 아-랍바 사띠, 뭇사띠 상강 아-랍바 사띠. 땃사 마이항, 반떼-, 에-왕 호-띠 — '이맘히 짜-항 사마예- 까-ㄹ랑 까레이양, 까- 마이항 가띠, 꼬- 아비삼빠라-요-'"띠?

이렇게 나는 들었다. — 한때 세존은 삭까에서 까삘라왓투의 니그로다 사원에 머물렀다. 그때 삭까 사람 마하나마가 세존에게 왔다. 와서는 세존에게 절한 뒤 한 곁에 앉았다. 한 곁에 앉은 삭까 사람 마하나마는 세존에게 이렇게 말했다. — "대덕이시여, 지금 까삘라왓투는 부유하고, 번영하고, 많은 사람이 모여 있고, 사람들로 산만하고, 사람이 많아서 불편합니다. 대덕이시여, 저는 세존과 마음 닦는 비구들을 찾아뵌 뒤 저녁에 까삘라왓투로 들어갑니다.

그러면 저는 배회하는 코끼리와 만나고 배회하는 말과 만나고 배회하는 마차와 만나고 배회하는 수레와 만나고 배회하는 사람과 만납니다. 대덕이시여, 그런 저는 그때 세존에 대한 사띠를 잊고, 법에 대한 사띠를 잊고, 승가에 대한 사띠를 잊습니다. 대덕이시여, 그런 저에게 이런 생각이 듭니다. — '내가 만약 지금 죽는다면 나의 갈 곳은 어디일까? 어디에 태어날까?'라고."

"mā bhāyi, mahānāma, mā bhāyi, mahānāma! apāpakaṃ te maraṇaṃ bhavissati apāpikā kālaṃkiriyā. yassa kassaci, mahānāma, dīgharattaṃ saddhāparibhāvitaṃ cittaṃ sīlaparibhāvitaṃ cittaṃ sutaparibhāvitaṃ cittaṃ cāgaparibhāvitaṃ cittaṃ paññāparibhāvitaṃ cittaṃ, tassa yo hi khvāyaṃ kāyo rūpī cātumahābhūtiko mātāpettikasambhavo odanakummāsūpacayo aniccucchādanaparimaddanabheda naviddhaṃsanadhammo. taṃ idheva kākā vā khādanti gijjhā vā khādanti kulalā vā khādanti sunakhā vā khādanti siṅgālā vā khādanti vividhā vā pāṇakajātā khādanti; yañca khvassa cittaṃ dīgharattaṃ saddhāparibhāvitaṃ cittaṃ sīlaparibhāvitaṃ cittaṃ sutaparibhāvitaṃ cittaṃ cāgaparibhāvitaṃ cittaṃ paññāparibhāvitaṃ taṃ uddhagāmi hoti visesagāmi.

"마- 바-이, 마하-나-마, 마- 바-이, 마하-나-마! 아빠-빠깡 떼- 마라낭 바윗사띠 아빠-삐까- 까-ㄹ랑끼리야-. 얏사 깟사찌, 마하-나-마, 디-가랏땅 산다-빠리바-위땅 찟땅 시-ㄹ라빠리바-위땅 찟땅 수따빠리바-위땅 찟땅 짜-가빠리바-위땅 찟땅 빤냐-빠리바-위땅 찟땅, 땃사 요- 히 콰-양 까-요- 루-삐- 짜-뚜마하-부-띠꼬- 마-따-뻿띠까삼바오- 오-다나꿈마-수-빠짜요- 아닛쭛차-다나빠리맏다나베-다나윋당사나담모-. 땅 이데-와 까-까- 와- 카-단띠 깃자- 와- 카-단띠 꿀랄라- 와- 카-단띠 수나카- 와- 카-단띠 싱가-ㄹ라- 와- 카-단띠 위위다- 와- 빠-나까자-따- 카-단띠; 얀짜 콧사 찟땅 디-가랏땅 산다-빠리바-위땅 찟땅 시-ㄹ라빠리바-위땅 찟땅 수따빠리바-위땅 찟땅 짜-가빠리바-위땅 찟땅 빤냐-빠리바-위땅 땅 욷다가-미 호-띠 위세-사가-미

"두려워하지 말라, 마하나마여. 두려워하지 말라, 마하나마여. 그대의 죽음은 나쁘지 않을 것이다. 임종은 나쁘지 않을 것이다. 마하나마여, 누구든지 오랜 세월 온전히 믿음을 닦은 심(心)과 온전히 계를 닦은 심과 온전히 배움을 닦은 심과 온전히 보시를 닦은 심과 온전히 지혜를 닦은 심을 가진 사람의 몸은 물질이어서 사대(四大)로 구성된 것이고, 부모에 속한 것에서 생겨난 것이고, 밥과 응유가 집적된 것이고, 무상하고 쇠퇴하고 부서지고 해체되고 흩어지는 것이다. 그것을 여기서 까마귀들이 쪼아 먹고, 독수리들이 쪼아 먹고, 매들이 쪼아 먹고, 개들이 뜯어먹고, 자칼들이 뜯어 먹고, 많은 살아있는 벌레 떼가 파먹겠지만, 오랜 세월 온전히 믿음을 닦은 심과 온전히 계를 닦은 심과 온전히 배움을 닦은 심과 온전히 보시를 닦은 심과 온전히 지혜를 닦은 이 심은 위로 올라가고 특별한 곳으로 가게 된다.

“seyyathāpi, mahānāma, puriso sappikumbhaṃ vā telakumbhaṃ vā gambhīraṃ udakarahadaṃ ogāhitvā bhindeyya. tatra yā assa sakkharā vā kaṭhalā vā sā adhogāmī assa, yañca khvassa tatra sappi vā telaṃ vā taṃ uddhagāmi assa visesagāmi. evameva kho, mahānāma, yassa kassaci dīgharattaṃ saddhā paribhāvitaṃ cittaṃ sīlaparibhāvitaṃ cittaṃ sutaparibhāvitaṃ cittaṃ cāga paribhāvitaṃ cittaṃ paññāparibhāvitaṃ cittaṃ tassa yo hi khvāyaṃ kāyo rūpī cātumahābhūtiko mātāpettikasambhavo odanakummāsūpacayo aniccucchādanaparimaddanabhedanaviddhaṃsanadhammo taṃ idheva kākā vā khādanti gijjhā vā khādanti kulalā vā khādanti sunakhā vā khādanti siṅgālā vā khādanti vividhā vā pāṇakajātā khādanti; yañca khvassa cittaṃ dīgharattaṃ saddhāparibhāvitaṃ cittaṃ sīlaparibhāvitaṃ cittaṃ sutaparibhāvitaṃ cittaṃ cāgaparibhāvitaṃ cittaṃ paññāparibhāvitaṃ taṃ uddhagāmi hoti visesagāmi. tuyhaṃ kho pana, mahānāma, dīgharattaṃ saddhāparibhāvitaṃ cittaṃ sīlaparibhāvitaṃ cittaṃ sutaparibhāvitaṃ cittaṃ cāgaparibhāvitaṃ cittaṃ paññāparibhāvitaṃ cittaṃ. mā bhāyi, mahānāma, mā bhāyi, mahānāma! apāpakaṃ te maraṇaṃ bhavissati, apāpikā kālaṃkiriyā”ti.

세이야타-삐, 마하-나-마, 뿌리소- 삽삐꿈방 와- 떼-ㄹ라꿈방 와- 감비-랑 우다까라하당 오-가-히뜨와- 빈데이야. 따뜨라 야- 앗사 삭카라- 와- 까탈라- 와- 사- 아도-가-미- 앗사, 얀짜 콰사 따뜨라 삽삐 와- 떼-ㄹ랑 와- 땅 욷다가-미 앗사 위세-사가-미. 에-와메-와 코-, 마하-나-마, 야사 깟사찌 디-가랏땅 삳다-빠리바-위땅 찟땅 시-ㄹ라빠리바-위땅 찟땅 수따빠리바-위땅 찟땅 짜-가빠리바-위땅 찟땅 빤냐-빠리바-위땅 찟땅 땃사 요- 히 콰-양 까-요- 루-삐- 짜-뚜마하-부-띠꼬- 마-따-뻿띠까삼바오- 오-다나꿈마-수-빠짜요- 아닛쯧차-다나빠리맏다나베-다나윋당사나담모- 땅 이데-와 까-까- 와- 카-단띠 깃자- 와- 카-단띠 꿀랄라- 와- 카-단띠 수나카- 와- 카-단띠 싱가-ㄹ라- 와- 카-단띠 위위다- 와- 빠-나까자-따- 카-단띠; 얀짜 콰사 찟땅 디-가랏땅 삳다-빠리바-위땅 찟땅 시-ㄹ라빠리바-위땅 찟땅 수따빠리바-위땅 찟땅 짜-가빠리바-위땅 찟땅 빤냐-빠리바-위땅 땅 욷다가-미 호-띠 위세-사가-미. 뚜이항 코- 빠나, 마하-나-마, 디-가랏땅 삳다-빠리바-위땅 찟땅 시-ㄹ라빠리바-위땅 찟땅 수따빠리바-위땅 찟땅 짜-가빠리바-위땅 찟땅 빤냐-빠리바-위땅 찟땅. 마-바-이, 마하-나-마, 마- 바-이, 마하-나-마! 아빠-빠깡 떼- 마라낭 바윗사띠 아빠-삐까- 까-ㄹ랑끼리야-”띠

예를 들면, 마하나마여, 어떤 사람이 버터 단지나 기름 단지를 깊은 호수 물속에 들어가서 깰 것이다. 그러면 파편이나 조각은 아래로 가라앉을 것이고 버터나 기름은 위로 뜰 것이다. 이처럼, 마하나마여, 누구든지 오랜 세월 온전히 믿음을 닦은 심과 온전히 계를 닦은 심과 온전히 배움을 닦은 심과 온전히 보시를 닦은 심과 온전히 지혜를 닦은 심을 가진 사람의 몸은 물질이어서 사대로 구성된 것이고, 부모에 속한 것에서 생겨난 것이고, 밥과 응유가 집적된

것이고, 무상하고 쇠퇴하고 부서지고 해체되고 흩어지는 것이다. 그것을 여기서 까마귀들이 쪼아 먹고, 독수리들이 쪼아 먹고, 매들이 쪼아 먹고, 개들이 뜯어먹고, 자칼들이 뜯어 먹고, 많은 살아있는 벌레 떼가 파먹겠지만, 오랜 세월 온전히 믿음을 닦은 심과 온전히 계를 닦은 심과 온전히 배움을 닦은 심과 온전히 보시를 닦은 심과 온전히 지혜를 닦은 이 심은 위로 올라가고 특별한 곳으로 가게 된다. 마하나마여, 그대는 오랜 세월 온전히 믿음을 닦은 심과 온전히 계를 닦은 심과 온전히 배움을 닦은 심과 온전히 보시를 닦은 심과 온전히 지혜를 닦은 심을 가졌다. 두려워하지 말라, 마하나마여. 두려워하지 말라, 마하나마여. 그대의 죽음은 나쁘지 않을 것이다. 임종은 나쁘지 않을 것이다." ▣

배워 알고 실천하는 불교 신자!

11. dutiyamahānāmasuttaṃ (SN 55.22-마하나마 경2)

• '내가 만약 지금 죽는다면 나의 갈 곳은 어디일까? 어디에 태어날까?'

• 네 가지 법(예류의 4요소)을 갖춘 성스러운 제자는 열반으로 굽고 경사지고 이끌림
• 예류(預流)의 4요소 — 불(佛)-법(法)-승(僧)에 대한 확실한 믿음과 성자들이 지니는 삼매로 이끄는 계들을 갖춤

evaṃ me sutaṃ — ekaṃ samayaṃ bhagavā sakkesu viharati kapilavatthusmiṃ nigrodhārāme. atha kho mahānāmo sakko yena bhagavā tenupasaṅkami; upasaṅkamitvā bhagavantaṃ abhivādetvā ekamantaṃ nisīdi. ekamantaṃ nisinno kho mahānāmo sakko bhagavantaṃ etadavoca — "idaṃ, bhante, kapilavatthu iddhañceva phītañca bāhujaññaṃ ākiṇṇamanussaṃ sambādhabyūhaṃ. so khvāhaṃ, bhante, bhagavantaṃ vā payirupāsitvā manobhāvanīye vā bhikkhū sāyanhasamayaṃ kapilavatthuṃ pavisanto; bhantenapi hatthinā samāgacchāmi; bhantenapi assena samāgacchāmi; bhantenapi rathena samāgacchāmi; bhantenapi sakaṭena samāgacchāmi; bhantenapi purisena samāgacchāmi. tassa mayhaṃ, bhante, tasmiṃ samaye mussateva bhagavantaṃ ārabbha sati, mussati dhammaṃ ārabbha sati, mussati saṅghaṃ ārabbha sati. tassa mayhaṃ, bhante, evaṃ hoti — 'imamhi cāhaṃ samaye kālaṃ kareyyaṃ, kā mayhaṃ gati, ko abhisamparāyo'"ti?

에-왕 메- 수땅 — 에-깡 사마양 바가와- 삭께-수 위하라띠 까삘라왓투스밍 니그로-다-라-메-. 아타 코- 마하-나-모- 삭꼬- 예-나 바가와- 떼-누빠상까미; 우빠상까미뜨와- 바가완땅 아비와-데-뜨와- 에-까만땅 니시-디. 에-까만땅 니신노- 코- 마하-나-모- 삭꼬- 바가완땅 에-따다오-짜 — "이당, 반떼-, 까삘라왓투 인단쩨-와 피-딴짜 바-후잔냥 아-낀나마눗상 삼바-다뷰-항. 소- 콰-항, 반떼-, 바가완땅 와- 빠이루빠-시뜨와- 마노-바-와니-예- 와- 빅쿠- 사-얀하사마양 까삘라왓퉁 빠위산또-; 반떼-나삐 핫티나- 사마-갓차-미; 반떼-나삐 앗세-나 사마-갓차-미; 반떼-나삐 라테-나 사마-갓차-미; 반떼-나삐 사까떼-나 사마-갓차-미; 반떼-나삐 뿌리세-나 사마-갓차-미. 땃사 마이항, 반떼-, 따스밍 사마예- 뭇사떼-와 바가완땅 아-랍바 사띠, 뭇사띠 담망 아-랍바 사띠, 뭇사띠 상강 아-랍바 사띠. 땃사 마이항, 반떼-, 에-왕 호-띠 — '이맘히 짜-항 사마예- 까-ㄹ랑 까레이양, 까- 마이항 가띠, 꼬- 아비삼빠라-요-'"띠?

이렇게 나는 들었다. — 한때 세존은 삭까에서 까삘라왓투의 니그로다 사원에 머물렀다. 그때 삭까 사람 마하나마가 세존에게 왔다. 와서는 세존에게 절한 뒤 한 곁에 앉았다. 한 곁에 앉은 삭까 사람 마하나마는 세존에게 이렇게 말했다. — "대덕이시여, 지금 까삘라왓투는 부유하고, 번영하고, 많은 사람들이 모여 있고, 사람들로 산만하고, 사람이 많아서 불편합니다. 대덕이시여, 저는 세존과 마음 닦는 비구들을 찾아뵌 뒤 저녁에 까삘라왓투로 들어갑니다.

그러면 저는 배회하는 코끼리와 만나고 배회하는 말과 만나고 배회하는 마차와 만나고 배회하는 수레와 만나고 배회하는 사람과 만납니다. 대덕이시여, 그런 저는 그때 세존에 대한 사띠를 잊고, 법에 대한 사띠를 잊고, 승가에 대한 사띠를 잊습니다. 대덕이시여, 그런 저에게 이런 생각이 듭니다. — '내가 만약 지금 죽는다면 나의 갈 곳은 어디일까? 어디에 태어날까?'라고."

"mā bhāyi, mahānāma, mā bhāyi, mahānāma! apāpakaṃ te maraṇaṃ bhavissati apāpikā kālaṃkiriyā. catūhi kho, mahānāma, dhammehi samannāgato ariyasāvako nibbānaninno hoti nibbānapoṇo nibbānapabbhāro. katamehi catūhi? idha, mahānāma, ariyasāvako buddhe aveccappasādena samannāgato hoti — itipi so bhagavā arahaṃ sammāsambuddho vijjācaraṇasampanno sugato lokavidū anuttaro purisadammasārathi satthā devamanussānaṃ buddho bhagavāti. dhamme aveccappasādena samannāgato hoti — svākkhāto bhagavatā dhammo sandiṭṭhiko akāliko ehipassiko opaneyyiko paccattaṃ veditabbo viññūhīti. saṅghe aveccappasādena samannāgato hoti — suppaṭipanno bhagavato sāvakasaṅgho, ujuppaṭipanno bhagavato sāvakasaṅgho, ñāyappaṭipanno bhagavato sāvakasaṅgho, sāmīcippaṭipanno bhagavato sāvakasaṅgho, yadidaṃ cattāri purisayugāni aṭṭha purisapuggalā esa bhagavato sāvakasaṅgho āhuneyyo pāhuneyyo dakkhiṇeyyo añjalikaraṇīyo anuttaraṃ puññakkhettaṃ lokassāti. ariyakantehi sīlehi samannāgato hoti akhaṇḍehi acchiddehi asabalehi akammāsehi bhujissehi viññuppasatthehi aparāmaṭṭhehi samādhisaṃvattanikehi.

"마- 바-이, 마하-나-마, 마- 바-이, 마하-나-마! 아빠-빠깡 떼- 마라낭 바윗사띠 아빠-삐까- 까-ㄹ랑끼리야-. 짜뚜-히 코-, 마하-나-마, 담메-히 사만나-가또- 아리야사-와꼬- 닙바-나닌노- 호-띠 닙바-나뽀-노- 닙바-나빱바-로-. 까따메-히 짜뚜-히? 이다, 마하-나-마, 아리야사-와꼬- 붇데- 아웻짭빠사-데-나 사만나-가또- 호-띠 — 이띠삐 소- 바가와- 아라항 삼마-삼붇도- 윗자-짜라나삼빤노- 수가또- 로-까위두- 아눗따로- 뿌리사담마사-라티 삿타- 데-와마눗사-낭 붇도- 바가와-띠. 담메- 아웻짭빠사-데-나 사만나-가또- 호-띠 — 스와-ㄱ카-또- 바가와따- 담모- 산딧티꼬- 아까-ㄹ리꼬- 에-히빳시꼬- 오-빠네이꼬- 빳짯땅 웨-디땁보- 윈뉴-히-띠. 상게- 아웻짭빠사-데-나 사만나-가또- 호-띠 — 숩빠띠빤노- 바가와또- 사-와까상고-, 우줍빠띠빤노- 바가와또- 사-와까상고-, 냐-얍빠띠빤노- 바가와또- 사-와까상고-, 사-미-찝빠띠빤노- 바가와또- 사-와까상고-, 야디당 짯따-리 뿌리사유가-니 앗타 뿌리사뿍갈라- 에-사 바가와또- 사-와까상고-, 아-후네이요-, 빠-후네이요-, 닥키네이요-, 안잘리까라니-요- 아눗따랑 뿐냑켓땅 로-깟사-띠. 아리야깐떼-히 시-ㄹ레-히 사만나-가또- 호-띠 아칸데-히 앗칟데-히 아사발레-히 아깜마-세-히 부짓세-히 윈늅빠삿테-히 아빠라-맛테-히 사마-디상왓따니께-히

"두려워하지 말라, 마하나마여. 두려워하지 말라, 마하나마여. 그대의 죽음은 나쁘지 않을 것이다. 임종은 나쁘지 않을 것이다. 마하나마여, 네 가지 법을 갖춘 성스러운 제자는 열반으로 굽고, 열반으로 경사지고, 열반으로 이끌린다. 어떤 네 가지인가? 여기, 마하나마여, 성스러운 제자는 붓다[불(佛)]에 대해 확실한 믿음을 갖춘다. — '이렇게 그분 세존께서는 모든 번뇌 떠나신 분, 스스로 완전한 깨달음을 이루신 분, 밝음과 실천을 갖추신 분, 진리의 길 보이신 분, 세상일을 모두 훤히 아시는 분, 어리석은 이도 잘 이끄시는 위없는 분, 천상과 인간의 스승, 깨달으신 분, 존귀하신 분이시다.'라고.

담마[법(法)]에 대해 확실한 믿음을 갖춘다. — '세존에 의해 잘 설해진 법은 스스로 보이는 것이고, 시간을 넘어선 것이고, 와서 보라는 것이고, 향상으로 이끌고, 지혜로운 이에게 개별적으로 알려지는 것이다.'라고.

성자들[승(僧)]에 대해 확실한 믿음을 갖춘다. — '세존의 제자 상가는 잘 실천하고, 세존의 제자 상가는 올곧게 실천하고, 세존의 제자 상가는 방법에 맞게 실천하고, 세존의 제자 상가는 가르침에 일치하게 실천한다. 쌍으로는 넷이고, 홑으로는 여덟인 이들이 세존의 제자 상가이니, 공양받을만하고, 환영받을만하고, 보시받을만하고 합장 받을만하며, 세상의 위없는 복전(福田)이다.'라고.

'깨지지 않고, 끊어지지 않고, 결점이 없고, 얼룩지지 않고, 구속되지 않고, 지자들이 칭찬하고, 움켜쥐지 않고, 삼매로 이끄는' 성자들이 지니는 계들을 갖춘다.

"seyyathāpi, mahānāma, rukkho pācīnaninno pācīnapoṇo pācīnapabbhāro, so mūlacchinno katamena papateyyā"ti? "yena, bhante, ninno yena poṇo yena pabbhāro"ti. "evameva kho, mahānāma, imehi catūhi dhammehi samannāgato ariyasāvako nibbānaninno hoti nibbānapoṇo nibbānapabbhāro"ti.

세이야타-삐, 마하-나-마, 룩코- 빠-찌-나닌노- 빠-찌-나뽀-노- 빠-찌-나빱바-로-, 소-무-ㄹ랏친노- 까따메-나 빠빠떼이야-"띠? "예-나, 반떼-, 닌노- 예-나 뽀-노- 예-나 빱바-로-"띠. "에-와메-와 코-, 마하-나-마, 이메-히 짜뚜-히 담메-히 사만나-가또- 아리야사-와꼬- 닙바-나닌노- 호-띠 닙바-나뽀-노- 닙바-나빱바-로-"띠

예를 들면, 마하나마여, 동쪽으로 굽고, 동쪽으로 경사지고, 동쪽으로 이끌린 나무가 있다. 그 나무를 뿌리에서 자르면 어디로 쓰러지겠는가?" "굽은 쪽으로, 경사진 쪽으로, 이끌린 쪽으로 쓰러질 것입니다, 대덕이시여." "이처럼, 마하나마여, 이런 네 가지 법을 갖춘 성스러운 제자는 열반으로 굽고, 열반으로 경사지고, 열반으로 이끌린다." ▣

12. gihisuttaṃ (AN 5.179-재가자 경)

• 수닷따 아나타삔디까 장자(급고독 장자) — 남신자 제자 가운데 보시(布施)의 측면에서 으뜸

• 재가자의 신행(信行)의 줄기 — ①오계(五戒)로 행위를 단속, ②지금여기의 행복한 머묾을 위한 네 가지 높은 심(心)[예류(預流)의 4요소]을 원하는 대로 어렵지 않고 고통스럽지 않게 얻음

• 예류자(預流者)의 선언 — 「나에게 지옥은 다했고 축생의 모태는 다했고 아귀의 영역은 다했고 상실과 비탄의 상태, 비참한 존재, 벌 받는 상태는 다했다. 나는 예류자(預流者)여서 떨어지지 않는 자, 확실한 자, 깨달음을 겨냥한 자이다.」

atha kho anāthapiṇḍiko gahapati pañcamattehi upāsakasatehi parivuto yena bhagavā tenupasaṅkami; upasaṅkamitvā bhagavantaṃ abhivādetvā ekamantaṃ nisīdi. atha kho bhagavā āyasmantaṃ sāriputtaṃ āmantesi — "yaṃ kañci, sāriputta, jāneyyātha gihiṃ odātavasanaṃ pañcasu sikkhāpadesu saṃvutakammantaṃ catunnaṃ ābhicetasikānaṃ diṭṭhadhammasukhavihārānaṃ nikāmalābhiṃ akicchalābhiṃ akasiralābhiṃ, so ākaṅkhamāno attanāva attānaṃ byākareyya — 'khīṇanirayomhi khīṇatiracchānayoni khīṇapettivisayo khīṇāpāyaduggativinipāto, sotāpannohamasmi avinipātadhammo niyato sambodhiparāyaṇo'"ti.

아타 코- 아나-타삔디꼬- 가하빠띠 빤짜맛떼-히 우빠-사까사떼-히 빠리우또- 예-나 바가와- 떼-누빠상까미; 우빠상까미뜨와- 바가완땅 아비와-데-뜨와- 에-까만땅 니시-디. 아타 코- 바가와- 아-야스만땅 사-리뿟땅 아-만떼-시 — "양 깐찌, 사-리뿟따, 자-네이야-타 기힝 오-다-따와사낭 빤짜수 식카-빠데-수 상우따깜만땅 짜뚠낭 아-비쩨-따시까-낭 딧타담마수카위하-라-낭 니까-말라-빙 아낏찰라-빙 아까시랄라-빙, 소- 아-깡카마-노- 앗따나-와 앗따-낭 뱌-까레이야 — '키-나니라욤히 키-나띠랏차-나요-니 키-나뻿띠위사요- 키-나-빠-야둑가띠위니빠-또-, 소-따-빤노-하마스미 아위니빠-따담모- 니야또- 삼보-디빠라-야노-'"띠

그때 아나타삔디까 장자가 오백 명쯤 되는 남신자들에 둘러싸여 세존에게 왔다. 와서는 세존에게 절한 뒤 한 곁에 앉았다. 그때 세존은 사리뿟따 존자에게 말했다. — "사리뿟따여, 그대들은 다섯 가지 학습계율 위에서 행위를 단속하고, 지금여기의 행복한 머묾을 위한 네 가지 높은 심(心)을 원하는 대로 어렵지 않고 고통스럽지 않게 얻는 흰옷을 입은 어떤 재가자를 볼 수 있는데, 그가 원할 때면 누구든지 오직 자신에 의해 자신을 설명할 수 있다. — '나에게 지옥은 다했고 축생의 모태는 다했고 아귀의 영역은 다했고 상실과 비탄의 상태, 비참한 존재, 벌 받는 상태는 다했다. 나는 예류자(預流者)여서 떨어지지 않는 자, 확실한 자, 깨달음을 겨냥한 자이다.'라고.

“katamesu pañcasu sikkhāpadesu saṃvutakammanto hoti? idha, sāriputta, ariyasāvako pāṇātipātā paṭivirato hoti, adinnādānā paṭivirato hoti, kāmesumicchā cārā paṭivirato hoti, musāvādā paṭivirato hoti, surāmerayamajjapamādaṭṭhānā paṭivirato hoti. imesu pañcasu sikkhāpadesu saṃvutakammanto hoti.

까따메-수 빤짜수 식카-빠데-수 상우따깜만또- 호-띠? 이다, 사-리뿟따, 아리야사-와꼬-빠-나-띠빠-따- 빠띠위라또- 호-띠, 아딘나-다-나- 빠띠위라또- 호-띠, 까-메-수밋차-짜-라- 빠띠위라또- 호-띠, 무사-와-다- 빠띠위라또- 호-띠, 수라-메-라야맛자빠마-닷타-나-빠띠위라또- 호-띠. 이메-수 빤짜수 식카-빠데-수 상우따깜만또- 호-띠

“그러면 그는 어떤 다섯 가지 학습계율 위에서 행위를 단속하는가? 여기, 사리뿟따여, 성스러운 제자는 생명을 해치는 행위로부터 피하고, 주지 않는 것을 가지는 행위로부터 피하고, 음행(淫行)에 대한 삿된 행위로부터 피하고, 거짓을 말하는 행위로부터 피하고, 술과 발효액 등 취하게 하는 것으로 인한 방일한 머묾으로부터 피한다. 그는 이런 다섯 가지 학습계율 위에서 행위를 단속한다.”

“katamesaṃ catunnaṃ ābhicetasikānaṃ diṭṭhadhammasukhavihārānaṃ nikāmalābhī hoti akicchalābhī akasiralābhī?

까따메-상 짜뚠낭 아-비쩨-따시까-낭 딧타담마수카위하-라-낭 니까-말라-비- 호-띠 아낏찰라-비- 아까시랄라-비-?

“그가 원하는 대로 어렵지 않고 고통스럽지 않게 얻는 지금여기의 행복한 머묾을 위한 네 가지 높은 심(心)은 무엇인가?

idha, sāriputta, ariyasāvako buddhe aveccappasādena samannāgato hoti — ‘itipi so bhagavā arahaṃ sammāsambuddho vijjācaraṇasampanno sugato lokavidū anuttaro purisadammasārathi, satthā devamanussānaṃ buddho bhagavā’ti. ayamassa paṭhamo ābhicetasiko diṭṭhadhammasukhavihāro adhigato hoti avisuddhassa cittassa visuddhiyā apariyodātassa cittassa pariyodapanāya.

이다, 사-리뿟따, 아리야사-와꼬- 붇데- 아웻짭빠사-데-나 사만나-가또- 호-띠 — ‘이띠삐 소- 바가와- 아라항 삼마-삼붇도- 윗자-짜라나삼빤노- 수가또- 로-까위두- 아눗따로- 뿌리사담마사-라티 삿타- 데-와마눗사-낭 붇도- 바가와-’띠. 아야맛사 빠타모- 아-비쩨-따시꼬- 딧타담마수카위하-로- 아디가또- 호-띠 아위숟닷사 찟땃사 위숟디야- 아빠리요-다-땃사 찟땃사 빠리요-다빠나-야

사리뿟따여, 여기 성스러운 제자는 '이렇게 그분, 세존은, 보든 번뇌 떠나신 분, 스스로 완전한 깨달음을 이루신 분, 밝음과 실천을 갖추신 분, 진리의 길 보이신 분, 세상일을 모두 훤히 아시는 분, 어리석은 이도 잘 이끄시는 위없는 분, 천상과 인간의 스승, 깨달으신 분, 존귀하신 분입니다.'라고 부처님에 대한 확실한 믿음을 갖춘다. 비구들이여, 이것이 청정하지 못한 심(心)을 청정하게 하고 깨끗하지 못한 심을 깨끗하게 하기 위한, 지금여기의 행복한 머묾을 위한 첫 번째 높은 심의 얻음이다."

"puna caparaṃ, sāriputta, ariyasāvako dhamme aveccappasādena samannāgato hoti — 'svākkhāto bhagavatā dhammo sandiṭṭhiko akāliko ehipassiko opaneyyiko paccattaṃ veditabbo viññūhī'ti. ayamassa dutiyo ābhicetasiko diṭṭhadhammasukhavihāro adhigato hoti avisuddhassa cittassa visuddhiyā apariyodātassa cittassa pariyodapanāya.

뿌나 짜빠랑, 사-리뿟따, 아리야사-와꼬- 담메- 아웻짭빠사-데-나 사만나-가또- 호-띠 — '스와-ㄱ카-또- 바가와따- 담모- 산딧티꼬- 아까-ㄹ리꼬- 에-히빳시꼬- 오-빠네이꼬- 빳짯땅 웨-디땁보- 윈뉴-히-'띠. 아야맛사 두띠요- 아-비쩨-따시꼬- 딧타담마수카위하-로- 아디가또- 호-띠 아위숟닷사 찟땃사 위숟디야- 아빠리요-다-땃사 찟땃사 빠리요-다빠나-야

사리뿟따여, 여기 성스러운 제자는 '세존(世尊)에 의해 잘 설해진 법은 스스로 보이는 것이고, 시간을 넘어선 것이고, 와서 보라는 것이고, 향상으로 이끌고, 지혜로운 이들에게 개별적으로 알려지는 것이다.'라고 가르침에 대한 확실한 믿음을 갖춘다. 비구들이여, 이것이 청정하지 못한 심을 청정하게 하고 깨끗하지 못한 심을 깨끗하게 하기 위한, 지금여기의 행복한 머묾을 위한 두 번째 높은 심의 얻음이다.

"puna caparaṃ, sāriputta, ariyasāvako saṅghe aveccappasādena samannāgato hoti — 'suppaṭipanno bhagavato sāvakasaṅgho ujuppaṭipanno bhagavato sāvakasaṅgho ñāyappaṭipanno bhagavato sāvakasaṅgho sāmīcippaṭipanno bhagavato sāvakasaṅgho, yadidaṃ cattāri purisayugāni aṭṭha purisapuggalā esa bhagavato sāvakasaṅgho āhuneyyo pāhuneyyo dakkhiṇeyyo añjalikaraṇīyo anuttaraṃ puññakkhettaṃ lokassā'ti. ayamassa tatiyo ābhicetasiko diṭṭhadhammasukhavihāro adhigato hoti avisuddhassa cittassa visuddhiyā apariyodātassa cittassa pariyodapanāya.

뿌나 짜빠랑, 사-리뿟따, 아리야사-와꼬- 상게- 아웻짭빠사-데-나 사만나-가또- 호-띠 — '숩빠띠빤노- 바가와또- 사-와까상고-, 우줍빠띠빤노- 바가와또- 사-와까상고-, 냐-얍빠띠빤노- 바가와또- 사-와까상고-, 사-미-찝빠띠빤노- 바가와또- 사-와까상고-, 야디당 짯따-리 뿌리사유가-니 앗타 뿌리사뿍갈라- 에-사 바가와또- 사-와까상고-, 아-후네이요-,

빠-후네이요-, 닥키네이요-, 안잘리까라니-요- 아눗따랑 뿐냑켓땅 로-깟사-'띠. 아야맛사 따띠요- 아-비쩨-따시꼬- 딧타담마수카위하-로- 아디가또- 호-띠 아위숟닷사 찟땃사 위숟디야- 아빠리요-다-땃사 찟땃사 빠리요-다빠나-야

사리뿟따여, 여기 성스러운 제자는 '세존의 제자 상가는 잘 실천하고, 세존의 제자 상가는 올곧게 실천하고, 세존의 제자 상가는 방법에 맞게 실천하고, 세존의 제자 상가는 가르침에 일치하게 실천한다. 쌍으로는 넷이고, 홑으로는 여덟인 이들이 세존의 제자 상가이니, 공양받을만하고, 환영받을만하고, 보시받을만하고 합장 받을만하며, 세상의 위없는 복전(福田)이다.'라고 성자들에 대한 확실한 믿음을 갖춘다. 비구들이여, 이것이 청정하지 못한 심을 청정하게 하고 깨끗하지 못한 심을 깨끗하게 하기 위한, 지금여기에서의 행복한 머묾을 위한 세 번째 높은 심의 얻음이다.

"puna caparaṃ, sāriputta, ariyasāvako ariyakantehi sīlehi samannāgato hoti akhaṇḍehi acchiddehi asabalehi akammāsehi bhujissehi viññuppasatthehi aparāmaṭṭhehi samādhisaṃvattanikehi. ayamassa catuttho ābhicetasiko diṭṭhadhammasukhavihāro adhigato hoti avisuddhassa cittassa visuddhiyā apariyodātassa cittassa pariyodapanāya.

뿌나 짜빠랑, 사-리뿟따, 아리야사-와꼬- 아리야깐떼-히 시-ㄹ레-히 사만나-가또- 호-띠 아칸데-히 앗칟데-히 아사발레-히 아깜마-세-히 부짓세-히 윈늎빠삿테-히 아빠라-맛테-히 사마-디상왓따니께-히. 아야맛사 짜뚯토- 아-비쩨-따시꼬- 딧타담마수카위하-로- 아디가또- 호-띠 아위숟닷사 찟땃사 위숟디야- 아빠리요-다-땃사 찟땃사 빠리요-다빠나-야

사리뿟따여, 여기 성스러운 제자는 깨지지 않고, 끊어지지 않고, 결점이 없고, 얼룩지지 않고, 구속되지 않고, 지자들이 칭찬하고, 움켜쥐지 않고, 삼매로 이끄는 성자들이 지니는 계(戒)들을 갖춘다. 비구들이여, 이것이 청정하지 못한 심을 청정하게 하고 깨끗하지 못한 심을 깨끗하게 하기 위한, 지금여기에서의 행복한 머묾을 위한 네 번째 높은 심의 얻음이다.

imesaṃ catunnaṃ ābhicetasikānaṃ diṭṭhadhammasukhavihārānaṃ nikāmalābhī hoti akicchalābhī akasiralābhī.

이메-상 짜뚠낭 아-비쩨-따시까-낭 딧타담마수카위하-라-낭 니까-말라-비- 호-띠 아낏찰라-비- 아까시랄라-비-

이것이 그가 원하는 대로 어렵지 않고 고통스럽지 않게 얻는 지금여기의 행복한 머묾을 위한 네 가지 높은 심이다.

"yaṃ kañci, sāriputta, jāneyyātha gihiṃ odātavasanaṃ — imesu pañcasu sikkhāpadesu saṃvutakammantaṃ, imesañca catunnaṃ ābhicetasikānaṃ diṭṭhadhammasukhavihārānaṃ nikāmalābhiṃ akicchalābhiṃ akasiralābhiṃ, so ākaṅkhamāno attanāva attānaṃ byākareyya — 'khīṇanirayomhi khīṇatiracchānayoni khīṇapettivisayo khīṇāpāyaduggativinipāto, sotāpannohamasmi avinipātadhammo niyato sambodhiparāyaṇo'"ti.

양 깐찌, 사-리뿟따, 자-네이야-타 기힝 오-다-따와사낭 — 이메-수 빤짜수 식카-빠데-수 상우따깜만땅, 이메-산짜 짜뚠낭 아-비쩨-따시까-낭 딧타담마수카위하-라-낭 니까-말라-빙 아낏찰라-빙 아까시랄라-빙, 소- 아-깡카마-노- 앗따나-와 앗따-낭 뱌-까레이야 — '키-나니라욤히 키-나띠랏차-나요-니 키-나뻿띠위사요- 키-나-빠-야둑가띠위니빠-또-, 소-따-빤노-하마스미 아위니빠-따담모- 니야또- 삼보-디빠라-야노-'"띠

사리뿟따여, 그대들은 다섯 가지 학습계율 위에서 행위를 단속하고, 지금여기의 행복한 머묾을 위한 네 가지 높은 심을 원하는 대로 어렵지 않고 고통스럽지 않게 얻는 흰옷을 입은 어떤 재가자를 볼 수 있는데, 그가 원할 때면 누구든지 오직 자신에 의해 자신을 설명할 수 있다. — '나에게 지옥은 다했고 축생의 모태는 다했고 아귀의 영역은 다했고 상실과 비탄의 상태, 비참한 존재, 벌 받는 상태는 다했다. 나는 예류자여서 떨어지지 않는 자, 확실한 자, 깨달음을 겨냥한 자이다.'라고.

"nirayesu bhayaṃ disvā, pāpāni parivajjaye.
ariyadhammaṃ samādāya, paṇḍito parivajjaye.

니라예-수 바양 디스와-, 빠-빠-니 빠리왓자예-
아리야담망 사마-다-야, 빤디또- 빠리왓자예-

지옥에 대해 두려움을 본 뒤에 악한 것들을 피해야 한다.
성스러운 법을 받아들인 뒤에 현명한 자는 피해야 한다.

"na hiṃse pāṇabhūtāni, vijjamāne parakkame.
musā ca na bhaṇe jānaṃ, adinnaṃ na parāmase.

나 힝세- 빠-나부-따-니, 윗자마-네- 빠락까메-
무사- 짜 나 바네- 자-낭, 아딘낭 나 빠라-마세-

노력하고 있다면, 생명 가진 존재를 해치지 말고,
거짓을 말하지 말고, 주어지지 않았다고 아는 것을 가지지 말라.

"sehi dārehi santuṭṭho, paradārañca ārame.

merayaṃ vāruṇiṃ jantu, na pive cittamohaniṃ.

세-히 다-레-히 산뜻토-, 빠라다-란짜 아-라메-
메-라양 와-루닝 잔뚜, 나 삐웨- 찟따모-하닝

자신의 아내로 만족하고, 남의 아내를 기뻐하지 말라.
사람의 심을 유혹하는 발효되거나 증류된 술을 마시지 말라.

"anussareyya sambuddhaṃ, dhammañcānuvitakkaye.
abyāpajjaṃ hitaṃ cittaṃ, devalokāya bhāvaye.

아눗사레이야 삼붇당, 담만짜-누위딱까예-
아뱌-빳장 히땅 찟땅, 데-왈로-까-야 바-와예-

부처님을 계속해서 기억해야 하고, 가르침을 계속해서 떠오르게 해야 한다.
신들의 세상에 태어나기 위해서 거슬림 없고 축복하는 심을 닦아야 한다.

"upaṭṭhite deyyadhamme, puññatthassa jigīsato.
santesu paṭhamaṃ dinnā, vipulā hoti dakkhiṇā.

우빳티떼- 데이야담메-, 뿐냣탓사 지기-사또-
산떼-수 빠타망 딘나-, 위뿔라- 호-띠 닥키나-

공덕을 바라는 자에게 선물이 준비되었다면,
평화로운 자들에게 먼저 주어진 것이 커다란 보시가 된다.

"santo have pavakkhāmi, sāriputta suṇohi me.

산또- 하웨- 빠왁카-미, 사-리뿟따 수노-히 메-

참으로 나는 말할 것이다. 사리뿟따여, 평화로운 그대는 나의 말을 들어라.

"iti kaṇhāsu setāsu, rohiṇīsu harīsu vā.
kammāsāsu sarūpāsu, gosu pārevatāsu vā.

이띠 깐하-수 세-따-수, 로-히니-수 하리-수 와-
깜마-사-수 사루-빠-수, 고-수 빠-레-와따-수 와-

검은색이든, 흰색이든, 붉은색이든, 누런색이든
점박이든 비둘기색을 가졌든 이렇게 소들과 관련해서

"yāsu kāsuci etāsu, danto jāyati puṅgavo.
dhorayho balasampanno, kalyāṇajavanikkamo.
tameva bhāre yuñjanti, nāssa vaṇṇaṃ parikkhare.

야-수 까-수찌 에-따-수, 단또- 자-야띠 뿡가오-
도-라이호- 발라삼빤노-, 깔랴-나자와닉까모-
따메-와 바-레- 윤잔띠, 나-ㅅ사 완낭 빠릭카레-

이들 가운데 어떤 것이든 짐을 감당할 힘을 가지고, 빠른 속력을 낼 수 있는
길든 황소가 오직 짐을 나른다. 생김새로 심사하는 것이 아니다.

"evamevaṃ manussesu, yasmiṃ kasmiñci jātiye.
khattiye brāhmaṇe vesse, sudde caṇḍālapukkuse.

에-와메-왕 마눗세-수, 야스밍 까스민찌 자-띠예-
캇띠예- 브라-흐마네- 웻세-, 숟데- 짠다-ㄹ라뿍꾸세-

이처럼 인간들 가운데서는 끄샤뜨리야, 바라문, 와이샤, 수드라, 불가촉천민의
어떤 가문에 태어나든지

"yāsu kāsuci etāsu, danto jāyati subbato.
dhammaṭṭho sīlasampanno, saccavādī hirīmano.

야-수 까-수찌 에-따-수, 단또- 자-야띠 숩바또-
담맛토- 시-ㄹ라삼빤노-, 삿짜와-디- 히리-마노-

이들 가운데 누구든지 길들어 좋은 품행을 가진 자가 생긴다.
정의로운 자, 계를 갖춘 자, 진실을 말하는 자, 자책(自責)의 두려움이 있는 자

"pahīnajātimaraṇo, brahmacariyassa kevalī.
pannabhāro visaṃyutto, katakicco anāsavo.

빠히-나자-띠마라노-, 브라흐마짜리야사 께-왈리-
빤나바-로- 위상윳또-, 까따낏쪼- 아나-사오-

생사를 버린 자, 온전히 범행을 실천한 자
짐을 내려놓은 자, 속박에서 풀린 자, 할 일을 한 자, 번뇌 없는 자

"pāragū sabbadhammānaṃ, anupādāya nibbuto.
tasmiṃyeva viraje khette, vipulā hoti dakkhiṇā.

빠-라구- 삽바담마-낭, 아누빠-다-야 닙부또-
따스밍예-와 위라제- 켓떼-, 위뿔라- 호-띠 닥키나-

모든 법의 저편으로 갔고, 집착하지 않아서 꺼진 자인
오직 더러움 없는 그 밭에서 보시는 풍성한 결과가 있다.

"bālā ca avijānantā, dummedhā assutāvino.
bahiddhā denti dānāni, na hi sante upāsare.

바-ㄹ라- 짜 아위자-난따-, 둠메-다- 앗수따-위노-
바힏다- 덴띠 다-나-니, 나 히 산떼- 우빠-사레-

어리석은 자, 알지 못하는 자, 바보, 배우지 못한 자는
평화로운 자를 섬기지 않고, 밖에다 보시한다.

"ye ca sante upāsanti, sappaññe dhīrasammate.
saddhā ca nesaṃ sugate, mūlajātā patiṭṭhitā.

예- 짜 산떼- 우빠-산띠, 삽빤녜- 디-라삼마떼-
삳다- 짜 네-상 수가떼-, 무-ㄹ라자-따- 빠띳티따-

평화롭고, 지혜가 있고, 지혜로 존경받는 분들을 섬기는 사람들
그들에게 선서(善逝)에 대한 믿음이 뿌리로부터 확고하다.

"devalokañca te yanti, kule vā idha jāyare.
anupubbena nibbānaṃ, adhigacchanti paṇḍitā"ti.

데-왈로-깐짜 떼- 얀띠, 꿀레- 와- 이다 자-야레-
아누뿝베-나 닙바-낭, 아디갓찬띠 빤디따-"띠

그들은 신들의 세상으로 간다. 아니면 이 세상의 좋은 가문에 태어난다.
현명한 자들은 점진적으로 열반을 성취한다. ▣

13. gihisāmīcisuttaṃ (AN 4.60-재가자의 여법함 경)

• 재가자의 여법한 실천 = 가르침의 유지-전승을 위한 재가 신자의 역할 — 의식주와 약품의 네 가지 필수품을 상가에 공양 → 공덕이 늘어남 → 명성을 얻고 하늘로 이끌림

; 재가자가 이 여법한 실천을 담당하지 않으면 출가자가 필수품을 조달하기 위해 일을 해야 하고, 그러면 부처님 가르침의 유지-전승을 위한 의무를 다하지 못함 → 정법(正法)이 끊어짐

atha kho anāthapiṇḍiko gahapati yena bhagavā tenupasaṅkami; upasaṅkamitvā bhagavantaṃ abhivādetvā ekamantaṃ nisīdi. ekamantaṃ nisinnaṃ kho anāthapiṇḍikaṃ gahapatiṃ bhagavā etadavoca —

아타 코- 아나-타삔디꼬- 가하빠띠 예-나 바가와- 떼-누빠상까미; 우빠상까미뜨와- 바가완땅 아비와-데-뜨와- 에-까만땅 니시-디. 에-까만땅 니신낭 코- 아나-타삔디깡 가하빠띵 바가와- 에-따다오-짜 —

아나타삔디까 장자가 세존에게 왔다. 와서는 세존에게 절한 뒤 한 곁에 앉았다. 한 곁에 앉은 아나타삔디까 장자에게 세존은 이렇게 말했다. —

"catūhi kho, gahapati, dhammehi samannāgato ariyasāvako gihisāmīcipaṭipadaṃ paṭipanno hoti yasopaṭilābhiniṃ saggasaṃvattanikaṃ. katamehi catūhi?
idha, gahapati, ariyasāvako bhikkhusaṅghaṃ paccupaṭṭhito hoti cīvarena, bhikkhusaṅghaṃ paccupaṭṭhito hoti piṇḍapātena, bhikkhusaṅghaṃ paccupaṭṭhito hoti senāsanena, bhikkhusaṅghaṃ paccupaṭṭhito hoti gilānappaccayabhesajjaparik khārena. imehi kho, gahapati, catūhi dhammehi samannāgato ariyasāvako gihisāmīcipaṭipadaṃ paṭipanno hoti yasopaṭilābhiniṃ saggasaṃvattanikan"ti.

짜뚜-히 코-, 가하빠띠, 담메-히 사만나-가또- 아리야사-와꼬- 기히사-미-찌빠띠빠당 빠띠빤노- 호-띠 야소-빠띨라-비닝 삭가상왓따니깡. 까따메-히 짜뚜-히? 이다, 가하빠띠, 아리야사-와꼬- 빅쿠상강 빳쭈빳티또- 호-띠 찌-와레-나, 빅쿠상강 빳쭈빳티또- 호-띠 삔다빠-떼-나, 빅쿠상강 빳쭈빳티또- 호-띠 세-나-사네-나, 빅쿠상강 빳쭈빳티또- 호-띠 길라-납빳짜야베-삿자빠릭카-레-나. 이메-히 코-, 가하빠띠, 짜뚜-히 담메-히 사만나-가또- 아리야사-와꼬- 기히사-미-찌빠띠빠당 빠띠빤노- 호-띠 야소-빠띨라-비닝 삭가상왓따니깐"띠

"장자여, 네 가지 법을 갖춘 성스러운 제자는 재가자의 여법한 실천을 하는 자여서 명성을 얻고 하늘로 이끌린다. 어떤 네 가지인가? 여기, 장자여, 성스러운 제자는 비구 상가에 가사를 공양하고, 비구 상가에 탁발 음식을 공양하고, 비구 상가에 거처를 공양하고, 비구 상가에

병(病)의 조건으로부터 필요한 약품을 공양한다. 장자여, 이런 네 가지 법을 갖춘 성스러운 제자는 재가자의 여법한 실천을 하는 자여서 명성을 얻고 하늘로 이끌린다.

"gihisāmīcipaṭipadaṃ, paṭipajjanti paṇḍitā.
sammaggate sīlavante, cīvarena upaṭṭhitā.
piṇḍapātasayanena, gilānappaccayena ca.
tesaṃ divā ca ratto ca, sadā puññaṃ pavaḍḍhati.
saggañca kamatiṭṭhānaṃ, kammaṃ katvāna bhaddakan"ti.

기히사-미-찌빠띠빠당, 빠띠빳잔띠 빤디따-
삼막가떼- 시-ㄹ라완떼-, 찌-와레-나 우빳티따-
삔다빠-따사야네-나, 길라-납빳짜예-나 짜
떼-상 디와- 짜 랏또- 짜, 사다- 뿐냥 빠왇다띠
삭간짜 까마띳타-낭, 깜망 까뜨와-나 받다깐"띠

현명한 사람은 재가자의 여법한 실천을 실천한다.
바르게 도달한 분들, 계를 중시하는 분들에게
가사와 탁발 음식과 거처와 병의 조건으로부터 필요한 약품을 공양한다.
그들에게 낮에도 밤에도 항상 공덕이 늘어난다.
상서로운 업을 지은 뒤에 하늘의 머물 자리로 간다. ▣

배워 알고 실천하는 불교 신자!

14. pītisuttaṃ (AN 5.176-희열 경)

- 재가 신자에게 더 높은 지향을 제시함 ⇒ 재가 신자의 성취 한도 = 불환자

- 여법한 실천만으로 기뻐하지 않아야 함 → 「'우리는 적절한 때에 여읨의 희열을 성취하여 머물고 있는가?' 라고 공부해야 한다.」

atha kho anāthapiṇḍiko gahapati pañcamattehi upāsakasatehi parivuto yena bhagavā tenupasaṅkami; upasaṅkamitvā bhagavantaṃ abhivādetvā ekamantaṃ nisīdi. ekamantaṃ nisinnaṃ kho anāthapiṇḍikaṃ gahapatiṃ bhagavā etadavoca —

아타 코- 아나-타삔디꼬- 가하빠띠 빤짜맛떼-히 우빠-사까사떼-히 빠리우또- 예-나 바가와- 떼-누빠상까미; 우빠상까미뜨와- 바가완땅 아비와-데-뜨와- 에-까만땅 니시-디. 에-까만땅 니신낭 코- 아나-타삔디깡 가하빠띵 바가와- 에-따다오-짜 —

오백 명의 재가 신자들에 둘러싸인 아나타삔디까 장자가 세존에게 왔다. 와서는 세존에게 절한 뒤 한 곁에 앉았다. 한 곁에 앉은 아나타삔디까 장자에게 세존은 이렇게 말했다. —

"tumhe kho, gahapati, bhikkhusaṅghaṃ paccupaṭṭhitā cīvarapiṇḍapātasenāsanagilānappaccayabhesajjaparikkhārena. na kho, gahapati, tāvatakeneva tuṭṭhi karaṇīyā — 'mayaṃ bhikkhusaṅghaṃ paccupaṭṭhitā cīvarapiṇḍapātasenāsanagilānappaccayabhesajjaparikkhārenā'ti. tasmātiha, gahapati, evaṃ sikkhitabbaṃ — 'kinti mayaṃ kālena kālaṃ pavivekaṃ pītiṃ upasampajja vihareyyāmā'ti! evañhi vo, gahapati, sikkhitabban"ti.

뚬헤- 코-, 가하빠띠, 빅쿠상강 빳쭈빳티따- 찌-와라삔다빠-따세-나-사나길라-납빳짜야베-삿자빠릭카-레-나. 나 코-, 가하빠띠, 따-와따께-네-와 뚯티 까라니-야- — '마양 빅쿠상강 빳쭈빳티따- 찌-와라삔다빠-따세-나-사나길라-납빳짜야베-삿자빠릭카-레-나-'띠. 따스마-띠하, 가하빠띠, 에-왕 식키땁방 — '낀띠 마양 까-ㄹ레-나 까-ㄹ랑 빠위웨-깡 삐-띵 우빠삼빳자 위하레이야-마-'띠! 에-완히 오-, 가하빠띠, 식키땁반"띠

"장자여, 그대들은 가사와 탁발 음식과 거처와 병(病)의 조건으로부터 필요한 약품으로 비구 상가를 섬긴다. 장자여, '우리는 가사와 탁발 음식과 거처와 병의 조건으로부터 필요한 약품으로 비구 상가를 공양한다.'라는 것만으로 기뻐하지 않아야 한다. 그러므로 장자여, '우리는 적절한 때에 여읨의 희열을 성취하여 머물고 있는가?'라고 공부해야 한다. 장자여, 그대들은 이렇게 공부해야 한다.

evaṃ vutte āyasmā sāriputto bhagavantaṃ etadavoca — "acchariyaṃ, bhante, abbhutaṃ, bhante! yāva subhāsitaṃ cidaṃ, bhante, bhagavatā — 'tumhe kho, gahapati, bhikkhusaṅghaṃ paccupaṭṭhitā cīvarapiṇḍapātasenāsanagilānappaccayabhesajjaparikkhārena. na kho, gahapati, tāvatakeneva tuṭṭhi karaṇīyā — mayaṃ bhikkhusaṅghaṃ paccupaṭṭhitā cīvarapiṇḍapātasenāsanagilānappaccayabhesajjaparikkhārenāti. tasmātiha, gahapati, evaṃ sikkhitabbaṃ — kinti mayaṃ kālena kālaṃ pavivekaṃ pītiṃ upasampajja vihareyyāmāti! evañhi vo, gahapati, sikkhitabban'ti. yasmiṃ, bhante, samaye ariyasāvako pavivekaṃ pītiṃ upasampajja viharati, pañcassa ṭhānāni tasmiṃ samaye na honti. yampissa kāmūpasaṃhitaṃ dukkhaṃ domanassaṃ, tampissa tasmiṃ samaye na hoti. yampissa kāmūpasaṃhitaṃ sukhaṃ somanassaṃ, tampissa tasmiṃ samaye na hoti. yampissa akusalūpasaṃhitaṃ dukkhaṃ domanassaṃ, tampissa tasmiṃ samaye na hoti. yampissa akusalūpasaṃhitaṃ sukhaṃ somanassaṃ, tampissa tasmiṃ samaye na hoti. yampissa kusalūpasaṃhitaṃ dukkhaṃ domanassaṃ, tampissa tasmiṃ samaye na hoti. yasmiṃ, bhante, samaye ariyasāvako pavivekaṃ pītiṃ upasampajja viharati, imānissa pañca ṭhānāni tasmiṃ samaye na hontī"ti.

에-왕 웃떼- 아-야스마- 사-리뿟또- 바가완땅 에-따다오-짜 — "앗차리양, 반떼-, 압부땅, 반떼-! 야-와 수바-시땅 찌당, 반떼-, 바가와따- — '뚬헤- 코-, 가하빠띠, 빅쿠상강 빳쭈빳티따- 찌-와라삔다빠-따세-나-사나길라-납빳짜야베-삿자빠릭카-레-나. 나 코-, 가하빠띠, 따-와따께-네-와 뚯티 까라니-야- — '마양 빅쿠상강 빳쭈빳티따- 찌-와라삔다빠-따세-나-사나길라-납빳짜야베-삿자빠릭카-레-나-'띠. 따스마-띠하, 가하빠띠, 에-왕 식키땁방 — '낀띠 마양 까-ㄹ레-나 까-ㄹ랑 빠위웨-깡 삐-띵 우빠삼빳자 위하레이야-마-'띠! 에-완히 오-, 가하빠띠, 식키땁반'띠. 야스밍, 반떼-, 사마예- 아리야사-와꼬- 빠위웨-깡 삐-띵 우빠삼빳자 위하라띠, 빤짯사 타-나-니 따스밍 사마예- 나 혼띠. 얌삣사 까-무-빠상히땅 둑캉 도-마낫상, 땀삣사 따스밍 사마예- 나 호-띠. 얌삣사 까-무-빠상히땅 수캉 소-마낫상, 땀삣사 따스밍 사마예- 나 호-띠. 얌삣사 아꾸살루-빠상히땅 둑캉 도-마낫상, 땀삣사 따스밍 사마예- 나 호-띠. 얌삣사 아꾸살루-빠상히땅 수캉 소-마낫상, 땀삣사 따스밍 사마예- 나 호-띠. 얌삣사 꾸살루-빠상히땅 둑캉 도-마낫상, 땀삣사 따스밍 사마예- 나 호-띠. 야스밍, 반떼-, 사마예- 아리야사-와꼬- 빠위웨-깡 삐-띵 우빠삼빳자 위하라띠, 이마-닛사 빤짜 타-나-니 따스밍 사마예- 나 혼띠-"띠

이렇게 말했을 때 사리뿟따 존자가 이렇게 말했다. — "대덕이시여, 참으로 놀랍습니다. 대덕이시여, 참으로 신기합니다. 대덕이시여, 세존께서는 이렇게 잘 말씀하셨습니다. — '장자여, 그대들은 가사와 탁발 음식과 거처와 병의 조건으로부터 필요한 약품으로 비구 상가를 섬긴다. 장자여, '우리는 가사와 탁발 음식과 거처와 병의 조건으로부터 필요한 약품으로 비

구 상가를 공양한다.'라는 것만으로 기뻐하지 않아야 한다. 그러므로 장자여, '우리는 적절한 때에 여읨의 희열을 성취하여 머물고 있는가?'라고 공부해야 한다. 장자여, 그대들은 이렇게 공부해야 한다.'라고. 대덕이시여, 성스러운 제자가 여읨의 희열을 성취하여 머물 때, 다섯 가지 상태가 없습니다. 그때 소유와 연결된 고(苦)와 고뇌가 없습니다. 그때 소유와 연결된 락(樂)과 만족이 없습니다. 그때 무익(無益)과 연결된 고와 고뇌가 없습니다. 그때 무익과 연결된 락과 만족이 없습니다. 그때 유익(有益)과 연결된 고와 고뇌가 없습니다. 대덕이시여, 성스러운 제자가 여읨의 희열을 성취하여 머물 때, 이런 다섯 가지 상태가 없습니다."라고.

"sādhu sādhu, sāriputta! yasmiṃ, sāriputta, samaye ariyasāvako pavivekaṃ pītiṃ upasampajja viharati, pañcassa ṭhānāni tasmiṃ samaye na honti. yampissa kāmūpasaṃhitaṃ dukkhaṃ domanassaṃ, tampissa tasmiṃ samaye na hoti. yampissa kāmūpasaṃhitaṃ sukhaṃ somanassaṃ, tampissa tasmiṃ samaye na hoti. yampissa akusalūpasaṃhitaṃ dukkhaṃ domanassaṃ, tampissa tasmiṃ samaye na hoti. yampissa akusalūpasaṃhitaṃ sukhaṃ somanassaṃ, tampissa tasmiṃ samaye na hoti. yampissa kusalūpasaṃhitaṃ dukkhaṃ domanassaṃ, tampissa tasmiṃ samaye na hoti. yasmiṃ, sāriputta, samaye ariyasāvako pavivekaṃ pītiṃ upasampajja viharati, imānissa pañca ṭhānāni tasmiṃ samaye na hontī"ti.

"사-두 사-두, 사-리뿟따! 야스밍, 사-리뿟따, 사마예- 아리야사-와꼬- 빠위웨-깡 삐-띵 우빠삼빳자 위하라띠, 빤짯사 타-나-니 따스밍 사마예- 나 혼띠. 얌삣사 까-무-빠상히땅 둑캉 도-마낫상, 땀삣사 따스밍 사마예- 나 호-띠. 얌삣사 까-무-빠상히땅 수캉 소-마낫상, 땀삣사 따스밍 사마예- 나 호-띠. 얌삣사 아꾸살루-빠상히땅 둑캉 도-마낫상, 땀삣사 따스밍 사마예- 나 호-띠. 얌삣사 아꾸살루-빠상히땅 수캉 소-마낫상, 땀삣사 따스밍 사마예- 나 호-띠. 얌삣사 꾸살루-빠상히땅 둑캉 도-마낫상, 땀삣사 따스밍 사마예- 나 호-띠. 야스밍, 사-리뿟따, 사마예- 아리야사-와꼬- 빠위웨-깡 삐-띵 우빠삼빳자 위하라띠, 이마-닛사 빤짜 타-나-니 따스밍 사마예- 나 혼띠-"띠

"훌륭하고 훌륭하다, 사리뿟따여. 성스러운 제자가 여읨의 희열을 성취하여 머물 때, 다섯 가지 상태가 없다. 그때 소유와 연결된 고와 고뇌가 없다. 그때 소유와 연결된 락과 만족이 없다. 그때 무익과 연결된 고와 고뇌가 없다. 그때 무익과 연결된 락과 만족이 없다. 그때 유익과 연결된 고와 고뇌가 없다. 사리뿟따여, 성스러운 제자가 여읨의 희열을 성취하여 머물 때, 이런 다섯 가지 상태가 없다." ▣

15. iṭṭhasuttaṃ (AN 5.43-원함 경)

• 불교신행(佛教信行) — 기도가 아니라 실천!

• 원하고 좋아하고 마음에 들지만, 세상에서 얻기 어려운 법 — 기도나 기대를 원인으로 얻어지지 않음 → 그것으로 이끄는 실천을 해야 얻어짐 → 금생의 이익과 내생의 이익이라는 두 가지 이익을 성취

atha kho anāthapiṇḍiko gahapati yena bhagavā tenupasaṅkami; upasaṅkamitvā bhagavantaṃ abhivādetvā ekamantaṃ nisīdi. ekamantaṃ nisinnaṃ kho anāthapiṇḍikaṃ gahapatiṃ bhagavā etadavoca —

아타 코- 아나-타삔디꼬- 가하빠띠 예-나 바가와- 떼-누빠상까미; 우빠상까미뜨와- 바가완땅 아비와-데-뜨와- 에-까만땅 니시-디. 에-까만땅 니신낭 코- 아나-타삔디깡 가하빠띵 바가와- 에-따다오-짜 —

그때 아나타삔디까 장자가 세존에게 왔다. 와서는 세존에게 절한 뒤 한 곁에 앉았다. 한 곁에 앉은 아나타삔디까 장자에게 세존은 이렇게 말했다. —

"pañcime, gahapati, dhammā iṭṭhā kantā manāpā dullabhā lokasmiṃ. katame pañca? āyu, gahapati, iṭṭho kanto manāpo dullabho lokasmiṃ; vaṇṇo iṭṭho kanto manāpo dullabho lokasmiṃ; sukhaṃ iṭṭhaṃ kantaṃ manāpaṃ dullabhaṃ lokasmiṃ; yaso iṭṭho kanto manāpo dullabho lokasmiṃ; saggā iṭṭhā kantā manāpā dullabhā lokasmiṃ. ime kho, gahapati, pañca dhammā iṭṭhā kantā manāpā dullabhā lokasmiṃ.

"빤찌메-, 가하빠띠, 담마- 잇타- 깐따- 마나-빠- 둘라바- 로-까스밍, 까따메- 빤짜? 아-유, 가하빠띠, 잇토- 깐또- 마나-뽀- 둘라보- 로-까스밍; 완노- 잇토- 깐또- 마나-뽀- 둘라보- 로-까스밍; 수캉 잇탕 깐땅 마나-빵 둘라방 로-까스밍; 야소- 잇토- 깐또- 마나-뽀- 둘라보- 로-까스밍; 삭가- 잇타- 깐따- 마나-빠- 둘라바- 로-까스밍. 이메- 코-, 가하빠띠, 빤짜 담마- 잇타- 깐따- 마나-빠- 둘라바- 로-까스밍

"장자여, 원하고 좋아하고 마음에 들지만, 세상에서 얻기 어려운 이런 다섯 가지 법이 있다. 어떤 다섯 가지인가? 장자여, 수명은 원하고 좋아하고 마음에 들지만, 세상에서 얻기 어려운 것이다. 용모는 원하고 좋아하고 마음에 들지만, 세상에서 얻기 어려운 것이다. 행복은 원하고 좋아하고 마음에 들지만, 세상에서 얻기 어려운 것이다. 명성은 원하고 좋아하고 마음에 들지만, 세상에서 얻기 어려운 것이다. 천상은 원하고 좋아하고 마음에 들지만, 세상에서 얻기 어려운 것이다. 이것이, 장자여, 원하고 좋아하고 마음에 들지만, 세상에서 얻기 어려운 다섯 가지 법이다."

“imesaṃ kho, gahapati, pañcannaṃ dhammānaṃ iṭṭhānaṃ kantānaṃ manāpānaṃ dullabhānaṃ lokasmiṃ na āyācanahetu vā patthanāhetu vā paṭilābhaṃ vadāmi. imesaṃ kho, gahapati, pañcannaṃ dhammānaṃ iṭṭhānaṃ kantānaṃ manāpānaṃ dullabhānaṃ lokasmiṃ āyācanahetu vā patthanāhetu vā paṭilābho abhavissa, ko idha kena hāyetha?

이메-상 코-, 가하빠띠, 빤짠낭 담마-낭 잇타-낭 깐따-낭 마나-빠-낭 둘라바-낭 로-까스밍 나 아-야-짜나헤-뚜 와- 빳타나-헤-뚜 와-빠띨라-방 와다-미. 이메-상 코-, 가하빠띠, 빤짠낭 담마-낭 잇타-낭 깐따-낭 마나-빠-낭 둘라바-낭 로-까스밍 아-야-짜나헤-뚜 와- 빳타나-헤-뚜 와- 빠띨라-보- 아바윗사, 꼬- 이다 께-나 하-예-타?

"장자여, 원하고 좋아하고 마음에 들지만, 세상에서 얻기 어려운 이러한 다섯 가지 법들은 기도를 원인으로 얻어지지 않고 기대를 원인으로 얻어지지 않는다고 나는 말한다. 장자여, 원하고 좋아하고 마음에 들지만, 세상에서 얻기 어려운 이러한 다섯 가지 법들이 만일 기도를 원인으로 얻어지고 기대를 원인으로 얻어진다면 이 세상에서 누가 무엇 때문에 줄어들게 하겠는가?

na kho, gahapati, arahati ariyasāvako āyukāmo āyuṃ āyācituṃ vā abhinandituṃ vā āyussa vāpi hetu. āyukāmena, gahapati, ariyasāvakena āyusaṃvattanikā paṭipadā paṭipajjitabbā. āyusaṃvattanikā hissa paṭipadā paṭipannā āyupaṭilābhāya saṃvattati. so lābhī hoti āyussa dibbassa vā mānusassa vā.

나 코-, 가하빠띠, 아라하띠 아리야사-와꼬- 아-유까-모- 아-융 아-야-찌뚱 와- 아비난디뚱 와- 아-윳사 와-삐 헤-뚜. 아-유까-메-나, 가하빠띠, 아리야사-와께-나 아-유상왓따니까-빠띠빠다- 빠띠빳지땁바-. 아-유상왓따니까- 힛사 빠띠빠다- 빠띠빤나- 아-유빠띨라-바-야 상왓따띠. 소- 라-비- 호-띠 아-윳사 딥밧사 와- 마-누삿사 와-

장자여, 수명을 원하는 성스러운 제자가 수명을 원인으로 수명을 위해 기도하거나 기뻐하는 것은 옳지 않다. 장자여, 수명을 원하는 성스러운 제자는 수명으로 이끄는 실천을 해야 한다. 그가 참으로 수명으로 이끄는 실천을 할 때 수명의 얻음으로 이끌린다. 그는 천상이나 인간의 수명을 얻는다.

“na kho, gahapati, arahati ariyasāvako vaṇṇakāmo vaṇṇaṃ āyācituṃ vā abhinandituṃ vā vaṇṇassa vāpi hetu. vaṇṇakāmena, gahapati, ariyasāvakena vaṇṇasaṃvattanikā paṭipadā paṭipajjitabbā. vaṇṇasaṃvattanikā hissa paṭipadā paṭipannā vaṇṇapaṭilābhāya saṃvattati. so lābhī hoti vaṇṇassa dibbassa vā mānusassa vā.

나 코-, 가하빠띠, 아라하띠 아리야사-와꼬- 완나까-모- 완낭 아-야-찌뚱 와- 아비난디뚱 와- 완낫사 와-삐 헤-뚜. 완나까-메-나, 가하빠띠, 아리야사-와께-나 완나상왓따니까- 빠띠빠다- 빠띠빳지땁바-. 완나상왓따니까- 힛사 빠띠빠다- 빠띠빤나- 완나빠띨라-바-야 상왓따띠. 소- 라-비- 호-띠 완낫사 딥밧사 와- 마-누삿사 와-

장자여, 용모를 원하는 성스러운 제자가 용모를 원인으로 용모를 위해 기도하거나 기뻐하는 것은 옳지 않다. 장자여, 용모를 원하는 성스러운 제자는 용모로 이끄는 실천을 해야 한다. 그가 참으로 용모로 이끄는 실천을 할 때 용모의 얻음으로 이끌린다. 그는 천상이나 인간의 용모를 얻는다.

"na kho, gahapati, arahati ariyasāvako sukhakāmo sukhaṃ āyācituṃ vā abhinandituṃ vā sukhassa vāpi hetu. sukhakāmena, gahapati, ariyasāvakena sukhasaṃvattanikā paṭipadā paṭipajjitabbā. sukhasaṃvattanikā hissa paṭipadā paṭipannā sukhapaṭilābhāya saṃvattati. so lābhī hoti sukhassa dibbassa vā mānusassa vā.

나 코-, 가하빠띠, 아라하띠 아리야사-와꼬- 수카까-모- 수캉 아-야-찌뚱 와- 아비난디뚱 와- 수캇사 와-삐 헤-뚜. 수카까-메-나, 가하빠띠, 아리야사-와께-나 수카상왓따니까- 빠띠빠다- 빠띠빳지땁바-. 수카상왓따니까- 힛사 빠띠빠다- 빠띠빤나- 수카빠띨라-바-야 상왓따띠. 소- 라-비- 호-띠 수캇사 딥밧사 와- 마-누삿사 와-

장자여, 행복을 원하는 성스러운 제자가 행복을 원인으로 행복을 위해 기도하거나 기뻐하는 것은 옳지 않다. 장자여, 행복을 원하는 성스러운 제자는 행복으로 이끄는 실천을 해야 한다. 그가 참으로 행복으로 이끄는 실천을 할 때 행복의 얻음으로 이끌린다. 그는 천상이나 인간의 행복을 얻는다.

"na kho, gahapati, arahati ariyasāvako yasakāmo yasaṃ āyācituṃ vā abhinandituṃ vā yasassa vāpi hetu. yasakāmena, gahapati, ariyasāvakena yasasaṃvattanikā paṭipadā paṭipajjitabbā. yasasaṃvattanikā hissa paṭipadā paṭipannā yasapaṭilābhāya saṃvattati. so lābhī hoti yasassa dibbassa vā mānusassa vā.

나 코-, 가하빠띠, 아라하띠 아리야사-와꼬- 야사까-모- 야상 아-야-찌뚱 와- 아비난디뚱 와- 야삿사 와-삐 헤-뚜. 야사까-메-나, 가하빠띠, 아리야사-와께-나 야사상왓따니까- 빠띠빠다- 빠띠빳지땁바-. 야사상왓따니까- 힛사 빠띠빠다- 빠띠빤나- 야사빠띨라-바-야 상왓따띠. 소- 라-비- 호-띠 야삿사 딥밧사 와- 마-누삿사 와-

장자여, 명성을 원하는 성스러운 제자가 명성을 원인으로 명성을 위해 기도하거나 기뻐하는 것은 옳지 않다. 장자여, 명성을 원하는 성스러운 제자는 명성으로 이끄는 실천을 해야 한다. 그가 참으로 명성으로 이끄는 실천을 할 때 명성의 얻음으로 이끌린다. 그는 천상이나 인간의 명성을 얻는다.

"na kho, gahapati, arahati ariyasāvako saggakāmo saggaṃ āyācituṃ vā abhinandituṃ vā saggānaṃ vāpi hetu. saggakāmena, gahapati, ariyasāvakena saggasaṃvattanikā paṭipadā paṭipajjitabbā. saggasaṃvattanikā hissa paṭipadā paṭipannā saggapaṭilābhāya saṃvattati. so lābhī hoti saggānan"ti.

나 코-, 가하빠띠, 아라하띠 아리야사-와꼬- 삭가까-모- 삭강 아-야-찌뚱 와- 아비난디뚱 와- 삭가-낭 와-삐 헤-뚜. 삭가까-메-나, 가하빠띠, 아리야사-와께-나 삭가상왓따니까- 빠띠빠다- 빠띠빳지땁바-. 삭가상왓따니까- 힛사 빠띠빠다- 빠띠빤나- 삭가빠띨라-바-야 상왓따띠. 소- 라-비- 호-띠 삭가-난"띠

장자여, 천상을 원하는 성스러운 제자가 천상들을 원인으로 천상들을 위해 기도하거나 기뻐하는 것은 옳지 않다. 장자여, 천상들을 원하는 성스러운 제자는 천상들로 이끄는 실천을 해야 한다. 그가 참으로 천상들로 이끄는 실천을 할 때 천상들의 얻음으로 이끌린다. 그는 천상들을 얻는다.

"āyuṃ vaṇṇaṃ yasaṃ kittiṃ, saggaṃ uccākulīnataṃ.
ratiyo patthayānena, uḷārā aparāparā.
"appamādaṃ pasaṃsanti, puññakiriyāsu paṇḍitā.
"appamatto ubho atthe, adhigaṇhāti paṇḍito.
"diṭṭhe dhamme ca yo attho, yo cattho samparāyiko.
atthābhisamayā dhīro, paṇḍitoti pavuccatī"ti.

아-융 완낭 야상 낏띵, 삭강 웃짜-꿀리-나땅
라띠요- 빳타야-네-나, 울라-라- 아빠라-빠라-
압빠마-당 빠상산띠, 뿐냐끼리야-수 빤디따-
압빠맛또- 우보- 앗테-, 아디간하-띠 빤디또-
딧테- 담메- 짜 요- 앗토-, 요- 짯토- 삼빠라-이꼬-
앗타-비사마야- 디-로-, 빤디또-띠 빠웃짜띠-"띠

"수명과 용모와 명성과 칭찬과 천상과 높은 가문에 대해
뛰어난 기쁨들을 거듭 기대하기 때문에
현자들은 공덕을 짓는 행위에 대한 불방일(不放逸)을 칭찬한다.
불방일한 현자는 금생의 이익과 내생의 이익이라는 두 가지 이익을 성취한다.
이익을 관통하는 지혜로운 사람, 그는 현자(賢者)라고 불린다." ▣

16. pattakammasuttaṃ (AN 4.61-배운 사람의 행위 경)

• 믿음-계-보시-지혜의 네 가지 법

• 원하고 좋아하고 마음에 들지만, 세상에서 얻기 어려운 네 가지 법의 얻음으로 이끄는 네 가지 법 — 믿음-계-보시-지혜를 갖춤
• 열정적인 노력으로 얻었고 팔의 힘으로 모았고 땀으로 덮었고 법과 함께하고 법의 실천으로 얻은 재물로 하는 배운 사람의 행위 네 가지 — 재물의 바른 사용처

※ 무엇이 지혜를 갖추는 것인가? — 지혜를 무력화시키는 다섯가지 장애의 제거
※ 탐(貪-rāga)-진(嗔-dosa)-치(癡-moha) ↔ 망(望-lobha)-진(嗔-dosa)-치(癡-moha)

atha kho anāthapiṇḍiko gahapati yena bhagavā tenupasaṅkami; upasaṅkamitvā bhagavantaṃ abhivādetvā ekamantaṃ nisīdi. ekamantaṃ nisinnaṃ kho anāthapiṇḍikaṃ gahapatiṃ bhagavā etadavoca —

아타 코- 아나-타삔디꼬- 가하빠띠 예-나 바가와- 떼-누빠상까미; 우빠상까미뜨와- 바가완땅 아비와-데-뜨와- 에-까만땅 니시-디. 에-까만땅 니신낭 코- 아나-타삔디깡 가하빠띵 바가와- 에-따다오-짜 —

그때 아나타삔디까 장자가 세존에게 왔다. 와서는 세존에게 절한 뒤 한 곁에 앉았다. 한 곁에 앉은 아나타삔디까 장자에게 세존은 이렇게 말했다. —

"cattārome, gahapati, dhammā iṭṭhā kantā manāpā dullabhā lokasmiṃ. katame cattāro? bhogā me uppajjantu sahadhammenāti, ayaṃ paṭhamo dhammo iṭṭho kanto manāpo dullabho lokasmiṃ. bhoge laddhā sahadhammena yaso me āgacchatu saha ñātīhi saha upajjhāyehīti, ayaṃ dutiyo dhammo iṭṭho kanto manāpo dullabho lokasmiṃ. bhoge laddhā sahadhammena yasaṃ laddhā sahañātīhi saha upajjhāyehi ciraṃ jīvāmi dīghamāyuṃ pālemīti, ayaṃ tatiyo dhammo iṭṭho kanto manāpo dullabho lokasmiṃ. bhoge laddhā sahadhammena yasaṃ laddhā saha ñātīhi saha upajjhāyehi ciraṃ jīvitvā dīghamāyuṃ pāletvā kāyassa bhedā paraṃ maraṇā sugatiṃ saggaṃ lokaṃ upapajjāmīti, ayaṃ catuttho dhammo iṭṭho kanto manāpo dullabho lokasmiṃ. ime kho, gahapati, cattāro dhammā iṭṭhā kantā manāpā dullabhā lokasmiṃ.

짯따-로-메-, 가하빠띠, 담마- 잇타- 깐따- 마나-빠- 둘라바- 로-까스밍. 까따메- 짯따-로-? 보-가- 메- 웁빳잔뚜 사하담메-나-띠, 아양 빠타모- 담모- 잇토- 깐또- 마나-뽀- 둘라보- 로-까스밍. 보-게- 랃다- 사하담메-나 야소- 메- 아-갓차뚜 사하 냐-띠-히 사하 우빳

자-예-히-띠, 아양 두띠요- 담모- 잇토- 깐또- 마나-뽀- 둘라보- 로-까스밍. 보-게- 랃다-사하담메-나 야상 랃다- 사하 냐-띠-히 사하 우빳자-예-히 찌랑 지-와-미 디-가마-융 빠-ㄹ레-미-띠, 아양 따띠요- 담모- 잇토- 깐또- 마나-뽀- 둘라보- 로-까스밍. 보-게- 랃다-사하담메-나 야상 랃다- 사하 냐-띠-히 사하 우빳자-예-히 찌랑 지-위뜨와- 디-가마-융 빠-ㄹ레-뜨와- 까-얏사 베-다- 빠랑 마라나- 수가띵 삭강 로-깡 우빠빳자-미-띠, 아양 짜뜻토- 담모- 잇토- 깐또- 마나-뽀- 둘라보- 로-까스밍. 이메- 코-, 가하빠띠, 짯따-로- 담마-잇타- 깐따- 마나-빠- 둘라바- 로-까스밍

"장자여, 원하고 좋아하고 마음에 들지만, 세상에서 얻기 어려운 네 가지 법이 있다. 무엇이 넷인가? ①'나에게 법다운 재물이 생기기를!' 이것이 원하고 좋아하고 마음에 들지만, 세상에서 얻기 어려운 첫 번째 법이다. ②'법다운 재물을 얻은 뒤, 친척들 그리고 스승들과 함께한 명성이 나에게 오기를!' 이것이 원하고 좋아하고 마음에 들지만, 세상에서 얻기 어려운 두 번째 법이다. ③'법다운 재물을 얻고, 친척들 그리고 스승들과 함께한 명성을 얻은 뒤, 오래 살고 긴 수명을 유지하기를!' 이것이 원하고 좋아하고 마음에 들지만, 세상에서 얻기 어려운 세 번째 법이다. ④'법다운 재물을 얻고, 친척들 그리고 스승들과 함께한 명성을 얻고, 오래 살고 긴 수명을 유지한 뒤, 몸이 무너져 죽은 뒤 좋은 곳 하늘 세상에 태어나기를!' 이것이 원하고 좋아하고 마음에 들지만, 세상에서 얻기 어려운 네 번째 법이다. 이것이, 장자여, 원하고 좋아하고 마음에 들지만, 세상에서 얻기 어려운 네 가지 법이다.

"imesaṃ kho, gahapati, catunnaṃ dhammānaṃ iṭṭhānaṃ kantānaṃ manāpānaṃ dullabhānaṃ lokasmiṃ cattāro dhammā paṭilābhāya saṃvattanti. katame cattāro? saddhāsampadā, sīlasampadā, cāgasampadā, paññāsampadā.

이메-상 코-, 가하빠띠, 짜뚠낭 담마-낭 잇타-낭 깐따-낭 마나-빠-낭 둘라바-낭 로-까스밍 짯따-로- 담마- 빠띨라-바-야 상왓딴띠. 까따메- 짯따-로-? 삳다-삼빠다-, 시-ㄹ라삼빠다-, 짜-가삼빠다-, 빤냐-삼빠다-

장자여, 네 가지 법은 이런 원하고 좋아하고 마음에 들지만, 세상에서 얻기 어려운 네 가지 법의 얻음으로 이끈다. 무엇이 네 가지인가? 믿음을 갖춤, 계를 갖춤, 보시를 갖춤, 지혜를 갖춤이다.

"katamā ca, gahapati, saddhāsampadā? idha, gahapati, ariyasāvako saddho hoti, saddahati tathāgatassa bodhiṃ — 'itipi so bhagavā arahaṃ sammāsambuddho vijjācaraṇasampanno sugato lokavidū anuttaro purisadammasārathi, satthā devamanussānaṃ buddho bhagavā'ti. ayaṃ vuccati, gahapati, saddhāsampadā.

까따마- 짜, 가하빠띠, 삳다-삼빠다-? 이다, 가하빠띠, 아리야사-와꼬- 삳도- 호-띠, 삳다하

띠 따타-가땃사 보-딩 — '이띠삐 소- 바가와- 아라항 삼마-삼붇도- 윗자-짜라나삼빤노- 수가또- 로-까위두- 아눗따로- 뿌리사담마사-라티 삿타- 데-와마눗사-낭 붇도- 바가와-'띠. 아양 웃짜띠, 가하빠띠, 삳다-삼빠다-

그러면 장자여, 무엇이 믿음을 갖추는 것인가? 장자여, 여기 성스러운 제자는 믿음을 가졌다. '이렇게 그분 세존(世尊)께서는 모든 번뇌 떠나신 분, 스스로 완전한 깨달음을 이루신 분, 밝음과 실천을 갖추신 분, 진리의 길 보이신 분, 세상일을 모두 훤히 아시는 분, 어리석은 이도 잘 이끄시는 위없는 분, 신과 인간의 스승, 깨달으신 분, 존귀하신 분이시다.'라고 여래(如來)의 깨달음을 믿는다. 장자여, 이것이 믿음을 갖춤이라고 불린다.

"katamā ca, gahapati, sīlasampadā? idha, gahapati, ariyasāvako pāṇātipātā paṭivirato hoti, adinnādānā paṭivirato hoti, kāmesumicchācārā paṭivirato hoti, musāvādā paṭivirato hoti, surāmerayamajjappamādaṭṭhānā paṭivirato hoti. ayaṃ vuccati, gahapati, sīlasampadā.

까따마- 짜, 가하빠띠, 시-ㄹ라삼빠다-? 이다, 가하빠띠, 아리야사-와꼬- 빠-나-띠빠-따-빠띠위라또- 호-띠, 아딘나-다-나- 빠띠위라또- 호-띠, 까-메-수밋차-짜-라- 빠띠위라또-호-띠, 무사-와-다- 빠띠위라또- 호-띠, 수라-메-라야맛잡빠마-닷타-나- 빠띠위라또- 호-띠. 아양 웃짜띠, 가하빠띠, 시-ㄹ라삼빠다-

그러면 장자여, 무엇이 계를 갖추는 것인가? 장자여, 여기 성스러운 제자는 생명을 해치는 행위로부터 피하고, 주지 않는 것을 가지는 행위로부터 피하고, 음행(淫行)에 대한 삿된 행위로부터 피하고, 거짓을 말하는 행위로부터 피하고, 술과 발효액 등 취하게 하는 것으로 인한 방일한 머묾으로부터 피한다. 장자여, 이것이 계를 갖춤이라고 불린다.

"katamā ca, gahapati, cāgasampadā? idha, gahapati, ariyasāvako vigatamalamaccherena cetasā agāraṃ ajjhāvasati muttacāgo payatapāṇi vosaggarato yācayogo dānasaṃvibhāgarato. ayaṃ vuccati, gahapati, cāgasampadā.

까따마- 짜, 가하빠띠, 짜-가삼빠다-? 이다, 가하빠띠, 아리야사-와꼬- 위가따말라맛체-레-나 쩨-따사- 아가-랑 앗자-와사띠 뭇따짜-고- 빠야따빠-니 오-삭가라또- 야-짜요-고- 다-나상위바-가라또-. 아양 웃짜띠, 가하빠띠, 짜-가삼빠다-

그러면 장자여, 무엇이 보시를 갖추는 것인가? 장자여, 여기 성스러운 제자는 인색의 때에서 벗어난 심(心)으로 자유롭게 보시하고, 손은 깨끗하고, 주기를 좋아하고, 다른 사람의 요구에 응할 준비가 되어있고, 베풂과 나눔을 좋아하며 재가에 산다. 장자여, 이것이 보시를 갖춤이라고 불린다.

“katamā ca, gahapati, paññāsampadā? abhijjhāvisamalobhābhibhūtena, gahapati, cetasā viharanto akiccaṃ karoti, kiccaṃ aparādheti. akiccaṃ karonto kiccaṃ aparādhento yasā ca sukhā ca dhaṃsati. byāpādābhibhūtena, gahapati, cetasā viharanto akiccaṃ karoti, kiccaṃ aparādheti. akiccaṃ karonto kiccaṃ aparādhento yasā ca sukhā ca dhaṃsati. thinamiddhābhibhūtena, gahapati, cetasā viharanto akiccaṃ karoti kiccaṃ aparādheti. akiccaṃ karonto kiccaṃ aparādhento yasā ca sukhā ca dhaṃsati. uddhaccakukkuccābhibhūtena, gahapati, cetasā viharanto akiccaṃ karoti, kiccaṃ aparādheti. akiccaṃ karonto kiccaṃ aparādhento yasā ca sukhā ca dhaṃsati. vicikicchābhibhūtena, gahapati, cetasā viharanto akiccaṃ karoti, kiccaṃ aparādheti. akiccaṃ karonto kiccaṃ aparādhento yasā ca sukhā ca dhaṃsati.

까따마- 짜, 가하빠띠, 빤냐-삼빠다-? 아빗자-위사말로-바-비부-떼-나, 가하빠띠, 쩨-따사- 위하란또- 아낏짱 까로-띠, 낏짱 아빠라-데-띠. 아낏짱 까론또- 낏짱 아빠라-덴또- 야사- 짜 수카- 짜 당사띠. 뱌-빠-다-비부-떼-나, 가하빠띠, 쩨-따사- 위하란또- 아낏짱 까로-띠, 낏짱 아빠라-데-띠. 아낏짱 까론또- 낏짱 아빠라-덴또- 야사- 짜 수카- 짜 당사띠. 티나믿다-비부-떼-나, 가하빠띠, 쩨-따사- 위하란또- 아낏짱 까로-띠, 낏짱 아빠라-데-띠. 아낏짱 까론또- 낏짱 아빠라-덴또- 야사- 짜 수카- 짜 당사띠. 욷닷짜꾹꿋짜-비부-떼-나, 가하빠띠, 쩨-따사- 위하란또- 아낏짱 까로-띠, 낏짱 아빠라-데-띠. 아낏짱 까론또- 낏짱 아빠라-덴또- 야사- 짜 수카- 짜 당사띠. 위찌낏차-비부-떼-나, 가하빠띠, 쩨-따사- 위하란또- 아낏짱 까로-띠, 낏짱 아빠라-데-띠. 아낏짱 까론또- 낏짱 아빠라-덴또- 야사- 짜 수카- 짜 당사띠

그러면 장자여, 무엇이 지혜를 갖추는 것인가? 장자여, ①‘망(望)이 일어난 간탐에 억눌린 심(心)으로 머무는 자는 하지 않아야 할 일을 하고 해야 할 일을 하지 않는다. 장자여, 하지 않아야 할 일을 하고 해야 할 일을 하지 않을 때 그의 명성과 행복이 흩어진다. 장자여, ②진에에 억눌린 심으로 머무는 자는 하지 않아야 할 일을 하고 해야 할 일을 하지 않는다. 장자여, 하지 않아야 할 일을 하고 해야 할 일을 하지 않을 때 그의 명성과 행복이 흩어진다. 장자여, ③해태-혼침에 억눌린 심으로 머무는 자는 하지 않아야 할 일을 하고 해야 할 일을 하지 않는다. 장자여, 하지 않아야 할 일을 하고 해야 할 일을 하지 않을 때 그의 명성과 행복이 흩어진다. 장자여, ④들뜸-후회에 억눌린 심으로 머무는 자는 하지 않아야 할 일을 하고 해야 할 일을 하지 않는다. 장자여, 하지 않아야 할 일을 하고 해야 할 일을 하지 않을 때 그의 명성과 행복이 흩어진다. 장자여, ⑤의심에 억눌린 심으로 머무는 자는 하지 않아야 할 일을 하고 해야 할 일을 하지 않는다. 장자여, 하지 않아야 할 일을 하고 해야 할 일을 하지 않을 때 그의 명성과 행복이 흩어진다.

“sa kho so, gahapati, ariyasāvako abhijjhāvisamalobho cittassa upakkilesoti, iti viditvā abhijjhāvisamalobhaṃ cittassa upakkilesaṃ pajahati. byāpādo cittassa upakkilesoti, iti viditvā byāpādaṃ cittassa upakkilesaṃ pajahati. thinamiddhaṃ cittassa upakkilesoti, iti viditvā thinamiddhaṃ cittassa upakkilesaṃ pajahati. uddhaccakukkuccaṃ cittassa upakkilesoti, iti viditvā uddhaccakukkuccaṃ cittassa upakkilesaṃ pajahati. vicikicchā cittassa upakkilesoti, iti viditvā vicikicchaṃ cittassa upakkilesaṃ pajahati.

사 코- 소-, 가하빠띠, 아리야사-와꼬- 아빗자-위사말로-보- 찟땃사 우빡낄레-소-띠, 이띠 위디뜨와- 아빗자-위사말로-방 찟땃사 우빡낄레-상 빠자하띠, 뱌-빠-도- 찟땃사 우빡낄레-소-띠, 이띠 위디뜨와- 뱌-빠-당 찟땃사 우빡낄레-상 빠자하띠, 티나믿당 찟땃사 우빡낄레-소-띠, 이띠 위디뜨와- 티나믿당 찟땃사 우빡낄레-상 빠자하띠, 욷닷짜꾹꿋짱 찟땃사 우빡낄레-소-띠, 이띠 위디뜨와- 욷닷짜꾹꿋짱 찟땃사 우빡낄레-상 빠자하띠, 위찌낏차- 찟땃사 우빡낄레-소-띠, 이띠 위디뜨와- 위찌낏창 찟땃사 우빡낄레-상 빠자하띠

장자여, 이런 성스러운 제자는 ①‘망이 일어난 간탐이 심의 오염원이다.’라고 알아서 심의 오염원인 망이 일어난 간탐을 버린다. ②‘진에가 심의 오염원이다.’라고 알아서 심의 오염원인 진에를 버린다. ③‘해태-혼침이 심의 오염원이다.’라고 알아서 심의 오염원인 해태-혼침을 버린다. ④‘들뜸-후회가 심의 오염원이다.’라고 알아서 심의 오염원인 들뜸-후회를 버린다. ⑤‘의심이 심의 오염원이다.’라고 알아서 심의 오염원인 의심을 버린다.

“yato ca kho, gahapati, ariyasāvakassa abhijjhāvisamalobho cittassa upakkilesoti, iti viditvā abhijjhāvisamalobho cittassa upakkileso pahīno hoti. byāpādo cittassa upakkilesoti, iti viditvā byāpādo cittassa upakkileso pahīno hoti. thinamiddhaṃ cittassa upakkilesoti, iti viditvā thinamiddhaṃ cittassa upakkileso pahīno hoti. uddhaccakukkuccaṃ cittassa upakkilesoti, iti viditvā uddhaccakukkuccaṃ cittassa upakkileso pahīno hoti. vicikicchā cittassa upakkilesoti, iti viditvā vicikicchā cittassa upakkileso pahīno hoti. ayaṃ vuccati, gahapati, ariyasāvako mahāpañño puthupañño āpātadaso paññāsampanno. ayaṃ vuccati, gahapati, paññāsampadā. imesaṃ kho, gahapati, catunnaṃ dhammānaṃ iṭṭhānaṃ kantānaṃ manāpānaṃ dullabhānaṃ lokasmiṃ ime cattāro dhammā paṭilābhāya saṃvattanti.

야또- 짜 코-, 가하빠띠, 아리야사-와깟사 아빗자-위사말로-보- 찟땃사 우빡낄레-소-띠, 이띠 위디뜨와- 아빗자-위사말로-보- 찟땃사 우빡낄레-소- 빠히-노- 호-띠. 뱌-빠-도- 찟땃사 우빡낄레-소-띠, 이띠 위디뜨와- 뱌-빠-도- 찟땃사 우빡낄레-소- 빠히-노- 호-띠. 티나믿당 찟땃사 우빡낄레-소-띠, 이띠 위디뜨와- 티나믿당 찟땃사 우빡낄레-소- 빠히-노- 호-띠. 욷닷짜꾹꿋짱 찟땃사 우빡낄레-소-띠, 이띠 위디뜨와- 욷닷짜꾹꿋짱 찟땃사 우빡낄레-

소- 빠히-노- 호-띠. 위찌낏차- 찟땃사 우빡낄레-소-띠, 이띠 위디뜨와- 위찌낏차- 찟땃사 우빡낄레-소- 빠히-노- 호-띠. 아양 웃짜띠, 가하빠띠, 아리야사-와꼬- 마하-빤뇨- 뿌투빤뇨- 아-빠-따다소- 빤냐-삼빤노-. 아양 웃짜띠, 가하빠띠, 빤냐-삼빠다-. 이메-상 코-, 가하빠띠, 짜뚠낭 담마-낭 잇타-낭 깐따-낭 마나-빠-낭 둘라바-낭 로-까스밍 이메- 짯따-로- 담마- 빠띨라-바-야 상왓딴띠

장자여, 성스러운 제자가 ①'망이 일어난 간탐이 심의 오염원이다.'라고 알아서 심의 오염원인 망이 일어난 간탐을 버리고, ②'진에가 심의 오염원이다.'라고 알아서 심의 오염원인 진에를 버리고, ③'해태-혼침이 심의 오염원이다.'라고 알아서 심의 오염원인 해태-혼침을 버리고, ④'들뜸-후회가 심의 오염원이다.'라고 알아서 심의 오염원인 들뜸-후회를 버리고, ⑤'의심이 심의 오염원이다.'라고 알아서 심의 오염원인 의심을 버렸기 때문에, 장자여, 이 성스러운 제자는 큰 지혜를 가졌다, 분석적인 지혜를 가졌다, 분명한 시계(視界)를 가졌다, 지혜를 갖추었다고 불린다. 장자여, 이것이 지혜를 갖춤이라고 불린다. 장자여, 이런 네 가지 법은 원하고 좋아하고 마음에 들지만, 세상에서 얻기 어려운 네 가지 법의 얻음으로 이끈다.

"sa kho so, gahapati, ariyasāvako uṭṭhānavīriyādhigatehi bhogehi bāhābalaparicitehi sedāvakkhittehi dhammikehi dhammaladdhehi cattāri pattakammāni kattā hoti. katamāni cattāri? idha gahapati, ariyasāvako uṭṭhānavīriyādhigatehi bhogehi bāhābalaparicitehi sedāvakkhittehi dhammikehi dhammaladdhehi attānaṃ sukheti pīṇeti sammā sukhaṃ pariharati. mātāpitaro sukheti pīṇeti sammā sukhaṃ pariharati. puttadāradāsakammakaraporise sukheti pīṇeti sammā sukhaṃ pariharati. mittāmacce sukheti pīṇeti sammā sukhaṃ pariharati. idamassa paṭhamaṃ ṭhānagataṃ hoti pattagataṃ āyatanaso paribhuttaṃ.

사 코- 소-, 가하빠띠, 아리야사-와꼬- 웃타-나위-리야-디가떼-히 보-게-히 바-하-발라빠리찌떼-히 세-다-왁킷떼-히 담미께-히 담말랃데-히 짯따-리 빳따깜마-니 깟따- 호-띠. 까따마-니 짯따-리? 이다 가하빠띠, 아리야사-와꼬- 웃타-나위-리야-디가떼-히 보-게-히 바-하-발라빠리찌떼-히 세-다-왁킷떼-히 담미께-히 담말랃데-히 앗따-낭 수케-띠 삐-네-띠 삼마- 수캉 빠리하라띠. 마-따-삐따로- 수케-띠 삐-네-띠 삼마- 수캉 빠리하라띠. 뿟따다-라다-사깜마까라뽀-리세- 수케-띠 삐-네-띠 삼마- 수캉 빠리하라띠. 밋따-맛쩨- 수케-띠 삐-네-띠 삼마- 수캉 빠리하라띠. 이다맛사 빠타망 타-나가땅 호-띠 빳따가땅 아-야따나소- 빠리붓땅

장자여, 여기 성스러운 제자는 열정적인 노력으로 얻었고 팔의 힘으로 모았고 땀으로 덮었고 법과 함께하고 법의 실천으로 얻은 재물로 네 가지 배운 사람의 행위를 한다. 무엇이 넷인가? 여기, 장자여, 성스러운 제자는 열정적인 노력으로 얻었고 팔의 힘으로 모았고 땀으로

덮었고 법과 함께하고 법의 실천으로 얻은 재물로 ①자신을 행복하게 하고 만족하게 하고 바르게 행복을 지킨다. ②부모님을 행복하게 하고 만족하게 하고 바르게 행복을 지킨다. ③자식과 아내와 하인과 직원과 일하는 사람들을 행복하게 하고 만족하게 하고 바르게 행복을 지킨다. ④친구와 사람들을 행복하게 하고 만족하게 하고 바르게 행복을 지킨다. 이것이 그가 경우에 맞게, 배운 사람으로, 영역에 맞게 사용한 첫 번째 행위이다.

"puna caparaṃ, gahapati, ariyasāvako uṭṭhānavīriyādhigatehi bhogehi bāhābalaparicitehi sedāvakkhittehi dhammikehi dhammaladdhehi yā tā honti āpadā aggito vā udakato vā rājato vā corato vā appiyato vā dāyādato, tathārūpāsu āpadāsu pariyodhāya saṃvattati. sotthiṃ attānaṃ karoti. idamassa dutiyaṃ ṭhānagataṃ hoti pattagataṃ āyatanaso paribhuttaṃ.

뿌나 짜빠랑, 가하빠띠, 아리야사-와꼬- 웃타-나위-리야-디가떼-히 보-게-히 바-하-발라빠리찌떼-히 세-다-왁킷떼-히 담미께-히 담말랃데-히 야- 따- 혼띠 아-빠다- 악기또- 와- 우다까또- 와- 라-자또- 와- 쪼-라또- 와- 압삐야또- 와- 다-야-다또-, 따타-루-빠-수 아-빠다-수 빠리요-다-야 상왓따띠. 솟팅 앗따-낭 까로-띠. 이다맛사 두띠양 타-나가땅 호-띠 빳따가땅 아-야따나소- 빠리붓땅

다시 장자여, 여기 성스러운 제자는 열정적인 노력으로 얻었고 팔의 힘으로 모았고 땀으로 덮었고 법과 함께하고 법의 실천으로 얻은 재물로 재난들, 불과 물과 왕과 도둑과 사랑스럽지 않은 상속인, 이런 재난들에서 방어로 이끈다. 그는 자신을 안전하게 지킨다. 장자여, 이것이 그가 경우에 맞게, 배운 사람으로, 영역에 맞게 사용한 두 번째 행위이다.

"puna caparaṃ, gahapati, ariyasāvako uṭṭhānavīriyādhigatehi bhogehi bāhābalaparicitehi sedāvakkhittehi dhammikehi dhammaladdhehi pañcabaliṃ kattā hoti — ñātibaliṃ, atithibaliṃ, pubbapetabaliṃ, rājabaliṃ, devatābaliṃ. idamassa tatiyaṃ ṭhānagataṃ hoti pattagataṃ āyatanaso paribhuttaṃ.

뿌나 짜빠랑, 가하빠띠, 아리야사-와꼬- 웃타-나위-리야-디가떼-히 보-게-히 바-하-발라빠리찌떼-히 세-다-왁킷떼-히 담미께-히 담말랃데-히 빤짜발링 깟따- 호-띠 — 냐-띠발링, 아띠티발링, 뿝바뻬-따발링, 라-자발링, 데-와따-발링. 이다맛사 따띠양 타-나가땅 호-띠 빳따가땅 아-야따나소- 빠리붓땅

다시 장자여, 여기 성스러운 제자는 열정적인 노력으로 얻었고 팔의 힘으로 모았고 땀으로 덮었고 법과 함께하고 법의 실천으로 얻은 재물로 다섯 가지 헌공을 한다. — 친척을 위한 헌공, 손님을 위한 헌공, 죽은 자를 위한 헌공, 왕을 위한 헌공, 신을 위한 헌공. 이것이 그가 경우에 맞게, 배운 사람으로, 영역에 맞게 사용한 세 번째 행위이다.

“puna caparaṃ, gahapati, ariyasāvako uṭṭhānavīriyādhigatehi bhogehi bāhābalaparicitehi sedāvakkhittehi dhammikehi dhammaladdhehi ye te samaṇabrāhmaṇā madappamādā paṭiviratā khantisoracce niviṭṭhā ekamattānaṃ damenti, ekamattānaṃ samenti, ekamattānaṃ parinibbāpenti, tathārūpesu samaṇabrāhmaṇesu uddhaggikaṃ dakkhiṇaṃ patiṭṭhāpeti sovaggikaṃ sukhavipākaṃ saggasaṃvattanikaṃ. idamassa catutthaṃ ṭhānagataṃ hoti pattagataṃ āyatanaso paribhuttaṃ.

뿌나 짜빠랑, 가하빠띠, 아리야사-와꼬- 웃타-나위-리야-디가떼-히 보-게-히 바-하-발라빠리찌떼-히 세-다-왁킷떼-히 담미께-히 담말랃데-히 예- 떼- 사마나브라-흐마나- 마답빠마-다- 빠띠위라따- 칸띠소-랏쩨- 니윗타- 에-까맛따-낭 다멘띠, 에-까맛따-낭 사멘띠, 에-까맛따-낭 빠리닙바-뻰띠, 따타-루-뻬-수 사마나브라-흐마네-수 욷닥기깡 닥키낭 빠띳타-뻬-띠 소-왁기깡 수카위빠-깡 삭가상왓따니깡. 이다맛사 짜뚯탕 타-나가땅 호-띠 빳따가땅 아-야따나소- 빠리붓땅

다시 장자여, 여기 성스러운 제자는 열정적인 노력으로 얻었고 팔의 힘으로 모았고 땀으로 덮었고 법과 함께하고 법의 실천으로 얻은 재물로 교만과 방일을 제어하고 인욕과 온화함에 안정되어 개별적으로 자신을 길들이고 개별적으로 자신을 제어하고 개별적으로 자신을 완전한 열반에 들게 하는 사문-바라문들에게 보시한다. 이러한 사문-바라문들에게 하는 보시는 삶을 향상케 하고 하늘로 이끌고 행복의 보(報)를 있게 하고 천상으로 이끈다. 장자여, 이것이 그가 경우에 맞게, 배운 사람으로, 영역에 맞게 사용한 네 번째 행위이다.

“sa kho so, gahapati, ariyasāvako uṭṭhānavīriyādhigatehi bhogehi bāhābalaparicitehi sedāvakkhittehi dhammikehi dhammaladdhehi imāni cattāri pattakammāni kattā hoti. yassa kassaci, gahapati, aññatra imehi catūhi pattakammehi bhogā parikkhayaṃ gacchanti, ime vuccanti, gahapati, bhogā aṭṭhānagatā apattagatā anāyatanaso paribhuttā. yassa kassaci, gahapati, imehi catūhi pattakammehi bhogā parikkhayaṃ gacchanti, ime vuccanti, gahapati, bhogā ṭhānagatā pattagatā āyatanaso paribhuttā”ti.

사 코- 소-, 가하빠띠, 아리야사-와꼬- 웃타-나위-리야-디가떼-히 보-게-히 바-하-발라빠리찌떼-히 세-다-왁킷떼-히 담미께-히 담말랃데-히 이마-니 짯따-리 빳따깜마-니 깟따-호-띠. 얏사 깟사찌, 가하빠띠, 안냐뜨라 이메-히 짜뚜-히 빳따깜메-히 보-가- 빠릭카양 갓찬띠. 이메- 웃짠띠, 가하빠띠, 보-가- 앗타-나가따- 아빳따가따- 아나-야따나소- 빠리붓따-. 얏사 깟사찌, 가하빠띠, 이메-히 짜뚜-히 빳따깜메-히 보-가- 빠릭카양 갓찬띠. 이메- 웃짠띠, 가하빠띠, 보-가- 타-나가따- 빳따가따- 아-야따나소- 빠리붓따-”띠

장자여, 성스러운 제자는 열정적인 노력으로 얻었고 팔의 힘으로 모았고 땀으로 덮었고 법과 함께하고 법의 실천으로 얻은 재물로 이런 네 가지 배운 사람의 행위를 한다. 장자여, 누구든지 이런 네 가지 배운 사람의 행위와 다른 곳에서 재물을 낭비하는 자에게, 장자여, 이 재물은 경우에 맞지 않게 배우지 못한 사람으로서 영역에 맞지 않게 사용되었다고 불린다. 장자여, 누구든지 이런 네 가지 배운 사람의 행위로 재물을 쓰는 자에게, 장자여, 이 재물은 경우에 맞게, 배운 사람으로, 영역에 맞게 사용되었다고 불린다."

"bhuttā bhogā bhatā bhaccā, vitiṇṇā āpadāsu me.
uddhaggā dakkhiṇā dinnā, atho pañcabalī katā.
upaṭṭhitā sīlavanto, saññatā brahmacārayo.

붓따- 보-가- 바따- 밧짜-, 위띤나- 아-빠다-수 메-
욷닥가- 닥키나- 딘나-, 아토- 빤짜발리- 까따-
우빳티따- 시-ㄹ라완또-, 산냐따- 브라흐마짜-라요-

"'나는 재물로써 하인과 일꾼들을 고용하였고 나의 재난을 건넜다.
높은 존재로 이끄는 보시를 하였고, 다섯 가지 헌공을 하였다.
준비되고 계를 중시하는, 범행을 닦는 자들을 섬겼다.

"yadatthaṃ bhogaṃ iccheyya, paṇḍito gharamāvasaṃ.
so me attho anuppatto, kataṃ ananutāpiyaṃ.

야닷탕 보-강 잇체이야, 빤디또- 가라마-와상
소- 메- 앗토- 아눕빳또-, 까땅 아나누따-삐양

현명한 재가자는 어떤 목적의 재물을 원하나니
나에게 그 목적은 달성되었고, 후회하지 않게 되었다.'

"etaṃ anussaraṃ macco, ariyadhamme ṭhito naro.
idheva naṃ pasaṃsanti, pecca sagge pamodatī"ti.

에-땅 아눗사랑 맛쪼-, 아리야담메- 티또- 나로-
이데-와 낭 빠상산띠, 뻿짜 삭게- 빠모-다띠-"띠

이것을 기억하는 사람, 성스러운 법에 서 있는 사람
그는 이 세상에서는 칭찬받고, 죽은 뒤에는 하늘에서 기뻐한다." ▣

16-1) dīghajāṇusuttaṃ (AN 8.54-디가자누 경)

• 믿음-계-보시-지혜의 네 가지 법

• 재가자에게 금생의 이익과 금생의 행복을 주는 법 — 근면을 갖춤, 보호를 갖춤, 선우(善友)를 사귐, 균형 잡힌 생계

• 균형 잡힌 생계 — 「'이렇게 나에게 수입은 지출을 충당하고도 남을 것이다. 나에게 지출이 수입을 초과하지 않을 것이다.'라면서 지나치게 풍족하지도 않고 지나치게 궁핍하지도 않은 균형 잡힌 생계를 유지한다.」

• 재가자에게 내생의 이익과 내생의 행복을 주는 법 — 믿음-계-보시-지혜를 갖춤

ekaṃ samayaṃ bhagavā koliyesu viharati kakkarapattaṃ nāma koliyānaṃ nigamo. atha kho dīghajāṇu koliyaputto yena bhagavā tenupasaṅkami; upasaṅkamitvā bhagavantaṃ abhivādetvā ekamantaṃ nisīdi. ekamantaṃ nisinno kho dīghajāṇu koliyaputto bhagavantaṃ etadavoca — "mayaṃ, bhante, gihī kāmabhogino puttasambādhasayanaṃ ajjhāvasāma, kāsikacandanaṃ paccanubhoma, mālāgandhavilepanaṃ dhārayāma, jātarūparajataṃ sādayāma. tesaṃ no, bhante, bhagavā amhākaṃ tathā dhammaṃ desetu ye amhākaṃ assu dhammā diṭṭhadhammahitāya diṭṭhadhammasukhāya, samparāyahitāya samparāyasukhāyā"ti.

에-깡 사마양 바가와- 꼬-ㄹ리예-수 위하라띠 깍까라빳땅 나-마 꼬-ㄹ리야-낭 니가모-. 아타 코- 디-가자-누 꼬-ㄹ리야뿟또- 예-나 바가와- 떼-누빠상까미; 우빠상까미뜨와- 바가완땅 아비와-데-뜨와- 에-까만땅 니시-디. 에-까만땅 니신노- 코- 디-가자-누 꼬-ㄹ리야뿟또- 바가완땅 에-따다오-짜 — "마양, 반떼-, 기히- 까-마보-기노- 뿟따삼바-다사야낭 앗자-와사-마, 까-시까짠다낭 빳짜누보-마, 마-ㄹ라-간다윌레-빠낭 다-라야-마, 자-따루-빠라자땅 사-다야-마. 떼-상 노-, 반떼-, 바가와- 암하-깡 따타- 담망 데-세-뚜 예- 암하-깡 앗수 담마- 딧타담마히따-야 딧타담마수카-야, 삼빠라-야히따-야 삼빠라-야수카-야-"띠

한때 세존은 꼴리야에서 깍까라빳따라는 꼴리야의 번화가에 머물렀다. 그때 꼴리야의 아들 디가자누가 세존에게 왔다. 와서는 세존에게 절한 뒤 한 곁에 앉았다. 한 곁에 앉은 꼴리야의 아들 디가자누는 세존에게 이렇게 말했다. — "대덕이시여, 저희는 자식들로 북적거리는 집에서 살고, 까시의 백단향을 경험하고, 꽃과 향과 화장품을 지니고, 금(金)과 은(銀)이 허용된, 소유하고자 하는 재가자입니다. 대덕이시여, 세존께서는 이런 저희에게 금생의 이익과 금생의 행복을 주고, 내생의 이익과 내생의 행복을 주는 법을 설해주십시오."

"cattārome, byagghapajja, dhammā kulaputtassa diṭṭhadhammahitāya saṃvattanti diṭṭhadhammasukhāya. katame cattāro? uṭṭhānasampadā, ārakkhasampadā, kalyāṇamittatā, samajīvitā. katamā ca, byagghapajja, uṭṭhānasampadā? idha, byagghapajja, kulaputto yena kammaṭṭhānena jīvikaṃ kappeti — yadi kasiyā, yadi vaṇijjāya, yadi gorakkhena, yadi issattena, yadi rājaporisena, yadi sippaññatarena — tattha dakkho hoti analaso, tatrupāyāya vīmaṃsāya samannāgato, alaṃ kātuṃ alaṃ saṃvidhātuṃ. ayaṃ vuccati, byagghapajja, uṭṭhānasampadā.

짯따-로-메-, 뱌가빳자, 담마- 꿀라뿟땃사 딧타담마히따-야 상왓딴띠 딧타담마수카-야. 까따메- 짯따-로-? 웃타-나삼빠다-, 아-락카삼빠다-, 깔랴-나밋따따-, 사마지-위따-. 까따마- 짜, 뱌가빳자, 웃타-나삼빠다-? 이다, 뱌가빳자, 꿀라뿟또- 예-나 깜맛타-네-나 지-위깡 깝뻬-띠 — 야디 까시야-, 야디 와닛자-야, 야디 고-락케-나, 야디 잇삿떼-나, 야디 라-자뽀-리세-나, 야디 십빤냐따레-나 — 땃타 닥코- 호-띠 아날라소-, 따뜨루빠-야-야 위-망사-야 사만나-가또-, 알랑 까-뚱 알랑 상위다-뚱. 아양 웃짜띠, 뱌가빳자, 웃타-나삼빠다-

"호랑이가 다니던 길에 사는 자여, 이런 네 가지 법은 좋은 가문의 아들에게 금생의 이익과 금생의 행복으로 이끈다. 어떤 네 가지인가? 근면을 갖춤, 보호를 갖춤, 선우(善友)를 사귐, 균형 잡힌 생계이다. 그러면 호랑이가 다니던 길에 사는 자여, 어떤 것이 근면을 갖추는 것인가? 호랑이가 다니던 길에 사는 자여, 여기 선남자는 농사나 장사나 목축이나 궁술이나 왕의 신하가 되거나 그 이외 어떤 공예의 직업을 가지고 생계를 유지하나니, 그가 거기에 숙련되고 게으르지 않으며 그것을 완성할 수 있는 검증을 거쳐 충분히 실행할 수 있고 충분히 연구할 수 있는 자가 된다. 이것이, 호랑이가 다니던 길에 사는 자여, 근면을 갖춤이라 불린다."

"katamā ca, byagghapajja, ārakkhasampadā? idha, byagghapajja, kulaputtassa bhogā honti uṭṭhānavīriyādhigatā bāhābalaparicitā, sedāvakkhittā, dhammikā dhammaladdhā. te ārakkhena guttiyā sampādeti — 'kinti me ime bhoge neva rājāno hareyyuṃ, na corā hareyyuṃ, na aggi ḍaheyya, na udakaṃ vaheyya, na appiyā dāyādā hareyyun'ti! ayaṃ vuccati, byagghapajja, ārakkhasampadā.

까따마- 짜, 뱌가빳자, 아-락카삼빠다-? 이다, 뱌가빳자, 꿀라뿟땃사 보-가- 혼띠 웃타-나위-리야-디가따- 바-하-발라빠리찌따-, 세-다-왁킷따-, 담미까- 담말랃다-. 떼- 아-락케-나 굿띠야- 삼빠-데-띠 — '낀띠 메- 이메- 보-게- 네-와 라-자-노- 하레이윰, 나 쪼-라- 하레이윰, 나 악기 다헤이야, 나 우다깡 와헤이야, 나 압삐야- 다-야-다- 하레이윤'띠! 아양 웃짜띠, 뱌가빳자, 아-락카삼빠다-

"그러면 호랑이가 다니던 길에 사는 자여, 어떤 것이 보호를 갖추는 것인가? 호랑이가 다니던 길에 사는 자여, 여기 좋은 가문의 아들은 열정적인 노력으로 얻었고 팔의 힘으로 모았고 땀으로 덮었고 법과 함께하고 법의 실천으로 얻은 재물을 보호하고 지키는 것을 구족한다. — '어떻게 하면 나의 이 재물을 왕이 거두어 가버리지 않을까, 도둑이 훔쳐 가지 않을까, 불이 태워버리지 않을까, 물이 쓸어 가버리지 않을까, 좋아하지 않는 상속인이 상속받지 않을까?'라고. 이것이, 호랑이가 다니던 길에 사는 자여, 보호를 갖춤이라 불린다."

"katamā ca, byagghapajja, kalyāṇamittatā? idha, byagghapajja, kulaputto yasmiṃ gāme vā nigame vā paṭivasati, tattha ye te honti — gahapatī vā gahapatiputtā vā daharā vā vuddhasīlino, vuddhā vā vuddhasīlino, saddhāsampannā, sīlasampannā, cāgasampannā, paññāsampannā — tehi saddhiṃ santiṭṭhati sallapati sākacchaṃ samāpajjati; yathārūpānaṃ saddhāsampannānaṃ saddhāsampadaṃ anusikkhati, yathārūpānaṃ sīlasampannānaṃ sīlasampadaṃ anusikkhati, yathārūpānaṃ cāgasampannānaṃ cāgasampadaṃ anusikkhati, yathārūpānaṃ paññāsampannānaṃ paññāsampadaṃ anusikkhati. ayaṃ vuccati, byagghapajja, kalyāṇamittatā.

까따마- 짜, 뱌가빳자, 깔랴-나밋따따-? 이다, 뱌가빳자, 꿀라뿟또- 야스밍 가-메- 와- 니가메- 와- 빠띠와사띠, 땃타 예- 떼- 혼띠 — 가하빠띠- 와- 가하빠띠뿟따- 와- 다하라- 와- 웃다시-ㄹ리노-, 웃다- 와- 웃다시-ㄹ리노-, 삳다-삼빤나-, 시-ㄹ라삼빤나-, 짜-가삼빤나-, 빤냐-삼빤나- — 떼-히 삳딩 산띳타띠 살라빠띠 사-깟창 사마-빳자띠; 야타-루-빠-낭 삳다-삼빤나-낭 삳다-삼빠당 아누식카띠, 야타-루-빠-낭 시-ㄹ라삼빤나-낭 시-ㄹ라삼빠당 아누식카띠, 야타-루-빠-낭 짜-가삼빤나-낭 짜-가삼빠당 아누식카띠, 야타-루-빠-낭 빤냐-삼빤나-낭 빤냐-삼빠당 아누식카띠. 아얌 웃짜띠, 뱌가빳짜, 깔랴-나밋따따-

"그러면 호랑이가 다니던 길에 사는 자여, 어떤 것이 선우를 사귀는 것인가? 호랑이가 다니던 길에 사는 자여, 여기 좋은 가문의 아들이 어떤 마을이나 번화가에 산다. 그곳에는 믿음을 갖추고, 계를 갖추고, 보시를 갖추고, 지혜를 갖춘 장자나 장자의 아들 또는 훌륭한 계(戒)를 지닌 젊은이나 훌륭한 계를 지닌 노인들이 있다. 그는 이러한 사람들과 함께 지내고 대화하고 토론한다. 그런 믿음을 갖춘 사람들 가운데서 믿음을 갖추기 위해 따라서 실천하고, 그런 계를 갖춘 사람들 가운데서 계를 갖추기 위해 따라서 실천하고, 그런 보시를 갖춘 사람들 가운데서 보시를 갖추기 위해 따라서 실천하고, 그런 지혜를 갖춘 사람들 가운데서 지혜를 갖추기 위해 따라서 실천한다. 이것이, 호랑이가 다니던 길에 사는 자여, 선우를 사귐이라 불린다."

"katamā ca, byagghapajja, samajīvitā? idha, byagghapajja, kulaputto āyañca bhogānaṃ viditvā, vayañca bhogānaṃ viditvā, samaṃ jīvikaṃ kappeti nāccogāḷhaṃ nātihīnaṃ — 'evaṃ me āyo vayaṃ pariyādāya ṭhassati, na ca me vayo āyaṃ pariyādāya ṭhassatī'ti. seyyathāpi, byagghapajja, tulādhāro vā tulādhārantevāsī vā tulaṃ paggahetvā jānāti — 'ettakena vā onataṃ, ettakena vā unnatan'ti; evamevaṃ kho, byagghapajja, kulaputto āyañca bhogānaṃ viditvā, vayañca bhogānaṃ viditvā, samaṃ jīvikaṃ kappeti nāccogāḷhaṃ nātihīnaṃ — 'evaṃ me āyo vayaṃ pariyādāya ṭhassati, na ca me vayo āyaṃ pariyādāya ṭhassatī'ti. sacāyaṃ, byagghapajja, kulaputto appāyo samāno uḷāraṃ jīvikaṃ kappeti, tassa bhavanti vattāro — 'udumbarakhādīvāyaṃ kulaputto bhoge khādatī'ti. sace panāyaṃ, byagghapajja, kulaputto mahāyo samāno kasiraṃ jīvikaṃ kappeti, tassa bhavanti vattāro — 'ajeṭṭhamaraṇaṃvāyaṃ kulaputto marissatī'ti. yato ca khoyaṃ, byagghapajja, kulaputto āyañca bhogānaṃ viditvā, vayañca bhogānaṃ viditvā, samaṃ jīvikaṃ kappeti nāccogāḷhaṃ nātihīnaṃ — 'evaṃ me āyo vayaṃ pariyādāya ṭhassati, na ca me vayo āyaṃ pariyādāya ṭhassatī'ti. ayaṃ vuccati, byagghapajja, samajīvitā.

까따마- 짜, 뱌가빳자, 사마지-위따-? 이다, 뱌가빳자, 꿀라뿟또- 아-얀짜 보-가-낭 위디뜨와-, 와얀짜 보-가-낭 위디뜨와-, 사망 지-위깡 깝뻬-띠 나-ㅅ쪼-가-ㄹ항 나-띠히-낭 — '에-왕 메- 아-요- 와양 빠리야-다-야 탓사띠, 나 짜 메- 와요- 아-양 빠리야-다-야 탓사띠-'띠. 세이야타-삐, 뱌가빳자, 뚤라-다-로- 와- 뚤라-다-란떼-와-시- 와- 뚤랑 빡가헤-뜨와- 자-나-띠 — '엣따께-나 와- 오-나땅, 엣따께-나 와 운나딴'띠; 에-와메-왕 코-, 뱌가빳자, 꿀라뿟또- 아-얀짜 보-가-낭 위디뜨와-, 와얀짜 보-가-낭 위디뜨와-, 사망 지-위깡 깝뻬-띠 나-ㅅ쪼-가-ㄹ항 나-띠히-낭 — '에-왕 메- 아-요- 와양 빠리야-다-야 탓사띠, 나 짜 메- 와요- 아-양 빠리야-다-야 탓사띠-'띠. 사짜-양, 뱌가빳짜, 꿀라뿟또- 압빠-요- 사마-노- 울라-랑 지-위깡 깝뻬-띠, 땃사 바완띠 왓따-로- — '우둠바라카-디-와-양 꿀라뿟또- 보-게- 카-다띠-'띠. 사쩨- 빠나-양, 뱌가빳자, 꿀라뿟또- 마하-요- 사마-노- 까시랑 지-위깡 깝뻬-띠, 땃사 바완띠 왓따-로- — '아젯타마라낭와-양 꿀라뿟또- 마릿사띠-'띠. 야또-짜 코-양, 뱌가빳자, 꿀라뿟또- 아-얀짜 보-가-낭 위디뜨와-, 와얀짜 보-가-낭 위디뜨와-, 사망 지-위깡 깝뻬-띠 나-ㅅ쪼-가-ㄹ항 나-띠히-낭 — '에-왕 메- 아-요- 와양 빠리야-다-야 탓사띠, 나 짜 메- 와요- 아-양 빠리야-다-야 탓사띠-'띠. 아양 웃짜띠, 뱌가빳자, 사마지-위따-

"그러면 호랑이가 다니던 길에 사는 자여, 어떤 것이 균형 잡힌 생계인가? 호랑이가 다니던 길에 사는 자여, 여기 좋은 가문의 아들은 재물의 수입을 알고, 재물의 지출을 알아서, '이렇게 나에게 수입은 지출을 충당하고도 남을 것이다. 나에게 지출이 수입을 초과하지 않을 것이다.'라면서 지나치게 풍족하지도 않고 지나치게 궁핍하지도 않은 균형 잡힌 생계를 유지한다. 예를 들면, 호랑이가 다니던 길에 사는 자여, 저울로 무게를 재는 사람이나 그의 제자는 저울을 잡으면 이만큼이 내려갔거나 혹은 이만큼이 올라갔다고 안다. 이처럼 좋은 가문의 아들은 재물의 수입을 알고, 재물의 지출을 알아서, '이렇게 나에게 수입은 지출을 충당하고도 남을 것이다. 나에게 지출이 수입을 초과하지 않을 것이다.'라면서 지나치게 풍족하지도 않고 지나치게 궁핍하지도 않은 균형 잡힌 생계를 유지한다. 호랑이가 다니던 길에 사는 자여, 만약 좋은 가문의 아들이 수입은 적은데 호화로운 생계를 꾸려간다면 '이 좋은 가문의 아들은 무화과를 먹듯이 재물을 먹는다.'라고 말하는 사람들이 있을 것이다. 만일 좋은 가문의 아들이 수입이 많은데도 궁핍하게 생계를 꾸려간다면 '이 좋은 가문의 아들은 나쁘게 죽을 것이다.'라고 말하는 사람들이 있을 것이다. 호랑이가 다니던 길에 사는 자여, 좋은 가문의 아들은 재물의 수입을 알고, 재물의 지출을 알아서, '이렇게 나에게 수입은 지출을 충당하고도 남을 것이다. 나에게 지출이 수입을 초과하지 않을 것이다.'라면서 지나치게 풍족하지도 않고 지나치게 궁핍하지도 않은 균형 잡힌 생계를 유지하기 때문에, 이것이, 호랑이가 다니던 길에 사는 자여, 균형 잡힌 생계라고 불린다."

"evaṃ samuppannānaṃ, byagghapajja, bhogānaṃ cattāri apāyamukhāni honti — itthidhutto, surādhutto, akkhadhutto, pāpamitto pāpasahāyo pāpasampavaṅko. seyyathāpi, byagghapajja, mahato taḷākassa cattāri ceva āyamukhāni, cattāri ca apāyamukhāni. tassa puriso yāni ceva āyamukhāni tāni pidaheyya, yāni ca apāyamukhāni tāni vivareyya; devo ca na sammā dhāraṃ anuppavecheyya. evañhi tassa, byagghapajja, mahato taḷākassa parihāniyeva pāṭikaṅkhā, no vuddhi; evamevaṃ, byagghapajja, evaṃ samuppannānaṃ bhogānaṃ cattāri apāyamukhāni honti — itthidhutto, surādhutto, akkhadhutto, pāpamitto pāpasahāyo pāpasampavaṅko.

에-왕 사뭅빤나-낭, 뱌가빳자, 보-가-낭 짯따-리 아빠-야무카-니 혼띠 — 잇티둣또-, 수라-둣또-, 악카둣또-, 빠-빠밋또- 빠-빠사하-요- 빠-빠삼빠왕꼬-. 세이야타-삐, 뱌가빳자, 마하또- 딸라-깟사 짯따-리 쩨-와 아-야무카-니, 짯따-리 짜 아빠-야무카-니. 땃사 뿌리소- 야-니 쩨-와 아-야무카-니 따-니 삐다헤이야, 야-니 짜 아빠-야무카-니 따-니 위와레이야; 데-오- 짜 나 삼마- 다-랑 아눕빠웻체이야. 에-완히 땃사, 뱌가빳자, 마하또- 딸라-깟사 빠리하-니예-와 빠-띠깡카-, 노- 웃디; 에-와메-왕, 뱌가빳자, 에-왕 사뭅빤나-낭 보-가-낭 짯따-리 아빠-야무카-니 혼띠 — 잇티둣또-, 수라-둣또-, 악카둣또-, 빠-빠밋또- 빠-빠사하-요- 빠-빠삼빠왕꼬-

"호랑이가 다니던 길에 사는 자여, 이렇게 재물이 생기면 여자에 빠지고, 술에 빠지고, 노름에 빠지고, 나쁜 친구와 나쁜 동료와 나쁜 벗을 사귀는 네 가지 손실의 문이 있다. 예를 들면, 호랑이가 다니던 길에 사는 자여, 네 개의 입수문과 네 개의 배수문을 가진 큰 연못이 있다. 사람이 그 연못의 입수문은 닫고 배수문은 열 것이다. 그런데 비도 적절히 내리지 않을 것이다. 이렇게 그 큰 연못의 물은 줄어들고 불어나지 않을 것이 예상된다. 이처럼 재물이 생기면 여자에 빠지고, 술에 빠지고, 노름에 빠지고, 나쁜 친구와 나쁜 동료와 나쁜 벗을 사귀는 네 가지 손실의 문이 있다."

“evaṃ samuppannānaṃ, byagghapajja, bhogānaṃ cattāri āyamukhāni honti — na itthidhutto, na surādhutto, na akkhadhutto, kalyāṇamitto kalyāṇasahāyo kalyāṇasampavaṅko. seyyathāpi, byagghapajja, mahato taḷākassa cattāri ceva āyamukhāni, cattāri ca apāyamukhāni. tassa puriso yāni ceva āyamukhāni tāni vivareyya, yāni ca apāyamukhāni tāni pidaheyya; devo ca sammā dhāraṃ anuppaveccheyya. evañhi tassa, byagghapajja, mahato taḷākassa vuddhiyeva pāṭikaṅkhā, no parihāni; evamevaṃ kho, byagghapajja, evaṃ samuppannānaṃ bhogānaṃ cattāri āyamukhāni honti — na itthidhutto, na surādhutto, na akkhadhutto, kalyāṇamitto kalyāṇasahāyo kalyāṇasampavaṅko. ime kho, byagghapajja, cattāro dhammā kulaputtassa diṭṭhadhammahitāya saṃvattanti diṭṭhadhammasukhāya.

에-왕 사뭅빤나-낭, 뱌가빳자, 보-가-낭 짯따-리 아-야무카-니 혼띠 — 나 잇티둣또-, 나 수라-둣또-, 나 악카둣또-, 깔랴-나밋또- 깔랴-나사하-요- 깔랴-나삼빠왕꼬-. 세이야타-삐, 뱌가빳자, 마하또- 딸라-깟사 짯따-리 쩨-와 아-야무카-니, 짯따-리 짜 아빠-야무카-니. 땃사 뿌리소- 야-니 쩨-와 아-야무카-니 따-니 위와레이야, 야-니 짜 아빠-야무카-니 따-니 삐다헤이야; 데-오- 짜 삼마- 다-랑 아눕빠웻체이야. 에-완히 땃사, 뱌가빳자, 마하또- 딸라-깟사 욷디예-와 빠-띠깡카-, 노- 빠리하-니; 에-와메-왕 코-, 뱌가빳자, 에-왕 사뭅빤나-낭 보-가-낭 짯따-리 아-야무카-니 혼띠 — 나 잇티둣또-, 나 수라-둣또-, 나 악카둣또-, 깔랴-나밋또- 깔랴-나사하-요- 깔랴-나삼빠왕꼬-. 이메-, 코-, 뱌가빳자, 짯따-로- 담마- 꿀라뿟땃사 딧타담마히따-야 상왓딴띠 딧타담마수카-야

“호랑이가 다니던 길에 사는 자여, 이렇게 재물이 생기면 여자에 빠지지 않고, 술에 빠지지 않고, 노름에 빠지지 않고, 좋은 친구와 좋은 동료와 좋은 벗을 사귀는 네 가지 증진의 문이 있다. 예를 들면, 호랑이가 다니던 길에 사는 자여, 네 개의 입수문과 네 개의 배수문을 가진 큰 연못이 있다. 사람이 그 연못의 입수문은 열고 배수문은 닫을 것이다. 그런데 비도 적절히 내릴 것이다. 이렇게 그 큰 연못의 물은 불어나고 줄어들지 않을 것이 예상된다. 이처럼 재물이 생기면 여자에 빠지지 않고, 술에 빠지지 않고, 노름에 빠지지 않고, 좋은 친구와 좋은 동료와 좋은 벗을 사귀는 네 가지 증진의 문이 있다. 이것이, 호랑이가 다니던 길에 사는 자여, 좋은 가문의 아들에게 금생의 이익과 금생의 행복으로 이끄는 네 가지 법이다."

“cattārome, byagghapajja, dhammā kulaputtassa samparāyahitāya saṃvattanti samparāyasukhāya. katame cattāro? saddhāsampadā, sīlasampadā, cāgasampadā, paññāsampadā. katamā ca, byagghapajja, saddhāsampadā? idha, byagghapajja, kulaputto saddho hoti, saddahati tathāgatassa bodhiṃ — ‘itipi so bhagavā arahaṃ sammāsambuddho vijjācaraṇasampanno sugato lokavidū anuttaro purisadammasārathi satthā devamanussānaṃ buddho bhagavā’ti. ayaṃ vuccati, byagghapajja, saddhāsampadā.

짯따-로-메-, 뱌가빳자, 담마- 꿀라뿟땃사 삼빠라-야히따-야 상왓딴띠 삼빠라-야수카-야. 까따메- 짯따-로-? 산다-삼빠다-, 시-ㄹ라삼빠다-, 짜-가삼빠다-, 빤냐-삼빠다-. 까따마- 짜, 뱌가빳자, 산다-삼빠다-? 이다, 뱌가빳자, 꿀라뿟또- 산도- 호-띠, 산다하띠 따타-가땃사 보-딩 — '이띠삐 소- 바가와- 아라항 삼마-삼붇도- 윗자-짜라나삼빤노- 수가또- 로-까위두- 아눗따로- 뿌리사담마사-라티 삿타- 데-와마눗사-낭 붇도- 바가와-'띠 — 아양 웃짜띠, 뱌가빳자, 산다-삼빠다-

"호랑이가 다니던 길에 사는 자여, 이런 네 가지 법은 좋은 가문의 아들에게 내생의 이익과 내생의 행복으로 이끈다. 어떤 네 가지인가? 믿음을 갖추고, 계를 갖추고, 보시를 갖추고, 지혜를 갖추는 것이다. 호랑이가 다니던 길에 사는 자여, 그러면 무엇이 믿음을 갖추는 것인가? 호랑이가 다니던 길에 사는 자여, 여기 좋은 가문의 아들은 믿음을 가졌다. '이렇게 그분 세존(世尊)께서는 모든 번뇌 떠나신 분, 스스로 완전한 깨달음을 이루신 분, 밝음과 실천을 갖추신 분, 진리의 길 보이신 분, 세상일을 모두 훤히 아시는 분, 어리석은 이도 잘 이끄시는 위없는 분, 모든 천상과 인간의 스승, 깨달으신 분, 존귀하신 분이시다.'라고 여래(如來)의 깨달음을 믿는다. 이것이, 호랑이가 다니던 길에 사는 자여, 믿음을 갖춤이라 불린다."

"katamā ca, byagghapajja, sīlasampadā? idha, byagghapajja, kulaputto pāṇātipātā paṭivirato hoti, adinnādānāpaṭivirato hoti, kāmesumicchācārā paṭivirato hoti, musāvādā paṭivirato hoti, surāmerayamajjappamādaṭṭhānā paṭivirato hoti. — ayaṃ vuccati, byagghapajja, sīlasampadā.

까따마- 짜, 뱌가빳자, 시-ㄹ라삼빠다-? 이다, 뱌가빳자, 꿀라뿟또- 빠-나-띠빠-따- 빠띠위라또- 호-띠, 아딘나-다-나- 빠띠위라또- 호-띠, 까-메-수밋차-짜-라- 빠띠위라또- 호-띠, 무사-와-다- 빠띠위라또- 호-띠, 수라-메-라야맛잡빠마-닷타-나- 빠띠위라또- 호-띠. — 아양 웃짜띠, 뱌가빳자, 시-ㄹ라삼빠다-

"그러면 호랑이가 다니던 길에 사는 자여, 무엇이 계를 갖추는 것인가? 호랑이가 다니던 길에 사는 자여, 여기 좋은 가문의 아들은 생명을 해치는 행위로부터 피한 자이고, 주지 않는 것을 가지는 행위로부터 피한 자이고, 음행에 대한 삿된 행위로부터 피한 자이고, 거짓을 말하는 행위로부터 피한 자이고, 술과 발효액 등 취하게 하는 것으로 인한 방일한 머묾으로부터 피한 자이다. 이것이, 호랑이가 다니던 길에 사는 자여, 계를 갖춤이라 불린다."

"katamā ca, byagghapajja, cāgasampadā? idha, byagghapajja, kulaputto vigatamalamaccherena cetasā agāraṃ ajjhāvasati muttacāgo payatapāṇi vossaggarato yācayogo dānasaṃvibhāgarato. ayaṃ vuccati, byagghapajja, cāgasampadā.

까따마- 짜, 뱌가빳자, 짜-가삼빠다-? 이다, 뱌가빳자, 꿀라뿟또- 위가따말라맛체-레-나 쩨-따사- 아가-랑 앗자-와사띠 뭇따짜-고- 빠야따빠-니 옷삭가라또- 야-짜요-고- 다-나상위바-가라또- — 아양 웃짜띠, 뱌가빳자, 짜-가삼빠다-

“그러면 호랑이가 다니던 길에 사는 자여, 무엇이 보시를 갖추는 것인가? 호랑이가 다니던 길에 사는 자여, 여기 좋은 가문의 아들은 인색에 오염된 사람들 가운데서 인색의 오염을 떠난 마음으로 자유롭게 보시하고, 손은 깨끗하고, 주기를 좋아하고, 다른 사람의 요구에 응할 준비가 되어있고, 베풂과 나눔을 좋아하며 재가에 산다. 이것이, 호랑이가 다니던 길에 사는 자여, 보시를 갖춤이라 불린다.”

“katamā ca, byagghapajja, paññāsampadā? idha, byagghapajja, kulaputto paññavā hoti, udayatthagāminiyā paññāya samannāgato ariyāya nibbedhikāya sammā dukkhakkhayagāminiyā. ayaṃ vuccati, byagghapajja, paññāsampadā. ime kho, byagghapajja, cattāro dhammā kulaputtassa samparāyahitāya saṃvattanti samparāyasukhāyā”ti.

까따마- 짜, 뱌가빳자, 빤냐-삼빠다-? 이다, 뱌가빳자, 꿀라뿟또- 빤냐와- 호-띠 우다얏타가-미니야- 빤냐-야 사만나-가또- 아리야-야 닙베-디까-야 삼마- 둑칵카야가-미니야- — 아양 웃짜띠, 뱌가빳자, 빤냐-삼빠다-. 이메- 코-, 뱌가빳자, 짯따-로- 담마- 꿀라뿟땃사 삼빠라-야히따-야 상왓딴띠 삼빠라-야수카-야-”띠

"그러면 호랑이가 다니던 길에 사는 자여, 무엇이 지혜를 갖추는 것인가? 호랑이가 다니던 길에 사는 자여, 여기 좋은 가문의 아들은 지혜를 가졌다. 일어남-사라짐으로 이끌고, 성스러운 꿰뚫음에 의해 괴로움의 부서짐으로 바르게 이끄는 지혜를 갖추었다. 이것이, 호랑이가 다니던 길에 사는 자여, 지혜를 갖춤이라 불린다. 호랑이가 다니던 길에 사는 자여, 이런 네 가지 법은 좋은 가문의 아들에게 내생의 이익과 내생의 행복으로 이끈다."

“uṭṭhātā kammadheyyesu, appamatto vidhānavā.
samaṃ kappeti jīvikaṃ, sambhataṃ anurakkhati.
“saddho sīlena sampanno, vadaññū vītamaccharo.
niccaṃ maggaṃ visodheti, sotthānaṃ samparāyikaṃ.
“iccete aṭṭha dhammā ca, saddhassa gharamesino.
akkhātā saccanāmena, ubhayattha sukhāvahā.
“diṭṭhadhammahitatthāya, samparāyasukhāya ca.
evametaṃ gahaṭṭhānaṃ, cāgo puññaṃ pavaḍḍhatī”ti.

웃타-따- 깜마데이예-수, 압빠맛또- 위다-나와-
사망 깝뻬-띠 지-위깡, 삼바땅 아누락카띠
산도- 시-ㄹ레-나 삼빤노-, 와단뉴- 위-따맛차로-
닛짱 막강 위소-데-띠, 솟타-낭 삼빠라-이깡
잇쩨-떼- 앗타 담마- 짜, 산닷사 가라메-시노-
악카-따- 삿짜나-메-나, 우바얏타 수카-와하-
딧타담마히땃타-야, 삼빠라-야수카-야 짜
에-와메-땅 가핫타-낭, 짜-고- 뿐냥 빠왇다띠-"띠

"해야 할 일들에 대해서 근면하고 방일하지 않고 신중한 자는
균형 잡힌 생계를 유지하고, 모은 것을 보호한다.
믿음과 계를 갖추고 인색을 여읜, 말뜻을 아는 자는
내생의 축복을 가져오는 길을 항상 깨끗하게 한다.
이러한 여덟 가지 법은 믿음을 가진 재가자에게
두 곳 모두에서 행복을 가져다준다고 진리의 이름을 가진 분께서 말씀하셨다.
이렇게 이 보시는 재가자들에게
금생의 이익과 내생의 행복을 위한 공덕을 늘어나게 한다." ▣

16-2) samacittavaggo (AN 2.33-42-평등한 심(心) 품)

• 믿음-계-보시-지혜의 네 가지 법

• 부모님의 은혜에 보답하는 방법 — 효(孝)에 대한 불교의 입장

34. "dvinnāhaṃ, bhikkhave, na suppatikāraṃ vadāmi. katamesaṃ dvinnaṃ? mātu ca pitu ca. ekena, bhikkhave, aṃsena mātaraṃ parihareyya, ekena aṃsena pitaraṃ parihareyya vassasatāyuko vassasatajīvī so ca nesaṃ ucchādanaparimaddananhā panasambāhanena. te ca tattheva muttakarīsaṃ cajeyyuṃ. na tveva, bhikkhave, mātāpitūnaṃ kataṃ vā hoti paṭikataṃ vā. imissā ca, bhikkhave, mahāpathaviyā pahūtarattaratanāya mātāpitaro issarādhipacce rajje patiṭṭhāpeyya, na tveva, bhikkhave, mātāpitūnaṃ kataṃ vā hoti paṭikataṃ vā. taṃ kissa hetu? bahukārā, bhikkhave, mātāpitaro puttānaṃ āpādakā posakā imassa lokassa dassetāro. yo ca kho, bhikkhave, mātāpitaro assaddhe saddhāsampadāya samādapeti niveseti patiṭṭhāpeti, dussīle sīlasampadāya samādapeti niveseti patiṭṭhāpeti, maccharī cāgasampadāya samādapeti niveseti patiṭṭhāpeti, duppaññe paññāsampadāya samādapeti niveseti patiṭṭhāpeti, ettāvatā kho, bhikkhave, mātāpitūnaṃ katañca hoti paṭikatañcā"ti.

드윈나-항, 빅카웨-, 나 숩빠띠까-랑 와다-미. 까따메-상 드윈낭? 마-뚜 짜 삐뚜 짜. 에-께-나, 빅카웨-, 앙세-나 마-따랑 빠리하레이야, 에-께-나 앙세-나 삐따랑 빠리하레이야 왓사사따-유꼬- 왓사사따지-위- 소- 짜 네-상 웃차-다나빠리맏다난하-빠나삼바-하네-나. 떼- 짜 땃테-와 뭇따까리-상 짜제이융. 나 뜨웨-와, 빅카웨-, 마-따-삐뚜-낭 까땅 와- 호-띠 빠띠까땅 와-. 이밋사- 짜, 빅카웨-, 마하-빠타위야- 빠후-따랏따라따나-야 마-따-삐따로- 잇사라-디빳쩨- 랏제- 빠띳타-뻬이야, 나 뜨웨-와, 빅카웨-, 마-따-삐뚜-낭 까땅 와- 호-띠 빠띠까땅 와-. 땅 낏사 헤-뚜? 바후까-라-, 빅카웨-, 마-따-삐따로- 뿟따-낭 아-빠-다까- 뽀-사까- 이맛사 로-깟사 닷세-따-로-. 요- 짜 코-, 빅카웨-, 마-따-삐따로- 앗삳데- 삳다-삼빠다-야 사마-다뻬-띠 니웨-세-띠 빠띳타-뻬-띠, 둣시-ㄹ레- 시-ㄹ라삼빠다-야 사마-다뻬-띠 니웨-세-띠 빠띳타-뻬-띠, 맛차리- 짜-가삼빠다-야 사마-다뻬-띠 니웨-세-띠 빠띳타-뻬-띠, 둡빤녜- 빤냐-삼빠다-야 사마-다뻬-띠 니웨-세-띠 빠띳타-뻬-띠, 엣따-와따- 코-, 빅카웨-, 마-따-삐뚜-낭 까딴짜 호-띠 빠띠까딴짜-"띠

비구들이여, 나는 두 사람에게 쉽게 보상하는[은혜를 갚는] 것을 말하지 않는다. 어떤 두 사람에게인가? 어머니와 아버지이다. 비구들이여, 백 년의 수명을 가지고 백 년을 사는 사람이 한쪽 어깨에 어머니를 모시고, 한쪽 어깨에 아버지를 모시고, 두 분에게 향수를 뿌려드리고 머리를 감겨드리고 안마를 해드리고 사지를 주물러드리면서 모신다고 해도, 그리고 두 분이 거기 어깨 위에서 똥오줌을 싼다고 해도, 그러나 비구들이여, 어머니와 아버지를 위하여 행

한 바거나 어머니와 아버지를 위한 보상이 되지 못한다. 그리고 비구들이여, 어머니와 아버지를 붉은 보석으로 가득한 이 대지의 통치권을 가진 왕위에 모신다고 해도, 그러나 비구들이여, 어머니와 아버지를 위하여 행한 바거나 어머니와 아버지를 위한 보상이 되지 못한다. 그 원인은 무엇인가? 비구들이여, 어머니와 아버지는 자식들을 돌보고, 양육하고, 이 세상을 가르쳐주는 등 많은 일을 한다. 그러나 비구들이여, 어떤 사람이 믿음이 없는 어머니와 아버지에게 믿음을 갖추도록 부추기고, 서게 하고, 확고하게 한다. 계를 경시하는 어머니와 아버지에게 계를 갖추도록 부추기고, 서게 하고, 확고하게 한다. 인색한 어머니와 아버지에게 보시를 갖추도록 부추기고 서게 하고 확고하게 한다. 지혜롭지 못한 어머니와 아버지에게 지혜를 갖추도록 부추기고 서게 하고 확고하게 한다. 이렇게 하는 것은, 비구들이여, 어머니와 아버지를 위하여 행한 바이고, 어머니와 아버지를 위한 보상[은혜 갚음]이 된다. ▣

배워 알고 실천하는 불교 신자!

16-3) paṭhamasamajīvīsuttaṃ (AN 4.55-동등한 삶 경1)

• 믿음-계-보시-지혜의 네 가지 법

• 부부 관계의 이상형 — 「저희는 금생에도 서로서로 보기를 원하고, 내생에도 서로서로 보기를 원합니다.」 → 다음생에도 다시 부부로 만나 서로 사랑하며 사는 방법!

; 전생의 원수를 갚기 위해 부부로 만난다는 말씀은 경에 없음 → 부부로 만난 것은 전생의 업의 영향일 수 있지만, 지금 미운 것은 부부로서의 지금 삶[금생의 업]을 잘못 운영하기 때문임

evaṃ me sutaṃ — ekaṃ samayaṃ bhagavā bhaggesu viharati susumāragire bhesakaḷāvane migadāye. atha kho bhagavā pubbaṇhasamayaṃ nivāsetvā pattacīvaramādāya yena nakulapituno gahapatissa nivesanaṃ tenupasaṅkami; upasaṅkamitvā paññatte āsane nisīdi. atha kho nakulapitā ca gahapati nakulamātā ca gahapatānī yena bhagavā tenupasaṅkamiṃsu; upasaṅkamitvā bhagavantaṃ abhivādetvā ekamantaṃ nisīdiṃsu. ekamantaṃ nisinno kho nakulapitā gahapati bhagavantaṃ etadavoca —

에-왕 메- 수땅 — 에-깡 사마양 바가와- 박게-수 위하라띠 수수마-라기레- 베-사깔라-와네- 미가다-예-. 아타 코- 바가와- 뿝반하사마양 니와-세-뜨와- 빳따찌-와라마-다-야 예-나 나꿀라삐뚜노- 가하빠띳사 니웨-사낭 떼-누빠상까미; 우빠상까미뜨와- 빤냣떼- 아-사네- 니시-디. 아타 코- 나꿀라삐따- 짜 가하빠띠 나꿀라마-따- 짜 가하빠따-니- 예-나 바가와- 떼-누빠상까밍수; 우빠상까미뜨와- 바가완땅 아비와-데-뜨와- 에-까만땅 니시-딩수. 에-까만땅 니신노- 코- 나꿀라삐따- 가하빠띠 바가완땅 에-따다오-짜 —

이렇게 나는 들었다. — 한때 세존은 박가에서 수수마라기리의 베사깔라 숲에 있는 사슴 공원에 머물렀다. 그때 세존은 오전에 옷차림을 바르게 하고 발우와 가사를 지니고서 나꿀라삐따 장자의 집으로 갔다. 가서는 준비된 자리에 앉았다. 그러자 나꿀라삐따 장자와 장자의 아내 나꿀라마따가 세존에게 왔다. 와서는 세존에게 절한 뒤 한 곁에 앉았다. 한 곁에 앉은 나꿀라삐따 장자는 세존에게 이렇게 말했다. —

"yato me, bhante, nakulamātā gahapatānī daharasseva daharā ānītā, nābhijānāmi nakulamātaraṃ gahapatāniṃ manasāpi aticaritā, kuto pana kāyena! iccheyyāma mayaṃ, bhante, diṭṭhe ceva dhamme aññamaññaṃ passituṃ abhisamparāyañca aññamaññaṃ passitun"ti. nakulamātāpi kho gahapatānī bhagavantaṃ etadavoca — "yatohaṃ, bhante, nakulapituno gahapatissa daharasseva daharā ānītā, nābhijānāmi nakulapitaraṃ gahapatiṃ manasāpi aticaritā, kuto pana kāyena! iccheyyāma mayaṃ, bhante, diṭṭhe ceva dhamme aññamaññaṃ passituṃ abhisamparāyañca aññamaññaṃ passitun”ti.

“야또- 메-, 반떼-, 나꿀라마-따- 가하빠따-니- 다하랏세-와 다하라- 아-니-따-, 나-비자-나-미 나꿀라마-따랑 가하빠따-닝 마나사-삐 아띠짜리따-, 꾸또- 빠나 까-예-나! 잇체이야-마 마양, 반떼-, 딧테- 쩨-와 담메- 안냐만냥 빳시뚱 아비삼빠라-얀짜 안냐만냥 빳시뚠” 띠. 나꿀라마-따-삐 코- 가하빠따-니- 바가완땅 에-따다오-짜 — “야또-항, 반떼-, 나꿀라삐뚜노- 가하빠띳사 다하랏세-와 다하라- 아-니-따-, 나-비자-나-미 나꿀라삐따랑 가하빠띵 마나사-삐 아띠짜리따-, 꾸또- 빠나 까-예-나! 잇체이야-마 마양, 반떼-, 딧테- 쩨-와 담메- 안냐만냥 빳시뚱 아비삼빠라-얀짜 안냐만냥 빳시뚠”띠

“대덕이시여, 저의 아내 나꿀라마따가 어린 나이에 어린 저에게 온 이래로 저는 마음으로도 저의 아내 나꿀라마따를 넘어선 기억이 없습니다. 그러니 몸으로야 어찌 그럴 수 있겠습니까! 대덕이시여, 저희는 금생에도 서로서로 보기를 원하고, 내생에도 서로서로 보기를 원합니다.”라고. 장자의 아내 나꿀라마따도 세존에게 이렇게 말했다. — “대덕이시여, 저는 어린 나이에 어린 나꿀라삐따 장자에게 온 이래로 저는 마음으로도 나꿀라삐따 장자를 넘어선 기억이 없습니다. 그러니 몸으로야 어찌 그럴 수 있겠습니까! 대덕이시여, 저희는 금생에도 서로서로 보기를 원하고, 내생에도 서로서로 보기를 원합니다.”라고.

“ākaṅkheyyuṃ ce, gahapatayo, ubho jānipatayo diṭṭhe ceva dhamme aññamaññaṃ passituṃ abhisamparāyañca aññamaññaṃ passituṃ ubhova assu samasaddhā samasīlā samacāgā samapaññā, te diṭṭhe ceva dhamme aññamaññaṃ passanti abhisamparāyañca aññamaññaṃ passantī”ti.

“아-깡케이융 쩨-, 가하빠따요-, 우보- 자-니빠따요- 딧테- 쩨-와 담메- 안냐만냥 빳시뚱 아비삼빠라-얀짜 안냐만냥 빳시뚱 우보-와 앗수 사마삳다- 사마시-ㄹ라- 사마짜-가- 사마빤냐-, 떼- 딧테- 쩨-와 담메- 안냐만냥 빳산띠 아비삼빠라-얀짜 안냐만냥 빳산띠-”띠

“장자들이여, 만약 부부가 양쪽 모두 금생에도 서로서로 보기를 원하고, 내생에도 서로서로 보기를 원한다면, 양쪽 모두가 동등한 믿음, 동등한 계, 동등한 보시, 동등한 지혜가 있어야 한다. 그들은 금생에도 서로서로를 보고, 내생에도 서로서로를 본다.

“ubho saddhā vadaññū ca, saññatā dhammajīvino.
te honti jānipatayo, aññamaññaṃ piyaṃvadā.

우보- 삳다- 와단뉴- 짜, 산냐따- 담마지-위노-
떼- 혼띠 자-니빠따요-, 안냐만냥 삐양와다-

양쪽 모두 믿음이 있고, 아낌없이 베풀고, 제어되고, 법답게 생활하는
그 부부는 서로서로 사랑스럽게 말한다.

“atthāsaṃ pacurā honti, phāsukaṃ upajāyati.
amittā dummanā honti, ubhinnaṃ samasīlinaṃ.

앗타-상 빠쭈라- 혼띠, 파-수깡 우빠자-야띠
아밋따- 둠마나- 혼띠, 우빈낭 사마시-ㄹ리낭

그들에게 여러 가지 이익이 있고, 편안함이 생긴다.
양쪽 모두 계를 가진 그들에게 적들의 불만족이 있다.

“idha dhammaṃ caritvāna, samasīlabbatā ubho.
nandino devalokasmiṃ, modanti kāmakāmino”ti.

이다 담망 짜리뜨와-나, 사마시-ㄹ랍바따- 우보-
난디노- 데-왈로-까스밍, 모-단띠 까-마까-미노-”띠

동등하게 계를 지키는 두 사람은 이 세상에서 법을 행한 뒤에
신들의 세상에서 기뻐하고, 소유의 삶을 원하는 그들은 즐거워한다. ▣

배워 알고 실천하는 불교 신자!

17. dukkathāsuttaṃ (AN 5.157-나쁜 이야기 경)

• 믿음-계-배움-보시-지혜의 다섯 가지 법

• 나쁜 이야기 — 믿음이 없는 사람에게 믿음 이야기, 계(戒)를 경시하는 사람에게 계(戒) 이야기, 배움이 적은 사람에게 심오한 지식에 관한 이야기, 인색한 사람에게 보시 이야기, 어리석은 사람에게 지혜 이야기

• 좋은 이야기 — 믿음이 있는 사람에게 믿음 이야기, 계(戒)를 중시하는 사람에게 계(戒) 이야기, 많이 배운 사람에게 심오한 지식에 관한 이야기, 보시하는 사람에게 보시 이야기, 지혜로운 사람에게 지혜 이야기

"pañcannaṃ, bhikkhave, puggalānaṃ kathā dukkathā puggale puggalaṃ upanidhāya. katamesaṃ pañcannaṃ? assaddhassa, bhikkhave, saddhākathā dukkathā; dussīlassa sīlakathā dukkathā; appassutassa bāhusaccakathā dukkathā; maccharissa cāgakathā dukkathā; duppaññassa paññākathā dukkathā.

빤짠낭, 빅카웨-, 뿍갈라-낭 까타- 둑까타- 뿍갈레- 뿍갈랑 우빠니다-야. 까따메-상 빤짠낭? 앗삳닷사, 빅카웨-, 삳다-까타- 둑까타-; 둣시-ㄹ랏사 시-ㄹ라까타- 둑까타-; 압빳수땃사 바-후삿짜까타- 둑까타-; 맛차릿사 짜-가까타- 둑까타-; 둡빤냣사 빤냐-까타- 둑까타-

비구들이여, 다섯 가지 사람의 이야기는 사람 가운데 사람을 비교할 때 나쁜 이야기다. 어떤 다섯인가? 비구들이여, 믿음이 없는 사람에게 믿음 이야기는 나쁜 이야기다. 계(戒)를 경시하는 사람에게 계 이야기는 나쁜 이야기다. 배움이 적은 사람에게 심오한 지식에 관한 이야기는 나쁜 이야기다. 인색한 사람에게 보시 이야기는 나쁜 이야기다. 어리석은 사람에게 지혜 이야기는 나쁜 이야기다.

"kasmā ca, bhikkhave, assaddhassa saddhākathā dukkathā? assaddho, bhikkhave, saddhākathāya kacchamānāya abhisajjati kuppati byāpajjati patitthīyati kopañca dosañca appaccayañca pātukaroti. taṃ kissa hetu? tañhi so, bhikkhave, saddhāsampadaṃ attani na samanupassati, na ca labhati tatonidānaṃ pītipāmojjaṃ. tasmā assaddhassa saddhākathā dukkathā.

까스마- 짜, 빅카웨-, 앗삳닷사 삳다-까타- 둑까타-? 앗삳도-, 빅카웨-, 삳다-까타-야 깟차마-나-야 아비삿자띠 꿉빠띠 뱌-빳자띠 빠띳티-야띠 꼬-빤짜 도-산짜 압빳짜얀짜 빠-뚜까로-띠. 땅 낏사 헤-뚜? 딴히 소-, 빅카웨-, 삳다-삼빠당 앗따니 나 사마누빳사띠, 나 짜 라바띠 따또-니다-낭 삐-띠빠-뫃장. 따스마- 앗삳닷사 삳다-까타- 둑까타-

비구들이여, 무엇 때문에 믿음이 없는 사람에게 믿음 이야기는 나쁜 이야기인가? 비구들이여, 믿음이 없는 사람은 믿음에 대해 말하면 화를 내고, 동요하고, 짜증 내고, 저항한다. 성급함과 진(嗔)과 의혹을 드러낸다. 그 원인은 무엇인가? 비구들이여, 그는 그런 믿음의 성취를 자신 안에서 관찰하지 못하고, 그것을 원인으로 하는 희열과 환희를 얻지 못한다. 그래서 믿음이 없는 사람에게 믿음 이야기는 나쁜 이야기다.

"kasmā ca, bhikkhave, dussīlassa sīlakathā dukkathā? dussīlo, bhikkhave, sīlakathāya kacchamānāya abhisajjati kuppati byāpajjati patitthīyati kopañca dosañca appaccayañca pātukaroti. taṃ kissa hetu? tañhi so, bhikkhave, sīlasampadaṃ attani na samanupassati na ca labhati tatonidānaṃ pītipāmojjaṃ. tasmā dussīlassa sīlakathā dukkathā.

까스마- 짜, 빅카웨-, 둣시-ㄹ랏사 시-ㄹ라까타- 둑까타-? 둣시-ㄹ로-, 빅카웨-, 시-ㄹ라까타-야 깟차마-나-야 아비삿자띠 꿉빠띠 뱌-빳자띠 빠띳티-야띠 꼬-빤짜 도-산짜 압빳짜얀짜 빠-뚜까로-띠. 땅 낏사 헤-뚜? 딴히 소-, 빅카웨-, 시-ㄹ라삼빠당 앗따니 나 사마누빳사띠, 나 짜 라바띠 따또-니다-낭 삐-띠빠-못장. 따스마- 둣시-ㄹ랏사 시-ㄹ라까타- 둑까타-

비구들이여, 무엇 때문에 계를 경시하는 사람에게 계 이야기는 나쁜 이야기인가? 비구들이여, 계를 경시하는 사람은 계에 대해 말하면 화를 내고, 동요하고, 짜증 내고, 저항한다. 성급함과 진과 의혹을 드러낸다. 그 원인은 무엇인가? 비구들이여, 그는 그런 계의 성취를 자신 안에서 관찰하지 못하고, 그것을 원인으로 하는 희열과 환희를 얻지 못한다. 그래서 계를 경시하는 사람에게 계 이야기는 나쁜 이야기다.

"kasmā ca, bhikkhave, appassutassa bāhusaccakathā dukkathā? appassuto, bhikkhave, bāhusaccakathāya kacchamānāya abhisajjati kuppati byāpajjati patitthīyati kopañca dosañca appaccayañca pātukaroti. taṃ kissa hetu? tañhi so, bhikkhave, sutasampadaṃ attani na samanupassati, na ca labhati tatonidānaṃ pītipāmojjaṃ. tasmā appassutassa bāhusaccakathā dukkathā.

까스마- 짜, 빅카웨-, 압빳수땃사 바-후삿짜까타- 둑까타-? 압빳수또-, 빅카웨-, 바-후삿짜까타-야 깟차마-나-야 아비삿자띠 꿉빠띠 뱌-빳자띠 빠띳티-야띠 꼬-빤짜 도-산짜 압빳짜얀짜 빠-뚜까로-띠. 땅 낏사 헤-뚜? 딴히 소-, 빅카웨-, 수따삼빠당 앗따니 나 사마누빳사띠, 나 짜 라바띠 따또-니다-낭 삐-띠빠-못장. 따스마- 압빳수땃사 바-후삿짜까타- 둑까타-

비구들이여, 무엇 때문에 배움이 적은 사람에게 심오한 지식에 관한 이야기는 나쁜 이야기인가? 비구들이여, 배움이 적은 사람은 심오한 지식에 관해 말하면 화를 내고, 동요하고, 짜증 내고, 저항한다. 성급함과 진과 의혹을 드러낸다. 그 원인은 무엇인가? 비구들이여, 그는 그런 배움의 성취를 자신 안에서 관찰하지 못하고, 그것을 원인으로 하는 희열과 환희를 얻지 못한다. 그래서 배움이 적은 사람에게 심오한 지식에 관한 이야기는 나쁜 이야기다.

"kasmā ca, bhikkhave, maccharissa cāgakathā dukkathā? maccharī, bhikkhave, cāgakathāya kacchamānāya abhisajjati kuppati byāpajjati patitthīyati kopañca dosañca appaccayañca pātukaroti. taṃ kissa hetu? tañhi so, bhikkhave, cāgasampadaṃ attani na samanupassati na ca labhati tatonidānaṃ pītipāmojjaṃ. tasmā maccharissa cāgakathā dukkathā.

까스마- 짜, 빅카웨-, 맛차릿사 짜-가까타- 둑까타-? 맛차리-, 빅카웨-, 짜-가까타-야 깟차마-나-야 아비삿자띠 꿉빠띠 뱌-빳자띠 빠띳티-야띠 꼬-빤짜 도-산짜 압빳짜얀짜 빠-뚜까로-띠. 땅 낏사 헤-뚜? 딴히 소-, 빅카웨-, 짜-가삼빠당 앗따니 나 사마누빳사띠, 나 짜 라바띠 따또-니다-낭 삐-띠빠-못장. 따스마- 맛차릿사 짜-가까타- 둑까타-

비구들이여, 무엇 때문에 인색한 사람에게 보시(布施) 이야기는 나쁜 이야기인가? 비구들이여, 인색한 사람은 보시에 대해 말하면 화를 내고, 동요하고, 짜증 내고, 저항한다. 성급함과 진과 의혹을 드러낸다. 그 원인은 무엇인가? 비구들이여, 그는 그런 보시의 성취를 자신 안에서 관찰하지 못하고, 그것을 원인으로 하는 희열과 환희를 얻지 못한다. 그래서 인색한 사람에게 보시 이야기는 나쁜 이야기다.

"kasmā ca, bhikkhave, duppaññassa paññākathā dukkathā? duppañño, bhikkhave, paññākathāya kacchamānāya abhisajjati kuppati byāpajjati patitthīyati kopañca dosañca appaccayañca pātukaroti. taṃ kissa hetu? tañhi so, bhikkhave, paññāsampadaṃ attani na samanupassati, na ca labhati tatonidānaṃ pītipāmojjaṃ. tasmā duppaññassa paññākathā dukkathā. imesaṃ kho, bhikkhave, pañcannaṃ puggalānaṃ kathā dukkathā puggale puggalaṃ upanidhāya.

까스마- 짜, 빅카웨-, 둡빤냣사 빤냐-까타- 둑까타-? 둡빤뇨-, 빅카웨-, 빤냐-까타-야 깟차마-나-야 아비삿자띠 꿉빠띠 뱌-빳자띠 빠띳티-야띠 꼬-빤짜 도-산짜 압빳짜얀짜 빠-뚜까로-띠. 땅 낏사 헤-뚜? 딴히 소-, 빅카웨-, 빤냐-삼빠당 앗따니 나 사마누빳사띠, 나 짜 라바띠 따또-니다-낭 삐-띠빠-못장. 따스마- 둡빤냣사 빤냐-까타- 둑까타-. 이메-상 코-, 빅카웨-, 빤짠낭 뿍갈라-낭 까타- 둑까타- 뿍갈레- 뿍갈랑 우빠니다-야

비구들이여, 무엇 때문에 어리석은 사람에게 지혜 이야기는 나쁜 이야기인가? 비구들이여, 어리석은 사람은 지혜에 대해 말하면 화를 내고, 동요하고, 짜증 내고, 저항한다. 성급함과 진과 의혹을 드러낸다. 그 원인은 무엇인가? 비구들이여, 그는 그런 지혜의 성취를 자신 안에서 관찰하지 못하고, 그것을 원인으로 하는 희열과 환희를 얻지 못한다. 그래서 어리석은

사람에게 지혜 이야기는 나쁜 이야기다. 비구들이여, 이런 다섯 가지 사람의 이야기는 사람 가운데 사람을 비교할 때 나쁜 이야기다.

“pañcannaṃ, bhikkhave, puggalānaṃ kathā sukathā puggale puggalaṃ upanidhāya. katamesaṃ pañcannaṃ? saddhassa, bhikkhave, saddhākathā sukathā; sīlavato sīlakathā sukathā; bahussutassa bāhusaccakathā sukathā; cāgavato cāgakathā sukathā; paññavato paññākathā sukathā.

빤짠낭, 빅카웨-, 뿍갈라-낭 까타- 수까타- 뿍갈레- 뿍갈랑 우빠니다-야. 까따메-상 빤짠낭? 삳닷사, 빅카웨-, 삳다-까타- 수까타-; 시-ㄹ라와또- 시-ㄹ라까타- 수까타-; 바훗수땃사 바-후삿짜까타- 수까타-; 짜-가와또- 짜-가까타- 수까타-; 빤냐와또- 빤냐-까타- 수까타-

비구들이여, 다섯 가지 사람의 이야기는 사람 가운데 사람을 비교할 때 좋은 이야기다. 어떤 다섯인가? 비구들이여, 믿음이 있는 사람에게 믿음 이야기는 좋은 이야기다. 계를 중시하는 사람에게 계 이야기는 좋은 이야기다. 많이 배운 사람에게 심오한 지식에 관한 이야기는 좋은 이야기다. 보시하는 사람에게 보시 이야기는 좋은 이야기다. 지혜로운 사람에게 지혜 이야기는 좋은 이야기다.

“kasmā ca, bhikkhave, saddhassa saddhākathā sukathā? saddho, bhikkhave, saddhākathāya kacchamānāya nābhisajjati na kuppati na byāpajjati na patitthīyati na kopañca dosañca appaccayañca pātukaroti. taṃ kissa hetu? tañhi so, bhikkhave, saddhāsampadaṃ attani samanupassati labhati ca tatonidānaṃ pītipāmojjaṃ. tasmā saddhassa saddhākathā sukathā.

까스마- 짜, 빅카웨-, 삳닷사 삳다-까타- 수까타-? 삳도-, 빅카웨-, 삳다-까타-야 깟차마-나-야 나-비삿자띠 나 꿉빠띠 나 뱌-빳자띠 나 빠띳티-야띠 나 꼬-빤짜 도-산짜 압빳짜얀짜 빠-뚜까로-띠. 땅 낏사 헤-뚜? 딴히 소-, 빅카웨-, 삳다-삼빠당 앗따니 사마누빳사띠, 라바띠 짜 따또-니다-낭 삐-띠빠-뭇장. 따스마- 삳닷사 삳다-까타- 수까타-

비구들이여, 무엇 때문에 믿음이 있는 사람에게 믿음 이야기는 좋은 이야기인가? 비구들이여, 믿음이 있는 사람은 믿음에 대해 말하면 화를 내지 않고, 동요하지 않고, 짜증 내지 않고, 저항하지 않는다. 성급함과 진과 의혹을 드러내지 않는다. 그 원인은 무엇인가? 비구들이여, 그는 그런 믿음의 성취를 자신 안에서 관찰하고, 그것을 원인으로 하는 희열과 환희를 얻는다. 그래서 믿음이 있는 사람에게 믿음 이야기는 좋은 이야기다.

“kasmā ca, bhikkhave, sīlavato sīlakathā sukathā? sīlavā, bhikkhave, sīlakathāya kacchamānāya nābhisajjati na kuppati na byāpajjati na patitthīyati na kopañca dosañca appaccayañca pātukaroti. taṃ kissa hetu? tañhi so, bhikkhave, sīlasampadaṃ attani samanupassati, labhati ca tatonidānaṃ pītipāmojjaṃ. tasmā sīlavato sīlakathā sukathā.

까스마- 짜, 빅카웨-, 시-ㄹ라와또- 시-ㄹ라까타- 수까타-? 시-ㄹ라와-, 빅카웨-, 시-ㄹ라까타-야 깟차마-나-야 나-비삿자띠 나 꿉빠띠 나 뱌-빳자띠 나 빠띳티-야띠 나 꼬-빤짜 도-산짜 압빳짜얀짜 빠-뚜까로-띠. 땅 낏사 헤-뚜? 딴히 소-, 빅카웨-, 시-ㄹ라삼빠당 앗따니 사마누빳사띠, 라바띠 짜 따또-니다-낭 삐-띠빠-뭇장. 따스마- 시-ㄹ라와또- 시-ㄹ라까타- 수까타-

비구들이여, 무엇 때문에 계를 중시하는 사람에게 계 이야기는 좋은 이야기인가? 비구들이여, 계를 중시하는 사람은 계에 대해 말하면 화를 내지 않고, 동요하지 않고, 짜증 내지 않고, 저항하지 않는다. 성급함과 진과 의혹을 드러내지 않는다. 그 원인은 무엇인가? 비구들이여, 그는 그런 계의 성취를 자신 안에서 관찰하고, 그것을 원인으로 하는 희열과 환희를 얻는다. 그래서 계를 중시하는 사람에게 계 이야기는 좋은 이야기다.

"kasmā ca, bhikkhave, bahussutassa bāhusaccakathā sukathā? bahussuto, bhikkhave, bāhusaccakathāya kacchamānāya nābhisajjati na kuppati na byāpajjati na patitthīyati na kopañca dosañca appaccayañca pātukaroti. taṃ kissa hetu? tañhi so, bhikkhave, sutasampadaṃ attani samanupassati, labhati ca tatonidānaṃ pītipāmojjaṃ. tasmā bahussutassa bāhusaccakathā sukathā.

까스마- 짜, 빅카웨-, 바훗수땃사 바-후삿짜까타- 수까타-? 바훗수또-, 빅카웨-, 바-후삿짜까타-야 깟차마-나-야 나-비삿자띠 나 꿉빠띠 나 뱌-빳자띠 나 빠띳티-야띠 나 꼬-빤짜 도-산짜 압빳짜얀짜 빠-뚜까로-띠. 땅 낏사 헤-뚜? 딴히 소-, 빅카웨-, 수따삼빠당 앗따니 사마누빳사띠, 라바띠 짜 따또-니다-낭 삐-띠빠-뭇장. 따스마- 바훗수땃사 바-후삿짜까타- 수까타-

비구들이여, 무엇 때문에 많이 배운 사람에게 심오한 지식에 관한 이야기는 좋은 이야기인가? 비구들이여, 많이 배운 사람은 심오한 지식에 관해 말하면 화를 내지 않고, 동요하지 않고, 짜증 내지 않고, 저항하지 않는다. 성급함과 진과 의혹을 드러내지 않는다. 그 원인은 무엇인가? 비구들이여, 그는 그런 배움의 성취를 자신 안에서 관찰하고, 그것을 원인으로 하는 희열과 환희를 얻는다. 그래서 많이 배운 사람에게 심오한 지식에 관한 이야기는 좋은 이야기다.

"kasmā ca, bhikkhave, cāgavato cāgakathā sukathā? cāgavā, bhikkhave, cāgakathāya kacchamānāya nābhisajjati na kuppati na byāpajjati na patitthīyati na kopañca dosañca appaccayañca pātukaroti. taṃ kissa hetu? tañhi so, bhikkhave, cāgasampadaṃ attani samanupassati, labhati ca tatonidānaṃ pītipāmojjaṃ. tasmā cāgavato cāgakathā sukathā.

까스마- 짜, 빅카웨-, 짜-가와또- 짜-가까타- 수까타-? 짜-가와-, 빅카웨-, 짜-가까타-야 깟차마-나-야 나-비삿자띠 나 꿉빠띠 나 뱌-빳자띠 나 빠띳티-야띠 나 꼬-빤짜 도-산짜 압빳짜얀짜 빠-뚜까로-띠. 땅 낏사 헤-뚜? 딴히 소-, 빅카웨-, 짜-가삼빠당 앗따니 사마누빳사띠, 라바띠 짜 따또-니다-낭 삐-띠빠-못장. 따스마- 짜-가와또- 짜-가까타- 수까타-

비구들이여, 무엇 때문에 보시하는 사람에게 보시 이야기는 좋은 이야기인가? 비구들이여, 보시하는 사람은 보시에 대해 말하면 화를 내지 않고, 동요하지 않고, 짜증 내지 않고, 저항하지 않는다. 성급함과 진과 의혹을 드러내지 않는다. 그 원인은 무엇인가? 비구들이여, 그는 그런 보시의 성취를 자신 안에서 관찰하고, 그것을 원인으로 하는 희열과 환희를 얻는다. 그래서 보시하는 사람에게 보시 이야기는 좋은 이야기다.

"kasmā ca, bhikkhave, paññavato paññākathā sukathā? paññavā, bhikkhave, paññākathāya kacchamānāya nābhisajjati na kuppati na byāpajjati na patitthīyati na kopañca dosañca appaccayañca pātukaroti. taṃ kissa hetu? tañhi so, bhikkhave, paññāsampadaṃ attani samanupassati labhati ca tatonidānaṃ pītipāmojjaṃ. tasmā paññavato paññākathā sukathā. imesaṃ kho, bhikkhave, pañcannaṃ puggalānaṃ kathā sukathā puggale puggalaṃ upanidhāyā"ti.

까스마- 짜, 빅카웨-, 빤냐와또- 빤냐-까타- 수까타-? 빤냐와-, 빅카웨-, 빤냐-까타-야 깟차마-나-야 나-비삿자띠 나 꿉빠띠 나 뱌-빳자띠 나 빠띳티-야띠 나 꼬-빤짜 도-산짜 압빳짜얀짜 빠-뚜까로-띠. 땅 낏사 헤-뚜? 딴히 소-, 빅카웨-, 빤냐-삼빠당 앗따니 사마누빳사띠, 라바띠 짜 따또-니다-낭 삐-띠빠-못장. 따스마- 빤냐와또- 빤냐-까타- 수까타-. 이메-상 코-, 빅카웨-, 빤짠낭 뿍갈라-낭 까타- 수까타- 뿍갈레- 뿍갈랑 우빠니다-야-"띠

비구들이여, 무엇 때문에 지혜로운 사람에게 지혜 이야기는 좋은 이야기인가? 비구들이여, 지혜로운 사람은 지혜에 대해 말하면 화를 내지 않고, 동요하지 않고, 짜증 내지 않고, 저항하지 않는다. 성급함과 진과 의혹을 드러내지 않는다. 그 원인은 무엇인가? 비구들이여, 그는 그런 지혜의 성취를 자신 안에서 관찰하고, 그것을 원인으로 하는 희열과 환희를 얻는다. 그래서 지혜로운 사람에게 지혜 이야기는 좋은 이야기다. 비구들이여, 이런 다섯 가지 사람의 이야기는 사람 가운데 사람을 비교할 때 좋은 이야기다. ▣

18. pabbatūpamasuttaṃ (SN 3.25-산의 비유 경)

- 빠세나디 꼬살라 왕은 남신자 가운데 으뜸인 열 사람에 속하지는 않지만 25개의 경으로 구성된 (SN 3-꼬살라 상윳따)가 독립되어 편성될 정도로 비중 큰 재가 신자임

- 「①크나큰 두려움이 일어날 때, 인간의 파괴가 심각할 때, 인간으로의 삶을 유지하기 어려울 때 그리고 ②늙음과 죽음이 닥쳐올 때 법(法)의 행위와 다른 곳, 안정된 행위와 다른 곳, 선(善)을 행함과 다른 곳, 공덕(功德)을 행함과 다른 곳에 할 일이 무엇이 있겠습니까?」

※ 법의 행위, 안정된 행위 = 십선업(十善業)

sāvatthinidānaṃ. ekamantaṃ nisinnaṃ kho rājānaṃ pasenadiṃ kosalaṃ bhagavā etadavoca — "handa, kuto nu tvaṃ, mahārāja, āgacchasi divā divassā"ti? "yāni tāni, bhante, raññaṃ khattiyānaṃ muddhāvasittānaṃ issariyamadamattānaṃ kāmagedhapariyuṭṭhitānaṃ janapadatthāvariyappattānaṃ mahantaṃ pathavimaṇḍalaṃ abhivijiya ajjhāvasantānaṃ rājakaraṇīyāni bhavanti, tesu khvāhaṃ, etarahi ussukkamāpanno"ti.

사-왓티니다-낭. 에-까만땅 니신낭 코- 라-자-낭 빠세-나딩 꼬-살랑 바가와- 에-따다오-짜 — "한다, 꾸또- 누 뜨왕, 마하-라-자, 아-갓차시 디와- 디왓사-"띠? "야-니 따-니, 반떼-, 란냥 캇띠야-낭 묻다-와싯따-낭 잇사리야마다맛따-낭 까-마게-다빠리윳티따-낭 자나빠닷타-와리얍빳따-낭 마한땅 빠타위만달랑 아비위지야 앗자-와산따-낭 라-자까라니-야-니 바완띠, 떼-수 콰-항, 에-따라히 웃숙까마-빤노-"띠

사왓티에서 설해짐. 한 곁에 앉은 빠세나디 꼬살라 왕에게 세존은 "그런데, 대왕이여, 그대는 이른 아침에 어디에서 옵니까?"라고 말했다. "대덕이시여, 권력을 자부하고 소유의 갈망이 스며들었고, 나라가 안정되고, 넓은 영토를 정복하여 다스리는 머리에 의식을 치르고 왕위에 오른 끄샤뜨리야 왕에게는 왕으로서 해야 할 일들이 있습니다. 저는 요즘 열정을 가지고 그 일들을 수행하고 있습니다."

"taṃ kiṃ maññasi, mahārāja, idha te puriso āgaccheyya puratthimāya disāya saddhāyiko paccayiko. so taṃ upasaṅkamitvā evaṃ vadeyya — 'yagghe, mahārāja, jāneyyāsi, ahaṃ āgacchāmi puratthimāya disāya. tatthaddasaṃ mahantaṃ pabbataṃ abbhasamaṃ sabbe pāṇe nippothento āgacchati. yaṃ te, mahārāja, karaṇīyaṃ, taṃ karohī'ti. atha dutiyo puriso āgaccheyya pacchimāya disāya saddhāyiko paccayiko. so taṃ upasaṅkamitvā evaṃ vadeyya — 'yagghe, mahārāja, jāneyyāsi, ahaṃ āgacchāmi pacchimāya disāya. tatthaddasaṃ mahantaṃ pabbataṃ abbhasamaṃ sabbe pāṇe nippothento āgacchati. yaṃ te, mahārāja, karaṇīyaṃ, taṃ karohī'ti. atha tatiyo puriso āgaccheyya uttarāya disāya saddhāyiko paccayiko. so taṃ upasaṅkamitvā evaṃ vadeyya — 'yagghe, mahārāja, jāneyyāsi, ahaṃ āgacchāmi uttarāya disāya. tatthaddasaṃ mahantaṃ pabbataṃ abbhasamaṃ sabbe pāṇe nippothento āgacchati. yaṃ te, mahārāja, karaṇīyaṃ, taṃ karohī'ti. atha catuttho puriso āgaccheyya dakkhiṇāya disāya saddhāyiko paccayiko. so taṃ upasaṅkamitvā evaṃ vadeyya — 'yagghe mahārāja, jāneyyāsi, ahaṃ āgacchāmi dakkhiṇāya disāya. tatthaddasaṃ mahantaṃ pabbataṃ abbhasamaṃ sabbe pāṇe nippothento āgacchati. yaṃ te, mahārāja, karaṇīyaṃ taṃ karohī'ti. evarūpe te, mahārāja, mahati mahabbhaye samuppanne dāruṇe manussakkhaye dullabhe manussatte kimassa karaṇīyan"ti?

"땅 낑 만냐시, 마하-라-자, 이다 떼- 뿌리소- 아-갓체이야 뿌랏티마-야 디사-야 삳다-이꼬- 빳짜이꼬-. 소- 땅 우빠상까미뜨와- 에-왕 와데이야 — '약게-, 마하-라-자, 자-네이야-시, 아항 아-갓차-미 뿌랏티마-야 디사-야, 땃탈다상 마한땅 빱바땅 압바사망 삽베- 빠-네- 닙뽀-텐또- 아-갓차띠. 양 떼-, 마하-라-자, 까라니-양, 땅 까로-히-'띠. 아타 두띠요- 뿌리소- 아-갓체이야 빳치마-야 디사-야 삳다-이꼬- 빳짜이꼬-. 소- 땅 우빠상까미뜨와- 에-왕 와데이야 — '약게-, 마하-라-자, 자-네이야-시, 아항 아-갓차-미 빳치마-야 디사-야, 땃탈다상 마한땅 빱바땅 압바사망 삽베- 빠-네- 닙뽀-텐또- 아-갓차띠. 양 떼-, 마하-라-자, 까라니-양, 땅 까로-히-'띠. 아타 따띠요- 뿌리소- 아-갓체이야 웃따라-야 디사-야 삳다-이꼬- 빳짜이꼬-. 소- 땅 우빠상까미뜨와- 에-왕 와데이야 — '약게-, 마하-라-자, 자-네이야-시, 아항 아-갓차-미 웃따라-야 디사-야, 땃탈다상 마한땅 빱바땅 압바사망 삽베- 빠-네- 닙뽀-텐또- 아-갓차띠. 양 떼-, 마하-라-자, 까라니-양, 땅 까로-히-'띠. 아타 짜뚯토- 뿌리소- 아-갓체이야 닥키나-야 디사-야 삳다-이꼬- 빳짜이꼬-. 소- 땅 우빠상까미뜨와- 에-왕 와데이야 — '약게-, 마하-라-자, 자-네이야-시, 아항 아-갓차-미 닥키나-야 디사-야, 땃탈다상 마한땅 빱바땅 압바사망 삽베- 빠-네- 닙뽀-텐또- 아-갓차띠. 양 떼-, 마하-라-자, 까라니-양, 땅 까로-히-'띠. 에-와루-뻬- 떼-, 마하-라-자, 마하띠 마합바예- 사뭅빤네- 다-루네- 마눗삭카예- 둘라베- 마눗삿떼- 끼맛사 까라니-얀"띠?

"대왕이여, 그것을 어떻게 생각합니까? 여기 믿을만하고 신뢰할 만한 사람이 동쪽으로부터 그대에게 올 것입니다. 그는 와서는 이렇게 말할 것입니다. — '대왕이시여, 아셔야 합니다. 저는 동쪽에서 왔습니다. 거기서 구름 같은 큰 산이 모든 생명을 짓밟으면서 오는 것을 보았습니다. 대왕이여, 왕께서 해야 하는 일을 하셔야 합니다.'라고. 그러자 믿을만하고 신뢰할 만한 두 번째 사람이 서쪽으로부터 그대에게 올 것입니다. 그는 와서는 이렇게 말할 것입니다. — '대왕이시여, 아셔야 합니다. 저는 서쪽에서 왔습니다. 거기서 구름 같은 큰 산이 모든 생명을 짓밟으면서 오는 것을 보았습니다. 대왕이여, 왕께서 해야 하는 일을 하셔야 합니다.'라고. 그러자 믿을만하고 신뢰할 만한 세 번째 사람이 북쪽으로부터 그대에게 올 것입니다. 그는 와서는 이렇게 말할 것입니다. — '대왕이시여, 아셔야 합니다. 저는 북쪽에서 왔습니다. 거기서 구름 같은 큰 산이 모든 생명을 짓밟으면서 오는 것을 보았습니다. 대왕이여, 왕께서 해야 하는 일을 하셔야 합니다.'라고. 그러자 믿을만하고 신뢰할 만한 네 번째 사람이 남쪽으로부터 그대에게 올 것입니다. 그는 와서는 이렇게 말할 것입니다. — '대왕이시여, 아셔야 합니다. 저는 남쪽에서 왔습니다. 거기서 구름 같은 큰 산이 모든 생명을 짓밟으면서 오는 것을 보았습니다. 대왕이여, 왕께서 해야 하는 일을 하셔야 합니다.'라고. 대왕이여, 이렇게 크나큰 두려움이 일어날 때, 인간의 파괴가 심각할 때, 인간으로의 삶을 유지하기 어려울 때 그대는 무엇을 해야 합니까?"

"evarūpe me, bhante, mahati mahabbhaye samuppanne dāruṇe manussakkhaye dullabhe manussatte kimassa karaṇīyaṃ aññatra dhammacariyāya aññatra samacariyāya aññatra kusalakiriyāya aññatra puññakiriyāyā"ti?

"에-와루-뻬- 메-, 반떼-, 마하띠 마합바예- 사뭅빤네- 다-루네- 마눗삭카예- 둘라베- 마눗삿떼- 끼맛사 까라니-양 안냐뜨라 담마짜리야-야 안냐뜨라 사마짜리야-야 안냐뜨라 꾸살라끼리야-야 안냐뜨라 뿐냐끼리야-야-"띠?

"대덕이시여, 이렇게 크나큰 두려움이 일어날 때, 인간의 파괴가 심각할 때, 인간으로의 삶을 유지하기 어려울 때 법의 행위와 다른 곳, 안정된 행위와 다른 곳, 선(善)을 행함과 다른 곳, 공덕(功德)을 행함과 다른 곳에 제가 할 일이 무엇이 있겠습니까?"

"ārocemi kho te, mahārāja, paṭivedemi kho te, mahārāja, adhivattati kho taṃ, mahārāja, jarāmaraṇaṃ. adhivattamāne ce te, mahārāja, jarāmaraṇe kimassa karaṇīyan"ti? "adhivattamāne ca me, bhante, jarāmaraṇe kimassa karaṇīyaṃ aññatra dhammacariyāya samacariyāya kusalakiriyāya puññakiriyāya? yāni tāni, bhante, raññaṃ khattiyānaṃ muddhāvasittānaṃ issariyamadamattānaṃ kāmagedhapariyuṭṭhitānaṃ janapadatthāvariyappattānaṃ mahantaṃ pathavimaṇḍalaṃ abhivijiya ajjhāvasantānaṃ hatthiyuddhāni bhavanti; tesampi, bhante, hatthiyuddhānaṃ natthi gati natthi visayo adhivattamāne jarāmaraṇe. yānipi tāni, bhante, raññaṃ khattiyānaṃ muddhāvasittānaṃ issariyamadamattānaṃ kāmagedhapariyuṭṭhitānaṃ janapadatthāvariyappattānaṃ mahantaṃ pathavimaṇḍalaṃ abhivijiya ajjhāvasantānaṃ assayuddhāni bhavanti; tesampi, bhante, assayuddhānaṃ natthi gati natthi visayo adhivattamāne jarāmaraṇe. yānipi tāni, bhante, raññaṃ khattiyānaṃ muddhāvasittānaṃ issariyamadamattānaṃ kāmagedhapariyuṭṭhitānaṃ janapadatthāvariyappattānaṃ mahantaṃ pathavimaṇḍalaṃ abhivijiya ajjhāvasantānaṃ rathayuddhāni bhavanti; tesampi, bhante, rathayuddhānaṃ natthi gati natthi visayo adhivattamāne jarāmaraṇe. yānipi tāni, bhante, raññaṃ khattiyānaṃ muddhāvasittānaṃ issariyamadamattānaṃ kāmagedhapariyuṭṭhitānaṃ janapadatthāvariyappattānaṃ mahantaṃ pathavimaṇḍalaṃ abhivijiya ajjhāvasantānaṃ pattiyuddhāni bhavanti; tesampi, bhante, pattiyuddhānaṃ natthi gati natthi visayo adhivattamāne jarāmaraṇe. santi kho pana, bhante, imasmiṃ rājakule mantino mahāmattā, ye pahonti āgate paccatthike mantehi bhedayituṃ. tesampi, bhante, mantayuddhānaṃ natthi gati natthi visayo adhivattamāne jarāmaraṇe. saṃvijjati kho pana, bhante, imasmiṃ rājakule pahūtaṃ hiraññasuvaṇṇaṃ bhūmigatañceva vehāsaṭṭhañca, yena mayaṃ pahoma āgate paccatthike dhanena upalāpetuṃ. tesampi, bhante, dhanayuddhānaṃ natthi gati natthi visayo adhivattamāne jarāmaraṇe. adhivattamāne ca me, bhante, jarāmaraṇe kimassa karaṇīyaṃ aññatra dhammacariyāya samacariyāya kusalakiriyāya puññakiriyāyā"ti?

"아-로-쩨-미 코- 떼-, 마하-라-자, 빠띠웨-데-미 코- 떼-, 마하-라-자, 아디왓따띠 코- 땅, 마하-라-자, 자라-마라낭. 아디왓따마-네- 쩨- 떼-, 마하-라-자, 자라-마라네- 끼맛사 까라니-얀"띠? "아디왓따마-네- 짜 메-, 반떼-, 자라-마라네- 끼맛사 까라니-양 안냐뜨라 담마짜리야-야 사마짜리야-야 꾸살라끼리야-야 뿐냐끼리야-야? 야-니 따-니, 반떼-, 란냥 캇띠야-낭 묻다-와싯따-낭 잇사리야마다맛따-낭 까-마게-다빠리윳티따-낭 자나빠닷타-와리얍빳따-낭 마한땅 빠타위만달랑 아비위지야 앗자-와산따-낭 핫티윤다-니 바완띠; 떼-삼삐, 반떼-, 핫티윤다-낭 낫티 가띠 낫티 위사요- 아디왓따마-네- 자라-마라네-. 야-니삐 따-니, 반떼-, 란냥 캇띠야-낭 묻다-와싯따-낭 잇사리야마다맛따-낭 까-마게-다빠리윳티따-낭 자나빠닷타-와리얍빳따-낭 마한땅 빠타위만달랑 아비위지야 앗자-와산따-낭 앗사윤다-니 바완띠; 떼-삼삐, 반떼-, 앗사윤다-낭 낫티 가띠 낫티 위사요- 아디왓따마-네- 자라-마라네-. 야-니삐 따-니, 반떼-, 란냥 캇띠야-낭 묻다-와싯따-낭 잇사리야마다맛따-낭 까-마게-다빠리윳티따-낭 자나빠닷타-와리얍빳따-낭 마한땅 빠타위만달랑 아비위지야 앗자-와산따-낭 라타윤다-니 바완띠; 떼-삼삐, 반떼-, 라타윤다-낭 낫티 가띠 낫티 위사요- 아디왓따마-네- 자라-마라네-. 야-니삐 따-니, 반떼-, 란냥 캇띠야-낭 묻다-와싯따-낭 잇사리야마다맛따-낭 까-마게-다빠리윳티따-낭 자나빠닷타-와리얍빳따-낭 마한땅 빠타위만달랑 아비위지야 앗자-와산따-낭 빳띠윤다-니 바완띠; 떼-삼삐, 반떼-, 빳띠윤다-낭 낫티 가띠 낫티 위사요- 아디왓따마-네- 자라-마라네-. 산띠 코- 빠나, 반떼-, 이마스밍 라-자꿀레- 만띠노- 마하-맛따-, 예- 빠혼띠 아-가떼- 빳짯티께- 만떼-히 베-다이뚱. 떼-삼삐, 반떼-, 만따윤다-낭 낫티 가띠 낫티 위사요- 아디왓따마-네- 자라-마라네-. 상윗자띠 코- 빠나, 반떼-, 이마스밍 라-자꿀레- 빠후-땅 히란냐수완낭 부-미가딴쩨-와 웨-하-삿탄짜, 예-나 마양 빠호-마 아-가떼- 빳짯티께- 다네-나 우빨라-뻬-뚱. 떼-삼삐, 반떼-, 다나윤다-낭 낫티 가띠 낫티 위사요- 아디왓따마-네- 자라-마라네-. 아디왓따마-네- 짜 메-, 반떼-, 자라-마라네- 끼맛사 까라니-양 안냐뜨라 담마짜리야-야 사마짜리야-야 꾸살라끼리야-야 뿐냐끼리야-야-"띠?

"대왕이여, 나는 그대에게 말합니다. 대왕이여, 나는 그대에게 알립니다. 대왕이여, 늙음과 죽음이 그대를 향해 옵니다. 대왕이여, 그대에게 늙음과 죽음이 닥쳐올때 그대는 무엇을 해야 합니까?"

"대덕이시여, 늙음과 죽음이 닥쳐올 때, 법의 행위와 다른 곳, 안정된 행위와 다른 곳, 선을 행함과 다른 곳, 공덕을 행함과 다른 곳에 제가 할 일이 무엇이 있겠습니까? 대덕이시여, 권력을 자부하고 소유의 갈망이 스며들었고, 나라가 안정되고, 넓은 영토를 정복하여 다스리는 머리에 의식을 치르고 왕위에 오른 끄샤뜨리야 왕의 코끼리 전투에서도, 대덕이시여, 늙음과 죽음이 닥쳐올 때는 갈 곳이 없고, 대책이 없습니다. 대덕이시여, 권력을 자부하고 소유의 갈망이 스며들었고, 나라가 안정되고, 넓은 영토를 정복하여 다스리는 머리에 의식을 치르고 왕위에 오른 끄샤뜨리야 왕의 기마 전투에서도, 대덕이시여, 늙음과 죽음이 닥쳐올 때는 갈 곳이 없고, 대책이 없습니다. 권력을 자부하고 소유의 갈망이 스며들었고, 나라가 안정되고, 넓은 영토를 정복하여 다스리는 머리에 의식을 치르고 왕위에 오른 끄샤뜨리야 왕의 전차 전투에서도, 대덕이시여, 늙음과 죽음이 닥쳐올 때는 갈 곳이 없고, 대책이 없습니다. 권력을 자부하고 소유의 갈망이 스며들었고, 나라가 안정되고, 넓은 영토를 정복하여 다스리는 머리에 의식을 치르고 왕위에 오른 끄샤뜨리야 왕의 보병 전투에서도, 대덕이시여, 늙음과 죽음이 닥쳐올 때는 갈 곳이 없고, 대책이 없습니다. 또한, 대덕이시여, 이 왕궁에는 적들이 쳐들어올 때 책략으로 깨뜨릴 수 있는 참모역의 대신들이 있습니다. 그러나 대덕이시여, 책략의 전투에서도 늙음과 죽음이 닥쳐올 때는 갈 곳이 없고, 대책이 없습니다. 그리고 대덕이시여, 이 왕궁에는 적들이 쳐들어올 때 재물로써 설득할 수 있는 땅에 묻어두고 높은 곳에 보관해둔 많은 황금이 있습니다. 그러나 대덕이시여, 재물의 전투에서도 늙음과 죽음이 닥쳐올 때는 갈 곳이 없고, 대책이 없습니다. 대덕이시여, 늙음과 죽음이 닥쳐올 때 법의 행위와 다른 곳, 안정된 행위와 다른 곳, 선을 행함과 다른 곳, 공덕을 행함과 다른 곳에 제가 할 일이 무엇이 있겠습니까?"

"evametaṃ, mahārāja, evametaṃ, mahārāja! adhivattamāne jarāmaraṇe kimassa karaṇīyaṃ aññatra dhammacariyāya samacariyāya kusalakiriyāya puññakiriyāyā"ti? idamavoca bhagavā. idaṃ vatvāna sugato athāparaṃ etadavoca satthā —

"에-와메-땅, 마하-라-자, 에-와메-땅, 마하-라-자! 아디왓따마-네- 자라-마라네- 끼맛사 까라니-양 안냐뜨라 담마짜리야-야 사마짜리야-야 꾸살라끼리야-야 뿐냐끼리야-야-"띠? 이다마오-짜 바가와-. 이당 와뜨와-나 수가또- 아타-빠랑 에-따다오-짜 삿타- –

"그것은 그렇습니다, 대왕이여. 그것은 그렇습니다, 대왕이여. 늙음과 죽음이 닥쳐올 때 법의 행위와 다른 곳, 안정된 행위와 다른 곳, 선을 행함과 다른 곳, 공덕을 행함과 다른 곳에 할 일이 무엇이 있겠습니까?" 세존은 이렇게 말했다. 이렇게 말한 뒤에 스승이신 선서(善逝)께서는 다시 이렇게 말했다. —

"yathāpi selā vipulā, nabhaṃ āhacca pabbatā.
samantānupariyāyeyyuṃ, nippothento catuddisā.

야타-삐 세-ㄹ라- 위뿔라-, 나방 아-핫짜 빱바따-
사만따-누빠리야-예이윰, 닙뽀-텐또- 짜뚣디사-

거대한 바위산이 하늘을 꿰 찌르고
사방을 짓밟으면서 모든 것을 압박해 온다.

"evaṃ jarā ca maccu ca, adhivattanti pāṇine.
khattiye brāhmaṇe vesse, sudde caṇḍālapukkuse.
na kiñci parivajjeti, sabbamevābhimaddati.

에-왕 자라- 짜 맛쭈 짜, 아디왓딴띠 빠-니네-
캇띠예- 브라-흐마네- 웻세-, 숟데- 짠다-ㄹ라뿍꾸세-
나 낀찌 빠리왓제-띠, 삽바메-와-비맏다띠

이렇게 늙음과 죽음이 생명 가진 것들을 제압한다.
끄샤뜨리야도, 바라문도, 와이샤도, 수드라도, 불가촉천민도
누구도 피할 수 없다. 모든 것을 제압한다.

"na tattha hatthīnaṃ bhūmi, na rathānaṃ na pattiyā.
na cāpi mantayuddhena, sakkā jetuṃ dhanena vā.

나 땃타 핫티-낭 부-미, 나 라타-낭 나 빳띠야-
나 짜-삐 만따윧데-나, 삭까- 제-뚱 다네-나 와-

거기는 코끼리의 영역도, 전차의 영역도, 보병의 영역도 아니고
책략의 전투로도, 재물로써 설득하는 것도 불가능하다.

"tasmā hi paṇḍito poso, sampassaṃ atthamattano.
buddhe dhamme ca saṅghe ca, dhīro saddhaṃ nivesaye.

따스마- 히 빤디또- 뽀-소-, 삼빳상 앗타맛따노-
붇데- 담메- 짜 상게- 짜, 디-로- 삳당 니웨-사예-

그러므로 자신의 이익을 보는 지혜롭고 현명한 사람은
부처님과 가르침과 성자들에 대한 믿음을 확고히 한다.

"yo dhammaṃ cari kāyena, vācāya uda cetasā.
idheva naṃ pasaṃsanti, pecca sagge pamodatī"ti.

요- 담망 짜리 까-예-나, 와-짜-야 우다 쩨-따사-
이데-와 낭 빠상산띠, 뻿짜 삭게- 빠모-다띠-"띠

몸과 말과 마음으로 법을 실천하는 사람
여기서는 사람들이 그를 칭찬하고, 죽은 뒤에는 하늘에서 기뻐한다. ▣

19. piyasuttaṃ (SN 3.4-사랑하는 자 경)

• 자신을 사랑하지 않는 자 — 몸으로 나쁜 행위를 하고, 말로 나쁜 행위를 하고 의(意)로 나쁜 행위를 하는 자
• 자신을 사랑하는자 — 몸으로 좋은 행위를 하고, 말로 좋은 행위를 하고, 의(意)로 좋은 행위를 하는 자

• 「이 세상에서 인간은 공덕과 죄악의 두 가지를 행하니, 참으로 그것이 그에게 자신의 것이고, 그것을 가지고 간다. 마치 떠나지 않는 그림자처럼 그것이 따른다. 그러므로 유익을 행해야 하나니, 누적되어 미래의 삶을 만든다. 공덕은 저세상에서 존재들을 위한 버팀목이 된다.」

※ 공덕(功德-puñña) — ①행복을 가져오는 것, ②죽을 때 가져가는 것, ③저세상의 버팀목

sāvatthinidānaṃ. ekamantaṃ nisinno kho rājā pasenadi kosalo bhagavantaṃ etadavoca — "idha mayhaṃ, bhante, rahogatassa paṭisallīnassa evaṃ cetaso parivitakko udapādi — 'kesaṃ nu kho piyo attā, kesaṃ appiyo attā'ti? tassa mayhaṃ, bhante, etadahosi — 'ye ca kho keci kāyena duccaritaṃ caranti, vācāya duccaritaṃ caranti, manasā duccaritaṃ caranti; tesaṃ appiyo attā'. kiñcāpi te evaṃ vadeyyuṃ — 'piyo no attā'ti, atha kho tesaṃ appiyo attā. taṃ kissa hetu? yañhi appiyo appiyassa kareyya, taṃ te attanāva attano karonti; tasmā tesaṃ appiyo attā. ye ca kho keci kāyena sucaritaṃ caranti, vācāya sucaritaṃ caranti, manasā sucaritaṃ caranti; tesaṃ piyo attā. kiñcāpi te evaṃ vadeyyuṃ — 'appiyo no attā'ti; atha kho tesaṃ piyo attā. taṃ kissa hetu? yañhi piyo piyassa kareyya, taṃ te attanāva attano karonti; tasmā tesaṃ piyo attā"ti.

사-왓티니다-낭. 에-까만땅 니신노- 코- 라-자- 빠세-나디 꼬-살로- 바가완땅 에-따다오-짜 — "이다 마이항, 반떼-, 라호-가땃사 빠띠살리-낫사 에-왕 쩨-따소- 빠리위딱꼬- 우다빠-디 — '께-상 누 코- 삐요- 앗따-, 께-상 압삐요- 앗따-'띠? 땃사 마이항, 반떼-, 에-따다호-시 — '예- 짜 코- 께-찌 까-예-나 둣짜리땅 짜란띠, 와-짜-야 둣짜리땅 짜란띠, 마나사- 둣짜리땅 짜란띠; 떼-상 압삐요- 앗따-. 낀짜-삐 떼- 에-왕 와데이윰 — '삐요- 노- 앗따-'띠, 아타 코- 떼-상 압삐요- 앗따-. 땅 낏사 헤-뚜? 얀히 압삐요- 압삐얏사 까레이야, 땅 떼- 앗따나-와 앗따노- 까론띠; 따스마- 떼-상 압삐요- 앗따-. 예- 짜 코- 께-찌 까-예-나 수짜리땅 짜란띠, 와-짜-야 수짜리땅 짜란띠, 마나사- 수짜리땅 짜란띠; 떼-상 삐요- 앗따-. 낀짜-삐 떼- 에-왕 와데이윰 — '압삐요- 노- 앗따-'띠, 아타 코- 떼-상 삐요- 앗따-. 땅 낏사 헤-뚜? 얀히 삐요- 삐얏사 까레이야, 땅 떼- 앗따나-와 앗따노- 까론띠; 따스마- 떼-상 삐요- 앗따-."띠

사왓티에서 설해짐. 한 곁에 앉은 빠세나디 꼬살라 왕이 세존에게 이렇게 말했다. — "대덕이시여, 여기 외딴곳에서 홀로 머무는 저에게 이런 심(心)의 온전한 생각이 일어났습니다. —

'누가 자신을 사랑하는 자인가, 누가 자신을 사랑하지 않는 자인가?'라고. 대덕이시여, 그런 저에게 이런 생각이 떠올랐습니다. — '누구든지 몸으로 나쁜 행위를 하고, 말로 나쁜 행위를 하고 의(意)로 나쁜 행위를 하는 자들은 자신을 사랑하지 않는 자이다. 비록 그들이 '나는 나를 사랑한다.'라고 말하더라도 그들은 자신을 사랑하지 않는 자이다. 그 원인은 무엇인가? 그들은 사랑하지 않는 자가 사랑하지 않는 자에게 하는 행위를 자신이 자신에게 한다. 그러므로 그들은 자신을 사랑하지 않는 자이다. 누구든지 몸으로 좋은 행위를 하고, 말로 좋은 행위를 하고, 의(意)로 좋은 행위를 하는 자들은 자신을 사랑하는 자이다. 비록 그들이 '나는 나를 사랑하지 않는다.'라고 말하더라도 그들은 자신을 사랑하는 자이다. 그 원인은 무엇인가? 그들은 사랑하는 자가 사랑하는 자에게 하는 행위를 자신이 자신에게 한다. 그러므로 그들은 자신을 사랑하는 자이다.'라고."

"evametaṃ, mahārāja, evametaṃ, mahārāja! ye hi keci, mahārāja, kāyena duccaritaṃ caranti, vācāya duccaritaṃ caranti, manasā duccaritaṃ caranti; tesaṃ appiyo attā. kiñcāpi te evaṃ vadeyyuṃ — 'piyo no attā'ti, atha kho tesaṃ appiyo attā. taṃ kissa hetu? yañhi, mahārāja, appiyo appiyassa kareyya, taṃ te attanāva attano karonti; tasmā tesaṃ appiyo attā. ye ca kho keci, mahārāja, kāyena sucaritaṃ caranti, vācāya sucaritaṃ caranti, manasā sucaritaṃ caranti; tesaṃ piyo attā. kiñcāpi te evaṃ vadeyyuṃ — 'appiyo no attā'ti; atha kho tesaṃ piyo attā. taṃ kissa hetu? yañhi mahārāja, piyo piyassa kareyya, taṃ te attanāva attano karonti; tasmā tesaṃ piyo attā"ti. idamavoca bhagavā. idaṃ vatvāna sugato athāparaṃ etadavoca satthā —

"에-와메-땅, 마하-라-자, 에-와메-땅, 마하-라-자! '예- 히 께-찌, 마하-라-자, 까-예-나 둣짜리땅 짜란띠, 와-짜-야 둣짜리땅 짜란띠, 마나사- 둣짜리땅 짜란띠; 떼-상 압삐요- 앗따-. 낀짜-삐 떼- 에-왕 와데이융 — '삐요- 노- 앗따-'띠, 아타 코- 떼-상 압삐요- 앗따-. 땅 낏사 헤-뚜? 얀히, 마하-라-자, 압삐요- 압삐얏사 까레이야, 땅 떼- 앗따나-와 앗따노- 까론띠; 따스마- 떼-상 압삐요- 앗따-. 예- 짜 코- 께-찌, 마하-라-자, 까-예-나 수짜리땅 짜란띠, 와-짜-야 수짜리땅 짜란띠, 마나사- 수짜리땅 짜란띠; 떼-상 삐요- 앗따-. 낀짜-삐 떼- 에-왕 와데이융 — '압삐요- 노- 앗따-'띠, 아타 코- 떼-상 삐요- 앗따-. 땅 낏사 헤-뚜? 얀히, 마하-라-자, 삐요- 삐얏사 까레이야, 땅 떼- 앗따나-와 앗따노- 까론띠; 따스마- 떼-상 삐요- 앗따-."띠. 이다마오-짜 바가와-. 이당 와뜨와-나 수가또- 아타-빠랑 에-따다오-짜 삿타- —

"그것은 그렇습니다, 대왕이여. 그것은 그렇습니다, 대왕이여. 대왕이여, 누구든지 몸으로 나쁜 행위를 하고, 말로 나쁜 행위를 하고, 의(意)로 나쁜 행위를 하는 자들은 자신을 사랑하지 않는 자입니다. 비록 그들이 '나는 나를 사랑한다.'라고 말하더라도 그들은 자신을 사랑하지 않는 자입니다. 그 원인은 무엇입니까? 그들은 사랑하지 않는 자가 사랑하지 않는 자에게 하는 행위를 자신이 자신에게 합니다. 그러므로 그들은 자신을 사랑하지 않는 자입니다. 누구든지 몸으로 좋은 행위를 하고, 말로 좋은 행위를 하고, 의(意)로 좋은 행위를 하는 자들은 자신을 사랑하는 자입니다. 비록 그들이 '나는 나를 사랑하지 않는다.'라고 말하더라도 그들은 자신을 사랑하는 자입니다. 그 원인은 무엇입니까? 그들은 사랑하는 자가 사랑하는 자에게 하는 행위를 자신이 자신에게 합니다. 그러므로 그들은 자신을 사랑하는 자입니다." 세존은 이렇게 말했다. 이렇게 말한 뒤에 스승이신 선서(善逝)께서는 다시 이렇게 말했다. —

"attānañce piyaṃ jaññā, na naṃ pāpena saṃyuje.
na hi taṃ sulabhaṃ hoti, sukhaṃ dukkaṭakārinā.
"antakenādhipannassa, jahato mānusaṃ bhavaṃ.
kiñhi tassa sakaṃ hoti, kiñca ādāya gacchati.
kiñcassa anugaṃ hoti, chāyāva anapāyinī.

앗따-난쩨- 삐양 잔냐-, 나 낭 빠-뻬-나 상유제-
나 히 땅 술라방 호-띠, 수캉 둑까따까-리나-
안따께-나-디빤낫사, 자하또- 마-누상 바왕
낀히 땃사 사깡 호-띠, 낀짜 아-다-야 갓차띠
낀짯사 아누강 호-띠, 차-야-와 아나빠-이니-

자신을 사랑하는 것을 아는 자는 자기를 악으로 묶지 않는다.
나쁜 행위를 하는 자에게 행복은 쉽게 얻어지지 않는다.

죽음에 붙잡혀 인간존재를 버릴 때
참으로 그에게 무엇이 자신의 것이며, 무엇을 가져가는가?
마치 떠나지 않는 그림자처럼 무엇이 따르는 것인가?

"ubho puññañca pāpañca, yaṃ macco kurute idha.
tañhi tassa sakaṃ hoti, tañca ādāya gacchati.
tañcassa anugaṃ hoti, chāyāva anapāyinī.
"tasmā kareyya kalyāṇaṃ, nicayaṃ samparāyikaṃ.
puññāni paralokasmiṃ, patiṭṭhā honti pāṇinan"ti.

우보- 뿐냔짜 빠-빤짜, 양 맛쪼- 꾸루떼- 이다
딴히 땃사 사깡 호-띠, 딴짜 아-다-야 갓차띠
딴짯사 아누강 호-띠, 차-야-와 아나빠-이니-
따스마- 까레이야 깔랴-낭, 니짜양 삼빠라-이깡
뿐냐-니 빠랄로-까스밍, 빠띳타- 혼띠 빠-니난"띠

이 세상에서 인간은 공덕과 죄악의 두 가지를 행하니
참으로 그것이 그에게 자신의 것이고, 그것을 가지고 간다.
마치 떠나지 않는 그림자처럼 그것이 따른다.

그러므로 유익을 행해야 하나니, 누적되어 미래의 삶을 만든다.
공덕은 저세상에서 존재들을 위한 버팀목이 된다. ▣

20. attarakkhitasuttaṃ (SN 3.5-자기 보호 경)

- 자신을 보호하지 않는 자 — 몸으로 나쁜 행위를 하고, 말로 나쁜 행위를 하고 의(意)로 나쁜 행위를 하는 자

- 자신을 보호하는자 — 몸으로 좋은 행위를 하고, 말로 좋은 행위를 하고, 의(意)로 좋은 행위를 하는 자

sāvatthinidānaṃ. ekamantaṃ nisinno kho rājā pasenadi kosalo bhagavantaṃ etadavoca — "idha mayhaṃ, bhante, rahogatassa paṭisallīnassa evaṃ cetaso parivitakko udapādi — 'kesaṃ nu kho rakkhito attā, kesaṃ arakkhito attā'ti? tassa mayhaṃ, bhante, etadahosi — 'ye kho keci kāyena duccaritaṃ caranti, vācāya duccaritaṃ caranti, manasā duccaritaṃ caranti; tesaṃ arakkhito attā. kiñcāpi te hatthikāyo vā rakkheyya, assakāyo vā rakkheyya, rathakāyo vā rakkheyya, pattikāyo vā rakkheyya; atha kho tesaṃ arakkhito attā. taṃ kissa hetu? bāhirā hesā rakkhā, nesā rakkhā ajjhattikā; tasmā tesaṃ arakkhito attā. ye ca kho keci kāyena sucaritaṃ caranti, vācāya sucaritaṃ caranti, manasā sucaritaṃ caranti; tesaṃ rakkhito attā. kiñcāpi te neva hatthikāyo rakkheyya, na assakāyo rakkheyya, na rathakāyo rakkheyya, na pattikāyo rakkheyya; atha kho tesaṃ rakkhito attā. taṃ kissa hetu? ajjhattikā hesā rakkhā, nesā rakkhā bāhirā; tasmā tesaṃ rakkhito attā'"ti.

사-왓티니다-낭. 에-까만땅 니신노- 코- 라-자- 빠세-나디 꼬-살로- 바가완땅 에-따다오-짜 — "이다 마이항, 반떼-, 라호-가땃사 빠띠살리-낫사 에-왕 쩨-따소- 빠리위딱꼬- 우다빠-디 — '께-상 누 코- 락키또- 앗따-, 께-상 아락키또- 앗따-'띠? 땃사 마이항, 반떼-, 에-따다호-시 — '예- 코- 께-찌 까-예-나 둣짜리땅 짜란띠, 와-짜-야 둣짜리땅 짜란띠, 마나사- 둣짜리땅 짜란띠; 떼-상 아락키또- 앗따-. 낀짜-삐 떼- 핫티까-요- 와- 락케이야, 앗사까-요- 와- 락케이야, 라타까-요- 와- 락케이야, 빳띠까-요- 와- 락케이야; 아타 코- 떼-상 아락키또- 앗따-. 땅 낏사 헤-뚜? 바-히라- 헤-사- 락카-, 네-사- 락카- 앗잣띠까-; 따스마- 떼-상 아락키또- 앗따-. 예- 짜 코- 께-찌 까-예-나 수짜리땅 짜란띠, 와-짜-야 수짜리땅 짜란띠, 마나사- 수짜리땅 짜란띠; 떼-상 락키또- 앗따-. 낀짜-삐 떼- 네-와 핫티까-요- 락케이야, 나 앗사까-요- 락케이야, 나 라타까-요- 락케이야, 나 빳띠까-요- 락케이야; 아타 코- 떼-상 락키또- 앗따-. 땅 낏사 헤-뚜? 앗잣띠까- 헤-사- 락카-, 네-사- 락카- 바-히라-; 따스마- 떼-상 락키또- 앗따-'"띠

사왓티에서 설해짐. 한 곁에 앉은 빠세나디 꼬살라 왕은 세존에게 이렇게 말했다. — "대덕이시여, 여기 외딴곳에서 홀로 머무는 저에게 이런 심(心)의 온전한 생각이 떠올랐습니다. — '누가 자신을 보호하는 자인가, 누가 자신을 보호하지 않는 자인가?'라고. 대덕이시여, 그런 저에게 이런 생각이 떠올랐습니다. — '누구든지 몸으로 나쁜 행위를 하고, 말로 나쁜 행위

를 하고, 의(意)로 나쁜 행위를 하는 자들은 자신을 보호하지 않는 자이다. 비록 코끼리 부대로 보호하려 하고, 기마 부대로 보호하려 하고, 전차 부대로 보호하려 하고, 보병 부대로 보호하려 하더라도 그들은 자신을 보호하지 않는 자이다. 그 원인은 무엇인가? 그것들은 밖의 보호이지 안에 속하는 보호가 아니다. 그러므로 그들은 자신을 보호하지 않는 자이다. 누구든지 몸으로 좋은 행위를 하고, 말로 좋은 행위를 하고, 의(意)로 좋은 행위를 하는 자들은 자신을 보호하는 자이다. 비록 코끼리 부대로 보호하려 하지 않고, 기마 부대로 보호하려 하지 않고, 전차 부대로 보호하려 하지 않고, 보병 부대로 보호하려 하지 않더라도 그들은 자신을 보호하는 자이다. 그 원인은 무엇인가? 그것들은 안에 속하는 보호이지 밖의 보호가 아니다. 그러므로 그들은 자신을 보호하는 자이다. 그 원인은 무엇인가? 그것들은 안에 속하는 보호이지 밖의 보호가 아니다. 그러므로 그들은 자신을 보호하는 자이다.'라고."

"evametaṃ, mahārāja, evametaṃ, mahārāja! ye hi keci, mahārāja, kāyena duccaritaṃ caranti, vācāya duccaritaṃ caranti, manasā duccaritaṃ caranti; tesaṃ arakkhito attā. kiñcāpi te hatthikāyo vā rakkheyya, assakāyo vā rakkheyya, rathakāyo vā rakkheyya, pattikāyo vā rakkheyya; atha kho tesaṃ arakkhito attā. taṃ kissa hetu? bāhirā hesā, mahārāja, rakkhā, nesā rakkhā ajjhattikā; tasmā tesaṃ arakkhito attā. ye ca kho keci, mahārāja, kāyena sucaritaṃ caranti, vācāya sucaritaṃ caranti, manasā sucaritaṃ caranti; tesaṃ rakkhito attā. kiñcāpi te neva hatthikāyo rakkheyya, na assakāyo rakkheyya, na rathakāyo rakkheyya, na pattikāyo rakkheyya; atha kho tesaṃ rakkhito attā. taṃ kissa hetu? ajjhattikā hesā, mahārāja, rakkhā, nesā rakkhā bāhirā; tasmā tesaṃ rakkhito attā"ti.

"에-와메-땅, 마하-라-자, 에-와메-땅, 마하-라-자! '예- 히 께-찌, 마하-라-자, 까-예-나 둣짜리땅 짜란띠, 와-짜-야 둣짜리땅 짜란띠, 마나사- 둣짜리땅 짜란띠; 떼-상 아락키또- 앗따-. 낀짜-삐 떼- 핫티까-요- 와- 락케이야, 앗사까-요- 와- 락케이야, 라타까-요- 와- 락케이야, 빳띠까-요- 와- 락케이야; 아타 코- 떼-상 아락키또- 앗따-. 땅 낏사 헤-뚜? 바-히라- 헤-사-, 마하-라-자, 락카-, 네-사- 락카- 앗잣띠까-; 따스마- 떼-상 아락키또- 앗따-. 예- 짜 코- 께-찌, 마하-라-자, 까-예-나 수짜리땅 짜란띠, 와-짜-야 수짜리땅 짜란띠, 마나사- 수짜리땅 짜란띠; 떼-상 락키또- 앗따-. 낀짜-삐 떼- 네-와 핫티까-요- 락케이야, 나 앗사까-요- 락케이야, 나 라타까-요- 락케이야, 나 빳띠까-요- 락케이야; 아타 코- 떼-상 락키또- 앗따-. 땅 낏사 헤-뚜? 앗잣띠까- 헤-사-, 마하-라-자, 락카-, 네-사- 락카- 바-히라-; 따스마- 떼-상 락키또- 앗따-'"띠

"그것은 그렇습니다, 대왕이여. 그것은 그렇습니다, 대왕이여. 대왕이여, 누구든지 몸으로 나쁜 행위를 하고, 말로 나쁜 행위를 하고, 의로 나쁜 행위를 하는 자들은 자신을 보호하지 않는 자입니다. 비록 코끼리 부대로 보호하려 하고, 기마 부대로 보호하려 하고, 전차 부대로 보호하려 하고, 보병 부대로 보호하려 하더라도 그러나 그들은 자신을 보호하지 않는 자입

니다. 그 원인은 무엇입니까? 그것들은 밖의 보호이지 안에 속하는 보호가 아닙니다. 그러므로 그들은 자신을 보호하지 않는 자입니다. 누구든지 몸으로 좋은 행위를 하고, 말로 좋은 행위를 하고, 의(意)로 좋은 행위를 하는 자들은 자신을 보호하는 자입니다. 비록 코끼리 부대로 보호하려 하지 않고, 기마 부대로 보호하려 하지 않고, 전차 부대로 보호하려 하지 않고, 보병 부대로 보호하려 하지 않더라도 그러나 그들은 자신을 보호하는 자입니다. 그 원인은 무엇입니까? 그것들은 안에 속하는 보호이지 밖의 보호가 아닙니다. 그러므로 그들은 자신을 보호하는 자입니다."

idamavoca bhagavā. idaṃ vatvāna sugato athāparaṃ etadavoca satthā —

"kāyena saṃvaro sādhu, sādhu vācāya saṃvaro.
manasā saṃvaro sādhu, sādhu sabbattha saṃvaro.
sabbattha saṃvuto lajjī, rakkhitoti pavuccatī"ti.

이다마오-짜 바가와-. 이당 와뜨와-나 수가또- 아타-빠랑 에-따다오-짜 삿타- —

까-예-나 상와로- 사-두, 사-두 와-짜-야 상와로-
마나사- 상와로- 사-두, 사-두 삽밧타 상와로-
삽밧타 상우또- 랒지-,락키또-띠 빠웃짜띠-"띠

세존은 이렇게 말했다. 이렇게 말한 뒤에 스승이신 선서(善逝)께서는 다시 이렇게 말했다. —

"몸으로 단속하는 자는 훌륭하다. 말로 단속하는 자는 훌륭하다. 의(意)로 단속하는 자는 훌륭하다. 모든 곳에서 단속하는 자는 훌륭하다. 모든 곳에서 단속하고 부끄러움을 아는 자는 보호하는 자라고 불린다." ▣

21. asibandhakaputtasuttaṃ (SN 42.6-아시반다까뿟따 경)

- 「세존-아라한-정등각께서는 세상의 모든 사람이 몸이 무너져 죽은 뒤에 좋은 곳, 하늘 세상에 태어나게 하는 것이 가능합니까?」

- 십악업(十惡業)을 지은 자 — 많은 군중이 함께 모여 절하고 기도하고 합장하고 그의 주위를 돈 것을 원인으로 몸이 무너져 죽은 뒤에 좋은 곳, 하늘 세상에 태어나지 않음

- 십선업(十善業)을 지은 자 — 많은 군중이 함께 모여 절하고 기도하고 합장하고 그의 주위를 돈 것을 원인으로 몸이 무너져 죽은 뒤에 상실과 비탄의 상태, 비참한 존재, 벌 받는 상태, 지옥에 태어나지 않음

ekaṃ samayaṃ bhagavā nāḷandāyaṃ viharati pāvārikambavane. atha kho asibandhakaputto gāmaṇi yena bhagavā tenupasaṅkami; upasaṅkamitvā bhagavantaṃ abhivādetvā ekamantaṃ nisīdi. ekamantaṃ nisinno kho asibandhakaputto gāmaṇi bhagavantaṃ etadavoca — "brāhmaṇā, bhante, pacchā bhūmakā kāmaṇḍalukā sevālamālikā udakorohakā aggiparicārakā. te mataṃ kālaṅkataṃ uyyāpenti nāma saññāpenti nāma saggaṃ nāma okkāmenti. bhagavā pana, bhante, arahaṃ sammāsambuddho pahoti tathā kātuṃ yathā sabbo loko kāyassa bhedā paraṃ maraṇā sugatiṃ saggaṃ lokaṃ upapajjeyyā"ti?

에-깡 사마양 바가와- 나-ㄹ란다-양 위하라띠 빠-와-리깜바와네-. 아타 코- 아시반다까뿟또- 가-마니 예-나 바가와- 떼-누빠상까미; 우빠상까미뜨와- 바가완땅 아비와-데-뜨와- 에-까만땅 니시-디. 에-까만땅 니신노- 코- 아시반다까뿟또- 가-마니 바가완땅 에-따다오-짜 — "브라-흐마나-, 반떼-, 빳차- 부-마까- 까-만달루까- 세-와-ㄹ라마-ㄹ리까- 우다꼬-로-하까- 악기빠리짜-라까-. 떼- 마땅 까-ㄹ랑까땅 우이야-뻰띠 나-마 산냐-뻰띠 나-마 삭강 나-마 옥까-멘띠. 바가와- 빠나, 반떼-, 아라항 삼마-삼붇도- 빠호-띠 따타- 까-뚱 야타- 삽보- 로-꼬- 까-얏사 베-다- 빠랑 마라나- 수가띵 삭강 로-깡 우빠빳제이야-"띠?

한때 세존은 날란다에서 빠와리까의 망고 숲에 머물렀다. 그때 아시반다까뿟따 촌장이 세존에게 왔다. 와서는 세존에게 절한 뒤 한 곁에 앉았다. 한 곁에 앉은 아시반다까뿟따 촌장은 세존에게 이렇게 말했다. — "대덕이시여, 서쪽 지방에 사는 바라문들은 물병을 가지고 다니고 세왈라 화환을 두르고 물속에 들어가고 불을 섬기는 자들입니다. 그런데 그들은 죽어서 임종한 사람을 위로 인도한다고 하고 잘 알게 한다고 하고 천상에 가게 한다고 합니다. 그런데 대덕이시여, 세존-아라한-정등각께서는 세상의 모든 사람이 몸이 무너져 죽은 뒤에 좋은 곳, 하늘 세상에 태어나게 하는 것이 가능합니까?"

"tena hi, gāmaṇi, taññevettha paṭipucchissāmi. yathā te khameyya tathā naṃ byākareyyāsī"ti.

“떼-나 히, 가-마니, 딴녜-웻타 빠띠뿟칫사-미. 야타- 떼- 카메이야 따타- 낭 뱌-까레이야-시-”띠

“그렇다면 촌장이여, 여기서 내가 그대에게 되묻겠습니다. 그대가 옳다고 생각하는 대로 설명해 보십시오.

“taṃ kiṃ maññasi, gāmaṇi, idhassa puriso pāṇātipātī adinnādāyī kāmesumicchācārī musāvādī pisuṇavāco pharusavāco samphappalāpī abhijjhālu byāpannacitto micchādiṭṭhiko. tamenaṃ mahā janakāyo saṅgamma samāgamma āyāceyya thomeyya pañjaliko anuparisakkeyya — ‘ayaṃ puriso kāyassa bhedā paraṃ maraṇā sugatiṃ saggaṃ lokaṃ upapajjatū’ti. taṃ kiṃ maññasi, gāmaṇi, api nu so puriso mahato janakāyassa āyācanahetu vā thomanahetu vā pañjalikā anuparisakkanahetu vā kāyassa bhedā paraṃ maraṇā sugatiṃ saggaṃ lokaṃ upapajjeyyā”ti? “no hetaṃ, bhante”.

“땅 낑 만냐시, 가-마니, 이닷사 뿌리소- 빠-나-띠빠-띠- 아딘나-다-이- 까-메-수밋차-짜-리- 무사-와-디- 삐수나와-쪼- 파루사와-쪼- 삼팝빨라-삐- 아빗자-ㄹ루 뱌-빤나찟또- 밋차-딧티꼬-. 따메-낭 마하- 자나까-요- 상감마 사마-감마 아-야-쩨이야 토-메이야 빤잘리꼬- 아누빠리삭께이야 — ‘아양 뿌리소- 까-야사 베-다- 빠랑 마라나- 수가띵 삭강 로-깡 우빠빳자뚜-’띠. 땅 낑 만냐시, 가-마니, 아삐 누 소- 뿌리소- 마하또- 자나까-얏사 아-야-짜나헤-뚜 와- 토-마나헤-뚜 와- 빤잘리까- 아누빠리삭까나헤-뚜 와- 까-얏사 베-다- 빠랑 마라나- 수가띵 삭강 로-깡 우빠빳제이야-”띠? “노- 헤-땅, 반떼-”

촌장이여, 이것을 어떻게 생각합니까? 여기 어떤 사람은 생명을 해치고, 주지 않은 것을 가지고, 음행에 대해 삿되게 행하고, 거짓을 말하고, 험담하고, 거친 말을 하고, 쓸모없고 허튼 말을 하고, 간탐 하고, 거슬린 심(心)을 가지고, 삿된 견해를 가졌습니다. 그런데 많은 군중이 함께 모여 절하고 기도하고 합장하고 그의 주위를 돌면서 말할 것입니다. — ‘이 사람은 몸이 무너져 죽은 뒤에 좋은 곳, 하늘 세상에 태어나라.’라고. 촌장이여, 이것을 어떻게 생각합니까? 그러면 그 사람이 많은 군중이 함께 모여 절하고 기도하고 합장하고 그의 주위를 돈 것을 원인으로 몸이 무너져 죽은 뒤에 좋은 곳, 하늘 세상에 태어나겠습니까?” “아닙니다, 대덕이시여.”

“seyyathāpi, gāmaṇi, puriso mahatiṃ puthusilaṃ gambhīre udakarahade pakkhipeyya. tamenaṃ mahā janakāyo saṅgamma samāgamma āyāceyya thomeyya pañjaliko anuparisakkeyya — ‘ummujja, bho puthusile, uplava, bho puthusile, thalamuplava, bho puthusile’ti. taṃ kiṃ maññasi, gāmaṇi, api nu sā puthusilā mahato janakāyassa āyācanahetu vā thomanahetu vā pañjalikā anuparisakkanahetu vā ummujjeyya vā uplaveyya vā thalaṃ vā uplaveyyā"ti? "no hetaṃ, bhante". "evameva kho, gāmaṇi, yo so puriso pāṇātipātī adinnādāyī kāmesumicchācārī musāvādī pisuṇavāco pharusavāco samphappalāpī abhijjhālu byāpannacitto micchādiṭṭhiko. kiñcāpi taṃ mahā janakāyo saṅgamma samāgamma āyāceyya thomeyya pañjaliko anuparisakkeyya — 'ayaṃ puriso kāyassa bhedā paraṃ maraṇā sugatiṃ saggaṃ lokaṃ upapajjatū'"ti, atha kho so puriso kāyassa bhedā paraṃ maraṇā apāyaṃ duggatiṃ vinipātaṃ nirayaṃ upapajjeyya.

"세이야타-삐, 가-마니, 뿌리소- 마하띵 뿌투실랑 감비-레- 우다까라하데- 빡키뻬이야. 따메-낭 마하- 자나까-요- 상감마 사마-감마 아-야-쩨이야 토-메이야 빤잘리꼬- 아누빠리삭께이야 — '움뭇자, 보- 뿌투실레-, 우쁠라와, 보- 뿌투실레-, 탈라무쁠라와, 보- 뿌투실레-' 띠. 땅 낑 만냐시, 가-마니, 아삐 누 사- 뿌투실라- 마하또- 자나까-야사 아-야-짜나헤-뚜 와- 토-마나헤-뚜 와- 빤잘리까- 아누빠리삭까나헤-뚜 와- 움뭇제이야 와- 우쁠라웨이야 와- 탈랑 와- 우쁠라웨이야-"띠? "노- 헤-땅, 반떼-" "에-와메-와 코-, 가-마니, 요- 소- 뿌리소- 빠-나-띠빠-띠- 아딘나-다-이- 까-메-수밋차-짜-리- 무사-와-디- 삐수나와-쪼- 파루사와-쪼- 삼팝빨라-삐- 아빗자-ㄹ루 뱌-빤나찟또- 밋차-딧티꼬-. 낀짜-삐 땅 마하- 자나까-요- 상감마 사마-감마 아-야-쩨이야 토-메이야 빤잘리꼬- 아누빠리삭께이야 — '아양 뿌리소- 까-야사 베-다- 빠랑 마라나- 수가띵 삭강 로-깡 우빠빳자뚜-'띠. 아타 코- 소- 뿌리소- 까-야사 베-다- 빠랑 마라나- 아빠-양 둑가띵 위니빠-땅 니라양 우빠빳제이야

"예를 들면, 촌장이여, 어떤 사람이 크고 넓은 돌을 깊은 물 속으로 던질 것입니다. 그런데 많은 군중이 함께 모여 절하고 기도하고 합장하고 주위를 돌면서 말할 것입니다. — '떠오르라, 크고 넓은 돌이여. 솟아나라, 크고 넓은 돌이여. 뭍으로 나오라, 크고 넓은 돌이여.'라고. 촌장이여, 이것을 어떻게 생각합니까? 그러면 그 크고 넓은 돌이 많은 군중이 함께 모여 절하고 기도하고 합장하고 그의 주위를 돈 것을 원인으로 떠오르고 솟아나고 뭍으로 나오겠습니까?" "아닙니다, 대덕이시여."

"이처럼, 촌장이여, 여기 어떤 사람은 생명을 해치고, 주지 않은 것을 가지고, 음행에 대해 삿되게 행하고, 거짓을 말하고, 험담하고, 거친 말을 하고, 쓸모없고 허튼 말을 하고, 간탐 하고, 거슬린 심을 가지고, 삿된 견해를 가졌습니다. 그런데 많은 군중이 함께 모여 절하고 기도하고 합장하고 주위를 돌면서 말할 것입니다. — '이 사람은 몸이 무너져 죽은 뒤에 좋은 곳, 하늘 세상에 태어나라.'라고. 그러나 그 사람은 몸이 무너져 죽은 뒤에 상실과 비탄의 상태, 비참한 존재, 벌 받는 상태, 지옥에 태어날 것입니다."

"taṃ kiṃ maññasi, gāmaṇi, idhassa puriso pāṇātipātā paṭivirato adinnādānā paṭivirato kāmesumicchācārā paṭivirato musāvādā paṭivirato pisuṇāya vācāya paṭivirato pharusāya vācāya paṭivirato samphappalāpā paṭivirato anabhijjhālu abyāpannacitto sammādiṭṭhiko. tamenaṃ mahā janakāyo saṅgamma samāgamma āyāceyya thomeyya pañjaliko anuparisakkeyya — 'ayaṃ puriso kāyassa bhedā paraṃ maraṇā apāyaṃ duggatiṃ vinipātaṃ nirayaṃ upapajjatū'ti. taṃ kiṃ maññasi, gāmaṇi, api nu so puriso mahato janakāyassa āyācanahetu vā thomanahetu vā pañjalikā anuparisakkanahetu vā kāyassa bhedā paraṃ maraṇā apāyaṃ duggatiṃ vinipātaṃ nirayaṃ upapajjeyyā"ti? "no hetaṃ, bhante".

"땅 낑 만냐시, 가-마니, 이닷사 뿌리소- 빠-나-띠빠-따- 빠띠위라또- 아딘나-다-나- 빠띠위라또- 까-메-수밋차-짜-라- 빠띠위라또- 무사-와-다- 빠띠위라또- 삐수나-야 와-짜-야 빠띠위라또- 파루사-야 와-짜-야 빠띠위라또- 삼팝빨라-빠- 빠띠위라또- 아나빗자-ㄹ루 아뱌-빤나찟또- 삼마-딧티꼬-. 따메-낭 마하- 자나까-요- 상감마 사마-감마 아-야-쩨이야 토-메이야 빤잘리꼬- 아누빠리삭께이야 — '아양 뿌리소- 까-얏사 베-다- 빠랑 마라나- 아빠-양 둑가띵 위니빠-땅 니라양 우빠빳자뚜-'띠. 땅 낑 만냐시, 가-마니, 아삐 누 소- 뿌리소- 마하또- 자나까-얏사 아-야-짜나헤-뚜 와- 토-마나헤-뚜 와- 빤잘리까- 아누빠리삭까나헤-뚜 와- 까-얏사 베-다- 빠랑 마라나- 아빠-양 둑가띵 위니빠-땅 니라양 우빠빳제이야-"띠? "노- 헤-땅, 반떼-"

"촌장이여, 이것을 어떻게 생각합니까? 여기 어떤 사람은 생명을 해치는 행위로부터 피하고, 주지 않는 것을 가지는 행위로부터 피하고, 음행에 대한 삿된 행위로부터 피하고, 거짓을 말하는 행위로부터 피하고, 험담하는 행위로부터 피하고, 거칠게 말하는 행위로부터 피하고, 쓸모없고 흐트러지게 말하는 행위로부터 피하고, 간탐 하지 않고, 거슬린 심을 가지지 않고, 바른 견해를 가졌습니다. 그런데 많은 군중이 함께 모여 절하고 기도하고 합장하고 그의 주위를 돌면서 말할 것입니다. — '이 사람은 몸이 무너져 죽은 뒤에 상실과 비탄의 상태, 비참한 존재, 벌 받는 상태, 지옥에 태어나라.'라고. 촌장이여, 이것을 어떻게 생각합니까? 그러면 그 사람이 많은 군중이 함께 모여 절하고 기도하고 합장하고 그의 주위를 돈 것을 원인으로 몸이 무너져 죽은 뒤에 상실과 비탄의 상태, 비참한 존재, 벌 받는 상태, 지옥에 태어나겠습니까?" "아닙니다, 대덕이시여."

"seyyathāpi, gāmaṇi, puriso sappikumbhaṃ vā telakumbhaṃ vā gambhīre udakarahade ogāhetvā bhindeyya. tatra yāssa sakkharā vā kaṭhalā vā sā adhogāmī assa; yañca khvassa tatra sappi vā telaṃ vā taṃ uddhaṃ gāmi assa. tamenaṃ mahā janakāyo saṅgamma samāgamma āyāceyya thomeyya pañjaliko anuparisakkeyya — 'osīda, bho sappitela, saṃsīda, bho sappitela, adho gaccha, bho sappitelā'ti. taṃ kiṃ maññasi, gāmaṇi, api nu taṃ sappitelaṃ mahato janakāyassa āyācanahetu vā thomanahetu vā pañjalikā anuparisakkanahetu vā osīdeyya vā saṃsīdeyya vā adho vā gaccheyyā"ti? "no hetaṃ, bhante". "evameva kho, gāmaṇi, yo so puriso pāṇātipātā paṭivirato, adinnādānā paṭivirato, kāmesumicchācārā paṭivirato, musāvādā paṭivirato, pisuṇāya vācāya paṭivirato, pharusāya vācāya paṭivirato, samphappalāpā paṭivirato, anabhijjhālu, abyāpannacitto, sammādiṭṭhiko, kiñcāpi taṃ mahā janakāyo saṅgamma samāgamma āyāceyya thomeyya pañjaliko anuparisakkeyya — 'ayaṃ puriso kāyassa bhedā paraṃ maraṇā apāyaṃ duggatiṃ vinipātaṃ nirayaṃ upapajjatū'ti, atha kho so puriso kāyassa bhedā paraṃ maraṇā sugatiṃ saggaṃ lokaṃ upapajjeyyā"ti. evaṃ vutte, asibandhakaputto gāmaṇi bhagavantaṃ etadavoca — "abhikkantaṃ, bhante, abhikkantaṃ, bhante, seyyathāpi, bhante, nikkujjitaṃ vā ukkujjeyya, paṭicchannaṃ vā vivareyya, mūḷhassa vā maggaṃ ācikkheyya, andhakāre vā telapajjotaṃ dhāreyya — cakkhumanto rūpāni dakkhantīti — evamevaṃ bhagavatā anekapariyāyena dhammo pakāsito. esāhaṃ, bhante, bhagavantaṃ saraṇaṃ gacchāmi, dhammañca, bhikkhusaṅghañca. upāsakaṃ maṃ bhagavā dhāretu ajjatagge pāṇupetaṃ saraṇaṃ gatan"ti.

"세이야타-삐, 가-마니, 뿌리소- 삽삐꿈방 와- 떼-ㄹ라꿈방 와- 감비-레- 우다까라하데-오-가-헤-뜨와- 빈데이야. 따뜨라 야-ㅅ사 삭카라- 와- 까탈라- 와- 사- 아도-가-미- 앗사; 얀짜 콱사 따뜨라 삽삐 와- 떼-ㄹ랑 와- 땅 욷당 가-미 앗사. 따메-낭 마하- 자나까-요- 상감마 사마-감마 아-야-쩨이야 토-메이야 빤잘리꼬- 아누빠리삭께이야 — '오-시-다, 보- 삽삐떼-ㄹ라, 상시-다, 보- 삽삐떼-ㄹ라, 아도- 갓차, 보- 삽삐떼-ㄹ라-'띠. 땅 낑 만냐시, 가-마니, 아삐 누 땅 삽삐떼-ㄹ랑 마하또- 자나까-얏사 아-야-짜나헤-뚜 와- 토-마나헤-뚜 와- 빤잘리까- 아누빠리삭까나헤-뚜 와- 오-시-데이야 와- 상시-데이야 와- 아도- 와- 갓체이야-"띠? "노- 헤-땅, 반떼-" "에-와메-와 코-, 가-마니, 요- 소- 뿌리소- 빠-나-띠빠-따- 빠띠위라또- 아딘나-다-나- 빠띠위라또- 까-메-수밋차-짜-라- 빠띠위라또- 무사-와-다- 빠띠위라또- 삐수나-야 와-짜-야 빠띠위라또- 파루사-야 와-짜-야 빠띠위라또- 삼팝빨라-빠- 빠띠위라또- 아나빗자-ㄹ루 아뱌-빤나찟또- 삼마-딧티꼬-. 낀짜-삐 땅 마하- 자나까-요- 상감마 사마-감마 아-야-쩨이야 토-메이야 빤잘리꼬- 아누빠리삭께이야 — '아양 뿌리소- 까-얏사 베-다- 빠랑 마라나- 아빠-양 둑가띵 위니빠-땅 니라양 우빠빳자뚜-'띠. 아타 코- 소- 뿌리소- 까-얏사 베-다- 빠랑 마라나- 수가띵 삭강 로-깡 우빠빳제이야-"띠. 에-왕 웃떼-, 아시반다까뿟또- 가-마니 바가완땅 에-따다오-짜 — "아빅깐땅, 반떼-, 아빅깐땅, 반떼-, 세이야타-삐, 반떼-, 닉꿋지땅 와- 욱꿋제이야, 빠띳찬낭 와- 위와레이야, 무-ㄹ핫사 와- 막강 아-찍케이야, 안다까-레- 와- 떼-ㄹ라빳조-땅 다-레이야 — 짝쿠만또- 루-빠-니 닥칸띠-띠 — 에-와메-왕 바가와따- 아네-까빠리야-예-나 담모- 빠까-시또-, 에-사-항, 반떼-, 바가완땅 사라낭 갓차-미, 담만짜, 빅쿠상간짜. 우빠-사깡 망 바가와- 다-레-뚜 앗자딱게- 빠-누뻬-땅 사라낭 가딴"띠

"예를 들면, 촌장이여, 어떤 사람이 버터 단지나 기름 단지를 깊은 물 속에 들어가서 깰 것입니다. 그러면 파편이나 조각은 아래로 가라앉을 것이고 버터나 기름은 떠오를 것입니다. 그런데 많은 군중이 함께 모여 절하고 기도하고 합장하고 주위를 돌면서 말할 것입니다. — '가라앉아라, 버터와 기름이여. 물속에 잠겨라, 버터와 기름이여. 아래로 내려가라, 버터와 기름이여.'라고. 촌장이여, 이것을 어떻게 생각합니까? 그러면 그 버터와 기름이 많은 군중이 함께 모여 절하고 기도하고 합장하고 주위를 돈 것을 원인으로 가라앉고 물속에 잠기고 아래로 내려가겠습니까?" "아닙니다, 대덕이시여." "이처럼, 촌장이여, 여기 어떤 사람은 생명을 해치는 행위로부터 피하고, 주지 않는 것을 가지는 행위로부터 피하고, 음행에 대한 삿된 행위로부터 피하고, 거짓을 말하는 행위로부터 피하고, 험담하는 행위로부터 피하고, 거칠게 말하는 행위로부터 피하고, 쓸모없고 흐트러지게 말하는 행위로부터 피하고, 간탐 하지 않고, 거슬린 심을 가지지 않고, 바른 견해를 가졌습니다. 그런데 많은 군중이 함께 모여 절하고 기도하고 합장하고 주위를 돌면서 말할 것입니다. — '이 사람은 몸이 무너져 죽은 뒤에 상실과 비탄의 상태, 비참한 존재, 벌 받는 상태, 지옥에 태어나라.'라고. 그러나 그 사람은 몸이 무너져 죽은 뒤에 좋은 곳, 하늘 세상에 태어날 것입니다."

이렇게 말했을 때, 아시반다까뿟따 촌장은 세존에게 이렇게 말했다. — "정말 기쁩니다, 대덕이시여. 정말 기쁩니다, 대덕이시여! 예를 들면, 대덕이시여, 넘어진 자를 일으킬 것입니다. 덮여있는 것을 걷어낼 것입니다. 길 잃은 자에게 길을 알려줄 것입니다. '눈 있는 자들은 모습들을 본다.'라며 어둠 속에서 기름 등불을 들 것입니다. 이처럼, 세존(世尊)에 의해서 여러 가지 방법으로 설해진 법이 있습니다. 대덕이시여, 저는 의지처인 세존(世尊) 그리고 가르침과 비구 상가에게로 갑니다. 세존(世尊)께서는 저를 오늘부터 살아 있는 동안 귀의한 재가신자로 받아 주십시오." ▣

배워 알고 실천하는 불교 신자!

22. byasanasuttaṃ (AN 5.130-실패 경)

- 세간적 실패의 중심 — 인간 관계-돈-건강 → 금생에 제한된 영향력
- 계와 견해 — 다음생까지 영향력을 행사함

"pañcimāni, bhikkhave, byasanāni. katamāni pañca? ñātibyasanaṃ, bhogabyasanaṃ, rogabyasanaṃ, sīlabyasanaṃ, diṭṭhibyasanaṃ. na, bhikkhave, sattā ñātibyasanahetu vā bhogabyasanahetu vā rogabyasanahetu vā kāyassa bhedā paraṃ maraṇā apāyaṃ duggatiṃ vinipātaṃ nirayaṃ upapajjanti. sīlabyasanahetu vā, bhikkhave, sattā diṭṭhibyasanahetu vā kāyassa bhedā paraṃ maraṇā apāyaṃ duggatiṃ vinipātaṃ nirayaṃ upapajjanti. imāni kho, bhikkhave, pañca byasanāni.

빤찌마-니, 빅카웨-, 뱌사나-니. 까따마-니 빤짜? 냐-띠뱌사낭, 보-가뱌사낭, 로-가뱌사낭, 시-ㄹ라뱌사낭, 딧티뱌사낭. 나, 빅카웨-, 삿따- 냐-띠뱌사나헤-뚜 와- 보-가뱌사나헤-뚜 와- 로-가뱌사나헤-뚜 와- 까-야사 베-다- 빠랑 마라나- 아빠-양 둑가띵 위니빠-땅 니라양 우빠빳잔띠. 시-ㄹ라뱌사나헤-뚜 와-, 빅카웨-, 삿따- 딧티뱌사나헤-뚜 와- 까-야사 베-다- 빠랑 마라나- 아빠-양 둑가띵 위니빠-땅 니라양 우빠빳잔띠. 이마-니 코-, 빅카웨-, 빤짜 뱌사나-니

비구들이여, 다섯 가지 실패가 있다. 어떤 다섯 가지인가? 친척과 관련된 실패, 재물과 관련된 실패, 병과 관련된 실패, 계(戒)와 관련된 실패, 견해와 관련된 실패다. 비구들이여, 중생들은 친척과 관련된 실패, 재물과 관련된 실패, 병과 관련된 실패를 원인으로 몸이 무너져 죽은 뒤에 상실과 비탄의 상태, 비참한 존재, 벌 받는 상태, 지옥에 태어나지는 않는다. 그러나 비구들이여, 중생들은 계와 관련된 실패, 견해와 관련된 실패를 원인으로 몸이 무너져 죽은 뒤에 상실과 비탄의 상태, 비참한 존재, 벌 받는 상태, 지옥에 태어난다. 비구들이여, 이런 다섯 가지 실패가 있다.

"pañcimā, bhikkhave, sampadā. katamā pañca? ñātisampadā, bhogasampadā, ārogyasampadā, sīlasampadā, diṭṭhisampadā. na, bhikkhave, sattā ñātisampadāhetu vā bhogasampadāhetu vā ārogyasampadāhetu vā kāyassa bhedā paraṃ maraṇā sugatiṃ saggaṃ lokaṃ upapajjanti. sīlasampadāhetu vā, bhikkhave, sattā diṭṭhisampadāhetu vā kāyassa bhedā paraṃ maraṇā sugatiṃ saggaṃ lokaṃ upapajjanti. imā kho, bhikkhave, pañca sampadā"ti.

빤찌마-, 빅카웨-, 삼빠다-. 까따마- 빤짜? 냐-띠삼빠다-, 보-가삼빠다-, 아-로-갸삼빠다-, 시-ㄹ라삼빠다-, 딧티삼빠다-. 나, 빅카웨-, 삿따- 냐-띠삼빠다-헤-뚜 와- 보-가삼빠다-헤-뚜 와- 아-로-갸삼빠다-헤-뚜 와- 까-야사 베-다- 빠랑 마라나- 수가띵 삭강 로-깡 우빠빳

잔띠. 시-ㄹ라삼빠다-헤-뚜 와-, 빅카웨-, 삿따- 딧티삼빠다-헤-뚜 와- 까-얏사 베-다- 빠랑 마라나- 수가띵 삭강 로-깡 우빠빳잔띠. 이마- 코-, 빅카웨-, 빤짜 삼빠다-"띠

비구들이여, 다섯 가지 성공이 있다. 어떤 다섯 가지인가? 친척과 관련된 성공, 재물과 관련된 성공, 건강과 관련된 성공, 계와 관련된 성공, 견해와 관련된 성공이다. 비구들이여, 중생들은 친척과 관련된 성공, 재물과 관련된 성공, 건강과 관련된 성공을 원인으로 몸이 무너져 죽은 뒤에 좋은 곳 하늘 세상에 태어나지는 않는다. 그러나 비구들이여, 중생들은 계와 관련된 성공, 견해와 관련된 성공을 원인으로 몸이 무너져 죽은 뒤에 좋은 곳 하늘 세상에 태어난다. 비구들이여, 이런 다섯 가지 성공이 있다. ▣

배워 알고 실천하는 불교 신자!

23. caṇḍālasuttaṃ (AN 5.175-낮은 자 경)

• 낮은 재가 신자와 보석 같은 재가 신자

"pañcahi, bhikkhave, dhammehi samannāgato upāsako upāsakacaṇḍālo ca hoti upāsakamalañca upāsakapatikuṭṭho ca. katamehi pañcahi? assaddho hoti; dussīlo hoti; kotūhalamaṅgaliko hoti, maṅgalaṃ pacceti no kammaṃ; ito ca bahiddhā dakkhiṇeyyaṃ gavesati; tattha ca pubbakāraṃ karoti. imehi kho, bhikkhave, pañcahi dhammehi samannāgato upāsako upāsakacaṇḍālo ca hoti upāsakamalañca upāsakapatikuṭṭho ca.

빤짜히, 빅카웨-, 담메-히 사만나-가또- 우빠-사꼬- 우빠-사까짠다-ㄹ로- 짜 호-띠 우빠-사까말란짜 우빠-사까빠띠꿋토- 짜. 까따메-히 빤짜히? 앗삳도- 호-띠; 둣시-ㄹ로- 호-띠; 꼬-뚜-할라망갈리꼬- 호-띠; 망갈랑 빳쩨-띠 노- 깜망; 이또- 짜 바힏다- 닥키네이양 가웨-사띠; 땃타 짜 뿝바까-랑 까로-띠. 이메-히 코-, 빅카웨-, 빤짜히 담메-히 사만나-가또- 우빠-사꼬- 우빠-사까짠다-ㄹ로- 짜 호-띠 우빠-사까말란짜 우빠-사까빠띠꿋토- 짜

비구들이여, 다섯 가지 법을 갖춘 재가 신자는 낮은 재가 신자이고, 얼룩진 재가 신자이고, 잘못된 재가 신자이다. 어떤 다섯 가지인가? 믿음이 없고, 계를 경시하고, 길상(吉祥)에 신나고, 업이 아니라 길상을 당연히 여긴다. 여기의 밖에서 보시받을만한 자를 찾고, 거기에 먼저 보시한다. 비구들이여, 이런 다섯 가지 법을 갖춘 재가 신자는 낮은 재가 신자이고, 얼룩진 재가 신자이고, 잘못된 재가 신자이다.

"pañcahi, bhikkhave, dhammehi samannāgato upāsako upāsakaratanañca hoti upāsakapadumañca upāsakapuṇḍarīkañca. katamehi pañcahi? saddho hoti; sīlavā hoti; akotūhalamaṅgaliko hoti, kammaṃ pacceti no maṅgalaṃ; na ito bahiddhā dakkhiṇeyyaṃ gavesati; idha ca pubbakāraṃ karoti. imehi kho, bhikkhave, pañcahi dhammehi samannāgato upāsako upāsakaratanañca hoti upāsakapadumañca upāsakapuṇḍarīkañcā"ti.

빤짜히, 빅카웨-, 담메-히 사만나-가또- 우빠-사꼬- 우빠-사까라따난짜 호-띠 우빠-사까빠두만짜 우빠-사까뿐다리-깐짜. 까따메-히 빤짜히? 삳도- 호-띠; 시-ㄹ라와- 호-띠; 아꼬-뚜-할라망갈리꼬- 호-띠; 깜망 빳쩨-띠 노- 망갈랑; 나 이또- 바힏다- 닥키네이양 가웨-사띠; 이다 짜 뿝바까-랑 까로-띠. 이메-히 코-, 빅카웨-, 빤짜히 담메-히 사만나-가또- 우빠-사꼬- 우빠-사까라따난짜 호-띠 우빠-사까빠두만짜 우빠-사까뿐다리-깐짜-"띠

비구들이여, 다섯 가지 법을 갖춘 재가 신자는 보석 같은 재가 신자이고, 홍련(紅蓮) 같은 재

가 신자이고, 백련(白蓮) 같은 재가 신자이다. 어떤 다섯 가지인가? 믿음이 있고, 계를 중시하고, 길상에 신나지 않고, 길상이 아니라 업을 당연히 여긴다. 여기의 밖에서 보시받을만한 자를 찾지 않고, 여기에 먼저 보시한다. 비구들이여, 이런 다섯 가지 법을 갖춘 재가 신자는 보석 같은 재가 신자이고, 홍련(紅蓮) 같은 재가 신자이고, 백련(白蓮) 같은 재가 신자이다. ▣

24. mettasuttaṃ (KN 5.8-자애 경)

- metta(멧따) — 자(慈) — '그대가 행복하기를!'

- 대표적 보호경①(필수독송자애경이라고도 불림) — 「어머니가 자기의 아들을, 하나뿐인 아들을 목숨으로 보호하듯 이렇게 모든 활성 존재에 대해서도 한량없는 마음을 키워야 한다.」

karaṇīyamatthakusalena, yanta santaṃ padaṃ abhisamecca.
sakko ujū ca suhujū ca, sūvaco cassa mudu anatimānī.

까라니-야맛타꾸살레-나, 얀따 산땅 빠당 아비사멧짜
삭꼬- 우주- 짜 수후주- 짜, 수-와쪼- 짯사 무두 아나띠마-니-

해야 하는 일을 위한 능숙함으로 그 평화로운 경지를 철저히 안 그는
올곧고 아주 올곧은 사람, 부드럽고 오만하지 않게 잘 말하는 사람

santussako ca subharo ca, appakicco ca sallahukavutti.
santindriyo ca nipako ca, appagabbho kulesvananugiddho.

산뚯사꼬- 짜 수바로- 짜, 압빠낏쪼- 짜 살라후까웃띠
산띤드리요- 짜 니빠꼬- 짜, 압빠갑보- 꿀레-스와나누긷도-

만족을 알고 뒷받침하기 쉽고, 검소하게 살아서 할 일이 적은 사람
기능이 고요하고 신중하고, 겸손하고 가문에 대해 욕심내지 않는 사람

na ca khuddamācare kiñci, yena viññū pare upavadeyyuṃ.
sukhino va khemino hontu, sabbasattā bhavantu sukhitattā.

나 짜 쿧다마-짜레- 낀찌, 예-나 윈뉴- 빠레- 우빠와데이융
수키노- 와 케-미노- 혼뚜, 삽바삿따- 바완뚜 수키땃따-

그는 현명한 사람이 남을 질책하게 하는 어떤 작은 행위도 하지 않는다
오직 행복하고 안온하기를! 모든 중생이 기뻐하기를!

ye keci pāṇabhūtatthi, tasā vā thāvarā vanavasesā.
dīghā vā ye va mahantā, majjhimā rassakā aṇukathūlā.

예- 께-찌 빠-나부-땃티, 따사- 와- 타-와라- 와나와세-사-

디-가- 와- 예- 와 마한따-, 맛지마- 랏사까- 아누까투-ㄹ라-

흔들리는 경지이든 흔들리지 않는 경지이든 예외 없이, 생명 가진 활성 존재라면 누구든지
길든 크든, 중간이든 짧든, 미세하든 거칠든

diṭṭhā vā ye va adiṭṭhā, ye va dūre vasanti avidūre.
bhūtā va sambhavesī va, sabbasattā bhavantu sukhitattā.

딧타- 와- 예- 와 아딧타-, 예- 와 두-레- 와산띠 아위두-레-
부-따- 와 삼바웨-시- 와, 삽바삿따- 바완뚜 수키땃따-

보이든 보이지 않든, 멀리 있든 가까이 있든
단지 활성 존재이고 단지 존재를 추구하는 자인 모든 중생이 기뻐하기를!

na paro paraṃ nikubbetha, nātimaññetha katthaci na kañci.
byārosanā paṭighasaññā, nāññamaññassa dukkhamiccheyya.

나 빠로- 빠랑 니꿉베-타, 나-띠만녜-타 깟타찌 나 깐찌
뱌-로-사나- 빠띠가산냐-, 나-ㄴ냐만냣사 둑카밋체이야

서로서로 속이지 않고, 어디서든 누구든 얕보지 않아야 한다.
화가 나고 저항의 상(想) 때문에 서로 간에 괴로움을 원하지 않아야 한다.

mātā yathā niyaṃ puttamāyusā ekaputtamanurakkhe.
evampi sabbabhūtesu, mānasaṃ bhāvaye aparimāṇaṃ.

마-따- 야타- 니양 뿟따마-유사- 에-까뿟따마누락케-
에-왐삐 삽바부-떼-수, 마-나상 바-와예- 아빠리마-낭

어머니가 자기의 아들을, 하나뿐인 아들을 목숨으로 보호하듯
이렇게 모든 활성 존재에 대해서도 한량없는 마음을 키워야 한다.

mettañca sabbalokasmi, mānasaṃ bhāvaye aparimāṇaṃ.
uddhaṃ adho ca tiriyañca, asambādhaṃ averamasapattaṃ.

멧딴짜 삽발로-까스미, 마-나상 바-와예- 아빠리마-낭
운당 아도- 짜 띠리얀짜, 아삼바-당 아웨-라마사빳땅

온 세상에 대해 위로 아래로 중간 방위로, 압박 없고 원망 없고 적대감 없는
자애의 마음을 한량없이 키워야 한다.

tiṭṭhaṃ caraṃ nisinno va, sayāno yāvatāssa vitamiddho.
etaṃ satiṃ adhiṭṭheyya, brahmametaṃ vihāramidhamāhu.

띳탕 짜랑 니신노- 와, 사야-노- 야-와따-ㅅ사 위따믿도-
에-땅 사띵 아딧테이야, 브라흐마메-땅 위하-라미다마-후

서 있거나 걷거나 앉아있거나 깨어있는 한, 그것에 대해 사띠를 확고히 해야 한다. 그것이 성스러운 머묾이라고 사람들은 이것을 말한다.

diṭṭhiñca anupaggamma, sīlavā dassanena sampanno.
kāmesu vinaya gedhaṃ, na hi jātuggabbhaseyya punaretīti.

딧틴짜 아누빡감마, 시-ㄹ라와- 닷사네-나 삼빤노-
까-메-수 위나야 게-당, 나 히 자-뚝갑바세이야 뿌나레-띠-띠

치우치지 않은 견해를 가져서 계(戒)를 중시하고 봄을 갖춘 자
소유의 삶에 대한 갈망을 제어하여 확실하게 몸으로 다시 오지 않는다. ▣

25. maṅgalasuttaṃ (KN 5.16-길상 경)

• 길상(吉祥) — 운수가 좋을 조짐

• 대표적 보호경②(행복경이라고도 불림) — 「축복을 바라는 많은 신과 사람은 길상을 생각했습니다. 최상의 길상을 말해주십시오.」

evaṃ me sutaṃ — ekaṃ samayaṃ bhagavā sāvatthiyaṃ viharati jetavane anāthapiṇḍikassa ārāme. atha kho aññatarā devatā abhikkantāya rattiyā abhikkantavaṇṇā kevalakappaṃ jetavanaṃ obhāsetvā yena bhagavā tenupasaṅkami; upasaṅkamitvā bhagavantaṃ abhivādetvā ekamantaṃ aṭṭhāsi. ekamantaṃ ṭhitā kho sā devatā bhagavantaṃ gāthāya ajjhabhāsi —

에-왕 메- 수땅 — 에-깡 사마양 바가와- 사-왓티양 위하라띠 제-따와네- 아나-타삔디깟사 아-라-메-. 아타 코- 안냐따라- 데-와따- 아빅깐따-야 랏띠야- 아빅깐따완나- 께-왈라깝빵 제-따와낭 오-바-세-뜨와- 예-나 바가와- 떼-누빠상까미; 우빠상까미뜨와- 바가완땅 아비와-데-뜨와- 에-까만땅 앗타-시. 에-까만땅 티따- 코- 사- 데-와따- 바가완땅 가-타-야 앗자바-시 —

이렇게 나는 들었다. — 한때 세존은 사왓티에서 제따와나의 아나타삔디까 사원에 머물렀다. 그런데 밤이 지날 무렵에 어떤 천신이 아름다운 모습으로 제따와나의 거의 전부를 빛나게 하면서 세존에게 왔다. 와서는 세존에게 절한 뒤 한 곁에 섰다. 한 곁에 선 그 천신은 세존에게 게송으로 말했다. —

"bahū devā manussā ca, maṅgalāni acintayuṃ.
ākaṅkhamānā sotthānaṃ, brūhi maṅgalamuttamaṃ".

바후- 데-와- 마눗사- 짜, 망갈라-니 아찐따융
아-깡카마-나- 솟타-낭, 브루-히 망갈라뭇따망

축복을 바라는 많은 신과 사람은 길상을 생각했습니다.
최상의 길상을 말해주십시오.

"asevanā ca bālānaṃ, paṇḍitānañca sevanā.
pūjā ca pūjaneyyānaṃ, etaṃ maṅgalamuttamaṃ.

아세-와나- 짜 바-ㄹ라-낭, 빤디따-난짜 세-와나-
뿌-자- 짜 뿌-자네이야-낭, 에-땅 망갈라뭇따망

어리석은 자를 따르지 않고, 현명한 자를 따르며
존경받을만한 자를 존경하는 것, 이것이 최상의 길상이다.

“patirūpadesavāso ca, pubbe ca katapuññatā.
attasammāpaṇidhi ca, etaṃ maṅgalamuttamaṃ.

빠띠루-빠데-사와-소- 짜, 뿝베- 짜 까따뿐냐따-
앗따삼마-빠니디 짜, 에-땅 망갈라뭇따망

알맞은 지역에 살고, 이전에 지은 공덕이 있고
자신을 바르게 지향하는 것, 이것이 최상의 길상이다.

“bāhusaccañca sippañca, vinayo ca susikkhito.
subhāsitā ca yā vācā, etaṃ maṅgalamuttamaṃ.

바-후삿짠짜 십빤짜, 위나요- 짜 수식키또-
수바-시따- 짜 야- 와-짜-, 에-땅 망갈라뭇따망

많이 배우고 기술을 익히고 율(律)을 잘 실천하며
말을 바르게 하는 것, 이것이 최상의 길상이다.

“mātāpitu upaṭṭhānaṃ, puttadārassa saṅgaho.
anākulā ca kammantā, etaṃ maṅgalamuttamaṃ.

마-따-삐뚜 우빳타-낭, 뿟따다-랏사 상가호-
아나-꿀라- 짜 깜만따-, 에-땅 망갈라뭇따망

부모님을 섬기고 아내와 자식을 부양하며
업무에 혼선이 없는 것, 이것이 최상의 길상이다.

“dānañca dhammacariyā ca, ñātakānañca saṅgaho.
anavajjāni kammāni, etaṃ maṅgalamuttamaṃ.

다-난짜 담마짜리야- 짜, 냐-따까-난짜 상가호-
아나왓자-니 깜마-니, 에-땅 망갈라뭇따망

베풀고 착하게 살며, 친척들을 부양하고
행동에 결점이 없는 것, 이것이 최상의 길상이다.

"ārati viratī pāpā, majjapānā ca saṃyamo.
appamādo ca dhammesu, etaṃ maṅgalamuttamaṃ.

아-라띠- 위라띠- 빠-빠-, 맛자빠-나- 짜 상야모-
압빠마-도- 짜 담메-수, 에-땅 망갈라뭇따망

금욕하고 악을 삼가고, 취하게 하는 것을 마시는 것을 자제하며
가르침에서 방일하지 않는 것, 이것이 최상의 길상이다.

"gāravo ca nivāto ca, santuṭṭhi ca kataññutā.
kālena dhammassavanaṃ, etaṃ maṅgalamuttamaṃ.

가-라오- 짜 니와-또- 짜, 산뚯티 짜 까딴뉴따-
까-ㄹ레-나 담맛사와낭, 에-땅 망갈라뭇따망

존경하고 겸손하고, 만족하여 감사하며
적절한 때에 가르침을 듣는 것, 이것이 최상의 길상이다.

"khantī ca sovacassatā, samaṇānañca dassanaṃ.
kālena dhammasākacchā, etaṃ maṅgalamuttamaṃ.

칸띠- 짜 소-와짯사따-, 사마나-난짜 닷사낭
까-ㄹ레-나 담마사-깟차-, 에-땅 망갈라뭇따망

인내하여 원만하고, 사문을 보는 것
적절한 때에 법을 토론하는 것, 이것이 최상의 길상이다.

"tapo ca brahmacariyañca, ariyasaccāna dassanaṃ.
nibbānasacchikiriyā ca, etaṃ maṅgalamuttamaṃ.

따뽀- 짜 브라흐마짜리얀짜, 아리야삿짜-나 닷사낭
닙바-나삿치끼리야- 짜, 에-땅 망갈라뭇따망

계행(戒行)과 범행(梵行)으로 성스러운 진리를 보아

열반을 실현하는 것, 이것이 최상의 길상이다.

"phuṭṭhassa lokadhammehi, cittaṃ yassa na kampati.
asokaṃ virajaṃ khemaṃ, etaṃ maṅgalamuttamaṃ.

풋탓사 로-까담메-히, 찟땅 얏사 나 깜빠띠
아소-깡 위라장 케-망, 에-땅 망갈라뭇따망

세상의 법들에 닿았을 때, 슬프지 않고 오염되지 않고 안온하기 위해
심(心)이 흔들리지 않는다. 이것이 최상의 길상이다.

"etādisāni katvāna, sabbatthamaparājitā.
sabbattha sotthiṃ gacchanti, taṃ tesaṃ maṅgalamuttaman"ti.

에-따-디사-니 까뜨와-나, 삽밧타마빠라-지따-
삽밧타 솟팅 갓찬띠, 땅 떼-상 망갈라뭇따만"띠

이렇게 행함으로써 어디에서도 정복되지 않는 자들은
어디에서든 안전하다. 그런 그들에게 최상의 길상이 있다. ▣

배워 알고 실천하는 불교 신자!

26. ratanasuttaṃ (KN 5.13-보배 경)

- 대표적 보호경③ — 「이것도 불(佛)-법(法)-승(僧)에게 있는 뛰어난 보배다. 이런 사실로써 설명하라.」

- '신과 인간의 예배를 받는 여래, 부처님을 우리는 공경합니다.'라고 설명하라.
- '신과 인간의 예배를 받는 여래, 가르침을 우리는 공경합니다.'라고 설명하라.
- '신과 인간의 예배를 받는 여래, 성자들을 우리는 공경합니다.'라고 설명하라.

yānīdha bhūtāni samāgatāni, bhummāni vā yāni va antalikkhe.
sabbeva bhūtā sumanā bhavantu, athopi sakkacca suṇantu bhāsitaṃ.

야-니-다 부-따-니 사마-가따-니, 붐마-니 와- 야-니 와 안딸릭케-
삽베-와 부-따- 수마나- 바완뚜, 아토-삐 삭깟짜 수난뚜 바-시땅

땅의 존재든 하늘의 존재든 여기에 모인 모든 존재는 기뻐하라.
잘 채비하여 말씀을 들어라!

tasmā hi bhūtā nisāmetha sabbe, mettaṃ karotha mānusiyā pajāya.
divā ca ratto ca haranti ye baliṃ, tasmā hi ne rakkhatha appamattā.

따스마- 히 부-따- 니사-메-타 삽베-, 멧땅 까로-타 마-누시야- 빠자-야
디와- 짜 랏또- 짜 하란띠 예- 발링, 따스마- 히 네- 락카타 압빠맛따-

그러므로 모든 존재는 주목하라. 인간 존재를 위해 자애를 행해야 한다.
그들은 밤낮으로 헌공을 한다. 그러므로 방일하지 말고 그들을 보호하라.

yaṃ kiñci vittaṃ idha vā huraṃ vā, saggesu vā yaṃ ratanaṃ paṇītaṃ.
na no samaṃ atthi tathāgatena, idampi buddhe ratanaṃ paṇītaṃ.
etena saccena suvatthi hotu.

양 낀찌 윗땅 이다 와- 후랑 와-, 삭게-수 와- 양 라따낭 빠니-땅
나 노- 사망 앗티 따타-가떼-나, 이담삐 붇데- 라따낭 빠니-땅
에-떼-나 삿쩨-나 수왓티 호-뚜

이 세상과 저세상의 어떤 재물도, 하늘의 뛰어난 보배도
여래와 견줄 것이 없다. 이것도 부처님에게 있는 뛰어난 보배다.
이런 사실로써 설명하라.

khayaṃ virāgaṃ amataṃ paṇītaṃ, yadajjhagā sakyamunī samāhito.
na tena dhammena samatthi kiñci, idampi dhamme ratanaṃ paṇītaṃ.
etena saccena suvatthi hotu.

카야 위라-강 아마땅 빠니-땅, 야닷자가- 사꺄무니- 사마-히또-
나 떼-나 담메-나 사맛티 낀찌, 이담삐 담메- 라따낭 빠니-땅
에-떼-나 삿쩨-나 수왓티 호-뚜

삼매를 닦는 석가모니가 부서짐과 바램과 불사(不死)와 뛰어남을 얻었을 때
어떤 것도 그 법과 견줄 수 없다. 이것도 법에 있는 뛰어난 보배다.
이런 사실로써 설명하라.

yaṃ buddhaseṭṭho parivaṇṇayī suciṃ, samādhimānantarikaññamāhu.
samādhinā tena samo na vijjati, idampi dhamme ratanaṃ paṇītaṃ.
etena saccena suvatthi hotu.

양 붇다셋토- 빠리완나이- 수찡, 사마-디마-난따리깐냐마-후
사마-디나- 떼-나 사모- 나 윗자띠, 이담삐 담메- 라따낭 빠니-땅
에-떼-나 삿쩨-나 수왓티 호-뚜

으뜸인 부처님은 무위(無爲)의 앎이 뒤따르는 삼매의 청정을 칭찬했다.
그 삼매와 견줄 것은 없다. 이것도 법에 있는 뛰어난 보배다.
이런 사실로써 설명하라.

ye puggalā aṭṭha sataṃ pasatthā, cattāri etāni yugāni honti.
te dakkhiṇeyyā sugatassa sāvakā, etesu dinnāni mahapphalāni.
idampi saṅghe ratanaṃ paṇītaṃ, etena saccena suvatthi hotu.

예- 뿍갈라- 앗타 사땅 빠삿타-, 짯따-리 에-따-니 유가-니 혼띠
떼- 닥키네이야- 수가땃사 사-와까-, 에-떼-수 딘나-니 마합팔라-니
이담삐 상게- 라따낭 빠니-땅, 에-떼-나 삿쩨-나 수왓티 호-뚜

고결한 사람의 칭찬을 받는 사쌍팔배(四雙八輩)의 사람들은 선서(善逝)의 제자로서 보시받을
만한 분들이고, 여기에 주어진 것은 큰 결실이 있다.
이것도 승(僧)에 있는 뛰어난 보배다. 이런 사실로써 설명하라.

ye suppayuttā manasā daḷhena, nikkāmino gotamasāsanamhi.

te pattipattā amataṃ vigayha, laddhā mudhā nibbutiṃ bhuñjamānā.
idampi saṅghe ratanaṃ paṇītaṃ, etena saccena suvatthi hotu.

예- 숩빠윳따- 마나사- 달헤-나, 닉까-미노- 고-따마사-사남히
떼- 빳띠빳따- 아마땅 위가이하, 랃다- 무다- 닙부띵 분자마-나-
이담삐 상게- 라따낭 빠니-땅, 에-떼-나 삿쩨-나 수왓티 호-뚜

확고한 의(意)로 고따마의 가르침에 잘 적응하여 소유의 삶에서 벗어난 사람들
최상의 공덕을 얻은 그들은 불사(不死)에 들어 완전한 꺼짐을 성취하여 즐긴다.
이것도 승(僧)에 있는 뛰어난 보배다. 이런 사실로써 설명하라.

yathindakhīlo pathavissito siyā, catubbhi vātehi asampakampiyo.
tathūpamaṃ sappurisaṃ vadāmi, yo ariyasaccāni avecca passati.
idampi saṅghe ratanaṃ paṇītaṃ, etena saccena suvatthi hotu.

야틴다키-ㄹ로- 빠타윗시또- 시야-, 짜뚭비 와-떼-히 아삼빠깜삐요-
따투-빠망 삽뿌리상 와다-미, 요- 아리야삿짜-니 아웻짜 빳사띠
이담삐 상게- 라따낭 빠니-땅, 에-떼-나 삿쩨-나 수왓티 호-뚜

성문 앞 큰 기둥이 땅에 깊이 묻혀있으면 사방에서 부는 바람에 흔들리지 않는 것처럼
성스러운 진리를 분명히 본 고결한 사람은 그와 같다고 나는 말한다.
이것도 승(僧)에 있는 뛰어난 보배다. 이런 사실로써 설명하라.

ye ariyasaccāni vibhāvayanti, gambhīrapaññena sudesitāni.
kiñcāpi te honti bhusaṃ pamattā, na te bhavaṃ aṭṭhamamādiyanti.
idampi saṅghe ratanaṃ paṇītaṃ, etena saccena suvatthi hotu.

예- 아리야삿짜-니 위바-와얀띠, 감비-라빤녜-나 수데-시따-니
낀짜-삐 떼- 혼띠 부상 빠맛따-, 나 떼- 바왕 앗타마마-디얀띠
이담삐 상게- 라따낭 빠니-땅, 에-떼-나 삿쩨-나 수왓티 호-뚜

깊은 지혜로 잘 설해진 성스러운 진리를 설명하는 사람들은 누구든지
비록 자주 방일하다 해도 그들은 여덟 번째 존재를 붙잡지 않는다.
이것도 승(僧)에 있는 뛰어난 보배다. 이런 사실로써 설명하라.

sahāvassa dassanasampadāya, tayassu dhammā jahitā bhavanti.
sakkāyadiṭṭhi vicikicchitañca, sīlabbataṃ vāpi yadatthi kiñci.

사하-왓사 닷사나삼빠다-야, 따얏수 담마- 자히따- 바완띠
삭까-야딧티 위찌낏치딴짜, 시-ㄹ랍바땅 와-삐 야닷티 낀찌

봄을 성취하는 즉시 필연적으로 유신견(有身見)과 의심과 계금취(戒禁取)의 어떤 것이든
세 가지 법들이 버려진다.

catūhapāyehi ca vippamutto, chaccābhiṭhānāni bhabba kātuṃ.
idampi saṅghe ratanaṃ paṇītaṃ, etena saccena suvatthi hotu.

짜뚜-하빠-예-히 짜 윕빠뭇또-, 찻짜-비타-나-니 밥바 까-뚱
이담삐 상게- 라따낭 빠니-땅, 에-떼-나 삿쩨-나 수왓티 호-뚜

네 가지 상실과 비탄의 상태에서 벗어나고, 여섯 가지 큰 죄를 짓지 않는다.
이것도 승(僧)에 있는 뛰어난 보배다. 이런 사실로써 설명하라.

kiñcāpi so kamma karoti pāpakaṃ, kāyena vācā uda cetasā vā.
abhabba so tassa paṭicchadāya, abhabbatā diṭṭhapadassa vuttā.
idampi saṅghe ratanaṃ paṇītaṃ, etena saccena suvatthi hotu.

낀짜-삐 소- 깜마 까로-띠 빠-빠깡, 까-예-나 와-짜- 우다 쩨-따사- 와-
아밥바 소- 땃사 빠띳차다-야, 아밥바따- 딧타빠닷사 웃따-
이담삐 상게- 라따낭 빠니-땅, 에-떼-나 삿쩨-나 수왓티 호-뚜

그가 몸과 말과 의(意)로 어떤 것이든 악업(惡業)을 짓는다 해도
그는 그것을 감출 수 없다. 길을 본 사람에게 불가능하다고 말한다.
이것도 승(僧)에 있는 뛰어난 보배다. 이런 사실로써 설명하라.

vanappagumbe yatha phussitagge, gimhānamāse paṭhamasmiṃ gimhe.
tathūpamaṃ dhammavaraṃ adesayi, nibbānagāmiṃ paramaṃ hitāya.
idampi buddhe ratanaṃ paṇītaṃ, etena saccena suvatthi hotu.

와납빠굼베- 야타 풋시딱게-, 김하-나마-세- 빠타마스밍 김헤-
따투-빠망 담마와랑 아데-사이, 닙바-나가-밍 빠라망 히따-야
이담삐 붇데- 라따낭 빠니-땅, 에-떼-나 삿쩨-나 수왓티 호-뚜

뜨거운 여름의 첫 달에 숲의 덩굴이 꼭대기에 닿듯이

열반으로 이끄는 최상의 이익을 위해 뛰어난 법을 설했다.
이것도 부처님에게 있는 뛰어난 보배다. 이런 사실로써 설명하라.

varo varaññū varado varāharo, anuttaro dhammavaraṃ adesayi.
idampi buddhe ratanaṃ paṇītaṃ, etena saccena suvatthi hotu.

와로- 와란뉴- 와라도- 와라-하로-, 아눗따로- 담마와랑 아데-사이
이담삐 붇데- 라따낭 빠니-땅, 에-떼-나 삿쩨-나 수왓티 호-뚜

최고고 최고인 것을 알고 최고인 것을 주고 최고의 것을 불러오는 위없는 분은
뛰어난 법을 설했다. 이것도 부처님에게 있는 뛰어난 보배다. 이런 사실로써 설명하라.

khīṇaṃ purāṇaṃ nava natthi sambhavaṃ, virattacittāyatike bhavasmiṃ.
te khīṇabījā avirūḷhichandā, nibbanti dhīrā yathāyaṃ padīpo.
idampi saṅghe ratanaṃ paṇītaṃ, etena saccena suvatthi hotu.

키-낭 뿌라-낭 나와 낫티 삼바왕, 위랏따찟따-야띠께- 바와스밍
떼- 키-나비-자- 아위루-ㄹ히찬다-, 닙반띠 디-라- 야타-양 빠디-뽀-
이담삐 상게- 라따낭 빠니-땅, 에-떼-나 삿쩨-나 수왓티 호-뚜

심(心)이 미래의 존재를 기뻐하지 않을 때 지난 것은 다하고 새로운 태어남은 없다.
종자가 다했고 관심에 의한 재생이 중단된 지혜로운 그들은 등불이 꺼지듯이 꺼진다.
이것도 승(僧)에 있는 뛰어난 보배다. 이런 사실로써 설명하라.

yānīdha bhūtāni samāgatāni, bhummāni vā yāni va antalikkhe.
tathāgataṃ devamanussapūjitaṃ, buddhaṃ namassāma suvatthi hotu.

야-니-다 부-따-니 사마-가따-니, 붐마-니 와- 야-니 와 안딸릭케-
따타-가땅 데-와마눗사뿌-지땅, 붇당 나맛사-마 수왓티 호-뚜

땅의 존재든 하늘의 존재든 여기에 모인 모든 존재는 기뻐하라.
'신과 인간의 예배를 받는 여래, 부처님을 우리는 공경합니다.'라고 설명하라.

yānīdha bhūtāni samāgatāni, bhummāni vā yāni va antalikkhe.
tathāgataṃ devamanussapūjitaṃ, dhammaṃ namassāma suvatthi hotu.

야-니-다 부-따-니 사마-가따-니, 붐마-니 와- 야-니 와 안딸릭케-

따타-가땅 데-와마눗사뿌-지땅, 담망 나맛사-마 수왓티 호-뚜

땅의 존재든 하늘의 존재든 여기에 모인 모든 존재는 기뻐하라.
'신과 인간의 예배를 받는 여래, 가르침을 우리는 공경합니다.'라고 설명하라.

yānīdha bhūtāni samāgatāni, bhummāni vā yāni va antalikkhe.
tathāgataṃ devamanussapūjitaṃ, saṅghaṃ namassāma suvatthi hotūti.

야-니-다 부-따-니 사마-가따-니, 붐마-니 와- 야-니 와 안딸릭케-
따타-가땅 데-와마눗사뿌-지땅, 상강 나맛사-마 수왓티 호-뚜-띠

땅의 존재든 하늘의 존재든 여기에 모인 모든 존재는 기뻐하라.
'신과 인간의 예배를 받는 여래, 성자들을 우리는 공경합니다.'라고 설명하라. ▣

배워 알고 실천하는 불교 신자!

27. anussatiṭṭhānasuttaṃ (AN 6.25-계속해서 기억함의 토대 경)

• 계속해서 기억해야 하는 여섯 가지 — 여래(如來)-법(法-담마)-승(僧-상가)-계(戒)-보시(布施)-전신(天神) → 심(心)은 탐(貪)-진(瞋)-치(癡)가 스며들지 않음 → 심(心)은 올곧아지고, 갈망으로부터 떠나고, 풀려나고, 벗어남 ⇒ 중생의 청정

"chayimāni, bhikkhave, anussatiṭṭhānāni. katamāni cha? idha, bhikkhave, ariyasāvako tathāgataṃ anussarati — 'itipi so bhagavā arahaṃ sammāsambuddho vijjācaraṇasampanno sugato lokavidū anuttaro purisadammasārathi satthā devamanussānaṃ buddho bhagavā'ti. yasmiṃ, bhikkhave, samaye ariyasāvako tathāgataṃ anussarati, nevassa tasmiṃ samaye rāgapariyuṭṭhitaṃ cittaṃ hoti, na dosapariyuṭṭhitaṃ cittaṃ hoti, na mohapariyuṭṭhitaṃ cittaṃ hoti; ujugatamevassa tasmiṃ samaye cittaṃ hoti, nikkhantaṃ muttaṃ vuṭṭhitaṃ gedhamhā. 'gedho'ti kho, bhikkhave, pañcannetaṃ kāmaguṇānaṃ adhivacanaṃ. idampi kho, bhikkhave, ārammaṇaṃ karitvā evamidhekacce sattā visujjhanti.

차이마-니, 빅카웨-, 아눗사띳타-나-니. 까따마-니 차? 이다, 빅카웨-, 아리야사-와꼬- 따타-가땅 아눗사라띠 — '이띠삐 소- 바가와- 아라항 삼마-삼붇도- 윚자-짜라나삼빤노- 수가또- 로-까위두- 아눗따로- 뿌리사담마사-라티 삿타- 데-와마눗사-낭 붇도- 바가와-'띠. 야스밍, 빅카웨-, 사마예- 아리야사-와꼬- 따타-가땅 아눗사라띠 네-왓사 따스밍 사마예- 라-가빠리윳티땅 찟땅 호-띠; 나 도-사빠리윳티땅 찟땅 호-띠, 나 모-하빠리윳티땅 찟땅 호-띠; 우주가따메-왓사 따스밍 사마예- 찟땅 호-띠, 닉칸땅 뭇땅 웃티땅 게-담하-. '게-도-'띠 코-, 빅카웨-, 빤짠네-땅 까-마구나-낭 아디와짜낭. 이담삐 코-, 빅카웨-, 아-람마낭 까리뜨와- 에-와미데-깟쩨- 삿따- 위숫잔띠

비구들이여, 이런 여섯 가지 계속해서 기억함의 토대가 있다. 어떤 여섯 가지인가? 여기 비구들이여, 성스러운 제자는 여래(如來)를 계속해서 기억한다. — '이렇게 그분 세존(世尊)께서는 모든 번뇌 떠나신 분, 스스로 완전한 깨달음을 이루신 분, 밝음과 실천을 갖추신 분, 진리의 길 보이신 분, 세상일을 모두 훤히 아시는 분, 어리석은 이도 잘 이끄시는 위없는 분, 신과 인간의 스승, 깨달으신 분, 존귀하신 분이시다.'라고. 비구들이여, 성스러운 제자가 여래를 계속해서 기억할 때 심(心)은 탐(貪)이 스며들지 않고, 진(瞋)이 스며들지 않고 치(癡)가 스며들지 않는다. 그때 심은 올곧아지고, 갈망으로부터 떠나고, 풀려나고, 벗어난다. 비구들이여, '갈망'이란 것은 이 다섯 가지 소유의 사유에 묶인 것을 지칭하는 것이다. 비구들이여, 이런 대상을 계속해서 기억함을 원인으로도 이렇게 여기서 어떤 중생들은 청정해진다.

"puna caparaṃ, bhikkhave, ariyasāvako dhammaṃ anussarati — 'svākkhāto bhagavatā dhammo sandiṭṭhiko akāliko ehipassiko opaneyyiko paccattaṃ veditabbo viññūhī'ti. yasmiṃ, bhikkhave, samaye ariyasāvako dhammaṃ anussarati, nevassa tasmiṃ samaye rāgapariyuṭṭhitaṃ cittaṃ hoti, na dosapariyuṭṭhitaṃ cittaṃ hoti, na mohapariyuṭṭhitaṃ cittaṃ hoti; ujugatamevassa tasmiṃ samaye cittaṃ hoti, nikkhantaṃ muttaṃ vuṭṭhitaṃ gedhamhā. 'gedho'ti kho, bhikkhave, pañcannetaṃ kāmaguṇānaṃ adhivacanaṃ. idampi kho, bhikkhave, ārammaṇaṃ karitvā evamidhekacce sattā visujjhanti.

뿌나 짜빠랑, 빅카웨-, 아리야사-와꼬- 담망 아눗사라띠 — '스와-ㄱ카-또- 바가와따- 담모- 산딧티꼬- 아까-ㄹ리꼬- 에-히빳시꼬- 오-빠네이꼬- 빳짯땅 웨-디땁보- 윈뉴-히-'띠. 야스밍, 빅카웨-, 사마예- 아리야사-와꼬- 담망 아눗사라띠 네-왓사 따스밍 사마예- 라-가빠리윳티땅 찟땅 호-띠; 나 도-사빠리윳티땅 찟땅 호-띠, 나 모-하빠리윳티땅 찟땅 호-띠; 우주가따메-왓사 따스밍 사마예- 찟땅 호-띠, 닉칸땅 뭇땅 웃티땅 게-담하-. '게-도-'띠 코-, 빅카웨-, 빤짠네-땅 까-마구나-낭 아디와짜낭. 이담삐 코-, 빅카웨-, 아-람마낭 까리뜨와- 에-와미데-깟쩨- 삿따- 위숫잔띠

다시, 비구들이여, 성스러운 제자는 법(法-담마)을 계속해서 기억한다. — '세존에 의해 잘 설해진 법은 스스로 보이는 것이고, 시간을 넘어선 것이고, 와서 보라는 것이고, 향상으로 이끌고, 지혜로운 이들에게 개별적으로 알려지는 것이다.'라고. 비구들이여, 성스러운 제자가 법을 계속해서 기억할 때 심은 탐이 스며들지 않고, 진이 스며들지 않고 치가 스며들지 않는다. 그때 심은 올곧아지고, 갈망으로부터 떠나고, 풀려나고, 벗어난다. 비구들이여, '갈망'이란 것은 이 다섯 가지 소유의 사유에 묶인 것을 지칭하는 것이다. 비구들이여, 이런 대상을 계속해서 기억함을 원인으로도 이렇게 여기서 어떤 중생들은 청정해진다.

"puna caparaṃ, bhikkhave, ariyasāvako saṅghaṃ anussarati — 'suppaṭipanno bhagavato sāvakasaṅgho, ujuppaṭipanno bhagavato sāvakasaṅgho, ñāyappaṭipanno bhagavato sāvakasaṅgho, sāmīcippaṭipanno bhagavato sāvakasaṅgho, yadidaṃ cattāri purisayugāni aṭṭha purisapuggalā esa bhagavato sāvakasaṅgho āhuneyyo pāhuneyyo dakkhiṇeyyo añjalikaraṇīyo anuttaraṃ puññakkhettaṃ lokassā'ti. yasmiṃ, bhikkhave, samaye ariyasāvako saṅghaṃ anussarati, nevassa tasmiṃ samaye rāgapariyuṭṭhitaṃ cittaṃ hoti, na dosapariyuṭṭhitaṃ cittaṃ hoti, na mohapariyuṭṭhitaṃ cittaṃ hoti; ujugatamevassa tasmiṃ samaye cittaṃ hoti, nikkhantaṃ muttaṃ vuṭṭhitaṃ gedhamhā. 'gedho'ti kho, bhikkhave, pañcannetaṃ kāmaguṇānaṃ adhivacanaṃ. idampi kho, bhikkhave, ārammaṇaṃ karitvā evamidhekacce sattā visujjhanti.

뿌나 짜빠랑, 빅카웨-, 아리야사-와꼬- 상강 아눗사라띠 — '숩빠띠빤노- 바가와또- 사-와까상고-, 우줍빠띠빤노- 바가와또- 사-와까상고-, 냐-얍빠띠빤노- 바가와또- 사-와까상

고-, 사-미-찝빠띠빤노- 바가와또- 사-와까상고-, 야디당 짯따-리 뿌리사유가-니 앗타 뿌리사뿍갈라- 에-사 바가와또- 사-와까상고-, 아-후네이요-, 빠-후네이요-, 닥키네이요-, 안잘리까라니-요- 아눗따랑 뿐냑켓땅 로-깟사-'띠. 야스밍, 빅카웨-, 사마예- 아리야사-와꼬- 상강 아눗사라띠 네-왓사 따스밍 사마예- 라-가빠리윳티땅 찟땅 호-띠; 나 도-사빠리윳티땅 찟땅 호-띠, 나 모-하빠리윳티땅 찟땅 호-띠; 우주가따메-왓사 따스밍 사마예- 찟땅 호-띠, 닉칸땅 뭇땅 웃티땅 게-담하-. '게-도-'띠 코-, 빅카웨-, 빤짠네-땅 까-마구나-낭 아디와짜낭. 이담삐 코-, 빅카웨-, 아-람마낭 까리뜨와- 에-와미데-깟쩨- 삿따- 위숫잔띠

다시, 비구들이여, 성스러운 제자는 승(僧-상가)을 계속해서 기억한다. — '세존의 제자 상가는 잘 실천하고, 세존의 제자 상가는 올곧게 실천하고, 세존의 제자 상가는 방법에 맞게 실천하고, 세존의 제자 상가는 가르침에 일치하게 실천한다. 쌍으로는 넷이고, 홑으로는 여덟인 이들이 세존의 제자 상가이니, 공양받을만하고, 환영받을만하고, 보시받을만하고 합장 받을 만하며, 세상의 위없는 복전(福田)이다.'라고. 비구들이여, 성스러운 제자가 상가를 계속해서 기억할 때 심은 탐이 스며들지 않고, 진이 스며들지 않고 치가 스며들지 않는다. 그때 심은 올곧아지고, 갈망으로부터 떠나고, 풀려나고, 벗어난다. 비구들이여, '갈망'이란 것은 이 다섯 가지 소유의 사유에 묶인 것을 지칭하는 것이다. 비구들이여, 이런 대상을 계속해서 기억함을 원인으로도 이렇게 여기서 어떤 중생들은 청정해진다.

"puna caparaṃ, bhikkhave, ariyasāvako attano sīlāni anussarati akhaṇḍāni acchiddāni asabalāni akammāsāni bhujissāni viññuppasatthāni aparāmaṭṭhāni samādhisaṃvattanikāni. yasmiṃ, bhikkhave, samaye ariyasāvako sīlaṃ anussarati, nevassa tasmiṃ samaye rāgapariyuṭṭhitaṃ cittaṃ hoti, na dosapariyuṭṭhitaṃ cittaṃ hoti, na mohapariyuṭṭhitaṃ cittaṃ hoti; ujugatamevassa tasmiṃ samaye cittaṃ hoti, nikkhantaṃ muttaṃ vuṭṭhitaṃ gedhamhā. 'gedho'ti kho, bhikkhave, pañcannetaṃ kāmaguṇānaṃ adhivacanaṃ. idampi kho, bhikkhave, ārammaṇaṃ karitvā evamidhekacce sattā visujjhanti.

뿌나 짜빠랑, 빅카웨-, 아리야사-와꼬- 앗따노- 시-ㄹ라-니 아눗사라띠 아칸다-니 앗친다-니 아사발라-니 아깜마-사-니 부짓사-니 윈뉴빠삿타-니 아빠라-맛타-니 사마-디상왓따니까-니. 야스밍, 빅카웨-, 사마예- 아리야사-와꼬- 시-ㄹ랑 아눗사라띠 네-왓사 따스밍 사마예- 라-가빠리윳티땅 찟땅 호-띠, 나 도-사빠리윳티땅 찟땅 호-띠, 나 모-하빠리윳티땅 찟땅 호-띠; 우주가따메-왓사 따스밍 사마예- 찟땅 호-띠, 닉칸땅 뭇땅 웃티땅 게-담하-. '게-도-'띠 코-, 빅카웨-, 빤짠네-땅 까-마구나-낭 아디와짜낭. 이담삐 코-, 빅카웨-, 아-람마낭 까리뜨와- 에-와미데-깟쩨- 삿따- 위숫잔띠

다시, 비구들이여, 성스러운 제자는 '깨지지 않고, 끊어지지 않고, 결점이 없고, 얼룩지지 않고, 구속되지 않고, 지자(知者)들이 칭찬하고, 움켜쥐지 않고, 삼매로 이끄는' 자신의 계(戒)

들을 계속해서 기억한다. 비구들이여, 성스러운 제자가 계를 계속해서 기억할 때 심은 탐이 스며들지 않고, 진이 스며들지 않고 치가 스며들지 않는다. 그때 심은 올곧아지고, 갈망으로부터 떠나고, 풀려나고, 벗어난다. 비구들이여, '갈망'이란 것은 이 다섯 가지 소유의 사유에 묶인 것을 지칭하는 것이다. 비구들이여, 이런 대상을 계속해서 기억함을 원인으로도 이렇게 여기서 어떤 중생들은 청정해진다.

"puna caparaṃ, bhikkhave, ariyasāvako attano cāgaṃ anussarati — 'lābhā vata me, suladdhaṃ vata me! yohaṃ maccheramalapariyuṭṭhitāya pajāya vigatamalamaccherena cetasā agāraṃ ajjhāvasāmi muttacāgo payatapāṇi vossaggarato yācayogo dānasaṃvibhāgarato'ti. yasmiṃ, bhikkhave, samaye ariyasāvako attano cāgaṃ anussarati nevassa tasmiṃ samaye rāgapariyuṭṭhitaṃ cittaṃ hoti, na dosapariyuṭṭhitaṃ cittaṃ hoti, na mohapariyuṭṭhitaṃ cittaṃ hoti; ujugatamevassa tasmiṃ samaye cittaṃ hoti, nikkhantaṃ muttaṃ vuṭṭhitaṃ gedhamhā. 'gedho'ti kho, bhikkhave, pañcannetaṃ kāmaguṇānaṃ adhivacanaṃ. idampi kho, bhikkhave, ārammaṇaṃ karitvā evamidhekacce sattā visujjhanti.

뿌나 짜빠랑, 빅카웨-, 아리야사-와꼬- 앗따노- 짜-강 아눗사라띠 — '라-바- 와따 메-, 술랃당 와따 메-! 요-항 맛체-라말라빠리윳티따-야 빠자-야 위가따말라맛체-레-나 쩨-따사- 아가-랑 앗자-와사-미 뭇따짜-고- 빠야따빠-니 옷삭가라또- 야-짜요-고- 다-나상위바-가라또-'띠. 야스밍, 빅카웨-, 사마예- 아리야사-와꼬- 앗따노- 짜-강 아눗사라띠 네-왓사 따스밍 사마예- 라-가빠리윳티땅 찟땅 호-띠, 나 도-사빠리윳티땅 찟땅 호-띠, 나 모-하빠리윳티땅 찟땅 호-띠; 우주가따메-왓사 따스밍 사마예- 찟땅 호-띠, 닉칸땅 뭇땅 웃티땅 게-담하-. '게-도-'띠 코-, 빅카웨-, 빤짠네-땅 까-마구나-낭 아디와짜낭. 이담삐 코-, 빅카웨-, 아-람마낭 까리뜨와- 에-와미데-깟쩨- 삿따- 위숫잔띠

다시, 비구들이여, 성스러운 제자는 자신의 보시(布施)를 계속해서 기억한다. — '참으로 나에게 이익이다. 참으로 나에게 큰 이익이다! 나는 인색에 오염된 사람들 가운데서 인색의 때에서 벗어난 심으로 자유롭게 보시하고, 손은 깨끗하고, 주기를 좋아하고, 다른 사람의 요구에 응할 준비가 되어있고, 베풂과 나눔을 좋아하며 재가에 산다.'라고. 비구들이여, 성스러운 제자가 보시를 계속해서 기억할 때 심은 탐이 스며들지 않고, 진이 스며들지 않고 치가 스며들지 않는다. 그때 심은 올곧아지고, 갈망으로부터 떠나고, 풀려나고, 벗어난다. 비구들이여, '갈망'이란 것은 이 다섯 가지 소유의 사유에 묶인 것을 지칭하는 것이다. 비구들이여, 이런 대상을 계속해서 기억함을 원인으로도 이렇게 여기서 어떤 중생들은 청정해진다.

"puna caparaṃ, bhikkhave, ariyasāvako devatā anussarati — 'santi devā cātumahārājikā, santi devā tāvatiṃsā, santi devā yāmā, santi devā tusitā, santi devā nimmānaratino, santi devā paranimmitavasavattino, santi devā brahmakāyikā, santi devā tatuttari. yathārūpāya saddhāya samannāgatā tā devatā ito cutā tattha upapannā, mayhampi tathārūpā saddhā saṃvijjati. yathārūpena sīlena samannāgatā tā devatā ito cutā tattha upapannā, mayhampi tathārūpaṃ sīlaṃ saṃvijjati. yathārūpena sutena samannāgatā tā devatā ito cutā tattha upapannā, mayhampi tathārūpaṃ sutaṃ saṃvijjati. yathārūpena cāgena samannāgatā tā devatā ito cutā tattha upapannā, mayhampi tathārūpo cāgo saṃvijjati. yathārūpāya paññāya samannāgatā tā devatā ito cutā tattha upapannā, mayhampi tathārūpā paññā saṃvijjatī'ti.

뿌나 짜빠랑, 빅카웨-, 아리야사-와꼬- 데-와따- 아눗사라띠 — '산띠 데-와- 짜-뚜마하-라-지까-, 산띠 데-와- 따-와띵사-, 산띠 데-와- 야-마-, 산띠 데-와- 뚜시따-, 산띠 데-와- 님마-나라띠노-, 산띠 데-와- 빠라님미따와사왓띠노-. 산띠 데-와- 브라흐마까-이까-, 산띠 데-와- 따뜻따리. 야타-루-빠-야 삳다-야 사만나-가따- 따- 데-와따- 이또- 쭈따- 땃타 우빠빤나-, 마이함삐 따타-루-빠- 삳다- 상윗자띠. 야타-루-뻬-나 시-ㄹ레-나 사만나-가따- 따- 데-와따- 이또- 쭈따- 땃타 우빠빤나-, 마이함삐 따타-루-빵 시-ㄹ랑 상윗자띠. 야타-루-뻬-나 수떼-나 사만나-가따- 따- 데-와따- 이또- 쭈따- 땃타 우빠빤나-, 마이함삐 따타-루-빵 수땅 상윗자띠. 야타-루-뻬-나 짜-게-나 사만나-가따- 따- 데-와따- 이또- 쭈따- 땃타 우빠빤나-, 마이함삐 따타-루-뽀- 짜-고- 상윗자띠. 야타-루-빠-야 빤냐-야 사만나-가따- 따- 데-와따- 이또- 쭈따- 땃타 우빠빤나-, 마이함삐 따타-루-빠- 빤냐- 상윗자띠-'띠

다시, 비구들이여, 성스러운 제자는 천신(天神)을 계속해서 기억한다. — '사대왕천(四大王天)의 신(神)들이 있고, 삼십삼천(三十三天)의 신들이 있고, 야마천(夜摩天)의 신들이 있고, 도솔천(兜率天)의 신들이 있고, 화락천(化樂天)의 신들이 있고, 타화자재천(他化自在天)의 신들이 있고, 범신천(梵身天)의 신들이 있고, 그보다 높은 천(天)의 신들이 있다. 이런 신들은 믿음을 갖추어 여기서 죽은 뒤 그곳에 태어났다. 나에게도 그런 믿음이 있다. 이런 신들은 계를 갖추어 여기서 죽은 뒤 그곳에 태어났다. 나에게도 그런 계가 있다. 이런 신들은 배움을 갖추어 여기서 죽은 뒤 그곳에 태어났다. 나에게도 그런 배움이 있다. 이런 신들은 보시를 갖추어 여기서 죽은 뒤 그곳에 태어났다. 나에게도 그런 보시가 있다. 이런 신들은 지혜를 갖추어 여기서 죽은 뒤 그곳에 태어났다. 나에게도 그런 지혜가 있다.'라고.

"yasmiṃ, bhikkhave, samaye ariyasāvako attano ca tāsañca devatānaṃ saddhañca sīlañca sutañca cāgañca paññañca anussarati nevassa tasmiṃ samaye rāgapariyuṭṭhitaṃ cittaṃ hoti, na dosapariyuṭṭhitaṃ cittaṃ hoti, na mohapariyuṭṭhitaṃ cittaṃ hoti; ujugatamevassa tasmiṃ samaye cittaṃ hoti, nikkhantaṃ muttaṃ vuṭṭhitaṃ gedhamhā. 'gedho'ti kho, bhikkhave, pañcannetaṃ kāmaguṇānaṃ adhivacanaṃ. idampi kho, bhikkhave, ārammaṇaṃ karitvā evamidhekacce sattā visujjhanti. imāni kho, bhikkhave, cha anussatiṭṭhānānī”ti.

야스밍, 빅카웨-, 사마예- 아리야사-와꼬- 앗따노- 짜 따-산짜 데-와따-낭 삳단짜 시-ㄹ란짜 수딴짜 짜-간짜 빤냔짜 아눗사라띠 네-왓사 따스밍 사마예- 라-가빠리윳티땅 찟땅 호-띠, 나 도-사빠리윳티땅 찟땅 호-띠, 나 모-하빠리윳티땅 찟땅 호-띠; 우주가따메-왓사 따스밍 사마예- 찟땅 호-띠, 닉칸땅 뭇땅 웃티땅 게-담하-. '게-도-'띠 코-, 빅카웨-, 빤짠네-땅 까-마구나-낭 아디와짜낭. 이담삐 코-, 빅카웨-, 아-람마낭 까리뜨와- 에-와미데-깟쩨- 삿따- 위숫잔띠. 이마-니 코-, 빅카웨-, 차 아눗사띳타-나-니-”띠

비구들이여, 성스러운 제자가 자신과 그 천신들의 믿음과 계와 배움과 보시와 지혜를 계속해서 기억할 때 심은 탐이 스며들지 않고, 진이 스며들지 않고 치가 스며들지 않는다. 그때 심은 올곧아지고, 갈망으로부터 떠나고, 풀려나고, 벗어난다. 비구들이여, '갈망'이란 것은 이 다섯 가지 소유의 사유에 묶인 것을 지칭하는 것이다. 비구들이여, 이런 대상을 계속해서 기억함을 원인으로도 이렇게 여기서 어떤 중생들은 청정해진다. 비구들이여, 이런 여섯 가지 계속해서 기억함의 토대가 있다. ▣

28. anuttariyasuttaṃ (AN 6.30-위없음 경)

• 여섯 가지 위없음 — ①봄의 위없음, ②들음의 위없음, ③얻음의 위없음, ④공부의 위없음, ⑤섬김의 위없음, ⑥기억의 위없음 → 중생들의 청정을 위한, 슬픔과 비탄을 건너기 위한, 고통과 고뇌의 줄어듦을 위한, 방법을 얻기 위한, 열반을 실현하기 위한 것 ⇒「그들에게 참으로 괴로움이 소멸하는 때가 온다.」

• ①⑤⑥여래나 여래의 제자, ②여래나 여래의 제자가 설하는 법, ③여래나 여래의 제자에 대한 믿음, ④여래가 선언한 법(法)과 율(律)의 높은 계(戒)-높은 심(心)-높은 혜(慧)

※ 낮은 것을 보고-듣고-얻고-공부하고-섬기고-기억하는 신행(信行)을 버리고 위없는 것을 보고-듣고-얻고-공부하고-섬기고-기억하는 신행(信行)으로 돌아와야 함 ⇒「불교를 부처님에게로 되돌리는 불사(佛事)」

“chayimāni, bhikkhave, anuttariyāni. katamāni cha? dassanānuttariyaṃ, savanānuttariyaṃ, lābhānuttariyaṃ, sikkhānuttariyaṃ, pāricariyānuttariyaṃ, anussatānuttariyanti.

차이마-니, 빅카웨-, 아눗따리야-니. 까따마-니 차? 닷사나-눗따리양, 사와나-눗따리양, 라-바-눗따리양, 식카-눗따리양, 빠-리짜리야-눗따리양, 아눗사따-눗따리얀띠

"비구들이여, 이런 여섯 가지 위없음이 있다. 어떤 여섯인가? 봄의 위없음, 들음의 위없음, 얻음의 위없음, 공부의 위없음, 섬김의 위없음, 기억의 위없음이다.

“katamañca, bhikkhave, dassanānuttariyaṃ? idha, bhikkhave, ekacco hatthiratanampi dassanāya gacchati, assaratanampi dassanāya gacchati, maṇiratanampi dassanāya gacchati, uccāvacaṃ vā pana dassanāya gacchati, samaṇaṃ vā brāhmaṇaṃ vā micchādiṭṭhikaṃ micchāpaṭipannaṃ dassanāya gacchati. atthetaṃ, bhikkhave, dassanaṃ; netaṃ natthīti vadāmi. tañca kho etaṃ, bhikkhave, dassanaṃ hīnaṃ gammaṃ pothujjanikaṃ anariyaṃ anatthasaṃhitaṃ, na nibbidāya na virāgāya na nirodhāya na upasamāya na abhiññāya na sambodhāya na nibbānāya saṃvattati. yo ca kho, bhikkhave, tathāgataṃ vā tathāgatasāvakaṃ vā dassanāya gacchati niviṭṭhasaddho niviṭṭhapemo ekantagato abhippasanno, etadānuttariyaṃ, bhikkhave, dassanānaṃ sattānaṃ visuddhiyā sokaparidevānaṃ samatikkamāya dukkhadomanassānaṃ atthaṅgamāya ñāyassa adhigamāya nibbānassa sacchikiriyāya, yadidaṃ tathāgataṃ vā tathāgatasāvakaṃ vā dassanāya gacchati niviṭṭhasaddho niviṭṭhapemo ekantagato abhippasanno. idaṃ vuccati, bhikkhave, dassanānuttariyaṃ. iti dassanānuttariyaṃ.

까따만짜, 빅카웨-, 닷사나-눗따리양? 이다, 빅카웨-, 에-깟쪼- 핫티라따남삐 닷사나-야 갓

차띠, 앗사라따남삐 닷사나-야 갓차띠, 마니라따남삐 닷사나-야 갓차띠, 웃짜-와짱 와- 빠나 닷사나-야 갓차띠, 사마낭 와- 브라-흐마낭 와- 밋차-딧티깡 밋차-빠띠빤낭 닷사나-야 갓차띠. 앗테-땅, 빅카웨-, 닷사낭; 네-땅 낫티-띠 와다-미. 딴짜 코- 에-땅, 빅카웨-, 닷사낭 히-낭 감망 뽀-툿자니깡 아나리양 아낫타상히땅, 나 닙비다-야 나 위라-가-야 나 니로-다-야 나 우빠사마-야 나 아빈냐-야 나 삼보-다-야 나 닙바-나-야 상왓따띠. 요- 짜 코-, 빅카웨-, 따타-가땅 와- 따타-가따사-와깡 와- 닷사나-야 갓차띠 니윗타삳도- 니윗타뻬-모- 에-깐따가또- 아빕빠산노-, 에-따다-눗따리양, 빅카웨-, 닷사나-낭 삿따-낭 위숟디야- 소-까빠리데-와-낭 사마띡까마-야 둑카도-마낫사-낭 앗탕가마-야 냐-얏사 아디가마-야 닙바-낫사 삿치끼리야-야. 야디당 따타-가땅 와- 따타-가따사-와깡 와- 닷사나-야 갓차띠 니윗타삳도- 니윗타뻬-모- 에-깐따가또- 아빕빠산노-. 이당 웃짜띠, 빅카웨-, 닷사나-눗따리양. 이띠 닷사나-눗따리양

"비구들이여, 어떤 것이 봄의 위없음인가? 비구들이여, 여기 어떤 사람은 상보(象寶)를 보러 가고, 마보(馬寶)를 보러 가고, 보배보(寶貝寶)를 보러 가고, 여러 가지 다른 것을 보러 가고, 삿된 견해를 가지고 삿된 실천을 하는 사문이나 바라문을 보러 간다. 비구들이여, 이런 봄이 있다. '이런 것은 없다.'라고 나는 말하지 않는다. 그러나 비구들이여, 이런 봄은 저열하고 천박하고 범속하고 성스럽지 않고 이익을 가져오지 않고, 염오로, 이탐으로, 소멸로, 가라앉음으로, 실다운 지혜로, 바른 깨달음으로, 열반으로 이끌지 않는다.

그런데 비구들이여, 확고한 믿음과 확고한 사랑과 분명한 다다름과 아주 분명함을 가진 자는 여래나 여래의 제자를 보기 위해서 간다. 비구들이여, 확고한 믿음과 확고한 사랑과 분명한 다다름과 아주 분명함을 가진 자가 여래나 여래의 제자를 보기 위해서 가는 이것이 봄 가운데 위없는 것이다. 중생들의 청정을 위한, 슬픔[수(愁)]과 비탄[비(悲)]을 건너기 위한, 고통[고(苦)]과 고뇌[우(憂)]의 줄어듦을 위한, 방법을 얻기 위한, 열반을 실현하기 위한 것이다. 비구들이여, 이것이 봄의 위없음이라고 불린다. 이렇게 봄의 위없음이 있다.

"savanānuttariyañca kathaṃ hoti? idha, bhikkhave, ekacco bherisaddampi savanāya gacchati, vīṇāsaddampi savanāya gacchati, gītasaddampi savanāya gacchati, uccāvacaṃ vā pana savanāya gacchati, samaṇassa vā brāhmaṇassa vā micchādiṭṭhikassa micchāpaṭipannassa dhammassavanāya gacchati. atthetaṃ, bhikkhave, savanaṃ; netaṃ natthīti vadāmi. tañca kho etaṃ, bhikkhave, savanaṃ hīnaṃ gammaṃ pothujjanikaṃ anariyaṃ anatthasaṃhitaṃ, na nibbidāya na virāgāya na nirodhāya na upasamāya na abhiññāya na sambodhāya na nibbānāya saṃvattati. yo ca kho, bhikkhave, tathāgatassa vā tathāgatasāvakassa vā dhammassavanāya gacchati niviṭṭhasaddho niviṭṭhapemo ekantagato abhippasanno, etadānuttariyaṃ, bhikkhave, savanānaṃ sattānaṃ visuddhiyā sokaparidevānaṃ samatikkamāya dukkhadomanassānaṃ atthaṅgamāya ñāyassa adhigamāya nibbānassa sacchikiriyāya, yadidaṃ tathāgatassa vā tathāgatasāvakassa vā dhammassavanāya gacchati niviṭṭhasaddho niviṭṭhapemo ekantagato abhippasanno. idaṃ vuccati, bhikkhave, savanānuttariyaṃ. iti dassanānuttariyaṃ, savanānuttariyaṃ.

사와나-눗따리얀짜 까탕 호-띠? 이다, 빅카웨-, 에-깟쪼- 베-리산담삐 사와나-야 갓차띠, 위-나-산담삐 사와나-야 갓차띠, 기-따산담삐 사와나-야 갓차띠, 웃짜-와짱 와- 빠나 사와나-야 갓차띠, 사마낫사 와- 브라-흐마낫사 와- 밋차-딧티깟사 밋차-빠띠빤낫사 담맛사와나-야 갓차띠. 앗테-땅, 빅카웨-, 사와낭; 네-땅 낫티-띠 와다-미. 딴짜 코- 에-땅, 빅카웨-, 사와낭 히-낭 감망 뽀-툿자니깡 아나리양 아낫타상히땅, 나 닙비다-야 나 위라-가-야 나 니로-다-야 나 우빠사마-야 나 아빈냐-야 나 삼보-다-야 나 닙바-나-야 상왓따띠. 요- 짜 코-, 빅카웨-, 따타-가땃사 와- 따타-가따사-와깟사 와- 담맛사와나-야 갓차띠 니윗타산도- 니윗타뻬-모- 에-깐따가또- 아빕빠산노-, 에-따다-눗따리양, 빅카웨-, 사와나-낭 삿따-낭 위숟디야- 소-까빠리데-와-낭 사마띡까마-야 둑카도-마낫사-낭 앗탕가마-야 냐-얏사 아디가마-야 닙바-낫사 삿치끼리야-야. 야디당 따타-가땃사 와- 따타-가따사-와깟사 와- 담맛사와나-야 갓차띠 니윗타산도- 니윗타뻬-모- 에-깐따가또- 아빕빠산노-. 이당 웃짜띠, 빅카웨-, 사와나-눗따리양. 이띠 닷사나-눗따리양, 사와나-눗따리양

"그러면 어떤 것이 들음의 위없음인가? 비구들이여, 여기 어떤 사람은 북소리를 들으러 가고, 류트 소리를 들으러 가고, 노랫소리를 들으러 가고, 여러 가지 다른 것을 들으러 가고, 삿된 견해를 가지고 삿된 실천을 하는 사문이나 바라문의 법을 들으러 간다. 비구들이여, 이런 들음이 있다. '이런 것은 없다.'라고 나는 말하지 않는다. 그러나 비구들이여, 이런 들음은 저열하고 천박하고 범속하고 성스럽지 않고 이익을 가져오지 않고, 염오로, 이탐으로, 소멸로, 가라앉음으로, 실다운 지혜로, 바른 깨달음으로, 열반으로 이끌지 않는다.

그런데 비구들이여, 확고한 믿음과 확고한 사랑과 분명한 다다름과 아주 분명함을 가진 자는 여래나 여래의 제자가 설하는 법을 듣기 위해서 간다. 비구들이여, 확고한 믿음과 확고한 사랑과 분명한 다다름과 아주 분명함을 가진 자가 여래나 여래의 제자가 설하는 법을 듣기 위해서 가는 이것이 들음 가운데 위없는 것이다. 중생들의 청정을 위한, 슬픔과 비탄을 건너기 위한, 고통과 고뇌의 줄어듦을 위한, 방법을 얻기 위한, 열반을 실현하기 위한 것이다. 비구들이여, 이것이 들음의 위없음이라 불린다. 이렇게 봄의 위없음과 들음의 위없음이 있다.

"lābhānuttariyañca kathaṃ hoti? idha, bhikkhave, ekacco puttalābhampi labhati, dāralābhampi labhati, dhanalābhampi labhati, uccāvacaṃ vā pana lābhaṃ labhati, samaṇe vā brāhmaṇe vā micchādiṭṭhike micchāpaṭipanne saddhaṃ paṭilabhati. attheso, bhikkhave, lābho; neso natthīti vadāmi. so ca kho eso, bhikkhave, lābho hīno gammo pothujjaniko anariyo anatthasaṃhito, na nibbidāya na virāgāya na nirodhāya na upasamāya na abhiññāya na sambodhāya na nibbānāya saṃvattati. yo ca kho, bhikkhave, tathāgate vā tathāgatasāvake vā saddhaṃ paṭilabhati niviṭṭhasaddho niviṭṭhapemo ekantagato abhippasanno, etadānuttariyaṃ, bhikkhave, lābhānaṃ sattānaṃ visuddhiyā sokaparidevānaṃ samatikkamāya dukkhadomanassānaṃ atthaṅgamāya ñāyassa adhigamāya nibbānassa sacchikiriyāya, yadidaṃ tathāgate vā tathāgatasāvake vā saddhaṃ paṭilabhati niviṭṭhasaddho niviṭṭhapemo ekantagato abhippasanno. idaṃ vuccati, bhikkhave, lābhānuttariyaṃ. iti dassanānuttariyaṃ, savanānuttariyaṃ, lābhānuttariyaṃ.

라-바-눗따리얀짜 까탕 호-띠? 이다, 빅카웨-, 에-깟쪼- 뿟딸라-밤삐 라바띠, 다-랄라-밤삐 라바띠, 다날라-밤삐 라바띠, 웃짜-와짱 와- 빠나 라-방 라바띠, 사마네- 와- 브라-흐마네-와- 밋차-딧티께- 밋차-빠띠빤네- 산당 빠띨라바띠. 앗테-소-, 빅카웨-, 라-보-; 네-소- 낫티-띠 와다-미. 소- 짜 코- 에-소-, 빅카웨-, 라-보- 히-노- 감모- 뽀-툿자니꼬- 아나리요-아낫타상히또-, 나 닙비다-야 나 위라-가-야 나 니로-다-야 나 우빠사마-야 나 아빈냐-야 나 삼보-다-야 나 닙바-나-야 상왓따띠. 요- 짜 코-, 빅카웨-, 따타-가떼- 와- 따타-가따사-와께- 와- 산당 빠띨라바띠 니윗타산도- 니윗타뻬-모- 에-깐따가또- 아빕빠산노-, 에-따다-눗따리양, 빅카웨-, 라-바-낭 삿따-낭 위숟디야- 소-까빠리데-와-낭 사마띡까마-야 둑카도-마낫사-낭 앗탕가마-야 냐-얏사 아디가마-야 닙바-낫사 삿치끼리야-야. 야디당 따타-가떼- 와- 따타-가따사-와께- 와- 산당 빠띨라바띠 니윗타산도- 니윗타뻬-모- 에-깐따가또- 아빕빠산노-. 이당 웃짜띠, 빅카웨-, 라-바-눗따리양. 이띠 닷사나-눗따리양, 사와나-눗따리양, 라-바-눗따리양

그러면 어떤 것이 얻음의 위없음인가? 비구들이여, 여기 어떤 사람은 아들을 얻고, 아내를 얻고, 재물을 얻고, 여러 가지 다른 것을 얻고, 삿된 견해를 가지고 삿된 실천을 하는 사문이나 바라문에게서 믿음을 얻는다. 비구들이여, 이런 얻음이 있다. '이런 것은 없다.'라고 나는 말하지 않는다. 그러나 비구들이여, 이런 얻음은 저열하고 천박하고 범속하고 성스럽지 않고 이익을 가져오지 않고, 염오로, 이탐으로, 소멸로, 가라앉음으로, 실다운 지혜로, 바른 깨달음으로, 열반으로 이끌지 않는다.

그런데 비구들이여, 확고한 믿음과 확고한 사랑과 분명한 다다름과 아주 분명함을 가진 자는 여래나 여래의 제자에 대한 믿음을 얻는다. 비구들이여, 확고한 믿음과 확고한 사랑과 분명한 다다름과 아주 분명함을 가진 자가 여래나 여래의 제자에 대한 믿음을 얻는 이것이 얻음 가운데 위없는 것이다. 중생들의 청정을 위한, 슬픔과 비탄을 건너기 위한, 고통과 고뇌의 줄어듦을 위한, 방법을 얻기 위한, 열반을 실현하기 위한 것이다. 비구들이여, 이것이 얻음의 위없음이라 불린다. 이렇게 봄의 위없음과 들음의 위없음과 얻음의 위없음이 있다.

"sikkhānuttariyañca kathaṃ hoti? idha, bhikkhave, ekacco hatthismimpi sikkhati, assasmimpi sikkhati, rathasmimpi sikkhati, dhanusmimpi sikkhati, tharusmimpi sikkhati, uccāvacaṃ vā pana sikkhati, samaṇassa vā brāhmaṇassa vā micchādiṭṭhikassa micchāpaṭipannassa sikkhati. atthesā, bhikkhave, sikkhā;

nesā natthīti vadāmi. sā ca kho esā, bhikkhave, sikkhā hīnā gammā pothujjanikā anariyā anatthasaṃhitā, na nibbidāya na virāgāya na nirodhāya na upasamāya na abhiññāya na sambodhāya na nibbānāya saṃvattati. yo ca kho, bhikkhave, tathāgatappavedite dhammavinaye adhisīlampi sikkhati, adhicittampi sikkhati, adhipaññampi sikkhati niviṭṭhasaddho niviṭṭhapemo ekantagato abhippasanno, etadānuttariyaṃ, bhikkhave, sikkhānaṃ sattānaṃ visuddhiyā sokaparidevānaṃ samatikkamāya dukkhadomanassānaṃ atthaṅgamāya ñāyassa adhigamāya nibbānassa sacchikiriyāya, yadidaṃ tathāgatappavedite dhammavinaye adhisīlampi sikkhati, adhicittampi sikkhati, adhipaññampi sikkhati, niviṭṭhasaddho niviṭṭhapemo ekantagato abhippasanno. idaṃ vuccati, bhikkhave, sikkhānuttariyaṃ. iti dassanānuttariyaṃ, savanānuttariyaṃ, lābhānuttariyaṃ, sikkhānuttariyaṃ.

식카-눗따리얀짜 까탕 호-띠? 이다, 빅카웨-, 에-깟쪼- 핫티스밈삐 식카띠, 앗사스밈삐 식카띠, 라타스밈삐 식카띠. 다누스밈삐 식카띠, 타루스밈삐 식카띠, 웃짜-와짱 와- 빠나 식카띠, 사마낫사 와- 브라-흐마낫사 와- 밋차-딧티깟사 밋차-빠띠빤낫사 식카띠. 앗테-사-, 빅카웨-, 식카-; 네-사- 낫티-띠 와다-미. 사- 짜 코- 에-사-, 빅카웨-, 식카- 히-나- 감마-뽀-툿자니까- 아나리야- 아낫타상히따-, 나 닙비다-야 나 위라-가-야 나 니로-다-야 나 우빠사마-야 나 아빈냐-야 나 삼보-다-야 나 닙바-나-야 상왓따띠. 요- 짜 코-, 빅카웨-, 따타-가땁빠웨-디떼- 담마위나예- 아디시-ㄹ람삐 식카띠, 아디찟땀삐 식카띠, 아디빤냠삐 식카띠 니윗타산도- 니윗타뻬-모- 에-깐따가또- 아빕빠산노-, 에-따다-눗따리양, 빅카웨-, 식카-낭 삿따-낭 위숟디야- 소-까빠리데-와-낭 사마띡까마-야 둑카도-마낫사-낭 앗탕가마-야 냐-얏사 아디가마-야 닙바-낫사 삿치끼리야-야. 야디당 따타-가땁빠웨-디떼- 담마위나예- 아디시-ㄹ람삐 식카띠, 아디찟땀삐 식카띠, 아디빤냠삐 식카띠, 니윗타산도- 니윗타뻬-모- 에-깐따가또- 아빕빠산노-. 이당 웃짜띠, 빅카웨-, 식카-눗따리양. 이띠 닷사나-눗따리양, 사와나-눗따리양, 라-바-눗따리양, 식카-눗따리양

그러면 어떤 것이 공부의 위없음인가? 비구들이여, 여기 어떤 사람은 코끼리에 대해 공부하고, 말에 대해 공부하고, 마차에 대해 공부하고, 활에 대해 공부하고, 칼에 대해 공부하고, 여러 가지 다른 것에 대해 공부하고, 삿된 견해를 가지고 삿된 실천을 하는 사문이나 바라문에게서 공부한다. 비구들이여, 이런 공부가 있다. '이런 것은 없다.'라고 나는 말하지 않는다. 그러나 비구들이여, 이런 공부는 저열하고 천박하고 범속하고 성스럽지 않고 이익을 가져오지 않고, 염오로, 이탐으로, 소멸로, 가라앉음으로, 실다운 지혜로, 바른 깨달음으로, 열반으로 이끌지 않는다.

그런데 비구들이여, 확고한 믿음과 확고한 사랑과 분명한 다다름과 아주 분명함을 가진 자는 여래가 선언한 법(法)과 율(律)에서 높은 계(戒)를 공부하고 높은 심(心)을 공부하고 높은 혜(慧)를 공부한다. 비구들이여, 확고한 믿음과 확고한 사랑과 분명한 다다름과 아주 분명함

을 가진 자가 여래가 선언한 법과 율에서 높은 계를 공부하고 높은 심을 공부하고 높은 혜를 공부하는 이것이 공부 가운데 위없는 것이다. 중생들의 청정을 위한, 슬픔과 비탄을 건너기 위한, 고통과 고뇌의 줄어듦을 위한, 방법을 얻기 위한, 열반을 실현하기 위한 것이다. 비구들이여, 이것이 공부의 위없음이라 불린다. 이렇게 봄의 위없음과 들음의 위없음과 얻음의 위없음과 공부의 위없음이 있다.

"pāricariyānuttariyañca kathaṃ hoti? idha, bhikkhave, ekacco khattiyampi paricarati, brāhmaṇampi paricarati, gahapatimpi paricarati, uccāvacaṃ vā pana paricarati, samaṇaṃ vā brāhmaṇaṃ vā micchādiṭṭhikaṃ micchāpaṭipannaṃ paricarati. atthesā, bhikkhave, pāricariyā; nesā natthīti vadāmi. sā ca kho esā, bhikkhave, pāricariyā hīnā gammā pothujjanikā anariyā anatthasaṃhitā, na nibbidāya na virāgāya na nirodhāya na upasamāya na abhiññāya na sambodhāya na nibbānāya saṃvattati. yo ca kho, bhikkhave, tathāgataṃ vā tathāgatasāvakaṃ vā paricarati niviṭṭhasaddho niviṭṭhapemo ekantagato abhippasanno, etadānuttariyaṃ, bhikkhave, pāricariyānaṃ sattānaṃ visuddhiyā sokaparidevānaṃ samatikkamāya dukkhadomanassānaṃ atthaṅgamāya ñāyassa adhigamāya nibbānassa sacchikiriyāya, yadidaṃ tathāgataṃ vā tathāgatasāvakaṃ vā paricarati niviṭṭhasaddho niviṭṭhapemo ekantagato abhippasanno. idaṃ vuccati, bhikkhave, pāricariyānuttariyaṃ. iti dassanānuttariyaṃ, savanānuttariyaṃ, lābhānuttariyaṃ, sikkhānuttariyaṃ, pāricariyānuttariyaṃ.

빠-리짜리야-눗따리얀짜 까탕 호-띠? 이다, 빅카웨-, 에-깟쪼- 캇띠얌삐 빠리짜라띠, 브라-흐마남삐 빠리짜라띠, 가하빠띰삐 빠리짜라띠, 웃짜-와짱 와- 빠나 빠리짜라띠, 사마낭 와- 브라-흐마낭 와- 밋차-딧티깡 밋차-빠띠빤낭 빠리짜라띠, 앗테-사-, 빅카웨-, 빠-리짜리야-; 네-사- 낫티-띠 와다-미. 사- 짜 코- 에-사-, 빅카웨-, 빠-리짜리야- 히-나- 감마- 뽀-툿자니까- 아나리야- 아낫타상히따-, 나 닙비다-야 나 위라-가-야 나 니로-다-야 나 우빠사마-야 나 아빈냐-야 나 삼보-다-야 나 닙바-나-야 상왓따띠. 요- 짜 코-, 빅카웨-, 따타-가땅 와- 따타-가따사-와깡 와- 빠리짜라띠 니윗타산도- 니윗타뻬-모- 에-깐따가또- 아빕빠산노-, 에-따다-눗따리양, 빅카웨-, 빠-리짜리야-낭 삿따-낭 위숟디야- 소-까빠리데-와-낭 사마띡까마-야 둑카도-마낫사-낭 앗탕가마-야 냐-야사 아디가마-야 닙바-낫사 삿치끼리야-야. 야디당 따타-가땅 와- 따타-가따사-와깡 와- 빠리짜라띠 니윗타산도- 니윗타뻬-모- 에-깐따가또- 아빕빠산노-. 이당 웃짜띠, 빅카웨-, 빠-리짜리야-눗따리양. 이띠 닷사나-눗따리양, 사와나-눗따리양, 라-바-눗따리양, 식카-눗따리양, 빠-리짜리야-눗따리양

그러면 어떤 것이 섬김의 위없음인가? 비구들이여, 여기 어떤 사람은 끄샤뜨리야를 섬기고, 바라문을 섬기고, 장자를 섬기고, 여러 가지 다른 사람을 섬기고, 삿된 견해를 가지고 삿된 실천을 하는 사문이나 바라문을 섬긴다. 비구들이여, 이런 섬김이 있다. '이런 것은 없다.'라고 나는 말하지 않는다. 그러나 비구들이여, 이런 섬김은 저열하고 천박하고 범속하고 성스

럽지 않고 이익을 가져오지 않고, 염오로, 이탐으로, 소멸로, 가라앉음으로, 실다운 지혜로, 바른 깨달음으로, 열반으로 이끌지 않는다.

그런데 비구들이여, 확고한 믿음과 확고한 사랑과 분명한 다다름과 아주 분명함을 가진 자는 여래나 여래의 제자를 섬긴다. 비구들이여, 확고한 믿음과 확고한 사랑과 분명한 다다름과 아주 분명함을 가진 자가 여래나 여래의 제자를 섬기는 이것이 섬김 가운데 위없는 것이다. 중생들의 청정을 위한, 슬픔과 비탄을 건너기 위한, 고통과 고뇌의 줄어듦을 위한, 방법을 얻기 위한, 열반을 실현하기 위한 것이다. 비구들이여, 이것이 섬김의 위없음이라 불린다. 이렇게 봄의 위없음과 들음의 위없음과 얻음의 위없음과 공부의 위없음과 섬김의 위없음이 있다.

"anussatānuttariyañca kathaṃ hoti? idha, bhikkhave, ekacco puttalābhampi anussarati, dāralābhampi anussarati, dhanalābhampi anussarati, uccāvacaṃ vā pana lābhaṃ anussarati, samaṇaṃ vā brāhmaṇaṃ vā micchādiṭṭhikaṃ micchāpaṭipannaṃ anussarati. atthesā, bhikkhave, anussati; nesā natthīti vadāmi. sā ca kho esā, bhikkhave, anussati hīnā gammā pothujjanikā anariyā anatthasaṃhitā, na nibbidāya na virāgāya na nirodhāya na upasamāya na abhiññāya na sambodhāya na nibbānāya saṃvattati. yo ca kho, bhikkhave, tathāgataṃ vā tathāgatasāvakaṃ vā anussarati niviṭṭhasaddho niviṭṭhapemo ekantagato abhippasanno, etadānuttariyaṃ, bhikkhave, anussatīnaṃ sattānaṃ visuddhiyā sokaparidevānaṃ samatikkamāya dukkhadomanassānaṃ atthaṅgamāya ñāyassa adhigamāya nibbānassa sacchikiriyāya, yadidaṃ tathāgataṃ vā tathāgatasāvakaṃ vā anussarati niviṭṭhasaddho niviṭṭhapemo ekantagato abhippasanno. idaṃ vuccati, bhikkhave, anussatānuttariyaṃ. imāni kho, bhikkhave, cha anuttariyānī"ti.

아눗사따-눗따리얀짜 까탕 호-띠? 이다, 빅카웨-, 에-깟쪼- 뿟딸라-밤삐 아눗사라띠, 다-랄라-밤삐 아눗사라띠, 다날라-밤삐 아눗사라띠, 웃짜-와짱 와- 빠나 라-방 아눗사라띠, 사마낭 와- 브라-흐마낭 와- 밋차-딧티깡 밋차-빠띠빤낭 아눗사라띠, 앗테-사-, 빅카웨-, 아눗사띠; 네-사- 낫티-띠 와다-미. 사- 짜 코- 에-사-, 빅카웨-, 아눗사띠 히-나- 감마- 뽀-툿자니까- 아나리야- 아낫타상히따-, 나 닙비다-야 나 위라-가-야 나 니로-다-야 나 우빠사마-야 나 아빈냐-야 나 삼보-다-야 나 닙바-나-야 상왓따띠. 요- 짜 코-, 빅카웨-, 따타-가땅 와- 따타-가따사-와깡 와- 아눗사라띠 니윗타산도- 니윗타뻬-모- 에-깐따가또- 아빕빠산노-, 에-따다-눗따리양, 빅카웨-, 아눗사띠-낭 삿따-낭 위숟디야- 소-까빠리데-와-낭 사마띡까마-야 둑카도-마낫사-낭 앗탕가마-야 냐-얏사 아디가마-야 닙바-낫사 삿치끼리야-야. 야디당 따타-가땅 와- 따타-가따사-와깡 와- 아눗사라띠 니윗타산도- 니윗타뻬-모- 에-깐따가또- 아빕빠산노-. 이당 웃짜띠, 빅카웨-, 아눗사따-눗따리양. 이마-니 코-, 빅카웨-, 차 아눗따리야-니-"띠

그러면 어떤 것이 기억의 위없음인가? 비구들이여, 여기 어떤 사람은 아들을 얻는 것을 계속해서 기억하고, 아내를 얻는 것을 계속해서 기억하고, 재물을 얻는 것을 계속해서 기억하고, 여러 가지 다른 것을 얻는 것을 계속해서 기억하고, 삿된 견해를 가지고 삿된 실천을 가진 사문이나 바라문을 계속해서 기억한다. 비구들이여, 이런 기억이 있다. '이런 것은 없다.'라고 나는 말하지 않는다. 그러나 비구들이여, 이런 기억은 저열하고 천박하고 범속하고 성스럽지 않고 이익을 가져오지 않고, 염오로, 이탐으로, 소멸로, 가라앉음으로, 실다운 지혜로, 바른 깨달음으로, 열반으로 이끌지 않는다.

그러나 비구들이여, 확고한 믿음과 확고한 사랑과 분명한 다다름과 아주 분명함을 가진 자는 여래나 여래의 제자를 계속해서 기억한다. 비구들이여, 확고한 믿음과 확고한 사랑과 분명한 다다름과 아주 분명함을 가진 자가 여래나 여래의 제자를 계속해서 기억하는 이것이 기억 가운데 위없는 것이다. 중생들의 청정을 위한, 슬픔과 비탄을 건너기 위한, 고통과 고뇌의 줄어듦을 위한, 방법을 얻기 위한, 열반을 실현하기 위한 것이다. 비구들이여, 이것이 기억의 위없음이라 불린다. 비구들이여, 이런 여섯 가지 위없음이 있다."

"ye dassanānuttaraṃ laddhā, savanañca anuttaraṃ.
lābhānuttariyaṃ laddhā, sikkhānuttariye ratā.
"upaṭṭhitā pāricariyā, bhāvayanti anussatiṃ.
vivekappaṭisaṃyuttaṃ, khemaṃ amatagāminiṃ.
"appamāde pamuditā, nipakā sīlasaṃvutā.
te ve kālena paccenti, yattha dukkhaṃ nirujjhatī"ti.

"예- 닷사나-눗따랑 랃다-, 사와난짜 아눗따랑.
라-바-눗따리양 랃다-, 식카-눗따리예- 라따-.
우빳티따- 빠-리짜리야-, 바-와얀띠 아눗사띵.
위웨-깝빠띠상윳땅, 케-망 아마따가-미닝.
압빠마-데- 빠무디따-, 니빠까- 시-ㄹ라상우따-.
떼- 웨- 까-ㄹ레-나 빳쩬띠, 얏타 둑캉 니룻자띠-."띠

"봄의 위없음과 들음의 위없음을 얻고
얻음의 위없음을 얻고, 공부의 위없음을 즐거워하며
섬김을 확립하고 기억을 닦고
떨침과 연결된, 불사(不死)로 향하는 안온(安穩)을 닦으며
불방일(不放逸)에 환희하고 슬기롭고 계로 단속하는 자들
그들에게 참으로 괴로움이 소멸하는 때가 온다." ▣

29. vitthatabalasuttaṃ (AN 7.4-상세한 힘 경)

- ①믿음-정진-사띠-삼매-지혜 = 다섯 가지 힘[오력(五力)]
- ②믿음-히리-옷땁빠-정진-지혜 = 다섯 가지 힘- 유학(有學)의 힘-여래(如來)의 힘

⇒ ①+② 믿음-정진-히리-옷땁빠-사띠-삼매-지혜의 힘 = 일곱 가지 힘

"sattimāni, bhikkhave, balāni. katamāni satta? saddhābala, vīriyabalaṃ, hirībalaṃ, ottappabalaṃ, satibalaṃ, samādhibalaṃ, paññābalaṃ.

삿띠마-니, 빅카웨-, 발라-니. 까따마-니 삿따? 삳다-발라, 위-리야발랑, 히리-발랑, 옷땁빠발랑, 사띠발랑, 사마-디발랑, 빤냐-발랑

비구들이여, 이런 일곱 가지 힘이 있다. 어떤 일곱 가지인가? 믿음의 힘, 정진의 힘, 히리의 힘, 옷땁빠의 힘, 사띠의 힘, 삼매의 힘, 지혜의 힘이다.

"katamañca, bhikkhave, saddhābalaṃ? idha, bhikkhave, ariyasāvako saddho hoti, saddahati tathāgatassa bodhiṃ — 'itipi so bhagavā arahaṃ sammāsambuddho vijjācaraṇasampanno sugato lokavidū anuttaro purisadammasārathi satthā devamanussānaṃ buddho bhagavā'ti. idaṃ vuccati, bhikkhave, saddhābalaṃ.

까따만짜, 빅카웨-, 삳다-발랑? 이다, 빅카웨-, 아리야사-와꼬- 삳도- 호-띠, 삳다하띠 따타-가땃사 보-딩 — '이띠삐 소- 바가와- 아라항 삼마-삼붇도- 윗자-짜라나삼빤노- 수가또- 로-까위두- 아눗따로- 뿌리사담마사-라티 삿타- 데-와마눗사-낭 붇도- 바가와-'띠. 이당 웃짜띠, 빅카웨-, 삳다-발랑

비구들이여, 무엇이 믿음의 힘인가? 여기, 비구들이여, 성스러운 제자는 믿음을 가졌다. '이렇게 그분 세존(世尊)께서는 모든 번뇌 떠나신 분, 스스로 완전한 깨달음을 이루신 분, 밝음과 실천을 갖추신 분, 진리의 길 보이신 분, 세상일을 모두 훤히 아시는 분, 어리석은 이도 잘 이끄시는 위없는 분, 신과 인간의 스승, 깨달으신 분, 존귀하신 분이시다.'라고 여래(如來)의 깨달음을 믿는다. 이것이, 비구들이여, 믿음의 힘이라고 불린다.

"katamañca, bhikkhave, vīriyabalaṃ? idha, bhikkhave, ariyasāvako āraddhavīriyo viharati akusalānaṃ dhammānaṃ pahānāya, kusalānaṃ dhammānaṃ upasampadāya, thāmavā daḷhaparakkamo anikkhittadhuro kusalesu dhammesu. idaṃ vuccati, bhikkhave, vīriyabalaṃ.

까따만짜, 빅카웨-, 위-리야발랑? 이다, 빅카웨-, 아리야사-와꼬- 아-랃다위-리요- 위하라띠 아꾸살라-낭 담마-낭 빠하-나-야, 꾸살라-낭 담마-낭 우빠삼빠다-야, 타-마와- 달하빠

락까모- 아닉킷따두로- 꾸살레-수 담메-수. 이당 웃짜띠, 빅카웨-, 위-리야발랑

비구들이여, 무엇이 정진의 힘인가? 여기, 비구들이여, 성스러운 제자는 불선법(不善法)들의 버림을 위해, 선법(善法)들의 성취를 위해 열심히 정진하면서 머문다. 선법들에 대해 열정적이고 책임을 포기하지 않는 강한 자이다. 이것이, 비구들이여, 정진의 힘이라고 불린다.

“katamañca, bhikkhave, hirībalaṃ? idha, bhikkhave, ariyasāvako hirimā hoti, hirīyati kāyaduccaritena vacīduccaritena manoduccaritena, hirīyati pāpakānaṃ akusalānaṃ dhammānaṃ samāpattiyā. idaṃ vuccati, bhikkhave, hirībalaṃ.

까따만짜, 빅카웨-, 히리-발랑? 이다, 빅카웨-, 아리야사-와꼬- 히리마- 호-띠, 히리-야띠 까-야둣짜리떼-나 와찌-둣짜리떼-나 마노-둣짜리떼-나, 히리-야띠 빠-빠까-낭 아꾸살라-낭 담마-낭 사마-빳띠야-. 이당 웃짜띠, 빅카웨-, 히리-발랑

비구들이여, 무엇이 히리(자책의 두려움)의 힘인가? 여기, 비구들이여, 성스러운 제자는 히리를 가졌다. 몸의 나쁜 행위와 말의 나쁜 행위와 의(意)의 나쁜 행위에 대한 자책(自責)을 두려워하고, 악한 불선법들의 성취에 대한 자책을 두려워한다[히리 한다]. 이것이, 비구들이여, 히리의 힘이라고 불린다.

“katamañca, bhikkhave, ottappabalaṃ? idha, bhikkhave, ariyasāvako ottappī hoti, ottappati kāyaduccaritena vacīduccaritena manoduccaritena, ottappati pāpakānaṃ akusalānaṃ dhammānaṃ samāpattiyā. idaṃ vuccati, bhikkhave, ottappabalaṃ.

까따만짜, 빅카웨-, 옷땁빠발랑? 이다, 빅카웨-, 아리야사-와꼬- 옷땁삐- 호-띠, 옷땁빠띠 까-야둣짜리떼-나 와찌-둣짜리떼-나 마노-둣짜리떼-나, 옷땁빠띠 빠-빠까-낭 아꾸살라-낭 담마-낭 사마-빳띠야-. 이당 웃짜띠, 빅카웨-, 옷땁빠발랑

비구들이여, 무엇이 옷땁빠(타책의 두려움)의 힘인가? 여기, 비구들이여, 성스러운 제자는 옷땁빠를 가졌다. 몸의 나쁜 행위와 말의 나쁜 행위와 의(意)의 나쁜 행위에 대한 타책(他責)을 두려워하고, 악한 불선법들의 성취에 대한 타책을 두려워한다[옷땁바 한다]. 이것이, 비구들이여, 옷땁빠의 힘이라고 불린다.

“katamañca, bhikkhave, satibalaṃ? idha, bhikkhave, ariyasāvako satimā hoti paramena satinepakkena samannāgato cirakatampi cirabhāsitampi saritā anussaritā. idaṃ, vuccati, bhikkhave, satibalaṃ.

까따만짜, 빅카웨-, 사띠발랑? 이다, 빅카웨-, 아리야사-와꼬- 사띠마- 호-띠 빠라메-나 사띠네-빡께-나 사만나-가또- 찌라까땀삐 찌라바-시땀삐 사리따- 아눗사리따-. 이당 웃짜띠, 빅카웨-, 사띠발랑

비구들이여, 무엇이 사띠(알아차림)의 힘인가? 여기, 비구들이여, 성스러운 제자는 사띠를 가졌다. 최상의 사띠와 신중함을 갖추어 오래전에 행한 것에게도, 오래전에 말한 것에게도 다가가서 기억한다. 이것이, 비구들이여, 사띠의 힘이라고 불린다.

"katamañca, bhikkhave, samādhibalaṃ? idha, bhikkhave, ariyasāvako vivicceva kāmehi vivicca akusalehi dhammehi savitakkaṃ savicāraṃ vivekajaṃ pītisukhaṃ paṭhamaṃ jhānaṃ upasampajja viharati. vitakkavicārānaṃ vūpasamā ajjhattaṃ sampasādanaṃ cetaso ekodibhāvaṃ avitakkaṃ avicāraṃ samādhijaṃ pītisukhaṃ dutiyaṃ jhānaṃ upasampajja viharati. pītiyā ca virāgā upekkhako ca viharati sato ca sampajāno sukhañca kāyena paṭisaṃvedeti yaṃ taṃ ariyā ācikkhanti 'upekkhako satimā sukhavihārī'ti tatiyaṃ jhānaṃ upasampajja viharati. sukhassa ca pahānā dukkhassa ca pahānā pubbeva somanassadomanassānaṃ atthaṅgamā adukkhamasukhaṃ upekkhāsatipārisuddhiṃ catutthaṃ jhānaṃ upasampajja viharati. idaṃ vuccati, bhikkhave, samādhibalaṃ.

까따만짜, 빅카웨-, 사마-디발랑? 이다, 빅카웨-, 아리야사-와꼬- 위윗쩨-와 까-메-히 위윗짜 아꾸살레-히 담메-히 사위딱깡 사위짜-랑 위웨-까장 삐-띠수캉 빠타망 자-낭 우빠삼빳자 위하라띠. 위딱까위짜-라-낭 우-빠사마- 앗잣땅 삼빠사-다낭 쩨-따소- 에-꼬-디바-왕 아위딱깡 아위짜-랑 사마-디장 삐-띠수캉 두띠양 자-낭 우빠삼빳자 위하라띠. 삐-띠야- 짜 위라-가- 우뻭카꼬- 짜 위하라띠 사또- 짜 삼빠자-노-, 수칸짜 까-예-나 빠띠상웨-데-띠, 양 땅 아리야- 아-찍칸띠 — '우뻭카꼬- 사띠마- 수카위하-리-'띠 따띠양 자-낭 우빠삼빳자 위하라띠. 수캇사 짜 빠하-나- 둑캇사 짜 빠하-나- 뿝베-와 소-마낫사도-마낫사-낭 앗탕가마- 아둑카마수캉 우뻭카-사띠빠-리숟딩 짜뚯탕 자-낭 우빠삼빳자 위하라띠. 이당 웃짜띠, 빅카웨-, 사마-디발랑

비구들이여, 무엇이 삼매의 힘인가? 여기, 비구들이여, 성스러운 제자는 소유의 삶에서 벗어나고, 불선법(不善法)들에서 벗어나서, 위딱까가 있고 위짜라가 있고 떨침에서 생긴 기쁨과 즐거움의 초선(初禪)을 성취하여 머문다. 위딱까와 위짜라의 가라앉음으로 인해, 안으로 평온함과 마음의 집중된 상태가 되어, 위딱까도 없고 위짜라도 없이, 삼매에서 생긴 기쁨과 즐거움의 제이선(第二禪)을 성취하여 머문다. 기쁨의 바램으로부터 평정하게 머물고, 사띠와 바른 앎을 가지고 몸으로 즐거움을 경험하면서, 성인들이 '평정을 가진 자, 사띠를 가진 자, 즐거움에 머무는 자[사념락주(捨念樂住)].'라고 말하는 제삼선(第三禪)을 성취하여 머문다. 즐거움의 버림과 괴로움의 버림으로부터, 이미 만족과 불만들의 줄어듦으로부터, 괴로움도 즐

거움도 없고 평정과 청정한 사띠[사념청정(捨念淸淨)]의 제사선(第四禪)을 성취하여 머문다. 이것이 비구들이여, 삼매의 힘이라고 불린다.

"katamañca, bhikkhave, paññābalaṃ? idha, bhikkhave, ariyasāvako paññavā hoti udayatthagāminiyā paññāya samannāgato ariyāya nibbedhikāya sammā dukkhakkhayagāminiyā. idaṃ vuccati, bhikkhave, paññābalaṃ. imāni kho, bhikkhave, satta balānīti.

까따만짜, 빅카웨-, 빤냐-발랑? 이다, 빅카웨-, 아리야사-와꼬- 빤냐와- 호-띠 우다얏타가-미니야- 빤냐-야 사만나-가또- 아리야-야 닙베-디까-야, 삼마- 둑칵카야가-미니야-. 이당 웃짜띠, 빅카웨-, 빤냐-발랑. 이마-니 코-, 빅카웨-, 삿따 발라-니-띠

비구들이여, 무엇이 지혜의 힘인가? 여기, 비구들이여, 성스러운 제자는 지혜를 가졌다. 자라남-줄어듦으로 이끌고, 성스러운 꿰뚫음에 의해 바르게 괴로움의 부서짐으로 이끄는 지혜를 갖추었다. 이것이 비구들이여, 지혜의 힘이라고 불린다. 이것이, 비구들이여, 일곱 가지 힘이다.

"saddhābalaṃ vīriyañca, hirī ottappiyaṃ balaṃ.
satibalaṃ samādhi ca, paññā ve sattamaṃ balaṃ.
etehi balavā bhikkhu, sukhaṃ jīvati paṇḍito.

산다-발랑 위-리얀짜, 히리- 옷땁삐양 발랑
사띠발랑 사마-디 짜, 빤냐- 웨- 삿따망 발랑
에-떼-히 발라와- 빅쿠, 수캉 지-와띠 빤디또-

믿음과 정진의 힘, 히리와 옷땁빠의 힘
사띠와 삼매의 힘, 일곱 번째로 지혜의 힘
이런 힘을 가진 현명한 비구는 행복하게 산다.

"yoniso vicine dhammaṃ, paññāyatthaṃ vipassati.
pajjotasseva nibbānaṃ, vimokkho hoti cetaso"ti.

요-니소- 위찌네- 담망, 빤냐-얏탕 위빳사띠
빳조-땃세-와 닙바-낭, 위목코- 호-띠 쩨-따소-"띠

들어맞게 법을 조사하고, 지혜로써 의미를 관찰한다.
등불을 불어서 끄듯이, 심(心)이 해탈한다. ▣

30. vitthatadhanasuttaṃ (AN 7.6-상세한 재산 경)

- 일곱 가지 재산 — 믿음-계-히리-옷땁빠-배움-보시-지혜의 재산
- 후계자와 함께하지 않음 즉 죽을 때 가져가는 재산(AN 7.7-욱가 경)

"sattimāni, bhikkhave, dhanāni. katamāni satta? saddhādhanaṃ, sīladhanaṃ, hirīdhanaṃ, ottappadhanaṃ, sutadhanaṃ, cāgadhanaṃ, paññādhanaṃ.

삿띠마-니, 빅카웨-, 다나-니. 까따마-니 삿따? 삳다-다낭, 시-ㄹ라다낭, 히리-다낭, 옷땁빠다낭, 수따다낭, 짜-가다낭, 빤냐-다낭

비구들이여, 이런 일곱 가지 재산이 있다. 어떤 일곱 가지인가? 믿음의 재산, 계의 재산, 히리의 재산, 옷땁빠의 재산, 배움의 재산, 보시의 재산, 지혜의 재산 — 비구들이여, 이런 일곱 가지 재산이 있다.

"katamañca, bhikkhave, saddhādhanaṃ? idha, bhikkhave, ariyasāvako saddho hoti, saddahati tathāgatassa bodhiṃ — 'itipi so bhagavā arahaṃ sammāsambuddho vijjācaraṇasampanno sugato lokavidū anuttaro purisadammasārathi satthā devamanussānaṃ buddho bhagavā'ti. idaṃ vuccati, bhikkhave, saddhādhanaṃ.

까따만짜, 빅카웨-, 삳다-다낭? 이다, 빅카웨-, 아리야사-와꼬- 삳도- 호-띠, 삳다하띠 따타-가땃사 보-딩 — '이띠삐 소- 바가와- 아라항 삼마-삼붇도- 윗자-짜라나삼빤노- 수가또- 로-까위두- 아눗따로- 뿌리사담마사-라티 삿타- 데-와마눗사-낭 붇도- 바가와-'띠. 이당 웃짜띠, 빅카웨-, 삳다-다낭

비구들이여, 무엇이 믿음의 재산인가? 여기, 비구들이여, 성스러운 제자는 믿음을 가졌다. '이렇게 그분 세존(世尊)께서는 모든 번뇌 떠나신 분, 스스로 완전한 깨달음을 이루신 분, 밝음과 실천을 갖추신 분, 진리의 길 보이신 분, 세상일을 모두 훤히 아시는 분, 어리석은 이도 잘 이끄시는 위없는 분, 신과 인간의 스승, 깨달으신 분, 존귀하신 분이시다.'라고 여래(如來)의 깨달음을 믿는다. 이것이, 비구들이여, 믿음의 재산이라고 불린다.

"katamañca, bhikkhave, sīladhanaṃ? idha, bhikkhave, ariyasāvako pāṇātipātā paṭivirato hoti, adinnādānā paṭivirato hoti, kāmesumicchācārā paṭivirato hoti, musāvādā paṭivirato hoti, surāmerayamajjappamādaṭṭhānā paṭivirato hoti. idaṃ vuccati, bhikkhave, sīladhanaṃ.

까따만짜, 빅카웨-, 시-ㄹ라다낭? 이다, 빅카웨-, 아리야사-와꼬- 빠-나-띠빠-따- 빠띠위라

또- 호-띠, 아딘나-다-나- 빠띠위라또- 호-띠, 까-메-수밋차-짜-라- 빠띠위라또- 호-띠, 무사-와-다- 빠띠위라또- 호-띠, 수라-메-라야맛잡빠마-닷타-나- 빠띠위라또- 호-띠. 이당 웃짜띠, 빅카웨-, 시-ㄹ라다낭

비구들이여, 무엇이 계의 재산인가? 여기, 비구들이여, 성스러운 제자는 생명을 해치는 행위를 피하고, 주지 않는 것을 가지는 행위를 피하고, 음행에 대해 삿된 행위를 피하고, 거짓을 말하는 행위를 피하고, 술과 발효액 등 취하게 하는 것으로 인한 방일한 머묾을 피한다. — 이것이, 비구들이여, 계의 재산이라고 불린다.

"katamañca, bhikkhave, hirīdhanaṃ? idha, bhikkhave, ariyasāvako hirīmā hoti, hirīyati kāyaduccaritena vacīduccaritena manoduccaritena, hirīyati pāpakānaṃ akusalānaṃ dhammānaṃ samāpattiyā. idaṃ vuccati, bhikkhave, hirīdhanaṃ.

까따만짜, 빅카웨-, 히리-다낭? 이다, 빅카웨-, 아리야사-와꼬- 히리-마- 호-띠, 히리-야띠 까-야둣짜리떼-나 와찌-둣짜리떼-나 마노-둣짜리떼-나, 히리-야띠 빠-빠까-낭 아꾸살라-낭 담마-낭 사마-빳띠야-. 이당 웃짜띠, 빅카웨-, 히리-다낭

비구들이여, 무엇이 히리(자책의 두려움)의 재산인가? 여기, 비구들이여, 성스러운 제자는 히리를 가졌다. 몸의 나쁜 행위와 말의 나쁜 행위와 의(意)의 나쁜 행위에 대한 자책(自責)을 두려워하고, 악한 불선법들의 성취에 대한 자책을 두려워한다[히리 한다]. 이것이, 비구들이여, 히리의 재산이라고 불린다.

"katamañca, bhikkhave, ottappadhanaṃ? idha, bhikkhave, ariyasāvako ottappī hoti, ottappati kāyaduccaritena vacīduccaritena manoduccaritena, ottappati pāpakānaṃ akusalānaṃ dhammānaṃ samāpattiyā. idaṃ vuccati, bhikkhave, ottappadhanaṃ.

까따만짜, 빅카웨-, 옷땁빠다낭? 이다, 빅카웨-, 아리야사-와꼬- 옷땁삐- 호-띠, 옷땁빠띠 까-야둣짜리떼-나 와찌-둣짜리떼-나 마노-둣짜리떼-나, 옷땁빠띠 빠-빠까-낭 아꾸살라-낭 담마-낭 사마-빳띠야-. 이당 웃짜띠, 빅카웨-, 옷땁빠다낭

비구들이여, 무엇이 옷땁빠(타책의 두려움)의 재산인가? 여기, 비구들이여, 성스러운 제자는 옷땁빠를 가졌다. 몸의 나쁜 행위와 말의 나쁜 행위와 의(意)의 나쁜 행위에 대한 타책을 두려워하고, 악한 불선법들의 성취에 대한 타책을 두려워한다[옷땁바 한다]. 이것이, 비구들이여, 옷땁빠의 재산이라고 불린다.

"katamañca, bhikkhave, sutadhanaṃ? idha, bhikkhave, ariyasāvako bahussuto hoti sutadharo sutasannicayo. ye te dhammā ādikalyāṇā majjhekalyāṇā pariyosānakalyāṇā sātthaṃ sabyañjanaṃ, kevalaparipuṇṇaṃ parisuddhaṃ brahmacariyaṃ abhivadanti. tathārūpāssa dhammā bahussutā honti dhātā vacasā paricitā manasānupekkhitā diṭṭhiyā suppaṭividdhā. idaṃ vuccati, bhikkhave, sutadhanaṃ.

까따만짜, 빅카웨-, 수따다낭? 이다, 빅카웨-, 아리야사-와꼬- 바훗수또- 호-띠 수따다로-수따산니짜요-, 예- 떼- 담마- 아-디깔랴-나- 맛제-깔랴-나- 빠리요-사-나깔랴-나- 사-ㅅ탕 사뱐자낭 께-왈라빠리뿐낭 빠리숟당 브라흐마짜리양 아비와단띠, 따타-루-빠-ㅅ사 담마- 바훗수따- 혼띠 다-따- 와짜사- 빠리찌따- 마나사-누뻭키따-, 딧티야- 숩빠띠윋다-, 이당 웃짜띠, 빅카웨-, 수따다낭

비구들이여, 무엇이 배움의 재산인가? 여기, 비구들이여, 성스러운 제자는 많이 배우고, 배운 것을 명심하고, 배운 것을 쌓는다. 처음도 좋고 중간에도 좋고 끝도 좋은, 의미를 갖추고 표현을 갖춘 법들과 온전하게 완전하고 청정한 범행(梵行)을 선언하는 가르침을 많이 배우고 만족하고 말에 의해 익숙해지고 의(意)로써 이어보고 견해로써 잘 꿰뚫는다. 이것이, 비구들이여, 배움의 재산이라고 불린다.

"katamañca, bhikkhave, cāgadhanaṃ? idha, bhikkhave, ariyasāvako vigatamalamaccherena cetasā agāraṃ ajjhāvasati muttacāgo payatapāṇi vossaggarato yācayogo dānasaṃvibhāgarato. idaṃ vuccati, bhikkhave, cāgadhanaṃ.

까따만짜, 빅카웨-, 짜-가다낭? 이다, 빅카웨-, 아리야사-와꼬- 위가따말라맛체-레-나 쩨-따사- 아가-랑 앗자-와사띠 뭇따짜-고- 빠야따빠-니 옷삭가라또- 야-짜요-고- 다-나상위바-가라또-. 이당 웃짜띠, 빅카웨-, 짜-가다낭

비구들이여, 무엇이 보시의 재산인가? 여기, 비구들이여, 성스러운 제자는 인색의 때에서 벗어난 심(心)으로 자유롭게 보시하고, 손은 깨끗하고, 주기를 좋아하고, 다른 사람의 요구에 응할 준비가 되어있고, 베풂과 나눔을 좋아하며 재가에 산다. 이것이, 비구들이여, 보시의 재산이라고 불린다.

"katamañca, bhikkhave, paññādhanaṃ? idha, bhikkhave, ariyasāvako paññavā hoti udayatthagāminiyā paññāya samannāgato ariyāya nibbedhikāya sammā dukkhakkhayagāminiyā. idaṃ vuccati, bhikkhave, paññādhanaṃ. imāni kho, bhikkhave, sattadhanānīti.

까따만짜, 빅카웨-, 빤냐-다낭? 이다, 빅카웨-, 아리야사-와꼬- 빤냐와- 호-띠 우다얏타가-미니야- 빤냐-야 사만나-가또- 아리야-야 닙베-디까-야 삼마- 둑칵카야가-미니야-. 이당 웃짜띠, 빅카웨-, 빤냐-다낭. 이마-니 코-, 빅카웨-, 삿따다나-니-띠

비구들이여, 무엇이 지혜의 재산인가? 여기, 비구들이여, 성스러운 제자는 지혜를 가졌다. 자라남-줄어듦으로 이끌고, 성스러운 꿰뚫음에 의해 바르게 괴로움의 부서짐으로 이끄는 지혜를 갖추었다. — 이것이 비구들이여, 지혜의 재산이라고 불린다. 비구들이여, 이런 일곱 가지 재산이 있다.

"saddhādhanaṃ sīladhanaṃ, hirī ottappiyaṃ dhanaṃ.
sutadhanañca cāgo ca, paññā ve sattamaṃ dhanaṃ.

삳다-다낭 시-ㄹ라다낭, 히리- 옷땁삐양 다낭
수따다난짜 짜-고- 짜, 빤냐- 웨- 삿따망 다낭

믿음의 재산, 계의 재산, 히리와 옷땁빠의 재산
배움과 보시의 재산, 일곱 번째로 지혜의 재산

"yassa ete dhanā atthi, itthiyā purisassa vā.
adaliddoti taṃ āhu, amoghaṃ tassa jīvitaṃ.

얏사 에-떼- 다나- 앗티, 잇티야- 뿌리삿사 와-.
아달릳도-띠 땅 아-후, 아모-강 땃사 지-위땅

여자거나 남자 가운데 이런 재산을 가진 사람을 가난하지 않다고 사람들은 말한다.
그의 삶은 쓸모없지 않다.

"tasmā saddhañca sīlañca, pasādaṃ dhammadassanaṃ.
anuyuñjetha medhāvī, saraṃ buddhāna sāsanan"ti.

따스마- 삳단짜 시-ㄹ란짜, 빠사-당 담마닷사낭
아누윤제-타 메-다-위-, 사랑 붇다-나 사-사난"띠

그러므로 현명한 자는 믿음과 계(戒)와 분명하게 법을 보는 일
그리고 부처님들의 가르침에 대한 기억을 실천하게 해야[가르쳐야] 한다. ▣

31. assaddhasuttaṃ (AN 4.202-믿음이 없는 사람 경)

- 일곱 가지 정법 — 믿음(saddha)-히리(hiri)-옷땁빠(ottappa)-많이 배움(bahussuta)-열심히 정진함(āraddhavīriya)-사띠(sati)-지혜(paññā)

- 고결하지 않은 사람 — 일곱 가지 부정법(不正法)을 갖춘 사람
- 고결하지 않은 사람보다 더 고결하지 않은 사람 — 자기도 일곱 가지 부정법을 갖추고, 남에게도 일곱 가지 부정법을 갖추도록 부추기는 사람

- 고결한 사람 — 일곱 가지 정법(正法)을 갖춘 사람
- 고결한 사람보다 더 고결한 사람 — 자기도 일곱 가지 정법을 갖추고, 남에게도 일곱 가지 정법을 갖추도록 부추기는 사람

"asappurisañca vo, bhikkhave, desessāmi, asappurisena asappurisatarañca; sappurisañca, sappurisena sappurisatarañca. taṃ suṇātha sādhukaṃ manasi karotha, bhāsissāmī"ti. "evaṃ, bhante"ti kho te bhikkhū bhagavato paccassosuṃ. bhagavā etadavoca —

아삽뿌리산짜 오-, 빅카웨-, 데-셋사-미, 아삽뿌리세-나 아삽뿌리사따란짜; 삽뿌리산짜, 삽뿌리세-나 삽뿌리사따란짜. 땅 수나-타, 사-두깡 마나시 까로-타, 바-싯사-미-"띠. "에-왕, 반떼-"띠 코- 떼- 빅쿠- 바가와또- 빳짯소-숭. 바가와- 에-따다오-짜 —

비구들이여, 그대들에게 고결하지 않은 사람과 고결하지 않은 사람보다 더 고결하지 않은 사람 그리고 고결한 사람과 고결한 사람보다 더 고결한 사람에 대해 설하겠다. 그것을 듣고 잘 사고하라. 나는 말할 것이다." "알겠습니다, 대덕이시여."라고 그 비구들은 세존에게 대답했다. 세존은 이렇게 말했다. —

"katamo ca, bhikkhave, asappuriso? idha, bhikkhave, ekacco assaddho hoti, ahiriko hoti, anottappī hoti, appassuto hoti, kusīto hoti, muṭṭhassati hoti, duppañño hoti. ayaṃ vuccati, bhikkhave, asappuriso.

까따모- 짜, 빅카웨-, 아삽뿌리소-? 이다, 빅카웨-, 에-깟쪼- 앗삳도- 호-띠, 아히리꼬- 호-띠, 아놋땁삐- 호-띠, 압빳수또- 호-띠, 꾸시-또- 호-띠, 뭇탓사띠 호-띠, 둡빤뇨- 호-띠. 아양 웃짜띠, 빅카웨-, 아삽뿌리소-

"비구들이여, 무엇이 고결하지 않은 사람인가? 여기, 비구들이여, 어떤 사람은 믿음이 없고, 히리가 없고, 옷땁빠가 없고, 배우지 못했고, 게으르고, 사띠를 잊었고, 지혜가 없다. 이 사람이, 비구들이여, 고결하지 않은 사람이라고 불린다.

“katamo ca, bhikkhave, asappurisena asappurisataro? idha, bhikkhave, ekacco attanā ca assaddho hoti, parañca assaddhiye samādapeti; attanā ca ahiriko hoti, parañca ahirikatāya samādapeti; attanā ca anottappī hoti, parañca anottappe samādapeti; attanā ca appassuto hoti, parañca appassute samādapeti; attanā ca kusīto hoti, parañca kosajje samādapeti; attanā ca muṭṭhassati hoti, parañca muṭṭhassacce samādapeti; attanā ca duppañño hoti, parañca duppaññatāya samādapeti. ayaṃ vuccati, bhikkhave, asappurisena asappurisataro.

까따모- 짜, 빅카웨-, 아삽뿌리세-나 아삽뿌리사따로-? 이다, 빅카웨-, 에-깟쪼- 앗따나- 짜 앗삳도- 호-띠, 빠란짜 앗삳디예- 사마-다뻬-띠; 앗따나- 짜 아히리꼬- 호-띠, 빠란짜 아히리까따-야 사마-다뻬-띠; 앗따나- 짜 아놋땁삐- 호-띠, 빠란짜 아놋땁뻬- 사마-다뻬-띠; 앗따나- 짜 압빳수또- 호-띠, 빠란짜 압빳수떼- 사마-다뻬-띠; 앗따나- 짜 꾸시-또- 호-띠, 빠란짜 꼬-삿제- 사마-다뻬-띠; 앗따나- 짜 뭇탓사띠 호-띠, 빠란짜 뭇탓삿쩨- 사마-다뻬-띠; 앗따나- 짜 둡빤뇨- 호-띠, 빠란짜 둡빤냐따-야 사마-다뻬-띠. 아양 웃짜띠, 빅카웨-, 아삽뿌리세-나 아삽뿌리사따로-

비구들이여, 무엇이 고결하지 않은 사람보다 더 고결하지 않은 사람인가? 여기, 비구들이여, 어떤 사람은 자기도 믿음이 없고, 남에게도 믿음이 없도록 부추긴다. 자기도 히리가 없고, 남에게도 히리가 없도록 부추긴다. 자기도 옷땁빠가 없고, 남에게도 옷땁빠가 없도록 부추긴다. 자기도 배우지 못했고, 남에게도 배우지 못하도록 부추긴다. 자기도 게으르고, 남에게도 게으르도록 부추긴다. 자기도 사띠를 잊었고, 남에게도 사실을 놓치도록 부추긴다. 자기도 지혜가 없고, 남에게도 지혜가 없도록 부추긴다. 이 사람이, 비구들이여, 고결하지 않은 사람보다 더 고결하지 않은 사람이라고 불린다.

“katamo ca, bhikkhave, sappuriso? idha, bhikkhave, ekacco saddho hoti, hirimā hoti, ottappī hoti, bahussuto hoti, āraddhavīriyo hoti, satimā hoti, paññavā hoti. ayaṃ vuccati, bhikkhave, sappuriso.

까따모- 짜, 빅카웨-, 삽뿌리소-? 이다, 빅카웨-, 에-깟쪼- 삳도 호-띠, 히리마- 호-띠, 옷땁삐- 호-띠, 바훗수또- 호-띠, 아-랃다위-리요- 호-띠, 사띠마- 호-띠, 빤냐와- 호-띠. 아양 웃짜띠, 빅카웨-, 삽뿌리소-

비구들이여, 무엇이 고결한 사람인가? 여기, 비구들이여, 어떤 사람은 믿음이 있고, 히리가 있고, 옷땁빠가 있고, 많이 배웠고, 열심히 정진하고, 사띠를 가졌고, 지혜가 있다. 이 사람이, 비구들이여, 고결한 사람이라고 불린다.

"katamo ca, bhikkhave, sappurisena sappurisataro? idha, bhikkhave, ekacco attanā ca saddhāsampanno hoti, parañca saddhāsampadāya samādapeti; attanā ca hirimā hoti, parañca hirimatāya samādapeti; attanā ca ottappī hoti, parañca ottappe samādapeti; attanā ca bahussuto hoti, parañca bāhusacce samādapeti; attanā ca āraddhavīriyo hoti, parañca vīriyārambhe samādapeti; attanā ca upaṭṭhitassati hoti, parañca satiupaṭṭhāne samādapeti; attanā ca paññāsampanno hoti, parañca paññāsampadāya samādapeti. ayaṃ vuccati, bhikkhave, sappurisena sappurisataro"ti.

까따모- 짜, 빅카웨-, 삽뿌리세-나 삽뿌리사따로-? 이다, 빅카웨-, 에-깟쪼- 앗따나- 짜 산다-삼빤노- 호-띠, 빠란짜 산다-삼빠다-야 사마-다뻬-띠; 앗따나- 짜 히리마- 호-띠, 빠란짜 히리마따-야 사마-다뻬-띠; 앗따나- 짜 옷땁삐- 호-띠, 빠란짜 옷땁뻬- 사마-다뻬-띠; 앗따나- 짜 바훗수또- 호-띠, 빠란짜 바-후삿쩨- 사마-다뻬-띠; 앗따나- 짜 아-랃다위-리요- 호-띠, 빠란짜 위-리야-람베- 사마-다뻬-띠; 앗따나- 짜 우빳티땃사띠 호-띠, 빠란짜 사띠우빳타-네- 사마-다뻬-띠; 앗따나- 짜 빤냐-삼빤노- 호-띠, 빠란짜 빤냐-삼빠다-야 사마-다뻬-띠. 아양 웃짜띠, 빅카웨-, 삽뿌리세-나 삽뿌리사따로-"띠

비구들이여, 무엇이 고결한 사람보다 더 고결한 사람인가? 여기, 비구들이여, 어떤 사람은 자기도 믿음을 갖췄고, 남에게도 믿음을 갖추도록 부추긴다. 자기도 히리가 있고, 남에게도 히리 하도록 부추긴다. 자기도 옷땁빠가 있고, 남에게도 옷땁빠 하도록 부추긴다. 자기도 많이 배웠고, 남에게도 많이 배우도록 부추긴다. 자기도 열심히 정진하고, 남에게도 노력하도록 부추긴다. 자기도 사띠를 확립했고, 남에게도 사띠를 확립하도록 부추긴다. 자기도 지혜를 갖췄고, 남에게도 지혜를 갖추도록 부추긴다. 이 사람이, 비구들이여, 고결한 사람보다 더 고결한 사람이라고 불린다." ▣

배워 알고 실천하는 불교 신자!

32. paṭhamamaraṇassatisuttaṃ (AN 8.73-죽음에 대한 사띠 경1)

- 죽음에 대한 사띠[사념(死念)]를 닦고 많이 행할 때 큰 결실이 있고, 큰 이익이 있으며, 불사(不死)로 들어가고, 불사(不死)가 완성됨

- 방일(放逸)한 자로 머물고, 번뇌들의 부서짐을 위한 죽음에 대한 사띠를 느리게 닦는 경우

- 불방일(不放逸)한 자로 머물고, 번뇌들의 부서짐을 위한 죽음에 대한 사띠를 빠르게 닦는 경우

— '나는 한 숟갈을 씹고 삼키는 사이에 죽을지도 모른다. 세존의 가르침을 사고해야 한다. 나는 많이 행할 것이다.'
— '나는 들이쉰 숨을 내쉬거나 내쉰 숨을 들이쉬는 사이에 죽을지도 모른다. 세존의 가르침을 사고해야 한다. 나는 많이 행할 것이다.'

ekaṃ samayaṃ bhagavā nātike viharati giñjakāvasathe. tatra kho bhagavā bhikkhū āmantesi — "bhikkhavo"ti. "bhadante"ti te bhikkhū bhagavato paccassosuṃ. bhagavā etadavoca — "maraṇassati, bhikkhave, bhāvitā bahulīkatā mahapphalā hoti mahānisaṃsā amatogadhā amatapariyosānā. bhāvetha no tumhe, bhikkhave, maraṇassatin"ti.

에-깡 사마양 바가와- 나-띠께- 위하라띠 긴자까-와사테-. 따뜨라 코- 바가와- 빅쿠- 아-만떼-시 — "빅카오-"띠. "바단떼-"띠 떼- 빅쿠- 바가와또- 빳짯소-숭. 바가와- 에-따다오-짜 — "마라낫사띠, 빅카웨-, 바-위따- 바훌리-까따- 마합팔라- 호-띠 마하-니상사- 아마또-가다- 아마따빠리요-사-나-. 바-웨-타 노- 뚬헤-, 빅카웨-, 마라낫사띤"띠

한때 세존은 나띠까에서 벽돌집에 머물렀다. 거기서 세존은 "비구들이여."라고 비구들을 불렀다. "대덕이시여."라고 그 비구들은 세존에게 대답했다. 세존은 이렇게 말했다. — "비구들이여, 죽음에 대한 사띠[사념(死念)]를 닦고 많이 행할 때 큰 결실이 있고, 큰 이익이 있으며, 불사(不死)로 들어가고, 불사가 완성된다. 비구들이여, 그대들은 죽음에 대한 사띠를 닦아야 한다."라고.

evaṃ vutte aññataro bhikkhu bhagavantaṃ etadavoca — "ahaṃ kho, bhante, bhāvemi maraṇassatin"ti. "yathā kathaṃ pana tvaṃ, bhikkhu, bhāvesi maraṇassatin"ti? "idha mayhaṃ, bhante, evaṃ hoti — 'aho vatāhaṃ rattindivaṃ jīveyyaṃ, bhagavato sāsanaṃ manasi kareyyaṃ, bahu vata me kataṃ assā'ti. evaṃ kho ahaṃ, bhante, bhāvemi maraṇassatin"ti.

에-왕 웃떼- 안냐따로- 빅쿠 바가완땅 에-따다오-짜 — "아항 코-, 반떼-, 바-웨-미 마라낫

사띤"띠. "야타- 까탕 빠나 뜨왕, 빅쿠, 바-웨-시 마라낫사띤"띠? "이다 마이항, 반떼-, 에-왕 호-띠 — '아호- 와따-항 랏띤디왕 지-웨이양, 바가와또- 사-사낭 마나시 까레이양, 바후 와따 메- 까땅 앗사-'띠. 에-왕 코- 아항, 반떼-, 바-웨-미 마라낫사띤"띠

이렇게 말했을 때, 어떤 비구가 세존에게 "대덕이시여, 저는 죽음에 대한 사띠를 닦습니다." 라고 말했다. "그렇다면 비구여, 그대는 어떻게 죽음에 대한 사띠를 닦는가?" "여기, 대덕이시여, 저는 이렇게 생각합니다. — '나는 밤이나 낮 동안에 죽을지도 모른다. 세존의 가르침을 사고해야 한다. 나는 많이 행할 것이다.'라고. 이렇게, 대덕이시여, 저는 죽음에 대한 사띠를 닦습니다."

aññataropi kho bhikkhu bhagavantaṃ etadavoca — "ahampi kho, bhante, bhāvemi maraṇassatin"ti. "yathā kathaṃ pana tvaṃ, bhikkhu, bhāvesi maraṇassatin"ti? "idha mayhaṃ, bhante, evaṃ hoti — 'aho vatāhaṃ divasaṃ jīveyyaṃ, bhagavato sāsanaṃ manasi kareyyaṃ, bahu vata me kataṃ assā'ti. evaṃ kho ahaṃ, bhante, bhāvemi maraṇassatin"ti.

안냐따로-삐 코- 빅쿠 바가완땅 에-따다오-짜 — "아함삐 코-, 반떼-, 바-웨-미 마라낫사띤"띠. "야타- 까탕 빠나 뜨왕, 빅쿠, 바-웨-시 마라낫사띤"띠? "이다 마이항, 반떼-, 에-왕 호-띠 — '아호- 와따-항 디와상 지-웨이양, 바가와또- 사-사낭 마나시 까레이양, 바후 와따 메- 까땅 앗사-'띠. 에-왕 코- 아항, 반떼-, 바-웨-미 마라낫사띤"띠

다른 비구도 세존에게 "대덕이시여, 저도 죽음에 대한 사띠를 닦습니다."라고 말했다. "그렇다면 비구여, 그대는 어떻게 죽음에 대한 사띠를 닦는가?" "여기, 대덕이시여, 저는 이렇게 생각합니다. — '나는 낮 동안에 죽을지도 모른다. 세존의 가르침을 사고해야 한다. 나는 많이 행할 것이다.'라고. 이렇게, 대덕이시여, 저는 죽음에 대한 사띠를 닦습니다."

aññataropi kho bhikkhu bhagavantaṃ etadavoca — "ahampi kho, bhante, bhāvemi maraṇassatin"ti. "yathā kathaṃ pana tvaṃ, bhikkhu, bhāvesi maraṇassatin"ti? "idha mayhaṃ, bhante, evaṃ hoti — 'aho vatāhaṃ upaḍḍhadivasaṃ jīveyyaṃ, bhagavato sāsanaṃ manasi kareyyaṃ, bahu vata me kataṃ assā'ti. evaṃ kho ahaṃ, bhante, bhāvemi maraṇassatin"ti.

안냐따로-삐 코- 빅쿠 바가완땅 에-따다오-짜 — "아함삐 코-, 반떼-, 바-웨-미 마라낫사띤"띠. "야타- 까탕 빠나 뜨왕, 빅쿠, 바-웨-시 마라낫사띤"띠? "이다 마이항, 반떼-, 에-왕 호-띠 — '아호- 와따-항 우빤다디와상 지-웨이양, 바가와또- 사-사낭 마나시 까레이양, 바후 와따 메- 까땅 앗사-'띠. 에-왕 코- 아항, 반떼-, 바-웨-미 마라낫사띤"띠

다른 비구도 세존에게 "대덕이시여, 저도 죽음에 대한 사띠를 닦습니다."라고 말했다. "그렇다면 비구여, 그대는 어떻게 죽음에 대한 사띠를 닦는가?" "여기, 대덕이시여, 저는 이렇게 생각합니다. — '나는 한나절 동안에 죽을지도 모른다. 세존의 가르침을 사고해야 한다. 나는 많이 행할 것이다.'라고. 이렇게, 대덕이시여, 저는 죽음에 대한 사띠를 닦습니다."

aññataropi kho bhikkhu bhagavantaṃ etadavoca — "ahampi kho, bhante, bhāvemi maraṇassatin"ti. "yathā kathaṃ pana tvaṃ, bhikkhu, bhāvesi maraṇassatin"ti? "idha mayhaṃ, bhante, evaṃ hoti — 'aho vatāhaṃ tadantaraṃ jīveyyaṃ yadantaraṃ ekapiṇḍapātaṃ bhuñjāmi, bhagavato sāsanaṃ manasi kareyyaṃ, bahu vata me kataṃ assā'ti. evaṃ kho ahaṃ, bhante, bhāvemi maraṇassatin"ti.

안냐따로-삐 코- 빅쿠 바가완땅 에-따다오-짜 — "아함삐 코-, 반떼-, 바-웨-미 마라낫사띤"띠. "야타- 까탕 빠나 뜨왕, 빅쿠, 바-웨-시 마라낫사띤"띠? "이다 마이항, 반떼-, 에-왕 호-띠 — '아호- 와따-항 따단따랑 지-웨이양 야단따랑 에-까삔다빠-땅 분자-미, 바가와또-사-사낭 마나시 까레이양, 바후 와따 메- 까땅 앗사-'띠. 에-왕 코- 아항, 반떼-, 바-웨-미 마라낫사띤"띠

다른 비구도 세존에게 "대덕이시여, 저도 죽음에 대한 사띠를 닦습니다."라고 말했다. "그렇다면 비구여, 그대는 어떻게 죽음에 대한 사띠를 닦는가?" "여기, 대덕이시여, 저는 이렇게 생각합니다. — '나는 한 번 탁발 음식을 먹는 사이에 죽을지도 모른다. 세존의 가르침을 사고해야 한다. 나는 많이 행할 것이다.'라고. 이렇게, 대덕이시여, 저는 죽음에 대한 사띠를 닦습니다."

aññataropi kho bhikkhu bhagavantaṃ etadavoca — "ahampi kho, bhante, bhāvemi maraṇassatin"ti. "yathā kathaṃ pana tvaṃ, bhikkhu, bhāvesi maraṇassatin"ti? "idha mayhaṃ, bhante, evaṃ hoti — 'aho vatāhaṃ tadantaraṃ jīveyyaṃ yadantaraṃ upaḍḍhapiṇḍapātaṃ bhuñjāmi, bhagavato sāsanaṃ manasi kareyyaṃ, bahu vata me kataṃ assā'ti. evaṃ kho ahaṃ, bhante, bhāvemi maraṇassatin"ti.

안냐따로-삐 코- 빅쿠 바가완땅 에-따다오-짜 — "아함삐 코-, 반떼-, 바-웨-미 마라낫사띤"띠. "야타- 까탕 빠나 뜨왕, 빅쿠, 바-웨-시 마라낫사띤"띠? "이다 마이항, 반떼-, 에-왕 호-띠 — '아호- 와따-항 따단따랑 지-웨이양 야단따랑 우빧다삔다빠-땅 분자-미, 바가와또-사-사낭 마나시 까레이양, 바후 와따 메- 까땅 앗사-'띠. 에-왕 코- 아항, 반떼-, 바-웨-미 마라낫사띤"띠

다른 비구도 세존에게 "대덕이시여, 저도 죽음에 대한 사띠를 닦습니다."라고 말했다. "그렇다면 비구여, 그대는 어떻게 죽음에 대한 사띠를 닦는가?" "여기, 대덕이시여, 저는 이렇게

생각합니다. — '나는 탁발 음식의 절반을 먹는 사이에 죽을지도 모른다. 세존의 가르침을 사고해야 한다. 나는 많이 행할 것이다.'라고. 이렇게, 대덕이시여, 저는 죽음에 대한 사띠를 닦습니다."

aññataropi kho bhikkhu bhagavantaṃ etadavoca — "ahampi kho, bhante, bhāvemi maraṇassatin"ti. "yathā kathaṃ pana tvaṃ, bhikkhu, bhāvesi maraṇassatin"ti? "idha mayhaṃ, bhante, evaṃ hoti — 'aho vatāhaṃ tadantaraṃ jīveyyaṃ yadantaraṃ cattāro pañca ālope saṅkhāditvā ajjhoharāmi, bhagavato sāsanaṃ manasi kareyyaṃ, bahu vata me kataṃ assā'ti. evaṃ kho ahaṃ, bhante, bhāvemi maraṇassatin"ti.

안냐따로-삐 코- 빅쿠 바가완땅 에-따다오-짜 — "아함삐 코-, 반떼-, 바-웨-미 마라낫사띤"띠. "야타- 까탕 빠나 뜨왕, 빅쿠, 바-웨-시 마라낫사띤"띠? "이다 마이항, 반떼-, 에-왕 호-띠 — '아호- 와따-항 따단따랑 지-웨이양 야단따랑 짯따-로- 빤짜 아-ㄹ로-뻬- 상카-디뜨와- 앗조-하라-미, 바가와또- 사-사낭 마나시 까레이양, 바후 와따 메- 까땅 앗사-'띠. 에-왕 코- 아항, 반떼-, 바-웨-미 마라낫사띤"띠

다른 비구도 세존에게 "대덕이시여, 저도 죽음에 대한 사띠를 닦습니다."라고 말했다. "그렇다면 비구여, 그대는 어떻게 죽음에 대한 사띠를 닦는가?" "여기, 대덕이시여, 저는 이렇게 생각합니다. — '나는 네다섯 숟갈을 씹고 삼키는 사이에 죽을지도 모른다. 세존의 가르침을 사고해야 한다. 나는 많이 행할 것이다.'라고. 이렇게, 대덕이시여, 저는 죽음에 대한 사띠를 닦습니다."

aññataropi kho bhikkhu bhagavantaṃ etadavoca — "ahampi kho, bhante, bhāvemi maraṇassatin"ti. "yathā kathaṃ pana tvaṃ, bhikkhu, bhāvesi maraṇassatin"ti? "idha mayhaṃ, bhante, evaṃ hoti — 'aho vatāhaṃ tadantaraṃ jīveyyaṃ yadantaraṃ ekaṃ ālopaṃ saṅkhāditvā ajjhoharāmi, bhagavato sāsanaṃ manasi kareyyaṃ, bahu vata me kataṃ assā'ti. evaṃ kho ahaṃ, bhante, bhāvemi maraṇassatin"ti.

안냐따로-삐 코- 빅쿠 바가완땅 에-따다오-짜 — "아함삐 코-, 반떼-, 바-웨-미 마라낫사띤"띠. "야타- 까탕 빠나 뜨왕, 빅쿠, 바-웨-시 마라낫사띤"띠? "이다 마이항, 반떼-, 에-왕 호-띠 — '아호- 와따-항 따단따랑 지-웨이양 야단따랑 에-깡 아-ㄹ로-빵 상카-디뜨와- 앗조-하라-미, 바가와또- 사-사낭 마나시 까레이양, 바후 와따 메- 까땅 앗사-'띠. 에-왕 코- 아항, 반떼-, 바-웨-미 마라낫사띤"띠

다른 비구도 세존에게 "대덕이시여, 저도 죽음에 대한 사띠를 닦습니다."라고 말했다. "그렇

다면 비구여, 그대는 어떻게 죽음에 대한 사띠를 닦는가?" "여기, 대덕이시여, 저는 이렇게 생각합니다. — '나는 한 순갈을 씹고 삼키는 사이에 죽을지도 모른다. 세존의 가르침을 사고해야 한다. 나는 많이 행할 것이다.'라고. 이렇게, 대덕이시여, 저는 죽음에 대한 사띠를 닦습니다."

aññataropi kho bhikkhu bhagavantaṃ etadavoca — "ahampi kho, bhante, bhāvemi maraṇassatin"ti. "yathā kathaṃ pana tvaṃ, bhikkhu, bhāvesi maraṇassatin"ti? "idha mayhaṃ bhante, evaṃ hoti — 'aho vatāhaṃ tadantaraṃ jīveyyaṃ yadantaraṃ assasitvā vā passasāmi, passasitvā vā assasāmi, bhagavato sāsanaṃ manasi kareyyaṃ, bahu vata me kataṃ assā'ti. evaṃ kho ahaṃ, bhante bhāvemi maraṇassatin"ti.

안냐따로-삐 코- 빅쿠 바가완땅 에-따다오-짜 — "아함삐 코-, 반떼-, 바-웨-미 마라낫사띤"띠. "야타- 까탕 빠나 뜨왕, 빅쿠, 바-웨-시 마라낫사띤"띠? "이다 마이항, 반떼-, 에-왕 호-띠 — '아호- 와따-항 따단따랑 지-웨이양 야단따랑 앗사시뜨와- 와- 빳사사-미, 빳사시뜨와- 와- 앗사사-미, 바가와또- 사-사낭 마나시 까레이양, 바후 와따 메- 까땅 앗사-'띠. 에-왕 코- 아항, 반떼-, 바-웨-미 마라낫사띤"띠

다른 비구도 세존에게 "대덕이시여, 저도 죽음에 대한 사띠를 닦습니다."라고 말했다. "그렇다면 비구여, 그대는 어떻게 죽음에 대한 사띠를 닦는가?" "여기, 대덕이시여, 저는 이렇게 생각합니다. — '나는 들이쉰 숨을 내쉬거나 내쉰 숨을 들이쉬는 사이에 죽을지도 모른다. 세존의 가르침을 사고해야 한다. 나는 많이 행할 것이다.'라고. 이렇게, 대덕이시여, 저는 죽음에 대한 사띠를 닦습니다."

evaṃ vutte bhagavā te bhikkhū etadavoca — "yvāyaṃ, bhikkhave, bhikkhu evaṃ maraṇassatiṃ bhāveti — ①'aho vatāhaṃ rattindivaṃ jīveyyaṃ, bhagavato sāsanaṃ manasi kareyyaṃ, bahu vata me kataṃ assā'ti. yo cāyaṃ, bhikkhave, bhikkhu evaṃ maraṇassatiṃ bhāveti — ②'aho vatāhaṃ divasaṃ jīveyyaṃ, bhagavato sāsanaṃ manasi kareyyaṃ, bahu vata me kataṃ assā'ti; yo cāyaṃ, bhikkhave, bhikkhu evaṃ maraṇassatiṃ bhāveti — ③'aho vatāhaṃ upaḍḍhadivasaṃ jīveyyaṃ, bhagavato sāsanaṃ manasi kareyyaṃ, bahu vata me kataṃ assā'ti. yo cāyaṃ, bhikkhave, bhikkhu evaṃ maraṇassatiṃ bhāveti — ④'aho vatāhaṃ tadantaraṃ jīveyyaṃ yadantaraṃ ekapiṇḍapātaṃ bhuñjāmi, bhagavato sāsanaṃ manasi kareyyaṃ, bahu vata me kataṃ assā'ti; yo cāyaṃ, bhikkhave, bhikkhu evaṃ maraṇassatiṃ bhāveti — ⑤'aho vatāhaṃ tadantaraṃ jīveyyaṃ yadantaraṃ upaḍḍhapiṇḍapātaṃ bhuñjāmi, bhagavato sāsanaṃ manasi kareyyaṃ, bahu vata me kataṃ assā'ti. yo cāyaṃ, bhikkhave, bhikkhu evaṃ maraṇassatiṃ bhāveti — ⑥

'aho vatāhaṃ tadantaraṃ jīveyyaṃ yadantaraṃ cattāro pañca ālope saṅkhāditvā ajjhoharāmi, bhagavato sāsanaṃ manasi kareyyaṃ, bahu vata me kataṃ assā'ti — ime vuccanti, bhikkhave, 'bhikkhū pamattā viharanti, dandhaṃ maraṇassatiṃ bhāventi āsavānaṃ khayāya'".

에-왕 웃떼- 바가와- 떼- 빅쿠- 에-따다오-짜 — "와-양, 빅카웨-, 빅쿠 에-왕 마라낫사띵 바-웨-띠 — ①'아호- 와따-항 랏띤디왕 지-웨이양, 바가와또- 사-사낭 마나시 까레이양, 바후 와따 메- 까땅 앗사-'띠. 요- 짜-양, 빅카웨-, 빅쿠 에-왕 마라낫사띵 바-웨-띠 — ②'아호- 와따-항 디와상 지-웨이양, 바가와또- 사-사낭 마나시 까레이양, 바후 와따 메- 까땅 앗사-'띠. 요- 짜-양, 빅카웨-, 빅쿠 에-왕 마라낫사띵 바-웨-띠 — ③'아호- 와따-항 우빧다디와상 지-웨이양, 바가와또- 사-사낭 마나시 까레이양, 바후 와따 메- 까땅 앗사-'띠. 요- 짜-양, 빅카웨-, 빅쿠 에-왕 마라낫사띵 바-웨-띠 — ④'아호- 와따-항 따단따랑 지-웨이양 야단따랑 에-까삔다빠-땅 분자-미, 바가와또- 사-사낭 마나시 까레이양, 바후 와따 메- 까땅 앗사-'띠. 요- 짜-양, 빅카웨-, 빅쿠 에-왕 마라낫사띵 바-웨-띠 — ⑤'아호- 와따-항 따단따랑 지-웨이양 야단따랑 우빧다삔다빠-땅 분자-미, 바가와또- 사-사낭 마나시 까레이양, 바후 와따 메- 까땅 앗사-'띠. 요- 짜-양, 빅카웨-, 빅쿠 에-왕 마라낫사띵 바-웨-띠 — ⑥'아호- 와따-항 따단따랑 지-웨이양 야단따랑 짯따-로- 빤짜 아-ㄹ로-뻬- 상카-디뜨와- 앗조-하라-미, 바가와또- 사-사낭 마나시 까레이양, 바후 와따 메- 까땅 앗사-'띠 — 이메- 웃짠띠, 빅카웨-, '빅쿠- 빠맛따- 위하란띠, 단당 마라낫사띵 바-웬띠 아-사와-낭 카야-야'"

이렇게 말했을 때, 세존은 그 비구들에게 이렇게 말했다. — "비구들이여, 어떤 비구는 이렇게 죽음에 대한 사띠를 닦는다. — '나는 밤이나 낮 동안에 죽을지도 모른다. 세존의 가르침을 사고(思考)해야 한다. 나는 많이 행할 것이다.'라고. 비구들이여, 어떤 비구는 이렇게 죽음에 대한 사띠를 닦는다. — '나는 낮 동안에 죽을지도 모른다. 세존의 가르침을 사고해야 한다. 나는 많이 행할 것이다.'라고. 비구들이여, 어떤 비구는 이렇게 죽음에 대한 사띠를 닦는다. — '나는 한나절 동안에 죽을지도 모른다. 세존의 가르침을 사고해야 한다. 나는 많이 행할 것이다.'라고. 비구들이여, 어떤 비구는 이렇게 죽음에 대한 사띠를 닦는다. — '나는 한 번 탁발 음식을 먹는 사이에 죽을지도 모른다. 세존의 가르침을 사고해야 한다. 나는 많이 행할 것이다.'라고. 비구들이여, 어떤 비구는 이렇게 죽음에 대한 사띠를 닦는다. — '나는 탁발 음식의 절반을 먹는 사이에 죽을지도 모른다. 세존의 가르침을 사고해야 한다. 나는 많이 행할 것이다.'라고. 비구들이여, 어떤 비구는 이렇게 죽음에 대한 사띠를 닦는다. — '나는 네다섯 숟갈을 씹고 삼키는 사이에 죽을지도 모른다. 세존의 가르침을 사고해야 한다. 나는 많이 행할 것이다.'라고. 비구들이여, 이 비구들은 방일(放逸)한 자로 머물고, 번뇌들의 부서짐을 위한 죽음에 대한 사띠를 느리게 닦는다고 불린다.

"yo ca khvāyaṃ, bhikkhave, bhikkhu evaṃ maraṇassatiṃ bhāveti — 'aho vatāhaṃ tadantaraṃ jīveyyaṃ yadantaraṃ ekaṃ ālopaṃ saṅkhāditvā ajjhoharāmi, bhagavato sāsanaṃ manasi kareyyaṃ, bahu vata me kataṃ assā'ti. yo cāyaṃ, bhikkhave, bhikkhu evaṃ maraṇassatiṃ bhāveti — 'aho vatāhaṃ tadantaraṃ jīveyyaṃ yadantaraṃ assasitvā vā passasāmi, passasitvā vā assasāmi, bhagavato sāsanaṃ manasi kareyyaṃ, bahu vata me kataṃ assā'ti — ime vuccanti, bhikkhave, 'bhikkhū appamattā viharanti, tikkhaṃ maraṇassatiṃ bhāventi āsavānaṃ khayāya'".

요- 짜 콰-양, 빅카웨-, 빅쿠 에-왕 마라낫사띵 바-웨-띠 — '아호- 와따-항 따단따랑 지-웨이양 야단따랑 에-깡 아-ㄹ로-빵 상카-디뜨와- 앗조-하라-미, 바가와또- 사-사낭 마나시 까레이양, 바후 와따 메- 까땅 앗사-'띠. 요- 짜-양, 빅카웨-, 빅쿠 에-왕 마라낫사띵 바-웨-띠 — '아호- 와따-항 따단따랑 지-웨이양 야단따랑 앗사시뜨와- 와- 빳사사-미, 빳사시뜨와- 와- 앗사사-미, 바가와또- 사-사낭 마나시 까레이양, 바후 와따 메- 까땅 앗사-'띠. 이메- 웃짠띠, 빅카웨-, '빅쿠- 압빠맛따- 위하란띠, 띡캉 마라낫사띵 바-웬띠 아-사와-낭 카야-야'"

비구들이여, 어떤 비구는 이렇게 죽음에 대한 사띠를 닦는다. — '나는 한 숟갈을 씹고 삼키는 사이에 죽을지도 모른다. 세존의 가르침을 사고해야 한다. 나는 많이 행할 것이다.'라고. 비구들이여, 어떤 비구는 이렇게 죽음에 대한 사띠를 닦는다. — '나는 들이쉰 숨을 내쉬거나 내쉰 숨을 들이쉬는 사이에 죽을지도 모른다. 세존의 가르침을 사고해야 한다. 나는 많이 행할 것이다.'라고. 비구들이여, 이 비구들은 불방일(不放逸)한 자로 머물고, 번뇌들의 부서짐을 위한 죽음에 대한 사띠를 빠르게 닦는다고 불린다.

"tasmātiha, bhikkhave, evaṃ sikkhitabbaṃ — 'appamattā viharissāma, tikkhaṃ maraṇassatiṃ bhāvayissāma āsavānaṃ khayāyā'ti. evañhi vo, bhikkhave, sikkhitabban"ti.

따스마-띠하, 빅카웨-, 에-왕 식키땁방 — '압빠맛따- 위하릿사-마, 띡캉 마라낫사띵 바-와잇사-마 아-사와-낭 카야-야-'띠. 에-완히 오-, 빅카웨-, 식키땁반"띠

그러므로 비구들이여, 이렇게 공부해야 한다. — '우리는 불방일한 자로 머물 것이다. 번뇌들의 부서짐을 위한 죽음에 대한 사띠를 빠르게 닦을 것이다.'라고. 이렇게, 비구들이여, 그대들은 공부해야 한다. ▣

배워 알고 실천하는 불교 신자!

33. dutiyamaraṇassatisuttaṃ (AN 8.74-죽음에 대한 사띠 경2)

• 이렇게 숙고해야 한다. — '밤 또는 낮 동안에 내가 죽을 때, 장애가 되는 버려지지 않은 악한 불선법들이 나에게 있는가?' 라고

ekaṃ samayaṃ bhagavā nātike viharati giñjakāvasathe. tatra kho bhagavā bhikkhū āmantesi — "bhikkhavo"ti. "bhadante"ti te bhikkhū bhagavato paccassosuṃ. bhagavā etadavoca — "maraṇassati, bhikkhave, bhāvitā bahulīkatā mahapphalā hoti mahānisaṃsā amatogadhā amatapariyosānā. bhāvetha no tumhe, bhikkhave, maraṇassatin"ti.

에-깡 사마양 바가와- 나-띠께- 위하라띠 긴자까-와사테-. 따뜨라 코- 바가와- 빅쿠- 아-만떼-시 — "빅카오-"띠. "바단떼-"띠 떼- 빅쿠- 바가와또- 빳짯소-숭. 바가와- 에-따다오-짜 — "마라낫사띠, 빅카웨-, 바-위따- 바훌리-까따- 마합팔라- 호-띠 마하-니상사- 아마또-가다- 아마따빠리요-사-나-. 바-웨-타 노- 뚬헤-, 빅카웨-, 마라낫사띤"띠

한때 세존은 나띠까에서 벽돌집에 머물렀다. 거기서 세존은 비구들에게 말했다. — 비구들이여, 죽음에 대한 사띠[사념(死念)]를 닦고 많이 행할 때 큰 결실이 있고, 큰 이익이 있으며 불사(不死)로 들어가고, 불사가 완성된다.

"kathaṃ bhāvitā ca, bhikkhave, maraṇassati kathaṃ bahulīkatā mahapphalā hoti mahānisaṃsā amatogadhā amatapariyosānā? idha, bhikkhave, bhikkhu divase nikkhante rattiyā patihitāya iti paṭisañcikkhati — 'bahukā kho me paccayā maraṇassa — ahi vā maṃ ḍaṃseyya, vicchiko vā maṃ ḍaṃseyya, satapadī vā maṃ ḍaṃseyya; tena me assa kālakiriyā. so mama assa antarāyo. upakkhalitvā vā papateyyaṃ, bhattaṃ vā me bhuttaṃ byāpajjeyya, pittaṃ vā me kuppeyya, semhaṃ vā me kuppeyya, satthakā vā me vātā kuppeyyuṃ, manussā vā maṃ upakkameyyuṃ, amanussā vā maṃ upakkameyyuṃ; tena me assa kālakiriyā. so mama assa antarāyo'ti. tena, bhikkhave, bhikkhunā iti paṭisañcikkhitabbaṃ — 'atthi nu kho me pāpakā akusalā dhammā appahīnā ye me assu rattiṃ kālaṃ karontassa antarāyāyā'"ti.

까탕 바-위따- 짜, 빅카웨-, 마라낫사띠 까탕 바훌리-까따- 마합팔라- 호-띠 마하-니상사- 아마또-가다- 아마따빠리요-사-나-? 이다, 빅카웨-, 빅쿠 디와세- 닉칸떼- 랏띠야- 빠띠히따-야 이띠 빠띠산찍카띠 — '바후까- 코- 메- 빳짜야- 마라낫사 — 아히 와- 망 당세이야, 윗치꼬- 와- 망 당세이야, 사따빠디- 와- 망 당세이야; 떼-나 메- 앗사 까-ㄹ라끼리야-. 소- 마마 앗사 안따라-요-. 우빡칼리뜨와- 와- 빠빠떼이양, 밧땅 와- 메- 붓땅 뱌-빳제이야, 삣

땅 와- 메- 꿉뻬이야, 셈항 와- 메- 꿉뻬이야, 삿타까- 와- 메- 와-따- 꿉뻬이융, 마눗사- 와- 망 우빡까메이융, 아마눗사- 와- 망 우빡까메이융; 떼-나 메- 앗사 까-ㄹ라끼리야-. 소-마마 앗사 안따라-요-'띠. 떼-나, 빅카웨-, 빅쿠나- 이띠 빠띠산찍키땁방 — '앗티 누 코-메- 빠-빠까- 아꾸살라- 담마- 압빠히-나- 예- 메- 앗수 랏띵 까-ㄹ랑 까론땃사 안따라-야-야-'"띠

비구들이여, 죽음에 대한 사띠를 어떻게 닦고 어떻게 많이 행할 때 큰 결실이 있고, 큰 이익이 있으며, 불사로 들어가고, 불사가 완성되는가? 여기, 비구들이여, 비구는 낮이 가고 밤이 왔을 때 이렇게 숙고한다. — '나의 죽음을 위한 많은 조건이 있다. — 뱀이 나를 물 수도 있고, 전갈이 나를 물 수도 있고, 지네가 나를 물 수도 있다. 그것에 의해 나는 죽을 수 있고, 그것은 나에게 장애가 될 수 있다. 발이 걸려서 넘어질 수도 있고, 먹은 음식이 나에게 거슬릴 수도 있고, 담즙이 나에게서 균형을 잃을 수도 있고, 점액이 나에게서 균형을 잃을 수도 있고, 칼 같은 바람들이 나에게서 균형을 잃을 수도 있고, 사람들이 나를 공격할 수도 있고, 비인간(非人間)들이 나를 공격할 수도 있다. 그것 때문에 나는 죽을 수 있고, 그것은 나에게 장애가 될 수 있다.' 그러므로 비구들이여, 비구는 이렇게 숙고해야 한다. — '밤 동안에 내가 죽을 때, 장애가 되는 버려지지 않은 악한 불선법(不善法)들이 나에게 있는가?'라고

"sace, bhikkhave, bhikkhu paccavekkhamāno evaṃ jānāti — 'atthi me pāpakā akusalā dhammā appahīnā ye me assu rattiṃ kālaṃ karontassa antarāyāyā'ti, tena, bhikkhave, bhikkhunā tesaṃyeva pāpakānaṃ akusalānaṃ dhammānaṃ pahānāya adhimatto chando ca vāyāmo ca ussāho ca ussoḷhī ca appaṭivānī ca sati ca sampajaññañc(a) karaṇīyaṃ.

사쩨-, 빅카웨-, 빅쿠 빳짜웩카마-노- 에-왕 자-나-띠 — '앗티 메- 빠-빠까- 아꾸살라- 담마- 압빠히-나- 예- 메- 앗수 랏띵 까-ㄹ랑 까론땃사 안따라-야-야-'띠, 떼-나, 빅카웨-, 빅쿠나- 떼-상예-와 빠-빠까-낭 아꾸살라-낭 담마-낭 빠하-나-야 아디맛또- 찬도- 짜 와-야-모- 짜 웃사-호- 짜 웃솔히- 짜 압빠띠와-니- 짜 사띠 짜 삼빠잔냔짜 까라니-양

만약, 비구들이여, 돌이켜 살펴보는 비구가 '밤 동안에 내가 죽을 때, 장애가 되는 버려지지 않은 악한 불선법들이 나에게 있다.'라고 알면, 비구들이여, 그 비구는 그 악한 불선법들을 버리기 위해 특별한 관심과 정진과 노력과 애씀과 열정과 사띠와 삼빠잔냐[정지(正知)-바른 앎]를 행해야 한다.

"seyyathāpi, bhikkhave, ādittacelo vā ādittasīso vā tasseva celassa vā sīsassa vā nibbāpanāya adhimattaṃ chandañca vāyāmañca ussāhañca ussoḷhiñca appaṭivāniñca satiñca sampajaññañca kareyya; evamevaṃ kho, bhikkhave, tena bhikkhunā tesaṃyeva pāpakānaṃ akusalānaṃ dhammānaṃ pahānāya adhimatto chando ca vāyāmo ca ussāho ca ussoḷhī ca appaṭivānī ca sati ca sampajaññañc(a) karaṇīyaṃ.

세이야타-삐, 빅카웨-, 아-딧따쩨-ㄹ로- 와- 아-딧따시-소- 와- 땃세-와 쩨-ㄹ랏사 와- 시-삿사 와- 닙바-빠나-야 아디맛땅 찬단짜 와-야-만짜 웃사-한짜 웃솔힌짜 압빠띠와-닌짜 사띤짜 삼빠잔냔짜 까레이야; 에-와메-왕 코-, 빅카웨-, 떼-나 빅쿠나- 떼-상예-와 빠-빠까-낭 아꾸살라-낭 담마-낭 빠하-나-야 아디맛또- 찬도- 짜 와-야-모- 짜 웃사-호- 짜 웃솔히-짜 압빠띠와-니- 짜 사띠 짜 삼빠잔냔짜 까라니-양

예를 들면, 비구들이여, 옷이 불타거나 머리가 불타는 사람은 오직 그 옷과 머리의 불을 끄기 위해서 특별한 관심과 정진과 노력과 애씀과 열정과 사띠와 삼빠잔냐를 행할 것이다. 이처럼, 비구들이여, 그 사람은 오직 그 악한 불선법들을 버리기 위해 특별한 관심과 정진과 노력과 애씀과 열정과 사띠와 삼빠잔냐를 행해야 한다.

"sace pana, bhikkhave, bhikkhu paccavekkhamāno evaṃ jānāti — 'natthi me pāpakā akusalā dhammā appahīnā ye me assu rattiṃ kālaṃ karontassa antarāyāyā'ti, tena, bhikkhave, bhikkhunā teneva pītipāmojjena vihātabbaṃ ahorattānusikkhinā kusalesu dhammesu.

사쩨- 빠나, 빅카웨-, 빅쿠 빳짜웩카마-노- 에-왕 자-나-띠 — '낫티 메- 빠-빠까- 아꾸살라- 담마- 압빠히-나- 예- 메- 앗수 랏띵 까-ㄹ랑 까론땃사 안따라-야-야-'띠, 떼-나, 빅카웨-, 빅쿠나- 떼-네-와 삐-띠빠-못제-나 위하-땁방 아호-랏따-누식키나- 꾸살레-수 담메-수

만약, 비구들이여, 돌이켜 살펴보는 비구가 '밤 동안에 내가 죽을 때, 장애가 되는 버려지지 않은 악한 불선법들이 나에게 없다.'라고 알면, 비구들이여, 그 비구는 그 희열과 환희로 머물고, 선법들에 대해 밤낮으로 계속해서 공부하면서 머물러야 한다.

"idha pana, bhikkhave, bhikkhu rattiyā nikkhantāya divase patihite iti paṭisañcikkhati — 'bahukā kho me paccayā maraṇassa — ahi vā maṃ ḍaṃseyya, vicchiko vā maṃ ḍaṃseyya, satapadī vā maṃ ḍaṃseyya; tena me assa kālakiriyā. so mama assa antarāyo. upakkhalitvā vā papateyyaṃ, bhattaṃ vā me bhuttaṃ byāpajjeyya, pittaṃ vā me kuppeyya, semhaṃ vā me kuppeyya, satthakā vā me vātā kuppeyyuṃ, manussā vā maṃ upakkameyyuṃ, amanussā vā maṃ upakkameyyuṃ; tena me assa kālakiriyā. so mama assa antarāyo'ti. tena, bhikkhave, bhikkhunā iti paṭisañcikkhitabbaṃ — 'atthi nu kho me pāpakā akusalā dhammā appahīnā ye me assu divā kālaṃ karontassa antarāyāyā'"ti.

이다 빠나, 빅카웨-, 빅쿠 랏띠야- 닉칸따-야 디와세- 빠띠히떼- 이띠 빠띠산찍카띠 — '바후까- 코- 메- 빳짜야- 마라낫사 — 아히 와- 망 당세이야, 윗치꼬- 와- 망 당세이야, 사따빠디- 와- 망 당세이야; 떼-나 메- 앗사 까-ㄹ라끼리야-. 소- 마마 앗사 안따라-요-. 우빡칼리뜨와- 와- 빠빠떼이양, 밧땅 와- 메- 붓땅 바-빳제이야, 삣땅 와- 메- 꿉뻬이야, 셈항 와- 메- 꿉뻬이야, 삿타까- 와- 메- 와-따- 꿉뻬이융, 마눗사- 와- 망 우빡까메이융, 아마눗사- 와- 망 우빡까메이융; 떼-나 메- 앗사 까-ㄹ라끼리야-. 소- 마마 앗사 안따라-요-'띠. 떼-나, 빅카웨-, 빅쿠나- 이띠 빠띠산찍키땁방 — '앗티 누 코- 메- 빠-빠까- 아꾸살라- 담마- 압빠히-나- 예- 메- 앗수 디와- 까-ㄹ랑 까론땃사 안따라-야-야-'"띠

여기, 비구들이여, 비구는 밤이 가고 낮이 왔을 때 이렇게 숙고한다. — '나의 죽음을 위한 많은 조건이 있다. — 뱀이 나를 물 수도 있고, 전갈이 나를 물 수도 있고, 지네가 나를 물 수도 있다. 그것에 의해 나는 죽을 수 있고, 그것은 나에게 장애가 될 수 있다. 발이 걸려서 넘어질 수도 있고, 먹은 음식이 나에게 거슬릴 수도 있고, 담즙이 나에게서 균형을 잃을 수도 있고, 점액이 나에게서 균형을 잃을 수도 있고, 칼 같은 바람들이 나에게서 균형을 잃을 수도 있고, 사람들이 나를 공격할 수도 있고, 비인간들이 나를 공격할 수도 있다. 그것 때문에 나는 죽을 수 있고, 그것은 나에게 장애가 될 수 있다.' 그러므로 비구들이여, 비구는 이렇게 숙고해야 한다. — '낮 동안에 내가 죽을 때, 장애가 되는 버려지지 않은 악한 불선법들이 나에게 있는가?'라고

"sace, bhikkhave, bhikkhu paccavekkhamāno evaṃ jānāti — 'atthi me pāpakā akusalā dhammā appahīnā ye me assu divā kālaṃ karontassa antarāyāyā'ti, tena, bhikkhave, bhikkhunā tesaṃyeva pāpakānaṃ akusalānaṃ dhammānaṃ pahānāya adhimatto chando ca vāyāmo ca ussāho ca ussoḷhī ca appaṭivānī ca sati ca sampajaññañc(a) karaṇīyaṃ.

사쩨-, 빅카웨-, 빅쿠 빳짜웩카마-노- 에-왕 자-나-띠 — '앗티 메- 빠-빠까- 아꾸살라- 담마- 압빠히-나- 예- 메- 앗수 디와- 까-ㄹ랑 까론땃사 안따라-야-야-'띠, 떼-나, 빅카웨-, 빅쿠나- 떼-상예-와 빠-빠까-낭 아꾸살라-낭 담마-낭 빠하-나-야 아디맛또- 찬도- 짜 와-야-모- 짜 웃사-호- 짜 웃솔히- 짜 압빠띠와-니- 짜 사띠 짜 삼빠잔냔짜 까라니-양

만약, 비구들이여, 돌이켜 살펴보는 비구가 '낮 동안에 내가 죽을 때, 장애가 되는 버려지지 않은 악한 불선법들이 나에게 있다.'라고 알면, 비구들이여, 그 비구는 그 악한 불선법들을 버리기 위해 특별한 관심과 정진과 노력과 애씀과 열정과 사띠와 삼빠잔냐를 행해야 한다.

"seyyathāpi, bhikkhave, ādittacelo vā ādittasīso vā tasseva celassa vā sīsassa vā nibbāpanāya adhimattaṃ chandañca vāyāmañca ussāhañca ussoḷhiñca appaṭivāniñca satiñca sampajaññañca kareyya; evamevaṃ kho, bhikkhave, tena bhikkhunā tesaṃyeva pāpakānaṃ akusalānaṃ dhammānaṃ pahānāya adhimatto chando ca vāyāmo ca ussāho ca ussoḷhī ca appaṭivānī ca sati ca sampajaññañc(a) karaṇīyaṃ.

세이야타-삐, 빅카웨-, 아-딧따쩨-ㄹ로- 와- 아-딧따시-소- 와- 땃세-와 쩨-ㄹ랏사 와- 시-삿사 와- 닙바-빠나-야 아디맛땅 찬단짜 와-야-만짜 웃사-한짜 웃솔힌짜 압빠띠와-닌짜 사띤짜 삼빠잔냔짜 까레이야; 에-와메-왕 코-, 빅카웨-, 떼-나 빅쿠나- 떼-상예-와 빠-빠까-낭 아꾸살라-낭 담마-낭 빠하-나-야 아디맛또- 찬도- 짜 와-야-모- 짜 웃사-호- 짜 웃솔히-짜 압빠띠와-니- 짜 사띠 짜 삼빠잔냔짜 까라니-양

예를 들면, 비구들이여, 옷이 불타거나 머리가 불타는 사람은 오직 그 옷과 머리의 불을 끄기 위해서 특별한 관심과 정진과 노력과 애씀과 열정과 사띠와 삼빠잔냐를 행할 것이다. 이처럼, 비구들이여, 그 사람은 오직 그 악한 불선법들을 버리기 위해 특별한 관심과 정진과 노력과 애씀과 열정과 사띠와 삼빠잔냐를 행해야 한다.

"sace pana, bhikkhave, bhikkhu paccavekkhamāno evaṃ jānāti — 'natthi me pāpakā akusalā dhammā appahīnā ye me assu divā kālaṃ karontassa antarāyāyā'ti, tena, bhikkhave, bhikkhunā teneva pītipāmojjena vihātabbaṃ ahorattānusikkhinā kusalesu dhammesu. evaṃ bhāvitā kho, bhikkhave, maraṇassati evaṃ bahulīkatā mahapphalā hoti mahānisaṃsā amatogadhā amatapariyosānā"ti.

사쩨- 빠나, 빅카웨-, 빅쿠 빳짜웩카마-노- 에-왕 자-나-띠 — '낫티 메- 빠-빠까- 아꾸살라- 담마- 압빠히-나- 예- 메- 앗수 디와- 까-ㄹ랑 까론땃사 안따라-야-야-'띠, 떼-나, 빅카웨-, 빅쿠나- 떼-네-와 삐-띠빠-못제-나 위하-땁방 아호-랏따-누식키나- 꾸살레-수 담메-수. 에-왕 바-위따- 코-, 빅카웨-, 마라낫사띠 에-왕 바훌리-까따- 마합팔라- 호-띠 마하-니상사- 아마또-가다- 아마따빠리요-사-나-"띠

만약, 비구들이여, 돌이켜 살펴보는 비구가 '낮 동안에 내가 죽을 때, 장애가 되는 버려지지 않은 악한 불선법들이 나에게 없다.'라고 알면, 비구들이여, 그 비구는 그 희열과 환희로 머물고, 선법들에 대해 밤낮으로 계속해서 공부하면서 머물러야 한다. 비구들이여, 죽음에 대한 사띠를 이렇게 닦고 이렇게 많이 행할 때 큰 결실이 있고, 큰 이익이 있으며, 불사로 들어가고, 불사가 완성된다. ▣

34. vitthatūposathasuttaṃ (AN 8.42-상세한 포살(布薩) 경)

- 여덟 요소를 갖춘 포살(布薩)을 준수하면 큰 결실-큰 이익-큰 영광-큰 충만이 있음

- 특정한 포살일에 아라한을 뒤따르기 위해 출가자에 버금가는 팔계(八戒)를 지니는 신행(信行) — 「계(戒)를 중시하는 여자와 남자는 여덟 요소를 가진 포살을 준수한다. 공덕을 지어 행복을 열매 맺고 결점 없는 하늘에 태어나 머문다.」

- 인간의 왕권은 신의 행복과 견주면 하잘 것 없음 → 하늘의 수명 → 행복하게 오래 사는 하늘의 삶

※ 포살일(AN 3.37-사대왕경) — 보름의 여덟 번째(8 & 23)/열네 번째(14 & 29)/열다섯 번째(15 & 30) 날

"aṭṭhaṅgasamannāgato, bhikkhave, uposatho upavuttho mahapphalo hoti mahānisaṃso mahājutiko mahāvipphāro. kathaṃ upavuttho ca, bhikkhave, aṭṭhaṅgasamannāgato uposatho mahapphalo hoti mahānisaṃso mahājutiko mahāvipphāro? idha, bhikkhave, ariyasāvako iti paṭisañcikkhati — 'yāvajīvaṃ arahanto pāṇātipātaṃ pahāya pāṇātipātā paṭiviratā nihitadaṇḍā nihitasatthā lajjī dayāpannā, sabbapāṇabhūtahitānukampino viharanti. ahaṃ pajja imañca rattiṃ imañca divasaṃ pāṇātipātaṃ pahāya pāṇātipātā paṭivirato nihitadaṇḍo nihitasattho lajjī dayāpanno, sabbapāṇabhūtahitānukampī viharāmi. imināpaṅgena arahataṃ anukaromi, uposatho ca me upavuttho bhavissatī'ti. iminā paṭhamena aṅgena samannāgato hoti.

"앗탕가사만나-가또-, 빅카웨-, 우뽀-사토- 우빠웃토- 마합팔로- 호-띠 마하-니상소- 마하-주띠꼬- 마하-윕파-로-. 까탕 우빠웃토- 짜, 빅카웨-, 앗탕가사만나-가또- 우뽀-사토- 마합팔로- 호-띠 마하-니상소- 마하-주띠꼬- 마하-윕파-로-? 이다, 빅카웨-, 아리야사-와꼬- 이띠 빠띠산찍카띠 — '야-와지-왕 아라한또- 빠-나-띠빠-땅 빠하-야 빠-나-띠빠-따- 빠띠위라따- 니히따단다- 니히따삿타- 랏지- 다야-빤나-, 삽바빠-나부-따히따-누깜삐노- 위하란띠. 아항 빳자 이만짜 랏띵 이만짜 디와상 빠-나-띠빠-땅 빠하-야 빠-나-띠빠-따- 빠띠위라또- 니히따단도- 니히따삿토- 랏지- 다야-빤노-, 삽바빠-나부-따히따-누깜삐- 위하라-미. 이미나-빵게-나 아라하땅 아누까로-미, 우뽀-사토- 짜 메- 우빠웃토- 바윗사띠-'띠. 이미나- 빠타메-나 앙게-나 사만나-가또- 호-띠

"비구들이여, 여덟 요소를 갖춘 포살(布薩)을 준수하면 큰 결실과 큰 이익과 큰 영광과 큰 충만이 있다. 그러면 비구들이여, 여덟 요소를 갖춘 포살을 어떻게 준수하면 큰 결실과 큰 이익과 큰 영광과 큰 충만이 있는가? 비구들이여, 여기 성스러운 제자는 이렇게 숙고한다. — '아라한들은 생명을 해치는 행위를 버렸기 때문에 죽을 때까지 생명을 해치는 행위를 피한다.

몽둥이를 내려놓고, 칼을 내려놓고, 겸손하고, 친절하고, 모든 생명에게 우정과 연민으로 머문다. 나는 오늘, 이 밤과 낮 동안 생명을 해치는 행위를 버리고서 생명을 해치는 행위를 피할 것이다. 몽둥이를 내려놓고, 칼을 내려놓고, 겸손하고, 친절하고, 모든 생명에게 우정과 연민으로 머문다. 이런 요소에 의해 나는 아라한을 뒤따른다. 나는 포살을 준수할 것이다.'라고. 이것이 첫 번째 요소를 갖추는 것이다.

"'yāvajīvaṃ arahanto adinnādānaṃ pahāya adinnādānā paṭiviratā dinnādāyī dinnapāṭikaṅkhī, athenena sucibhūtena attanā viharanti. ahaṃ pajja imañca rattiṃ imañca divasaṃ adinnādānaṃ pahāya adinnādānā paṭivirato dinnādāyī dinnapāṭikaṅkhī, athenena sucibhūtena attanā viharāmi. imināpaṅgena arahataṃ anukaromi, uposatho ca me upavuttho bhavissatī'ti. iminā dutiyena aṅgena samannāgato hoti.

'야-와지-왕 아라한또- 아딘나-다-낭 빠하-야 아딘나-다-나- 빠띠위라따- 딘나-다-이- 딘나빠-띠깡키-, 아테-네-나 수찌부-떼-나 앗따나- 위하란띠. 아항 빳자 이만짜 랏띵 이만짜 디와상 아딘나-다-낭 빠하-야 아딘나-다-나- 빠띠위라또- 딘나-다-이- 딘나빠-띠깡키-, 아테-네-나 수찌부-떼-나 앗따나- 위하라-미. 이미나-빵게-나 아라하땅 아누까로-미, 우뽀-사토- 짜 메- 우빠웃토- 바윗사띠-'띠. 이미나- 두띠예-나 앙게-나 사만나-가또- 호-띠

'아라한들은 주지 않는 것을 가지는 행위를 버렸기 때문에 죽을 때까지 주지 않는 것을 가지는 행위를 피한다. 주어진 것을 가지고 주어진 것을 바람으로써 스스로 깨끗한 존재로 머문다. 나는 오늘, 이 밤과 낮 동안 주지 않는 것을 가지는 행위를 버리고서 주지 않는 것을 가지는 행위를 피할 것이다. 주어진 것을 가지고 주어진 것을 바람으로써 스스로 깨끗한 존재로 머문다. 이런 요소에 의해 나는 아라한을 뒤따른다. 나는 포살을 준수할 것이다.'라고. 이것이 두 번째 요소를 갖추는 것이다.

"'yāvajīvaṃ arahanto abrahmacariyaṃ pahāya brahmacārino ārācārino viratā methunā gāmadhammā. ahaṃ pajja imañca rattiṃ imañca divasaṃ abrahmacariyaṃ pahāya brahmacārī ārācārī virato methunā gāmadhammā. imināpaṅgena arahataṃ anukaromi, uposatho ca me upavuttho bhavissatī'ti. iminā tatiyena aṅgena samannāgato hoti.

'야-와지-왕 아라한또- 아브라흐마짜리양 빠하-야 브라흐마짜-리노- 아-라-짜-리노- 위라따- 메-투나- 가-마담마-. 아항 빳자 이만짜 랏띵 이만짜 디와상 아브라흐마짜리양 빠하-야 브라흐마짜-리- 아-라-짜-리- 위라또- 메-투나- 가-마담마-. 이미나-빵게-나 아라하땅 아누까로-미, 우뽀-사토- 짜 메- 우빠웃토- 바윗사띠-'띠. 이미나- 따띠예-나 앙게-나 사만나-가또- 호-띠

'아라한들은 범행 아닌 행위를 버렸기 때문에 죽을 때까지 성행위와 도덕적이지 않은 행위 같은 범행에서 먼 행위를 삼간다. 나는 오늘, 이 밤과 낮 동안 범행 아닌 행위를 버리고서 죽을 때까지 성행위와 도덕적이지 않은 행위 같은 범행에서 먼 행위를 삼갈 것이다. 이런 요소에 의해 나는 아라한을 뒤따른다. 나는 포살을 준수할 것이다.'라고. 이것이 세 번째 요소를 갖추는 것이다.

"'yāvajīvaṃ arahanto musāvādaṃ pahāya musāvādā paṭiviratā saccavādino saccasandhā thetā paccayikā avisaṃvādako lokassa. ahaṃ pajja imañca rattiṃ imañca divasaṃ musāvādaṃ pahāya musāvādā paṭivirato saccavādī saccasandho theto paccayiko avisaṃvādako lokassa. imināpaṅgena arahataṃ anukaromi, uposatho ca me upavuttho bhavissatī'ti. iminā catutthena aṅgena samannāgato hoti.

'야-와지-왕 아라한또- 무사-와-당 빠하-야 무사-와-다- 빠띠위라따- 삿짜와-디노- 삿짜산다- 테-따- 빳짜이까- 아위상와-다꼬- 로-깟사. 아항 빳자 이만짜 랏띵 이만짜 디와상 무사-와-당 빠하-야 무사-와-다- 빠띠위라또- 삿짜와-디- 삿짜산도- 테-또- 빳짜이꼬- 아위상와-다꼬- 로-깟사. 이미나-빵게-나 아라하땅 아누까로-미, 우뽀-사토- 짜 메- 우빠웃토- 바윗사띠-'띠. 이미나- 짜뚯테-나 앙게-나 사만나-가또- 호-띠

'아라한들은 거짓을 말하는 행위를 버렸기 때문에 죽을 때까지 거짓을 말하는 행위를 피하고 진실을 말한다. 믿을 수 있고, 믿을만하고, 신뢰할만하고, 세상을 위해 사실을 말한다. 나는 오늘, 이 밤과 낮 동안 거짓을 말하는 행위를 버리고서 거짓을 말하는 행위를 피하고 진실을 말할 것이다. 믿을 수 있고, 믿을만하고, 신뢰할만하고, 세상을 위해 사실을 말한다. 이런 요소에 의해 나는 아라한을 뒤따른다. 나는 포살을 준수할 것이다.'라고. 이것이 네 번째 요소를 갖추는 것이다.

"'yāvajīvaṃ arahanto surāmerayamajjapamādaṭṭhānaṃ pahāya surāmerayamajjapamādaṭṭhānā paṭiviratā. ahaṃ pajja imañca rattiṃ imañca divasaṃ surāmerayamajjapamādaṭṭhānaṃ pahāya surāmerayamajjapamādaṭṭhānā paṭivirato. imināpaṅgena arahataṃ anukaromi, uposatho ca me upavuttho bhavissatī'ti. iminā pañcamena aṅgena samannāgato hoti.

'야-와지-왕 아라한또- 수라-메-라야맛자빠마-닷타-낭 빠하-야 수라-메-라야맛자빠마-닷타-나- 빠띠위라따-. 아항 빳자 이만짜 랏띵 이만짜 디와상 수라-메-라야맛자빠마-닷타-낭 빠하-야 수라-메-라야맛자빠마-닷타-나- 빠띠위라또-. 이미나-빵게-나 아라하땅 아누까로-미, 우뽀-사토- 짜 메- 우빠웃토- 바윗사띠-'띠. 이미나- 빤짜메-나 앙게-나 사만나-가

또- 호-띠

'아라한들은 술과 발효액 등 취하게 하는 것으로 인한 방일한 머묾을 버렸기 때문에 죽을 때까지 술과 발효액 등 취하게 하는 것으로 인한 방일한 머묾을 피한다. 나는 오늘, 이 밤과 낮 동안 술과 발효액 등 취하게 하는 것으로 인한 방일한 머묾을 버리고서 술과 발효액 등 취하게 하는 것으로 인한 방일한 머묾을 피할 것이다. 이런 요소에 의해 나는 아라한을 뒤따른다. 나는 포살을 준수할 것이다.'라고. 이것이 다섯 번째 요소를 갖추는 것이다.

"'yāvajīvaṃ arahanto ekabhattikā rattūparatā viratā vikālabhojanā. ahaṃ pajja imañca rattiṃ imañca divasaṃ ekabhattiko rattūparato virato vikālabhojanā. imināpaṅgena arahataṃ anukaromi, uposatho ca me upavuttho bhavissatī'ti. iminā chaṭṭhena aṅgena samannāgato hoti.

'야-와지-왕 아라한또- 에-까밧띠까- 랏뚜-빠라따- 위라따- 위까-ㄹ라보-자나-. 아항 빳자 이만짜 랏띵 이만짜 디와상 에-까밧띠꼬- 랏뚜-빠라또- 위라또- 위까-ㄹ라보-자나-. 이미나-빵게-나 아라하땅 아누까로-미, 우뽀-사토- 짜 메- 우빠웃토- 바윗사띠-'띠. 이미나- 찻테-나 앙게-나 사만나-가또- 호-띠

'아라한들은 하루에 한 끼만 먹는 자여서 죽을 때까지 밤에 먹지 않고, 규정되지 않은 때에 먹는 것을 삼간다. 나는 오늘, 이 밤과 낮 동안 하루에 한 끼만 먹는 자여서 밤에 먹지 않고, 규정되지 않은 때에 먹는 것을 삼갈 것이다. 이런 요소에 의해 나는 아라한을 뒤따른다. 나는 포살을 준수할 것이다.'라고. 이것이 여섯 번째 요소를 갖추는 것이다.

"'yāvajīvaṃ arahanto naccagītavāditavisūkadassanamālāgandhavilepanadhāraṇam aṇḍanavibhūsanaṭṭhānaṃ pahāya naccagītavāditavisūkadassanamālāgandhavilepa nadhāraṇamaṇḍanavibhūsanaṭṭhānā paṭiviratā. ahaṃ pajja imañca rattiṃ imañca divasaṃ naccagītavāditavisūkadassanamālāgandhavilepanadhāraṇamaṇḍanavibhū sanaṭṭhānaṃ pahāya naccagītavāditavisūkadassanamālāgandhavilepanadhāraṇam aṇḍanavibhūsanaṭṭhānā paṭivirato. imināpaṅgena arahataṃ anukaromi, uposatho ca me upavuttho bhavissatī'ti. iminā sattamena aṅgena samannāgato hoti.

'야-와지-왕 아라한또- 낫짜기-따와-디따위수-까닷사나마-ㄹ라-간다윌레-빠나다-라나만다나위부-사낫타-낭 빠하-야 낫짜기-따와-디따위수-까닷사나마-ㄹ라-간다윌레-빠나다-라나만다나위부-사낫타-나- 빠띠위라따-. 아항 빳자 이만짜 랏띵 이만짜 디와상 낫짜기-따와-디따위수-까닷사나마-ㄹ라-간다윌레-빠나다-라나만다나위부-사낫타-낭 빠하-야 낫짜기-따와-디따위수-까닷사나마-ㄹ라-간다윌레-빠나다-라나만다나위부-사낫타-나- 빠띠위라또-. 이미나-빵게-나 아라하땅 아누까로-미, 우뽀-사토- 짜 메- 우빠웃토- 바윗사띠-'띠.

이미나- 삿따메-나 앙게-나 사만나-가또- 호-띠

‘아라한들은 춤-노래-음악-관람-화환-향-화장품-몸에 지니는 것-장식품-꾸민 상태를 버렸기 때문에 죽을 때까지 춤-노래-음악-관람-화환-향-화장품-몸에 지니는 것-장식품-꾸민 상태를 피한다. 나는 오늘, 이 밤과 낮 동안 춤-노래-음악-관람-화환-향-화장품-몸에 지니는 것-장식품-꾸민 상태를 버리고서 춤-노래-음악-관람-화환-향-화장품-몸에 지니는 것-장식품-꾸민 상태를 피할 것이다. 이런 요소에 의해 나는 아라한을 뒤따른다. 나는 포살을 준수할 것이다.’라고. 이것이 일곱 번째 요소를 갖추는 것이다.

“‘yāvajīvaṃ arahanto uccāsayanamahāsayanaṃ pahāya uccāsayanamahāsayanā paṭiviratā nīcaseyyaṃ kappenti — mañcake vā tiṇasanthārake vā. ahaṃ pajja imañca rattiṃ imañca divasaṃ uccāsayanamahāsayanaṃ pahāya uccāsayanamahāsayanā paṭivirato nīcaseyyaṃ kappemi — mañcake vā tiṇasanthārake vā. imināpaṅgena arahataṃ anukaromi, uposatho ca me upavuttho bhavissatī’ti. iminā aṭṭhamena aṅgena samannāgato hoti. evaṃ upavuttho kho, bhikkhave, aṭṭhaṅgasamannāgato uposatho mahapphalo hoti mahānisaṃso mahājutiko mahāvipphāro”ti.

‘야-와지-왕 아라한또- 웃짜-사야나마하-사야낭 빠하-야 웃짜-사야나마하-사야나- 빠띠위라따- 니-짜세이양 깝뻰띠 — 만짜께- 와- 띠나산타-라께- 와-. 아항 빳자 이만짜 랏띵 이만짜 디와상 웃짜-사야나마하-사야낭 빠하-야 웃짜-사야나마하-사야나- 빠띠위라또- 니-짜세이양 깝뻬-미 — 만짜께- 와- 띠나산타-라께- 와-. 이미나-빵게-나 아라하땅 아누까로-미, 우뽀-사토- 짜 메- 우빠웃토- 바윗사띠-’띠. 이미나- 앗타메-나 앙게-나 사만나-가또-호-띠. 에-왕 우빠웃토- 코-, 빅카웨-, 앗탕가사만나-가또- 우뽀-사토- 마합팔로- 호-띠 마하-니상소- 마하-주띠꼬- 마하-윕파-로-”띠

‘아라한들은 높고 큰 침상을 버렸기 때문에 죽을 때까지 높고 큰 침상을 피한다. 작은 침상이나 풀로 만든 자리 같은 소박한 침상을 사용한다. 나는 오늘, 이 밤과 낮 동안 높고 큰 침상을 버리고서 높고 큰 침상을 피할 것이다. 작은 침상이나 풀로 만든 자리 같은 소박한 침상을 사용한다. 이런 요소에 의해 나는 아라한을 뒤따른다. 나는 포살을 준수할 것이다.’라고. 이것이 여덟 번째 요소를 갖추는 것이다. 비구들이여, 이런 여덟 요소를 갖춘 포살(布薩)을 준수하면 큰 결실과 큰 이익과 큰 영광과 큰 충만이 있다.”

“kīvamahapphalo hoti kīvamahānisaṃso kīvamahājutiko kīvamahāvipphāro? seyyathāpi, bhikkhave, yo imesaṃ soḷasannaṃ mahājanapadānaṃ pahūtarattaratanānaṃ issariyādhipaccaṃ rajjaṃ kāreyya, seyyathidaṃ — aṅgānaṃ magadhānaṃ kāsīnaṃ kosalānaṃ vajjīnaṃ mallānaṃ cetīnaṃ vaṅgānaṃ kurūnaṃ pañcālānaṃ macchānaṃ sūrasenānaṃ assakānaṃ avantīnaṃ gandhārānaṃ kambojānaṃ, aṭṭhaṅgasamannāgatassa uposathassa etaṃ kalaṃ nāgghati soḷasiṃ. taṃ kissa hetu? kapaṇaṃ, bhikkhave, mānusakaṃ rajjaṃ dibbaṃ sukhaṃ upanidhāya.

끼-와마합팔로- 호-띠 끼-와마하-니상소- 끼-와마하-주띠꼬- 끼-와마하-윕파-로-? 세이야타-삐, 빅카웨-, 요- 이메-상 소-ㄹ라산낭 마하-자나빠다-낭 빠후-따랏따라따나-낭 잇사리야-디빳짱 랏장 까-레이야, 세이야티당 — 앙가-낭 마가다-낭 까-시-낭 꼬-살라-낭 왓지-낭 말라-낭 쩨-띠-낭 왕가-낭 꾸루-낭 빤짜-ㄹ라-낭 맛차-낭 수-라세-나-낭 앗사까-낭 아완띠-낭 간다-라-낭 깜보-자-낭, 앗탕가사만나-가땃사 우뽀-사탓사 에-땅 깔랑 나-ㄱ가띠 소-ㄹ라싱. 땅 낏사 헤-뚜? 까빠낭, 빅카웨-, 마-누사깡 랏장 딥방 수캉 우빠니다-야

얼마나 큰 결실과 큰 이익과 큰 영광과 큰 충만이 있는가? 예를 들면, 비구들이여, 앙가, 마가다, 까시, 꼬살라, 왓지, 말라, 쩨띠, 왕가, 꾸루, 빤짤라, 맛차, 수라세나, 앗사까, 아완띠, 간다라, 깜보자 등 빛나는 보석으로 가득한 이 열여섯의 큰 나라에 대한 총괄적 지배력의 왕권을 가졌다고 가정하자. 그러나 이것은 여덟 요소를 갖춘 포살의 십육 분의 일의 가치도 없다. 그 원인은 무엇인가? 비구들이여, 인간의 왕권은 신의 행복과 견주면 하잘것없는 것이다.

“yāni, bhikkhave, mānusakāni paññāsa vassāni, cātumahārājikānaṃ devānaṃ eso eko rattindivo. tāya rattiyā tiṃsarattiyo māso. tena māsena dvādasamāsiyo saṃvaccharo. tena saṃvaccharena dibbāni pañca vassasatāni cātumahārājikānaṃ devānaṃ āyuppamāṇaṃ. ṭhānaṃ kho panetaṃ, bhikkhave, vijjati yaṃ idhekacco itthī vā puriso vā aṭṭhaṅgasamannāgataṃ uposathaṃ upavasitvā kāyassa bhedā paraṃ maraṇā cātumahārājikānaṃ devānaṃ sahabyataṃ upapajjeyya. idaṃ kho panetaṃ, bhikkhave, sandhāya bhāsitaṃ — ‘kapaṇaṃ mānusakaṃ rajjaṃ dibbaṃ sukhaṃ upanidhāya’”.

야-니, 빅카웨-, 마-누사까-니 빤냐-사 왓사-니, 짜-뚜마하-라-지까-낭 데-와-낭 에-소- 에-꼬- 랏띤디오-. 따-야 랏띠야- 띵사랏띠요- 마-소-, 떼-나 마-세-나 드와-다사마-시요- 상왓차로-. 떼-나 상왓차레-나 딥바-니 빤짜 왓사사따-니 짜-뚜마하-라-지까-낭 데-와-낭 아-윱빠마-낭. 타-낭 코- 빠네-땅, 빅카웨-, 윗자띠 양 이데-깟쪼- 잇티- 와- 뿌리소- 와- 앗탕가사만나-가땅 우뽀-사탕 우빠와시뜨와- 까-야사 베-다- 빠랑 마라나- 짜-뚜마하-라-지까-낭 데-와-낭 사하뱌땅 우빠빳제이야. 이당 코- 빠네-땅, 빅카웨-, 산다-야 바-시땅 — ‘까빠낭 마-누사깡 랏장 딥방 수캉 우빠니다-야’

비구들이여, 사대왕천(四大王天)의 신들에게는 인간의 오십 년이 하루 밤낮이다. 그 밤으로

삼십 밤을 가진 것이 한 달이다. 그달에 의해 열두 달이 일 년(年)이다. 그 년으로 신들의 오백 년이 사대왕천의 신들의 수명의 기준이 된다. 그리고 비구들이여, 어떤 여자나 남자가 여덟 요소를 갖춘 포살을 준수한 뒤에 몸이 무너져 죽은 뒤 사대왕천의 신들의 일원으로 태어날 것이라는 경우는 있다. 비구들이여, 이것은 '인간의 왕권은 신의 행복과 견주면 하잘것없는 것이다.'라는 것과 관련해서 말한 것이다.

"yāni, bhikkhave, mānusakāni vassasatāni, tāvatiṃsānaṃ devānaṃ eso eko rattindivo. tāya rattiyā tiṃsarattiyo māso. tena māsena dvādasamāsiyo saṃvaccharo. tena saṃvaccharena dibbaṃ vassasahassaṃ tāvatiṃsānaṃ devānaṃ āyuppamāṇaṃ. ṭhānaṃ kho panetaṃ, bhikkhave, vijjati yaṃ idhekacco itthī vā puriso vā aṭṭhaṅgasamannāgataṃ uposathaṃ upavasitvā kāyassa bhedā paraṃ maraṇā tāvatiṃsānaṃ devānaṃ sahabyataṃ upapajjeyya. idaṃ kho panetaṃ, bhikkhave, sandhāya bhāsitaṃ — 'kapaṇaṃ mānusakaṃ rajjaṃ dibbaṃ sukhaṃ upanidhāya'".

야-니, 빅카웨-, 마-누사까-니 왓사사따-니, 따-와띵사-낭 데-와-낭 에-소- 에-꼬- 랏띤디오-. 따-야 랏띠야- 띵사랏띠요- 마-소-, 떼-나 마-세-나 드와-다사마-시요- 상왓차로-. 떼-나 상왓차레-나 딥방 왓사사핫상 따-와띵사-낭 데-와-낭 아-윱빠마-낭. 타-낭 코- 빠네-땅, 빅카웨-, 윗자띠 양 이데-깟쪼- 잇티- 와- 뿌리소- 와- 앗탕가사만나-가땅 우뽀-사탕 우빠와시뜨와- 까-야사 베-다- 빠랑 마라나- 따-와띵사-낭 데-와-낭 사하뱌땅 우빠빳제이야. 이당 코- 빠네-땅, 빅카웨-, 산다-야 바-시땅 — '까빠낭 마-누사깡 랏장 딥방 수캉 우빠니다-야'

비구들이여, 삼십삼천(三十三天)의 신들에게는 인간의 백 년이 하루 밤낮이다. 그 밤으로 삼십 밤을 가진 것이 한 달이다. 그달에 의해 열두 달이 일 년이다. 그 년으로 신들의 천 년이 삼십삼천의 신들의 수명의 기준이 된다. 그리고 비구들이여, 어떤 여자나 남자가 여덟 요소를 갖춘 포살을 준수한 뒤에 몸이 무너져 죽은 뒤 삼십삼천의 신들의 일원으로 태어날 것이라는 경우는 있다. 비구들이여, 이것은 '인간의 왕권은 신의 행복과 견주면 하잘것없는 것이다.'라는 것과 관련해서 말한 것이다.

"yāni, bhikkhave, mānusakāni dve vassasatāni, yāmānaṃ devānaṃ eso eko rattindivo. tāya rattiyā tiṃsarattiyo māso. tena māsena dvādasamāsiyo saṃvaccharo. tena saṃvaccharena dibbāni dve vassasahassāni yāmānaṃ devānaṃ āyuppamāṇaṃ. ṭhānaṃ kho panetaṃ, bhikkhave, vijjati yaṃ idhekacco itthī vā puriso vā aṭṭhaṅgasamannāgataṃ uposathaṃ upavasitvā kāyassa bhedā paraṃ maraṇā yāmānaṃ devānaṃ sahabyataṃ upapajjeyya. idaṃ kho panetaṃ, bhikkhave, sandhāya bhāsitaṃ — 'kapaṇaṃ mānusakaṃ rajjaṃ dibbaṃ sukhaṃ upanidhāya'".

야-니, 빅카웨-, 마-누사까-니 드웨- 왓사사따-니, 야-마-낭 데-와-낭 에-소- 에-꼬- 랏띤디오-. 따-야 랏띠야- 띵사랏띠요- 마-소-, 떼-나 마-세-나 드와-다사마-시요- 상왓차로-. 떼-나 상왓차레-나 딥바-니 드웨- 왓사사핫사-니 야-마-낭 데-와-낭 아-윱빠마-낭. 타-낭 코- 빠네-땅, 빅카웨-, 윗자띠 양 이데-깟쪼- 잇티- 와- 뿌리소- 와- 앗탕가사만나-가땅 우뽀-사탕 우빠와시뜨와- 까-야사 베-다- 빠랑 마라나- 야-마-낭 데-와-낭 사하뱌땅 우빠빳제이야. 이당 코- 빠네-땅, 빅카웨-, 산다-야 바-시땅 — '까빠낭 마-누사깡 랏장 딥방 수캉 우빠니다-야'

비구들이여, 야마천(夜摩天)의 신들에게는 인간의 이백 년이 하루 밤낮이다. 그 밤으로 삼십 밤을 가진 것이 한 달이다. 그달에 의해 열두 달이 일 년이다. 그 년으로 신들의 이천 년이 야마천의 신들의 수명의 기준이 된다. 그리고 비구들이여, 어떤 여자나 남자가 여덟 요소를 갖춘 포살을 준수한 뒤에 몸이 무너져 죽은 뒤 야마천의 신들의 일원으로 태어날 것이라는 경우는 있다. 비구들이여, 이것은 '인간의 왕권은 신의 행복과 견주면 하찮것없는 것이다.'라는 것과 관련해서 말한 것이다.

"yāni, bhikkhave, mānusakāni cattāri vassasatāni, tusitānaṃ devānaṃ eso eko rattindivo. tāya rattiyā tiṃsarattiyo māso. tena māsena dvādasamāsiyo saṃvaccharo. tena saṃvaccharena dibbāni cattāri vassasahassāni tusitānaṃ devānaṃ āyuppamāṇaṃ. ṭhānaṃ kho panetaṃ, bhikkhave, vijjati yaṃ idhekacco itthī vā puriso vā aṭṭhaṅgasamannāgataṃ uposathaṃ upavasitvā kāyassa bhedā paraṃ maraṇā tusitānaṃ devānaṃ sahabyataṃ upapajjeyya. idaṃ kho panetaṃ, bhikkhave, sandhāya bhāsitaṃ — 'kapaṇaṃ mānusakaṃ rajjaṃ dibbaṃ sukhaṃ upanidhāya'".

야-니, 빅카웨-, 마-누사까-니 짯따-리 왓사사따-니, 뚜시따-낭 데-와-낭 에-소- 에-꼬- 랏띤디오-. 따-야 랏띠야- 띵사랏띠요- 마-소-, 떼-나 마-세-나 드와-다사마-시요- 상왓차로-. 떼-나 상왓차레-나 딥바-니 짯따-리 왓사사핫사-니 뚜시따-낭 데-와-낭 아-윱빠마-낭. 타-낭 코- 빠네-땅, 빅카웨-, 윗자띠 양 이데-깟쪼- 잇티- 와- 뿌리소- 와- 앗탕가사만나-가땅 우뽀-사탕 우빠와시뜨와- 까-야사 베-다- 빠랑 마라나- 뚜시따-낭 데-와-낭 사하뱌땅 우빠빳제이야. 이당 코- 빠네-땅, 빅카웨-, 산다-야 바-시땅 — '까빠낭 마-누사깡 랏장 딥방 수캉 우빠니다-야'

비구들이여, 도솔천(兜率天)의 신들에게는 인간의 사백 년이 하루 밤낮이다. 그 밤으로 삼십 밤을 가진 것이 한 달이다. 그달에 의해 열두 달이 일 년이다. 그 년으로 신들의 사천 년이 도솔천의 신들의 수명의 기준이 된다. 그리고 비구들이여, 어떤 여자나 남자가 여덟 요소를 갖춘 포살을 준수한 뒤에 몸이 무너져 죽은 뒤 도솔천의 신들의 일원으로 태어날 것이라는 경우는 있다. 비구들이여, 이것은 '인간의 왕권은 신의 행복과 견주면 하잘것없는 것이다.'라는 것과 관련해서 말한 것이다.

"yāni, bhikkhave, mānusakāni aṭṭha vassasatāni, nimmānaratīnaṃ devānaṃ eso eko rattindivo. tāya rattiyā tiṃsarattiyo māso. tena māsena dvādasamāsiyo saṃvaccharo. tena saṃvaccharena dibbāni aṭṭha vassasahassāni nimmānaratīnaṃ devānaṃ āyuppamāṇaṃ. ṭhānaṃ kho panetaṃ, bhikkhave, vijjati yaṃ idhekacco itthī vā puriso vā aṭṭhaṅgasamannāgataṃ uposathaṃ upavasitvā kāyassa bhedā paraṃ maraṇā nimmānaratīnaṃ devānaṃ sahabyataṃ upapajjeyya. idaṃ kho panetaṃ, bhikkhave, sandhāya bhāsitaṃ — 'kapaṇaṃ mānusakaṃ rajjaṃ dibbaṃ sukhaṃ upanidhāya'".

야-니, 빅카웨-, 마-누사까-니 앗타 왓사사따-니, 님마-나라띠-낭 데-와-낭 에-소- 에-꼬- 랏띤디오-. 따-야 랏띠야- 띵사랏띠요- 마-소-, 떼-나 마-세-나 드와-다사마-시요- 상왓차로-. 떼-나 상왓차레-나 딥바-니 앗타 왓사사핫사-니 님마-나라띠-낭 데-와-낭 아-윱빠마-낭. 타-낭 코- 빠네-땅, 빅카웨-, 윗자띠 양 이데-깟쪼- 잇티- 와- 뿌리소- 와- 앗탕가사만나-가땅 우뽀-사탕 우빠와시뜨와- 까-얏사 베-다- 빠랑 마라나- 님마-나라띠-낭 데-와-낭 사하뱌땅 우빠빳제이야. 이당 코- 빠네-땅, 빅카웨-, 산다-야 바-시땅 — '까빠낭 마-누사깡 랏장 딥방 수캉 우빠니다-야'

비구들이여, 화락천(化樂天)의 신들에게는 인간의 팔백 년이 하루 밤낮이다. 그 밤으로 삼십 밤을 가진 것이 한 달이다. 그달에 의해 열두 달이 일 년이다. 그 년으로 신들의 팔천 년이 화락천의 신들의 수명의 기준이 된다. 그리고 비구들이여, 어떤 여자나 남자가 여덟 요소를 갖춘 포살을 준수한 뒤에 몸이 무너져 죽은 뒤 화락천의 신들의 일원으로 태어날 것이라는 경우는 있다. 비구들이여, 이것은 '인간의 왕권은 신의 행복과 견주면 하잘것없는 것이다.'라는 것과 관련해서 말한 것이다.

"yāni, bhikkhave, mānusakāni soḷasa vassasatāni, paranimmitavasavattīnaṃ devānaṃ eso eko rattindivo. tāya rattiyā tiṃsarattiyo māso. tena māsena dvādasamāsiyo saṃvaccharo. tena saṃvaccharena dibbāni soḷasa vassasahassāni paranimmitavasavattīnaṃ devānaṃ āyuppamāṇaṃ. ṭhānaṃ kho panetaṃ, bhikkhave, vijjati yaṃ idhekacco itthī vā puriso vā aṭṭhaṅgasamannāgataṃ uposathaṃ upavasitvā kāyassa bhedā paraṃ maraṇā paranimmitavasavattīnaṃ devānaṃ sahabyataṃ upapajjeyya. idaṃ kho panetaṃ, bhikkhave, sandhāya bhāsitaṃ — 'kapaṇaṃ mānusakaṃ rajjaṃ dibbaṃ sukhaṃ upanidhāyā'"ti.

야-니, 빅카웨-, 마-누사까-니 소-ㄹ라사 왓사사따-니, 빠라님미따와사왓띠-낭 데-와-낭 에-소- 에-꼬- 랏띤디오-. 따-야 랏띠야- 띵사랏띠요- 마-소-, 떼-나 마-세-나 드와-다사 마-시요- 상왓차로-. 떼-나 상왓차레-나 딥바-니 소-ㄹ라사 왓사사핫사-니 빠라님미따와사왓띠-낭 데-와-낭 아-윱빠마-낭. 타-낭 코- 빠네-땅, 빅카웨-, 윗자띠 양 이데-깟쪼- 잇티-와- 뿌리소- 와- 앗탕가사만나-가땅 우뽀-사탕 우빠와시뜨와- 까-얏사 베-다- 빠랑 마라나- 빠라님미따와사왓띠-낭 데-와-낭 사하뱌땅 우빠빳제이야. 이당 코- 빠네-땅, 빅카웨-, 산다-야 바-시땅 — '까빠낭 마-누사깡 랏장 딥방 수캉 우빠니다-야-'띠

비구들이여, 타화자재천(他化自在天)의 신들에게는 인간의 천육백 년이 하루 밤낮이다. 그 밤으로 삼십 밤을 가진 것이 한 달이다. 그달에 의해 열두 달이 일 년이다. 그 년으로 신들의 일만 육천 년이 타화자재천의 신들의 수명의 기준이 된다. 그리고 비구들이여, 어떤 여자나 남자가 여덟 요소를 갖춘 포살을 준수한 뒤에 몸이 무너져 죽은 뒤 타화자재천의 신들의 일원으로 태어날 것이라는 경우는 있다. 비구들이여, 이것은 '인간의 왕권은 신의 행복과 견주면 하잘것없는 것이다.'라는 것과 관련해서 말한 것이다.

"pāṇaṃ na haññe na cadinnamādiye,
musā na bhāse na ca majjapo siyā.
abrahmacariyā virameyya methunā,
rattiṃ na bhuñjeyya vikālabhojanaṃ.

생명을 해치지 않고, 또 주어지지 않은 것을 가지지 않고
거짓을 말하지 않고, 또 술을 마시지 않아야 한다.
음행(淫行)을, 성행위를 멀리해야 하고
밤에, 규정되지 않은 때에 먹지 않아야 한다.

"mālaṃ na dhāre na ca gandhamācare,
mañce chamāyaṃ va sayetha santhate.
etañhi aṭṭhaṅgikamāhuposathaṃ,
buddhena dukkhantagunā pakāsitaṃ.

화환을 걸지 말고 향을 뿌리지 말고
땅에 놓인 작은 침상이나 자리에서 잠을 잔다.
참으로 이것 여덟 요소를 가진 큰 포살이
부처님에 의해 괴로움의 끝을 위한 것으로 알려졌다.

"cando ca suriyo ca ubho sudassanā,
obhāsayaṃ anupariyanti yāvatā.

tamonudā te pana antalikkhagā,
nabhe pabhāsanti disāvirocanā.

달도 태양도 둘 모두 아름다운 것이니
그 움직임이 미치는 곳까지 비춘다.
그들은 어둠을 거두고 허공을 가니
구름을, 모든 방향을 비춘다.

“etasmiṃ yaṃ vijjati antare dhanaṃ,
muttā maṇi veḷuriyañca bhaddakaṃ.
siṅgīsuvaṇṇaṃ atha vāpi kañcanaṃ,
yaṃ jātarūpaṃ haṭakanti vuccati.

세상에는 보석 중에
진주, 수정, 행운의 청금석,
그리고 색깔이 좋은 금이거나 금이 있고,
하따까 금이라고 불린다.

“aṭṭhaṅgupetassa uposathassa,
kalampi te nānubhavanti soḷasiṃ.
candappabhā tāragaṇā ca sabbe.

그러나 그것은 여덟 요소를 가진 포살의
십육 분의 일에도 미치지 못하니
모든 별 무리가 달빛의 십육 분의 일에 미치지 못하는 것과 같다.

“tasmā hi nārī ca naro ca sīlavā,
aṭṭhaṅgupetaṃ upavassuposathaṃ.
puññāni katvāna sukhudrayāni,
aninditā saggamupenti ṭhānan”ti.

그러니 참으로 계(戒)를 중시하는 여자와 남자는
여덟 요소를 가진 포살을 준수한다.
공덕을 지어 행복을 열매 맺고
결점 없는 하늘에 태어나 머문다. ▣

❁ 제6장 ❁

수행(修行) — 지도(地圖)

1. apaṇṇakasuttaṃ (AN 3.16-흠 없음 경)
2. ariyavaṃsasuttaṃ (AN 4.28-성자의 계보 경)
3. dhammapadasuttaṃ (AN 4.29-법의 걸음 경)
4. vipallāsasuttaṃ (AN 4.49-전도(顚倒) 경)
5. kimatthiyasuttaṃ(AN 11.1-어떤 목적 경)
6. gilānasuttaṃ (SN 47.9-병 경)
7. satisuttaṃ(SN 47.44-사띠 경)
8. satisuttaṃ(SN 47.2-사띠 경)
9. satisuttaṃ(SN 47.35-사띠 경)
10. samādhibhāvanāsuttaṃ (AN 4.41-삼매수행 경)
11. paṭhamasamādhisuttaṃ(AN 4.92-삼매 경1)
12. dutiyasamādhisuttaṃ (AN 4.93-삼매 경2)
13. tatiyasamādhisuttaṃ (AN 4.94-삼매 경3)
14. bālavaggo (AN 2.22-32 – 어리석은 자 품) 32.
15. ekadhammasuttaṃ(SN 54.1-하나의 법 경)
16. bojjhaṅgasuttaṃ (SN 54.2-각지 경)
17. abhayasuttaṃ(SN 46.56-아바야 경)
18. paññāvimuttasuttaṃ (AN 9.44-혜해탈자 경)
19. ubhatobhāgavimuttasuttaṃ (AN 9.45-양면해탈자 경)

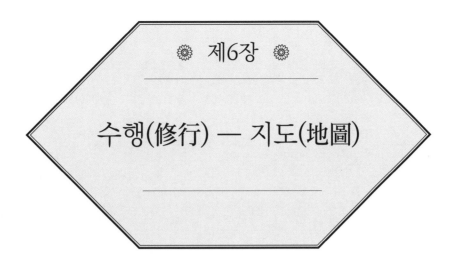

1. apaṇṇakasuttaṃ (AN 3.16-흠 없음 경)

• 흠 없는 실천 → 번뇌들의 부서짐을 위한 근본의 시작 — ①기능들에서 문을 보호함, ②음식에 대한 적당량을 앎, ③깨어있음의 실천

"tīhi, bhikkhave, dhammehi samannāgato bhikkhu apaṇṇakapaṭipadaṃ paṭipanno hoti, yoni cassa āraddhā hoti āsavānaṃ khayāya. katamehi tīhi? idha, bhikkhave, bhikkhu indriyesu guttadvāro hoti, bhojane mattaññū hoti, jāgariyaṃ anuyutto hoti.

띠-히, 빅카웨-, 담메-히 사만나-가또- 빅쿠 아빤나까빠띠빠당 빠띠빤노- 호-띠, 요-니 짯사 아-랃다- 호-띠 아-사와-낭 카야-야. 까따메-히 띠-히? 이다, 빅카웨-, 빅쿠 인드리예-수 굿따드와-로- 호-띠, 보-자네- 맛딴뉴- 호-띠, 자-가리양 아누윳또- 호-띠

비구들이여, 세 가지 법을 갖춘 비구는 흠 없이 실천한다. 그에게 번뇌들의 부서짐을 위한 근본이 시작된다. 어떤 세 가지인가? 여기, 비구들이여, 비구는 기능들에서 문을 보호하고, 음식에 대한 적당량을 알고, 깨어있음을 실천한다.

"kathañca, bhikkhave, bhikkhu indriyesu guttadvāro hoti? idha, bhikkhave, bhikkhu cakkhunā rūpaṃ disvā na nimittaggāhī hoti nānubyañjanaggāhī. yatvādhikaraṇamenaṃ cakkhundriyaṃ asaṃvutaṃ viharantaṃ abhijjhādomanassā pāpakā akusalā dhammā anvāssaveyyuṃ tassa saṃvarāya paṭipajjati, rakkhati cakkhundriyaṃ, cakkhundriye saṃvaraṃ āpajjati.

까탄짜, 빅카웨-, 빅쿠 인드리예-수 굿따드와-로- 호-띠? 이다, 빅카웨-, 빅쿠 짝쿠나- 루-빵 디스와- 나 니밋딱가-히- 호-띠 나-누뱐자낙가-히-. 야뜨와-디까라나메-낭 짝쿤드리양 아상우땅 위하란땅 아빗자-도-마낫사- 빠-빠까- 아꾸살라- 담마- 안와-ㅅ사웨이융 땃사 상와라-야 빠띠빳자띠, 락카띠 짝쿤드리양, 짝쿤드리예- 상와랑 아-빳자띠

비구들이여, 어떻게 비구는 기능들에서 문을 보호하는가? 여기, 비구들이여, 비구는 안(眼)으로 색(色)을 보면서 상(相)을 붙잡지 않고 뒤따르는 것(受)을 붙잡지 않는다. 안근(眼根)을 단속하지 않고 머물면 간탐과 불만과 악한 불선법들이 흘러들어 올 것이기 때문에 그것의 단속을 위해 실천한다. 안근을 보호하고, 안근에서 단속한다.

sotena saddaṃ sutvā na nimittaggāhī hoti nānubyañjanaggāhī. yatvādhikaraṇamenaṃ sotindriyaṃ asaṃvutaṃ viharantaṃ abhijjhādomanassā pāpakā akusalā dhammā anvāssaveyyuṃ tassa saṃvarāya paṭipajjati, rakkhati sotindriyaṃ, sotindriye saṃvaraṃ āpajjati.

소-떼-나 산당 수뜨와- 나 니밋딱가-히- 호-띠 나-누뱐자낙가-히-. 야뜨와-디까라나메-낭 소-띤드리양 아상우땅 위하란땅 아빗자-도-마낫사- 빠-빠까- 아꾸살라- 담마- 안와-ㅅ사웨이융 땃사 상와라-야 빠띠빳자띠, 락카띠 소-띤드리양, 소-띤드리예- 상와랑 아-빳자띠

이(耳)로 성(聲)을 들으면서 상(相)을 붙잡지 않고 뒤따르는 것(受)을 붙잡지 않는다. 이근(耳根)을 단속하지 않고 머물면 간탐과 불만과 악한 불선법들이 흘러들어 올 것이기 때문에 그것의 단속을 위해 실천한다. 이근을 보호하고, 이근에서 단속한다.

ghānena gandhaṃ ghāyitvā na nimittaggāhī hoti nānubyañjanaggāhī.
yatvādhikaraṇamenaṃ ghānindriyaṃ asaṃvutaṃ viharantaṃ abhijjhādomanassā pāpakā akusalā dhammā anvāssaveyyuṃ tassa saṃvarāya paṭipajjati, rakkhati ghānindriyaṃ, ghānindriye saṃvaraṃ āpajjati.

가-네-나 간당 가-이뜨와- 나 니밋딱가-히- 호-띠 나-누뱐자낙가-히-. 야뜨와-디까라나메-낭 가-닌드리양 아상우땅 위하란땅 아빗자-도-마낫사- 빠-빠까- 아꾸살라- 담마- 안와-ㅅ사웨이융 땃사 상와라-야 빠띠빳자띠, 락카띠 가-닌드리양, 가-닌드리예- 상와랑 아-빳자띠

비(鼻)로 향(香)을 맡으면서 상(相)을 붙잡지 않고 뒤따르는 것(受)을 붙잡지 않는다. 비근(鼻根)을 단속하지 않고 머물면 간탐과 불만과 악한 불선법들이 흘러들어 올 것이기 때문에 그것의 단속을 위해 실천한다. 비근을 보호하고, 비근에서 단속한다.

jivhāya rasaṃ sāyitvā na nimittaggāhī hoti nānubyañjanaggāhī.
yatvādhikaraṇamenaṃ jivhindriyaṃ asaṃvutaṃ viharantaṃ abhijjhādomanassā pāpakā akusalā dhammā anvāssaveyyuṃ tassa saṃvarāya paṭipajjati, rakkhati jivhindriyaṃ, jivhindriye saṃvaraṃ āpajjati.

지워하-야 라상 사-이뜨와- 나 니밋딱가-히- 호-띠 나-누뱐자낙가-히-. 야뜨와-디까라나메-낭 지워힌드리양 아상우땅 위하란땅 아빗자-도-마낫사- 빠-빠까- 아꾸살라- 담마- 안와-ㅅ사웨이융 땃사 상와라-야 빠띠빳자띠, 락카띠 지워힌드리양, 지워힌드리예- 상와랑 아-빳자띠

설(舌)로 미(味)를 맛보면서 상(相)을 붙잡지 않고 뒤따르는 것(受)을 붙잡지 않는다. 설근(舌根)을 단속하지 않고 머물면 간탐과 불만과 악한 불선법들이 흘러들어 올 것이기 때문에 그것의 단속을 위해 실천한다. 설근을 보호하고, 설근에서 단속한다.

kāyena phoṭṭhabbaṃ phusitvā na nimittaggāhī hoti nānubyañjanaggāhī.
yatvādhikaraṇamenaṃ kāyindriyaṃ asaṃvutaṃ viharantaṃ abhijjhādomanassā

pāpakā akusalā dhammā anvāssaveyyuṃ tassa saṃvarāya paṭipajjati, rakkhati kāyindriyaṃ, kāyindriye saṃvaraṃ āpajjati.

까-예-나 폿탑방 푸시뜨와- 나 니밋딱가-히- 호-띠 나-누뱐자낙가-히-. 야뜨와-디까라나메-낭 까-인드리양 아상우땅 위하란땅 아빗자-도-마낫사- 빠-빠까- 아꾸살라- 담마- 안와-ㅅ사웨이융 땃사 상와라-야 빠띠빳자띠, 락카띠 까-인드리양, 까-인드리예- 상와랑 아-빳자띠

신(身)으로 촉(觸)을 닿으면서 상(相)을 붙잡지 않고 뒤따르는 것(受)을 붙잡지 않는다. 신근(身根)을 단속하지 않고 머물면 간탐과 불만과 악한 불선법들이 흘러들어 올 것이기 때문에 그것의 단속을 위해 실천한다. 신근을 보호하고, 신근에서 단속한다.

manasā dhammaṃ viññāya na nimittaggāhī hoti nānubyañjanaggāhī. yatvādhikaraṇamenaṃ manindriyaṃ asaṃvutaṃ viharantaṃ abhijjhādomanassā pāpakā akusalā dhammā anvāssaveyyuṃ tassa saṃvarāya paṭipajjati, rakkhati manindriyaṃ, manindriye saṃvaraṃ āpajjati. evaṃ kho, bhikkhave, bhikkhu indriyesu guttadvāro hoti.

마나사- 담망 윈냐-야 나 니밋딱가-히- 호-띠 나-누뱐자낙가-히-. 야뜨와-디까라나메-낭 마닌드리양 아상우땅 위하란땅 아빗자-도-마낫사- 빠-빠까- 아꾸살라- 담마- 안와-ㅅ사웨이융 땃사 상와라-야 빠띠빳자띠, 락카띠 마닌드리양, 마닌드리예- 상와랑 아-빳자띠. 에-왕 코-, 빅카웨-, 빅쿠 인드리예-수 굿따드와-로- 호-띠

의(意)로 법(法)을 인식하면서 상(相)을 붙잡지 않고 뒤따르는 것(受)을 붙잡지 않는다. 의근(意根)을 단속하지 않고 머물면 간탐과 불만과 악한 불선법들이 흘러들어 올 것이기 때문에 그것의 단속을 위해 실천한다. 의근을 보호하고, 의근에서 단속한다. 이렇게, 비구들이여, 비구는 기능들에서 문을 보호한다.

"kathañca, bhikkhave, bhikkhu bhojane mattaññū hoti? idha, bhikkhave, bhikkhu paṭisaṅkhā yoniso āhāraṃ āhāreti — 'neva davāya na madāya na maṇḍanāya na vibhūsanāya, yāvadeva imassa kāyassa ṭhitiyā yāpanāya vihiṃsūparatiyā brahmacariyānuggahāya, iti purāṇañca vedanaṃ paṭihaṅkhāmi, navañca vedanaṃ na uppādessāmi, yātrā ca me bhavissati anavajjatā ca phāsuvihāro cā'ti. evaṃ kho, bhikkhave, bhikkhu bhojane mattaññū hoti.

까탄짜, 빅카웨-, 빅쿠 보-자네- 맛딴뉴- 호-띠? 이다, 빅카웨-, 빅쿠 빠띠상카- 요-니소- 아-하-랑 아-하-레-띠 — '네-와 다와-야 나 마다-야 나 만다나-야 나 위부-사나-야, 야-와데-와 이맛사 까-야사 티띠야- 야-빠나-야 위힝수-빠라띠야- 브라흐마짜리야-누가하-야,

이띠 뿌라-난짜 웨-다낭 빠띠항카-미, 나완짜 웨-다낭 나 웁빠-뎃사-미, 야-뜨라- 짜 메- 바윗사띠 아나왓자따- 짜 파-수위하-로- 짜-'띠. 에-왕 코-, 빅카웨-, 빅쿠 보-자네- 맛딴뉴-호-띠

비구들이여, 어떻게 비구는 음식에 대한 적당량을 아는가? 여기, 비구들이여, 비구는 사실에 들어맞게[여리(如理)] 가늠하면서 음식을 먹는다. — '달리기 위해서도 아니고, 여분을 위해서도 아니고, 꾸밈을 위해서도 아니고, 장식을 위해서도 아니고, 오직 이 몸을 유지할 영양을 위한 만큼, 해침을 자제할 만큼, 범행에 도움이 되기 위한 만큼. 이렇게 나는 이전의 느낌을 부수고, 새로운 느낌을 일으키지 않을 것이다. 그러면 나의 삶은 흠 잡을 데 없고, 안락한 생활양식이 유지될 것이다.'라고. 이렇게, 비구들이여, 비구는 음식에 대한 적당량을 안다.

"kathañca, bhikkhave, bhikkhu jāgariyaṃ anuyutto hoti? idha, bhikkhave, bhikkhu divasaṃ caṅkamena nisajjāya āvaraṇīyehi dhammehi cittaṃ parisodheti, rattiyā paṭhamaṃ yāmaṃ caṅkamena nisajjāya āvaraṇīyehi dhammehi cittaṃ parisodheti, rattiyā majjhimaṃ yāmaṃ dakkhiṇena passena sīhaseyyaṃ kappeti pāde pādaṃ accādhāya sato sampajāno uṭṭhānasaññaṃ manasi karitvā, rattiyā pacchimaṃ yāmaṃ paccuṭṭhāya caṅkamena nisajjāya āvaraṇīyehi dhammehi cittaṃ parisodheti. evaṃ kho, bhikkhave, bhikkhu jāgariyaṃ anuyutto hoti. imehi kho, bhikkhave, tīhi dhammehi samannāgato bhikkhu apaṇṇakapaṭipadaṃ paṭipanno hoti, yoni cassa āraddhā hoti āsavānaṃ khayāyā"ti.

까탄짜, 빅카웨-, 빅쿠 자-가리양 아누윳또- 호-띠? 이다, 빅카웨-, 빅쿠 디와상 짱까메-나 니삿자-야 아-와라니-예-히 담메-히 찟땅 빠리소-데-띠, 랏띠야- 빠타망 야-망 짱까메-나 니삿자-야 아-와라니-예-히 담메-히 찟땅 빠리소-데-띠, 랏띠야- 맛지망 야-망 닥키네-나 빳세-나 시-하세이양 깝뻬-띠 빠-데- 빠-당 앗짜-다-야 사또- 삼빠자-노- 웃타-나산냥 마나시 까리뜨와-, 랏띠야- 빳치망 야-망 빳쭛타-야 짱까메-나 니삿자-야 아-와라니-예-히 담메-히 찟땅 빠리소-데-띠. 에-왕 코-, 빅카웨-, 빅쿠 자-가리양 아누윳또- 호-띠. 이메-히 코-, 빅카웨-, 띠-히 담메-히 사만나-가또- 빅쿠 아빤나까빠띠빠당 빠띠빤노- 호-띠, 요-니 짯사 아-랃다- 호-띠 아-사와-낭 카야-야-"띠

비구들이여, 어떻게 비구는 깨어있음을 실천하는가? 여기, 비구들이여, 비구는 낮 동안에는 경행(經行)을 수반한 앉음을 통해 장애가 되는 법들로부터 심(心)을 청정케 한다. 밤의 초삼분(初三分) 동안에는 경행을 수반한 앉음을 통해 장애가 되는 법들로부터 심을 청정케 한다. 밤의 중삼분(中三分) 동안에는 발에 발을 포개고, 사띠와 바른 앎을 가지고 일어남의 상을 작의한 후 오른쪽으로 사자처럼 눕는다. 밤의 후삼분(後三分) 동안에는 자리에서 일어나 경행을 수반한 앉음을 통해 장애가 되는 법들로부터 심을 청정케 한다. 이렇게, 비구들이여, 비구는 깨어있음을 실천한다. 비구들이여, 이런 세 가지 법을 갖춘 비구는 흠 없이 실천한다. 그에게 번뇌들의 부서짐을 위한 근본이 시작된다. ▣

2. ariyavaṃsasuttaṃ (AN 4.28-성자의 계보 경)

- 가장 높은 것이라고 알려지고 ~ 현명한 사문-바라문들에 의해 책망받지 않는 것 - ①네 가지 성자의 계보 — 의(衣)-식(食)-주(住) + 수행
- 수행 = 버림
- 네 가지 성자의 계보를 갖춘 비구 — 오직 그가 불쾌를 극복하지, 불쾌가 그를 극복하지 않음

“cattārome, bhikkhave, ariyavaṃsā aggaññā rattaññā vaṃsaññā porāṇā asaṃkiṇṇā asaṃkiṇṇapubbā, na saṃkīyanti na saṃkīyissanti, appaṭikuṭṭhā samaṇehi brāhmaṇehi viññūhi. katame cattāro?

짯따-로-메-, 빅카웨-, 아리야왕사- 악간냐- 랏딴냐- 왕산냐- 뽀-라-나- 아상낀나- 아상낀나뿝바-, 나 상끼-얀띠 나 상끼-잇산띠, 압빠띠꿋타- 사마네-히 브라-흐마네-히 윈뉴-히. 까따메- 짯따-로-?

비구들이여, 네 가지 성자의 계보가 있다. 가장 높은 것이라고 알려지고, 오래되었다고 알려지고, 계보라고 알려지고, 고대로부터 전해오고, 오염되지 않은 것이어서 이전에도 오염되지 않았고, 오염되지 않은 그리고 오염되지 않을 것인데, 현명한 사문-바라문들에 의해 책망받지 않는 것이다. 무엇이 넷인가?

idha, bhikkhave, bhikkhu santuṭṭho hoti itarītarena cīvarena, itarītaracīvarasantuṭṭhiyā ca vaṇṇavādī, na ca cīvarahetu anesanaṃ appatirūpaṃ āpajjati, aladdhā ca cīvaraṃ na paritassati, laddhā ca cīvaraṃ agadhito amucchito anajjhosanno ādīnavadassāvī nissaraṇapañño paribhuñjati; tāya ca pana itarītaracīvarasantuṭṭhiyā nevattānukkaṃseti, no paraṃ vambheti. yo hi tattha dakkho analaso sampajāno patissato, ayaṃ vuccati, bhikkhave, bhikkhu porāṇe aggaññe ariyavaṃse ṭhito.

이다, 빅카웨-, 빅쿠 산뜻토- 호-띠 이따리-따레-나 찌-와레-나, 이따리-따라찌-와라산뜻티야- 짜 완나와-디-, 나 짜 찌-와라헤-뚜 아네-사낭 압빠띠루-빵 아-빳자띠, 알랃다- 짜 찌-와랑 나 빠리땃사띠, 랃다- 짜 찌-와랑 아가디또- 아뭇치또- 아낫조-산노- 아-디-나와닷사-위- 닛사라나빤뇨- 빠리분자띠; 따-야 짜 빠나 이따리-따라찌-와라산뜻티야- 네-왓따-누깡세-띠, 노- 빠랑 왐베-띠. 요- 히 땃타 닥코- 아날라소- 삼빠자-노- 빠띳사또-, 아양 웃짜띠, 빅카웨-, 빅쿠 뽀-라-네- 악간녜- 아리야왕세- 티또-

여기, 비구들이여, 비구는 어떤 옷으로도 만족하고, 어떤 옷으로도 만족하는 것에 대해 칭찬한다. 그는 옷을 원인으로 부적절한 잘못된 방법을 저지르지 않는다. 옷을 얻지 못하더라도 동요하지 않고, 옷을 얻더라도 속박되지 않고 기울지 않고 묶이지 않으며 위험을 보는 자, 해

방의 지혜를 가진 자로서 사용한다. 또한, 그는 어떤 옷으로도 만족하는 것 때문에 자신을 칭찬하지 않고 남을 업신여기지 않는다. 비구들이여, 거기에 대해 참으로 현명하고 게으르지 않고 옳고 그름을 판단하고[정지(正知)], 빈틈없이 알아차리는[밀착된 념(念)] 자는 '고대로부터 전해오고, 가장 높은 것이라고 알려진 성자의 계보에 서 있는 비구'라고 불린다.

"puna caparaṃ, bhikkhave, bhikkhu santuṭṭho hoti itarītarena piṇḍapātena, itarītarapiṇḍapātasantuṭṭhiyā ca vaṇṇavādī, na ca piṇḍapātahetu anesanaṃ appatirūpaṃ āpajjati, aladdhā ca piṇḍapātaṃ na paritassati, laddhā ca piṇḍapātaṃ agadhito amucchito anajjhosanno ādīnavadassāvī nissaraṇapañño paribhuñjati; tāya ca pana itarītarapiṇḍapātasantuṭṭhiyā nevattānukkaṃseti, no paraṃ vambheti. yo hi tattha dakkho analaso sampajāno patissato, ayaṃ vuccati, bhikkhave, bhikkhu porāṇe aggañña ariyavaṃse ṭhito.

뿌나 짜빠랑, 빅카웨-, 빅쿠 산뚯토- 호-띠 이따리-따레-나 삔다빠-떼-나, 이따리-따라삔다빠-따산뚯티야- 짜 완나와-디-, 나 짜 삔다빠-따헤-뚜 아네-사낭 압빠띠루-빵 아-빳자띠, 알랃다- 짜 삔다빠-땅 나 빠리땃사띠, 랃다- 짜 삔다빠-땅 아가디또- 아뭋치또- 아낮조-산노- 아-디-나와닷사-위- 닛사라나빤뇨- 빠리분자띠; 따-야 짜 빠나 이따리-따라삔다빠-따산뚯티야- 네-왓따-눅깡세-띠, 노- 빠랑 왐베-띠. 요- 히 땃타 닥코- 아날라소- 삼빠자-노- 빠띳사또-, 아양 웃짜띠, 빅카웨-, 빅쿠 뽀-라-네- 악간녜- 아리야왕세- 티또-

다시, 비구들이여, 비구는 어떤 탁발 음식으로도 만족하고, 어떤 탁발 음식으로도 만족하는 것에 대해 칭찬한다. 그는 탁발 음식을 원인으로 부적절한 잘못된 방법을 저지르지 않는다. 탁발 음식을 얻지 못하더라도 동요하지 않고, 탁발 음식을 얻더라도 속박되지 않고 기울지 않고 묶이지 않으며 위험을 보는 자, 해방의 지혜를 가진 자로서 사용한다. 또한, 그는 어떤 탁발 음식으로도 만족하는 것 때문에 자신을 칭찬하지 않고 남을 업신여기지 않는다. 비구들이여, 거기에 대해 참으로 현명하고 게으르지 않고 옳고 그름을 판단하고, 빈틈없이 알아차리는] 자는 '고대로부터 전해오고, 가장 높은 것이라고 알려진 성자의 계보에 서 있는 비구'라고 불린다.

"puna caparaṃ, bhikkhave, bhikkhu santuṭṭho hoti itarītarena senāsanena, itarītarasenāsanasantuṭṭhiyā ca vaṇṇavādī, na ca senāsanahetu anesanaṃ appatirūpaṃ āpajjati, aladdhā ca senāsanaṃ na paritassati, laddhā ca senāsanaṃ agadhito amucchito anajjhosanno ādīnavadassāvī nissaraṇapañño paribhuñjati; tāya ca pana itarītarasenāsanasantuṭṭhiyā nevattānukkaṃseti, no paraṃ vambheti. yo hi tattha dakkho analaso sampajāno patissato, ayaṃ vuccati, bhikkhave, bhikkhu porāṇe aggañña ariyavaṃse ṭhito.

뿌나 짜빠랑, 빅카웨-, 빅쿠 산뚯토- 호-띠 이따리-따레-나 세-나-사네-나, 이따리-따라세-나-사나산뚯티야- 짜 완나와-디-, 나 짜 세-나-사나헤-뚜 아네-사낭 압빠띠루-빵 아-빳자띠, 알랃다- 짜 세-나-사낭 나 빠리땃사띠, 랃다- 짜 세-나-사낭 아가디또- 아뭇치또- 아낫조-산노- 아-디-나와닷사-위- 닛사라나빤뇨- 빠리분자띠; 따-야 짜 빠나 이따리-따라세-나-사나산뚯티야- 네-왓따-눅깡세-띠, 노- 빠랑 왐베-띠. 요- 히 땃타 닥코- 아날라소- 삼빠자-노- 빠띳사또-, 아양 웃짜띠, 빅카웨-, 빅쿠 뽀-라-네- 악간녜- 아리야왕세- 티또-

다시, 비구들이여, 비구는 어떤 잠잘 자리로도 만족하고, 어떤 잠잘 자리로도 만족하는 것에 대해 칭찬한다. 그는 잠잘 자리를 원인으로 부적절한 잘못된 방법을 저지르지 않는다. 잠잘 자리를 얻지 못하더라도 동요하지 않고, 잠잘 자리를 얻더라도 속박되지 않고 기울지 않고 묶이지 않으며 위험을 보는 자, 해방의 지혜를 가진 자로서 사용한다. 또한, 그는 어떤 잠잘 자리로도 만족하는 것 때문에 자신을 칭찬하지 않고 남을 업신여기지 않는다. 비구들이여, 거기에 대해 참으로 현명하고 게으르지 않고 옳고 그름을 판단하고, 빈틈없이 알아차리는 자는 '고대로부터 전해오고, 가장 높은 것이라고 알려진 성자의 계보에 서 있는 비구'라고 불린다.

"puna caparaṃ, bhikkhave, bhikkhu bhāvanārāmo hoti bhāvanārato, pahānārāmo hoti pahānarato; tāya ca pana bhāvanārāmatāya bhāvanāratiyā pahānārāmatāya pahānaratiyā nevattānukkaṃseti, no paraṃ vambheti. yo hi tattha dakkho analaso sampajāno patissato, ayaṃ vuccati, bhikkhave, bhikkhu porāṇe aggaññe ariyavaṃse ṭhito. ime kho, bhikkhave, cattāro ariyavaṃsā aggaññā rattaññā vaṃsaññā porāṇā asaṃkiṇṇā asaṃkiṇṇapubbā, na saṃkīyanti na saṃkīyissanti, appaṭikuṭṭhā samaṇehi brāhmaṇehi viññūhi.

뿌나 짜빠랑, 빅카웨-, 빅쿠 바-와나-라-모- 호-띠 바-와나-라또-, 빠하-나-라-모- 호-띠 빠하-나라또-; 따-야 짜 빠나 바-와나-라-마따-야 바-와나-라띠야- 빠하-나-라-마따-야 빠하-나라띠야- 네-왓따-눅깡세-띠, 노- 빠랑 왐베-띠. 요- 히 땃타 닥코- 아날라소- 삼빠자-노- 빠띳사또-, 아양 웃짜띠, 빅카웨-, 빅쿠 뽀-라-네- 악간녜- 아리야왕세- 티또-. 이메- 코-, 빅카웨-, 짯따-로- 아리야왕사- 악간냐- 랏딴냐- 왕산냐- 뽀-라-나- 아상낀나- 아상낀나뿝바-, 나 상끼-얀띠 나 상끼-잇산띠, 압빠띠꿋타- 사마네-히 브라-흐마네-히 윈뉴-히

다시, 비구들이여, 비구는 수행을 좋아하고 수행을 기뻐한다. 버림을 좋아하고 버림을 기뻐한다. 또한, 그는 수행을 좋아하고 수행을 기뻐하고, 버림을 좋아하고 버림을 기뻐하는 것 때문에 자신을 칭찬하지 않고 남을 업신여기지 않는다. 비구들이여, 거기에 대해 참으로 현명하고 게으르지 않고 옳고 그름을 판단하고, 빈틈없이 알아차리는 자는 '고대로부터 전해오고, 가장 높은 것이라고 알려진 성자의 계보에 서 있는 비구'라고 불린다. 이것이, 비구들이

여, 가장 높은 것이라고 알려지고, 오래되었다고 알려지고, 계보라고 알려지고, 고대로부터 전해오고, 오염되지 않은 것이어서 이전에도 오염되지 않았고, 오염되지 않은 그리고 오염되지 않을 것인데, 현명한 사문-바라문들에 의해 책망 받지 않는 네 가지 성자의 계보이다.

“imehi ca pana, bhikkhave, catūhi ariyavaṃsehi samannāgato bhikkhu puratthimāya cepi disāya viharati sveva aratiṃ sahati, na taṃ arati sahati; pacchimāya cepi disāya viharati sveva aratiṃ sahati, na taṃ arati sahati; uttarāya cepi disāya viharati sveva aratiṃ sahati, na taṃ arati sahati; dakkhiṇāya cepi disāya viharati sveva aratiṃ sahati, na taṃ arati sahati. taṃ kissa hetu? aratiratisaho hi, bhikkhave, dhīro”ti.

이메-히 짜 빠나, 빅카웨-, 짜뚜-히 아리야왕세-히 사만나-가또- 빅쿠 뿌랏티마-야 쩨-삐 디사-야 위하라띠 스웨-와 아라띵 사하띠, 나 땅 아라띠 사하띠; 빳치마-야 쩨-삐 디사-야 위하라띠 스웨-와 아라띵 사하띠, 나 땅 아라띠 사하띠; 웃따라-야 쩨-삐 디사-야 위하라띠 스웨-와 아라띵 사하띠, 나 땅 아라띠 사하띠; 닥키나-야 쩨-삐 디사-야 위하라띠 스웨-와 아라띵 사하띠, 나 땅 아라띠 사하띠; 땅 낏사 헤-뚜? 아라띠라띠사호- 히, 빅카웨-, 디-로-”띠

비구들이여, 이런 네 가지 성자의 계보를 갖춘 비구는, 만약 동쪽으로 머물면, 오직 그가 불쾌를 극복한다. 불쾌가 그를 극복하지 않는다. 만약 서쪽으로 머물면, 오직 그가 불쾌를 극복한다. 불쾌가 그를 극복하지 않는다. 만약 북쪽으로 머물면, 오직 그가 불쾌를 극복한다. 불쾌가 그를 극복하지 않는다. 만약 남쪽으로 머물면, 오직 그가 불쾌를 극복한다. 불쾌가 그를 극복하지 않는다. 그 원인은 무엇인가? 비구들이여, 현명한 자는 참으로 불쾌와 유쾌를 극복한다.”

“nārati sahati dhīraṃ, nārati dhīraṃ sahati.
dhīrova aratiṃ sahati, dhīro hi aratissaho.

나-라띠 사하띠 디-랑, 나-라띠 디-랑 사하띠
디-로-와 아라띵 사하띠, 디-로- 히 아라띳사호-

“sabbakammavihāyīnaṃ, panuṇṇaṃ ko nivāraye.
nekkhaṃ jambonadasseva, ko taṃ ninditumarahati.
devāpi naṃ pasaṃsanti, brahmunāpi pasaṃsito”ti.

삽바깜마위하-이-낭, 빠눈낭 꼬- 니와-라예-
넥캉 잠보-나닷세-와, 꼬- 땅 닌디뚜마라하띠

데-와-삐 낭 빠상산띠, 브라흐무나-삐 빠상시또-”띠

“불쾌는 현명한 자를 극복하지 못한다. 불쾌는 현명한 자를 극복하지 못한다.
다만 현명한 자가 불쾌를 극복한다. 현명한 자는 참으로 불쾌를 극복하는 자이다.

모든 업을 바르게 포기하고, 제거된 자를 누가 방해할 것인가?
잠부 강의 금으로 만든 큰 금화와 같은 그를 누가 비난할 것인가?
신들도 그를 칭찬하고 범천도 그를 칭찬한다.” ▣

배워 알고 실천하는 불교 신자!

3. dhammapadasuttaṃ (AN 4.29-법의 걸음 경)

- 가장 높은 것이라고 알려지고 ~ 현명한 사문-바라문들에 의해 책망받지 않는 것 - ②네 가지 법의 걸음 — 불간탐-부진에-정념(正念-바른 사띠)-정정(正定-바른 삼매)
- 정념(正念-바른 사띠)-정정(正定-바른 삼매) → 불간탐-부진에 → 고멸(苦滅)의 삶 실현

"cattārimāni, bhikkhave, dhammapadāni aggaññāni rattaññāni vaṃsaññāni porāṇāni asaṃkiṇṇāni asaṃkiṇṇapubbāni, na saṃkīyanti na saṃkīyissanti, appaṭikuṭṭhāni samaṇehi brāhmaṇehi viññūhi. katamāni cattāri? anabhijjhā, bhikkhave, dhammapadaṃ aggaññaṃ rattaññaṃ vaṃsaññaṃ porāṇaṃ asaṃkiṇṇaṃ asaṃkiṇṇapubbaṃ, na saṃkīyati na saṃkīyissati, appaṭikuṭṭhaṃ samaṇehi brāhmaṇehi viññūhi.

짯따-리마-니, 빅카웨-, 담마빠다-니 악간냐-니 랏딴냐-니 왕산냐-니 뽀-라-나-니 아상낀나-니 아상낀나뿝바-니, 나 상끼-얀띠 나 상끼-잇산띠, 압빠띠꿋타-니 사마네-히 브라-흐마네-히 윈뉴-히. 까따마-니 짯따-리? 아나빗자-, 빅카웨-, 담마빠당 악간냥 랏딴냥 왕산냥 뽀-라-낭 아상낀낭 아상낀나뿝방, 나 상끼-야띠 나 상끼-잇사띠, 압빠띠꿋탕 사마네-히 브라-흐마네-히 윈뉴-히

비구들이여, 네 가지 법의 걸음이 있다. 가장 높은 것이라고 알려지고, 오래되었다고 알려지고, 계보라고 알려지고, 고대로부터 전해오고, 오염되지 않은 것이어서 이전에도 오염되지 않았고, 오염되지 않은 그리고 오염되지 않을 것인데, 현명한 사문-바라문들에 의해 책망받지 않는 것이다. 무엇이 넷인가? 비구들이여, 불간탐은 법의 걸음이다. 가장 높은 것이라고 알려지고, 오래되었다고 알려지고, 계보라고 알려지고, 고대로부터 전해오고, 오염되지 않은 것이어서 이전에도 오염되지 않았고, 오염되지 않은 그리고 오염되지 않을 것인데, 현명한 사문-바라문들에 의해 책망받지 않는 것이다.

"abyāpādo, bhikkhave, dhammapadaṃ aggaññaṃ rattaññaṃ vaṃsaññaṃ porāṇaṃ asaṃkiṇṇaṃ asaṃkiṇṇapubbaṃ, na saṃkīyati na saṃkīyissati, appaṭikuṭṭhaṃ samaṇehi brāhmaṇehi viññūhi.

아뱌-빠-도-, 빅카웨-, 담마빠당 악간냥 랏딴냥 왕산냥 뽀-라-낭 아상낀낭 아상낀나뿝방, 나 상끼-야띠 나 상끼-잇사띠, 압빠띠꿋탕 사마네-히 브라-흐마네-히 윈뉴-히

비구들이여, 부진에는 법의 걸음이다. 가장 높은 것이라고 알려지고, 오래되었다고 알려지고, 계보라고 알려지고, 고대로부터 전해오고, 오염되지 않은 것이어서 이전에도 오염되지 않았고, 오염되지 않은 그리고 오염되지 않을 것인데, 현명한 사문-바라문들에 의해 책망받지 않는 것이다.

“sammāsati, bhikkhave, dhammapadaṃ aggaññaṃ rattaññaṃ vaṃsaññaṃ porāṇaṃ asaṃkiṇṇaṃ asaṃkiṇṇapubbaṃ, na saṃkīyati na saṃkīyissati, appaṭikuṭṭhaṃ samaṇehi brāhmaṇehi viññūhi.

삼마-사띠, 빅카웨-, 담마빠당 악간냥 랏딴냥 왕산냥 뽀-라-낭 아상낀낭 아상낀나뿝방, 나 상끼-야띠 나 상끼-잇사띠, 압빠띠꿋탕 사마네-히 브라-흐마네-히 윈뉴-히

비구들이여, 정념(正念-바른 사띠)은 법의 걸음이다. 가장 높은 것이라고 알려지고, 오래되었다고 알려지고, 계보라고 알려지고, 고대로부터 전해오고, 오염되지 않은 것이어서 이전에도 오염되지 않았고, 오염되지 않은 그리고 오염되지 않을 것인데, 현명한 사문-바라문들에 의해 책망받지 않는 것이다.

“sammāsamādhi, bhikkhave, dhammapadaṃ aggaññaṃ rattaññaṃ vaṃsaññaṃ porāṇaṃ asaṃkiṇṇaṃ asaṃkiṇṇapubbaṃ, na saṃkīyati na saṃkīyissati, appaṭikuṭṭhaṃ samaṇehi brāhmaṇehi viññūhi. imāni kho, bhikkhave, cattāri dhammapadāni aggaññāni rattaññāni vaṃsaññāni porāṇāni asaṃkiṇṇāni asaṃkiṇṇapubbāni, na saṃkīyanti na saṃkīyissanti, appaṭikuṭṭhāni samaṇehi brāhmaṇehi viññūhī”ti.

삼마-사마-디, 빅카웨-, 담마빠당 악간냥 랏딴냥 왕산냥 뽀-라-낭 아상낀낭 아상낀나뿝방, 나 상끼-야띠 나 상끼-잇사띠, 압빠띠꿋탕 사마네-히 브라-흐마네-히 윈뉴-히. 이마-니 코-, 빅카웨-, 짯따-리 담마빠다-니 악간냐-니 랏딴냐-니 왕산냐-니 뽀-라-나-니 아상낀나-니 아상낀나뿝바-니, 나 상끼-얀띠 나 상끼-잇산띠, 압빠띠꿋타-니 사마네-히 브라-흐마네-히 윈뉴-히-”띠

비구들이여, 정정(正定-바른 삼매)은 법의 걸음이다. 가장 높은 것이라고 알려지고, 오래되었다고 알려지고, 계보라고 알려지고, 고대로부터 전해오고, 오염되지 않은 것이어서 이전에도 오염되지 않았고, 오염되지 않은 그리고 오염되지 않을 것인데, 현명한 사문-바라문들에 의해 책망받지 않는 것이다.

“anabhijjhālu vihareyya, abyāpannena cetasā.
sato ekaggacittassa, ajjhattaṃ susamāhito”ti.

아나빗자-ㄹ루 위하레이야, 아뱌-빤네-나 쩨-따사-
사또- 에-깍가찟땃사, 앗잣땅 수사마-히또-”띠

간탐하지 않고, 거슬리지 않은 심(心)으로 머물러야 한다.
사띠하여 심(心)이 한끝에 집중된 자는 안으로 삼매를 잘 닦는다. ▣

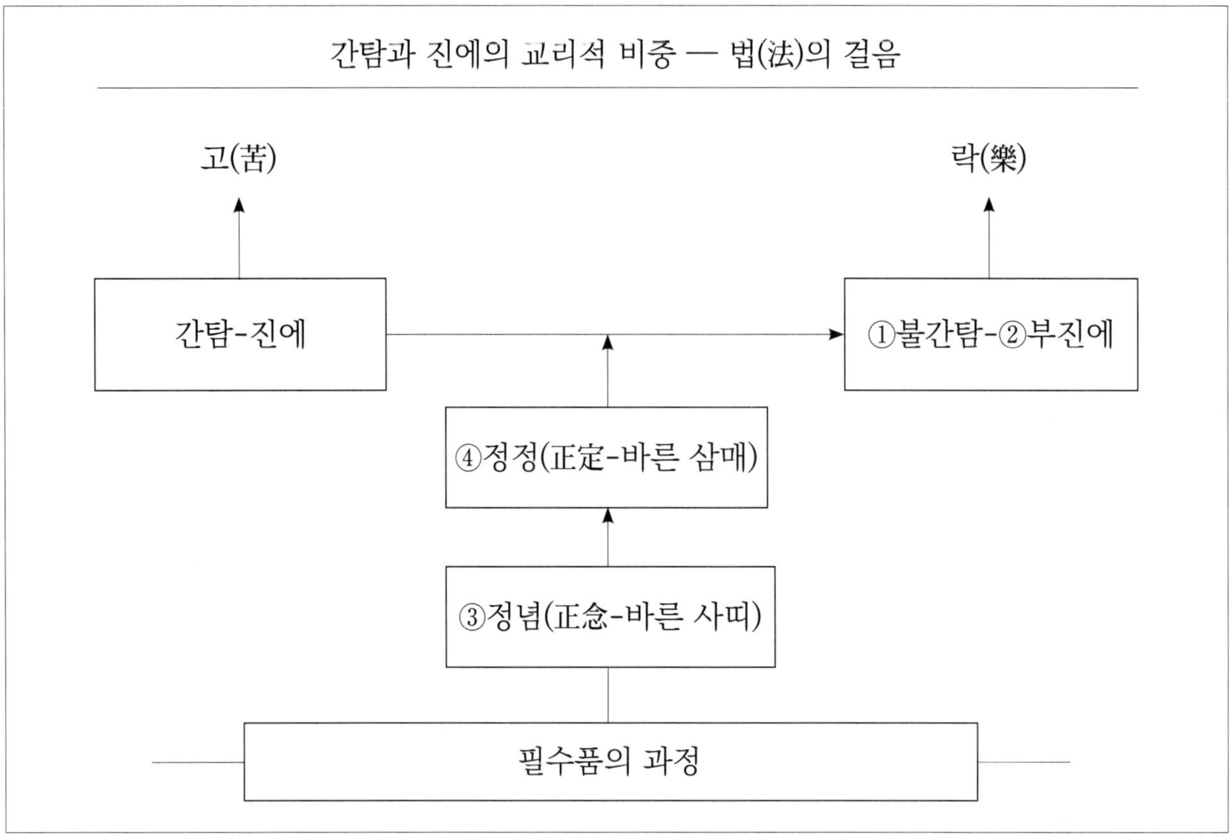
간탐과 진에의 교리석 비중 — 법(法)의 걸음
고(苦)
락(樂)
간탐-진에
①불간탐-②부진에
④정정(正定-바른 삼매)
③정념(正念-바른 사띠)
필수품의 과정

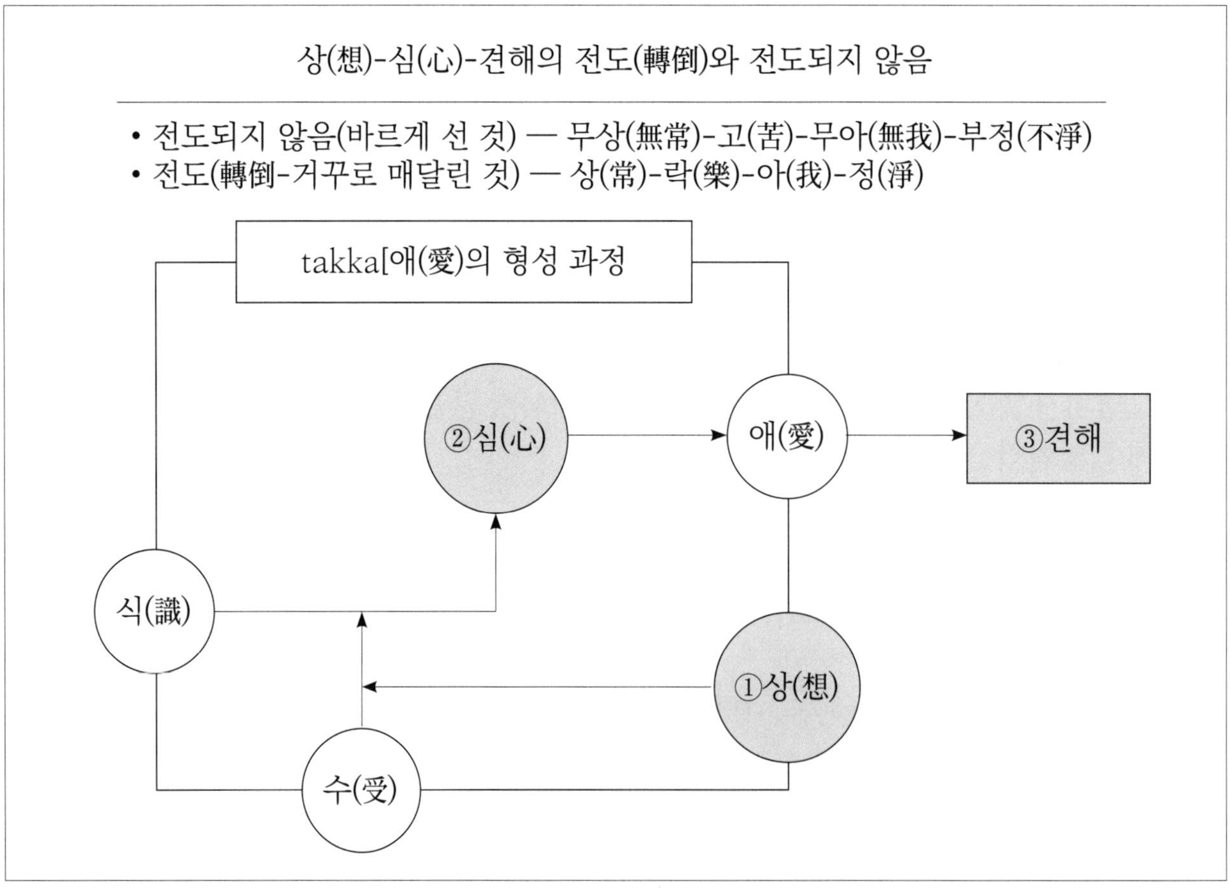
상(想)-심(心)-견해의 전도(轉倒)와 전도되지 않음
• 전도되지 않음(바르게 선 것) — 무상(無常)-고(苦)-무아(無我)-부정(不淨)
• 전도(轉倒-거꾸로 매달린 것) — 상(常)-락(樂)-아(我)-정(淨)
takka[애(愛)의 형성 과정
②심(心)
애(愛)
③견해
식(識)
①상(想)
수(受)

4. vipallāsasuttaṃ (AN 4.49-전도(顚倒) 경)

- 바르게 선 것 — 무상(無常)-고(苦)-무아(無我)-부정(不淨)
- 거꾸로 매달린 것 — 상(常)-락(樂)-아(我)-정(淨)

- 상(想) → 심(心) → 견해

cattārome, bhikkhave, saññāvipallāsā cittavipallāsā diṭṭhivipallāsā. katame cattāro?

짯따-로-메-, 빅카웨-, 산냐-위빨라-사- 찟따위빨라-사- 딧티위빨라-사-. 까따메- 짯따-로-?

"비구들이여, 이런 네 가지 상(想)의 전도(轉倒), 심(心)의 전도, 견해의 전도가 있다. 어떤 네 가지인가?

anicce, bhikkhave, niccanti saññāvipallāso cittavipallāso diṭṭhivipallāso; dukkhe, bhikkhave, sukhanti saññāvipallāso cittavipallāso diṭṭhivipallāso; anattani, bhikkhave, attāti saññāvipallāso cittavipallāso diṭṭhivipallāso; asubhe, bhikkhave, subhanti saññāvipallāso cittavipallāso diṭṭhivipallāso.

아닛쩨-, 빅카웨-, 닛짠띠 산냐-위빨라-소- 찟따위빨라-소- 딧티위빨라-소-; 둑케-, 빅카웨-, 수칸띠 산냐-위빨라-소- 찟따위빨라-소- 딧티위빨라-소-; 아낫따니, 빅카웨-, 앗따-띠 산냐-위빨라-소- 찟따위빨라-소- 딧티위빨라-소-; 아수베-, 빅카웨-, 수반띠 산냐-위빨라-소- 찟따위빨라-소- 딧티위빨라-소-

비구들이여, 무상(無常)에 대해 상(常)이라는 상(想)의 전도, 심(心)의 전도, 견해의 전도가 있다. 비구들이여, 고(苦)에 대해 락(樂)이라는 상(想)의 전도, 심(心)의 전도, 견해의 전도가 있다. 비구들이여, 무아(無我)에 대해 아(我)라는 상(想)의 전도, 심(心)의 전도, 견해의 전도가 있다. 비구들이여, 부정(不淨)에 대해 정(淨)이라는 상(想)의 전도, 심(心)의 전도, 견해의 전도가 있다.

ime kho, bhikkhave, cattāro saññāvipallāsā cittavipallāsā diṭṭhivipallāsā.

이메- 코-, 빅카웨-, 짯따-로- 산냐-위빨라-사- 찟따위빨라-사- 딧티위빨라-사-

비구들이여, 이런 네 가지 상(想)의 전도, 심(心)의 전도, 견해의 전도가 있다."

cattārome, bhikkhave, nasaññāvipallāsā nacittavipallāsā nadiṭṭhivipallāsā. katame cattāro?

짯따-로-메-, 빅카웨-, 나산냐-위빨라-사- 나찟따위빨라-사- 나딧티위빨라-사-. 까따메- 짯따-로-?

비구들이여, 이런 네 가지 상(想)의 전도되지 않음, 심(心)의 전도되지 않음, 견해의 전도되지 않음이 있다. 어떤 네 가지인가?

anicce, bhikkhave, aniccanti nasaññāvipallāso nacittavipallāso nadiṭṭhivipallāso; dukkhe, bhikkhave, dukkhanti nasaññāvipallāso nacittavipallāso nadiṭṭhivipallāso; anattani, bhikkhave, anattāti nasaññāvipallāso nacittavipallāso nadiṭṭhivipallāso; asubhe, bhikkhave, asubhanti nasaññāvipallāso nacittavipallāso nadiṭṭhivipallāso.

아닛쩨-, 빅카웨-, 아닛짠띠 나산냐-위빨라-소- 나찟따위빨라-소- 나딧티위빨라-소-; 둑케-, 빅카웨-, 둑칸띠 나산냐-위빨라-소- 나찟따위빨라-소- 나딧티위빨라-소-; 아낫따니, 빅카웨-, 아낫따-띠 나산냐-위빨라-소- 나찟따위빨라-소- 나딧티위빨라-소-; 아수베-, 빅카웨-, 아수반띠 나산냐-위빨라-소- 나찟따위빨라-소- 나딧티위빨라-소-

비구들이여, 무상(無常)에 대해 무상(無常)이라는 상(想)의 전도되지 않음, 심(心)의 전도되지 않음, 견해의 전도되지 않음이 있다. 비구들이여, 고(苦)에 대해서 고(苦)라는 상(想)의 전도되지 않음, 심(心)의 전도되지 않음, 견해의 전도되지 않음이 있다. 비구들이여, 무아(無我)에 대해서 무아(無我)라는 상(想)의 전도되지 않음, 심(心)의 전도되지 않음, 견해의 전도되지 않음이 있다. 비구들이여, 부정(不淨)에 대해서 부정(不淨)이라는 상(想)의 전도되지 않음, 심(心)의 전도되지 않음, 견해의 전도되지 않음이 있다.

ime kho, bhikkhave, cattāro nasaññāvipallāsā nacittavipallāsā nadiṭṭhivipallāsā"ti.

이메- 코-, 빅카웨-, 짯따-로- 나산냐-위빨라-사- 나찟따위빨라-사- 나딧티위빨라-사-"띠

비구들이여, 이런 네 가지 상(想)의 전도되지 않음, 심(心)의 전도되지 않음, 견해의 전도되지 않음이 있다."

"anicce niccasaññino, dukkhe ca sukhasaññino.
anattani ca attāti, asubhe subhasaññino.
micchādiṭṭhihatā sattā, khittacittā visaññino.
"te yogayuttā mārassa, ayogakkhemino janā.

sattā gacchanti saṃsāraṃ, jātimaraṇagāmino.

“yadā ca buddhā lokasmiṃ, uppajjanti pabhaṅkarā.
te imaṃ dhammaṃ pakāsenti, dukkhūpasamagāminaṃ.
“tesaṃ sutvāna sappaññā, sacittaṃ paccaladdhā te.
aniccaṃ aniccato dakkhuṃ, dukkhamaddakkhu dukkhato.
“anattani anattāti, asubhaṃ asubhataddasuṃ.
sammādiṭṭhisamādānā, sabbaṃ dukkhaṃ upaccagun”ti.

아닛쩨- 닛짜산니노-, 둑케- 짜 수카산니노-
아낫따니 짜 앗따-띠, 아수베- 수바산니노-
밋차-딧티하따- 삿따-, 킷따찟따- 위산니노-
떼- 요-가윳따- 마-랏사, 아요-각케-미노 자나-
삿따- 갓찬띠 상사-랑, 자-띠마라나가-미노-

야다- 짜 붇다- 로-까스밍, 웁빳잔띠 빠방까라-
떼- 이망 담망 빠까-센띠, 둑쿠-빠사마가-미낭
떼-상 수뜨와-나 삽빤냐-, 사찟땅 빳짤랃다- 떼-
아닛짱 아닛짜또- 닥쿵, 둑카맏닥쿠 둑카또-
아낫따니 아낫따-띠, 아수방 아수바딷다숭
삼마-딧티사마-다-나-, 삽방 둑캉 우빳짜군”띠

“무상(無常)에 대해 상(常)이라는 상(想)을 가진, 고(苦)에 대해 락(樂)이라는 상(想)을 가진, 무아(無我)에 대해 아(我)라는, 부정(不淨)에 대해 정(淨)이라는 상(想)을 가진 중생들은 전도된 상(想)을 가진 것이어서 심(心)이 뒤집히고, 삿된 견해 때문에 상처받는다. 마라의 족쇄에 묶여서 유가안온(瑜伽安穩)을 얻지 못하는 그 사람들, 생(生)과 사(死)로 이끌리는 중생들은 윤회한다.

빛을 비추는 분인 부처님들이 세상에 출현할 때, 그 부처님들은 고(苦)의 가라앉음으로 이끄는 법을 드러내 보여준다. 그 부처님들에게 배운 뒤에 그들은 지혜를 가지게 되고, 스스로 심(心)을 성취한다. 무상(無常)을 무상(無常)으로부터 보고, 고(苦)를 고(苦)로부터 본다. 무아(無我)에 대해 무아(無我)라고, 부정(不淨)을 부정(不淨)이라고 본다. 바른 견해를 가져서 모든 고(苦)를 극복한다.” ▣

5. kimatthiyasuttaṃ (AN 11.1-어떤 목적 경)

• 목적과 이익의 전개 — 유익(有益)한 계(戒)들 → 뉘우침 없음 → 환희 → 희열 → 진정 → 행복 → 삼매 → 여실지견(如實知見) → 염오(厭惡) → 이탐(離貪) → 해탈지견(解脫知見)

⇒「이렇게, 아난다여, 유익한 계들은 점진적으로 최상으로 나아간다.」

evaṃ me sutaṃ — ekaṃ samayaṃ bhagavā sāvatthiyaṃ viharati jetavane anāthapiṇḍikassa ārāme. atha kho āyasmā ānando yena bhagavā tenupasaṅkami; upasaṅkamitvā bhagavantaṃ abhivādetvā ekamantaṃ nisīdi. ekamantaṃ nisinno kho āyasmā ānando bhagavantaṃ etadavoca — "kimatthiyāni, bhante, kusalāni sīlāni kimānisaṃsānī"ti? "avippaṭisāratthāni kho, ānanda, kusalāni sīlāni avippaṭisārānisaṃsānī"ti.

에-왕 메- 수땅 — 에-깡 사마양 바가와- 사-왓티양 위하라띠 제-따와네- 아나-타삔디깟사 아-라-메-. 아타 코- 아-야스마- 아-난도- 예-나 바가와- 떼-누빠상까미; 우빠상까미뜨와- 바가완땅 아비와-데-뜨와- 에-까만땅 니시-디. 에-까만땅 니신노- 코- 아-야스마- 아-난도- 바가완땅 에-따다오-짜 — "끼맛티야-니, 반떼-, 꾸살라-니 시-ㄹ라-니 끼마-니상사-니-"띠? "아윕빠띠사-랏타-니 코-, 아-난다, 꾸살라-니 시-ㄹ라-니 아윕빠띠사-라-니상사-니-"띠

이렇게 나는 들었다. — 한때 세존은 사왓티에서 제따와나의 아나타삔디까 사원에 머물렀다. 그때 아난다 존자가 세존에게 왔다. 와서는 세존에게 절한 뒤 한 곁에 앉았다. 한 곁에 앉은 아난다 존자는 세존에게 이렇게 말했다. — "대덕이시여, 유익(有益)한 계(戒)들에게 어떤 목적과 어떤 이익이 있습니까?" "아난다여, 유익한 계들에게 뉘우침 없음의 목적과 뉘우침 없음의 이익이 있다."

"avippaṭisāro pana, bhante, kimatthiyo kimānisaṃso"? "avippaṭisāro kho, ānanda, pāmojjattho pāmojjānisaṃso".

"아윕빠띠사-로- 빠나, 반떼-, 끼맛티요- 끼마-니상소-"? "아윕빠띠사-로- 코-, 아-난다, 빠-못잣토- 빠-못자-니상소-"

"대덕이시여, 뉘우침 없음에게 어떤 목적과 어떤 이익이 있습니까?" "아난다여, 뉘우침 없음에게 환희의 목적과 환희의 이익이 있다."

"pāmojjaṃ pana, bhante, kimatthiyaṃ kimānisaṃsaṃ"? "pāmojjaṃ kho, ānanda, pītatthaṃ pītānisaṃsaṃ”.

“빠-뭇장 빠나, 반떼-, 끼맛티양 끼마-니상상”? “빠-뭇장 코-, 아-난다, 삐-땃탕 삐-따-니상상”

“대덕이시여, 환희에게 어떤 목적과 어떤 이익이 있습니까?” “아난다여, 환희에게 희열의 목적과 희열의 이익이 있다.”

“pīti pana, bhante, kimatthiyā kimānisaṃsā”? “pīti kho, ānanda, passaddhatthā passaddhānisaṃsā”.

“삐-띠 빠나, 반떼-, 끼맛티야- 끼마-니상사-”? “삐-띠 코-, 아-난다, 빳삳닷타- 빳삳다-니상사-”

“대덕이시여, 희열에게 어떤 목적과 어떤 이익이 있습니까?” “아난다여, 희열에게 진정의 목적과 진정의 이익이 있다.”

“passaddhi pana, bhante, kimatthiyā kimānisaṃsā”? “passaddhi kho, ānanda, sukhatthā sukhānisaṃsā”.

“빳삳디 빠나, 반떼-, 끼맛티야- 끼마-니상사-”? “빳삳디 코-, 아-난다, 수캇타- 수카-니상사-”

“대덕이시여, 진정에게 어떤 목적과 어떤 이익이 있습니까?” “아난다여, 진정에게 행복의 목적과 행복의 이익이 있다.”

“sukhaṃ pana, bhante, kimatthiyaṃ kimānisaṃsaṃ”? “sukhaṃ kho, ānanda, samādhatthaṃ samādhānisaṃsaṃ”.

“수캉 빠나, 반떼-, 끼맛티양 끼마-니상상”? “수캉 코-, 아-난다, 사마-닷탕 사마-다-니상상”

“대덕이시여, 행복에게 어떤 목적과 어떤 이익이 있습니까?” “아난다여, 행복에게 삼매의 목적과 삼매의 이익이 있다.”

“samādhi pana, bhante, kimatthiyo kimānisaṃso”? “samādhi kho, ānanda, yathābhūtañāṇadassanattho yathābhūtañāṇadassanānisaṃso”.

"사마-디 빠나, 반떼-, 끼맛티요- 끼마-니상소-"? "사마-디 코-, 아-난다, 야타-부-따냐-나닷사낫토- 야타-부-따냐-나닷사나-니상소-"

"대덕이시여, 삼매에게 어떤 목적과 어떤 이익이 있습니까?" "아난다여, 삼매에게 여실지견(如實知見)의 목적과 여실지견의 이익이 있다."

"yathābhūtañāṇadassanaṃ pana, bhante, kimatthiyaṃ kimānisaṃsaṃ"? "yathābhūtañāṇadassanaṃ kho, ānanda, nibbidatthaṃ nibbidānisaṃsaṃ".

"야타-부-따냐-나닷사낭 빠나, 반떼-, 끼맛티양 끼마-니상상"? "야타-부-따냐-나닷사낭 코-, 아-난다, 닙비닷탕 닙비다-니상상"

"대덕이시여, 여실지견(如實知見)에게 어떤 목적과 어떤 이익이 있습니까?" "아난다여, 여실지견에게 염오(厭惡)의 목적과 염오의 이익이 있다."

"nibbidā, pana, bhante, kimatthiyā kimānisaṃsā"? "nibbidā kho, ānanda, virāgatthā virāgānisaṃsā ".

"닙비다- 빠나, 반떼-, 끼맛티야- 끼마-니상사-"? "닙비다- 코-, 아-난다, 위라-갓타- 위라-가-니상사-"

"대덕이시여, 염오(厭惡)에게 어떤 목적과 어떤 이익이 있습니까?" "아난다여, 염오에게 이탐(離貪)의 목적과 이탐의 이익이 있다."

"virāgo pana, bhante, kimatthiyo kimānisaṃso"? "virāgo kho, ānanda, vimuttiñāṇadassanattho vimuttiñāṇadassanānisaṃso.

"위라-고- 빠나, 반떼-, 끼맛티요- 끼마-니상소-"? "위라-고- 코-, 아-난다, 위뭇띠냐-나닷사낫토- 위뭇띠냐-나닷사나-니상소-"

"대덕이시여, 이탐(離貪)에게 어떤 목적과 어떤 이익이 있습니까?" "아난다여, 이탐에게 해탈지견(解脫知見)의 목적과 해탈지견의 이익이 있다.

"iti kho, ānanda, kusalāni sīlāni avippaṭisāratthāni avippaṭisārānisaṃsāni, avippaṭisāro pāmojjattho pāmojjānisaṃso, pāmojjaṃ pītatthaṃ pītānisaṃsaṃ, pīti passaddhatthā passaddhānisaṃsā, passaddhi sukhatthā sukhānisaṃsā, sukhaṃ samādhatthaṃ samādhānisaṃsaṃ, samādhi yathābhūtañāṇadassanattho yathābhūtañāṇadassanānisaṃso, yathābhūtañāṇadassanaṃ nibbidatthaṃ nibbidānisaṃsaṃ, nibbidā virāgatthā virāgānisaṃsā, virāgo vimuttiñāṇadassanattho vimuttiñāṇadassanānisaṃso. iti kho, ānanda, kusalāni sīlāni anupubbena aggāya parentī"ti.

이띠 코-, 아-난다, 꾸살라-니 시-ㄹ라-니 아윕빠띠사-랏타-니 아윕빠띠사-라-니상사-니, 아윕빠띠사-로- 빠-못잣토- 빠-못자-니상소-, 빠-못장 삐-띳탕 삐-따-니상상, 삐-띠 빳삳닷타- 빳삳다-니상사-, 빳삳디 수캇타- 수카-니상사-, 수캉 사마-닷탕 사마-다-니상상, 사마-디 야타-부-따냐-나닷사낫토- 야타-부-따냐-나닷사나-니상소-, 야타-부-따냐-나닷사낭 닙비닷탕 닙비다-니상상, 닙비다- 위라-갓타- 위라-가-니상사-, 위라-고- 위뭇띠냐-나닷사낫토- 위뭇띠냐-나닷사나-니상소-. 이띠 코-, 아-난다, 꾸살라-니 시-ㄹ라-니 아누뿝베-나 악가-야 빠렌띠-"띠

이렇게, 아난다여, 유익한 계들에게 뉘우침 없음의 목적과 뉘우침 없음의 이익이 있고, 뉘우침 없음에게 환희의 목적과 환희의 이익이 있고, 환희에게 희열의 목적과 희열의 이익이 있고, 희열에게 진정의 목적과 진정의 이익이 있고, 진정에게 행복의 목적과 행복의 이익이 있고, 행복에게 삼매의 목적과 삼매의 이익이 있고, 삼매에게 여실지견의 목적과 여실지견의 이익이 있고, 여실지견에게 염오의 목적과 염오의 이익이 있고, 염오에게 이탐의 목적과 이탐의 이익이 있고, 이탐에게 해탈지견의 목적과 해탈지견의 이익이 있다. 이렇게, 아난다여, 유익한 계들은 점진적으로 최상으로 나아간다."

배워 알고 실천하는 불교 신자!

6. gilānasuttaṃ (SN 47.9-병 경)

• 자력 종교인 불교 — 자주(自洲)-법주(法洲) — 「스스로 섬이 되어 머물고 스스로 의지처가 되어 머물고 남을 의지처로 하여 머물지 말라. 법을 섬으로 하여 머물고 법을 의지처로 하여 머물고 다른 것을 의지처로 하여 머물지 말라.」

; 한역(漢譯) — 「자등명(自燈明) 법등명(法燈明)」

• 방법 = 사념처(四念處)

evaṃ me sutaṃ — ekaṃ samayaṃ bhagavā vesāliyaṃ viharati veḷuvagāmake. tatra kho bhagavā bhikkhū āmantesi — "etha tumhe, bhikkhave, samantā vesāliyā yathāmittaṃ yathāsandiṭṭhaṃ yathāsambhattaṃ vassaṃ upetha. idhevāhaṃ veḷuvagāmake vassaṃ upagacchāmī"ti. "evaṃ, bhante"ti kho te bhikkhū bhagavato paṭissutvā samantā vesāliyā yathāmittaṃ yathāsandiṭṭhaṃ yathāsambhattaṃ vassaṃ upagacchuṃ. bhagavā pana tattheva veḷuvagāmake vassaṃ upagacchi.

에-왕 메- 수땅 — 에-깡 사마야 바가와- 웨-사-ㄹ리양 위하라띠 웨-ㄹ루와가-마께-. 따뜨라 코- 바가와- 빅쿠- 아-만떼-시 — "에-타 뚬헤-, 빅카웨-, 사만따- 웨-사-ㄹ리야- 야타-밋땅 야타-산딧탕 야타-삼밧땅 왓상 우뻬-타. 이데-와-항 웨-ㄹ루와가-마께- 왓상 우빠갓차-미-"띠. "에-왕, 반떼-"띠 코- 떼- 빅쿠- 바가와또- 빠띳수뜨와- 사만따- 웨-사-ㄹ리야- 야타-밋땅 야타-산딧탕 야타-삼밧땅 왓상 우빠갓충. 바가와- 빠나 땃테-와 웨-ㄹ루와가-마께- 왓상 우빠갓치

이렇게 나는 들었다. 한때 세존은 웨살리에서 웰루와가마에 머물렀다. 그때 세존은 비구들에게 말했다. — "오라, 비구들이여, 그대들은 벗을 따르거나 친구를 따르거나 후원자를 따라서 웨살리의 사방에서 안거를 지내라. 나는 여기 이 웰루와가마에서 안거를 지낼 것이다." 라고. 그 비구들은 "알겠습니다, 대덕이시여."라고 세존에게 대답한 뒤 벗을 따르거나 친구를 따르거나 후원자를 따라서 웨살리의 사방에서 안거를 지냈다. 세존은 거기 웰루와가마에서 안거를 지냈다.

atha kho bhagavato vassūpagatassa kharo ābādho uppajji, bāḷhā vedanā vattanti māraṇantikā. tatra sudaṃ bhagavā sato sampajāno adhivāsesi avihaññamāno. atha kho bhagavato etadahosi — "na kho me taṃ patirūpaṃ, yohaṃ anāmantetvā upaṭṭhāke anapaloketvā bhikkhusaṅghaṃ parinibbāyeyyaṃ. yaṃnūnāhaṃ imaṃ ābādhaṃ vīriyena paṭipaṇāmetvā jīvitasaṅkhāraṃ adhiṭṭhāya vihareyyan"ti. atha kho bhagavā taṃ ābādhaṃ vīriyena paṭipaṇāmetvā jīvitasaṅkhāraṃ adhiṭṭhāya vihāsi. (atha kho bhagavato so ābādho paṭippassambhi).

아타 코- 바가와또- 왓수-빠가땃사 카로- 아-바-도- 웁빳지, 바-ㄹ하- 웨-다나- 왓딴띠 마-라난띠까-. 따뜨라 수당 바가와- 사또- 삼빠자-노- 아디와-세-시 아위한냐마-노-. 아타 코- 바가와또- 에-따다호-시 — "나 코- 메- 땅 빠띠루-빵, 요-항 아나-만떼-뜨와- 우빳타-께- 아나빨로-께-뜨와- 빅쿠상강 빠리닙바-예이양. 양누-나-항 이망 아-바-당 위-리예-나 빠띠빠나-메-뜨와- 지-위따상카-랑 아딧타-야 위하레이얀"띠. 아타 코- 바가와- 땅 아-바-당 위-리예-나 빠띠빠나-메-뜨와- 지-위따상카-랑 아딧타-야 위하-시. (아타 코- 바가와또- 소- 아-바-도- 빠띱빳삼비)

세존은 안거 중에 고통스러운 병에 걸려서 죽을 듯이 큰 고통이 생겼다. 세존은 사띠와 바른 앎을 가지고 어려움을 겪지 않고 그것을 견뎌냈다. 그때 세존에게 이런 생각이 떠올랐다. — '내가 제자들을 부르지 않고 비구 상가에게 알리지 않고 완전한 열반에 든다면, 그것은 나에게 옳지 않다. 그러니 나는 이 병을 정진으로 물리치고 생명의 형성작용을 유지하며 머물러야겠다.'라고. 세존은 이 병을 정진으로 물리치고 생명의 형성작용을 유지하며 머물렀다. (그래서 세존에게 그 병은 가라앉았다.)

atha kho bhagavā gilānā vuṭṭhito aciravuṭṭhito gelaññā vihārā nikkhamitvā vihārapacchāyāyaṃ paññatte āsane nisīdi. atha kho āyasmā ānando yena bhagavā tenupasaṅkami; upasaṅkamitvā bhagavantaṃ abhivādetvā ekamantaṃ nisīdi. ekamantaṃ nisinno kho āyasmā ānando bhagavantaṃ etadavoca — "diṭṭho me, bhante, bhagavato phāsu; diṭṭhaṃ, bhante, bhagavato khamanīyaṃ; diṭṭhaṃ, bhante, bhagavato yāpanīyaṃ. api ca me, bhante, madhurakajāto viya kāyo, disāpi me na pakkhāyanti, dhammāpi maṃ nappaṭibhanti bhagavato gelaññena. api ca me, bhante, ahosi kācideva assāsamattā — 'na tāva bhagavā parinibbāyissati, na yāva bhagavā bhikkhusaṅghaṃ ārabbha kiñcideva udāharatī'"ti.

아타 코- 바가와- 길라-나- 웃티또- 아찌라웃티또- 게-ㄹ란냐- 위하-라- 닉카미뜨와- 위하-라빳차-야-양 빤냣떼- 아-사네- 니시-디. 아타 코- 아-야스마- 아-난도- 예-나 바가와- 떼-누빠상까미; 우빠상까미뜨와- 바가완땅 아비와-데-뜨와- 에-까만땅 니시-디. 에-까만땅 니신노- 코- 아-야스마- 아-난도- 바가완땅 에-따다오-짜 — "딧토- 메-, 반떼-, 바가와또- 파-수; 딧탕, 반떼-, 바가와또- 카마니-양; 딧탕, 반떼-, 바가와또- 야-빠니-양. 아삐 짜 메-, 반떼-, 마두라까자-또- 위야 까-요-. 디사-삐 메- 나 빡카-얀띠, 담마-삐 망 납빠띠반띠 바가와또- 게-ㄹ란녜-나. 아삐 짜 메-, 반떼-, 아호-시 까-찌데-와 앗사-사맛따- — '나 따-와 바가와- 빠리닙바-잇사띠, 나 야-와 바가와- 빅쿠상강 아-랍바 낀찌데-와 우다-하라띠-'"띠

병에서 회복한 세존은 회복한 지 오래지 않아서 병실에서 나와 승원의 그늘에 준비된 자리에 앉았다. 그때 아난다 존자가 세존에게 왔다. 와서는 세존에게 절한 뒤 한 곁에 앉았다. 한

곁에 앉은 아난다 존자는 세존에게 이렇게 말했다. — “대덕이시여, 저에게 세존은 편안해 보이십니다. 대덕이시여, 저는 세존의 인내를 보았습니다. 대덕이시여, 저는 세존의 삶이 유지됨을 보았습니다. 대덕이시여, 세존의 병 때문에 저의 몸은 마치 술에 취한 것 같았고, 방향도 분명하지 않았고, 법들도 분명히 나타나지 않았습니다. 대덕이시여, 그래도 제게는 ‘세존께서 비구 상가와 관련하여 아무런 말씀도 없이 완전한 열반에 들지는 않으실 것이다.’라는 어떤 위안이 있었습니다.”

“kiṃ pana dāni, ānanda, bhikkhusaṅgho mayi paccāsīsati? desito, ānanda, mayā dhammo anantaraṃ abāhiraṃ karitvā. natthānanda, tathāgatassa dhammesu ācariyamuṭṭhi. yassa nūna, ānanda, evamassa — ‘ahaṃ bhikkhusaṅghaṃ pariharissāmī’ti vā, ‘mamuddesiko bhikkhusaṅgho’ti vā, so nūna, ānanda, bhikkhusaṅghaṃ ārabbha kiñcideva udāhareyya. tathāgatassa kho, ānanda, na evaṃ hoti — ‘ahaṃ bhikkhusaṅghaṃ pariharissāmī’ti vā, ‘mamuddesiko bhikkhusaṅgho’ti vā. sa kiṃ, ānanda, tathāgato bhikkhusaṅghaṃ ārabbha kiñcideva udāharissati! etarahi kho panāhaṃ, ānanda, jiṇṇo vuddho mahallako addhagato vayoanuppatto. āsītiko me vayo vattati. seyyathāpi, ānanda, jajjarasakaṭaṃ veḷamissakena yāpeti; evameva kho, ānanda, vedhamissakena maññe tathāgatassa kāyo yāpeti.

”낑 빠나 다-니, 아-난다, 빅쿠상고- 마이 빳짜-시-사띠? 데-시또-, 아-난다, 마야- 담모- 아난따랑 아바-히랑 까리뜨와-. 낫타-난다, 따타-가땃사 담메-수 아-짜리야뭇티. 얏사 누-나, 아-난다, 에-와맛사 — ‘아항 빅쿠상강 빠리하릿사-미-’띠 와-, ‘마뭇데-시꼬- 빅쿠상고-’띠 와-, 소- 누-나, 아-난다, 빅쿠상강 아-랍바 낀찌데-와 우다-하레이야. 따타-가땃사 코-, 아-난다, 나 에-왕 호-띠 — ‘아항 빅쿠상강 빠리하릿사-미-’띠 와-, ‘마뭇데-시꼬- 빅쿠상고-’띠 와-, 사 낑, 아-난다, 따타-가또- 빅쿠상강 아-랍바 낀찌데-와 우다-하릿사띠! 에-따라히 코- 빠나-항, 아-난다, 진노- 웃도- 마할라꼬- 앋다가또- 와요-아눕빳또-. 아-시-띠꼬- 메- 와요- 왓따띠. 세이야타-삐, 아-난다, 잣자라사까땅 웨-ㄹ라밋사께-나 야-뻬-띠; 에-와메-와 코-, 아-난다, 웨-다밋사께-나 만녜- 따타-가땃사 까-요- 야-뻬-띠

“아난다여, 이제 비구 상가는 나에게서 무엇을 바라는가? 아난다여, 내가 설한 법은 안과 밖을 만들지 않는다. 아난다여, 여래의 법들에는 스승의 주먹[사권(師拳)-special knowledge of a teacher]이 없다. 참으로, 아난다여, ‘나는 비구 상가를 돌볼 것이다.’라거나, ‘비구 상가는 나를 존경한다.’라고 생각하는 자는, 아난다여, 비구 상가와 관련하여 어떤 것을 말할 것이다. 그러나 아난다여, 여래는 ‘나는 비구 상가를 돌볼 것이다.’라거나, ‘비구 상가는 나를 존경한다.’라고 생각하지 않는다. 아난다여, 그런 여래가 비구 상가와 관련하여 무엇을 말한단 말인가? 아난다여, 이제 나는 늙고 연로하고 노쇠하고, 수명의 절반을 지나 노년에 이르러, 내 나이가 여든이 되었다. 예를 들면, 아난다여, 낡은 수레는 가죽끈에 묶여서 유지된다.

이처럼, 아난다여, 생각건대 여래의 몸은 가죽끈에 묶여서 유지된다.

“yasmiṃ, ānanda, samaye tathāgato sabbanimittānaṃ amanasikārā ekaccānaṃ vedanānaṃ nirodhā animittaṃ cetosamādhiṃ upasampajja viharati, phāsutaro, ānanda, tasmiṃ samaye tathāgatassa kāyo hoti. tasmātihānanda, attadīpā viharatha attasaraṇā anaññasaraṇā, dhammadīpā dhammasaraṇā anaññasaraṇā.

야스밍, 아-난다, 사마예- 따타-가또- 삽바니밋따-낭 아마나시까-라- 에-깟짜-낭 웨-다나-낭 니로-다- 아니밋땅 쩨-또-사마-딩 우빠삼빳자 위하라띠, 파-수따로-, 아-난다, 따스밍 사마예- 따타-가땃사 까-요- 호-띠. 따스마-띠하-난다, 앗따디-빠- 위하라타 앗따사라나- 아난냐사라나-, 담마디-빠- 담마사라나- 아난냐사라나-

아난다여, 여래가 모든 상(相)을 작의(作意)하지 않음으로부터, 어떤 수(受)들의 소멸로부터 무상심삼매(無相心三昧)를 성취하여 머물 때, 아난다여, 여래의 몸은 더욱 편안해진다. 그러므로 아난다여, 스스로 섬이 되어 머물고 스스로 의지처가 되어 머물고 남을 의지처로 하여 머물지 말라. 법을 섬으로 하여 머물고 법을 의지처로 하여 머물고 다른 것을 의지처로 하여 머물지 말라.

“kathañcānanda, bhikkhu attadīpo viharati attasaraṇo anaññasaraṇo, dhammadīpo dhammasaraṇo anaññasaraṇo? idhānanda, bhikkhu kāye kāyānupassī viharati ātāpī sampajāno satimā vineyya loke abhijjhādomanassaṃ, vedanāsu vedanānupassī viharati ātāpī sampajāno satimā, vineyya loke abhijjhādomanassaṃ, citte cittānupassī viharati ātāpī sampajāno satimā vineyya loke abhijjhādomanassaṃ, dhammesu dhammānupassī viharati ātāpī sampajāno satimā vineyya loke abhijjhādomanassaṃ. evaṃ kho, ānanda, bhikkhu attadīpo viharati attasaraṇo anaññasaraṇo, dhammadīpo dhammasaraṇo anaññasaraṇo. ye hi keci, ānanda, etarahi vā mamaccaye vā attadīpā viharissanti attasaraṇā anaññasaraṇā, dhammadīpā dhammasaraṇā anaññasaraṇā; tamatagge mete, ānanda, bhikkhū bhavissanti ye keci sikkhākāmā”ti.

까탄짜-난다, 빅쿠 앗따디-뽀- 위하라띠 앗따사라노- 아난냐사라노-, 담마디-뽀- 담마사라노- 아난냐사라노-? 이다-난다, 빅쿠 까-예- 까-야-누빳시- 위하라띠 아-따-삐- 삼빠자-노- 사띠마- 위네이야 로-께- 아빗자-도-마낫상, 웨-다나-수 웨-다나-누빳시- 위하라띠 아-따-삐- 삼빠자-노- 사띠마- 위네이야 로-께- 아빗자-도-마낫상, 찟떼- 찟따-누빳시- 위하라띠 아-따-삐- 삼빠자-노- 사띠마- 위네이야 로-께- 아빗자-도-마낫상, 담메-수 담마-누빳시- 위하라띠 아-따-삐- 삼빠자-노- 사띠마- 위네이야 로-께- 아빗자-도-마낫상. 에-왕 코-, 아-난다, 빅쿠 앗따디-뽀- 위하라띠 앗따사라노- 아난냐사라노-, 담마디-뽀- 담마사라노- 아난냐사라노-. 예- 히 께-찌, 아-난다, 에-따라히 와- 마맛짜예- 와- 앗따디-빠- 위하릿산띠 앗따사라나- 아난냐사라나-, 담마디-빠- 담마사라나- 아난냐사라나-; 따마딱게- 메-떼-, 아-난다, 빅쿠- 바윗산띠 예- 께-찌 식카-까-마-”띠

그러면 아난다여, 어떻게 비구는 스스로 섬이 되어 머물고 스스로 의지처가 되어 머물고 남을 의지처로 하여 머물지 않는가? 법을 섬으로 하여 머물고 법을 의지처로 하여 머물고 다른 것을 의지처로 하여 머물지 않는가? 여기, 아난다여, 비구는 몸(身)에서 몸을 이어 보면서 머문다. 알아차리고, 옳고 그름을 판단하고, 옳음의 유지-향상을 위해 노력하는 자는 세상에서 간탐과 고뇌를 제거한다. 느낌(受)들에서 느낌을 이어 보면서 머문다. 알아차리고, 옳고 그름을 판단하고, 옳음의 유지-향상을 위해 노력하는 자는 세상에서 간탐과 고뇌를 제거한다. 마음(心)에서 마음을 이어 보면서 머문다. 알아차리고, 옳고 그름을 판단하고, 옳음의 유지-향상을 위해 노력하는 자는 세상에서 간탐과 고뇌를 제거한다. 법(法)들에서 법을 이어 보면서 머문다. 알아차리고, 옳고 그름을 판단하고, 옳음의 유지-향상을 위해 노력하는 자는 세상에서 간탐과 고뇌를 제거한다.

이처럼, 아난다여, 비구는 스스로 섬이 되어 머물고 스스로 의지처가 되어 머물고 남을 의지처로 하여 머물지 않으며, 법을 섬으로 하여 머물고 법을 의지처로 하여 머물고, 다른 것을 의지처로 하여 머물지 않는다. 누구든지 지금이거나 내가 죽은 뒤에라도 스스로 섬이 되어 머물고 스스로 의지처가 되어 머물고 남을 의지처로 하여 머물지 않으며, 법을 섬으로 하여 머물고 법을 의지처로 하여 머물고 다른 것을 의지처로 하여 머물지 않으면서 공부를 즐기는 비구들이 나에게 최고의 제자가 될 것이다.” ▣

7. satisuttaṃ (SN 47.44-사띠 경)

• 「ayaṃ vo amhākaṃ anusāsanī 이것이 그대들을 위한 우리의 이어지는 가르침(가르침의 근본)이다.」

• 이어지는 가르침(가르침의 근본) (1) sato vihareyya(사띠를 가진 자로 머물러야 한다) — 사념처(四念處)

"sato, bhikkhave, bhikkhu vihareyya. ayaṃ vo amhākaṃ anusāsanī. kathañca, bhikkhave, bhikkhu sato hoti? idha, bhikkhave, bhikkhu kāye kāyānupassī viharati ātāpī sampajāno satimā vineyya loke abhijjhādomanassaṃ, vedanāsu vedanānupassī viharati ātāpī sampajāno satimā, vineyya loke abhijjhādomanassaṃ, citte cittānupassī viharati ātāpī sampajāno satimā vineyya loke abhijjhādomanassaṃ, dhammesu dhammānupassī viharati ātāpī sampajāno satimā vineyya loke abhijjhādomanassaṃ. evaṃ kho, bhikkhave, bhikkhu sato hoti. sato, bhikkhave, bhikkhu vihareyya. ayaṃ vo amhākaṃ anusāsanī"ti.

사또-, 빅카웨-, 빅쿠 위하레이야. 아양 오- 암하-깡 아누사-사니-. 까탄짜, 빅카웨-, 빅쿠 사또- 호-띠? 이다, 빅카웨-, 빅쿠 까-예- 까-야-누빳시- 위하라띠 아-따-삐- 삼빠자-노- 사띠마- 위네이야 로-께- 아빗자-도-마낫상, 웨-다나-수 웨-다나-누빳시- 위하라띠 아-따-삐- 삼빠자-노- 사띠마- 위네이야 로-께- 아빗자-도-마낫상, 찟떼- 찟따-누빳시- 위하라띠 아-따-삐- 삼빠자-노- 사띠마- 위네이야 로-께- 아빗자-도-마낫상, 담메-수 담마-누빳시- 위하라띠 아-따-삐- 삼빠자-노- 사띠마- 위네이야 로-께- 아빗자-도-마낫상. 에-왕 코-, 빅카웨-, 빅쿠 사또- 호-띠. 사또-, 빅카웨-, 빅쿠 위하레이야. 아양 오- 암하-깡 아누사-사니-"띠

비구들이여, 비구는 사띠를 가진 자로 머물러야 한다. 이것이 그대들을 위한 우리의 이어지는 가르침(가르침의 근본)이다. 그러면 비구들이여, 어떻게 비구는 사띠를 가진 자인가? 여기, 비구들이여, 비구는 몸(身)에서 몸을 이어 보면서 머문다. 알아차리고, 옳고 그름을 판단하고, 옳음의 유지-향상을 위해 노력하는 자는 세상에서 간탐과 고뇌를 제거한다. 느낌(受)들에서 느낌을 이어 보면서 머문다. 알아차리고, 옳고 그름을 판단하고, 옳음의 유지-향상을 위해 노력하는 자는 세상에서 간탐과 고뇌를 제거한다. 마음(心)에서 마음을 이어 보면서 머문다. 알아차리고, 옳고 그름을 판단하고, 옳음의 유지-향상을 위해 노력하는 자는 세상에서 간탐과 고뇌를 제거한다. 법(法)들에서 법을 이어 보면서 머문다. 알아차리고, 옳고 그름을 판단하고, 옳음의 유지-향상을 위해 노력하는 자는 세상에서 간탐과 고뇌를 제거한다. 이렇게, 비구들이여, 비구는 사띠를 가진 자이다. 비구들이여, 비구는 사띠를 가진 자로 머물러야 한다. 이것이 그대들을 위한 우리의 이어지는 가르침(가르침의 근본)이다. ▣

8. satisuttaṃ (SN 47.2-사띠 경)

• 이어지는 가르침(가르침의 근본) (2) sato vihareyya sampajāno(사띠를 가진 자, 바른 앎을 가진 자로 머물러야 한다) ① — 사념처(四念處)와 sampajānakārī(옳고 그름을 판단하면서 행하는 자)

ekaṃ samayaṃ bhagavā vesāliyaṃ viharati ambapālivane. tatra kho bhagavā bhikkhū āmantesi — "bhikkhavo"ti. "bhadante"ti te bhikkhū bhagavato paccassosuṃ. bhagavā etadavoca —

에-깡 사마양 바가와- 웨-사-ㄹ리양 위하라띠 암바빠-ㄹ리와네-. 따뜨라 코- 바가와- 빅쿠- 아-만떼-시 — "빅카오-"띠. "바단떼-"띠 떼- 빅쿠- 바가와또- 빳짯소-숭. 바가와- 에-따다오-짜 —

한때 세존은 웨살리의 암바빨리 숲에 머물렀다. 거기서 세존은 "비구들이여"라고 비구들을 불렀다. "대덕이시여"라고 그 비구들은 세존에게 대답했다. 세존은 이렇게 말했다. —

"sato, bhikkhave, bhikkhu vihareyya sampajāno. ayaṃ vo amhākaṃ anusāsanī. kathañca, bhikkhave, bhikkhu sato hoti? idha, bhikkhave, bhikkhu kāye kāyānupassī viharati ātāpī sampajāno satimā vineyya loke abhijjhādomanassaṃ, vedanāsu vedanānupassī viharati ātāpī sampajāno satimā, vineyya loke abhijjhādomanassaṃ, citte cittānupassī viharati ātāpī sampajāno satimā vineyya loke abhijjhādomanassaṃ, dhammesu dhammānupassī viharati ātāpī sampajāno satimā vineyya loke abhijjhādomanassaṃ. evaṃ kho, bhikkhave, bhikkhu sato hoti.

사또-, 빅카웨-, 빅쿠 위하레이야 삼빠자-노-. 아양 오- 암하-깡 아누사-사니-. 까탄짜, 빅카웨-, 빅쿠 사또- 호-띠? 이다, 빅카웨-, 빅쿠 까-예- 까-야-누빳시- 위하라띠 아-따-삐-삼빠자-노- 사띠마- 위네이야 로-께- 아빗자-도-마낫상, 웨-다나-수 웨-다나-누빳시- 위하라띠 아-따-삐- 삼빠자-노- 사띠마- 위네이야 로-께- 아빗자-도-마낫상, 찟떼- 찟따-누빳시- 위하라띠 아-따-삐- 삼빠자-노- 사띠마- 위네이야 로-께- 아빗자-도-마낫상, 담메-수 담마-누빳시- 위하라띠 아-따-삐- 삼빠자-노- 사띠마- 위네이야 로-께- 아빗자-도-마낫상. 에-왕 코-, 빅카웨-, 빅쿠 사또- 호-띠

"비구들이여 비구는 사띠를 가진 자, 바른 앎[정지(正知)-옳고 그름의 판단]을 가진 자로 머물러야 한다. 이것이 그대들을 위한 우리의 이어지는 가르침(가르침의 근본)이다. 그러면 비구들이여, 어떻게 비구는 사띠를 가진 자인가? 여기, 비구들이여, 비구는 몸(身)에서 몸을 이어 보면서 머문다. 알아차리고, 옳고 그름을 판단하고, 옳음의 유지-향상을 위해 노력하는

자는 세상에서 간탐과 고뇌를 제거한다. 느낌(受)들에서 느낌을 이어 보면서 머문다. 알아차리고, 옳고 그름을 판단하고, 옳음의 유지-향상을 위해 노력하는 자는 세상에서 간탐과 고뇌를 제거한다. 마음(心)에서 마음을 이어 보면서 머문다. 알아차리고, 옳고 그름을 판단하고, 옳음의 유지-향상을 위해 노력하는 자는 세상에서 간탐과 고뇌를 제거한다. 법(法)들에서 법을 이어 보면서 머문다. 알아차리고, 옳고 그름을 판단하고, 옳음의 유지-향상을 위해 노력하는 자는 세상에서 간탐과 고뇌를 제거한다. 이렇게, 비구들이여, 비구는 사띠를 가진 자이다.

"kathañca, bhikkhave, bhikkhu sampajāno hoti? idha, bhikkhave, bhikkhu abhikkante paṭikkante sampajānakārī hoti, ālokite vilokite sampajānakārī hoti, samiñjite pasārite sampajānakārī hoti, saṅghāṭipattacīvaradhāraṇe sampajānakārī hoti, asite pīte khāyite sāyite sampajānakārī hoti, uccārapassāvakamme sampajānakārī hoti, gate ṭhite nisinne sutte jāgarite bhāsite tuṇhībhāve sampajānakārī hoti. evaṃ kho, bhikkhave, bhikkhu sampajānakārī hoti. sato, bhikkhave, bhikkhu vihareyya sampajāno. ayaṃ vo amhākaṃ anusāsanī"ti.

까탄짜, 빅카웨-, 빅쿠 삼빠자-노- 호-띠? 이다, 빅카웨-, 빅쿠 아빅깐떼- 빠띡깐떼- 삼빠자-나까-리- 호-띠, 아-ㄹ로-끼떼- 윌로-끼떼- 삼빠자-나까-리- 호-띠, 사민지떼- 빠사-리떼- 삼빠자-나까-리- 호-띠, 상가-띠빳따찌-와라다-라네- 삼빠자-나까-리- 호-띠, 아시떼- 삐-떼- 카-이떼- 사-이떼- 삼빠자-나까-리- 호-띠, 웃짜-라빳사-와깜메- 삼빠자-나까-리- 호-띠, 가떼- 티떼- 니신네- 숫떼- 자-가리떼- 바-시떼- 뚠히-바-웨- 삼빠자-나까-리- 호-띠. 에-왕 코-, 빅카웨-, 빅쿠 삼빠자-나까-리- 호-띠. 사또-, 빅카웨-, 빅쿠 위하레이야 삼빠자-노-. 아양 오- 암하-깡 아누사-사니-"띠

그러면 비구들이여, 비구는 어떻게 바른 앎을 가진 자인가? 다시, 비구들이여, 비구는 나아갈 때도 물러날 때도 옳고 그름을 판단하면서 행한다. 앞을 볼 때도 돌아볼 때도 옳고 그름을 판단하면서 행한다. 구부릴 때도 펼 때도 옳고 그름을 판단하면서 행한다. 대가사와 발우와 가사를 지닐 때도 옳고 그름을 판단하면서 행한다. 먹을 때도 마실 때도 씹을 때도 맛볼 때도 옳고 그름을 판단하면서 행한다. 똥과 오줌을 눌 때도 옳고 그름을 판단하면서 행한다. 갈 때도-설 때도-앉을 때도-잠잘 때도-깨어있을 때도-말할 때도-침묵할 때도 옳고 그름을 판단하면서 행한다. 이렇게, 비구들이여, 비구는 바른 앎을 가진 자이다. 비구들이여 비구는 사띠를 가진 자, 바른 앎[정지(正知)-옳고 그름의 판단]을 가진 자로 머물러야 한다. 이것이 그대들을 위한 우리의 이어지는 가르침(가르침의 근본)이다. ▣

9. satisuttaṃ (SN 47.35-사띠 경)

- 이어지는 가르침(가르침의 근본) (3) sato vihareyya sampajāno(사띠를 가진 자, 바른 앎을 가진 자로 머물러야 한다) ② — 사념처(四念處)와 법(法)의 위빳사나

sāvatthinidānaṃ. "sato, bhikkhave, bhikkhu vihareyya sampajāno. ayaṃ vo amhākaṃ anusāsanī".

사-왓티니다-낭. "사또-, 빅카웨-, 빅쿠 위하레이야 삼빠자-노-. 아양 오- 암하-깡 아누사-사니-

사왓티에서 설해짐. 비구들이여 비구는 사띠를 가진 자, 바른 앎[정지(正知)-옳고 그름의 판단]을 가진 자로 머물러야 한다. 이것이 그대들을 위한 우리의 이어지는 가르침(가르침의 근본)이다.

"kathañca, bhikkhave, bhikkhu sato hoti? idha, bhikkhave, bhikkhu kāye kāyānupassī viharati ātāpī sampajāno satimā vineyya loke abhijjhādomanassaṃ, vedanāsu vedanānupassī viharati ātāpī sampajāno satimā, vineyya loke abhijjhādomanassaṃ, citte cittānupassī viharati ātāpī sampajāno satimā vineyya loke abhijjhādomanassaṃ, dhammesu dhammānupassī viharati ātāpī sampajāno satimā vineyya loke abhijjhādomanassaṃ. evaṃ kho, bhikkhave, bhikkhu sato hoti.

까탄짜, 빅카웨-, 빅쿠 사또- 호-띠? 이다, 빅카웨-, 빅쿠 까-예- 까-야-누빳시- 위하라띠 아-따-삐- 삼빠자-노- 사띠마- 위네이야 로-께- 아빗자-도-마낫상, 웨-다나-수 웨-다나-누빳시- 위하라띠 아-따-삐- 삼빠자-노- 사띠마- 위네이야 로-께- 아빗자-도-마낫상, 찟떼- 찟따-누빳시- 위하라띠 아-따-삐- 삼빠자-노- 사띠마- 위네이야 로-께- 아빗자-도-마낫상, 담메-수 담마-누빳시- 위하라띠 아-따-삐- 삼빠자-노- 사띠마- 위네이야 로-께- 아빗자-도-마낫상. 에-왕 코-, 빅카웨-, 빅쿠 사또- 호-띠

그러면 비구들이여, 어떻게 비구는 사띠를 가진 자인가? 여기, 비구들이여, 비구는 몸(身)에서 몸을 이어 보면서 머문다. 알아차리고, 옳고 그름을 판단하고, 옳음의 유지-향상을 위해 노력하는 자는 세상에서 간탐과 고뇌를 제거한다. 느낌(受)들에서 느낌을 이어 보면서 머문다. 알아차리고, 옳고 그름을 판단하고, 옳음의 유지-향상을 위해 노력하는 자는 세상에서 간탐과 고뇌를 제거한다. 마음(心)에서 마음을 이어 보면서 머문다. 알아차리고, 옳고 그름을 판단하고, 옳음의 유지-향상을 위해 노력하는 자는 세상에서 간탐과 고뇌를 제거한다. 법(法)들에서 법을 이어 보면서 머문다. 알아차리고, 옳고 그름을 판단하고, 옳음의 유지-향상

을 위해 노력하는 자는 세상에서 간탐과 고뇌를 제거한다. 이렇게, 비구들이여, 비구는 사띠를 가진 자이다.

“kathañca, bhikkhave, bhikkhu sampajāno hoti? idha, bhikkhave, bhikkhuno viditā vedanā uppajjanti, viditā upaṭṭhahanti, viditā abbhatthaṃ gacchanti. viditā vitakkā uppajjanti, viditā upaṭṭhahanti, viditā abbhatthaṃ gacchanti. viditā saññā uppajjanti, viditā upaṭṭhahanti, viditā abbhatthaṃ gacchanti. evaṃ kho, bhikkhave, bhikkhu sampajāno hoti. sato, bhikkhave, bhikkhu vihareyya sampajāno. ayaṃ vo amhākaṃ anusāsanī”ti.

까탄짜, 빅카웨-, 빅쿠 삼빠자-노- 호-띠? 이다, 빅카웨-, 빅쿠노- 위디따- 웨-다나- 웁빳잔띠, 위디따- 우빳타한띠, 위디따- 압밧탕 갓찬띠; 위디따- 위딱까- 웁빳잔띠, 위디따- 우빳타한띠, 위디따- 압밧탕 갓찬띠; 위디따- 산냐- 웁빳잔띠, 위디따- 우빳타한띠, 위디따- 압밧탕 갓찬띠; 에-왕 코-, 빅카웨-, 빅쿠 삼빠자-노- 호-띠. 사또-, 빅카웨-, 빅쿠 위하레이야 삼빠자-노-. 아양 오- 암하-깡 아누사-사니-”띠

그러면 비구들이여, 비구는 어떻게 바른 앎을 가진 자인가? 여기, 비구들이여, 비구에게 수(受)는 보이는 것이 생기고, 보이는 것이 현재하고, 보이는 것이 없어진다. 위딱까는 보이는 것이 생기고, 보이는 것이 현재하고, 보이는 것이 없어진다. 상(想)은 보이는 것이 생기고, 보이는 것이 현재하고, 보이는 것이 없어진다. 이렇게, 비구들이여, 비구는 바른 앎을 가진 자이다.

비구들이여 비구는 사띠를 가진 자, 바른 앎을 가진 자로 머물러야 한다. 이것이 그대들을 위한 우리의 이어지는 가르침(가르침의 근본)이다. ▣

배워 알고 실천하는 불교 신자!

10. samādhibhāvanāsuttaṃ (AN 4.41-삼매수행(三昧修行) 경)

• 삼매수행 = 삼매의 성취에서 번뇌가 부서진 깨달음까지의 과정

• 닦고 많이 행하면 ①지금여기의 행복한 머묾으로 이끄는 삼매수행 → ②지(知)와 견(見)의 얻음으로 이끄는 삼매수행[법의 드러남] → ③염(念)-정지(正知)로 이끄는 삼매수행[여실지견] → ④번뇌들의 부서짐으로 이끄는 삼매수행[해탈지견]

"catasso imā, bhikkhave, samādhibhāvanā. katamā catasso? atthi, bhikkhave, samādhibhāvanā bhāvitā bahulīkatā diṭṭhadhammasukhavihārāya saṃvattati; atthi, bhikkhave, samādhibhāvanā bhāvitā bahulīkatā ñāṇadassanappaṭilābhāya saṃvattati; atthi, bhikkhave, samādhibhāvanā bhāvitā bahulīkatā satisampajaññāya saṃvattati; atthi, bhikkhave, samādhibhāvanā bhāvitā bahulīkatā āsavānaṃ khayāya saṃvattati.

짜땃소- 이마-, 빅카웨-, 사마-디바-와나-. 까따마- 짜땃소-? 앗티, 빅카웨-, 사마-디바-와나- 바-위따- 바훌리-까따- 딧타담마수카위하-라-야 상왓따띠; 앗티, 빅카웨-, 사마-디바-와나- 바-위따- 바훌리-까따- 냐-나닷사납빠띨라-바-야 상왓따띠; 앗티, 빅카웨-, 사마-디바-와나- 바-위따- 바훌리-까따- 사띠삼빠쟌냐-야 상왓따띠; 앗티, 빅카웨-, 사마-디바-와나- 바-위따- 바훌리-까따- 아-사와-낭 카야-야 상왓따띠

"비구들이여, 이런 네 가지 삼매수행(三昧修行)이 있다. 어떤 넷인가? 비구들이여, 닦고 많이 행하면 지금여기의 행복한 머묾으로 이끄는 삼매수행이 있다. 비구들이여, 닦고 많이 행하면 지(知)와 견(見)의 얻음으로 이끄는 삼매수행이 있다. 닦고 많이 행하면 염(念)-정지(正知)로 이끄는 삼매수행이 있다. 닦고 많이 행하면 번뇌들의 부서짐으로 이끄는 삼매수행이 있다.

"katamā ca, bhikkhave, samādhibhāvanā bhāvitā bahulīkatā diṭṭhadhammasukhavihārāya saṃvattati? idha, bhikkhave, bhikkhu vivicceva kāmehi vivicca akusalehi dhammehi savitakkaṃ savicāraṃ vivekajaṃ pītisukhaṃ paṭhamaṃ jhānaṃ upasampajja viharati. vitakkavicārānaṃ vūpasamā ajjhattaṃ sampasādanaṃ cetaso ekodibhāvaṃ avitakkaṃ avicāraṃ samādhijaṃ pītisukhaṃ dutiyaṃ jhānaṃ upasampajja viharati. pītiyā ca virāgā upekkhako ca viharati sato ca sampajāno, sukhañca kāyena paṭisaṃvedeti, yaṃ taṃ ariyā ācikkhanti — 'upekkhako satimā sukhavihārī'ti tatiyaṃ jhānaṃ upasampajja viharati. sukhassa ca pahānā dukkhassa ca pahānā pubbeva somanassadomanassānaṃ atthaṅgamā adukkhamasukhaṃ upekkhāsatipārisuddhiṃ catutthaṃ jhānaṃ upasampajja viharati. ayaṃ, bhikkhave, samādhibhāvanā bhāvitā bahulīkatā diṭṭhadhammasukhavihārāya saṃvattati.

까따마- 짜, 빅카웨-, 사마-디바-와나- 바-위따- 바훌리-까따- 딧타담마수카위하-라-야 상왓따띠? 이다, 빅카웨-, 빅쿠 위윗쩨-와 까-메-히 위윗짜 아꾸살레-히 담메-히 사위딱깡 사위짜-랑 위웨-까장 삐-띠수캉 빠타망 자-낭 우빠삼빳자 위하라띠. 위딱까위짜-라-낭 우-빠사마- 앗잣땅 삼빠사-다낭 쩨-따소- 에-꼬-디바-왕 아위딱깡 아위짜-랑 사마-디장 삐-띠수캉 두띠양 자-낭 우빠삼빳자 위하라띠. 삐-띠야- 짜 위라-가- 우뻭카꼬- 짜 위하라띠 사또- 짜 삼빠자-노-, 수칸짜 까-예-나 빠띠상웨-데-띠, 양 땅 아리야- 아-찍칸띠 — '우뻭카꼬- 사띠마- 수카위하-리-'띠 따띠양 자-낭 우빠삼빳자 위하라띠. 수캇사 짜 빠하-나- 둑캇사 짜 빠하-나- 뿝베-와 소-마낫사도-마낫사-낭 앗탕가마- 아둑카마수캉 우뻭카-사띠빠-리숟딩 짜뚯탕 자-낭 우빠삼빳자 위하라띠. 아양, 빅카웨-, 사마-디바-와나- 바-위따- 바훌리-까따- 딧타담마수카위하-라-야 상왓따띠

그러면 비구들이여, 무엇이 닦고 많이 행하면 지금여기의 행복한 머묾으로 이끄는 삼매수행인가? 비구들이여, 여기 비구는 소유의 삶에서 벗어나고, 불선법(不善法)들에서 벗어나서, 위딱까가 있고 위짜라가 있고 떨침에서 생긴 기쁨과 즐거움의 초선(初禪)을 성취하여 머문다. 위딱까와 위짜라의 가라앉음으로 인해, 안으로 평온함과 마음의 집중된 상태가 되어, 위딱까도 없고 위짜라도 없이, 삼매에서 생긴 기쁨과 즐거움의 제이선(第二禪)을 성취하여 머문다. 기쁨의 바램으로부터 평정하게 머물고, 사띠와 바른 앎을 가지고 몸으로 즐거움을 경험하면서, 성인들이 '평정을 가진 자, 사띠를 가진 자, 즐거움에 머무는 자[사념락주(捨念樂住)].'라고 말하는 제삼선(第三禪)을 성취하여 머문다. 즐거움의 버림과 괴로움의 버림으로부터, 이미 만족과 불만들의 줄어듦으로부터, 괴로움도 즐거움도 없고 평정과 청정한 사띠[사념청정(捨念淸淨)]의 제사선(第四禪)을 성취하여 머문다. 이것이, 비구들이여, 닦고 많이 행하면 지금여기의 행복한 머묾으로 이끄는 삼매수행이다.

“katamā ca, bhikkhave, samādhibhāvanā bhāvitā bahulīkatā ñāṇadassanappaṭilābhāya saṃvattati? idha, bhikkhave, bhikkhu ālokasaññaṃ manasi karoti, divāsaññaṃ adhiṭṭhāti — yathā divā tathā rattiṃ, yathā rattiṃ tathā divā. iti vivaṭena cetasā apariyonaddhena sappabhāsaṃ cittaṃ bhāveti. ayaṃ, bhikkhave, samādhibhāvanā bhāvitā bahulīkatā ñāṇadassanappaṭilābhāya saṃvattati.

까따마- 짜, 빅카웨-, 사마-디바-와나- 바-위따- 바훌리-까따- 냐-나닷사납빠띨라-바-야 상왓따띠? 이다, 빅카웨-, 빅쿠 아-ㄹ로-까산냥 마나시 까로-띠, 디와-산냥 아딧타-띠 — 야타- 디와- 따타- 랏띵, 야타- 랏띵 따타- 디와-, 이띠 위와떼-나 쩨-따사- 아빠리요-낟데-나 삽빠바-상 찟땅 바-웨-띠. 아양, 빅카웨-, 사마-디바-와나- 바-위따- 바훌리-까따- 냐-나닷사납빠띨라-바-야 상왓따띠

그러면 비구들이여, 무엇이 닦고 많이 행하면 지(知)와 견(見)의 얻음으로 이끄는 삼매수행인가? 비구들이여, 여기 비구는 광명상(光明想)을 작의(作意)하고, '낮처럼 밤을, 밤처럼 낮을'이라며 낮의 상(想)을 확립한다. 이렇게 열려있고 덮여있지 않은 심(心)으로 빛나는 심(心)을 닦는다. 이것이, 비구들이여, 닦고 많이 행하면 지(知)와 견(見)의 얻음으로 이끄는 삼매수행이다.

"katamā ca, bhikkhave, samādhibhāvanā bhāvitā bahulīkatā satisampajaññāya saṃvattati? idha, bhikkhave, bhikkhuno viditā vedanā uppajjanti, viditā upaṭṭhahanti, viditā abbhatthaṃ gacchanti; viditā saññā uppajjanti, viditā upaṭṭhahanti, viditā abbhatthaṃ gacchanti; viditā vitakkā uppajjanti, viditā upaṭṭhahanti, viditā abbhatthaṃ gacchanti. ayaṃ, bhikkhave, samādhibhāvanā bhāvitā bahulīkatā satisampajaññāya saṃvattati.

까따마- 짜, 빅카웨-, 사마-디바-와나- 바-위따- 바훌리-까따- 사띠삼빠잔냐-야 상왓따띠? 이다, 빅카웨-, 빅쿠노- 위디따- 웨-다나- 웁빳잔띠, 위디따- 우빳타한띠, 위디따- 압밧탕 갓찬띠; 위디따- 산냐- 웁빳잔띠, 위디따- 우빳타한띠, 위디따- 압밧탕 갓찬띠; 위디따- 위딱까- 웁빳잔띠, 위디따- 우빳타한띠, 위디따- 압밧탕 갓찬띠; 아양, 빅카웨-, 사마-디바-와나- 바-위따- 바훌리-까따- 사띠삼빠잔냐-야 상왓따띠

그러면 비구들이여, 무엇이 닦고 많이 행하면 염(念)-정지(正知)로 이끄는 삼매수행인가? 비구들이여, 여기 비구에게 수(受)들은 보이는 것이 생기고, 보이는 것이 현재하고, 보이는 것이 없어진다. 상(想)들은 보이는 것이 생기고, 보이는 것이 현재하고, 보이는 것이 없어진다. 위딱까들은 보이는 것이 생기고, 보이는 것이 현재하고, 보이는 것이 없어진다. 이것이, 비구들이여, 닦고 많이 행하면 염(念)-정지(正知)로 이끄는 삼매수행이다.

"katamā ca, bhikkhave, samādhibhāvanā bhāvitā bahulīkatā āsavānaṃ khayāya saṃvattati? idha, bhikkhave, bhikkhu pañcasu upādānakkhandhesu udayabbayānupassī viharati — 'iti rūpaṃ, iti rūpassa samudayo, iti rūpassa atthaṅgamo; iti vedanā, iti vedanāya samudayo, iti vedanāya atthaṅgamo; iti saññā, iti saññāya samudayo, iti saññāya atthaṅgamo; iti saṅkhārā, iti saṅkhārānaṃ samudayo, iti saṅkhārānaṃ atthaṅgamo; iti viññāṇaṃ, iti viññāṇassa samudayo, iti viññāṇassa atthaṅgamo'ti. ayaṃ, bhikkhave, samādhibhāvanā bhāvitā bahulīkatā āsavānaṃ khayāya saṃvattati. imā kho, bhikkhave, catasso samādhibhāvanā.

까따마- 짜, 빅카웨-, 사마-디바-와나- 바-위따- 바훌리-까따- 아-사와-낭 카야-야 상왓따띠? 이다, 빅카웨-, 빅쿠 빤짜수 우빠-다-낙칸데-수 우다얍바야-누빳시- 위하라띠 — '이띠

루-빵, 이띠 루-빳사 사무다요-, 이띠 루-빳사 앗탕가모-; 이띠 웨-다나-, 이띠 웨-다나-야 사무다요-, 이띠 웨-다나-야 앗탕가모-; 이띠 산냐-, 이띠 산냐-야 사무다요-, 이띠 산냐-야 앗탕가모-; 이띠 상카-라-, 이띠 상카-라-낭 사무다요-, 이띠 상카-라-낭 앗탕가모-; 이띠 윈냐-낭, 이띠 윈냐-낫사 사무다요-, 이띠 윈냐-낫사 앗탕가모-'띠. 아양, 빅카웨-, 사마-디바-와나- 바-위따- 바훌리-까따- 아-사와-낭 카야-야 상왓따띠. 이마- 코-, 빅카웨-, 짜땃소- 사마-디바-와나-

그러면 비구들이여, 무엇이 닦고 많이 행하면 번뇌들의 부서짐으로 이끄는 삼매수행인가? 비구들이여, 여기 비구는 오취온(五取蘊)에서 생겨남과 무너짐을 이어 보면서 머문다. — '이렇게 색(色)이 있고, 이렇게 색이 자라나고, 이렇게 색(色)이 줄어든다. 이렇게 수(受)가 있고, 이렇게 수(受)가 자라나고, 이렇게 수(受)가 줄어든다. 이렇게 상(想)이 있고, 이렇게 상(想)이 자라나고, 이렇게 상(想)이 줄어든다. 이렇게 행(行)들이 있고, 이렇게 행(行)들이 자라나고, 이렇게 행(行)들이 줄어든다. 이렇게 식(識)이 있고, 이렇게 식(識)이 자라나고, 이렇게 식(識)이 줄어든다.'라고. 이것이, 비구들이여, 닦고 많이 행하면 번뇌들의 부서짐으로 이끄는 삼매수행이다. 비구들이여, 이런 네 가지 삼매수행이 있다. ▣

배워 알고 실천하는 불교 신자!

11. paṭhamasamādhisuttaṃ (AN 4.92-삼매 경1)

- 내적인 심(心)의 사마타와 법(法)의 위빳사나를 설명하는 3개의 경

- 내적인 심(心)의 사마타 ≠ 사마타, 법(法)의 위빳사나 ≠ 위빳사나

  ; 전통적인 이해 — 내적인 심(心)의 사마타 = 사마타, 법(法)의 위빳사나 = 위빳사나

- 내적인 심(心)의 사마타와 법(法)의 위빳사나 ⇒ 여실지견 — 예류자
- 사마타-위빳사나 ⇒ 해탈지견 — 아라한

"cattārome, bhikkhave, puggalā santo saṃvijjamānā lokasmiṃ. katame cattāro? idha, bhikkhave, ekacco puggalo lābhī hoti ajjhattaṃ cetosamathassa, na lābhī adhipaññādhammavipassanāya. idha pana, bhikkhave, ekacco puggalo lābhī hoti adhipaññādhammavipassanāya, na lābhī ajjhattaṃ cetosamathassa. idha pana, bhikkhave, ekacco puggalo na ceva lābhī hoti ajjhattaṃ cetosamathassa na ca lābhī adhipaññādhammavipassanāya. idha pana, bhikkhave, ekacco puggalo lābhī ceva hoti ajjhattaṃ cetosamathassa lābhī ca adhipaññādhammavipassanāya. ime kho, bhikkhave, cattāro puggalā santo saṃvijjamānā lokasmin"ti.

짯따-로-메-, 빅카웨-, 뿍갈라- 산또- 상윗자마-나- 로-까스밍. 까따메- 짯따-로-? 이다, 빅카웨-, 에-깟쪼- 뿍갈로- 라-비- 호-띠 앗잣땅 쩨-또-사마탓사, 나 라-비- 아디빤냐-담마위빳사나-야. 이다 빠나, 빅카웨-, 에-깟쪼- 뿍갈로- 라-비- 호-띠 아디빤냐-담마위빳사나-야. 나 라-비- 앗잣땅 쩨-또-사마탓사. 이다 빠나, 빅카웨-, 에-깟쪼- 뿍갈로- 나 쩨-와 라-비- 호-띠 앗잣땅 쩨-또-사마탓사 나 짜 라-비- 아디빤냐-담마위빳사나-야. 이다 빠나, 빅카웨-, 에-깟쪼- 뿍갈로- 라-비- 쩨-와 호-띠 앗잣땅 쩨-또-사마탓사 라-비- 짜 아디빤냐-담마위빳사나-야. 이메- 코-, 빅카웨-, 짯따-로- 뿍갈라- 산또- 상윗자마-나- 로-까스민"띠

비구들이여, 세상에는 이런 네 부류의 사람들이 존재한다. 어떤 네 부류인가? 비구들이여, 여기 어떤 사람은 내적인 심(心)의 사마타는 얻었지만 높은 혜(慧)의 법(法)의 위빳사나는 얻지 못했다. 다시 비구들이여, 여기 어떤 사람은 높은 혜(慧)의 법의 위빳사나는 얻었지만 내적인 심(心)의 사마타는 얻지 못했다. 다시 비구들이여, 여기 어떤 사람은 내적인 심(心)의 사마타도 얻지 못하고 높은 혜(慧)의 법의 위빳사나도 얻지 못했다. 다시 비구들이여, 여기 어떤 사람은 내적인 심(心)의 사마타도 얻었고 높은 혜(慧)의 법의 위빳사나도 얻었다. 비구들이여, 세상에는 이런 네 부류의 사람들이 존재한다. ▣

12. dutiyasamādhisuttaṃ (AN 4.93-삼매 경2)

• 「내적인 심(心)의 사마타도 얻었고 높은 혜(慧)의 법의 위빳사나도 얻은 사람은 그 유익한 법들에서 확고히 선 후 더 나아가 번뇌들의 부서짐을 위해 수행해야 한다.」

; 내적인 심(心)의 사마타와 법(法)의 위빳사나 → 번뇌들의 부서짐을 위한 수행(사마타-위빳사나)

"cattārome, bhikkhave, puggalā santo saṃvijjamānā lokasmiṃ. katame cattāro? idha, bhikkhave, ekacco puggalo lābhī hoti ajjhattaṃ cetosamathassa, na lābhī adhipaññādhammavipassanāya. idha pana, bhikkhave, ekacco puggalo lābhī hoti adhipaññādhammavipassanāya, na lābhī ajjhattaṃ cetosamathassa. idha pana, bhikkhave, ekacco puggalo na ceva lābhī hoti ajjhattaṃ cetosamathassa na ca lābhī adhipaññādhammavipassanāya. idha pana, bhikkhave, ekacco puggalo lābhī ceva hoti ajjhattaṃ cetosamathassa lābhī ca adhipaññādhammavipassanāya.

짯따-로-메-, 빅카웨-, 뿍갈라- 산또- 상윗자마-나- 로-까스밍. 까따메- 짯따-로-? 이다, 빅카웨-, 에-깟쪼- 뿍갈로- 라-비- 호-띠 앗잣땅 쩨-또-사마탓사, 나 라-비- 아디빤냐-담마위빳사나-야. 이다 빠나, 빅카웨-, 에-깟쪼- 뿍갈로- 라-비- 호-띠 아디빤냐-담마위빳사나-야. 나 라-비- 앗잣땅 쩨-또-사마탓사. 이다 빠나, 빅카웨-, 에-깟쪼- 뿍갈로- 나 쩨-와 라-비- 호-띠 앗잣땅 쩨-또-사마탓사 나 짜 라-비- 아디빤냐-담마위빳사나-야. 이다 빠나, 빅카웨-, 에-깟쪼- 뿍갈로- 라-비- 쩨-와 호-띠 앗잣땅 쩨-또-사마탓사 라-비- 짜 아디빤냐-담마위빳사나-야

비구들이여, 세상에는 이런 네 부류의 사람들이 존재한다. 어떤 네 부류인가? 비구들이여, 여기 어떤 사람은 내적인 심(心)의 사마타는 얻었지만 높은 혜(慧)의 법(法)의 위빳사나는 얻지 못했다. 다시 비구들이여, 여기 어떤 사람은 높은 혜(慧)의 법의 위빳사나는 얻었지만 내적인 심(心)의 사마타는 얻지 못했다. 다시 비구들이여, 여기 어떤 사람은 내적인 심(心)의 사마타도 얻지 못하고 높은 혜(慧)의 법의 위빳사나도 얻지 못했다. 다시 비구들이여, 여기 어떤 사람은 내적인 심(心)의 사마타도 얻었고 높은 혜(慧)의 법의 위빳사나도 얻었다.

"tatra, bhikkhave, yvāyaṃ puggalo lābhī hoti ajjhattaṃ cetosamathassa na lābhī adhipaññādhammavipassanāya, tena, bhikkhave, puggalena ajjhattaṃ cetosamathe patiṭṭhāya adhipaññādhammavipassanāya yogo karaṇīyo. so aparena samayena lābhī ceva hoti ajjhattaṃ cetosamathassa lābhī ca adhipaññādhammavipassanāya.

따뜨라, 빅카웨-, 와-양 뿍갈로- 라-비- 호-띠 앗잣땅 쩨-또-사마탓사 나 라-비- 아디빤냐-담마위빳사나-야, 떼-나, 빅카웨-, 뿍갈레-나 앗잣땅 쩨-또-사마테- 빠띳타-야 아디빤냐-담마위빳사나-야 요-고- 까라니-요-. 소- 아빠레-나 사마예-나 라-비- 쩨-와 호-띠 앗잣땅

쩨-또-사마탓사 라-비- 짜 아디빤냐-담마위빳사나-야

거기서 비구들이여, 내적인 심(心)의 사마타는 얻었지만 높은 혜(慧)의 법의 위빳사나는 얻지 못한 사람은, 비구들이여, 내적인 심(心)의 사마타에 확고히 선 후 높은 혜(慧)의 법의 위빳사나를 수행해야 한다. 그는 나중에 내적인 심(心)의 사마타도 얻었고 높은 혜(慧)의 법의 위빳사나도 얻은 자가 된다.

"tatra, bhikkhave, yvāyaṃ puggalo lābhī adhipaññādhammavipassanāya na lābhī ajjhattaṃ cetosamathassa, tena, bhikkhave, puggalena adhipaññādhammavipassanāya patiṭṭhāya ajjhattaṃ cetosamathe yogo karaṇīyo. so aparena samayena lābhī ceva hoti adhipaññādhammavipassanāya lābhī ca ajjhattaṃ cetosamathassa.

따뜨라, 빅카웨-, 와-양 뿍갈로- 라-비- 아디빤냐-담마위빳사나-야 나 라-비- 앗잣땅 쩨-또-사마탓사, 떼-나, 빅카웨-, 뿍갈레-나 아디빤냐-담마위빳사나-야 빠띳타-야 앗잣땅 쩨-또-사마테- 요-고- 까라니-요-. 소- 아빠레-나 사마예-나 라-비- 쩨-와 호-띠 아디빤냐-담마위빳사나-야 라-비- 짜 앗잣땅 쩨-또-사마탓사

거기서 비구들이여, 높은 혜(慧)의 법의 위빳사나는 얻었지만 내적인 심(心)의 사마타는 얻지 못한 사람은, 비구들이여, 높은 혜(慧)의 법의 위빳사나를 확고히 한 후 내적인 심(心)의 사마타를 수행해야 한다. 그는 나중에 높은 혜(慧)의 법의 위빳사나도 얻었고 내적인 심(心)의 사마타도 얻은 자가 된다.

"tatra, bhikkhave, yvāyaṃ puggalo na ceva lābhī ajjhattaṃ cetosamathassa na ca lābhī adhipaññādhammavipassanāya, tena, bhikkhave, puggalena tesaṃyeva kusalānaṃ dhammānaṃ paṭilābhāya adhimatto chando ca vāyāmo ca ussāho ca ussoḷhī ca appaṭivānī ca sati ca sampajaññañca karaṇīyaṃ. seyyathāpi, bhikkhave, ādittacelo vā ādittasīso vā tasseva celassa vā sīsassa vā nibbāpanāya adhimattaṃ chandañca vāyāmañca ussāhañca ussoḷhiñca appaṭivāniñca satiñca sampajaññañca kareyya; evamevaṃ kho, bhikkhave, tena puggalena tesaṃyeva kusalānaṃ dhammānaṃ paṭilābhāya adhimatto chando ca vāyāmo ca ussāho ca ussoḷhī ca appaṭivānī ca sati ca sampajaññañca karaṇīyaṃ. so aparena samayena lābhī ceva hoti ajjhattaṃ cetosamathassa lābhī ca adhipaññādhammavipassanāya.

따뜨라, 빅카웨-, 와-양 뿍갈로- 나 쩨-와 라-비- 앗잣땅 쩨-또-사마탓사 나 짜 라-비- 아디빤냐-담마위빳사나-야, 떼-나, 빅카웨-, 뿍갈레-나 떼-상예-와 꾸살라-낭 담마-낭 빠띨라-바-야 아디맛또- 찬도- 짜 와-야-모- 짜 웃사-호- 짜 웃솔히- 짜 압빠띠와-니- 짜 사띠 짜

삼빠잔냐짜 까라니-양. 세이야타-삐, 빅카웨-, 아-딧따쩨-ㄹ로- 와- 아-딧따시-소- 와- 땃세-와 쩨-ㄹ랏사 와- 시-삿사 와- 닙바-빠나-야 아디맛땅 찬단짜 와-야-만짜 웃사-한짜 웃솔힌짜 압빠띠와-닌짜 사띤짜 삼빠잔냔짜 까레이야; 에-와메-왕 코-, 빅카웨-, 떼-나 뿍갈레-나- 떼-상예-와 꾸살라-낭 담마-낭 빠띨라-바-야 아디맛또- 찬도- 짜 와-야-모- 짜 웃사-호- 짜 웃솔히- 짜 압빠띠와-니- 짜 사띠 짜 삼빠잔냔짜 까라니-양. 소- 아빠레-나 사마예-나 라-비- 쩨-와 호-띠 앗잣땅 쩨-또-사마탓사 라-비- 짜 아디빤냐-담마위빳사나-야

거기서 비구들이여, 내적인 심(心)의 사마타도 얻지 못하고 높은 혜(慧)의 법의 위빳사나도 얻지 못한 사람은 오직 그 유익한 법들을 얻기 위해 특별한 열의와 정진과 노력과 애씀과 열정과 사띠와 삼빠잔냐를 행해야 한다. 예를 들면, 비구들이여, 옷이 불타거나 머리가 불타는 사람이 있다. 그는 오직 그 옷과 머리의 불을 끄기 위해서 특별한 관심과 정진과 노력과 애씀과 열정과 사띠와 삼빠잔냐를 행할 것이다. 이처럼, 비구들이여, 그 사람은 오직 그 유익한 법들을 얻기 위해 특별한 관심과 정진과 노력과 애씀과 열정과 사띠와 삼빠잔냐를 행해야 한다. 그는 나중에 높은 혜(慧)의 법의 위빳사나도 얻었고 내적인 심(心)의 사마타도 얻은 자가 된다.

"tatra, bhikkhave, yvāyaṃ puggalo lābhī ceva hoti ajjhattaṃ cetosamathassa lābhī ca adhipaññādhammavipassanāya, tena, bhikkhave, puggalena tesuyeva kusalesu dhammesu patiṭṭhāya uttari āsavānaṃ khayāya yogo karaṇīyo. ime kho, bhikkhave, cattāro puggalā santo saṃvijjamānā lokasmin"ti.

따뜨라, 빅카웨-, 와-양 뿍갈로- 라-비- 쩨-와 호-띠 앗잣땅 쩨-또-사마탓사 라-비- 짜 아디빤냐-담마위빳사나-야, 떼-나, 빅카웨-, 뿍갈레-나 떼-수예-와 꾸살레-수 담메-수 빠띳타-야 웃따리 아-사와-낭 카야-야 요-고- 까라니-요-. 이메- 코-, 빅카웨-, 짯따-로- 뿍갈라- 산또- 상윗자마-나- 로-까스민"띠

거기서 비구들이여, 내적인 심(心)의 사마타도 얻었고 높은 혜(慧)의 법의 위빳사나도 얻은 사람은, 비구들이여, 그 유익한 법들에서 확고히 선 후 더 나아가 번뇌들의 부서짐을 위해 수행해야 한다. 비구들이여, 세상에는 이런 네 부류의 사람들이 존재한다. ▣

13. tatiyasamādhisuttaṃ (AN 4.94-삼매 경3)

• 내적인 심(心)의 사마타 — 「이렇게 심(心)을 진정해야 하고, 이렇게 심(心)을 가라앉혀야 하고, 이렇게 심(心)을 집중해야 하고, 이렇게 심(心)을 삼매에 들게 해야 합니다.」

• 법의 위빳사나 — 「행(行)들을 이렇게 보아야 하고, 행(行)들을 이렇게 철저히 알아야 하고, 행(行)들을 이렇게 통찰해야 합니다.」

“cattārome, bhikkhave, puggalā santo saṃvijjamānā lokasmiṃ. katame cattāro? idha, bhikkhave, ekacco puggalo lābhī hoti ajjhattaṃ cetosamathassa, na lābhī adhipaññādhammavipassanāya. idha pana, bhikkhave, ekacco puggalo lābhī hoti adhipaññādhammavipassanāya, na lābhī ajjhattaṃ cetosamathassa. idha pana, bhikkhave, ekacco puggalo na ceva lābhī hoti ajjhattaṃ cetosamathassa na ca lābhī adhipaññādhammavipassanāya. idha pana, bhikkhave, ekacco puggalo lābhī ceva hoti ajjhattaṃ cetosamathassa lābhī ca adhipaññādhammavipassanāya.

짯따-로-메-, 빅카웨-, 뿍갈라- 산또- 상윗자마-나- 로-까스밍. 까따메- 짯따-로-? 이다, 빅카웨-, 에-깟쪼- 뿍갈로- 라-비- 호-띠 앗잣땅 쩨-또-사마탓사, 나 라-비- 아디빤냐-담마위빳사나-야. 이다 빠나, 빅카웨-, 에-깟쪼- 뿍갈로- 라-비- 호-띠 아디빤냐-담마위빳사나-야. 나 라-비- 앗잣땅 쩨-또-사마탓사. 이다 빠나, 빅카웨-, 에-깟쪼- 뿍갈로- 나 쩨-와 라-비- 호-띠 앗잣땅 쩨-또-사마탓사 나 짜 라-비- 아디빤냐-담마위빳사나-야. 이다 빠나, 빅카웨-, 에-깟쪼- 뿍갈로- 라-비- 쩨-와 호-띠 앗잣땅 쩨-또-사마탓사 라-비- 짜 아디빤냐-담마위빳사나-야

비구들이여, 세상에는 이런 네 부류의 사람들이 존재한다. 어떤 네 부류인가? 비구들이여, 여기 어떤 사람은 내적인 심(心)의 사마타는 얻었지만 높은 혜(慧)의 법(法)의 위빳사나는 얻지 못했다. 다시 비구들이여, 여기 어떤 사람은 높은 혜(慧)의 법의 위빳사나는 얻었지만 내적인 심(心)의 사마타는 얻지 못했다. 다시 비구들이여, 여기 어떤 사람은 내적인 심(心)의 사마타도 얻지 못하고 높은 혜(慧)의 법의 위빳사나도 얻지 못했다. 다시 비구들이여, 여기 어떤 사람은 내적인 심(心)의 사마타도 얻었고 높은 혜(慧)의 법의 위빳사나도 얻었다.

“tatra, bhikkhave, yvāyaṃ puggalo lābhī ajjhattaṃ cetosamathassa na lābhī adhipaññādhammavipassanāya, tena, bhikkhave, puggalena yvāyaṃ puggalo lābhī adhipaññādhammavipassanāya so upasaṅkamitvā evamassa vacanīyo — ‘kathaṃ nu kho, āvuso, saṅkhārā daṭṭhabbā? kathaṃ saṅkhārā sammasitabbā? kathaṃ saṅkhārā vipassitabbā’ ti? tassa so yathādiṭṭhaṃ yathāviditaṃ byākaroti — ‘evaṃ kho, āvuso, saṅkhārā daṭṭhabbā, evaṃ saṅkhārā sammasitabbā, evaṃ saṅkhārā vipassitabbā’ti. so aparena samayena lābhī ceva hoti ajjhattaṃ cetosamathassa lābhī ca adhipaññādhammavipassanāya.

따뜨라, 빅카웨-, 와-양 뿍갈로- 라-비- 앗잣땅 쩨-또-사마탓사 나 라-비- 아디빤냐-담마위빳사나-야, 떼-나, 빅카웨-, 뿍갈레-나 와-양 뿍갈로- 라-비- 아디빤냐-담마위빳사나-야 소- 우빠상까미뜨와- 에-와맛사 와짜니-요- — '까탕 누 코-, 아-우소-, 상카-라- 닷탑바-? 까탕 상카-라- 삼마시땁바-? 까탕 상카-라- 위빳시땁바-' 띠? 땃사 소- 야타-딧탕 야타-위디땅 뱌-까로-띠 — '에-왕 코-, 아-우소-, 상카-라- 닷탑바-, 에-왕 상카-라- 삼마시땁바-, 에-왕 상카-라- 위빳시땁바-' 띠. 소- 아빠레-나 사마예-나 라-비- 쩨-와 호-띠 앗잣땅 쩨-또-사마탓사 라-비- 짜 아디빤냐-담마위빳사나-야

거기서 비구들이여, 내적인 심(心)의 사마타는 얻었지만 높은 혜(慧)의 법의 위빳사나는 얻지 못한 사람은 높은 혜(慧)의 법의 위빳사나를 얻은 자에게 가서 이렇게 말해야 한다. — '도반이여, 참으로 행(行)들을 어떻게 보아야 합니까? 행(行)들을 어떻게 철저히 알아야 합니까? 행(行)들을 어떻게 통찰해야 합니까?'라고. 그에게 그는 보는 대로 아는 대로 말할 것이다. — '도반이여, 행(行)들을 이렇게 보아야 하고, 행(行)들을 이렇게 철저히 알아야 하고, 행(行)들을 이렇게 통찰해야 합니다.'라고. 그는 나중에 내적인 심(心)의 사마타도 얻었고 높은 혜(慧)의 법의 위빳사나도 얻은 자가 된다.

"tatra, bhikkhave, yvāyaṃ puggalo lābhī adhipaññādhammavipassanāya na lābhī ajjhattaṃ cetosamathassa, tena, bhikkhave, puggalena yvāyaṃ puggalo lābhī ajjhattaṃ cetosamathassa so upasaṅkamitvā evamassa vacanīyo — 'kathaṃ nu kho, āvuso, cittaṃ saṇṭhapetabbaṃ? kathaṃ cittaṃ sannisādetabbaṃ? kathaṃ cittaṃ ekodi kātabbaṃ? kathaṃ cittaṃ samādahātabban'ti? tassa so yathādiṭṭhaṃ yathāviditaṃ byākaroti — 'evaṃ kho, āvuso, cittaṃ saṇṭhapetabbaṃ, evaṃ cittaṃ sannisādetabbaṃ, evaṃ cittaṃ ekodi kātabbaṃ, evaṃ cittaṃ samādahātabban'ti. so aparena samaye lābhī ceva hoti adhipaññādhammavipassanāya lābhī ca ajjhattaṃ cetosamathassa.

따뜨라, 빅카웨-, 와-양 뿍갈로- 라-비- 아디빤냐-담마위빳사나-야 나 라-비- 앗잣땅 쩨-또-사마탓사, 떼-나, 빅카웨-, 뿍갈레-나 와-양 뿍갈로- 라-비- 앗잣땅 쩨-또-사마탓사 소-우빠상까미뜨와- 에-와맛사 와짜니-요- — '까탕 누 코-, 아-우소-, 찟땅 산타뻬-땁방? 까탕 찟땅 산니사-데-땁방? 까탕 찟땅 에-꼬-디 까-땁방? 까탕 찟땅 사마-다하-땁반' 띠? 땃사 소- 야타-딧탕 야타-위디땅 뱌-까로-띠 — '에-왕 코-, 아-우소-, 찟땅 산타뻬-땁방, 에-왕 찟땅 산니사-데-땁방, 에-왕 찟땅 에-꼬-디 까-땁방, 에-왕 찟땅 사마-다하-땁반' 띠. 소- 아빠레-나 사마예- 라-비- 쩨-와 호-띠 아디빤냐-담마위빳사나-야 라-비- 짜 앗잣땅 쩨-또-사마탓사

거기서 비구들이여, 높은 혜(慧)의 법의 위빳사나는 얻었지만 내적인 심(心)의 사마타는 얻지 못한 사람은 내적인 심(心)의 사마타를 얻은 자에게 가서 이렇게 말해야 한다. — '도반이여, 참으로 심(心)을 어떻게 진정해야 합니까? 심(心)을 어떻게 가라앉혀야 합니까? 심(心)을 어떻게 집중해야 합니까? 심(心)을 어떻게 삼매에 들게 해야 합니까?'라고. 그에게 그는 보는 대로 아는 대로 말할 것이다. — '도반이여, 이렇게 심(心)을 진정해야 하고, 이렇게 심(心)을 가라앉혀야 하고, 이렇게 심(心)을 집중해야 하고, 이렇게 심(心)을 삼매에 들게 해야 합니다.'라고. 그는 나중에 높은 혜(慧)의 법의 위빳사나도 얻었고 내적인 심(心)의 사마타도 얻은 자가 된다.

"tatra, bhikkhave, yvāyaṃ puggalo na ceva lābhī ajjhattaṃ cetosamathassa na ca lābhī adhipaññādhammavipassanāya, tena, bhikkhave, puggalena yvāyaṃ puggalo lābhī ceva ajjhattaṃ cetosamathassa lābhī ca adhipaññādhammavipassanāya so upasaṅkamitvā evamassa vacanīyo — 'kathaṃ nu kho, āvuso, cittaṃ saṇṭhapetabbaṃ? kathaṃ cittaṃ sannisādetabbaṃ? kathaṃ cittaṃ ekodi kātabbaṃ? kathaṃ cittaṃ samādahātabbaṃ? kathaṃ saṅkhārā daṭṭhabbā? kathaṃ saṅkhārā sammasitabbā? kathaṃ saṅkhārā vipassitabbā'ti? tassa so yathādiṭṭhaṃ yathāviditaṃ byākaroti — 'evaṃ kho, āvuso, cittaṃ saṇṭhapetabbaṃ, evaṃ cittaṃ sannisādetabbaṃ, evaṃ cittaṃ ekodi kātabbaṃ, evaṃ cittaṃ samādahātabbaṃ, evaṃ saṅkhārā daṭṭhabbā, evaṃ saṅkhārā sammasitabbā, evaṃ saṅkhārā vipassitabbā'ti. so aparena samayena lābhī ceva hoti ajjhattaṃ cetosamathassa lābhī ca adhipaññādhammavipassanāya.

따뜨라, 빅카웨-, 와-양 뿍갈로- 나 쩨-와 라-비- 앗잣땅 쩨-또-사마탓사 나 짜 라-비- 아디빤냐-담마위빳사나-야, 떼-나, 빅카웨-, 뿍갈레-나 와-양 뿍갈로- 라-비- 쩨-와 앗잣땅 쩨-또-사마탓사 라-비- 짜 아디빤냐-담마위빳사나-야 소- 우빠상까미뜨와- 에-와맛사 와짜니-요- — '까탕 누 코-, 아-우소-, 찟땅 산타뻬-땁방? 까탕 찟땅 산니사-데-땁방? 까탕 찟땅 에-꼬-디 까-땁방? 까탕 찟땅 사마-다하-땁방? 까탕 상카-라- 닷탑바-? 까탕 상카-라- 삼마시땁바-? 까탕 상카-라- 위빳시땁바-'띠? 땃사 소- 야타-딧탕 야타-위디땅 뱌-까로-띠 — '에-왕 코-, 아-우소-, 찟땅 산타뻬-땁방, 에-왕 찟땅 산니사-데-땁방, 에-왕 찟땅 에-꼬-디 까-땁방, 에-왕 찟땅 사마-다하-땁방, 에-왕 상카-라- 닷탑바-, 에-왕 상카-라- 삼마시땁바-, 에-왕 상카-라- 위빳시땁바-'띠. 소- 아빠레-나 사마예-나 라-비- 쩨-와 호-띠 앗잣땅 쩨-또-사마탓사 라-비- 짜 아디빤냐-담마위빳사나-야

거기서 비구들이여, 내적인 심(心)의 사마타도 얻지 못하고 높은 혜(慧)의 법의 위빳사나도 얻지 못한 사람은 심(心)의 사마타도 얻고 높은 혜(慧)의 법의 위빳사나도 얻은 자에게 가서 이렇게 말해야 한다. — '도반이여, 참으로 심(心)을 어떻게 진정해야 합니까? 심(心)을 어떻게 가라앉혀야 합니까? 심(心)을 어떻게 집중해야 합니까? 심(心)을 어떻게 삼매에 들게 해야

합니까? 행(行)들을 어떻게 보아야 합니까? 행(行)들을 어떻게 철저히 알아야 합니까? 행(行)들을 어떻게 통찰해야 합니까?'라고. 그에게 그는 보는 대로 아는 대로 말할 것이다. — '도반이여, 이렇게 심(心)을 진정해야 하고, 이렇게 심(心)을 가라앉혀야 하고, 이렇게 심(心)을 집중해야 하고, 이렇게 심(心)을 삼매에 들게 해야 합니다. 행(行)들을 이렇게 보아야 하고, 행(行)들을 이렇게 철저히 알아야 하고, 행(行)들을 이렇게 통찰해야 합니다.'라고. 그는 나중에 내적인 심(心)의 사마타도 얻었고 높은 혜(慧)의 법의 위빳사나도 얻은 자가 된다.

"tatra, bhikkhave, yvāyaṃ puggalo lābhī ceva hoti ajjhattaṃ cetosamathassa lābhī adhipaññādhammavipassanāya, tena, bhikkhave, puggalena tesu ceva kusalesu dhammesu patiṭṭhāya uttari āsavānaṃ khayāya yogo karaṇīyo. ime kho, bhikkhave, cattāro puggalā santo saṃvijjamānā lokasmin"ti.

따뜨라, 빅카웨-, 와-양 뿍갈로- 라-비- 쩨-와 호-띠 앗잣땅 쩨-또-사마탓사 라-비- 아디빤냐-담마위빳사나-야, 떼-나, 빅카웨-, 뿍갈레-나 떼-수 쩨-와 꾸살레-수 담메-수 빠띳타-야 웃따리 아-사와-낭 카야-야 요-고- 까라니-요-. 이메- 코-, 빅카웨-, 짯따-로- 뿍갈라- 산또- 상윗자마-나- 로-까스민"띠

거기서 비구들이여, 내적인 심(心)의 사마타도 얻었고 높은 혜(慧)의 법의 위빳사나도 얻은 사람은, 비구들이여, 그 유익한 법들에서 확고히 선 후 더 나아가 번뇌들의 부서짐을 위해 수행해야 한다. 비구들이여, 세상에는 이런 네 부류의 사람들이 존재한다. ▣

배워 알고 실천하는 불교 신자!

14. bālavaggo (AN 2.22-32 - 어리석은 자 품) 32.

- 사마타 → 심(心)이 닦아짐 → 탐(貪)이 버려짐 → 심해탈(心解脫)
- 위빳사나 → 혜(慧)가 닦아짐 → 무명(無明)이 버려짐 → 혜해탈(慧解脫)

⇒ 혜해탈(慧解脫)이 받쳐 주는 심해탈(心解脫) = 부동(不動)의 심해탈(心解脫)

"dve me, bhikkhave, dhammā vijjābhāgiyā. katame dve? samatho ca vipassanā ca. samatho, bhikkhave, bhāvito kamattha manubhoti? cittaṃ bhāvīyati. cittaṃ bhāvitaṃ kamatthamanubhoti? yo rāgo so pahīyati. vipassanā, bhikkhave, bhāvitā kamatthamanubhoti? paññā bhāvīyati. paññā bhāvitā kamatthamanubhoti? yā avijjā sā pahīyati. rāgupakkiliṭṭhaṃ vā, bhikkhave, cittaṃ na vimuccati, avijjupakkiliṭṭhā vā paññā bhāvīyati. iti kho, bhikkhave, rāgavirāgā cetovimutti, avijjāvirāgā paññāvimutti"ti.

드웨- 메-, 빅카웨-, 담마- 윗자-바-기야-. 까따메- 드웨-? 사마토- 짜 위빳사나- 짜. 사마토-, 빅카웨-, 바-위또- 까맛타 마누보-띠? 찟땅 바-위-야띠. 찟땅 바-위땅 까맛타마누보-띠? 요- 라-고- 소- 빠히-야띠. 위빳사나-, 빅카웨-, 바-위따- 까맛타마누보-띠? 빤냐- 바-위-야띠. 빤냐- 바-위따- 까맛타마누보-띠? 야- 아윗자- 사- 빠히-야띠. 라-구빡낄릿탕 와-, 빅카웨-, 찟땅 나 위뭇짜띠, 아윗주빡낄릿타- 와- 빤냐- 바-위-야띠. 이띠 코-, 빅카웨-, 라-가위라-가- 쩨-또-위뭇띠, 아윗자-위라-가- 빤냐-위뭇띠-"띠

비구들이여, 두 가지 법은 명(明)과 연결된다. 무엇이 둘인가? 사마타와 위빳사나이다.

비구들이여, 사마타를 닦으면 어떤 이익이 뒤따르는가? 심(心)이 닦아진다. 심(心)이 닦아지면 어떤 이익이 뒤따르는가? 탐(貪)이 버려진다.

비구들이여, 위빳사나를 닦으면 어떤 이익이 뒤따르는가? 혜(慧)가 닦아진다. 혜(慧)가 닦아지면 어떤 이익이 뒤따르는가? 무명(無明)이 버려진다.

탐(貪)에 오염된 심(心)은 해탈하지 못한다. 또는 무명(無明)에 오염된 혜(慧)는 닦아진다. 비구들이여, 이렇게 탐(貪)의 바램으로부터 심해탈(心解脫)이 있고, 무명(無明)의 바램으로부터 혜해탈(慧解脫)이 있다. ▣

15. ekadhammasuttaṃ (SN 54.1-하나의 법 경)

• 들숨 날숨에 대한 사띠 16단계

• 신행(身行) = 들숨-날숨 — 몸을 형성하는 작용 → ④에서 진정
• 심행(心行) = 상(想)-수(受) — 심(心)을 형성하는 작용 → ⑧에서 진정
• 무상(無常-anicca) → 바램(virāga) → 소멸(消滅-nirodha) → 놓음(paṭinissagga)

sāvatthinidānaṃ. tatra kho ... etadavoca — "ekadhammo, bhikkhave, bhāvito bahulīkato mahapphalo hoti mahānisaṃso. katamo ekadhammo? ānāpānassati. kathaṃ bhāvitā ca, bhikkhave, ānāpānassati kathaṃ bahulīkatā mahapphalā hoti mahānisaṃsā?

idha, bhikkhave, bhikkhu araññagato vā rukkhamūlagato vā suññāgāragato vā nisīdati pallaṅkaṃ ābhujitvā ujuṃ kāyaṃ paṇidhāya parimukhaṃ satiṃ upaṭṭhapetvā. so satova assasati, satova passasati.

dīghaṃ vā assasanto 'dīghaṃ assasāmī'ti pajānāti, dīghaṃ vā passasanto 'dīghaṃ passasāmī'ti pajānāti; rassaṃ vā assasanto 'rassaṃ assasāmī'ti pajānāti, rassaṃ vā passasanto 'rassaṃ passasāmī'ti pajānāti; 'sabbakāyappaṭisaṃvedī assasissāmī'ti sikkhati, 'sabbakāyappaṭisaṃvedī passasissāmī'ti sikkhati; 'passambhayaṃ kāyasaṅkhāraṃ assasissāmī'ti sikkhati, 'passambhayaṃ kāyasaṅkhāraṃ passasissāmī'ti sikkhati;

'pītippaṭisaṃvedī assasissāmī'ti sikkhati, 'pītippaṭisaṃvedī passasissāmī'ti sikkhati; 'sukhappaṭisaṃvedī assasissāmī'ti sikkhati, 'sukhappaṭisaṃvedī passasissāmī'ti sikkhati; 'cittasaṅkhārappaṭisaṃvedī assasissāmī'ti sikkhati, 'cittasaṅkhārappaṭisaṃvedī passasissāmī'ti sikkhati; 'passambhayaṃ cittasaṅkhāraṃ assasissāmī'ti sikkhati, 'passambhayaṃ cittasaṅkhāraṃ passasissāmī'ti sikkhati;

'cittappaṭisaṃvedī assasissāmī'ti sikkhati, 'cittappaṭisaṃvedī passasissāmī'ti sikkhati; 'abhippamodayaṃ cittaṃ assasissāmī'ti sikkhati, 'abhippamodayaṃ cittaṃ passasissāmī'ti sikkhati; 'samādahaṃ cittaṃ assasissāmī'ti sikkhati, 'samādahaṃ cittaṃ passasissāmī'ti sikkhati; 'vimocayaṃ cittaṃ assasissāmī'ti sikkhati, 'vimocayaṃ cittaṃ passasissāmī'ti sikkhati;

'aniccānupassī assasissāmī'ti sikkhati, 'aniccānupassī passasissāmī'ti sikkhati; 'virāgānupassī assasissāmī'ti sikkhati, 'virāgānupassī passasissāmī'ti sikkhati; 'nirodhānupassī assasissāmī'ti sikkhati, 'nirodhānupassī passasissāmī'ti sikkhati;

'paṭinissaggānupassī assasissāmī'ti sikkhati, 'paṭinissaggānupassī passasissāmī'ti sikkhati.

evaṃ bhāvitā kho, bhikkhave, ānāpānassati evaṃ bahulīkatā mahapphalā hoti mahānisaṃsā"ti.

사-왓티니다-낭. 따뜨라 코- … 에-따다오-짜 — "에-까담모-, 빅카웨-, 바-위또- 바훌리-까또- 마합팔로- 호-띠 마하-니상소-. 까따모- 에-까담모-? 아-나-빠-낫사띠. 까탕 바-위따- 짜, 빅카웨-, 아-나-빠-낫사띠 까탕 바훌리-까따- 마합팔라- 호-띠 마하-니상사-?

이다, 빅카웨-, 빅쿠 아란냐가또- 와- 룩카무-ㄹ라가또- 와- 순냐-가-라가또- 와- 니시-다띠 빨랑깡 아-부지뜨와- 우중 까-양 빠니다-야 빠리무캉 사띵 우빳타뻬-뜨와-. 소- 사또-와 앗사사띠. 사또-와 빳사사띠.

디-강 와- 앗사산또- '디-강 앗사사-미-'띠 빠자-나-띠, 디-강 와- 빳사산또- '디-강 빳사사-미-'띠 빠자-나-띠, 랏상 와- 앗사산또- '랏상 앗사사-미-'띠 빠자-나-띠, 랏상 와- 빳사산또- '랏상 빳사사-미-'띠 빠자-나-띠. '삽바까-얍빠띠상웨-디- 앗사싯사-미-'띠 식카띠, '삽바까-얍빠띠상웨-디- 빳사싯사-미-'띠 식카띠. '빳삼바양 까-야상카-랑 앗사싯사-미-'띠 식카띠, '빳삼바양 까-야상카-랑 빳사싯사-미-'띠 식카띠.

'삐-띱빠띠상웨-디- 앗사싯사-미-'띠 식카띠, '삐-띱빠띠상웨-디- 빳사싯사-미-'띠 식카띠, '수캅빠띠상웨-디- 앗사싯사-미-'띠 식카띠, '수캅빠띠상웨-디- 빳사싯사-미-'띠 식카띠, '찟따상카-랍빠띠상웨-디- 앗사싯사-미-'띠 식카띠, '찟따상카-랍빠띠상웨-디- 빳사싯사-미-'띠 식카띠, '빳삼바양 찟따상카-랑 앗사싯사-미-'띠 식카띠, '빳삼바양 찟따상카-랑 빳사싯사-미-'띠 식카띠,

'찟땁빠띠상웨-디- 앗사싯사-미-'띠 식카띠, '찟땁빠띠상웨-디- 빳사싯사-미-'띠 식카띠, '아빕빠모-다양 찟땅 앗사싯사-미-'띠 식카띠, '아빕빠모-다양 찟땅 빳사싯사-미-'띠 식카띠, '사마-다항 찟땅 앗사싯사-미-'띠 식카띠, '사마-다항 찟땅 빳사싯사-미-'띠 식카띠, '위모-짜양 찟땅 앗사싯사-미-'띠 식카띠, '위모-짜양 찟땅 빳사싯사-미-'띠 식카띠,

'아닛짜-누빳시- 앗사싯사-미-'띠 식카띠, '아닛짜-누빳시- 빳사싯사-미-'띠 식카띠, '위라-가-누빳시- 앗사싯사-미-'띠 식카띠, '위라-가-누빳시- 빳사싯사-미-'띠 식카띠, '니로-다-누빳시- 앗사싯사-미-'띠 식카띠, '니로-다-누빳시- 빳사싯사-미-'띠 식카띠, '빠띠닛삭가-누빳시- 앗사싯사-미-'띠 식카띠, '빠띠닛삭가-누빳시- 빳사싯사-미-'띠 식카띠.

에-왕 바-위따- 코-, 빅카웨-, 아-나-빠-낫사띠 에-왕 바훌리-까따- 마합팔라- 호-띠 마하-니상사-"띠

사왓티에서 설해짐. 거기서 … 이렇게 말했다. — "비구들이여, 하나의 법을 닦고 많이 행할

때 큰 결실이 있고 큰 이익이 있다. 어떤 하나의 법인가? 들숨 날숨에 대한 사띠[입출식념(入出息念)]이다. 비구들이여, 들숨 날숨에 대한 사띠를 어떻게 닦고 어떻게 많이 행할 때 큰 결실이 있고 큰 이익이 있는가?

여기, 비구들이여, 숲으로 가거나 나무 밑으로 가거나 빈집으로 간 비구는 다리를 교차하고, 몸을 곧게 뻗치고, 콧구멍 주위에 사띠를 준비한 채 앉아있다. 그는 오직 사띠하면서 들이쉬고, 오직 사띠하면서 내쉰다.

①길게 들이쉴 때는 '나는 길게 들이쉰다.'라고 분명히 알고, 길게 내쉴 때는 '나는 길게 내쉰다.'라고 분명히 안다. ②짧게 들이쉴 때는 '나는 짧게 들이쉰다.'라고 분명히 알고, 짧게 내쉴 때는 '나는 짧게 내쉰다.'라고 분명히 안다. ③'온몸을 경험하면서 나는 들이쉴 것이다.'라고 시도하고, '온몸을 경험하면서 나는 내쉴 것이다.'라고 시도한다. ④'신행(身行)을 진정시키면서 나는 들이쉴 것이다.'라고 시도하고, '신행(身行)을 진정시키면서 나는 내쉴 것이다.'라고 시도한다.

⑤'희열을 경험하면서 나는 들이쉴 것이다.'라고 시도하고, '희열을 경험하면서 나는 내쉴 것이다.'라고 시도한다. ⑥'행복을 경험하면서 나는 들이쉴 것이다.'라고 시도하고, '행복을 경험하면서 나는 내쉴 것이다.'라고 시도한다. ⑦'심행(心行)을 경험하면서 나는 들이쉴 것이다.'라고 시도하고, '심행(心行)을 경험하면서 나는 내쉴 것이다.'라고 시도한다. ⑧'심행(心行)을 진정시키면서 나는 들이쉴 것이다.'라고 시도하고, '심행(心行)을 진정시키면서 나는 내쉴 것이다.'라고 시도한다.

⑨'심(心)을 경험하면서 나는 들이쉴 것이다.'라고 시도하고, '심(心)을 경험하면서 나는 내쉴 것이다.'라고 시도한다. ⑩'심(心)을 환희케 하면서 나는 들이쉴 것이다.'라고 시도하고, '심(心)을 환희케 하면서 나는 내쉴 것이다.'라고 시도한다. ⑪'심(心)을 집중하면서 나는 들이쉴 것이다.'라고 시도하고, '심(心)을 집중하면서 나는 내쉴 것이다.'라고 시도한다. ⑫'심(心)을 해방케 하면서 나는 들이쉴 것이다.'라고 시도하고, '심(心)을 해방케 하면서 나는 내쉴 것이다.'라고 시도한다.

⑬'무상(無常)을 이어 보면서 나는 들이쉴 것이다.'라고 시도하고, '무상(無常)을 이어 보면서 나는 내쉴 것이다.'라고 시도한다. ⑭'바램을 이어 보면서 나는 들이쉴 것이다.'라고 시도하고, '바램을 이어 보면서 나는 내쉴 것이다.'라고 시도한다. ⑮'소멸(消滅)을 이어 보면서 나는 들이쉴 것이다.'라고 시도하고, '소멸(消滅)을 이어 보면서 나는 내쉴 것이다.'라고 시도한다. ⑯'놓음을 이어 보면서 나는 들이쉴 것이다.'라고 시도하고, '놓음을 이어 보면서 나는 내쉴 것이다.'라고 시도한다.

비구들이여, 들숨 날숨에 대한 사띠를 이렇게 닦고 이렇게 많이 행할 때 큰 결실이 있고 큰 이익이 있다."라고. ▣

16. bojjhaṅgasuttaṃ (SN 54.2-각지 경)

- 떨침의 과정이고 이탐의 과정이고 소멸의 과정이고 쉼으로 귀결되는 들숨날숨에 대한 사띠가 함께한 염각지(念覺支)-택법각지(擇法覺支)-정진각지(精進覺支)-희각지(喜覺支)-경안각지(輕安覺支)-정각지(定覺支)-사각지(捨覺支)를 닦음
- 떨침(viveka) → 이탐(virāga) → 소멸(nirodha) → 쉼(vossagga)

"ānāpānassati, bhikkhave, bhāvitā bahulīkatā mahapphalā hoti mahānisaṃsā. kathaṃ bhāvitā ca, bhikkhave, ānāpānassati kathaṃ bahulīkatā mahapphalā hoti mahānisaṃsā? idha, bhikkhave, bhikkhu ānāpānassatisahagataṃ satisambojjhaṅgaṃ bhāveti vivekanissitaṃ virāganissitaṃ nirodhanissitaṃ vossaggapariṇāmiṃ, ānāpānassatisahagataṃ dhammavicayasambojjhaṅgaṃ bhāveti vivekanissitaṃ virāganissitaṃ nirodhanissitaṃ vossaggapariṇāmiṃ, ānāpānassatisahagataṃ vīriyasambojjhaṅgaṃ bhāveti vivekanissitaṃ virāganissitaṃ nirodhanissitaṃ vossaggapariṇāmiṃ, ānāpānassatisahagataṃ pītisambojjhaṅgaṃ bhāveti vivekanissitaṃ virāganissitaṃ nirodhanissitaṃ vossaggapariṇāmiṃ, ānāpānassatisahagataṃ passaddhisambojjhaṅgaṃ bhāveti vivekanissitaṃ virāganissitaṃ nirodhanissitaṃ vossaggapariṇāmiṃ, ānāpānassatisahagataṃ samādhisambojjhaṅgaṃ bhāveti vivekanissitaṃ virāganissitaṃ nirodhanissitaṃ vossaggapariṇāmiṃ, ānāpānassatisahagataṃ upekkhāsambojjhaṅgaṃ bhāveti vivekanissitaṃ virāganissitaṃ nirodhanissitaṃ vossaggapariṇāmiṃ. evaṃ bhāvitā kho, bhikkhave, ānāpānassati evaṃ bahulīkatā mahapphalā hoti mahānisaṃsā"ti.

아-나-빠-낫사띠, 빅카웨-, 바-위따- 바훌리-까따- 마합팔라- 호-띠 마하-니상사-. 까탕 바-위따- 짜, 빅카웨-, 아-나-빠-낫사띠 까탕 바훌리-까따- 마합팔라- 호-띠 마하-니상사-? 이다, 빅카웨-, 빅쿠 아-나-빠-낫사띠사하가땅 사띠삼봇장강 바-웨-띠 위웨-까닛시땅 위라-가닛시땅 니로-다닛시땅 옷삭가빠리나-밍

아-나-빠-낫사띠사하가땅 담마위짜야삼봇장강 바-웨-띠 위웨-까닛시땅 위라-가닛시땅 니로-다닛시땅 옷삭가빠리나-밍

아-나-빠-낫사띠사하가땅 위-리야삼봇장강 바-웨-띠 위웨-까닛시땅 위라-가닛시땅 니로-다닛시땅 옷삭가빠리나-밍

아-나-빠-낫사띠사하가땅 삐-띠삼봇장강 바-웨-띠 위웨-까닛시땅 위라-가닛시땅 니로-다닛시땅 옷삭가빠리나-밍

아-나-빠-낫사띠사하가땅 빳삳디삼봇장강 바-웨-띠 위웨-까닛시땅 위라-가닛시땅 니로-다닛시땅 옷삭가빠리나-밍

아-나-빠-낫사띠사하가땅 사마-디삼봇장강 바-웨-띠 위웨-까닛시땅 위라-가닛시땅 니로-다닛시땅 옷삭가빠리나-밍

아-나-빠-낫사띠사하가땅 우뻭카-삼봇장강 바-웨-띠 위웨-까닛시땅 위라-가닛시땅 니로-다닛시땅 옷삭가빠리나-밍

에-왕 바-위따- 코-, 빅카웨-, 아-나-빠-낫사띠 에-왕 바훌리-까따- 마합팔라- 호-띠 마하-니상사-"띠

비구들이여, 들숨날숨에 대한 사띠를 닦고 많이 행할 때 큰 결실과 큰 이익이 있다. 비구들이여, 들숨날숨에 대한 사띠를 어떻게 닦고 어떻게 많이 행할 때 큰 결실과 큰 이익이 있는가? 여기, 비구들이여, 비구는 떨침의 과정이고 이탐의 과정이고 소멸의 과정이고 쉼으로 귀결되는 들숨날숨에 대한 사띠가 함께한 염각지(念覺支)를 닦는다.

떨침의 과정이고 이탐의 과정이고 소멸의 과정이고 쉼으로 귀결되는 들숨날숨에 대한 사띠가 함께한 택법각지(擇法覺支)를 닦는다.

떨침의 과정이고 이탐의 과정이고 소멸의 과정이고 쉼으로 귀결되는 들숨날숨에 대한 사띠가 함께한 정진각지(精進覺支)를 닦는다.

떨침의 과정이고 이탐의 과정이고 소멸의 과정이고 쉼으로 귀결되는 들숨날숨에 대한 사띠가 함께한 희각지(喜覺支)를 닦는다.

떨침의 과정이고 이탐의 과정이고 소멸의 과정이고 쉼으로 귀결되는 들숨날숨에 대한 사띠가 함께한 경안각지(輕安覺支)를 닦는다.

떨침의 과정이고 이탐의 과정이고 소멸의 과정이고 쉼으로 귀결되는 들숨날숨에 대한 사띠가 함께한 정각지(定覺支)를 닦는다.

떨침의 과정이고 이탐의 과정이고 소멸의 과정이고 쉼으로 귀결되는 들숨날숨에 대한 사띠가 함께한 사각지(捨覺支)를 닦는다.

비구들이여, 들숨날숨에 대한 사띠를 이렇게 닦고 이렇게 많이 행할 때 큰 결실과 큰 이익이 있다. ▣

17. abhayasuttaṃ (SN 46.56-아바야 경)

• 장애들이라는 이름의 법문과 각시들이라는 이름의 법문

• 알지 못함과 보지 못함의 원인-조건 = 다섯 가지 장애
• 앎과 봄의 원인-조건 = 칠각지(七覺支-일곱 가지 깨달음의 요소)

⇒「수행의 중심 개념」

evaṃ me sutaṃ — ekaṃ samayaṃ bhagavā rājagahe viharati gijjhakūṭe pabbate. atha kho abhayo rājakumāro yena bhagavā tenupasaṅkami; upasaṅkamitvā bhagavantaṃ abhivādetvā ekamantaṃ nisīdi. ekamantaṃ nisinno kho abhayo rājakumāro bhagavantaṃ etadavoca — "pūraṇo, bhante, kassapo evamāha — 'natthi hetu, natthi paccayo aññāṇāya adassanāya. ahetu, appaccayo aññāṇaṃ adassanaṃ hoti. natthi hetu, natthi paccayo ñāṇāya dassanāya. ahetu, appaccayo ñāṇaṃ dassanaṃ hotī'ti. idha bhagavā kimāhā"ti? "atthi, rājakumāra, hetu, atthi paccayo aññāṇāya adassanāya. sahetu, sappaccayo aññāṇaṃ adassanaṃ hoti. atthi, rājakumāra, hetu, atthi paccayo ñāṇāya dassanāya. sahetu, sappaccayo ñāṇaṃ dassanaṃ hotī"ti.

에-왕 메- 수땅 — 에-깡 사마양 바가와- 라-자가헤- 위하라띠 깃자꾸-떼- 빱바떼-. 아타 코- 아바요- 라-자꾸마-로- 예-나 바가와- 떼-누빠상까미; 우빠상까미뜨와- 바가완땅 아비와-데-뜨와- 에-까만땅 니시-디. 에-까만땅 니신노- 코- 아바요- 라-자꾸마-로- 바가완땅 에-따다오-짜 — "뿌-라노-, 반떼-, 깟사뽀- 에-와마-하 — '낫티 헤-뚜, 낫티 빳짜요- 안냐-나-야 아닷사나-야. 아헤-뚜, 압빳짜요- 안냐-낭 아닷사낭 호-띠. 낫티 헤-뚜, 낫티 빳짜요- 냐-나-야 닷사나-야. 아헤-뚜, 압빳짜요- 냐-낭 닷사낭 호-띠-'띠. 이다 바가와- 끼마-하-"띠? "앗티, 라-자꾸마-라, 헤-뚜, 앗티 빳짜요- 안냐-나-야 아닷사나-야. 사헤-뚜, 삽빳짜요- 안냐-낭 아닷사낭 호-띠. 앗티, 라-자꾸마-라, 헤-뚜, 앗티 빳짜요- 냐-나-야 닷사나-야. 사헤-뚜, 삽빳짜요- 냐-낭 닷사낭 호-띠-"띠

이렇게 나는 들었다. — 한때 세존은 라자가하에서 독수리봉 산에 머물렀다. 그때 아바야 왕자가 세존에게 왔다. 와서는 세존에게 절한 뒤 한 곁에 앉았다. 한 곁에 앉은 아바야 왕자는 세존에게 이렇게 말했다. — "대덕이시여, 뿌라나 깟사빠는 이렇게 말했습니다. — '알지 못함과 보지 못함에는 원인도 조건도 없다. 원인도 조건도 없이 알지 못하고 보지 못한다. 앎과 봄에는 원인도 조건도 없다. 원인도 조건도 없이 알고 본다.'라고. 여기에 대해 세존께서는 어떻게 말씀하십니까?" "왕자여, 알지 못함과 보지 못함에는 원인도 있고 조건도 있습니다. 원인과 함께 조건과 함께 알지 못하고 보지 못합니다. 왕자여, 앎과 봄에는 원인도 있고 조건도 있습니다. 원인과 함께 조건과 함께 알고 봅니다."

“katamo pana, bhante, hetu, katamo paccayo aññāṇāya adassanāya? kathaṃ sahetu, sappaccayo aññāṇaṃ adassanaṃ hotī”ti? “yasmiṃ kho, rājakumāra, samaye kāmarāgapariyuṭṭhitena cetasā viharati kāmarāgaparetena, uppannassa ca kāmarāgassa nissaraṇaṃ yathābhūtaṃ na jānāti na passati — ayampi kho, rājakumāra, hetu, ayaṃ paccayo aññāṇāya adassanāya. evampi sahetu sappaccayo aññāṇaṃ adassanaṃ hoti.

까따모- 빠나, 반떼-, 헤-뚜, 까따모- 빳짜요- 안냐-나-야 아닷사나-야? 까탕 사헤-뚜, 삽빳짜요- 안냐-낭 아닷사낭 호-띠-”띠? “야스밍 코-, 라-자꾸마-라, 사마예- 까-마라-가빠리윳티떼-나 쩨-따사- 위하라띠 까-마라-가빠레-떼-나, 웁빤낫사 짜 까-마라-갓사 닛사라낭 야타-부-땅 나 자-나-띠 나 빳사띠 — 아얌삐 코-, 라-자꾸마-라, 헤-뚜, 아양 빳짜요- 안냐-나-야 아닷사나-야. 에-왐삐 사헤-뚜 삽빳짜요- 안냐-낭 아닷사낭 호-띠

“그러면 대덕이시여, 알지 못함과 보지 못함에는 무엇이 원인이고 무엇이 조건입니까? 어떻게 원인과 함께, 조건과 함께 알지 못하고 보지 못합니까?” “왕자여, 욕탐(慾貪)이 스며들고, 욕탐(慾貪)에 시달리는 심(心)으로 머물고, 생겨난 욕탐(慾貪)의 해방을 있는 그대로 알지 못하고 보지 못할 때, 왕자여, 알지 못함과 보지 못함에서 이것도 원인이고, 이것도 조건입니다. 이렇게도 원인과 함께 조건과 함께 알지 못하고 보지 못합니다.

“puna caparaṃ, rājakumāra, yasmiṃ samaye byāpādapariyuṭṭhitena cetasā viharati byāpādaparetena, uppannassa ca byāpādassa nissaraṇaṃ yathābhūtaṃ na jānāti na passati — ayampi kho, rājakumāra, hetu, ayaṃ paccayo aññāṇāya adassanāya. evampi sahetu sappaccayo aññāṇaṃ adassanaṃ hoti.

뿌나 짜빠랑, 라-자꾸마-라, 야스밍 사마예- 뱌-빠-다빠리윳티떼-나 쩨-따사- 위하라띠 뱌-빠-다빠레-떼-나, 웁빤낫사 짜 뱌-빠-닷사 닛사라낭 야타-부-땅 나 자-나-띠 나 빳사띠 — 아얌삐 코-, 라-자꾸마-라, 헤-뚜, 아양 빳짜요- 안냐-나-야 아닷사나-야. 에-왐삐 사헤-뚜 삽빳짜요- 안냐-낭 아닷사낭 호-띠

왕자여, 진에가 스며들고, 진에에 시달리는 심(心)으로 머물고, 생겨난 진에의 해방을 있는 그대로 알지 못하고 보지 못할 때, 왕자여, 알지 못함과 보지 못함에서 이것도 원인이고, 이것도 조건입니다. 이렇게도 원인과 함께 조건과 함께 알지 못하고 보지 못합니다.

“puna caparaṃ, rājakumāra, yasmiṃ samaye thinamiddhapariyuṭṭhitena cetasā viharati thinamiddhaparetena, uppannassa ca thinamiddhassa nissaraṇaṃ yathābhūtaṃ na jānāti na passati — ayampi kho, rājakumāra, hetu, ayaṃ paccayo aññāṇāya adassanāya. evampi sahetu sappaccayo aññāṇaṃ adassanaṃ hoti.

뿌나 짜빠랑, 라-자꾸마-라, 야스밍 사마예- 티나믿다빠리윳티떼-나 쩨-따사- 위하라띠 티나믿다빠레-떼-나, 웁빤낫사 짜 티나믿닷사 닛사라낭 야타-부-땅 나 자-나-띠 나 빳사띠 — 아얌삐 코-, 라-자꾸마-라, 헤-뚜, 아양 빳짜요- 안냐-나-야 아닷사나-야. 에-왐삐 사헤-뚜 삽빳짜요- 안냐-낭 아닷사낭 호-띠

왕자여, 해태-혼침이 스며들고, 해태-혼침에 시달리는 심(心)으로 머물고, 생겨난 해태-혼침의 해방을 있는 그대로 알지 못하고 보지 못할 때, 왕자여, 알지 못함과 보지 못함에서 이것도 원인이고, 이것도 조건입니다. 이렇게도 원인과 함께 조건과 함께 알지 못하고 보지 못합니다.

"puna caparaṃ, rājakumāra, yasmiṃ samaye uddhaccakukkuccapariyuṭṭhitena cetasā viharati uddhaccakukkuccaparetena, uppannassa ca uddhaccakukkuccassa nissaraṇaṃ yathābhūtaṃ na jānāti na passati — ayampi kho, rājakumāra, hetu, ayaṃ paccayo aññāṇāya adassanāya. evampi sahetu sappaccayo aññāṇaṃ adassanaṃ hoti.

뿌나 짜빠랑, 라-자꾸마-라, 야스밍 사마예- 욷닷짜꾹꿋짜빠리윳티떼-나 쩨-따사- 위하라띠 욷닷짜꾹꿋짜빠레-떼-나, 웁빤낫사 짜 욷닷짜꾹꿋짯사 닛사라낭 야타-부-땅 나 자-나-띠 나 빳사띠 — 아얌삐 코-, 라-자꾸마-라, 헤-뚜, 아양 빳짜요- 안냐-나-야 아닷사나-야. 에-왐삐 사헤-뚜 삽빳짜요- 안냐-낭 아닷사낭 호-띠

왕자여, 들뜸-후회가 스며들고, 들뜸-후회에 시달리는 심(心)으로 머물고, 생겨난 들뜸-후회의 해방을 있는 그대로 알지 못하고 보지 못할 때, 왕자여, 알지 못함과 보지 못함에서 이것도 원인이고, 이것도 조건입니다. 이렇게도 원인과 함께 조건과 함께 알지 못하고 보지 못합니다.

"puna caparaṃ, rājakumāra, yasmiṃ samaye vicikicchāpariyuṭṭhitena cetasā viharati vicikicchāparetena, uppannāya ca vicikicchāya nissaraṇaṃ yathābhūtaṃ na jānāti na passati — ayampi kho, rājakumāra, hetu, ayaṃ paccayo aññāṇāya adassanāya. evampi sahetu sappaccayo aññāṇaṃ adassanaṃ hotī"ti.

뿌나 짜빠랑, 라-자꾸마-라, 야스밍 사마예- 위찌낏차-빠리윳티떼-나 쩨-따사- 위하라띠 위찌낏차-빠레-떼-나, 웁빤나-야 짜 위찌낏차-야 닛사라낭 야타-부-땅 나 자-나-띠 나 빳사띠 — 아얌삐 코-, 라-자꾸마-라, 헤-뚜, 아양 빳짜요- 안냐-나-야 아닷사나-야. 에-왐삐 사헤-뚜 삽빳짜요- 안냐-낭 아닷사낭 호-띠-"띠

왕자여, 의심이 스며들고, 의심에 시달리는 심(心)으로 머물고, 생겨난 의심의 해방을 있는

그대로 알지 못하고 보지 못할 때, 왕자여, 알지 못함과 보지 못함에서 이것도 원인이고, 이것도 조건입니다. 이렇게도 원인과 함께 조건과 함께 알지 못하고 보지 못합니다."

"ko nāmāyaṃ, bhante, dhammapariyāyo"ti? "nīvaraṇā nāmete, rājakumārā"ti. "taggha, bhagavā, nīvaraṇā; taggha, sugata, nīvaraṇā! ekamekenapi kho, bhante, nīvaraṇena abhibhūto yathābhūtaṃ na jāneyya na passeyya, ko pana vādo pañcahi nīvaraṇehi?

"꼬- 나-마-양, 반떼-, 담마빠리야-요-"띠? "니-와라나- 나-메-떼-, 라-자꾸마-라-"띠. "딱가, 바가와-, 니-와라나-; 딱가, 수가따, 니-와라나-! 에-까메-께-나삐 코-, 반떼-, 니-와라네-나 아비부-또- 야타-부-땅 나 자-네이야 나 빳세이야, 꼬- 빠나 와-도- 빤짜히 니-와라네-히?

"대덕이시여, 이 법문의 이름은 무엇입니까?" "왕자여, 이것들의 이름은 장애들입니다." "세존이시여, 참으로 장애들입니다. 선서시여, 참으로 장애들입니다! 제각각 하나의 장애에 의해 억눌린 사람도 알지 못하고 보지 못할 것입니다. 그러니 다섯 가지에 억눌린 사람이야 말해 무엇하겠습니까?

"katamo pana, bhante, hetu, katamo paccayo ñāṇāya dassanāya? kathaṃ sahetu, sappaccayo ñāṇaṃ dassanaṃ hotī"ti? "idha, rājakumāra, bhikkhu satisambojjhaṅgaṃ bhāveti vivekanissitaṃ virāganissitaṃ nirodhanissitaṃ vossaggapariṇāmiṃ. so satisambojjhaṅgaṃ bhāvitena cittena yathābhūtaṃ jānāti passati — ayampi kho, rājakumāra, hetu, ayaṃ paccayo ñāṇāya dassanāya. evampi sahetu, sappaccayo ñāṇaṃ dassanaṃ hoti.

까따모- 빠나, 반떼-, 헤-뚜, 까따모- 빳짜요- 냐-나-야 닷사나-야? 까탕 사헤-뚜, 삽빳짜요- 냐-낭 닷사낭 호-띠-"띠? "이다, 라-자꾸마-라, 빅쿠 사띠삼봊장강 바-웨-띠 위웨-까닛시땅 위라-가닛시땅 니로-다닛시땅 옷삭가빠리나-밍. 소- 사띠삼봊장강 바-위떼-나 찟떼-나 야타-부-땅 자-나-띠 빳사띠 — 아얌삐 코-, 라-자꾸마-라, 헤-뚜, 아양 빳짜요- 냐-나-야 닷사나-야. 에-왐삐 사헤-뚜 삽빳짜요- 냐-낭 닷사낭 호-띠

그런데 대덕이시여, 앎과 봄에는 무엇이 원인이고 무엇이 조건입니까? 어떻게 원인과 함께, 조건과 함께 알고 봅니까?" "여기, 왕자여, 비구는 떨침의 과정이고, 이탐의 과정이고, 소멸의 과정이고, 쉼으로 귀결되는 염각지(念覺支)를 닦습니다. 그는 염각지를 닦은 심(心)으로 있는 그대로 알고 봅니다. 왕자여, 앎과 봄에서 이것도 원인이고, 이것도 조건입니다. 이렇게도 원인과 함께 조건과 함께 알고 봅니다.

"puna caparaṃ, rājakumāra, bhikkhu dhammavicayasambojjhaṅgaṃ bhāveti vivekanissitaṃ virāganissitaṃ nirodhanissitaṃ vossaggapariṇāmiṃ. so dhammavicayasambojjhaṅgaṃ bhāvitena cittena yathābhūtaṃ jānāti passati — ayampi kho, rājakumāra, hetu, ayaṃ paccayo ñāṇāya dassanāya. evampi sahetu, sappaccayo ñāṇaṃ dassanaṃ hoti.

뿌나 짜빠랑, 라-자꾸마-라, 빅쿠 담마위짜야삼봇장강 바-웨-띠 위웨-까닛시땅 위라-가닛시땅 니로-다닛시땅 옷삭가빠리나-밍. 소- 담마위짜야삼봇장강 바-위떼-나 찟떼-나 야타-부-땅 자-나-띠 빳사띠 — 아얌삐 코-, 라-자꾸마-라, 헤-뚜, 아양 빳짜요- 냐-나-야 닷사나-야. 에-왐삐 사헤-뚜 삽빳짜요- 냐-낭 닷사낭 호-띠

다시 왕자여, 비구는 떨침의 과정이고, 이탐의 과정이고, 소멸의 과정이고, 쉼으로 귀결되는 택법각지(擇法覺支)를 닦습니다. 그는 택법각지를 닦은 심(心)으로 있는 그대로 알고 봅니다. 왕자여, 앎과 봄에서 이것도 원인이고, 이것도 조건입니다. 이렇게도 원인과 함께 조건과 함께 알고 봅니다.

"puna caparaṃ, rājakumāra, bhikkhu vīriyasambojjhaṅgaṃ bhāveti vivekanissitaṃ virāganissitaṃ nirodhanissitaṃ vossaggapariṇāmiṃ. so vīriyasambojjhaṅgaṃ bhāvitena cittena yathābhūtaṃ jānāti passati — ayampi kho, rājakumāra, hetu, ayaṃ paccayo ñāṇāya dassanāya. evampi sahetu, sappaccayo ñāṇaṃ dassanaṃ hoti.

뿌나 짜빠랑, 라-자꾸마-라, 빅쿠 위-리야삼봇장강 바-웨-띠 위웨-까닛시땅 위라-가닛시땅 니로-다닛시땅 옷삭가빠리나-밍. 소- 위-리야삼봇장강 바-위떼-나 찟떼-나 야타-부-땅 자-나-띠 빳사띠 — 아얌삐 코-, 라-자꾸마-라, 헤-뚜, 아양 빳짜요- 냐-나-야 닷사나-야. 에-왐삐 사헤-뚜 삽빳짜요- 냐-낭 닷사낭 호-띠

다시 왕자여, 비구는 떨침의 과정이고, 이탐의 과정이고, 소멸의 과정이고, 쉼으로 귀결되는 정진각지(精進覺支)를 닦습니다. 그는 정진각지를 닦은 심(心)으로 있는 그대로 알고 봅니다. 왕자여, 앎과 봄에서 이것도 원인이고, 이것도 조건입니다. 이렇게도 원인과 함께 조건과 함께 알고 봅니다.

"puna caparaṃ, rājakumāra, bhikkhu pītisambojjhaṅgaṃ bhāveti vivekanissitaṃ virāganissitaṃ nirodhanissitaṃ vossaggapariṇāmiṃ. so pītisambojjhaṅgaṃ bhāvitena cittena yathābhūtaṃ jānāti passati — ayampi kho, rājakumāra, hetu, ayaṃ paccayo ñāṇāya dassanāya. evampi sahetu, sappaccayo ñāṇaṃ dassanaṃ hoti.

뿌나 짜빠랑, 라-자꾸마-라, 빅쿠 삐-띠삼봇장강 바-웨-띠 위웨-까닛시땅 위라-가닛시땅

니로-다닛시땅 옷삭가빠리나-밍. 소- 삐-띠삼봇장강 바-위떼-나 찟떼-나 야타-부-땅 자-나-띠 빳사띠 — 아얌삐 코-, 라-자꾸마-라, 헤-뚜, 아양 빳짜요- 냐-나-야 닷사나-야. 에-왐삐 사헤-뚜 삽빳짜요- 냐-낭 닷사낭 호-띠

다시 왕자여, 비구는 떨침의 과정이고, 이탐의 과정이고, 소멸의 과정이고, 쉼으로 귀결되는 희각지(喜覺支)를 닦습니다. 그는 희각지를 닦은 심(心)으로 있는 그대로 알고 봅니다. 왕자여, 앎과 봄에서 이것도 원인이고, 이것도 조건입니다. 이렇게도 원인과 함께 조건과 함께 알고 봅니다.

“puna caparaṃ, rājakumāra, bhikkhu passaddhisambojjhaṅgaṃ bhāveti vivekanissitaṃ virāganissitaṃ nirodhanissitaṃ vossaggapariṇāmiṃ. so passaddhisambojjhaṅgaṃ bhāvitena cittena yathābhūtaṃ jānāti passati — ayampi kho, rājakumāra, hetu, ayaṃ paccayo ñāṇāya dassanāya. evampi sahetu, sappaccayo ñāṇaṃ dassanaṃ hoti.

뿌나 짜빠랑, 라-자꾸마-라, 빅쿠 빳삳디삼봇장강 바-웨-띠 위웨-까닛시땅 위라-가닛시땅 니로-다닛시땅 옷삭가빠리나-밍. 소- 빳삳디삼봇장강 바-위떼-나 찟떼-나 야타-부-땅 자-나-띠 빳사띠 — 아얌삐 코-, 라-자꾸마-라, 헤-뚜, 아양 빳짜요- 냐-나-야 닷사나-야. 에-왐삐 사헤-뚜 삽빳짜요- 냐-낭 닷사낭 호-띠

다시 왕자여, 비구는 떨침의 과정이고, 이탐의 과정이고, 소멸의 과정이고, 쉼으로 귀결되는 경안각지(輕安覺支)를 닦습니다. 그는 경안각지를 닦은 심(心)으로 있는 그대로 알고 봅니다. 왕자여, 앎과 봄에서 이것도 원인이고, 이것도 조건입니다. 이렇게도 원인과 함께 조건과 함께 알고 봅니다.

“puna caparaṃ, rājakumāra, bhikkhu samādhisambojjhaṅgaṃ bhāveti vivekanissitaṃ virāganissitaṃ nirodhanissitaṃ vossaggapariṇāmiṃ. so samādhisambojjhaṅgaṃ bhāvitena cittena yathābhūtaṃ jānāti passati — ayampi kho, rājakumāra, hetu, ayaṃ paccayo ñāṇāya dassanāya. evampi sahetu, sappaccayo ñāṇaṃ dassanaṃ hoti.

뿌나 짜빠랑, 라-자꾸마-라, 빅쿠 사마-디삼봇장강 바-웨-띠 위웨-까닛시땅 위라-가닛시땅 니로-다닛시땅 옷삭가빠리나-밍. 소- 사마-디삼봇장강 바-위떼-나 찟떼-나 야타-부-땅 자-나-띠 빳사띠 — 아얌삐 코-, 라-자꾸마-라, 헤-뚜, 아양 빳짜요- 냐-나-야 닷사나-야. 에-왐삐 사헤-뚜 삽빳짜요- 냐-낭 닷사낭 호-띠

다시 왕자여, 비구는 떨침의 과정이고, 이탐의 과정이고, 소멸의 과정이고, 쉼으로 귀결되는 정각지(定覺支)를 닦습니다. 그는 정각지를 닦은 심(心)으로 있는 그대로 알고 봅니다. 왕자

여, 앎과 봄에서 이것도 원인이고, 이것도 조건입니다. 이렇게도 원인과 함께 조건과 함께 알고 봅니다.

“puna caparaṃ, rājakumāra, bhikkhu upekkhāsambojjhaṅgaṃ bhāveti vivekanissitaṃ virāganissitaṃ nirodhanissitaṃ vossaggapariṇāmiṃ. so upekkhāsambojjhaṅgaṃ bhāvitena cittena yathābhūtaṃ jānāti passati — ayampi kho, rājakumāra, hetu, ayaṃ paccayo ñāṇāya dassanāya. evaṃ sahetu, sappaccayo ñāṇaṃ dassanaṃ hotī”ti.

뿌나 짜빠랑, 라-자꾸마-라, 빅쿠 우뻭카-삼봇장강 바-웨-띠 위웨-까닛시땅 위라-가닛시땅 니로-다닛시땅 옷삭가빠리나-밍. 소- 우뻭카-삼봇장강 바-위떼-나 찟떼-나 야타-부-땅 자-나-띠 빳사띠 — 아얌삐 코-, 라-자꾸마-라, 헤-뚜, 아양 빳짜요- 냐-나-야 닷사나-야. 에-왕 사헤-뚜 삽빳짜요- 냐-낭 닷사낭 호-띠-"띠

다시, 왕자여, 비구는 떨침의 과정이고, 이탐의 과정이고, 소멸의 과정이고, 쉼으로 귀결되는 사각지(捨覺支)를 닦습니다. 그는 사각지(捨覺支)를 닦은 심(心)으로 있는 그대로 알고 봅니다. 왕자여, 앎과 봄에서 이것도 원인이고, 이것도 조건입니다. 이렇게도 원인과 함께 조건과 함께 알고 봅니다.”

“ko nāmāyaṃ, bhante, dhammapariyāyo”ti? “bojjhaṅgā nāmete, rājakumārā”ti. “taggha, bhagavā, bojjhaṅgā; taggha, sugata, bojjhaṅgā! ekamekenapi kho, bhante, bojjhaṅgena samannāgato yathābhūtaṃ jāneyya passeyya, ko pana vādo sattahi bojjhaṅgehi? yopi me, bhante, gijjhakūṭaṃ pabbataṃ ārohantassa kāyakilamatho cittakilamatho, sopi me paṭippassaddho, dhammo ca me abhisamito”ti.

“꼬- 나-마-양, 반떼-, 담마빠리야-요-”띠? “봇장가- 나-메-떼-, 라-자꾸마-라-”띠. “딱가, 바가와-, 봇장가-; 딱가, 수가따, 봇장가-! 에-까메-께-나삐 코-, 반떼-, 봇장게-나 사만나-가또- 야타-부-땅 자-네이야 빳세이야, 꼬- 빠나 와-도- 삿따히 봇장게-히? 요-삐 메-, 반떼-, 깃자꾸-땅 빱바땅 아-로-한땃사 까-야낄라마토- 찟따낄라마토-, 소-삐 메- 빠띱빳산도-, 담모- 짜 메- 아비사미또-”띠

“대덕이시여, 이 법문의 이름은 무엇입니까?” “왕자여, 이것들의 이름은 각지(覺支)들입니다.” “세존이시여, 참으로 각지(覺支)들입니다. 선서시여, 참으로 각지(覺支)들입니다! 제각각 하나의 각지(覺支)를 갖춘 사람도 알고 볼 것입니다. 그러니 일곱 가지 각지(覺支)를 갖춘 사람이야 말해 무엇하겠습니까? 대덕이시여, 독수리봉 산을 오르느라 생긴 저의 몸의 피로와 심(心)의 피로도 저에게서 진정되었습니다. 법은 저에게 관통되었습니다.” ▣

18. paññāvimuttasuttaṃ (AN 9.44-혜해탈자 경)

• 보편적 깨달음(*) = 혜해탈자(慧解脫者-paññāvimutta) — 구차제주(九次第住-초선~상수멸의 아홉 단계 삼매의 순서적인 머묾)의 깨달음 — 계(戒)-정(定)-혜(慧)의 완성 → 삼매 없는 마른 깨달음 아님

(*) pavāraṇāsuttaṃ (SN 8.7-자자(自恣) 경) — 500명의 아라한 가운데 삼명(三明)을 갖춘 자 60명(12%), 육신통(六神通)을 갖춘 자 60명(12%), 양면해탈자(兩面解脫者) 60명(12%), 나머지 320명(64%) 혜해탈자(慧解脫者)

; (MN 80-웨카나사경)과 (SN 12.70-수시마 경) 참조 — 유행승들의 혜해탈자에 대한 비난에 대한 부처님의 논파 → 혜해탈자의 개념은 외도들이 받아들이기 어려운 불교만의 특징임

• 초선~비상비비상처 — 단계지어진 혜해탈자
• 상수멸 — 단계지어지지 않은 혜해탈자

"'paññāvimutto paññāvimutto'ti, āvuso, vuccati. kittāvatā nu kho, āvuso, paññāvimutto vutto bhagavatā"ti?

"'빤냐-위뭇또- 빤냐-위뭇또-'띠, 아-우소-, 웃짜띠. 낏따-와따- 누 코-, 아-우소-, 빤냐-위뭇또- 웃또- 바가와따-"띠?

"도반이여, '혜해탈자(慧解脫者), 혜해탈자'라고 불립니다. 도반이여, 얼마만큼 혜해탈자라고 세존께서는 말씀하셨습니까?"

"idhāvuso, bhikkhu vivicceva kāmehi vivicca akusalehi dhammehi savitakkaṃ savicāraṃ vivekajaṃ pītisukhaṃ paṭhamaṃ jhānaṃ upasampajja viharati, paññāya ca naṃ pajānāti. ettāvatāpi kho, āvuso, paññāvimutto vutto bhagavatā pariyāyena.

이다-우소-, 빅쿠 위윗쩨-와 까-메-히 위윗짜 아꾸살레-히 담메-히 사위딱깡 사위짜-랑 위웨-까장 삐-띠수캉 빠타망 자-낭 우빠삼빳자 위하라띠, 빤냐-야 짜 낭 빠자-나-띠. 엣따-와따-삐 코-, 아-우소-, 빤냐-위뭇또- 웃또- 바가와따- 빠리야-예-나

"도반들이여, 여기 비구는 소유의 삶에서 벗어나고, 불선법(不善法)들에서 벗어나서, 위딱까가 있고 위짜라가 있고 떨침에서 생긴 기쁨과 즐거움의 초선(初禪)을 성취하여 머뭅니다. 그리고 지혜로써 그것을 분명히 압니다. 이만큼도, 도반들이여, 혜해탈자인데, 단계 지어졌다고 세존께서는 말씀하셨습니다.

puna caparaṃ, āvuso, bhikkhu vitakkavicārānaṃ vūpasamā ajjhattaṃ sampasādanaṃ cetaso ekodibhāvaṃ avitakkaṃ avicāraṃ samādhijaṃ pītisukhaṃ dutiyaṃ jhānaṃ upasampajja viharati, paññāya ca naṃ pajānāti. ettāvatāpi kho, āvuso, paññāvimutto vutto bhagavatā pariyāyena.

뿌나 짜빠랑, 아-우소-, 빅쿠 위딱까위짜-라-낭 우-빠사마- 앗잣땅 삼빠사-다낭 쩨-따소-에-꼬-디바-왕 아위딱깡 아위짜-랑 사마-디장 삐-띠수캉 두띠양 자-낭 우빠삼빳자 위하라띠, 빤냐-야 짜 낭 빠자-나-띠. 엣따-와따-삐 코-, 아-우소-, 빤냐-위뭇또- 웃또- 바가와따-빠리야-예-나

다시 비구들이여, 비구는 위딱까와 위짜라의 가라앉음으로 인해, 안으로 평온함과 마음의 집중된 상태가 되어, 위딱까도 없고 위짜라도 없이, 삼매에서 생긴 기쁨과 즐거움의 제이선(第二禪)을 성취하여 머뭅니다. 그리고 지혜로써 그것을 분명히 압니다. 이만큼도, 도반들이여, 혜해탈자인데, 단계 지어졌다고 세존께서는 말씀하셨습니다.

puna caparaṃ, āvuso, bhikkhu pītiyā ca virāgā upekkhako ca viharati sato ca sampajāno sukhañca kāyena paṭisaṃvedeti, yaṃ taṃ ariyā ācikkhanti — 'upekkhako satimā sukhavihārī'ti tatiyaṃ jhānaṃ upasampajja viharati, paññāya ca naṃ pajānāti. ettāvatāpi kho, āvuso, paññāvimutto vutto bhagavatā pariyāyena.

뿌나 짜빠랑, 아-우소-, 빅쿠 삐-띠야- 짜 위라-가- 우뻭카꼬- 짜 위하라띠 사또- 짜 삼빠자-노-, 수칸짜 까-예-나 빠띠상웨-데-띠, 양 땅 아리야- 아-찍칸띠 — '우뻭카꼬- 사띠마-수카위하-리-'띠 따띠양 자-낭 우빠삼빳자 위하라띠. 빤냐-야 짜 낭 빠자-나-띠. 엣따-와따-삐 코-, 아-우소-, 빤냐-위뭇또- 웃또- 바가와따- 빠리야-예-나

다시 비구들이여, 비구는 기쁨의 바램으로부터 평정하게 머물고, 사띠와 바른 앎을 가지고 몸으로 즐거움을 경험하면서, 성인들이 '평정을 가진 자, 사띠를 가진 자, 즐거움에 머무는 자[사념락주(捨念樂住)].'라고 말하는 제삼선(第三禪)을 성취하여 머뭅니다. 그리고 지혜로써 그것을 분명히 압니다. 이만큼도, 도반들이여, 혜해탈자인데, 단계 지어졌다고 세존께서는 말씀하셨습니다.

puna caparaṃ, āvuso, bhikkhu sukhassa ca pahānā dukkhassa ca pahānā pubbeva somanassadomanassānaṃ atthaṅgamā adukkhamasukhaṃ upekkhāsatipārisuddhiṃ catutthaṃ jhānaṃ upasampajja viharati, paññāya ca naṃ pajānāti. ettāvatāpi kho, āvuso, paññāvimutto vutto bhagavatā pariyāyena.

뿌나 짜빠랑, 아-우소-, 빅쿠 수캇사 짜 빠하-나- 둑캇사 짜 빠하-나- 뿝베-와 소-마낫사도-

마낫사-낭 앗탕가마- 아둑카마수캉 우뻭카-사띠빠-리숟딩 짜뚯탕 자-낭 우빠삼빳자 위하라띠. 빤냐-야 짜 낭 빠자-나-띠. 엣따-와따-삐 코-, 아-우소-, 빤냐-위뭇또- 웃또- 바가와따- 빠리야-예-나

다시 비구들이여, 비구는 즐거움의 버림과 괴로움의 버림으로부터, 이미 만족과 불만들의 줄어듦으로부터, 괴로움도 즐거움도 없고 평정과 청정한 사띠[사념청정(捨念淸淨)]의 제사선(第四禪)을 성취하여 머뭅니다. 그리고 지혜로써 그것을 분명히 압니다. 이만큼도, 도반들이여, 혜해탈자인데, 단계 지어졌다고 세존께서는 말씀하셨습니다.

puna caparaṃ, āvuso, bhikkhu sabbaso rūpasaññānaṃ samatikkamā paṭighasaññānaṃ atthaṅgamā nānattasaññānaṃ amanasikārā 'ananto ākāso'ti ākāsānañcāyatanaṃ upasampajja viharati, paññāya ca naṃ pajānāti. ettāvatāpi kho, āvuso, paññāvimutto vutto bhagavatā pariyāyena.

뿌나 짜빠랑, 아-우소-, 빅쿠 삽바소- 루-빠산냐-낭 사마띡까마- 빠띠가산냐-낭 앗탕가마- 나-낫따산냐-낭 아마나시까-라- '아난또- 아-까-소-'띠 아-까-사-난짜-야따낭 우빠삼빳자 위하라띠. 빤냐-야 짜 낭 빠자-나-띠. 엣따-와따-삐 코-, 아-우소-, 빤냐-위뭇또- 웃또- 바가와따- 빠리야-예-나

다시 비구들이여, 비구는 색상(色想)을 완전히 넘어서고, 저항의 상(想)이 줄어들고, 다양한 상(想)을 작의(作意)하지 않음으로부터 '무한한 공간'이라는 공무변처(空無邊處)를 성취하여 머뭅니다. 그리고 지혜로써 그것을 분명히 압니다. 이만큼도, 도반들이여, 혜해탈자인데, 단계 지어졌다고 세존께서는 말씀하셨습니다.

puna caparaṃ, āvuso, bhikkhu sabbaso ākāsānañcāyatanaṃ samatikkamma 'anantaṃ viññāṇan'ti viññāṇañcāyatanaṃ upasampajja viharati, paññāya ca naṃ pajānāti. ettāvatāpi kho, āvuso, paññāvimutto vutto bhagavatā pariyāyena.

뿌나 짜빠랑, 아-우소-, 빅쿠 삽바소- 아-까-사-난짜-야따낭 사마띡깜마 '아난땅 윈냐-난'띠 윈냐-난짜-야따낭 우빠삼빳자 위하라띠. 빤냐-야 짜 낭 빠자-나-띠. 엣따-와따-삐 코-, 아-우소-, 빤냐-위뭇또- 웃또- 바가와따- 빠리야-예-나

다시 비구들이여, 비구는 공무변처를 완전히 넘어서서 '무한한 식(識)'이라는 식무변처(識無邊處)를 성취하여 머뭅니다. 그리고 지혜로써 그것을 분명히 압니다. 이만큼도, 도반들이여, 혜해탈자인데, 단계 지어졌다고 세존께서는 말씀하셨습니다.

puna caparaṃ, āvuso, bhikkhu sabbaso viññāṇañcāyatanaṃ samatikkamma 'natthi kiñci' ti ākiñcaññāyatanaṃ upasampajja viharati, paññāya ca naṃ pajānāti. ettāvatāpi kho, āvuso, paññāvimutto vutto bhagavatā pariyāyena.

뿌나 짜빠랑, 아-우소-, 빅쿠 삽바소- 윈냐-난짜-야따낭 사마띡깜마 '낫티 낀찌-' 띠 아-낀짠냐-야따낭 우빠삼빳자 위하라띠. 빤냐-야 짜 낭 빠자-나-띠. 엣따-와따-삐 코-, 아-우소-, 빤냐-위뭇또- 웃또- 바가와따- 빠리야-예-나

다시 비구들이여, 비구는 식무변처를 완전히 넘어서서 '아무것도 없다.'라는 무소유처(無所有處)를 성취하여 머뭅니다. 그리고 지혜로써 그것을 분명히 압니다. 이만큼도, 도반들이여, 혜해탈자인데, 단계 지어졌다고 세존께서는 말씀하셨습니다.

puna caparaṃ, āvuso, bhikkhu sabbaso ākiñcaññāyatanaṃ samatikkamma nevasaññānāsaññāyatanaṃ upasampajja viharati, paññāya ca naṃ pajānāti. ettāvatāpi kho, āvuso, paññāvimutto vutto bhagavatā pariyāyena.

뿌나 짜빠랑, 아-우소-, 빅쿠 삽바소- 아-낀짠냐-야따낭 사마띡깜마 네-와산냐-나-산냐-야따낭 우빠삼빳자 위하라띠. 빤냐-야 짜 낭 빠자-나-띠. 엣따-와따-삐 코-, 아-우소-, 빤냐-위뭇또- 웃또- 바가와따- 빠리야-예-나

다시 비구들이여, 비구는 무소유처를 완전히 넘어서서 비상비비상처(非想非非想處)를 성취하여 머뭅니다. 그리고 지혜로써 그것을 분명히 압니다. 이만큼도, 도반들이여, 혜해탈자인데, 단계 지어졌다고 세존께서는 말씀하셨습니다.

"puna caparaṃ, āvuso, bhikkhu sabbaso nevasaññānāsaññāyatanaṃ samatikkamma saññāvedayitanirodhaṃ upasampajja viharati, paññāya cassa disvā āsavā parikkhīṇā honti, paññāya ca naṃ pajānāti. ettāvatāpi kho, āvuso, paññāvimutto vutto bhagavatā nippariyāyenā"ti.

뿌나 짜빠랑, 아-우소-, 빅쿠 삽바소- 네-와산냐-나-산냐-야따낭 사마띡깜마 산냐-웨-다이따니로-당 우빠삼빳자 위하라띠. 빤냐-야 짯사 디스와- 아-사와- 빠릭키-나- 혼띠. 빤냐-야 짜 낭 빠자-나-띠. 엣따-와따-삐 코-, 아-우소-, 빤냐-위뭇또- 웃또- 바가와따- 닙빠리야-예-나-"띠

다시, 도반들이여, 비구는 비상비비상처를 완전히 넘어서서 상수멸(想受滅)을 성취하여 머뭅니다. 그리고 지혜로써 보아 번뇌들이 다합니다. 또한, 지혜로써 그것을 분명히 압니다. 이만큼도, 도반들이여, 혜해탈자인데, 단계 지어지지 않았다고 세존께서는 말씀하셨습니다. ▣

19. ubhatobhāgavimuttasuttaṃ (AN 9.45-양면해탈자 경)

- 양면 해탈자 — 일면 = 혜해탈자의 과정, 일면 = 색계-무색계의 경지를 몸으로 실현하여 머묾

"'ubhatobhāgavimutto ubhatobhāgavimutto'ti, āvuso, vuccati. kittāvatā nu kho, āvuso, ubhatobhāgavimutto vutto bhagavatā"ti?

"'우바또-바-가위뭇또- 우바또-바-가위뭇또-'띠, 아-우소-, 웃짜띠. 낏따-와따- 누 코-, 아-우소-, 우바또-바-가위뭇또- 웃또- 바가와따-"띠?

"도반이여, '양면해탈자(兩面解脫者), 양면해탈자'라고 불립니다. 도반이여, 얼마만큼 양면해탈자라고 세존께서는 말씀하셨습니까?"

"idhāvuso, bhikkhu vivicceva kāmehi vivicca akusalehi dhammehi savitakkaṃ savicāraṃ vivekajaṃ pītisukhaṃ paṭhamaṃ jhānaṃ upasampajja viharati, yathā yathā ca tadāyatanaṃ tathā tathā naṃ kāyena phusitvā viharati, paññāya ca naṃ pajānāti. ettāvatāpi kho, āvuso, ubhatobhāgavimutto vutto bhagavatā pariyāyena.

이다-우소-, 빅쿠 위윗쩨-와 까-메-히 위윗짜 아꾸살레-히 담메-히 사위딱깡 사위짜-랑 위웨-까장 삐-띠수캉 빠타망 자-낭 우빠삼빳자 위하라띠, 야타- 야타- 짜 따다-야따낭 따타- 따타- 낭 까-예-나 푸시뜨와- 위하라띠, 빤냐-야 짜 낭 빠자-나-띠. 엣따-와따-삐 코-, 아-우소-, 우바또-바-가위뭇또- 웃또- 바가와따- 빠리야-예-나

"도반들이여, 여기 비구는 소유의 삶에서 벗어나고, 불선법(不善法)들에서 벗어나서, 위딱까가 있고 위짜라가 있고 떨침에서 생긴 기쁨과 즐거움의 초선(初禪)을 성취하여 머뭅니다. 그 경지를 거듭 몸으로 실현하여 머물고, 또한, 지혜로써 그것을 분명히 압니다. 이만큼도, 도반들이여, 양면해탈자인데, 단계 지어졌다고 세존께서는 말씀하셨습니다.

puna caparaṃ, āvuso, bhikkhu vitakkavicārānaṃ vūpasamā ajjhattaṃ sampasādanaṃ cetaso ekodibhāvaṃ avitakkaṃ avicāraṃ samādhijaṃ pītisukhaṃ dutiyaṃ jhānaṃ upasampajja viharati, yathā yathā ca tadāyatanaṃ tathā tathā naṃ kāyena phusitvā viharati, paññāya ca naṃ pajānāti. ettāvatāpi kho, āvuso, ubhatobhāgavimutto vutto bhagavatā pariyāyena.

뿌나 짜빠랑, 아-우소-, 빅쿠 위딱까위짜-라-낭 우-빠사마- 앗잣땅 삼빠사-다낭 쩨-따소-에-꼬-디바-왕 아위딱깡 아위짜-랑 사마-디장 삐-띠수캉 두띠양 자-낭 우빠삼빳자 위하라띠, 야타- 야타- 짜 따다-야따낭 따타- 따타- 낭 까-예-나 푸시뜨와- 위하라띠, 빤냐-야 짜

낭 빠자-나-띠. 엣따-와따-삐 코-, 아-우소-, 우바또-바-가위뭇또- 웃또- 바가와따- 빠리야-예-나

다시 비구들이여, 비구는 위딱까와 위짜라의 가라앉음으로 인해, 안으로 평온함과 마음의 집중된 상태가 되어, 위딱까도 없고 위짜라도 없이, 삼매에서 생긴 기쁨과 즐거움의 제이선(第二禪)을 성취하여 머뭅니다. 그 경지를 거듭 몸으로 실현하여 머물고, 또한, 지혜로써 그것을 분명히 압니다. 이만큼도, 도반들이여, 양면해탈자인데, 단계 지어졌다고 세존께서는 말씀하셨습니다.

puna caparaṃ, āvuso, bhikkhu pītiyā ca virāgā upekkhako ca viharati sato ca sampajāno sukhañca kāyena paṭisaṃvedeti, yaṃ taṃ ariyā ācikkhanti — 'upekkhako satimā sukhavihārī'ti tatiyaṃ jhānaṃ upasampajja viharati, yathā yathā ca tadāyatanaṃ tathā tathā naṃ kāyena phusitvā viharati, paññāya ca naṃ pajānāti. ettāvatāpi kho, āvuso, ubhatobhāgavimutto vutto bhagavatā pariyāyena.

뿌나 짜빠랑, 아-우소-, 빅쿠 삐-띠야- 짜 위라-가 우뻭카꼬- 짜 위하라띠 사또- 짜 삼빠자-노-, 수칸짜 까-예-나 빠띠상웨-데-띠, 양 땅 아리야- 아-찍칸띠 — '우뻭-카꼬- 사띠마- 수카위하-리-'띠 따띠양 자-낭 우빠삼빳자 위하라띠. 야타- 야타- 짜 따다-야따낭 따타- 따타- 낭 까-예-나 푸시뜨와- 위하라띠, 빤냐-야 짜 낭 빠자-나-띠. 엣따-와따-삐 코-, 아-우소-, 우바또-바-가위뭇또- 웃또- 바가와따- 빠리야-예-나

다시 비구들이여, 비구는 기쁨의 바램으로부터 평정하게 머물고, 사띠와 바른 앎을 가지고 몸으로 즐거움을 경험하면서, 성인들이 '평정을 가진 자, 사띠를 가진 자, 즐거움에 머무는 자[사념락주(捨念樂住)].'라고 말하는 제삼선(第三禪)을 성취하여 머뭅니다. 그 경지를 거듭 몸으로 실현하여 머물고, 또한, 지혜로써 그것을 분명히 압니다. 이만큼도, 도반들이여, 양면해탈자인데, 단계 지어졌다고 세존께서는 말씀하셨습니다.

puna caparaṃ, āvuso, bhikkhu sukhassa ca pahānā dukkhassa ca pahānā pubbeva somanassadomanassānaṃ atthaṅgamā adukkhamasukhaṃ upekkhāsatipārisuddhiṃ catutthaṃ jhānaṃ upasampajja viharati, yathā yathā ca tadāyatanaṃ tathā tathā naṃ kāyena phusitvā viharati, paññāya ca naṃ pajānāti. ettāvatāpi kho, āvuso, ubhatobhāgavimutto vutto bhagavatā pariyāyena.

뿌나 짜빠랑, 아-우소-, 빅쿠 수캇사 짜 빠하-나- 둑캇사 짜 빠하-나- 뿝베-와 소-마낫사도-마낫사-낭 앗탕가마- 아둑카마수캉 우뻭카-사띠빠-리숫딩 짜뜻탕 자-낭 우빠삼빳자 위하라띠. 야타- 야타- 짜 따다-야따낭 따타- 따타- 낭 까-예-나 푸시뜨와- 위하라띠, 빤냐-야 짜 낭 빠자-나-띠. 엣따-와따-삐 코-, 아-우소-, 우바또-바-가위뭇또- 웃또- 바가와따- 빠

리야-예-나

다시 비구들이여, 비구는 즐거움의 버림과 괴로움의 버림으로부터, 이미 만족과 불만들의 줄어듦으로부터, 괴로움도 즐거움도 없고 평정과 청정한 사띠[사념청정(捨念淸淨)]의 제사선(第四禪)을 성취하여 머뭅니다. 그 경지를 거듭 몸으로 실현하여 머물고, 또한, 지혜로써 그것을 분명히 압니다. 이만큼도, 도반들이여, 양면해탈자인데, 단계 지어졌다고 세존께서는 말씀하셨습니다.

puna caparaṃ, āvuso, bhikkhu sabbaso rūpasaññānaṃ samatikkamā paṭighasaññānaṃ atthaṅgamā nānattasaññānaṃ amanasikārā 'ananto ākāso'ti ākāsānañcāyatanaṃ upasampajja viharati, yathā yathā ca tadāyatanaṃ tathā tathā naṃ kāyena phusitvā viharati, paññāya ca naṃ pajānāti. ettāvatāpi kho, āvuso, ubhatobhāgavimutto vutto bhagavatā pariyāyena.

뿌나 짜빠랑, 아-우소-, 빅쿠 삽바소- 루-빠산냐-낭 사마띡까마- 빠띠가산냐-낭 앗탕가마-나-낫따산냐-낭 아마나시까-라- '아난또- 아-까-소-'띠 아-까-사-난짜-야따낭 우빠삼빳자 위하라띠. 야타- 야타- 짜 따다-야따낭 따타- 따타- 낭 까-예-나 푸시뜨와- 위하라띠, 빤냐-야 짜 낭 빠자-나-띠. 엣따-와따-삐 코-, 아-우소-, 우바또-바-가위뭇또- 웃또- 바가와따-빠리야-예-나

다시 비구들이여, 비구는 완전하게 색상(色想)을 넘어서고, 저항의 상(想)이 줄어들고, 다양한 상(想)을 작의(作意)하지 않음으로부터 '무한한 공간'이라는 공무변처(空無邊處)를 성취하여 머뭅니다. 그 경지를 거듭 몸으로 실현하여 머물고, 또한, 지혜로써 그것을 분명히 압니다. 이만큼도, 도반들이여, 양면해탈자인데, 단계 지어졌다고 세존께서는 말씀하셨습니다.

puna caparaṃ, āvuso, bhikkhu sabbaso ākāsānañcāyatanaṃ samatikkamma 'anantaṃ viññāṇan'ti viññāṇañcāyatanaṃ upasampajja viharati, yathā yathā ca tadāyatanaṃ tathā tathā naṃ kāyena phusitvā viharati, paññāya ca naṃ pajānāti. ettāvatāpi kho, āvuso, ubhatobhāgavimutto vutto bhagavatā pariyāyena.

뿌나 짜빠랑, 아-우소-, 빅쿠 삽바소- 아-까-사-난짜-야따낭 사마띡깜마 '아난땅 윈냐-난'띠 윈냐-난짜-야따낭 우빠삼빳자 위하라띠. 야타- 야타- 짜 따다-야따낭 따타- 따타- 낭 까-예-나 푸시뜨와- 위하라띠, 빤냐-야 짜 낭 빠자-나-띠. 엣따-와따-삐 코-, 아-우소-, 우바또-바-가위뭇또- 웃또- 바가와따- 빠리야-예-나

다시 비구들이여, 비구는 공무변처를 완전히 넘어서서 '무한한 식(識)'이라는 식무변처(識無邊處)를 성취하여 머뭅니다. 그 경지를 거듭 몸으로 실현하여 머물고, 또한, 지혜로써 그것을

분명히 압니다. 이만큼도, 도반들이여, 양면해탈자인데, 단계 지어졌다고 세존께서는 말씀하셨습니다.

puna caparaṃ, āvuso, bhikkhu sabbaso viññāṇañcāyatanaṃ samatikkamma 'natthi kiñcī'ti ākiñcaññāyatanaṃ upasampajja viharati, yathā yathā ca tadāyatanaṃ tathā tathā naṃ kāyena phusitvā viharati, paññāya ca naṃ pajānāti. ettāvatāpi kho, āvuso, ubhatobhāgavimutto vutto bhagavatā pariyāyena.

뿌나 짜빠랑, 아-우소-, 빅쿠 삽바소- 윈냐-난짜-야따낭 사마띡깜마 '낫티 낀찌-'띠 아-낀짠냐-야따낭 우빠삼빳자 위하라띠. 야타- 야타- 짜 따다-야따낭 따타- 따타- 낭 까-예-나 푸시뜨와- 위하라띠, 빤냐-야 짜 낭 빠자-나-띠. 엣따-와따-삐 코-, 아-우소-, 우바또-바-가위뭇또- 웃또- 바가와따- 빠리야-예-나

다시 비구들이여, 비구는 식무변처를 완전히 넘어서서 '아무것도 없다.'라는 무소유처(無所有處)를 성취하여 머뭅니다. 그 경지를 거듭 몸으로 실현하여 머물고, 또한, 지혜로써 그것을 분명히 압니다. 이만큼도, 도반들이여, 양면해탈자인데, 단계 지어졌다고 세존께서는 말씀하셨습니다.

puna caparaṃ, āvuso, bhikkhu sabbaso ākiñcaññāyatanaṃ samatikkamma nevasaññānāsaññāyatanaṃ upasampajja viharati, yathā yathā ca tadāyatanaṃ tathā tathā naṃ kāyena phusitvā viharati, paññāya ca naṃ pajānāti. ettāvatāpi kho, āvuso, ubhatobhāgavimutto vutto bhagavatā pariyāyena.

뿌나 짜빠랑, 아-우소-, 빅쿠 삽바소- 아-낀짠냐-야따낭 사마띡깜마 네-와산냐-나-산냐-야따낭 우빠삼빳자 위하라띠. 야타- 야타- 짜 따다-야따낭 따타- 따타- 낭 까-예-나 푸시뜨와- 위하라띠, 빤냐-야 짜 낭 빠자-나-띠. 엣따-와따-삐 코-, 아-우소-, 우바또-바-가위뭇또- 웃또- 바가와따- 빠리야-예-나

다시 비구들이여, 비구는 무소유처를 완전히 넘어서서 비상비비상처(非想非非想處)를 성취하여 머뭅니다. 그 경지를 거듭 몸으로 실현하여 머물고, 또한, 지혜로써 그것을 분명히 압니다. 이만큼도, 도반들이여, 양면해탈자인데, 단계 지어졌다고 세존께서는 말씀하셨습니다.

"puna caparaṃ, āvuso, bhikkhu sabbaso nevasaññānāsaññāyatanaṃ samatikkamma saññāvedayitanirodhaṃ upasampajja viharati, paññāya cassa disvā āsavā parikkhīṇā honti. yathā yathā ca tadāyatanaṃ tathā tathā naṃ kāyena phusitvā viharati, paññāya ca naṃ pajānāti. ettāvatāpi kho, āvuso, ubhatobhāgavimutto vutto bhagavatā nippariyāyenā"ti.

뿌나 짜빠랑, 아-우소-, 빅쿠 삽바소- 네-와산냐-나-산냐-야따낭 사마띡깜마 산냐-웨-다이따니로-당 우빠삼빳자 위하라띠. 야타- 야타- 짜 따다-야따낭 따타- 따타- 낭 까-예-나 푸시뜨와- 위하라띠, 빤냐-야 짜 낭 빠자-나-띠. 엣따-와따-삐 코-, 아-우소-, 우바또-바-가위뭇또- 웃또- 바가와따- 닙빠리야-예-나-"띠

다시, 도반들이여, 비구는 비상비비상처를 완전히 넘어서서 상수멸(想受滅)을 성취하여 머뭅니다. 그 경지를 거듭 몸으로 실현하여 머물고, 또한, 지혜로써 그것을 분명히 압니다. 이만큼도, 도반들이여, 양면해탈자인데, 단계 지어지지 않았다고 세존께서는 말씀하셨습니다. ▣

【부록1】
포살(布薩-uposatha) 의식

포살(布薩-uposatha) 의식

ārādhanā tisaraṇa uposathasīla (아-라-다나- 띠사라나 우뽀-사타시-ㄹ라)
삼귀의(三歸依)와 포살계(布薩戒) 초대

【ācariya – 스님】 namakkāra (부처님께 인사하십시오.)

【sissa – 청계자】

namo tassa bhagavato arahato sammāsambuddhassa
namo tassa bhagavato arahato sammāsambuddhassa
namo tassa bhagavato arahato sammāsambuddhassa

나모- 땃사 바가와또- 아라하또- 삼마-삼붇닷사

그분 세존(世尊)-아라한(阿羅漢)-정등각(正等覺)께 절합니다.

【sīla yācanā - 계(戒)를 청함】

mayaṁ, bhante, tisaraṇena saha aṭṭhaṅgasamannāgataṁ uposathaṁ yācāma.

마야, 반떼-, 띠사라네-나 사하 앗탕가사만나-가땅 우뽀-사탕 야-짜-마.

저희가 삼귀의(三歸依)와 함께 여덟 요소를 갖춘 포살(布薩)을 청합니다, 스님.

dutiyampi mayaṁ, bhante, tisaraṇena saha aṭṭhaṅgasamannāgataṁ uposathaṁ yācāma.

두띠얌삐 마야, 반떼-, 띠사라네-나 사하 앗탕가사만나-가땅 우뽀-사탕 야-짜-마.

두 번째도, 스님, 저희가 삼귀의(三歸依)와 함께 여덟 요소를 갖춘 포살(布薩)을 청합니다.

tatiyampi mayaṁ, bhante, tisaraṇena saha aṭṭhaṅgasamannāgataṁ uposathaṁ yācāma.

따띠얌삐 마야, 반떼-, 띠사라네-나 사하 앗탕가사만나-가땅 우뽀-사탕 야-짜-마.

세 번째도, 스님, 저희가 삼귀의(三歸依)와 함께 여덟 요소를 갖춘 포살(布薩)을 청합니다.

【ācariya – 스님】

yaṁ ahaṁ vadāmi taṁ vadetha. 양 아항 와다-미 땅 와데-타.

나의 말을 따라 하십시오.

【sissa – 청계자】

āma bhante. 아-마 반떼-. 네, 스님.

【스님의 선창 따라서】

buddhaṃ saraṇaṃ gacchāmi. dhammaṃ saraṇaṃ gacchāmi. saṅghaṃ saraṇaṃ gacchāmi.

붇당 사라낭 갓차-미, 담망 사라낭 갓차-미, 상강 사라낭 갓차-미

의지처인 부처님에게로 나는 갑니다. 의지처인 가르침에게로 나는 갑니다. 의지처인 성자들에게로 나는 갑니다.

dutiyampi buddhaṃ saraṇaṃ gacchāmi. dutiyampi dhammaṃ saraṇaṃ gacchāmi. dutiyampi saṅghaṃ saraṇaṃ gacchāmi.

두띠얌삐 붇당 사라낭 갓차-미, 두띠얌삐 담망 사라낭 갓차-미, 두띠얌삐 상강 사라낭 갓차-미

두 번째도 의지처인 부처님에게로 나는 갑니다. 두 번째도 의지처인 가르침에게로 나는 갑니다. 두 번째도 의지처인 성자들에게로 나는 갑니다.

tatiyampi buddhaṃ saraṇaṃ gacchāmi. tatiyampi dhammaṃ saraṇaṃ gacchāmi. tatiyampi saṅghaṃ saraṇaṃ gacchāmi.

따띠얌삐 붇당 사라낭 갓차-미, 따띠얌삐 담망 사라낭 갓차-미, 따띠얌삐 상강 사라낭 갓차-미

세 번째도 의지처인 부처님에게로 나는 갑니다. 세 번째도 의지처인 가르침에게로 나는 갑니다. 세 번째도 의지처인 성자들에게로 나는 갑니다.

【ācariya – 스님】

tisaraṇagamanaṁ niṭṭhitaṁ. 띠사라나가마낭 닛티땅. 삼귀의가 끝났습니다.

【sissa – 청계자】

āma bhante. 아-마 반떼-. 네, 스님

【스님의 선창 따라서】

① pāṇātipātā veramaṇī sikkhāpadaṁ samādiyāmi.

빠-나-띠빠-따- 웨-라마니- 식카-빠당 사마-디야-미

생명을 해치는 행위를 삼가는 계를 지니고 살겠습니다.

② adinnādānā veramaṇī sikkhāpadaṁ samādiyāmi.

아딘나-다-나- 웨-라마니- 식카-빠당 사마-디야-미

주지 않는 것을 가지는 행위를 삼가는 계를 지니고 살겠습니다.

③ abrahmacariyā veramaṇī sikkhāpadaṁ samādiyāmi.

아브라흐마짜리야- 웨-라마니- 식카-빠당 사마-디야-미.

범행(梵行) 아닌 행위를 삼가는 계를 지니고 살겠습니다.

④ musāvādā veramaṇī sikkhāpadaṁ samādiyāmi.

무사-와-다- 웨-라마니- 식카-빠당 사마-디야-미

거짓을 말하는 행위를 삼가는 계를 지니고 살겠습니다.

⑤ surāmerayamajjapamādaṭṭhānā veramaṇī sikkhāpadaṁ samādiyāmi.

수라- 메-라야 맛자 빠마-닷타-나- 웨-라마니- 식카-빠당 사마-디야-미

술과 발효액 등 취하게 하는 것으로 인한 방일한 머묾을 삼가는 계를 지니고 살겠습니다.

⑥ vikālabhojanā veramaṇī sikkhāpadaṁ samādiyāmi.

위까-ㄹ라보-자나- 웨-라마니- 식카-빠당 사마-디야-미.

규정되지 않은 때에 먹는 것을 삼가는 계를 지니고 살겠습니다.

⑦ nacca gīta vādita visūkadassanā mālā gandha vilepanadhāraṇamaṇḍanavibhūsanaṭṭhānā veramaṇī sikkhāpadaṁ samādiyāmi.

낫짜 기-따 와-디따 위수-까닷사나- 마-ㄹ라- 간다 윌레-빠나 다-라나만다나 위부-사낫타-나- 웨-라마니- 식카-빠당 사마-디야-미.

춤-노래-음악-관람-화환-향-화장품-몸에 지니는 것-장식품-꾸민 상태를 삼가는 계를 지니고 살겠습니다.

⑧ uccāsayana mahāsayanā veramaṇī sikkhāpadaṁ samādiyāmi.

웃짜-사야나 마하-사야나- 웨-라마니- 식카-빠당 사마-디야-미.

높고 큰 침상을 삼가는 계를 지니고 살겠습니다.

【sissa – 청계자】

Imaṁ aṭṭhaṅgasamannāgataṁ, buddhapaññattaṁ uposathaṁ, imañca rattiṁ imañca divasaṁ, sammadeva abhirakkhituṁ samādiyāmi.

이망 앗탕가사만나-가땅, 붇다빤냣땅 우뽀-사탕, 이만짜 랏띵 이만짜 디와상, 삼마데-와 아비락키뚱 사마-디야-미.

부처님이 제정한 여덟 요소를 갖춘 포살(布薩)을 온전히 지키며 이 밤과 이 낮을 지내겠습니다.

【ācariya- 스님】

Imāni aṭṭha sikkhāpadāni, ajjekaṁ rattindivaṁ uposatha sīlavasena sādhukaṁ appamādena rakkhitabbāni.

이마-니 앗타 식카-빠다-니, 앗제-깡 랏띤디왕 우뽀-사타 시-ㄹ라와세-나 사-두깡 압빠마-데-나 락키땁바-니.

이런 여덟 가지 학습계율이 있습니다. 오늘 밤낮 동안 계의 제어를 통해 방일하지 말고 포살을 잘 지켜야 합니다.

【sissa - 청계자】

āma bhante. 아-마 반떼-. 네, 스님.

【ācariya- 스님】

sīlena sugatiṁ yanti, sīlena bhogasampadā,
sīlena nibbutiṁ yanti, tasmā sīlaṁ visodhaye.

시-ㄹ레-나 수가띵 얀띠, 시-ㄹ레-나 보-가삼빠다-,
시-ㄹ레-나 닙부띵 얀띠, 따스마- 시-ㄹ랑 위소-다예-.

계로써 좋은 방향으로 가고, 계로써 재물을 얻고
계로써 평화를 얻는다. 그러므로 계를 청정히 지켜야 합니다.

【sissa - 청계자】

āma bhante. 아-마 반떼-. 네, 스님.

【부록2】

초기불교(初期佛敎) 백팔배(百八拜)

초기불교(初期佛敎) 백팔배(百八拜)

namo tassa bhagavato arahato sammāsambuddhassa 1)
namo tassa bhagavato arahato sammāsambuddhassa 2)
namo tassa bhagavato arahato sammāsambuddhassa 3)

나모- 땃사 바가와또- 아라하또- 삼마-삼붇닷사

그분, 세존 아라한 정등각께 절합니다.

• 삼귀의(三歸依)

buddhaṃ saraṇaṃ gacchāmi. dhammaṃ saraṇaṃ gacchāmi. saṅghaṃ saraṇaṃ gacchāmi.

붇당 사라낭 갓차-미4), 담망 사라낭 갓차-미5), 상강 사라낭 갓차-미6)

의지처인 부처님에게로 나는 갑니다. 의지처인 가르침에게로 나는 갑니다. 의지처인 성자들에게로 나는 갑니다.

dutiyampi buddhaṃ saraṇaṃ gacchāmi. dutiyampi dhammaṃ saraṇaṃ gacchāmi. dutiyampi saṅghaṃ saraṇaṃ gacchāmi.

두띠얌삐 붇당 사라낭 갓차-미7), 두띠얌삐 담망 사라낭 갓차-미8), 두띠얌삐 상강 사라낭 갓차-미9)

두 번째도 의지처인 부처님에게로 나는 갑니다. 두 번째도 의지처인 가르침에게로 나는 갑니다. 두 번째도 의지처인 성자들에게로 나는 갑니다.

tatiyampi buddhaṃ saraṇaṃ gacchāmi. tatiyampi dhammaṃ saraṇaṃ gacchāmi. tatiyampi saṅghaṃ saraṇaṃ gacchāmi.

따띠얌삐 붇당 사라낭 갓차-미[10], 따띠얌삐 담망 사라낭 갓차-미[11], 따띠얌삐 상강 사라낭 갓차-미[12]

세 번째도 의지처인 부처님에게로 나는 갑니다. 세 번째도 의지처인 가르침에게로 나는 갑니다. 세 번째도 의지처인 성자들에게로 나는 갑니다.

• sallekhasuttaṃ (MN 8-더 높은 삶 경)의 포괄적 실천 44가지

'pare vihiṃsakā bhavissanti, mayamettha avihiṃsakā bhavissāmā'ti

남들은 폭력적일지라도 [13] 우리는 폭력적이지 않겠습니다. [14]

'pare pāṇātipātī bhavissanti, mayamettha pāṇātipātā paṭiviratā bhavissāmā'ti

남들은 생명을 해칠지라도 [15] 우리는 생명을 해치지 않겠습니다. [16]

'pare adinnādāyī bhavissanti, mayamettha adinnādānā paṭiviratā bhavissāmā'ti

남들은 주지 않는 것을 가질지라도 [17] 우리는 주지 않는 것을 가지지 않겠습니다. [18]

'pare abrahmacārī bhavissanti, mayamettha brahmacārī bhavissāmā'ti

남들은 범행을 실천하지 않을지라도 [19] 우리는 범행을 실천하겠습니다. [20]

'pare musāvādī bhavissanti, mayamettha musāvādā paṭiviratā bhavissāmā'ti

남들은 거짓을 말할지라도 [21] 우리는 거짓을 말하지 않겠습니다. [22]

‘pare pisuṇavācā bhavissanti, mayamettha pisuṇāya vācāya paṭiviratā bhavissāmā’ti

남들은 험담할지라도 23) 우리는 험담하지 않겠습니다. 24)

‘pare pharusavācā bhavissanti, mayamettha pharusāya vācāya paṭiviratā bhavissāmā’ti

남들은 거칠게 말할지라도 25) 우리는 거칠게 말하지 않겠습니다. 26)

‘‘pare samphappalāpī bhavissanti, mayamettha samphappalāpā paṭiviratā bhavissāmā’ti

남들은 쓸모없고 허튼 말을 할지라도 27) 우리는 쓸모없고 허튼 말을 하지 않겠습니다. 28)

‘pare abhijjhālū bhavissanti, mayamettha anabhijjhālū bhavissāmā’ti

남들은 간탐 할지라도 29) 우리는 간탐 하지 않겠습니다. 30)

‘pare byāpannacittā bhavissanti, mayamettha abyāpannacittā bhavissāmā’ti

남들은 심(心)이 거슬리더라도 31) 우리는 심(心)이 거슬리지 않겠습니다. 32)

‘pare micchādiṭṭhī bhavissanti, mayamettha sammādiṭṭhī bhavissāmā’ti

남들은 삿된 견해를 가질지라도 33) 우리는 바른 견해를 가지겠습니다. 34)

‘pare micchāsaṅkappā bhavissanti, mayamettha sammāsaṅkappā bhavissāmā’ti

남들은 삿되게 사유할지라도 35) 우리는 바르게 사유하겠습니다. 36)

‘pare micchāvācā bhavissanti, mayamettha sammāvācā bhavissāmā’ti

남들은 삿되게 말할지라도 37) 우리는 바르게 말하겠습니다. 38)

‘pare micchākammantā bhavissanti, mayamettha sammākammantā

bhavissāmā'ti

남들은 삿되게 행위 할지라도 39) 우리는 바르게 행위 하겠습니다. 40)

'pare micchāājīvā bhavissanti, mayamettha sammāājīvā bhavissāmā'ti

남들은 삿되게 생활할지라도 41) 우리는 바르게 생활하겠습니다. 42)

'pare micchāvāyāmā bhavissanti, mayamettha sammāvāyāmā bhavissāmā'ti

남들은 삿되게 정진할지라도 43) 우리는 바르게 정진하겠습니다. 44)

'pare micchāsatī bhavissanti, mayamettha sammāsatī bhavissāmā'ti

남들은 삿되게 사띠할지라도 45) 우리는 바르게 사띠하겠습니다. 46)

'pare micchāsamādhi bhavissanti, mayamettha sammāsamādhī bhavissāmā'ti

남들은 삿된 삼매를 닦을지라도 47) 우리는 바른 삼매를 닦겠습니다. 48)

'pare micchāñāṇī bhavissanti, mayamettha sammāñāṇī bhavissāmā'ti

남들은 삿된 앎을 가질지라도 49) 우리는 바른 앎을 가지겠습니다. 50)

'pare micchāvimuttī bhavissanti, mayamettha sammāvimuttī bhavissāmā' ti

남들은 삿되게 해탈할지라도 51) 우리는 바르게 해탈하겠습니다. 52)

'pare thīnamiddhapariyuṭṭhitā bhavissanti, mayamettha vigatathīnamiddhā bhavissāmā'ti

남들은 해태-혼침이 스며들지라도 53) 우리는 해태-혼침에서 벗어나겠습니다. 54)

'pare uddhatā bhavissanti, mayamettha anuddhatā bhavissāmā'ti

남들은 들뜰지라도 55) 우리는 들뜨지 않겠습니다. 56)

'pare vicikicchī bhavissanti, mayamettha tiṇṇavicikicchā bhavissāmā'ti
남들은 의심할지라도 57) 우리는 의심을 건너겠습니다. 58)

'pare kodhanā bhavissanti, mayamettha akkodhanā bhavissāmā'ti
남들은 화낼지라도 59) 우리는 화내지 않겠습니다. 60)

'pare upanāhī bhavissanti, mayamettha anupanāhī bhavissāmā'ti
남들은 원한을 품을지라도 61) 우리는 원한을 품지 않겠습니다. 62)

'pare makkhī bhavissanti, mayamettha amakkhī bhavissāmā'ti
남들은 위선적일지라도 63) 우리는 위선적이지 않겠습니다. 64)

'pare paḷāsī bhavissanti, mayamettha apaḷāsī bhavissāmā'ti
남들은 악의를 가지더라도 65) 우리는 악의를 가지지 않겠습니다. 66)

'pare issukī bhavissanti, mayamettha anissukī bhavissāmā'ti
남들은 질투할지라도 67) 우리는 질투하지 않겠습니다. 68)

'pare maccharī bhavissanti, mayamettha amaccharī bhavissāmā'ti
남들은 인색할지라도 69) 우리는 인색하지 않겠습니다. 70)

'pare saṭhā bhavissanti, mayamettha asaṭhā bhavissāmā'ti
남들은 교활할지라도 71) 우리는 교활하지 않겠습니다. 72)

'pare māyāvī bhavissanti, mayamettha amāyāvī bhavissāmā'ti
남들은 사기를 치더라도 73) 우리는 사기 치지 않겠습니다. 74)

'pare thaddhā bhavissanti, mayamettha atthaddhā bhavissāmā'ti

남들은 고집을 부리더라도 75) 우리는 고집부리지 않겠습니다. 76)

'pare atimānī bhavissanti, mayamettha anatimānī bhavissāmā'ti
남들은 오만할지라도 77) 우리는 오만하지 않겠습니다. 78)

'pare dubbacā bhavissanti, mayamettha suvacā bhavissāmā'ti
남들은 완고할지라도 79) 우리는 유연하겠습니다. 80)

'pare pāpamittā bhavissanti, mayamettha kalyāṇamittā bhavissāmā'ti
남들은 나쁜 친구와 함께할지라도 81) 우리는 좋은 친구와 함께하겠습니다. 82)

'pare pamattā bhavissanti, mayamettha appamattā bhavissāmā'ti
남들은 방일(放逸)할지라도 83) 우리는 방일하지 않겠습니다. 84)

'pare assaddhā bhavissanti, mayamettha saddhā bhavissāmā'ti
남들은 믿음이 없을지라도 85) 우리는 믿음을 가지겠습니다. 86)

'pare ahirikā bhavissanti, mayamettha hirimanā bhavissāmā'ti
남들은 자책(自責)을 두려워하지 않을지라도 87) 우리는 자책을 두려워하겠습니다. 88)

'pare anottāpī bhavissanti, mayamettha ottāpī bhavissāmā'ti
남들은 타책(他責)을 두려워하지 않을지라도 89) 우리는 타책을 두려워하겠습니다. 90)

'pare appassutā bhavissanti, mayamettha bahussutā bhavissāmā'ti
남들은 적게 배울지라도 91) 우리는 많이 배우겠습니다. 92)

'pare kusītā bhavissanti, mayamettha āraddhavīriyā bhavissāmā'ti
남들은 게으를지라도 93) 우리는 열심히 정진하겠습니다. 94)

'pare muṭṭhassatī bhavissanti, mayamettha upaṭṭhitassatī bhavissāmā'ti
남들은 사띠를 잊더라도 95) 우리는 사띠를 확립하겠습니다. 96)

'pare duppaññā bhavissanti, mayamettha paññāsampannā bhavissāmā'ti
남들은 어리석을지라도 97) 우리는 지혜를 갖추겠습니다. 98)

'pare sandiṭṭhiparāmāsī ādhānaggāhī duppaṭinissaggī bhavissanti, mayamettha asandiṭṭhiparāmāsī anādhānaggāhī suppaṭinissaggī bhavissāmā'ti
남들은 세속적인 것에 오염되고, 고치기 힘들고, 놓기 어렵더라도 99) 우리는 세속적인 것에 오염되지 않고, 고치기 쉽고, 잘 놓겠습니다. 100)

• 오계(五戒)

Pāṇātipātā veramaṇī sikkhāpadaṁ samādiyāmi.
빠-나-띠빠-따- 웨-라마니- 식카-빠당 사마-디야-미101)

생명을 해치는 행위를 삼가는 계를 지니고 살겠습니다.

Adinnādānā veramaṇī sikkhāpadaṁ samādiyāmi.
아딘나-다-나- 웨-라마니- 식카-빠당 사마-디야-미102)

주지 않는 것을 가지는 행위를 삼가는 계를 지니고 살겠습니다.

Kāmesu micchācārā veramaṇī sikkhāpadaṁ samādiyāmi.
까-메-수 밋차-짜-라- 웨-라마니- 식카-빠당 사마-디야-미103)

음행(淫行)에 대한 삿된 행위를 삼가는 계를 지니고 살겠습니다.

Musāvādā veramaṇī sikkhāpadaṁ samādiyāmi.

무사-와-다- 웨-라마니- 식카-빠당 사마-디야-미[104]

거짓을 말하는 행위를 삼가는 계를 지니고 살겠습니다.

Surāmerayamajjapamādaṭṭhānā veramaṇī sikkhāpadaṁ samādiyāmi.
수라- 메-라야 맛자 빠마-닷타-나- 웨-라마니- 식카-빠당 사마-디야-미[105]

술과 발효액 등 취하게 하는 것으로 인한 방일한 머묾을 삼가는 계를 지니고 살겠습니다.

• 결론

ahaṃ niṭṭhamagamaṃ — 'sammāsambuddho bhagavā, svākkhāto bhagavatā dhammo[107], suppaṭipanno sāvakasaṅgho'ti.
아항 닛타마가망 — '삼마-삼붇도- 바가와-, 스와-ㄱ카-또- 바가와따- 담모-, 숩빠띠빤노- 사-와까상고-'띠

나는 '세존은 정등각이시다[106]. 세존으로부터 법은 잘 설해졌다[107]. 제자들의 상가는 잘 실천한다[108].'라는 결론을 얻었습니다.

【삶의 메커니즘과 수행지도(修行地圖)】

사람은 누구나 괴롭습니다. 때론 행복하기도 하지만 그 행복이 오랫동안 유지되지 못해서 다시 괴롭습니다. 그러면 삶은 왜 괴로울까요?

부처님은 괴로움이라는 이 질문에 답을 찾고자 출가합니다. 그리고 이 질문에 대한 답, 더 나아가 괴롭지 않은 삶의 실현에 닿았을 때 부처님은 깨달았다고 선언합니다. 이렇게 부처님의 깨달음은 괴로움을 알고, 그 괴로움을 소멸하는 것의 완성입니다.

괴로움은 태어나고 늙고 죽는 것 그리고 그 과정에서 겪는 슬픔-비탄-고통-고뇌-절망 등으로 설명되는데, 윤회해야 하는 근본 괴로움과 그 과정에 수반되는 구체적 아픔입니다. 부처님은 이런 괴로움의 소멸을 위해 괴로움의 정체를 드러내는데, 100% 조건 관계의 규명입니다.

이런 규명을 통해 드러나는 괴로움의 정체는 연기(緣起) 즉 십이연기(十二緣起)로 알려지는데, 100% 조건 관계로 연결되는 「무명(無明) → 행(行)들 → 식(識) → 명색(名色) → 육입(六入) → 촉(觸) → 수(受) → 애(愛) → 취(取) → 유(有) → 생(生) → 노사(老死)」의 12지분으로 구성됩니다.

이때, 100% 조건 관계라는 관점은 주목해야 합니다. 예외가 없다는 점에서 이 조건 관계는 정형된 틀을 보여주기 때문입니다. 이런 틀 위에서 진행되는 삶이 괴로움을 생겨나게 한다는 것을 부처님은 규명하고 깨닫습니다. 그리고 삶에 대한 예외가 인정되지 않는 정형된 틀이 이렇게 알려질 때, 괴로움을 생겨나게 하는 문제 요소를 확인하여 해소할 수 있습니다.

이런 문제 요소를 해소해 가는 과정이 수행입니다. 삶의 정형된 틀이 확인되면 문제 요소에 대해 정확히 대응할 수 있고, 그때 비로소 문제 요소의 완전한 해소를 통한 괴로움의 소멸이 완성되는 것인데, 이 과정을 밟아가는 것을 수행이라고 하는 것입니다.

오직 경에 의지해 부처님 가르침의 진정에 접근하는 근본경전연구회 해피법당은 이 정형된 틀을 찾아내었는데, 「삶의 메커니즘」입니다. 또한, 이런 메커니즘 위에서 깨달음 즉 일체의 고멸(苦滅)로 나아가는 길은 정확히 드러나는데, 수행지도(修行地圖)입니다.

아직 완성되었다고 할 수는 없겠지만, 경 공부가 진행되는 만큼 삶의 메커니즘은 더 정밀해지고, 뒤따라 수행지도도 정확성을 확보해가고 있습니다. 공부의 과정을 통해 더 정밀하고 정확한 그림을 그려낼 수 있다고 기대하면서 현재 수준의 이해를 담은 삶의 메커니즘 그리고 수행지도(修行地圖)를 소개합니다.

삶의 메커니즘 - 십이연기(十二緣起)

(21.06.13)

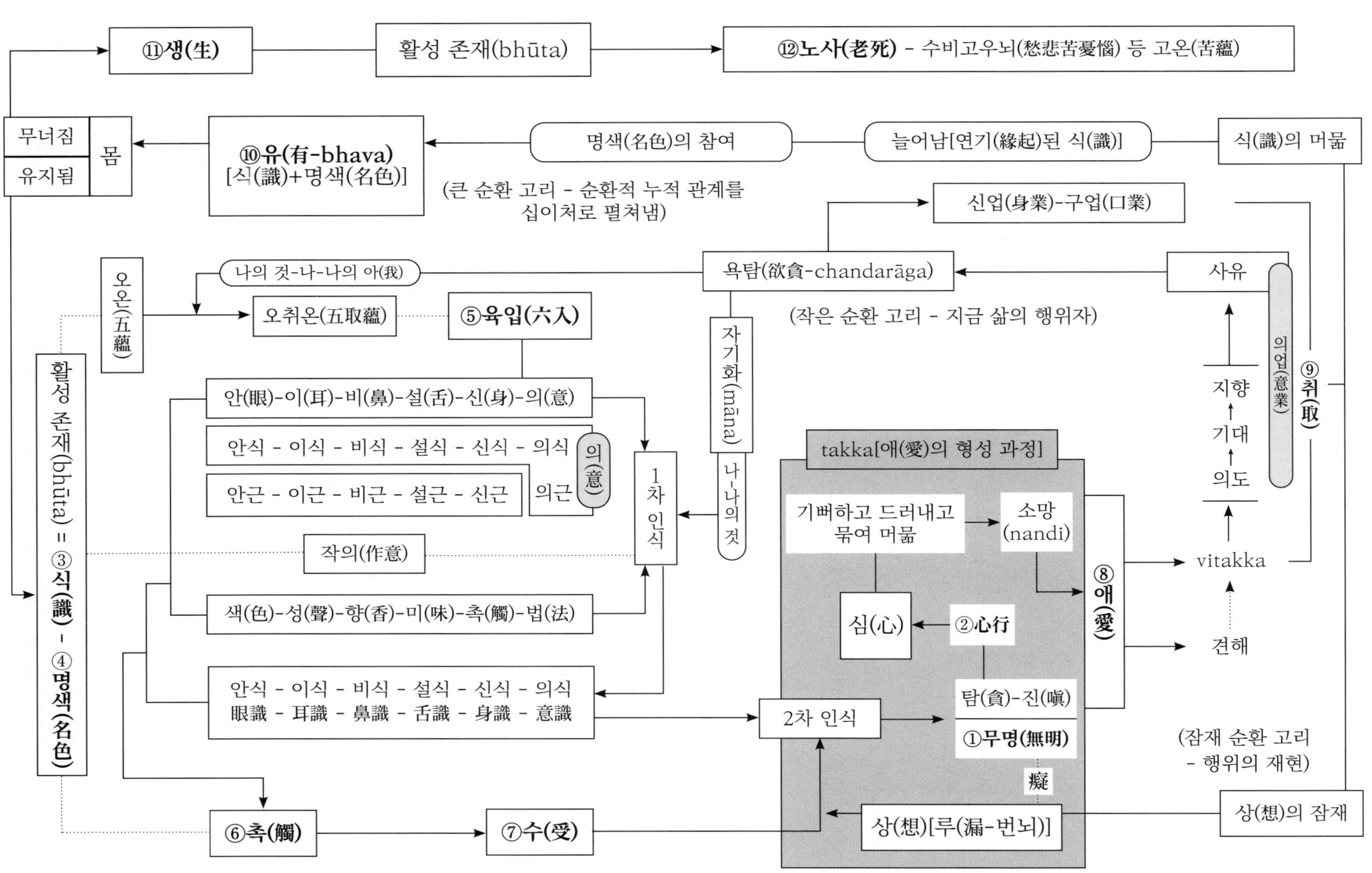

【수행지도(修行地圖)】

삶의 정형된 틀이 삶의 메커니즘으로 그려지듯이 수행은 삶의 틀 안에서 더 향상된 삶을 만들고 끝내 삶의 틀에서 벗어나는 것으로 완성되는 삶의 향상 과정입니다.

삶은 소유의 삶(慾)과 존재의 삶(有)으로 구분되는데, 소유를 넘어서서 존재의 영역에 오를 때 비로소 존재의 문제를 해소하고 벗어날 수 있습니다. 그래서 소유를 극복한 상태인 삼매를 중심으로 수행은 설명됩니다. 또한, 심(心)이 소유를 넘어선 삶의 즐거움 상태에 단지 있는 것이 아니라 벗어남을 실현하기 위해 일어나 행위하는 토대로서의 삼매를 말하게 되는데, 팔정도(八正道)에 속한 정정(正定-바른 삼매)의 의미입니다. 이런 특별함 때문에 바른 삼매는 필수적으로 정견(正見)~정념(正念)의 일곱 과정을 동반하기 때문에 필수품을 가진 삼매라고 불립니다.

삼매에서 깨달음으로 가는 과정의 특별함은 대상에 있습니다. 삼매를 성취하기 위한 대상과는 별개로 삼매 위에서 무상(無常)을 관찰하기 위한 2차적인 대상을 필요로 하는데, '법의 드러남'의 의미입니다. 그래서 2차적인 대상에서 사실 즉 무상(無常)-고(苦)-무아(無我)를 알고 보게 되면 여실지견(如實知見)이고, 예류자의 경지입니다. 이어서 삼매라는 제약이 배제된 일상에서의 여실지견(如實知見)을 성취하면 인간의 법을 넘어선 차별적 지(知)와 견(見)의 성취 또는 해탈지견(解脫知見)인데, 아라한의 경지입니다.

이때, 여실지견에 이르기 위해 삼매를 성취하고 법을 드러나게 하는 과정을 내적인 심(心)의 사마타라고 하고, 드러난 법에서 무상(無常)을 이어 보는 과정을 법의 위빳사나라고 합니다. 이렇게 내적인 심(心)의 사마타와 법의 위빳사나를 통해 여실지견(如實知見)에 이릅니다. 이어서 삼매의 제약을 해소하기 위해 심(心)의 아래위를 제어하는 과정을 사마타라고 하는데, 망(望)의 제어로서의 염오(厭惡)와 탐(貪)의 제어로서의 이탐(離貪)입니다. 또한, 혜(慧)를 닦음에 의해 번뇌가 부서져서 무명(無明)이 버려지고 명이 생겨나는 과정을 소멸이라고 하는데, 이 과정이 위빳사나입니다. 이렇게 탐(貪)과 무명(無明)의 문제를 해소하면 해탈지견(解脫知見)이고, 깨달음의 성취인데, 사마타-위빳사나의 과정입니다.

그래서 내적인 심(心)의 사마타와 법의 위빳사나의 쌍 그리고 사마타와 위빳사나의 쌍은 동의어가 아닙니다. 여실지견에 이르는 과정과 해탈지견에 이르는 과정의 각각에 자리하는 수행이라는 차이를 분명히 알아야 합니다.

그런데 이런 과정은 한 번의 과정으로 진행되지 않습니다. 초선(初禪)~비상비비상처(非想非非想處)의 삼매에 이어 상수멸(想受滅)에서 완성되는 단계적 과정입니다. 초선~비상비비상처의 단계지어진 해탈-열반의 과정을 거쳐 상수멸에서 단계지어지지 않은 해탈-열반의 실현으로 삶은 완성됩니다.

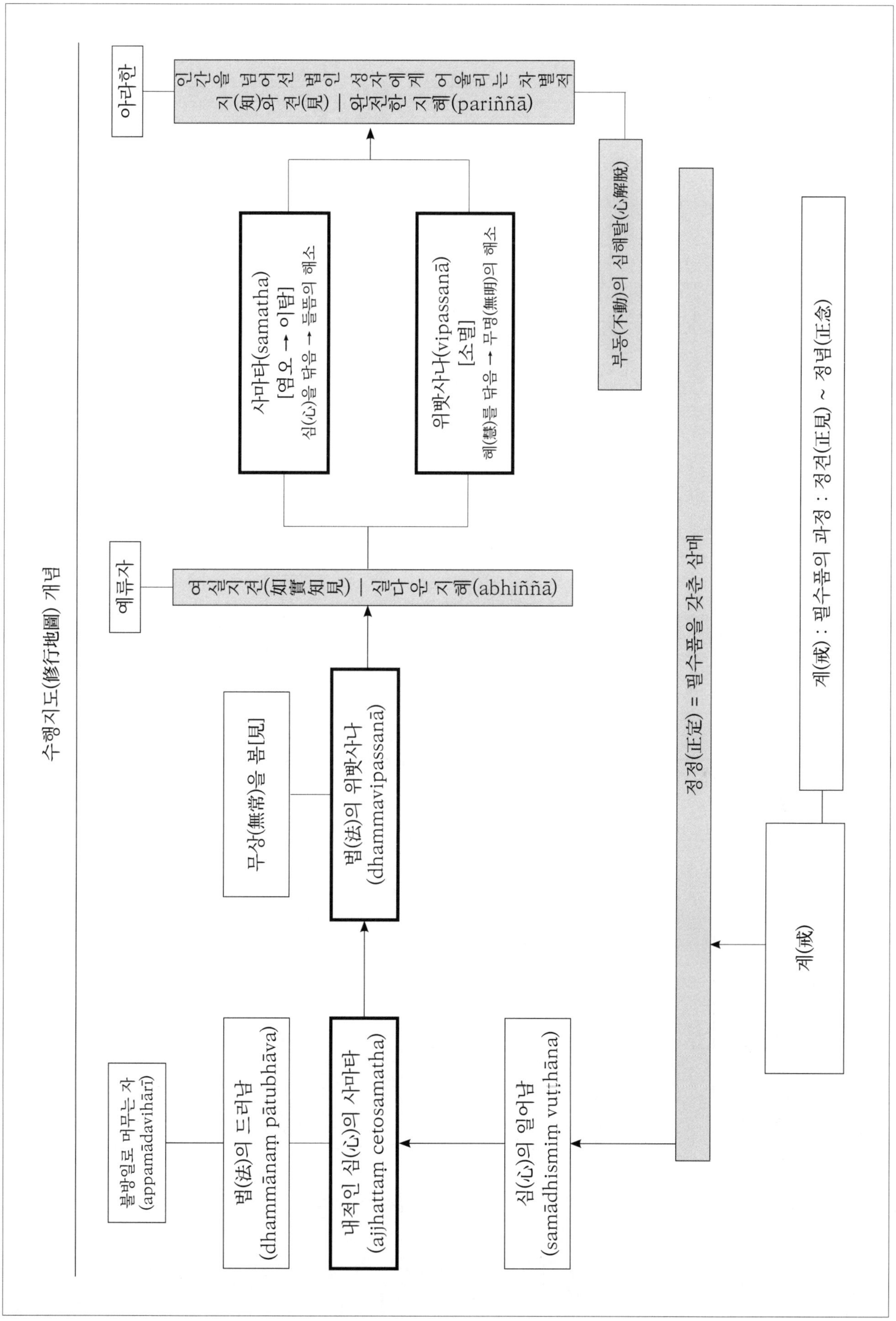
수행지도(修行地圖) 개념
불방일로 머무는 자 (appamādavihārī)
법(法)의 드러남 (dhammānaṃ pātubhāva)
내적인 심(心)의 사마타 (ajjhattaṃ cetosamatha)
심(心)의 일어남 (samādhismiṃ vuṭṭhāna)
무상(無常)을 봄[見]
법(法)의 위빳사나 (dhammavipassanā)
예류자
여실지견(如實知見) ― 실다운 지혜(abhiññā)
사마타(samatha)
[염오 → 이탐]
심(心)을 닦음 → 들뜸의 해소
위빳사나(vipassanā)
[소멸]
혜(慧)를 닦음 → 무명(無明)의 해소
아라한
인간을 넘어선 법인 성자에게 어울리는 차별적
지(知)와 견(見) ― 완전한 지혜(pariññā)
부동(不動)의 심해탈(心解脫)
정정(正定) = 필수품을 갖춘 삼매
계(戒)
계(戒) : 필수품의 과정 : 정견(正見) ~ 정념(正念)

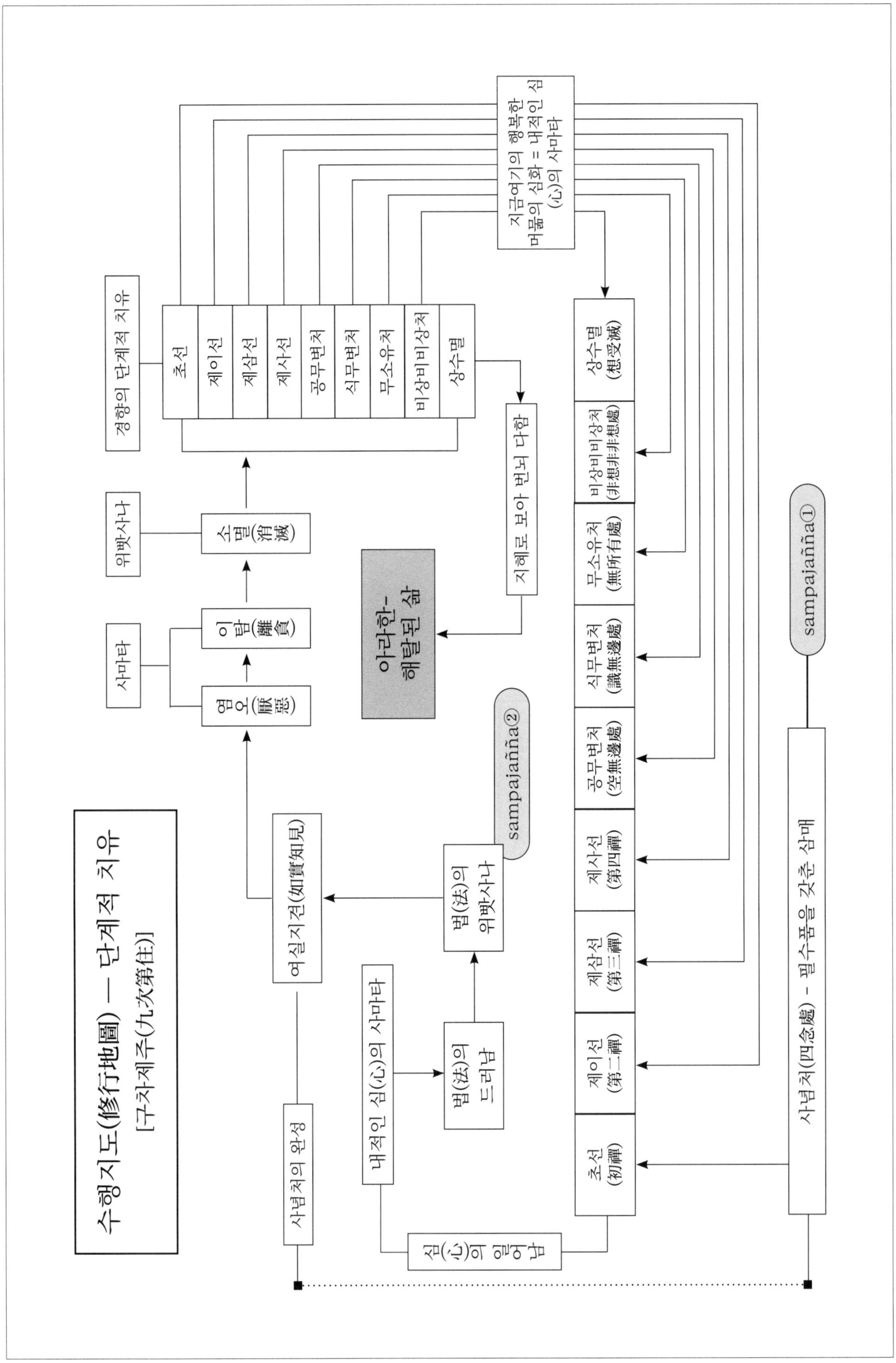
수행지도(修行地圖) — 단계적 치유
[구차제주(九次第住)]
경향의 단계적 치유
위빳사나
사마타
초선
제이선
제삼선
제사선
공무변처
식무변처
무소유처
비상비비상처
상수멸
지금여기의 행복한 머묾의 심화 = 내적인 심(心)의 사마타
염오(厭惡)
이탐(離貪)
소멸(消滅)
지혜로 보아 번뇌 다함
아라한-해탈된 삶
sampajañña②
여실지견(如實知見)
법(法)의 위빳사나
법(法)의 드러남
내적인 심(心)의 사마타
사념처의 완성
심(心)의 일어남
초선(初禪)
제이선(第二禪)
제삼선(第三禪)
제사선(第四禪)
공무변처(空無邊處)
식무변처(識無邊處)
무소유처(無所有處)
비상비비상처(非想非非想處)
상수멸(想受滅)
sampajañña①
사념처(四念處) - 필수품을 갖춘 삼매

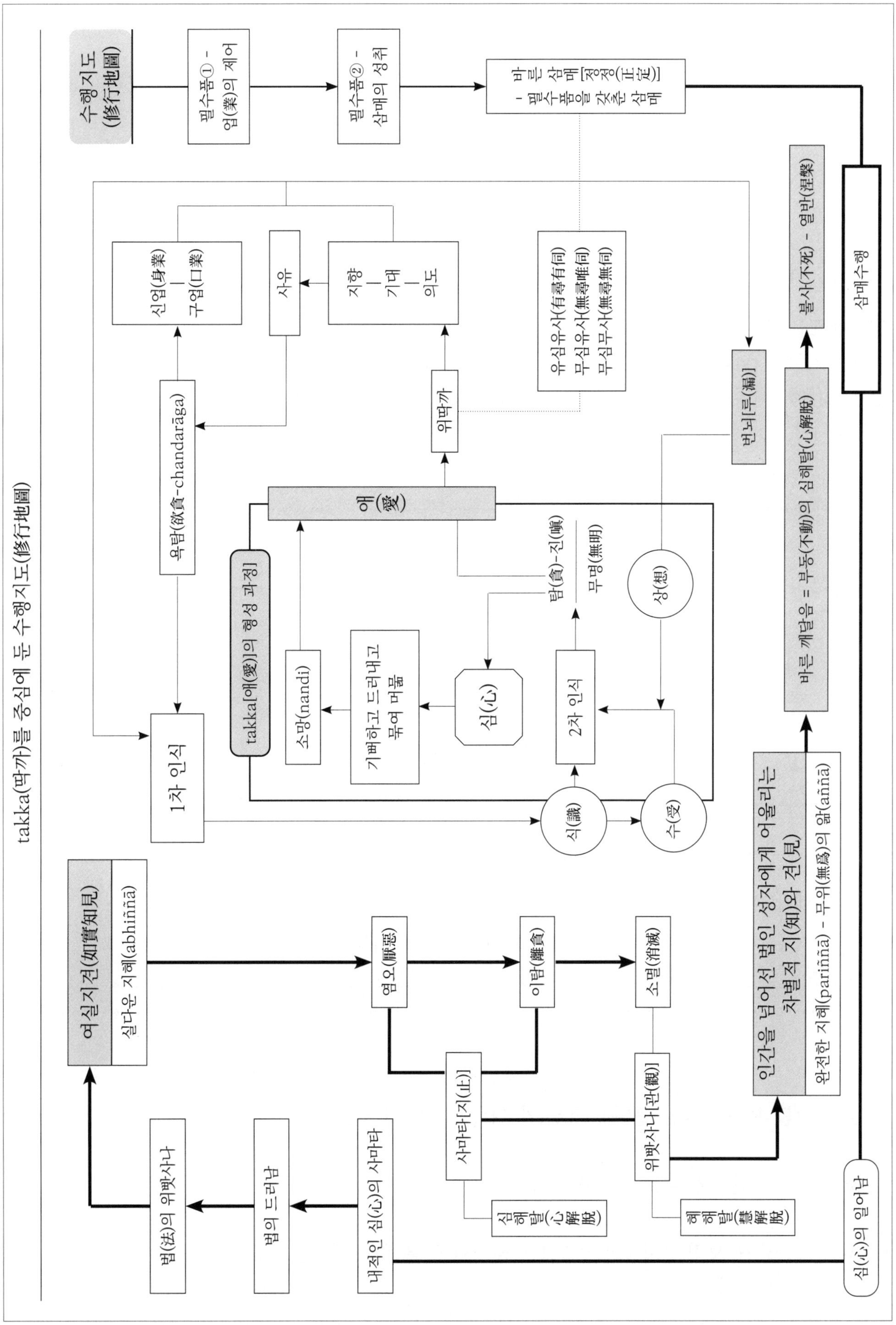
takka(딱까)를 중심에 둔 수행지도(修行地圖)
수행지도 (修行地圖)
필수품① - 업(業)의 제어
필수품② - 삼매의 성취
바른 삼매[정정(正定)] - 필수품을 갖춘 삼매
신업(身業) | 구업(口業)
사유
지향 | 기대 | 의도
유심유사(有尋有伺)
무심유사(無尋唯伺)
무심무사(無尋無伺)
욕탐(欲貪-chandarāga)
위딱까
번뇌[루(漏)]
불사(不死) - 열반(涅槃)
애(愛)
takka[애(愛)]의 형성 과정
탐(貪)-진(嗔)
무명(無明)
상(想)
삼매수행
1차 인식
소망(nandi)
기뻐하고 드러내고 묶여 머묾
심(心)
2차 인식
바른 깨달음 = 부동(不動)의 심해탈(心解脫)
식(識)
수(受)
여실지견(如實知見)
실다운 지혜(abhiññā)
염오(厭惡)
이탐(離貪)
소멸(消滅)
사마타[지(止)]
위빳사나[관(觀)]
인간을 넘어선 법인 성자에게 어울리는 차별적 지(知)와 견(見)
완전한 지혜(pariññā) - 무위(無爲)의 앎(aññā)
법(法)의 위빳사나
법의 드러남
내적인 심(心)의 사마타
심해탈(心解脫)
혜해탈(慧解脫)
심(心)의 일어남

붇다와다불교는 부처님에게로 돌아가는 운동입니다. 완전한 스승에 의해 완전하게 설해진, 더할 바 뺄 바 없는 가르침('passaṃ na passatī'ti - '보면서 보지 못함')에 대한 분명함으로, 부처님에 의해 확립된 불교(佛教)의 정체성을 되살리는 시도입니다. 그래서 「불교(佛教)를 부처님에게로 되돌리는 불사(佛事)」입니다. 한국붇다와다불교가 시작하였고, 세계불교의 되돌림을 이끌 것입니다.

붇다와다불교의 비교적 이해

금강승불교 티벳불교	금강승경전(金剛乘經典)의 가르침	
	대승경전(大乘經典)의 가르침	대승불교
테라와다불교	제자인 상좌(上座)들의 가르침	
	부처님[최초의 상좌(上座)]의 가르침	붇다와다불교

- buddha(붇다) — 부처님-불(佛), vāda(와-다) — 말씀-가르침
- buddhavāda(붇다와-다) — 부처님의 말씀
- 붇다와다불교 — 오직 부처님의 말씀만을 공부와 신행(信行)의 기준으로 삼는 불교

▣ 「부처님 살아서 직접 설한 가르침으로 불교(佛教)를 부처님에게로 되돌리는 불사(佛事)」

이 불사(佛事)는 ①공부의 구심점 확보를 위한 근본경전연구회의 법인 설립과 ②수행도량으로의 선원 마련[경전대로 수행하기] 그리고 ③붇다와다불교대학의 건립으로 이어질 것입니다. 그때가 되면, 세계불교의 중심이 한국으로 옮겨오게 되고, 인류의 정신문명을 이끌 것입니다.

▣ 부처님 살아서 직접 설한 가르침을 공부의 중심에 두고자 하는 사람이라면, 이제 비로소 몸에 맞는 옷을 입게 되었다고 말할 것입니다.

▣ 이 불사(佛事)에 동참해 주십시오. 살아서 행할 수 있는 최선의 공덕행(功德行)이 되도록, 저희도 최선을 다하겠습니다.

- 불사(佛事) 안내 ☞ nikaya.kr [응원 및 참여] 참조
- (연구 및 출판 불사를 포함한) 불사 후원 계좌

  신한은행 100-034-002467 한국붇다와다불교

책의 부족한 점을 보시면 nikaya.kr 에 지적하여 주시기 바랍니다.
잘 보완하여 더 필요한 책을 만들겠습니다.

지은이 **해피스님** [비구 뿐냐디빠(bhikkhu puññadīpa)]

1959년 강원도 원주에서 태어났고, 원주 초-중-고를 졸업했다. 부산대학교 화공과를 졸업하고
유공(SK)에 입사해 10년간 근무한 뒤 원주에서 개인사업을 하다가 출가했다.
원주 포교당(보문사) 어린이 법회에서 불교 신자가 된 이래 불심사 학생회(중-고),
부산대학교 불교학생회와 정진회를 거쳐 불교바라밀회를 창립했다.
서울불교청년회-원주불교청년회-원주법등자비회-원주불교신행단체연합회 등의 신행에 참여하다가
49세에 반냐라마에서 출가하여 뿐냐디빠(puññdīa)라는 법명을 받았다. 2008년 해피법당을 건립하였고,
한국테라와다불교를 거쳐 한국분다와다불교(2019)와 근본경전연구회(2020)를 창립했다.
현재 한국분다와다불교 해피법당(부산)에서 근본경전(니까야)의 연구와 교재 제작 및 강의에 주력하고 있다.

— 유튜브와 페이스북 : '해피스님'

— 홈페이지 : nikaya.kr & sutta.kr

부처님 살아서 직접 설한 가르침으로 「불교(佛教)를 부처님에게로 되돌리는 불사(佛事)」를 표방하고 있다.

▶ 저서

되돌림 불서(佛書) Ⅰ - ① 「불교입문(佛教入門)(Ⅰ) 소유하고자 하는 자를 위한 가르침」

되돌림 불서(佛書) Ⅱ - ① 「나는 불교를 믿는다 — 불(佛)-법(法)-승(僧) 바로 알기 —」

독송집(讀誦集) - 초기불교 경전 백선(百選)

2023년 2월 1일 초판 1쇄 인쇄
2022년 12월 30일 초판 1쇄 발행

지은이 : 해피스님
펴낸이 : 해피스님
펴낸 곳 : 근본경전연구회
부산시 부산진구 연수로2(양정동) 3층
(전화) 051-864-4284
홈페이지 : http://nikaya.kr & http://sutta.kr
이메일 : happysangha@naver.com
등록번호 : 제2020-000008호
계좌번호 : 하나은행 316-910032-29105 근본경전연구회
디자인 : 박재형
제작처 : 공간

ISBN : 979-11-970477-2-5 (03220)

가격 : 30,000원